Theater der Erfahrung

Material zur neuen amerikanischen Theaterbewegung

Jens Heilmeyer — Pea Fröhlich

Verlag M. DuMont Schauberg

Verlegerische Leitung: Ernst Brücher und Karl Gutbrod
Herstellung: DuMont Atelier (Peter Dreesen und Winfried Konnertz)
Druck und buchbinderische Verarbeitung: Kölnische Verlagsdruckerei, Köln
Reproduktion: Kurt Knepper KG, Krefeld

Umschlagentwurf und graphische Gestaltung:
Jens Heilmeyer und Pea Fröhlich
Übersetzungs-, Copyright- und Fotoanmerkungen im Anhang

Printed in Germany ISBN 3-7701-0609-1

It doesn't matter what you try
It's all about take and give
It doesn't matter how you die
But only how you live

Now

Theater der Erfahrung

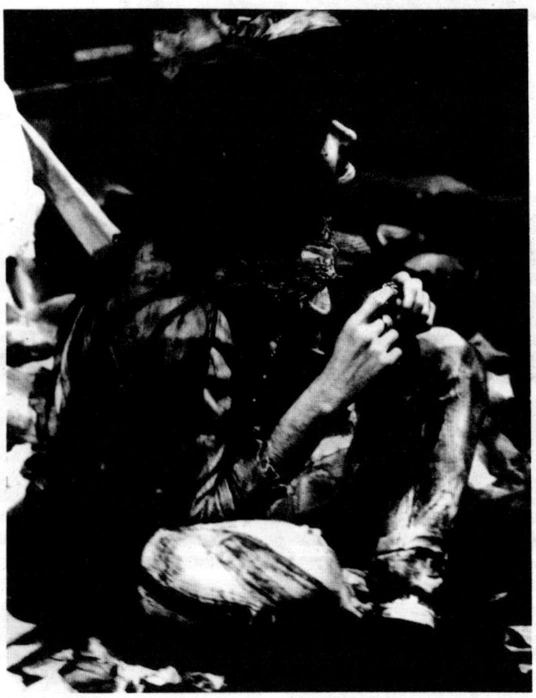

1 Themenbestimmung

Das Buch dokumentiert eine Bewegung, die um 1960 in New York entstanden ist und im allgemeinen mit dem Begriff Off-Off-Broadway-Theater (OOB) bezeichnet wird. Der OOB besteht aus einer Reihe von Theatergruppen, die zunächst als Alternative zu dem von ausschließlich kommerziellen Erwägungen geprägten offiziellen Theaterbetrieb entstanden und später eigenständige Arbeitsweisen und Theaterformen entwickelten. Diese Bewegung, die man analog auch in anderen Medien finden kann (z. B. in der Gründung unabhängiger Zeitschriften und Verlage im Literaturbereich oder in den Kooperativen der Filmmacher), ist nur vor dem Hintergrund des allgemeinen Geistesklimas in Amerika zu verstehen. Deshalb ist das Buch zusammengesetzt aus Theaterstükken, Interviews mit Autoren und Gruppen, Analysen zur ökonomischen Situation der Theater, Texten, die einen wesentlichen Einfluß auf die Bewegung hatten, sowie zahlreichen Fotos. Dieses Material beschreibt nicht allein den Bereich des Theaters, sondern zielt auch auf die Umstände, aus denen dieses Theater entsteht: Die Armut, das Elend und die Gewalt des amerikanischen Gesellschaftssystems.
Auf diese Weise ergab sich eine Materialsammlung, die über den Anlaß, ein Buch über neues Theater zu machen, hinausgeht. Obwohl die einzelnen Bestandteile unabhängig voneinander verständlich sind (was für den angestrebten Lesebuchcharakter wesentlich ist), wird erst in der mosaikartigen Koordinierung des Gesamtmaterials die Vielschichtigkeit der OOB-Bewegung sichtbar.

2 Entwicklung

Die meisten Gruppen begannen aus der Notwendigkeit, einen Platz zu haben, an dem Autoren ihre

Stücke, Schauspieler ihre Techniken und Regisseure ihre Theatervorstellungen realisieren konnten, ohne von einem geldgebenden Produzenten abhängig zu sein. Die ökonomische Basis war entweder der Betrieb eines Cafés oder die Finanzierung durch Beiträge der Mitglieder der Gruppe, die ihren Lebensunterhalt in Jobs verdienten. In manchen Fällen waren die Gruppen Teil des Kulturprogrammes der Kirchen, was bedeutete, daß keine Miete für den Proben- und Vorstellungsraum zu zahlen war. In anderen Fällen dienten entweder große Wohnungen (die sogenannten *lofts,* die in New York häufig anzutreffenden Räume ehemaliger Kleinbetriebe) oder alte Läden, Garagen oder Fabriken als Theaterraum. Anfänglich war das Ziel der meisten Gruppen lediglich, Theaterleuten, die im kommerziellen Theater keine Arbeitsmöglichkeit hatten, die Möglichkeit zu geben, zu arbeiten (ohne davon leben zu können, viele haben in dieser Zeit ganztags andere Berufe ausgeübt). Erst später entstanden aus dieser Notlage neue Theaterformen, die selbständig wurden und im alten Kommerztheater nicht möglich gewesen wären. Diese beiden gegenläufigen Tendenzen – einmal die, die Gruppe als ein Durchgangsstadium auf dem Weg nach oben, d. h. zum Broadway, und zum anderen die, die Gruppe als selbständige Alternative zum 'alten' Theater aufzufassen – lassen sich bis heute in den meisten Gruppen erkennen.
Um die Vielfalt der Bewegung wenigstens andeutungsweise zu erfassen – in New York arbeiten heute ungefähr 100 Gruppen ständig, dazu kommen zahlreiche Gruppen, die arbeiten, ohne an die Öffentlichkeit zu treten, so daß die Zahl in ganz Amerika ungefähr das dreifache davon ausmachen dürfte –, soll im Folgenden versucht werden, eine Art Raster zu liefern. Die Problematik einer solchen Einteilung liegt darin, daß sämtliche Elemente sich gegenseitig überschneiden und beeinflussen, daß sämtliche Gruppen Mischungen dieser Einzelelemente sind.

3 Elemente – Erscheinungsformen

Gruppen, bei denen das Handwerk 'Theater' im Vordergrund steht; die Arbeit dieser Theatergruppen ist nur aus der besonderen amerikanischen Theatersituation erklärlich, die darin besteht, daß es keine staatlich subventionierten Theater im europäischen Sinne gibt. Sämtliche Theater sind aus diesem Grund

Allen Ginsberg

Arlington Street Church, Boston, Nov. 1966

Was können die jungen Leute tun, wenn sie sich mit der amerikanischen Version des Planeten konfrontiert sehen? Die Empfindsameren – darunter 'die besten Köpfe' – steigen aus. Sie ziehen durch das Land und sehen sich die Gesichter ihrer Elterngenerationen an, sie tragen langes Haar wie Adam und Eva, sie gründen Kerista-Gruppen in den Elendsvierteln der Städte, sie pilgern nach Big Sur und leben nackt in den Wäldern auf der Suche nach der reinen Natur und nach Meditation, sie hängen in der Lower East Side von New York herum, als ob die Welt nur aus dieser Gegend bestünde. Und sie kommen zu Tausenden zusammen – wie dieses Jahr im Golden Gate Park in San Francisco oder im Tompkins Park in New York – und zeigen, wie friedvoll sie sind in Demonstrationen der Phantasie, die den Protest gegen – oder für – den Kampf in Vietnam durchscheinen lassen. Junge Leute in abenteuerlicher Kleidung finden sich zusammen mit Hindugesängen und buddhistischen Mantras, um ihren Mitbürgern Ruhe zu schenken, die sonst in einer sich über den ganzen Planeten erstreckenden Glocke von Kneipenlärm eingeschlossen sind. Aber die Väter und die Lehrer dieser jungen Leute haben davon nichts begriffen. Was fehlt in den Schulen und Universitäten? Das besondere Lehrfach, das die Jungen vorschlagen: die Erforschung des inneren Raumes.
Man kann heute hören, wie sich die Mantra-Gesänge bei privaten oder öffentlichen Gelegenheiten (wie z. B. bei Friedensmärschen) verbreiten, und bald werden wir den Mantra-Rock haben. Alle Traditionen der amerikanischen Indianer, Peyote-Riten, Maskentänze, das Pranayama des Orients, indische Musik dringen ins amerikanische Unterbewußtsein ein durch die spirituelle Suche der Jugend. Welche Befriedigung ist für die jungen Leute heute möglich? Nur die Befriedigung ihrer Sehnsucht – die Liebe, der Körper, das Liebesfest: die Befriedigung in einer friedlichen, natürlichen Gemeinschaft, wo man sich frei bewegen und Leute, Städte und die Beschaffenheit unseres Planeten erforschen kann – die Befriedigung einer Selbsterforschung und die, die man erlebt, wenn das Verlangen, der Zorn, die Gewalt, die Begierde ein Ende haben. Ich stelle neue Moralgesetze und -regeln auf, die Drugs, Liebesfeste, Musik und einfache Magie als Kult-Rituale beinhalten, als erzieherisches Beiwerk, das bewußt im Gegensatz steht zu unseren geltenden Sitten.

nur vom kommerziellen Erfolg bestimmt und haben ein entsprechendes Niveau. Die Alternative dieser Gruppen zeichnet sich zweifach ab: einmal die Theatergruppen, deren Theater zumeist auf klassischen Autoren beruht (und die sozusagen den Nachholbedarf an 'gutem' Theater befriedigen), zum anderen die Gruppen, die sich ausschließlich dem 'neuen' Theater zuwenden, das heißt, neue Autoren, die im

offiziellen Theaterbereich (noch) keine Chance haben, auf neue Weise (meist sehr körperbetont) zu präsentieren. Gruppen dieser beiden Gattungen gelingt es verhältnismäßig leicht, von den Foundations (von den Industriefirmen gegründete Stiftungen, deren Zweck es unter anderem ist, Steuervorteile zu erlangen) unterstützt zu werden.

Die nächste Gruppierung umfaßt alle die Theatergruppen, die politisch engagiert und aktiv sind und die – meist in Form von Straßentheatern oder Guerillatheatern – das Theater nur als Mittel benutzen, um politische Agitation zu betreiben. Diese Gruppen arbeiten immer kollektiv und versuchen entweder mit kurzen Agitationsstücken ins Gespräch mit dem Publikum zu kommen, oder sie erarbeiten mit bestimmten Zielgruppen Stücke über deren Problematiken.

CHE GUEVARA:
Ihr Nordamerikaner seid gut dran. Ihr lebt mitten in der Bestie. Ihr kämpft den wichtigsten aller Kämpfe, im Zentrum der Schlacht. Wenn ich mir etwas wünschen könnte, würde ich mit euch zurück nach Nordamerika gehen und dort kämpfen. Ich beneide euch.

Diesen Gruppen geht es finanziell am schlechtesten, weil sie wegen ihres explizit politischen Engagements für die Unterstützung durch die Foundations nicht in Frage kommen. Eine Ausnahme bilden in dieser Hinsicht die Theater der Schwarzen und die der anderen ethnischen Minderheiten, denen es von Zeit zu Zeit gelingt (besonders, wenn der Sommer 'heiß' ist, d. h. wenn es zahlreiche Rassenunruhen gibt), Staatsgelder aus den Kulturfonds zu bekommen.
Das vierte Element besteht aus den Gruppen und Kommunen, bei denen das Erproben neuer Formen des Zusammenlebens ebenso wichtig ist wie das Erproben neuer Theaterformen. Diese Gemeinschaften finden oft in der Stadt zusammen und gehen dann aufs Land, um einen eigenen Lebensstil zu entwikkeln, der von den Pressionen der Großstädte frei ist. Hier wird die Trennungslinie zwischen 'Leben' und 'Kunst' immer mehr verwischt, weil Theater auch zum Gruppenprozeß verwendet wird (etwa in der Form des Psychodramas) und oft ein Publikum nicht erreicht.

4 Elemente – Bausteine der neuen Erfahrung

Die Beat-Generation lehnte sich auf gegen die bestehenden Gesetze der Wegwerf-/Überfluß-/Konsumgesellschaft (die Generation von Kerouac, Ginsberg, Orlovski, Ferlinghetti u. a.). Die Nachfolgegeneration versucht, das Gegenmodell zu leben, und zwar hier und jetzt und ohne theoretische Basis. Das, was jetzt passiert, ist entscheidend, nicht die fernen, von linearen Theorien fixierten Ziele, sondern die Erfahrung des Augenblicks.
Die allgemeine Verbreitung der Drugs zur Bewußtseinserweiterung, zur Erfahrung des Jetzt, macht denen, die sie nehmen, die Rückkehr in die bürgerliche Karriere unmöglich. Diese Erfahrungen werden unterstützt von der Hinwendung zu (meist nur oberflächlich verstandenen) östlichen Philosophien und Lebensstilen (Indien/Neue Mystik/Schwarze Messe/ I Ching / Astrologie / Tarock / Zen / Huxley / Watts / Leary). Dem Einwand, auch diese Anti-Kultur sei nur ein weiterer Bereich der kommerzialisierten kapitalistischen Gesellschaft, wird entgegengehalten, man könne sich zwar Hippieglöckchen und Räucherstäbchen kaufen, nicht jedoch das neue Bewußtsein (C. A. Reich in seinem Bestseller *The Greening of America*).
Die Bereitschaft zum Experimentieren, die Haltung,

JACK KEROUAC. Am 21. Oktober 1969 starb Jack Kerouac, der Prophet der Beatgeneration, Autor von 'Maggie Cassidy', 'On The Road' und 'The Dharma Bums'. Zusammen mit G. Corso, A. Ginsberg, L. Ferlinghetti und P. Orlovski war er in den fünfziger Jahren eine Art *Dropout-Avantgarde,* lange bevor die Stones oder die MC 5 oder Leary die *drop-out/tune-in/turn-on*-Geschichte entdeckt und zu Geld gemacht hatten. Der Pfarrer, der die Grabrede hielt, sagte: "Jack Kerouac verkörperte so etwas wie die Suche des Menschen nach Freiheit." Die Szene wurde von G. Corso mit einer 16-mm-Bolex gefilmt.

**Gallup Pol ermittelte durch Umfragen, daß mindestens 15 Millionen Amerikaner Marihuana rauchen.
In Amerika ist allein der Besitz von Marihuana und anderen Drogen ein kriminelles Delikt, das mit Gefängnis bestraft wird. In Missouri zum Beispiel kann ein erstmals wegen Verstoß gegen das Rauschgift-Gesetz Angeklagter zu einem bis 20 Jahren Gefängnis verurteilt werden; beim zweiten Mal kann er zu 5 bis 30 Jahren und beim dritten Mal zu 10 bis 50 Jahren Haft verurteilt werden; wird jemand zum vierten Mal wegen Besitz von Drogen angeklagt, kann er zu 25 Jahren bis lebenslänglichem Gefängnis verurteilt werden. Der Handel mit Drogen kann mit 10 Jahren bis lebenslänglichem Gefängnis und sogar mit dem Tode bestraft werden.**

Die Befreiungsbewegung hat eine Anti-Disziplins-, Anti-Handwerks-Schule des Theaters begründet, die in ihren extremsten Formen jedes *Formen* der Schauspieler und des Texts, jede Künstlichkeit, jede Kalkulation für reaktionär hält. Das Rollenspiel wird für eine irrelevante, hinderliche und künstliche Handhabung aus der Vergangenheit gehalten. Was nötig ist, sind wahrhaftige Menschen. Die Disziplin wird mit einer Repression des Individuums gleichgesetzt.
Dadurch sind viele von uns verunsichert worden, und ein Theater des Kontakts, der Konfrontation ist entstanden.
(Arthur Sainer, Village Voice, 12. 2. 71.)

Lang lebe das Theater von Mick Jagger und nieder mit Grotowski!
(Jonas Mekas, Village Voice, 11. 12. 70)

Die Studenten der Theatergeschichte teilen sich in eine NOW- und eine THEN-Gruppe. Die THEN-Gruppe sagt: Ist ein Stück relevant, wenn die Zuschauer die Worte nicht verstehen können? Kann man die Essenz des Dramas in schäbig produzierten und wenig geprobten Happenings finden? Hat ein Stück, das die literarischen ausgearbeiteten Dialoge der THEN-Autoren durch unartikulierte Halbaussagen ersetzt, Bedeutung? Die NOW-Gruppe sagt: Worte haben mehr als eine buchstäbliche Bedeutung. Was man hört, ist nicht so wichtig, als wie man es hört. Es ist die Gesamtanlage einer Rolle, die das Publikum erreichen muß – nicht die überdeutliche Verbalisierung. Gerade das Fehlen einer Aussage ist in sich selbst eine Aussage.
(Hochwürden Hartke, Catholic University, New York.)

POLITIK UND KUNST
Je reaktionärer ein Werk ist und je höher obendrein sein Kunstwert ist, desto stärker vermag es das Volk zu vergiften, und um so entschiedener müssen wir es ablehnen. Die gemeinsame Besonderheit der Literatur und Kunst aller Ausbeuterklassen in der Periode ihres Niedergangs ist der Widerspruch zwischen ihrem reaktionären politischen Inhalt und ihrer künstlerischen Form. Wir fordern jedoch die Einheit von Politik und Kunst, die Einheit von Inhalt und Form, die Einheit von revolutionärem politischen Inhalt und möglichst vollkommener künstlerischer Form.
Mao Tse-tung, 1942

die Dinge erst auszuprobieren, bevor man darüber diskutiert, findet ihre Steigerung in einem allgemeinen Mißtrauen gegen rationale Konzepte, als deren letzte Exponenten die Plastik-Gesellschaft (*pig*-Nation) und der Krieg in Südostasien gelten. Die Bereitschaft zum Experiment auf die Gefahr des totalen Mißlingens hin wird als Protesthandlung gegen die produktorientierte Gesellschaft verstanden. Erfahrungen, die man beim Probieren macht, sind wichtiger als das Endprodukt. Diese Haltung brachte die Entwicklung einer Theaterästhetik, die die von Artaud initiierte aufnahm und weiterführte (Living Theatre, Grotowski).
Die Autoren schreiben für heute, sie haben nicht den hohen Kunstanspruch, der in Europa üblich ist, es entsteht ein Theater ohne Aura. Das neue Theater befaßt sich fast ausnahmslos mit lebenden Autoren, die meistens bei der Probenarbeit mitwirken, oft sogar die Stücke dabei erst erstellen. Ebenso deutlich ist eine Tendenz zum kollektiven 'Schreiben' von Stükken abzulesen, die meist über Improvisationstechniken entstehen. Auch dabei kommt es nicht darauf an, 'Literatur' zu schaffen, sondern darauf, daß etwas – die Erfahrung – zwischen Zuschauer und Macher entsteht. Die Stücke sind oft kaum mehr als ein Szenario, sie geben nur eine Andeutung davon, *was man damit machen kann.*
Die neue Generation kritisiert nicht die Werte, von denen die Elterngeneration in ihrer Jugend ausging, sondern die pervertierte Ausdrucksform, die diese Werte in der entfremdeten Konsumgesellschaft gefunden haben. Als Gleichnis dafür dient das Bild von der amerikanischen Flagge, die nur gewaschen werden muß, damit die Farben wieder rein erscheinen.
Aus dem *'now'*-Denken, d. h. aus dem naiven Anfang, ergaben sich oft laienhafte Formen. Viele dieser Gruppen erschufen sich das Theater neu, ohne praktische und theoretische Vorkenntnisse. Das eigentliche Handwerk wird in sogenannten Workshops erlernt, die sich in der Weiterentwicklung auch dem Ausprobieren neuer Formen zuwenden. In diesen Workshops läßt sich nicht nur der starke Einfluß nachweisen, den verschiedene Psychotherapien und Gymnastiken auf das neue Theater hatten, sondern auch eine neue Bedeutung erkennen, die der Improvisationstechnik zuwuchs: Die Improvisation stellt eine Technik zur praktischen Erforschung der Grenzen des Individuums dar und gibt gleichzeitig Möglichkeiten für die Überwindung dieser Grenzen zur

Hand. Viele ausgeleerte und verbrauchte Formen des 'alten' Theaters kamen auf diese Weise nicht zur Anwendung, zum Teil auch deshalb, weil ihre Anwendung durch die äußeren Umstände (wie die Form des Raumes usw.) nicht möglich war.
Nach-Freudsche Psychologien, wie z. B. die Gestaltpsychologie (Goodman / Perls / Buber / N. O. Brown) haben einen starken Einfluß auf das gesamte Klima. Auch hier findet man den Ansatz, daß nicht Theorien oder theoretische Erkenntnisse unser Leben verändern, sondern Erfahrungen.
Der Ritualcharakter der Theaterveranstaltung gewann neue Bedeutung (u. a. bei Schechner / van Itallie / Chaikin; Einflüsse: die Archetypentheorie von Jung / Strukturalisten). Ritualtheater, das die in allen Menschen archetypisch vorhandenen Leitbilder anspricht, kann nur in der Gegenwart erfahren werden (Publikumspartizipation).
Die Tradition der Happenings hat auf die Techniken der meisten Theatergruppen nachhaltig eingewirkt, besonders auch in den neuen Formen des Guerilla-Theaters.
Die sogenannte *Bewußtseinsrevolution* fußt auf der These, daß die Revolution nicht etwa erst dann stattfindet, wenn Parteifunktionäre und Theoretiker den Zeitpunkt für gekommen halten, sondern daß sie vielmehr jetzt, in diesem Augenblick, in dem wir sie leben, stattfindet. Anders ausgedrückt: Da die Revolution im Sinne von Marx nicht möglich ist, weil die Klassenlage sich aufgrund der überwuchernden Technologie verändert hat, versucht man wenigstens das, was jetzt möglich erscheint: den Aufbau der Gegenkultur (Errichtung freier Universitäten wie in New York, Los Angeles, San Francisco und Chicago / Aufbau von städtischen und ländlichen Kommunen nach dem Vorbild von *Hog Farm, Drop City* und den *Kesey*-Modellen / Verbreitung der Folkmusik, der man einen weiteren Wirkungsradius zubilligt als etwa dem trokkenen Verbreiten von Theorien / Institutionen schaffen, die dem Individuum helfen sollen, die von der entfremdeten Konsumgesellschaft negierten und verschütteten schöpferischen Energien und Phantasien zu remobilisieren, nach den Vorbildern des *Esalen*-Institutes oder der *Alexander*-Farm in Kalifornien / Festivals und Demonstrationen, die zeigen, wieviel Mitglieder das über die ganze Welt verteilte *Global Village* hat).
Theater ist das einzige Medium, in dem die unmittelbare Konfrontation der Macher mit den Zuschauern

Es war einmal eine Zeit, als man das Vertrauen in Freud verloren hatte und wenig anderes da war. Man versuchte Adlers Analysen, dann Jungs, man versuchte Reichs Therapien, Gruppen-Therapie, Gestalt-Therapie – und das war alles. Heute beginnt es rechts mit Freudscher Analyse und setzt sich bis zu den radikalen Linken als Linie fort, die von vielen psychotherapeutischen Zwischenstationen markiert ist. Eine der größten Zwischenstationen ist das *encounter* oder *sensitivity training*. Nie zuvor hat ein Aspekt der Psychotherapie eine so große Ähnlichkeit mit einer Massenbewegung gezeigt; nie zuvor erschien die Psychotherapie so eindeutig theatralisch. Die *encounter*-Therapie hat Ähnlichkeit mit ihrem Gründer, dem Gestalt-Therapeuten Fritz Perls vom Esalen Institut in Big Sur; Perls sieht zuerst aus wie ein Weihnachtsmann und – wenn man ihn nochmal ansieht – wie Martin Buber.
(Vivian Gornick, Village Voice, 22. 1. 71.)

ALLEN GINSBERG:
Eine Demonstration ist eine Theaterveranstaltung. Der Lebensstil, die Energie und die Freude der Demonstration können zu einem beispielhaften Schauspiel gemacht werden: wie man Situationen von Angst oder Furcht oder Drohung handhabt.

LIEBE
In der Welt gibt es ebenso wenig eine grundlose Liebe wie einen grundlosen Haß. Was die sogenannte Menschenliebe anbelangt, so hat es seit der Aufspaltung der Menschheit in Klassen keine solche allumfassende Liebe gegeben. Diese Liebe wurde von allen herrschenden Klassen der Vergangenheit gern gepredigt; viele sogenannte Weise taten es ebenfalls, aber keiner hat sie je wirklich praktiziert, denn in der Klassengesellschaft ist sie unmöglich. Wir können Feinde nicht lieben, können die widerwärtigen Erscheinungen in der Gesellschaft nicht lieben, unser Ziel ist ihre Vernichtung. Das ist eine Binsenwahrheit; sollten das unsere Literatur- und Kunstschaffenden immer noch nicht begriffen haben?
Mao Tse-tung, 1942

Wenn das Theater mich nicht allein läßt, werde ich es allein lassen. Ich bin der Schauspieler müde, die mich auf die Bühne zerren, um mit mir zu tanzen, die mir auf dem Schoß sitzen und mich streicheln, die mich anschreien und über mich hinwegsteigen. Es gab mal eine Zeit, als man ins Theater gehen konnte, um sich zu entspannen. Man war so glücklich, Eugene O'Neills gemarterte Seelen leiden zu sehen, weil man wußte, es passierte alles ihnen und nicht einem selber.
(Harold Flender, Variety, 7. 10. 70)

Ich nehme die Gitarre und sage Sachen, die die Leute sagen wollen, aber sie haben dazu nicht die Worte. Das ist das eigentliche Wesen des Rock. Er ist die Stimme von Frustrationen, nicht nur der Jungen, sondern einer frustrierten Gesellschaft.
Ich glaube, die Underground-Zeitschriften sind zu pessimistisch. Mann, das glaube ich. Was sie brauchen, ist: Mehr Artikel über Gott.
Ich glaube, der einzige Weg, eine Gesellschaft zu verändern, ist, die grundsätzlichen Ziele des Individuums in einer Gesellschaft zu verändern.
(Peter Townshend, 'The Who')

Nixon, du benimmst dich, als ob du insgeheim glaubst, daß du den Präsidenten nur in einer großen Genet-Traumfabrik spielst. Vielleicht fühlst du, daß du nur ein Zufall bist, daß du nur Präsident bist, weil Nelson Rockefeller sich scheiden ließ und zwei Kennedys ermordet wurden. Du denkst wie ein Assistent einer David-Frost-Show. 8 Jahre lang hast du intrigiert, um zum Präsidenten gewählt zu werden. Du bist der Archetyp eines Arbeitsochsen; hinkommen ist alles. Aber jetzt bist du da, und du weißt nicht, wohin du uns führen sollst, denn dein Kopf ist brach jeder Vision. Nixon, du bist ein total politisches Tier. Du sitzt in deinem Büro, entwirfst Pläne für 1972 und hast dabei nicht einmal ein Sozialprogramm, um den Millionen armen, machtlosen, entrechteten und unterdrückten Amerikanern zu helfen.
(Jack Newfield, Village Voice, 6. 11. 69)

Schäm dich nicht deines Fettes – es ist weich, es fühlt sich gut an; schäm dich nicht, daß du gern ißt (trotz der Anzeigen der mächtigen Abmagerungsmittel-Firmen). Haß deinen Körper nicht. Schnür ihn nicht mit Plastik und Gummi ein. Es gibt fette Buddhas. Alle Körper sind schön.
(Debbie Wolin, Rat, Leserbrief, 1971.)

stattfindet (feedback). Das beinhaltet die Tatsache, daß der Zuschauer aktiv in den Vorgang eingreifen kann und daß seine Erfahrung unmittelbar ist (wenn z. B. in einem Guerilla-Stück einer vietnamesischen Bäuerin ein Ohr abgeschnitten wird und der Zuschauer ein blutiges Schweineohr in die Hand gedrückt bekommt, dann ist das graduell eine andere Erfahrung als wenn er Zeuge des gleichen Geschehens auf dem Fernsehschirm wäre). So aufgefaßt, gilt die Erfahrung, die mit dem Theater verbunden ist, als echt, weil sie keines anderen Mediums bedarf. In einer Zeit der Sekundärerfahrungen, der Erfahrung aus zweiter Hand, ist mit dem Theater direktes Erfahren möglich. Das Mitmachen, das *groove,* ist alles, es gibt keine Botschaften an sich mehr, die in dieser oder einer anderen Form vermittelt werden, sondern der Vorgang, der im Augenblick zwischen allen Anwesenden stattfindet, ist die Botschaft (Laing / McLuhan).

Eine Sprache des *'now'* entsteht, die nur unter den Teilnehmern gilt und nicht notwendigerweise aus Wörtern bestehen muß. (Eine ähnliche Erscheinung findet man in der Folkmusik, z. B. basieren Songs von Janis Joplin, die sie bei öffentlichen Auftritten singt, oft nicht auf einem verbal faßbaren Text, sondern auf Lauten.)

Die Erscheinungsformen des Lebens in den USA erscheinen immer mehr Leuten als eine Art von Theater, eine absurde Farce, in der Schauspieler auftreten, die oft nicht einmal ihren Text beherrschen. Demonstrationen werden immer häufiger nach sog. Szenarios (einem Terminus der Futurologen) ausgeführt, die Formen des Guerilla-Theaters sind immer schwerer von denen des sogenannten normalen Lebens zu unterscheiden. (Vergl. auch das Buch von Jerry Rubin: *Do it! – Szenarios for the Revolution.)*

Die 'Neue Sexualität' führte zu einer neuen Auffassung vom Körper. Diese Auffassung ging aus von einer Negierung der bestehenden Moralvorstellungen und wurde von den Auswirkungen der Antibaby-Pille im weitesten Sinn und der Drugs beeinflußt, sowie von der Haltung des *do your thing as long as it hurts nobody.* Nicht mehr die von den Reklamefirmen entworfenen Formen und Schönheitsideale sind gültig, sondern die Form, d. h. der Körper, wie er ist: jeder ist schön. Diese Tendenz beinhaltet auch ein Verschwimmen der Trennungslinien zwischen den Geschlechtern, zwischen Homo- und Heterosexualität.

Da die meisten Theaterleute in diesen Gruppen durch

die Umstände dazu gezwungen sind, neben dem Theater Gelegenheitsjobs zu machen, um ihren Lebensunterhalt zu verdienen, rückt die Bedeutung des Mediums 'als Kunst' an eine andere Stelle, als die von europäischen Maßstäben diktierte. Mit anderen Worten: Das Theater, das jemand macht, der z. B. tagsüber als Angestellter arbeitet, ist 'realistischer' als ein reines 'Kunst'-Theater.

Michael Smith

Interview

Ich bin am 5. Oktober 1935 in Kansas City, Missouri geboren. Ich habe auf dem College gespielt und Bühnenbilder gemacht. Dann kam ich nach Yale und machte da die Beleuchtung für eine kleine Theatergruppe. Ich blieb nur zwei oder drei Jahre in Yale und machte dann ein paar Stücke in einer sehr kleinen Stadt in Massachusetts. So um 1958 kam ich nach New York. Ich wollte Regisseur werden, wußte aber nicht wie und ging deshalb erstmal auf die Schauspielschule von Stella Adler. Ich blieb nur sechs Monate da. Es gab sehr große Klassen, und ich war sehr schüchtern und stand immer hinten in einer Ecke und hab nie was gemacht. Ich wollte ja sowieso nicht Schauspieler werden. Danach fing ich an, Kritiken für die Village Voice zu schreiben. Damals war das ein sehr kleines Blatt, ganz neu, und niemand wurde bezahlt. Es war alles nur sehr locker organisiert. Drei oder vier Leute schrieben damals Kritiken für die Voice. Ich fing ganz unten an, und nach einer Zeit von drei oder vier Jahren war ich ganz oben, von 1962 bis 1965 war ich Mitherausgeber der Voice. Das war zufällig, ich habe mich nicht angestrengt, ich blieb einfach da und hing immer rum. Ich hatte nebenbei auch noch andere Jobs, als Bote und so, langweilige Sachen. Zu der Zeit gab es noch kein OOB, es gab vielleicht ein paar Gruppen, aber sie verstanden sich nicht als eine aktive Bewegung so wie heute. Es fing zwar an damals, aber kaum einer wußte etwas darüber. OOB ist sowieso ein höchst unglückliches Wort für die Bewegung. Man kann heute nichts mehr dagegen machen, aber es ist ein schlechtes Wort. Der Name OOB wurde 1960 von Jerry Tallmer in der Village Voice zum ersten Mal gebraucht. Tallmer war damals Redakteur der Voice, er schreibt heute für die New York Post. Er setzte den Titel OOB über die Liste der Theater und der Produktionen, die damals hier spielten. Die Liste gibt es heute noch. Ich selbst war in diesen ersten Jahren, 1960, 61, 62, viel im Caffe Cino und in all den Theatern, die später zum OOB wurden.

Die Arbeit war damals so anders. Es wußten nur wenige überhaupt was davon, und es gab nicht diesen öffentlichen Druck, dies große Publikum wie heute. Es war alles freier. In den ersten Jahren wurden hier übrigens nicht nur neue Stücke gespielt. Im Cino und in den anderen gab es eine Menge europäischer Dramen, die sonst nicht produziert wurden. Beckett, Williams-Einakter und so. Irgendwann, so 1962/63 fingen sie dann mit neuen Stücken an. Damals gab es überhaupt keine Möglichkeit für junge, unbekannte Autoren, ihre Stücke aufgeführt zu sehen. Heute ist das anders, es gibt Möglichkeiten in den Colleges, Universitäten und überall. Die Voice hatte, schon als ich anfing für sie zu schreiben, einen sehr großen Theaterteil, aber es wurden da nur OB-Produktionen rezensiert, denn OOB kannte noch niemand. Damals zu Beginn der sechziger Jahre war der Broadway noch ziemlich stark, und die Stücke, die der OB machte, wurden in keiner Zeitung erwähnt. Der OB hatte niemand, der über ihn schrieb, und das hatte die Voice übernehmen wollen. Es gab da noch keine OB-Publicity-Maschine.

Manche Leute sagen heute, daß der OOB anfing, weil der OB zu teuer wurde. Der OB sei vorerst ein experimentelles Theater gewesen, das neue Stücke aufführte, aber dann sei es da so teuer geworden, daß keine neuen Stücke mehr gemacht wurden und man nichts mehr ausprobieren konnte. Und deshalb sei der OOB entstanden. Ich glaube nicht, daß das wirklich wahr ist. Das ist das Klischee. Es werden selbst heute noch im OB neue Stücke gemacht, eine ganze Menge, meist ziemlich entsetzliche, neue Stücke werden da kommerziell produziert. Was ist also der Unterschied zwischen OB und OOB? Nun, in den letzten Jahren ist die Situation hier so verquer geworden, und es hat sich alles so verdreht, daß ich gar nicht mehr weiß, was los ist. Ich kann gar nicht mehr versuchen da mitzumachen. Schön, es gibt ein paar offizielle Unterscheidungen zwischen OB und OOB. Im OB hast du Verträge, die Schauspieler werden nach den Equity-Sätzen, nach den Sätzen der Schauspieler-Genossenschaft bezahlt, im OB mußt du einen Presseagenten haben, wenn du eine Produktion herausbringen willst. Es gibt die Vereinigung der OB-Theaterbesitzer und all das, und die OB-Theater gelten steuerlich nicht als Non-Profit-Organisationen. Ihre ganze ökonomische Struktur ist anders als die der OOB-Theater und nicht nur diese, ihre Theater selbst sind anders. Das ganze Theater im OOB passiert in Häusern, die nicht als Theater konzipiert wurden. Dadurch verändert sich das Denken der Leute und ihre Abhängigkeit von bestimmten Normen, der bestimmten Art, wie eine Bühne auszusehen hat. Man kann im OOB nicht mehr das machen, was bisher zu einem der Normaltheater gehörte, man hat nicht mehr die gleiche Beziehung zwischen Bühne und Publikum. Das ist gut und hat viele neue Wege eröffnet. Du kannst das Publikum in einem der Normaltheater nicht beteiligen, nicht einbeziehen, sie sitzen aufgereiht auf festen Plätzen, da bekommst du sie nicht raus. Das ist also schon gut, nur daß heute im OOB alles total durcheinandergeht, alle Formen sind zerbrochen, und du weißt gar nicht mehr, in welcher Form du eigentlich arbeitest, in welchem Stil, es gibt keinen einheitlichen Stil mehr, zu dem du in Beziehung arbeiten könntest. Die Leute sind alle auf ihren eigenen Hintern und ihr eigenes Talent geworfen. Dies OOB hier hat mit sämtlichen Traditionen des amerikanischen Theaters gebrochen, es scheint damit überhaupt nichts mehr zu tun zu haben.

Im Mai 1968 habe ich aufgehört, für die Village Voice Kritiken zu schreiben. Ich habe selbst im OOB inszeniert und ein paar Stücke geschrieben, aber ich war sehr entmutigt von der ganzen Sache. Ich sah alles, was passierte, sehr negativ, und mir behagte der Trend der Sache nicht mehr. Es war jetzt Publikum da, es war jetzt Geld da, alle Leute im OOB hatten ihre Karriere. Man rannte um das Geld von den Stiftungen, und man warb um die Aufmerksamkeit der Öffentlichkeit. Es war ein harter Wettbewerb, es war ein Konkurrenzkampf entstanden. Zum Beispiel Ellen Stewart hat heute zwei Theater, ein ganz großes Haus, sie braucht natürlich fünfzigmal mehr Geld als früher, und um das Geld zu beschaffen, muß sie alles mögliche unternehmen. Nun, alles das kam da mit rein. Die Motive waren suspekt geworden. Vielleicht war das alles nur Einbildung von mir, aber ich mußte mich mit Sachen befassen, die mich nicht mehr interessierten. Ich verurteile das Ganze nicht, aber ich wollte es nicht mehr jede Woche beurteilen und versuchen müssen, fair dabei zu sein. Ich wurde einfach krank davon. Es war so schwer. Auf der einen Seite war ich Kritiker und sollte beurteilen, bestimmte Maßstäbe definieren, der Sache des Theaters nützen, und auf der anderen Seite war ich ein Teil der Publicity. Die Leute wollten, daß ein Kritiker kommt, um in der Zeitung eine tolle Kritik zu haben, um Publikum zu haben. Aber 80 % der Kritiken waren nicht toll. Es ist ein widerliches System, ich hasse es, und ich bin heilfroh, daß ich nicht mehr Kritiker bin, das sag ich dir. Es war so eine Art Machtposition, die ich hatte, und mir wurde schlecht dabei. Es war so indirekt, du kommst, nachdem alle Arbeit gemacht worden ist, und siehst es dir an, und dann urteilst du darüber, und dein Urteil wird ungeheuer wichtig genommen. Ich denke, es sollte nicht so verdammt wichtig genommen werden.
Es gibt bestimmte Sachen, die ich mag, aber ich habe keinen Grund zu glauben, daß sie besser sind als die Sachen, die ich nicht mag. Diese Macht, das Publikum zu beeinflussen, kann nützlich sein, allgemein gesehen; aber in diesem Fall war sie gefährlich, und ich habe immer versucht, meine eigene Machtposition zu untergraben.
In den letzten paar Jahren ist im OOB eine sehr merkwürdige und unnatürliche Situation entstanden. Der OOB wird praktisch von Ford und Rockefeller und den anderen Stiftungen unterhalten. So um 1966 ungefähr fing das an. Aus der Bewegung waren eine Menge neuer Autoren entstanden, die langsam an Reputation gewannen, aber noch keinen richtigen Erfolg gehabt hatten. Damit sie weiterarbeiteten, gaben ihnen die Stiftungen Geld. Rockefeller zum Beispiel vergab innerhalb von 2, 3 Jahren ungefähr an fünfzehn einzelne Autoren Stipendien. Alle, die heute einen Namen haben, bekamen eins. Es waren kleine Summen, so 3–4000 Dollar, gerade um ein Jahr davon zu leben. Ford hatte auch ein Programm für einzelne OOB-Autoren. Ich war in der Zeit einer ihrer Lektoren und weiß, daß es nicht sehr erfolgreich war. Sie machten das so: Sie wählten ein Stück aus und gaben es dann an eines der amerikanischen Regionaltheater zur Aufführung, wobei sie einen Teil der Produktionskosten trugen. Die Regionaltheater waren von Ford schon vorher mit großen Summen unterstützt worden. Das Autoren-Programm wurde bald eingestellt, sie fanden keine geeigneten Stücke. Es war sowieso nicht sinnvoll, weil das Geld nicht direkt an den Autor, sondern in eine Institution ging. Der Autor hatte vielleicht einen großen Erfolg in Dallas, Texas, in einem schönen Theater, wohin die high society von Texas kam, eine teure Produktion, ja und? Man überließ ihn ganz dem, was nach der Produktion passierte, und meist passierte da nichts. Das ist unnütz, es nutzte nur den Institutionen und nicht dem Einzelnen. Dann gaben die Stiftungen auch noch Geld an OOB-Theater. La Mama bekam ziemliche Summen von Ford und Rockefeller und anderen, um das neue Haus zu kaufen, es zu renovieren und die beiden Theater einzurichten. Ich weiß nicht genau, wieviel die Stiftungen in den OOB investierten, aber ich sehe die Ergebnisse davon, und das sind künstliche Erfolge.
Die wahre Existenz des Theaters liegt in seiner Beziehung zum Publikum, der direkten Beziehung zwischen Darstellern und Zuschauern, das ist real. Einmal eine gute Kritik zu bekom-

men oder eine teure Produktion zu haben, ist unreal und hat mit Theater nichts zu tun. Das Theater und jede andere Kunstform braucht die Unterstützung durchs Publikum, und dem dient das Geld der Stiftungen überhaupt nicht. Das Geld kann helfen, aber wenn mit dem, was damit gemacht wird, das Publikum nicht erreicht wird, was soll's? Zum Beispiel Theatre Genesis bekam enorm viel Geld, bekommt noch immer viel Geld, und sie können ihre Leute davon sehr gut bezahlen. Die Autoren bekommen da für ein Stück vielleicht 1000 Dollar, verglichen mit La Mama, wo sie überhaupt nichts bekommen. Na, jedenfalls im Genesis haben alle durch das Geld der Stiftungen einen ganzen Lebensstil entwickelt, aber ein Publikum haben sie noch immer nicht. Wenn die Stiftungen aufhören zu zahlen, bricht es zusammen. Puff! Es kommen Leute ins Genesis, aber sie müssen nichts zahlen, weil Genesis keinen Eintritt verlangt, also gibt es da überhaupt keinen realen Bezug zum Publikum. Es ist eine total abgeschlossene Welt.

Es war anders früher. Zum Beispiel das Caffe Cino und Joe Cino. Es fällt mir schwer, darüber zu sprechen, weil ich glaube, zu der Tragödie selbst beigetragen zu haben. Ich war sehr naiv damals und ging von der Annahme aus, daß jeder seinen Namen gern in der Zeitung sehen wollte, daß Publicity immer wünschenswert ist und jeder erfolgreich sein wollte. Aber Joe Cino war demgegenüber total indifferent, er war anders, er war nicht daran interessiert, ob die Autoren, die er spielte, eine Karriere haben könnten oder zu welchen Ergebnissen die Arbeit führen würde. Ellen Stewart versucht immer, ihre Autoren weiterzubringen, sie ins kommerzielle Geschäft zu bringen, damit sie ein großes Publikum und tolle Produktionen haben, damit sie dahin kommen, was wir die Real World nennen. Joe Cino lag daran überhaupt nichts, und das hätte ich von ihm lernen sollen, anstatt seine Sache mit anderen zu vermischen. Joe war interessiert an diesem Platz, dem Caffe Cino, an dem, was da geschah, an den Beziehungen, die sich zwischen den Menschen entwickelten, die in diesen vier Wänden anwesend waren, an der Magie, die durch ein Stück da entstehen konnte. Es war die Sache des Augenblicks, die er suchte. Indem ich darüber schrieb, indem ich es publizierte... Mensch, es ist so verdammt schwer zu kapieren, was in einem anderen vorgeht, und Joe war fast ein verschlossener Mensch, er war warm, freundlich, offen, er hatte Geist und große Energie, aber seine Ideen über das, was er da im Cino machte, äußerte er nicht und schrieb nie darüber.

Irgendwie war es typisch, es drückt was aus, daß, als das Caffe Cino 1965 abbrannte und alle ihn drängten, in einen größeren Raum zu ziehen, weil das Café winzig war, er absolut nicht wollte. Die Leute wollten ihm helfen und machten Benefits und sammelten Geld für einen größeren Raum, aber er war dagegen, obwohl es ein Jahr dauerte, bis das alte Café wieder richtig lief. Joe starb zwei Jahre später im März 1967. Ich weiß nicht und niemand weiß, warum er Selbstmord machte. Er wurde innerhalb von ein paar Tagen verrückt, aber es bleibt trotzdem alles mysteriös. Wir alle hätten begreifen müssen, wir sind aber alle davongerannt vor der Situation, wir wollten mit einer Tragödie nichts zu tun haben, niemand will das. Ich will heute nicht darüber spekulieren, und ich will nicht, daß es andere machen, was damals in seinem Kopf vorging, aber wir haben alle ein gräßliches Gefühl von Versagen.

1

Ellen Stewart

Interview

O ja, es hat sich am Broadway schon einiges verändert in diesen letzten zehn Jahren, seit La Mama gegründet wurde. Die meisten Theater am Broadway bleiben heute dunkel, vor zehn Jahren florierten sie besser. Die zweite Veränderung ist, daß heute auch Schauspieler ohne Equity-Karte, also solche, die noch in keiner professionellen Aufführung mitgewirkt haben, am Broadway vorsprechen können. Vor allem, wenn sie vom OOB kommen. Der Broadway ist ziemlich interessiert daran, unsere Schauspieler und unsere Regisseure zu benutzen. Ich glaube, das ist hauptsächlich durch *Hair* gekommen. *Hair* hat die Haltung der kommerziellen Produzenten ziemlich verändert. Nicht durch künstlerische, aber durch finanzielle Interessen. *Hair* läuft jetzt seit zwei Jahren und ist immer noch ausverkauft. Und das allein ist es, was die Theaterbesitzer und Produzenten am Broadway interessiert. Sie haben immer ihre alten Rezepte benutzt, Stars engagiert und versucht, müde Geschäftsleute und Touristen und alle die zu aspirieren, die sich ködern ließen von dem, was man den Zauber des Broadway nannte. Und sie machten damit lange Zeit volle Kassen. Aber in den letzten Jahren wirkten die alten Rezepte nicht mehr, und viele Theater mußten schließen. Sie schauten herum, um zu sehen, was überlebt hatte. Und da ist *Hair,* das so gut geht wie am ersten Tag. Es war eine große Paralyse.
Heute versucht jeder, der am Broadway etwas herausbringt, es nach *Hair* zu strukturieren. Natürlich machen sie das nicht eigentlich der Kunst wegen, sondern ihrer Kasse wegen. Trotzdem bringt das automatisch auch künstlerische Veränderungen mit sich. Bei den amerikanischen Regional-Theatern ist es ähnlich. Sie kranken alle an der Kasse und sind völlig abhängig von ihrem Abonnements-Publikum. Deshalb versuchen sie alles zu imitieren, was erfolgreich zu sein scheint. Das neue Theater scheint erfolgreich zu sein. Also versuchen sie, neues Theater zu machen. Das Dilemma ist nur, daß sie nicht wissen, wie sie es machen sollen, sie haben kein Konzept. Ihre Versuche waren daher meist Fehlschläge. Heute gibt es Ansätze, wo sie wirklich versuchen zu lernen, was neues Theater ist, damit sie es benutzen können, damit sie überleben können.
Dann gibt es noch die kleinen Theater. Das ist eine Bewegung, die ständig wächst. Du hast sie in Los Angeles, San Francisco, Chicago, Minnesota, Philadelphia, Seattle, in Atlanta und in Texas. Im ganzen Land gibt es viele, viele kleine Gruppen, die versuchen zu werden, was wir sind. Sie werden überleben, weil es keine andere Alternative gibt.
Wenn man bedenkt, daß sich vor zwei Jahren außerhalb New Yorks niemand für neues Theater interessiert hat, so scheint sich heute ganz Amerika dafür zu interessieren. Obgleich auch hier wieder das gleiche Dilemma ist, daß die meisten nicht wissen, was das ist. Sie hören nur davon. Einmal im Jahr kommen

sie her und schauen es sich an und gehen nach Hause und versuchen, es nachzumachen. Sie versuchen es, und in ein paar Jahren wirst du die Ergebnisse sehen können.

Ich glaube, La Mama ist wirklich wichtig geworden. Nicht nur für das etablierte Theater in New York, sondern auch für das nichtexistente Theater draußen im Land. Du hast es ja gesehen: Die Universität von Boston, die von Minnesota, Queens College und viele Schulen arbeiten heute in Verbindung mit La Mama. Und das ist nur der Anfang; noch vor ein paar Jahren hätten sie nicht im Traum daran gedacht.

Weißt du, seit unserer ersten Europatournee 1965, die wir eigentlich nur gemacht haben, um Kritiken zu bekommen – hier schrieb nämlich keiner über uns –, da hab ich verstanden, daß wir in akademischer Hinsicht viel zu lernen haben. Wir sind ein experimentelles Theater mit eigenen Stücken, mit selbstentwikkelten Techniken und selbstgefundenen Haltungen, aber wir wissen wenig von Theater-Theorie. Und in Europa findest du ein so vollständiges Wissen. Ich wünsche mir sehr, diese beiden Geister zu verbinden, damit das eine dem anderen gibt, was ihm fehlt. Ich glaube, es wäre phantastisch, die zwei Mentalitäten zusammenzubringen. Denk an Götz Fritsch aus Österreich. Er hatte keine Idee, was neues Theater ist. Dann sah er La Mama Plexus in Amsterdam, und er kam durch seine Regierung hier nach Amerika, und er verband, was in seinem Kopf war, mit dem, was er gesehen hatte. Das gleiche ist mit Andrej Sherban aus Rumänien. Das gleiche ist mit Ching Yeh, der aus Taiwan kam, mit all dem, was er gelernt hatte über Theater. Sie alle haben hier im La Mama angefangen, mit neuen Techniken zu arbeiten, und wir hatten so unsere ersten Schmelztiegel. Ich glaube nicht, daß Andrej oder Götz oder Ching jemals wieder die gleichen Regisseure sein werden, die sie waren, bevor sie zu uns kamen.

Bei all dem, was ich erzähle, mußt du immer wissen, daß ich La Mama nicht deshalb angefangen habe, weil ich am Theater interessiert war. Glaub mir, ich wußte nichts über Theater. Außer, daß Paul Foster und mein Bruder James Light es machen wollten. Das Theater hätte mir nicht weniger bedeuten können. Aber die beiden haben mir was bedeutet. Ich hätte alles getan, um die kleinen Lichter in ihren Augen zu sehen. Wenn sie einen Zirkus hätten haben wollen, dann wären wir heute ein Zirkus. Oder ein Zoo, und ich würde jetzt Tiere füttern. Verstehst du? Ich möchte niemals, daß du glaubst, ich hätte die große Antwort für Theater gehabt und dann La Mama angefangen. Wir hätten auch eine Bäckerei aufmachen können, und ich würde heute Kuchen backen. Ich weiß, daß es nur mein Interesse an den Menschen war, das in Theater kanalisiert wurde. Es hätte in alles mögliche andere kanalisiert werden können. Aber die beiden wollten Theater machen, obwohl sie damals noch nie ein Stück geschrieben hatten und nur davon sprachen. Paul ist heute ein großer Autor, aber damals redete er nur darüber. Er ist wirklich mein Baby. Ich glaube, du verstehst das: eins meiner Babies, so wie Leonard Melfi und viele andere im La Mama. Was mich interessiert, sind Menschen. Ich sehe das kaum so ausschließlich bei anderen. Es ist seltsam: Wenn jemand nach New York kommt, dann fühlt er sich wie weggeschmissen. Dabei wäre es die Sache einer halben Stunde, ihn fühlen zu lassen, daß er etwas bedeutet in dieser Welt. Aber die Leute denken so nicht. Nein. Die Leute versuchen immer nur sich selbst weiterzubringen, niemals die

Sache. Wenn sie an Theater interessiert sind, dann sind sie an ihrem Interesse an Theater interessiert, sonst nichts. Ich glaube, was mich gerettet hat, ist, daß mein Interesse nicht Theater war. Es waren die Menschen. Oft, wenn du in ein Theater gehst, findest du einen Klüngel. Die Frau macht was, der Bruder macht was, und ihr Interesse liegt daran, was das Theater einbringt. Aber mein Interesse ist, was Menschen einbringen. Ich liebe es, sie glücklich zu sehen. Ja, so ist es, das ist meine Sache. Natürlich hab ich gelernt – und ich glaube, ich bin da sehr intuitiv –, was das Theater angeht. Aber ich hätte auch lernen können, einen Zirkus zu führen.

Früher hab ich in den großen Fabriken der Bekleidungsindustrie gearbeitet und all diese Leute da unterrichtet. Ich hab ihnen nähen und alles mögliche beigebracht. Es waren fast alles Ausländer, meist Italiener und Spanier. Sie waren hier oft schon seit drei Generationen und konnten die Sprache des Landes nicht sprechen, in dem sie lebten. Es waren Menschen, die niemals aus Brooklyn herauskamen; höchstens mal zu Weihnachten, um sich den Weihnachtsbaum vor der Radio City Hall anzusehen. Ich hab vielleicht in sechs verschiedenen Fabriken gearbeitet, mit 700 oder 800 Leuten. Jedem einzelnen hab ich was zu tun gegeben, kleine Dinge, weißt du. Einer war von der Schule abgegangen, er sollte wieder hingehen: alles solche Dinge. Ich liebe die Menschen, das ist meine ganze Sache.

Ich weiß noch nicht genau, wie alles werden wird. Ich weiß nur, La Mama braucht mehr Platz. Ich glaube nicht, daß es gefährlich ist, wenn wir uns vergrößern. Wir forcieren es nicht, es geht von selbst. Ich würde gern so vielen Menschen helfen können, wie ich helfen möchte, und so viele Dinge tun. Aber wir haben in unserem Workshop zum Beispiel keinen Platz für alle Leute, die gern von uns lernen würden. Du kannst nicht mit 40 auf einmal arbeiten, so wie wir es versucht haben, da lernt keiner was. Dann fehlen uns auch Probenräume. Wieviel besser kann eine Arbeit werden, wenn du statt drei – fünf Stunden am Tag probieren kannst. Aber wenn ich jetzt einem den Raum fünf Stunden gebe, kann ein anderer ihn gar nicht haben. Also brauchen wir mehr Platz. Und dann hoffe ich, daß wir einen Austausch haben werden. Daß einige von uns nach Europa gehen und einige aus Europa hier arbeiten. Dieser Austausch ist sehr wichtig,und auch dafür brauchen wir Platz. In anderen Worten: Was wir brauchen, ist ein zweites Haus, das würde unsere Probleme lösen. Ich würde nicht wollen, daß La Mama dann noch weiter wächst, es würde ein Gigant werden. Aber ein zweites Haus wäre nötig, damit man für alle, die hier unterrichtet werden wollen, eine Schule einrichtet. Keine große Schule. Mein Traum wäre, das Haus mit der Wäscherei hier neben uns dafür zu bekommen. Ich glaube nicht, daß es geht, aber es wäre wunderbar. Wir hätten dann alles dicht beisammen. Ich würde es so einteilen: Im ersten Stock wär ein Theater und im zweiten Stock zwei Arbeitsräume. Du hättest vier Wochen Anfangstraining im ersten und vier Wochen weiteres Training im zweiten Arbeitsraum. Dann gehst du runter ins Theater für acht Wochen. Das heißt, sechs Wochen davon arbeitest du an einer Produktion, und die übrigen zwei Wochen sind Vorstellung. Das würde dem ganzen Training dann den Abschluß geben und die Arbeit sichtbar machen. Jeder würde also vier Monate hier arbeiten, wobei die beiden Etagen in Perioden von sechsmal zwei Monate eingeteilt wären. Das heißt, wir hät-

ten sechs Produktionen im Jahr. Damit würden wir auch sechs Regisseure haben. Nimm an, Deutschland schickt einen, Schweden einen, Österreich, Holland, Frankreich und Italien einen. Dazu hätten wir dann sechsmal zehn Schauspieler. Das wär dann so: Wenn die erste Gruppe nach zweimal vier Wochen Training runter ins Theater geht, fängt die zweite Gruppe im ersten Arbeitsraum an zu arbeiten. Wenn dann die erste Gruppe nach zwei Monaten das Theater verläßt, geht die zweite rein, während die dritte Gruppe mit dem ersten Monat Training beginnt.
Du hättest eine Menge verschiedener Menschen und Talente: im Jahr 6 Regisseure, 60 Schauspieler, dazu 6 Tontechniker, 6 Beleuchter, Musiker... es wär schön, was da entstehen könnte. Was ich mir dann noch wünschen würde, wär, daß eine gleiche Schule irgendwo in Europa aufgebaut würde. Das gleiche, nur umgekehrt. Es würden Amerikaner hingeschickt werden. Diese beiden Schulen wären dann wie zwei riesige Milchbrüste. Das ist mein Traum. Manche sagen: Ellen Stewart will die ganze Welt aufgabeln. In einem gewissen Sinn ist das richtig. Ich möchte ein kleines bißchen von jedem in meinem Bauch haben. Nicht um darüber zu herrschen, um es zu schmecken. Um zu lernen, wie es schmeckt. Ich liebe das.
Es wäre phantastisch, wenn in allen Ländern so eine Schule aufgebaut würde. Denk dir, es wären zwölf Länder; du kannst dir vorstellen, wie das ginge. Jedes Land würde einen Schauspieler schicken, und die würden dann in zwölf verschiedene Länder gehen und mit zwölf verschiedenen Zungen reden. Fabelhaft! Da muß es anfangen. Mit Erziehung hat es immer angefangen. Vor vielen hundert Jahren wurde die gesamte Erziehung von Priestern geleitet, vornehmlich aus religiösen Gründen. Man ging in ein Kloster oder in eine Synagoge, und das Kloster schickte den einen dann dahin und den anderen dorthin, und die Synagoge machte es genauso. Und so wurden die Leute erzogen. Ich will nicht religiöse Reflektionen übertragen, aber es hat ganz einfach so angefangen, wie wir das jetzt auch tun.

Andrej Sherban

Interview 8. 2. 1970

Andrej, weshalb bist du nach Amerika gekommen?
Ich hatte eine Menge über eine neue Art, Theater zu machen, gehört, ich wußte etwas über das Living Theatre. Ich hatte von dieser ganzen Bewegung eine Menge gehört, aber niemand hatte wirklich etwas gesehen. Und ich habe gefunden, daß hier tatsächlich etwas Neues passiert. In Europa haben wir eine ganz andere Beziehung zwischen Schauspieler und Publikum. Es ist viel konventioneller in Europa, viel geformter, viel unabhängiger von uns, wie wir gerade sind oder nicht. Die Schauspieler hier in der Bewegung sind viel wahrhaftiger, viel ehrlicher, sie verstecken sich viel weniger. In einer bestimmten Weise sind sie viel naiver, viel direkter. Zum Beispiel war in meiner Inszenierung diese Kampfszene; als wir probierten, sagte ich: "Kämpft einfach mal!" Und was sich entwickelte, war ein echter Kampf, Blut floß, sie fielen und verletzten sich, und ich unterbrach, weil ich erschreckt war. Sie haben keine Angst, Risiken einzugehen.
Aber glaubst du, daß dadurch eine neue Perspektive zum Zuschauer entsteht?
Ich meine, selbst wenn die Schauspieler sich wirklich umbringen, entsteht dadurch nichts wesentlich Neues, sie haben echte Morde oder Tode längst im Fernsehen gesehen. Die neuen Gruppen, sagen wir: das Living, das Open Theatre, das Bread and Puppet, haben darauf eine Antwort gegeben, die heißt: Wir sind jetzt hier in diesem Raum, und wir stellen jetzt eine lebende Kommunikation her zwischen uns und euch. Wir haben Körper, wir sind Menschen, und wir machen jetzt hier mit euch in diesem Raum ein Ritual. Es wird heute anders sein als gestern oder morgen, es kann nicht wiederholt werden.

ANDREJ SHERBAN ist Rumäne, kam Ende 1969 ans La Mama in New York. Peter Brook, der Sherbans Inszenierungen von Ubu (Jarry) und Arden of Feversham im La Mama sah, verpflichtete ihn als Mitglied des Experimentellen Theater-Laboratoriums nach Paris.

Tom O'Horgan

Interview

TOM O'HORGAN kam Anfang 1964 ans La Mama und inszenierte dort Genets *Zofen.* Er wurde *Director in Residence* und reiste '65 mit einer Gruppe von La-Mama-Schauspielern auf Einladung von Elsa Gress, in deren Haus die Gruppe ein halbes Jahr lang wohnte, nach Dänemark. Die Gruppe lebte sehr eng zusammen und entwickelte einen Stil, der auf die Vereinigung verschiedener Kunstformen abzielt (Musik, Körpersprache, Text, Lichtshow, Skulptur usw.). Dieser Stil basiert auf Tom O'Horgans (Renaissance-)Idee vom Gesamtschauspieler, d. h. ein Spieler, der singen, tanzen und jonglieren kann, der verschiedene Musikinstrumente beherrscht, außerdem ausgezeichnet spricht usw. Um diesen Forderungen zu genügen, wurden im La Mama Workshop-Programme entwickelt, die den Schauspielern zusätzlich zu den Stückproben die Möglichkeiten verschiedener Techniken zur Verfügung stellen. Es gibt kaum eine Trainingsmethode – vom Geisha-Unterricht über Kathakali, von Gestalttherapie bis zum Unterricht für geistig Zurückgebliebene –, die in diesen Workshops nicht ausprobiert worden wäre und Spuren hinterlassen hätte. Folgerichtig hatten auch die von Grotowski entwickelten Techniken einen starken Einfluß, wenngleich auch das O'Horgan'sche Theater mit dem *armen Theater* wenig gemein hat. Im Gegensatz zu den asketischen Methoden Grotowskis, die sich ausschließlich mit dem Material Körper und Stimme beschäftigen, zielt O'Horgan auf eine Verwendung sämtlicher nur irgend denkbarer Theatermittel hin. In diesem *Totaltheater* ist auch der Text nur ein Element unter vielen, was den Vorwurf hervorrief, O'Horgan töte den Autor.
O'Horgans wichtigste Inszenierungen im La Mama waren *Futz* von Rochelle Owens und *Tom Paine* von Paul Foster; am Broadway und in London inszenierte er den Welterfolg *Hair;* er drehte den Film *Futz* und den Fernsehfilm *Heimskringla* (P. Foster), den ersten Film in der neuen Aufzeichnungstechnik *Videospace.* Ende 1969 verließ O'Horgan das La Mama, um eine eigene Gruppe aufzubauen, deren Kennzeichen neben den beschriebenen Techniken ein permanenter Rollenwechsel ist, d. h., daß jeder Schauspieler jeden Abend eine andere Rolle spielt. Beabsichtigt ist damit eine ausgeglichene Inszenierung, in der jeder Schauspieler an jeder Rolle gleich interessiert ist. Nach mehrmonatigen Proben ging die Truppe 1970 auf eine Tournee durch Amerika und Europa (Stücke: *Melodrama Play* und *Holy Ghostly* von Sam Shepard, *Gurtons Apocalyptic Needle,* eine Kollage aus einem mittelalterlichen kirchlichen Drama und einem derben Tudorstück).

***ARDEN OF FEVERSHAM* IM LA MAMA, REGIE: SHERBAN**

Du hast dich von La Mama getrennt und versuchst jetzt, eine eigene Gruppe aufzubauen; was sind die Ziele dieses Theaters?
Wir wollen ein Theater machen, das sich mit neuen und alten Stücken beschäftigt, d. h., wir wollen eine Art von gemeinsamem Stil für beide entwickeln. Ich habe mich die letzten fünf Jahre nur mit neuen Stücken beschäftigt, und ich glaube, daß man an den klassischen Stücken nicht einfach vorübergehen sollte.
Denkst du daran, die klassischen Stücke mit einer modernen Interpretation zu machen, oder wollt ihr euch bemühen, sie so zu spielen, wie sie geschrieben wurden?
Es ist unvermeidlich, das, was du eine moderne Interpretation nennst, zu machen, weil du eine Person bist, die von heute geprägt ist; es entsteht ganz natürlich eine Verbindung des alten Stückes mit heute. Andrerseits bemühen wir uns, nicht im Theater zu sitzen, isoliert von der Welt, und einen Klassiker zu machen. Die Beziehung zu heute, soweit sie nicht schon durch unsere Persönlichkeit gegeben ist, muß auf jeden Fall da sein.
Bevor du zum Theater kamst, warst du Musiker. Beeinflußt das deinen Stil noch heute?
Ich glaube, daß es ein Fehler ist, diese Trennung zu machen zwischen Musik, Tanz, Sprechtheater usw. Wenn du etwas machst und Leute einlädst, es zu sehen, ist es schon Theater, vielleicht eine bestimmte Art von Theater, aber immerhin Theater. Es ist Unsinn, ein Stück zu machen und zu sagen: dies wird ein Drama, dies eine Komödie, dies ein Musical, es ist alles eine Form von Kommunikation, bei der du verschiedene Seiten benutzt, um dich auszudrücken. Ich zum Beispiel habe als Kind angefangen, 'Regie' zu führen, ich hatte eine Gruppe, dann habe ich Musik studiert mit den entsprechenden Examen, dann habe ich eine Ausbildung als Tänzer, aber das ist alles ein und dieselbe Person.
Weshalb machst du überhaupt Theater? Du hast jetzt Probe gehabt, du bist erschöpft, du arbeitest zwölf, sechzehn Stunden am Tag, du steckst dein Geld in die Gruppe…
Das ist sehr schwer zu sagen: Mein Leben war immer in Perioden unterteilt, wo ich sehr viel arbeitete, und welche, wo ich gar nichts tat. In Zeiten, in denen ich arbeite, habe ich immer das Gefühl, eine Unmenge zu sagen zu haben. Was wir gerade jetzt versuchen, ist sehr schwierig, weil eine Gruppe aufzubauen, die für mehr als eine Produktion zusammenbleibt, das schwerste ist, was man sich vornehmen kann. Du mußt dich nicht nur mit dem beschäftigen, was einer auf der Bühne macht, sondern auch noch mit all den anderen Problemen, die auf diese Weise entstehen. Andrerseits ist es sehr wichtig, daß die Leute, die im Theater auftreten, als Menschen zusammenarbeiten: das ist das, was den meisten Theatern so fehlt. Du weißt, daß in Amerika immer der Traum vom Subventionstheater geträumt wird. Ich glaube nicht, daß das alle Probleme löst. Theater ist nicht so et-

was wie öffentlicher Dienst, es genügt nicht, daß die Leute da einfach ihre Arbeit tun, sie müssen sie genauso tun, wie sie leben. Die einzige Schwierigkeit, die das Subventionstheater löst, ist vielleicht der Aspekt, daß ein Stück, das du machst, nicht erfolgreich in der Kasse sein muß. Aber die Haltung der Schauspieler, die dort arbeiten, ist die: Gut, ich habe hier meinen Job, ich muß arbeiten, um zu leben usw. Diese Leute verwechseln die Arbeit im Theater mit der auf der Post. Ich habe in Dänemark am Königlichen Schauspielhaus inszeniert, und das war sehr entmutigend, was die Aspekte des Subventionstheaters angeht. Obwohl ich viele junge Schauspieler hatte, war es fast unmöglich, die nötige Energie oder auch nur das Interesse bei ihnen zu erwecken. Sie riskierten überhaupt nichts, wenn sie nicht richtig arbeiteten, sie konnten ihre Stelle nicht verlieren. Irgendwie, glaube ich, muß der Mensch ein Gefühl dafür bekommen, daß das, was er tut, bedeutend ist. Ich meine: Wenn ich meine Stelle nur verlieren kann, wenn ich den König umbringe oder das Schauspielhaus niederbrenne – wie wichtig ist dieser Job? Ich meine nicht, daß man nun ein Sklave seiner Arbeit werden wollte, sondern daß man seine Arbeit tun sollte, und zwar so, wie man lebt. Das Eigenartige passierte, daß die Produktion von *Tom Paine* in Dänemark ein schlimmerer Kampf mit der Verwaltung und den Managern war als in irgendeinem kommerziellen Theater in Amerika.

TOM O'HORGAN

Du hast einen Namen, du hast Hair *weltberühmt gemacht. Siehst du eine Gefahr darin, auf eine bestimmte Weise festgelegt zu sein?*
Ja, natürlich, aber das ist nicht mein Problem, deshalb tue ich das, was ich gerade mache. Ich könnte heute jede Broadway-Show machen, nach *Hair*, aber ich habe einfach keine Lust dazu, ich wüßte nicht, warum ich es machen sollte. Wenn irgend etwas kommt, was mich wirklich interessiert, würde ich es machen.
Aber so einfach ist es nicht; ich meine, du mußt leben?
Ja, natürlich, aber es ist mir egal, ob ich morgen pleite bin, ich kümmere mich wirklich nicht darum. Wenn ich jetzt einen Film machen wollte, ich würde es tun. Aber ich will jetzt diese Gruppe machen, und also mache ich das. Wenn ich kommerziell erfolgreich sein wollte, würde ich mich nicht um Neues Theater kümmern. Ich weiß, wie man ein Stück erfolgreich machen kann, das ist kein Problem. Es ist sehr leicht, den Leuten zu gefallen; wenn es nicht so leicht wäre, gäbe es nicht so viele Leute, die davon leben.
Was bedeutet es, in New York zu sein? Wollt ihr lieber in Colleges oder Universitäten spielen als vor Village-Publikum?
Unglücklicherweise gehöre ich zu der Generation, die glaubt, New York sei wichtig. Viele junge Leute glauben das nicht mehr und gehen weg, und vielleicht haben sie recht. Vielleicht sollte man es einfach wegwischen. Ich habe lange in Chicago gelebt, und ich haßte jede Minute, die ich da war. Chicago ist auf schreckliche Weise ein Barometer von dem, was gerade vorgeht in Amerika. Aber inzwischen habe ich herausbekommen, daß es im Grunde gleichgültig ist, wo du lebst, und das ist das, was die jungen Leute wissen, die weggehen. Es hat keine Bedeutung, ob du mitten in Paris oder in der Mitte der Wüste bist.
Aber deine Umwelt formt dich und verändert dich.
Ja, natürlich, aber die Dinge, die dich formen, sind überall. Ich meine, die Westküste ist eine völlig andere Welt als New York,

aber wenn du erst daran gewöhnt bist, laufen die Erfahrungen auf dasselbe hinaus.

Glaubst du, man kann in der amerikanischen Gesellschaft viel ändern im Augenblick?

Ich glaube nicht, daß das möglich ist. New York oder die großen Städte sind nicht Amerika. Es gibt viele Gegenden in Amerika mit kleinen Städten, wo das Durchschnittsalter der Leute um Fünfzig ist; es gibt einfach keine jungen Leute mehr da. Solange diese Generation nicht ausgestorben ist, glaube ich nicht an wesentliche Veränderungen.

Du scheinst sehr sicher in deinen Meinungen, was richtig ist und was falsch und so weiter.

Es hat lange gebraucht, dahin zu kommen. Es gibt da eins, was ich begriffen habe: Das ist, daß ich mich, wenn ich etwas erreichen will, auf den Augenblick konzentrieren muß, in dem ich es tue. Die meisten Leute denken mehr über gestern und morgen nach statt sich mit jetzt zu beschäftigen. Dabei gibt es nur eins: jetzt. Das ist etwas, was mich am meisten aufbringt, wenn Leute mich zwingen, über gestern oder morgen nachzudenken. Das ist sicher sehr naiv, aber ich habe einen Verstand, mit dem umzugehen nicht leicht ist, weil er nicht auf der Erinnerung beruht. Ich kann etwas wiederherstellen, um mich zu erinnern, was ich tat. Das macht natürlich Proben sehr schwierig, weil ich mich oft wirklich nicht erinnern kann, wie wir es schon mal gemacht haben,und wir sozusagen endlos dasselbe machen. Auf der anderen Seite ist es sehr gut, weil es einen hindert, alte Sachen zu machen; man hat eine Art von echter Naivität. Ich kann Szenen ansehen, als ob ich sie wirklich noch nie gesehen hätte. Andrerseits sehen die Sachen, die ich mache, oft sehr ähnlich aus, weil ich mich im Lauf der Proben ähnlich entwickle. Es ist

nicht so, daß ich ein bestimmtes Vokabular entwickle, was ich dann jedes Mal zur Hand habe, sondern ich baue jedes Mal eine neue Sprache auf. Es brauchte lange Zeit, bis ich begriff, daß das sehr wertvoll sein kann. Ich verstand auch, daß es nicht sinnvoll ist, sich heute mit morgen zu beschäftigen, weil du den ersten Schritt heute tun mußt. Ich weiß natürlich eine Richtung, die ich einschlage, aber ich kann mich nicht lange mit Überlegungen abgeben, diese Richtung einzuschlagen. Ich sage: Was muß ich hier und jetzt tun, um dahin zu kommen, und nicht: Was wird morgen sein, und wie werde ich mich morgen verhalten müssen?

***HAIR*, REGIE: O'HORGAN**

Pierre N. Fränckel

Interview

Ich bin Schwede. Ich bin 1934 in Stockholm geboren. Ich war Schauspieler und war so eine Art Jung-Star im schwedischen Film und Fernsehen. Ich war eine Zeitlang in Paris, kam zurück und wurde Manager der Sanders Company. Die Company hat *I am Curious, Yellow* gemacht. Im Theater von Malmö habe ich dann Arrabals *Der Kaiser und der Architekt* inszeniert. Es wurde ein großer Erfolg, und ich bekam von überall Angebote. Jetzt habe ich ein Reisestipendium für Amerika, ich bleibe drei Wochen hier in New York und fahr dann weiter.
Nach Schweden kommen fast alle guten Stücke aus dem OOB. Wenn zum Beispiel Paul Foster oder irgend ein anderer ein neues Stück geschrieben hat, schickt er es zuerst nach Schweden. Schweden hat ein großes Interesse an dieser neuen Theaterbewegung hier im OOB. Ich selbst habe schon eine Menge von OOB-Stücken inszeniert. Aber das Theater in Schweden läßt sich mit dem amerikanischen Theater nicht vergleichen. Bei uns ist das Theater eine gesellschaftliche Notwendigkeit, so wie die Schulen, so wie die Krankenhäuser. Daher werden alle Theater in Schweden vom Staat unterstützt, aber du bist dabei absolut frei, niemand sagt dir, was du in deinem Theater zu tun hast und was nicht. In Amerika, auch hier in New York im OOB sind die Theater total von den großen Industrie-Stiftungen abhängig. Wenn du hier jemanden fragst: Wo steht ihr? Was ist die politische Richtung in eurem Theater? dann sagen sie: Wir können keine haben, wir können nicht öffentlich sagen, wo wir politisch stehen, weil wir sonst kein Geld mehr von den Stiftungen bekommen. Also haben die meisten überhaupt keine politische Zielsetzung. Es gibt zwar ein paar Gruppen, die versuchen es, aber sie haben dadurch auch enorme Schwierigkeiten, wie das Open Theatre zum Beispiel. Ich hab im Open Theatre Improvisationen über den Black-Panther-Prozeß gesehen, das war toll. Das war wirkliche Gesellschaftskritik. Ein andermal sind sie alle lange in den Krankenhäusern der Armen gewesen und haben aus diesen Erfahrungen ein Stück gemacht. So könnte es sein!
Sicher ist das OOB ungeheuer wichtig für das Theater, aber ich glaube, auf die Dauer kann es nicht gegen das System hier ankämpfen. Vielleicht kommt eine Revolution, was wir alle hoffen, aber auf die Dauer kann das OOB nicht außerhalb und gegen die Gesellschaft hier stehen. Um weiterzuleben, muß das Theater ein Teil der Gesellschaft sein. Das OOB ist nicht Teil dieser amerikanischen Gesellschaft. Es besteht außerhalb und ist nur für die da und spricht nur die wenigen an, die sowieso schon wissen, wo es langgeht. Sicher kann man das Ganze nicht als eine Frage der Quantität verstehen, aber nimm diesen Vaccaro, seine Stücke sind für mich der absolute Ausdruck dieser degenerierten Gesellschaft hier, aber mit diesen Stücken weckst du niemanden auf, der noch schläft, im Gegenteil! Damit verschreckst du die Leute so, daß sie nie wieder ins Theater gehen. Das ist kein Weg. Das ist l'art pour l'art. Ich kann mir vorstellen, daß jemand in der Gruppe von Vaccaro gerne mitmachen würde, nachdem er sie gesehen hat, aber ansehen wird er sich es nicht nochmal.
Es gibt eine Menge lohnender Stücke hier im OOB, aber man muß sie in einen neuen Zusammenhang stellen. Ich hab in Schweden *The Boys in the Band* gemacht, und ich hab daraus ein wirkliches Stück über das Problem der Minoritäten in einer Gesellschaft gemacht. Ich

hab aus diesem Amüsierstück über Schwule, wo die Leute sitzen und sich kaputtlachen, ein Stück gemacht, wo die Leute nach der Vorstellung saßen und ein Gesellschaftsproblem diskutierten. Genauso war es mit *Hair.* Wir haben das in Schweden auch verändert. Wir hatten dadurch zwar nicht den enormen finanziellen Erfolg, den *Hair* überall sonst hatte, aber es ist eine neue Erfahrung dabei für uns entstanden.
Das Theater darf nicht die Beziehung zu der Gesellschaft verlieren, es friert sonst ein. Hier im OOB hat das Theater nicht genügend Bezüge zu der Gesamtgesellschaft. Es erreicht die Leute nicht, es bleibt intern. Im OOB wollen sie eine Art von Gemeinschaft herstellen für diesen bestimmten Abend, an dem ein bestimmtes Stück gezeigt wird, das ist gut, aber es muß daraus etwas Konstruktives entstehen. Daß das Theater im OOB im großen und ganzen unpolitisch ist, hat natürlich mit der Tradition des amerikanischen Theaters zu tun. In Amerika fehlte seit jeher das politische Theater. Sie hatten hier immer Angst um ihre Einnahmen, schließlich waren sie ja auch nie staatlich subventioniert, sie hatten immer Angst, daß zu einem gesellschaftskritischen Theater keine Leute kommen würden. Das Theater in Amerika war immer eine reine Unterhaltungsindustrie, ohne Substanz, aber mit einer Menge einzelner Talente. Ich weiß selbst nicht, wie die Leute hier reagieren würden, wenn da plötzlich eine kommunistische Theatergruppe wirklich politisches Theater machen würde. Diese ganze Tradition hängt dem OOB natürlich auch an. Aber das amerikanische Theater muß ein starkes politisches Theater entwickeln, damit ein linksradikaler Ausgleich geschaffen wird für das ganze rechtsradikale, kommerzielle Theater, den ganzen Broadway, der sich schon seit Jahren sein eigenes Grab gräbt. Bisher gibt es hier noch keinen wirklichen Ausgleich.
Der OOB sollte versuchen, das breite Publikum zu erreichen. Wer von denen, die am Broadway 10 Dollar Eintritt zahlen, weiß denn schon, daß es La Mama gibt? Der OOB sollte vor die Fabriken, in die U-Bahn oder uptown gehen und da spielen. Hier unten *downtown* im Village ist das Ganze wie ein Club, alle denken ungefähr genauso, alle sind die gleiche Generation. Sie spielen für sich selbst. Ich bin ein Idealist, ich glaube, man muß versuchen, die anderen Leute zu erreichen. Sie sind doch so talentiert hier im OBB, und es kommt so wenig dabei raus. Sie sollten in die Gesellschaft hineingehen. Sie sollten mit den Arbeitern sprechen, sie sollten mit den Leuten über ihre Probleme sprechen und daraus Theater machen.

LA MAMA, NEW YORK, 74A EAST 4. STRASSE (DAS HAUS AUF DER LINKEN SEITE MIT DEN WEISSEN BALKEN)

Paul Foster

Interview

Ich bin jetzt 34. Ich bin in einer sehr kleinen Stadt in New Jersey aufgewachsen. Mit 21 kam ich nach New York. Mein Vater ist Anwalt, und er schickte mich hierher zum Jurastudium. Ich habs nicht abgeschlossen. Ich konnts nicht aushalten. Die Leute waren alle entsetzlich förmlich und konventionell. Ich wäre bestimmt ein lausiger Anwalt geworden, da bin ich sicher.
Ich wollte eigentlich schon immer Stücke schreiben, und in New York hab ich dann angefangen. Gerade in der Zeit hab ich Ellen Stewart kennengelernt. Ellen, weißt du, ist so, wie ich mir die Götter des Theaters vorstelle. Ich bin ganz sicher, daß es Frauen sein müssen. Ellen hat die Gabe, um sich ein Kraftfeld aufzubauen, wohin sie kommt. Sie versammelt Menschen um sich herum, einfach durch ihre Persönlichkeit. Es ist ungeheuer wichtig, daß sie nie versucht hat, Regie zu führen oder Stücke zu schreiben oder so was. La Mama konnte nur deshalb werden, was es ist, weil Ellen – anders als Joan Littlewood oder Judith Malina – keine künstlerischen Ambitionen hatte. Sie ist eine Mutter-Figur, und sie will das auch sein. Sie schafft den Leuten Platz, einen Raum, so eine Art Salon, verstehst du. Sie versucht nicht einzugreifen in das, was du schreibst. Das ist wichtig, denn Ellen hat einen ungeheuer starken Willen, und kaum einer würde ihr standhalten. Nur deshalb, weil Ellen sich aus der künstlerischen Arbeit heraushält, ist La Mama so vielseitig. Da schreiben hundert Autoren in hundert verschiedenen Arten. Es gibt keine Ähnlichkeit, und jeder ist anders, weil Ellen nicht versucht, sie in eine bestimmte Richtung zu lenken.
Eigentlich hab ich Ellen durch Jim Moore kennengelernt. Jim ist Maler und lebte damals in einem Keller in der 5. Straße. Einmal, als Ellen mit ihrem Hund spazierenging, sah sie im Keller die Bilder hängen und klopfte an die Scheibe. Sie wollte eins kaufen. Am nächsten Tag erzählte mir Jim dann von einer ganz verrückten schwarzen Lady. Sie hieße Ellen Stewart, und ich müßte sie unbedingt auch kennenlernen. Na, dann traf ich Ellen. Sie war Designer und wollte damals gerade eine Boutique aufmachen, um die Kleider zu verkaufen, die sie entwarf. Und sie fragte mich, ob ich ihr dabei helfen würde. "Ja", sagte ich, "ich helf Ihnen, wenn ich in Ihrer Boutique mal ein Stück aufführen darf." Ich schrieb nämlich gerade mein erstes Stück, das war *Hurrah for the Bridge.* Ellen war einverstanden. Sie mietete dann diesen alten Keller in der 9. Straße. Er war total verdreckt und hatte nicht mal einen richtigen Fußboden. Wir machten einen aus Holzkisten, die wir auf der Straße gefunden hatten. Der Keller war winzig, eigentlich nicht mehr als eine Pilotenkanzel. Natürlich wurde nie eine Boutique, sondern das erste La Mama daraus. Wir nahmen uns das Caffe Cino zum Vorbild, machten Theater und schenkten Kaffee aus. Ellen arbeitete weiterhin als Designer und trug die ganze Sache mit dem, was sie verdiente. Unsere erste Aufführung war eine Adaption von Tennessee Wil-

PAUL FOSTER

Paul Foster

aus: Tom Paine

Eine Truppe von 12 Schauspielern, die – ohne Rücksicht auf Geschlecht – verschiedene Rollen spielen. (Übt eure Eigenheiten: Zucken, Hinken, Blinzeln, Humpeln. Allmählich und unauffällig nehmen die spezifischen Charaktere einer nach dem anderen Gestalt an. Eine große Scheune mit Heubündeln, oben ein Zugseil. Bringt eure Requisiten beiläufig herein, während das Publikum Platz nimmt. Improvisiert Text über euch selbst, und streut den improvisierten Text reihum zwischen die folgenden Zeilen, die jeden Abend wahllos andere Schauspieler übernehmen:)
Wofür das ganze Heu, wenn das hier eine Bärengrube ist?
Das fressen die doch.
Das fressen die?!
Im Jahre 1809 gab's komische Eßgewohnheiten.
Das Heu ist Streu für die Bären.
Hat jemand die Trommel gesehen?
Auf meinem Buckel.
Hilf mir mal bei meinen Fingernägeln.

(Ein Cembalo wird in die Mitte gestellt. Der Schauspieler, der den Paine spielt, schlägt einen Ton an. Stimmt alle eure Instrumente! Spielt das GIN-GIN-GIN-Lied, während die Unterhaltung weitergeht. Ein verrücktes, barockes Kammerkonzert.)
Wie heißen die Vögel, die glitzernde Sachen stehlen?
Krähen.
Elstern.
Ach, hör auf! Das ist eine Scheune.
Eine Bärengrube.
Also gut, das ist eine Bärengrube auf Manhattan, 1809. (Zeigt nach hinten) Dort sind die Bären. Draußen schlachten die beiden Armeen einander ab. Und hier drin... na...
Hier drin wird was anderes getrieben.
Hier sind die Flüchtlinge.
Die fadenscheinigen Übriggebliebenen. Picken am Geschirr wie Krähen.
Wie Elstern.
Wie Krähen!
Angelockt von allem, was glänzt.
Wo ist die Trommel?
Haben bald alle Platz genommen?
Glaube schon.
(Tragt das Cembalo beiseite und spielt die anderen Instrumente weiter. Dann trete einer nach dem anderen nach vorn und stelle sich dem Publikum vor. Jeder nenne seinen richtigen Namen, deutlich, stolz und würdevoll, verbeuge sich und spreche dann eine Zeile:)
Tom Paine kam aus Thetford in England.
Sein Vater war ein uneheliches Kind.
Sein Vater war Korsettmacher.
Er ging nach London. Das Pestloch.
Als er's wieder verließ, war er 37.
Er wurde ausgewiesen.
Er wurde nicht ausgewiesen!!
Er verließ London mit einem Empfehlungsschreiben Benjamin Franklins.
Und er machte die große Überfahrt nach Amerika.
Und er hauste in einer Bärengrube in New York.
(Unmittelbar anschließend setzen zwei von euch Soldatenhüte auf und nehmen Gewehre. Gefreiter, trommel einen scharfen Wirbel! Stille.)
SERGEANT: TOM PAINE. Wegen Verrats und Verschwörung wird gesucht TOM PAINE, der sich hier in der Gegend von Five Points aufhält, wie dem Amte bekannt ist. Alle Personen, die Angaben machen können, sind hiermit aufgefordert, sich zu melden. Eine Belohnung wird ausgesetzt. Befehl des Bezirkskommandanten General Burgoyne. Also gut, Gefreiter, durchsuch dieses Loch! Jeeses, das stinkt! So was zum Himmel Stinkendes ist mir neu.
(Ihr macht ein einheitliches Tiergeheul!)
GEFREITER: Was ist das?!
SERGEANT: Das sind Bären.
GEFREITER: Bären! Jesses, ich bin doch nicht verpflichtet, mich mit Bären einzulassen.
SERGEANT: Gefreiter, die sind angekettet. Das sind Hatzbären. Da werden Wetten auf den Gewinner abgeschlossen. Verstanden? Also such!
(Paine-Darsteller, pack sein Bein vom Heu aus.)
GEFREITER: AAAUUUAAAHH! ER HAT MICH!
SERGEANT: Halt, wie heißt du, mein Kleiner?
(Ein elender Mensch, die Fingernägel unglaublich lang, das Haar verfilzt, über und über mit Schmutz bedeckt. Gutturale Tierlaute.)
GEFREITER: Der hört sich an wie ein Tier.
SERGEANT: He, du! Steh auf!

liams *One Arm,* 1961. Ich weiß noch, wie dieser Typ reinkam, den ich überredet hatte, die Sache zu inszenieren. Er sagte: "Ja, und wo ist die Bühne?", und Ellen sagte: "Sie stehen drauf." Wirklich, da war gerade mal Platz für ein Bett. Alle unsere ersten Stücke waren Stücke mit einem Bett. Die Toilette war unsere Hinterbühne, da zog man sich um, von da trat man auf. Es war einfach kein anderer Platz da. Der ganze Raum war ja nicht größer als 4 mal 5 Meter, dazu noch mit ziemlich niedriger Decke. Also, unser erster Regisseur sagt: "Das ist alles ein bißchen primitiv hier, wo ist denn die Lichtanlage?" Es gab nur einen Lichtschalter. Du konntest das Licht an- oder ausmachen, das wars. Und dann fragte er uns, ob wir Farbscheiben hätten. Ellen und ich sahen uns an. Natürlich wußten wir überhaupt nicht, was zum Teufel eine Farbscheibe war. Na, schließlich verstand er, daß wir von nichts einen Schimmer hatten. Er ging weg und kam mit leeren Dosen wieder. Die haben wir dann schwarz gestrichen und hatten so unsere ersten Spotlights. Später wurden wir aus diesem Keller rausgeschmissen. Es lebten da in der Umgebung eine Menge Italiener und Ukrainer. Sie waren sehr rassistisch und wollten Ellen da nicht haben, weil sie schwarz ist. Außerdem dachten sie, Ellen sei eine Hure, und hielten die Leute, die abends zur Vorstellung kamen, für ihre Kunden. Na, sie machten uns das Leben unerträglich. Wir zogen dann in die 2. Avenue Nr. 122, da, wo heute das *Naked Grape* drin ist. Inzwischen waren meine ersten drei Stücke im La Mama aufgeführt worden: 1963 *Hurrah for the Bridge,* 1964 *Recluse,* 1966 *Balls.* Im November 1965 kam mein erstes langes Stück raus, *The Madonna in the Orchard,* 1966 der Einakter *The Hessian Corporal* und schließlich *Tom Paine,* das 1967 unter Tom O'Horgans Regie aufgeführt wurde. 1968 habe ich *Heimskringla* geschrieben, und jetzt arbeite ich an einem Musical.
Ich habe immer versucht, mit Löchern zu schreiben, so wie die Skulpturen von Henry Moore Löcher haben. Es sollen in meinen Stücken andere Elemente durchfließen können. Die Löcher sind Atemräume, es sind für den Schauspieler und den Regisseur Freiräume eigener Kreativität. Man kann den Schauspielern ja nicht einfach vorschreiben: Das mußt du soundso machen; vielleicht haben sie ganz andere Erfahrungen, die sie einbringen können. Theater ist die Arbeit einer Gruppe.
Jemand hat mal gesagt, daß man nur ein Stück schreibt in seinem Leben. Das zerschneidet man dann in kleine Stücke und gibt ihnen verschiedene Namen. Ich glaube, das ist richtig: Ich hab zwar bei jedem Stück was dazugelernt, aber ich hoffe, ich werde mir nie einbilden, die letzte Antwort gefunden zu haben. Irgendwie glaube ich, bin ich ein Primitiver.
Theater ist wirklich magisch für mich, und ich bin immer noch glücklich, für das Theater zu schreiben. Es ist Traum und Magie und Ritual und Zelebration. Was mich inzwischen auch begeistert, ist das *Video-Space.* Es ist nicht das gleiche wie Theater, aber es ist dieselbe Art von Abenteuer dabei. Herr Rockefeller persönlich hat das Verfahren in zwei Jahren von den besten Leuten entwickeln lassen. *Heimskringla* war das erste, was der Öffentlichkeit mit diesem neuen elektronischen Medium gezeigt wurde. Es wurde im November 1969 gesendet, Regie: Tom O'Horgan.
Im Anfang wollte niemand meine Stücke annehmen. Das ging nicht nur mir so, sondern auch Sam Shepard und Lanford Wil-

son und allen, die damals gerade anfingen. Ich schrieb meine Stücke also ganz bewußt für unser Café. Es kamen meist sehr junge Leute zu uns. Sie saßen alle im gleichen Boot wie wir. Weißt du, ich wußte nichts über Theater und sie wußten genausowenig. Sie hatten den gleichen geistigen Hunger. Sie waren nicht befriedigt davon, im Theater zu sitzen und eine von Arthur Millers Botschaften über sich ergehen zu lassen – das hatte überhaupt keine Beziehung zum Leben. Da war es schon besser, ins Kino zu gehen und sich Cowboys und Indianer anzusehen. In unserem Café-Theater entstand dann auch etwas, was mit Theater eigentlich nichts zu tun hatte. Es kam aus einem ganz anderen Bewußtsein. Es kam aus unserem eigenen Leben, dem, was um uns herum, was in New York passierte. Es entstand eher aus dem Kino und dem Fernsehen als aus dem Theater. Das war ganz einfach zu erklären. Da, wo ich herkam, gab es kein Theater. Und wo die anderen herkamen, gab es auch keins. Bob Patrick kam aus dem tiefsten Arizona, Sam Shepard kam aus Kalifornien. Wir waren kaum je im Theater gewesen. Das Theater ist eben eine sehr kultivierte und zivilisierte Kunstform und als solche den Großstädten in Amerika vorbehalten. Daß wir trotzdem Theater machten, ist eigentlich sehr amerikanisch. Die Amerikaner sind im allgemeinen keine Intellektuellen, sie sind Macher. Es ist wirklich typisch für einen Amerikaner, etwas anzufangen, von dem er einen Dreck versteht. Aber es liegt auch eine ganze Menge Energie und Schwung in dieser Haltung. Ich

PAINE-DARSTELLER: Gib mir tssu trinken. (Fall vorüber)
GEFREITER: Ich... ich glaub, der ist hin.
SERGEANT: Ich glaub, der ist besoffen. Also los, Bewegung, Gefreiter! Auf deinen Posten. Wir warten eben. (Marschier auf und ab.) Ist das vielleicht 'ne Aufgabe für einen Sergeanten? Ich hätte genausogut heute abend vor dem Regierungsgebäude Wache haben können. Aber nein! Was krieg ich aufgebrummt?
GEFREITER: Five Points.
SERGEANT: Den Arsch New Yorks.
GEFREITER: Den Arsch der Welt. (Marschier!) Sergeant, wie sieht er aus? Ich meine, wenn wir ihn überhaupt erwischen, woran merken wir dann, daß wir ihn haben?
SERGEANT: An den Augen. Er hat Augen wie der Teufel. Er hat diesen ganzen dreckigen Krieg angezettelt. Der General kennt ihn und weiß, wie er aussieht, und darum geht mir keiner weg, bis der General da ist.
GEFREITER: Jesses, das stinkt!

***TOM PAINE* IM LA MAMA, 1967**

glaube, in Europa ist es mehr so, daß du erst alles über eine Sache wissen mußt, bevor du überhaupt wagen darfst, was damit zu machen. Also, wir fingen einfach an, und wahrscheinlich gerade deshalb, weil wir nichts davon verstanden.
Es war wirklich alles sehr primitiv. Wir waren völlig unwissend, aber das war gut so. Wir sind sozusagen zurück an die Quelle gegangen und haben von da aus angefangen. Damit haben wir die ganze entsetzliche Arroganz vermieden, die im langen Prozeß der Kunst entstanden ist. Im Theater ist alles artifiziell, alles überaus vorsichtig einstudiert und festgelegt. Jeedees Woorrt wirtt verstaandeen! – na, und diese ganze bornierte Scheiße. Da fehlen Vitalität und Leben. Da ist der Saft verlorengegangen, der die Wilden zum Tanzen brachte.
Wir haben ganz von vorn angefangen und dabei sämtliche Regeln durchbrochen, weil wir diese verdammten Regeln nie gelernt hatten. Natürlich haben wir inzwischen einiges kapiert. Zum Beispiel, als wir in London waren und *Tom Paine* in einem dieser viktorianischen Theater mit 2000 Plätzen spielten. Die Architektur eines Theaters ist genauso wichtig wie das, was du zeigst. Wirklich, wir kamen uns da vor wie Wilde in Versailles. Du kannst ein neues Theater nicht in barocke Hallen verlegen, weißt du. Es müssen dafür ganz andere Theater gebaut werden. Schön, wir haben einiges dazugelernt. Aber jetzt kommen manche und sagen mit Vorwurf: "La Mama und der ganze Off-Off-Broadway hat sich verändert." Verdammt noch mal, zum Glück! Was sich nicht verändert, ist tot. Du mußt die Veränderung anstreben, statt sie aufzuhalten. Veränderung ist Leben, Bewegung! Natürlich hat sich im La Mama viel verändert. Schon rein äußerlich. Wir haben in diesem winzigen Keller angefangen, und jetzt gehört uns ein vierstöckiges Haus mit zwei Theatern. Wir haben erst nur Einakter gespielt, und jetzt spielen wir eigentlich nur noch lange Stücke. Die Autoren schreiben heute nicht mehr 3, 4, 5 Stücke, sondern meistens nur noch eins im Jahr. Sie sitzen länger darüber, aber der Impuls, glaub ich, ist der gleiche geblieben. Na, und dann hat so eine Art literarischer Explosion stattgefunden. Wir haben mit drei Autoren im La Mama angefangen, und heute sind es über 200.
Und dann kommen Leute und sagen: "Aus dem OOB entsteht nichts Neues mehr. Er ist am Ende." Das ist doch Scheiße! Sieh mal, wenn es uns im Anfang mal gelang, einen dieser Kritiker mit Gewalt in unser Theater zu schleifen, dann bekam er bestimmt das Kotzen bei dem, was er sah. In allen frühen Kritiken über uns kannst du lesen, daß wir ein undisziplinierter, anarchistischer, unbegabter und anmaßender Haufe sind. Wie konnten wir es wagen, so was zu bieten. "Lest Shakespeare, lest Aischylos und Tennessee Williams", sagten sie, "und lernt, wie man Stücke schreibt." Sie lachten sich kaputt über uns und hielten uns für einen Haufen Amateure, Idioten und Kinder. Was wir machten, war absolute Scheiße für sie. Du verstehst, was ich meine. Als wir anfingen, wollte niemand was von uns wissen. Wir waren Unkraut. Jetzt ist daraus eine Blume geworden. Was heute neu ist, halten sie wieder für Unkraut, aber in ein paar Jahren ist daraus vielleicht auch eine Blume geworden.
Im Grunde ist mir auch gleich, was die Leute denken. Ich glaube an mich, und ich glaube an die anderen hier. Und solange ich mir sagen kann, ich hab ehrlich mein Bestes gegeben, ist es unwichtig, wie viele meine Stücke mögen. Ich will mir keinen Platz

auf der Empore erlügen und für andere den erfolgreichen Autor spielen. Man muß versuchen, aufrichtig zu sein. Alles andere haben wir ja sowieso schon ausprobiert. Wir haben uns umgebracht, vergast und 'Mein Vaterland'-Spiele angestellt. Mein Vaterland ist mir schnuppe; wenn es hier noch schlimmer wird, werd ich heilfroh sein rauszukommen. Mein Vaterland ist eine Plastik-Kultur. Wir Amerikaner leben in einem hedonistischen, materialistischen, kapitalistischen und – spiritualistischen Land. Wir sind naiv und gläubig wie die Kinder und fahren zum Mond. Wir haben einen Krieg in Vietnam und sind grausam wie die Kinder. Wir sind stolz auf den 4. Juli und die Flagge und diese ganze Scheiße. Wir sind Kinder, die ihre Vergangenheit suchen. Unsere Geschichte hat im Vergleich zu Europa oder China gerade erst begonnen. Der einzige Mythos, den wir haben, ist Walt Disney und der Western. Wir brauchen eine Vergangenheit. New York ist vielleicht 100 oder 200 Jahre alt – was ist das schon, verglichen mit der Westminster Abbey? Gar nichts. Warum glaubst du wohl, zieht es alle Amerikaner nach Europa? Weil sie auf der Suche nach ihrer Vergangenheit sind. Sie suchen nach Mythen.

SEITE 32: *HEIMSKRINGLA* VON FOSTER, VIDEO-SPACE, 1969

Ellen Stewart

Ruth Landshoff von Yorck

Laß mal sehen, ich glaube, ich lernte Ruth Yorck Anfang 1964 oder Ende 1963 kennen. Ich kam durch Paul Foster mit ihr zusammen. Paul hatte sie auf einer Party getroffen, und sie mochte ihn sofort. Sie wohnte damals drüben in der Cornelia Straße, 2 Häuser neben dem Caffe Cino. Sie ging oft ins Cino und hielt große Stücke auf Joe Cino. Als wir uns kennenlernten, war es wie Liebe auf den ersten Blick. Sie war eine herrliche Frau. Sie war eine große Dame. Sie hatte hinter ihrem Haus einen schönen Garten, und im Sommer kamen da Leute aus aller Welt zusammen. Es war wie ein Salon, Leute von überall kamen, um sie zu sehen, und es war wirklich wie ein Hofstaat, und man lernte so viel. Stell dir vor, was sie für uns bedeutete. Damals war Off-Off-Broadway nichts, er bedeutete niemandem was, außer uns selbst. Damals war der OOB das Caffe Cino und das La Mama, es gab auch noch ein paar andere, die anfingen und wieder aufhörten, aber im Sinne einer Kontinuität gab es nur Cino und La Mama. Aber selbst diese beiden waren so, als ob sie nicht existierten, vor allem für die sogenannte literarische Welt, für Leute, die eigentlich daran interessiert sein mußten, was wir machten. Sie ignorierten uns. Aber Ruth Yorck lud uns zu ihren Partys ein. Ich mag keine Partys, aber sie bestand darauf, daß ich komme. Du gingst hin und wußtest nicht, ob du eine Prinzessin, einen Fürsten, einen Filmstar oder wen auch immer bei ihr treffen würdest. Vor

allem kamen viele Journalisten zu ihr, und es war die Sache von Ruth Yorck, daß auch Zeitungen in Manhattan über uns zu schreiben anfingen.
Ruth schrieb selbst auch Stücke, *Lullaby for a Dying Man* haben wir im La Mama aufgeführt, aber vor allem war sie eine Dichterin. Sie ermutigte uns bei unserer Arbeit, sie kam und sah sich an, was wir machten. Sie hat für den Fischer-Verlag Paul Fosters Stück *Balls* ins Deutsche übersetzt. Herr Fischer war der Onkel von Ruth Yorck. Ruth hat den Fischer-Verlag auch überredet, die Stücke von Edward Albee zu nehmen, indirekt war sie für die Uraufführung der *Zoo Story* im Schiller-Theater in Berlin verantwortlich. Sie gab Albee damit den Start, denn er war damals in Amerika noch völlig unbekannt. Sie hat den Fischer-Verlag auch dazu gebracht, die Stücke unserer Autoren zu nehmen. Deshalb hat Fischer heute die deutschen Rechte an den Stücken von Melfi, Shepard, Owens und von fast allen Autoren des OOB.
Ruth Yorck war während des Krieges aus Deutschland geflohen. Eigentlich war sie eine Gräfin, sie war mit einem Grafen Yorck verheiratet gewesen. Eine große Dame, die von einigen der berühmtesten Maler gemalt worden ist, die einmal ein Schloß in Venedig besessen hatte und die aussah wie Greta Garbo. Ruth war schlank und hatte eine Fülle von rotem Haar, sie

RUTH YORCK

kleidete sich exotisch, und ihre Wohnung war voll mit großen Kissen, Fellen, Skulpturen, Sachen aus aller Welt. Sie hatte einen kleinen Hund, den sie Nachtigall nannte. Sie kochte, aber nur Delikatessen. Sie hatte wunderbares Geschirr, und es gab nur eine ganz besondere Sorte Kaffee bei ihr. Sie hatte immer 10 verschiedene Sorten von Gebäck, die sie von irgendwoher bezog, Sachen, von denen du noch nie gehört hattest. Zu ihr zu gehen, war wie im Märchen; sie war eine Fee inmitten der Schauspieler, Schriftsteller, Menschen aller Nationen, die zu ihr kamen. Es war eine Traumwelt. Sie hatte sehr vornehme Umgangsformen; sie war sehr elegant und rauchte immer mit einer langen Zigarettenspitze. Nichts bei ihr schien wirklich zu sein, verstehst du? Worüber du auch immer reden wolltest, sie konnte darüber reden. Sie konnte Leuten aus den verschiedensten Bereichen raten, was sie zu einem bestimmten Problem lesen sollten, und sie konnte intellektuell mit ihnen darüber diskutieren. Sie war überall in der Welt gewesen, war auf Pferden und Kamelen geritten. Es war wie eine Vorlesung über Kultur, bei ihr zu sein.
Sie war dieser besondere Mensch. Sie hatte nicht viel Geld, früher war sie reich gewesen, aber sie hatte es im Krieg verloren. Sie hatte aber irgendeine Art von Einkommen, ich weiß

nicht woher. Sie hatte Freunde, die ihre Miete bezahlten, reiche Leute, die sie umsorgten. Aber was sie hatte, gab sie meist für andere aus. Sie zahlte fast immer für irgend jemanden die Miete, kaufte einem anderen ein teures Buch, das er brauchte, und gab ihre letzten 10 Dollar für Kaviar aus. Wie immer du auch Ruth Yorck betrachtetest, ergab sich eine neue Facette ihrer Person.

Ruth liebte mich sehr, sie fühlte sich mir verbunden, sie mochte die Arbeit, die ich machte, und sie nannte mich *her little one.* Ruth war eigentlich gesund, nicht kräftig, eher zart, zerbrechlich, eine Art Blume, aber doch gesund. Sie starb 1966, und das war sehr tragisch.

Wir waren ins Theater gegangen, zur Premiere von *Marat/Sade.* Da brach sie zusammen und starb in meinen Armen, sie war 63 Jahre alt. Es war furchtbar. Sie fühlte sich nicht gut, und wir setzten uns ins Foyer. Sie sagte zu mir: Geh rein, dumme Gans, das Stück fängt gleich an. Aber ich ging nicht. Als wir dasaßen, brach ihr der Schweiß aus, Tropfen so groß wie Perlen standen ihr auf der Stirn und liefen ihr über das Gesicht. Sie hatte starke Schmerzen, aber sie sagte, es gehe ihr schon besser. Eine Platzanweiserin kam und fragte, ob sie helfen könnte. Ich sagte ihr, sie solle Wasser holen. Es war so bizarr, Ruth saß da im Foyer mit Schmerzen und allem, und die Leute, die ins Theater gingen, sahen uns, wie wir dasaßen wie auf einem Totenbett, aber sie gingen vorbei, sie drehten die Köpfe nach uns, aber sie gingen weiter in den Zuschauerraum hinein. Inzwischen hatte ich die kleine Platzanweiserin losgeschickt, damit sie in der Intendanz nach einem Arzt fragt. Sie waren tief entrüstet, daß Ruth gerade hier im Foyer kurz vor der Vorstellung hatte krank werden müssen, gerade jetzt, wo die Besucher in Scharen hereinströmten. Das war ihre Haltung. Der Theaterarzt war nicht im Hause, aber sie schickten nach ihm, er war nur ein paar Blocks weiter. Dann rutschte Ruth vom Stuhl, sie hatte große Schmerzen, sie lag auf den Knien. Selbst jetzt, als sie am Boden kniete, gingen die Leute weiter, nicht ein einziger blieb stehen. Sie warfen einen schnellen Blick auf Ruth und rannten ins Theater, um auf ihre Plätze zu kommen. Dann wurde Ruth ganz weiß, sie biß sich auf die Lippen und starrte mich einfach an, aber sie konnte nichts sagen. Ich wurde wirklich hysterisch. Ich rannte zum Zuschauerraum, – es war ein großes Broadway-Theater mit all dem Gold und Glitter – und schrie den Direktor, der da an der Tür stand, an: Wo ist der Arzt? Und er sagte, ich solle den Mund halten, die Leute würden verschreckt von meinem Geschrei, keine Panik! Er schüttelte mich, ich solle still sein, und der Arzt würde gleich kommen. Aber ich riß mich los und rannte hinein ins Theater und schrie aus Leibeskräften: Ist hier ein Arzt? Ist ein Arzt hier!? Aber gerade in dem Augenblick fing das Stück an. Du weißt, es spielt in einem Irrenhaus, und die Leute dachten, mein Gebrüll sei der Anfang der Vorstellung. Ich rannte zurück zu Ruth und nahm ihren Kopf in meinen Schoß und hielt sie in meinen Armen. Sie sprach kein Wort. Ich weiß nicht, wie lange das dauerte, vielleicht nur ein paar Augenblicke, aber für mich war es endlos. Schließlich kam ein Mann und sagte: Ich bin Arzt, ich saß im Theater, aber ich konnte nicht glauben, daß das Schreien nach einem Arzt zum Stück gehörte, deshalb kam ich raus, um zu sehen, was los ist. Er gab Ruth künstliche Beatmung, und dann schaute er mich an und schüttelte den Kopf und sagte: Ich fürchte, ich bin zu spät gekommen. Dann kam auch der eigentliche Theaterarzt. Sie mühten sich beide mit ihr ab, versuchten alles mögliche, aber schließlich sagte der eine: Sie stirbt, nehmen Sie sie. Sie gingen zur Seite, und ich hielt sie so lange, bis sie tot war. Das war Ruth Yorck.

Es war so furchtbar, so furchtbar. Als sie tot war, nahm ich ihren Mantel und deckte sie zu. Ich saß noch immer ganz dicht bei ihr am Boden. Es war so bizarr, es kamen Leute, die sich zur Vorstellung verspätet hatten, und sie traten über Ruth hinweg und gingen ins Theater.

Leonard Melfi

aus: Halloween

(Manhattan, ein altes 'Hotel' mit möblierten Zimmern, abgenutzt und fadenscheinig. Toiletten auf den Gängen. Düster und muffig. Sehr spät nachmittags, ein paar Tage vor Halloween. Gegenwart.
Eine düstere Ecke eines Ganges im 2. Stock. Luke tritt auf und trägt eine braune Papiertüte. Er summt leise vor sich hin. Dann wird er lauter und fängt an zu singen, aber nur beinahe, weil er den Text des Liedes nicht genau kennt. Der Text geht ungefähr so: ... irgendwann kommt sie, das Mädchen meiner Träume, und ich werde groß und stark sein... für das Mädchen meiner Träume... wenn sie zu mir kommt, wird sie verstehen, denn sie hat den Mann ihrer Träume gefunden... Luke sperrt die Tür seines Zimmers auf und schaltet das Licht an. Das Zimmer ist völlig durcheinander.)
LUKE: He! Was zum Teufel ist hier los? (Er steht in der offenen Tür) Saubande! Ich bin beraubt worden! (Er sieht sich um) Gott verflucht! Meine Radiouhr ist weg. Meine Stereoanlage fehlt. Mein Tonband ist verschwunden. (Er tritt jetzt vorsichtig ein) Meine Polaroidkamera. Mein elektrischer Rasierapparat. Alles weg! Irgend jemand hat mich ausgeraubt! (Er wirft die braune Tüte heftig an die Wand) Irgend jemand hat alles geklaut, was ich besitze. (Er geht zu dem weit geöffneten Fenster) Die Scheißkerle! Ich bringe sie um. (Er schaut weit aus dem Fenster) Ich ermorde sie... ich schwöre bei der Scheiße, das tue ich! Polizei! (Er fängt an, den Rest des Zimmers zu untersuchen) Alle Manschettenknöpfe... meine Ringe... meine Krawattennadeln, meine Konfirmationsuhr. Wenn ich die erwische, ich erwürge sie! (Er setzt seine Suche fort) Mein Zigarettenetui, meine Feuerzeuge, mein Füller- und Bleistift-Set. (Er rennt in den Gang) He! Man hat mich ausgeraubt! Rufen Sie die Polizei! Irgend jemand, bitte! (Er geht zurück ins Zimmer) Sie sind durchs Fenster gekommen, das ist es. Über die Feuertreppe. (Zum Fenster hinaus) He! Polizei! Polizei! (Er geht zum Schrank, öffnet ihn und durchsucht seine Kleider) Mein Anzug! Mein bester Anzug! Mein blauer Zweihundert-Dollar-Seidenanzug! Ich werde die Scheißkerle mit den Füßen zu Tode treten! (Er knallt die Schranktür zu) Aaaaaaach! Herrgott noch mal! Verdammt! Herrgott noch mal! (Er wirft sich auf das Bett) Ich hoffe, daß die Arschlöcher krepieren! Ich hoffe, daß sie von einem Auto oder einem Bus oder einem Zug überfahren werden. Und ich hoffe und bete zu Gott, daß sie leiden! (Er setzt sich auf die Kante des Bettes und hält die Hände vors Gesicht) Aaaaach Gott! Warum habe ich das verdient! (Er fängt an, vor sich hinzuweinen) Scheiße! Scheiße. (Er steht auf) Sieh dir diese Biester an! Schau sie dir alle an! (Er schaut um sich, an die Wände, an die Decke, auf den Boden) Dreckige, mistige Schaben! Ich hasse diese dreckigen, verlausten, kriechenden, widerlichen Scheißbiester! (Er fängt an, auf sie loszugehen) Ich zeige es euch, ihr kleinen Scheißköpfe! Jetzt

Leonard Melfi

Interview

Für mich ist Theater so was wie eine Religion, daran erinnert es mich immer. Die Leute kommen zusammen, und was da in der Kirche passiert, das kann eine Hochzeit sein oder ein Begräbnis oder das Ritual der Mannwerdung in der jüdischen Kirche – jedenfalls ist das sehr traurig oder sehr glücklich, oder es ist beides zusammen. Es ist ein Symbol für Reife oder dafür, daß man älter wird. Und jeder, der da sitzt, in jedem Kopf geht etwas anderes vor. Genauso ist das im Theater, wenn man ein Stück geschrieben hat. Jemand sagt: "Ich fand es großartig", und ein anderer sagt: "Ich konnte es nicht ausstehen." – für mich sind alle diese Interpretationen gleichviel wert. Theater ist für mich nichts anderes als Religion, die mit Kunst zu tun hat. Ich mag das Theater, weil es lebendig ist, das Publikum ist lebendig und die Schauspieler sind es. Das ist auch der Grund, weshalb ich glaube, daß die Broadway-Theater abgerissen werden und wiederaufgebaut werden sollten, weil sie zu groß und zu veraltet sind. Man kann die Schauspieler kaum sehen, da kann man genausogut ins Kino gehen, nicht wahr? Deshalb finde ich auch die Off-Off-Broadway-Theater so gut, weil man da allen so nah ist. Ich denke, das ist ein Trend, daß die Leute jetzt diese Vertraulichkeit und Nähe immer mehr vorziehen. Sie können in das Spiel oder das Stück besser reinkommen, weil der Raum kleiner ist und sie näher dran sitzen.
Wie kamst du zum Schreiben?
Ich war erst Schauspieler, ich studierte bei H. Berghof und U. Hagen. Aber als ich dort war, wurde mir plötzlich klar, daß mich das nicht ausfüllt und befriedigt. Ich

spiele nicht gerne, und ich habe etwas auf andere Weise zu sagen. So begann ich, Szenen zu schreiben, für mich selbst und für andere Schauspieler zum Vorsprechen. Herbert Berghof sagte: "Wo kommen denn diese Sachen her?" Er fand sie sehr gut, und ich merkte, daß es mir Spaß machte, meine Stücke gespielt zu sehen. Ich saß viel lieber in meiner Wohnung und brachte die Sache zum Leben; danach möchte ich mich nicht mehr um die Sachen kümmern. Ich möchte sie nur zur Welt bringen.

Schreibst du nur Stücke oder auch Prosa?

Ich habe viel an Kurzgeschichten gearbeitet und eine Unmenge Gedichte geschrieben. Aber als ich angefangen hatte, Stücke zu schreiben, merkte ich, daß das die einzige Sache ist, die ich wirklich gerne schreibe. Dabei können Stücke wirklich sehr qualvoll werden, weil sie sehr persönlich sind. Du denkst: Wird das irgendwem gefallen? Werden sie es hassen? Wer kann das spielen? Ist das überhaupt möglich? Man hat ständig mit Personen zu tun, durch deren Mund man spricht. Als ich anfing zu schreiben, dachte ich, daß man Avantgarde hier nicht loswerden kann, deshalb schrieb ich sehr konventionelle Sachen. Erst in den letzten drei Jahren wurde ich wieder mehr und mehr experimentell.

Was bedeutet experimentell?

Das ist so: Man probiert neue Wege aus, eine Geschichte zu erzählen. Man muß das Interesse wachhalten und mit der Zeit gehen. Das hat etwas zu tun mit der Entwicklung, die man persönlich durchmacht, und damit, was du denkst, was das Publikum gerne hat.

Was für Autoren haben dich beeinflußt?

Ich schätze Beckett sehr und Ionesco, den viele nicht gut finden. Dann gibt es da dieses Buch, 'Playwrights on Playwriting', ein phantastisches Buch für einen Theaterautor. Dann Pirandello, Genet; Pinter, aber nicht mehr in der letzten Zeit, er ist irgendwie auf derselben Stelle stehengeblieben. Das ist meine Meinung: Er sollte neue Wege suchen. Ich denke, jeder Schriftsteller hat seinen Stil und sollte ihn haben, aber er sollte diesen Stil in verschiedenen Formen ausprobieren.

Glaubst du, daß man mit dem Theater die Gesellschaft verändern kann?

Ich würde nicht sagen, daß ich denke, ich könnte die Welt verändern. Ich glaube, jeder denkt heute, er könnte die Gesellschaft in der Richtung verändern, die ihm gerade paßt. Ich gehe in gewissem Sinne zurück zu Ibsen. Ich denke nicht, ich hätte die Lösung, aber ich denke, ich kann dir ein Problem zeigen, und du gehst nach Hause und denkst darüber nach, was zu tun ist. Mein Gedanke ist, daß ich das Problem zeigen muß, aber ich übertreibe, ich mache es größer, als es im Leben ist. Ich glaube wirklich, daß Theater größer als das Leben sein muß. Ich denke, wenn die Leute ins Theater gehen, um ein Stück zu sehen, dann sollten sie da mehr finden als einen Tonband-Autor. Das kann man nicht machen, auf Tonband aufnehmen, das hieße, jeder könnte das irgendwie zusammenhauen. Ich denke, man muß darüber hinausgehen.

Was bedeutet Freiheit für dich, heute hier in Amerika?

Freiheit bedeutet für mich genau, was es bedeutet: Freiheit. In der Lage sein, zu tun, was einem gefällt, soweit es vernünftig ist und niemanden verletzt. Ich möchte so frei sein wie nur irgend möglich. Ich beschäftige mich sehr viel mit Politik; wenn ich nicht Schriftsteller wäre, dann wäre ich bestimmt Politiker.

kriegt ihr es. (Er nimmt eine große Sprühdose aus der Tüte, die er an die Wand geschmissen hat. Er fängt an, wie ein Verrückter um sich zu sprühen) Jetzt habt ihr keine Chance mehr! Keiner von euch, verstanden! (Er haut das Fenster zu) Verreckt, ihr miserablen kleinen Pimmel! Verreckt. (Er haut die Tür zu und sprüht impulsiv weiter) Sieh sie dir an, wie sie aus ihren versteckten kleinen Nestern kommen. Zu Hunderten! Die Mütter und die Väter und ihre Kinder – ihr verwöhnten kleinen Fratzen! Mensch, sie müssen wirklich viel ficken, diese Kakerlaken! Alle diese schwangeren Mütter mit diesen winzigen braunen Säckchen, die sie mit sich schleppen. Mindestens hundert nagelneue

LEONARD MELFI

kleine Biesterchen müssen in diesen winzigen Schlappsäckchen drin sein. (Er setzt sich auf einen Stuhl mitten im Zimmer) Peng. Bumm. Verreckt! Ihr lausigen, widerlichen Scheißtypen, ihr, verreckt! (Er macht ein Geräusch wie ein Maschinengewehr) Fallt nur von der Decke runter, ist mir scheißegal! Kriecht raus aus den Spalten, krabbelt nur aus dem verdreckten Holz raus und unter dem schmutzigen Teppich hervor! Es ist mir verdammt scheißegal. Habt ihr verstanden? Kommt nur raus an die Luft, ihr blöden braunen Scheißköpfe, aber ihr werdet trotzdem abkratzen, sobald ihr draußen seid. Kommt raus aus dem verkackten Kühlschrank und aus dem mottenmiefigen Kleiderschrank und aus dem schleimigen Ausguß. Ich sehe euch alle: Sterbend auf den nassen Wasserrohren, hineinfallend in die Abfalltüte mit dem matschigen Abfall! Ich kann sie mir lebhaft vorstellen, wie sie herumkriechen und krabbeln wie Verrückte, rein und raus aus den Taschen meiner Hosen und Sportjacketts und Anzüge und Mäntel in dem stinkigen Schrank! (Er steht auf) Aber nicht in den seidengefütterten Taschen meines blauen Zweihundert-Dollar-Anzuges, meines besten Anzuges... NACH MASS GESCHNEIDERT! Extra für mich angefertigt! Nein, ihr schlauen Typen, ihr werdet keinen teuren Tod in meinem Superanzug sterben, weil er nicht mehr da ist! GEKLAUT! Man hat mich ausgeraubt! (Er öffnet die Schranktür und fängt an, alle seine Kleider hektisch durchzuwühlen) Jesus, komm her und sieh sie dir an! Ehe ich heute nacht in diesem Rattenloch einschlafe, werde ich dafür sorgen, daß jeder von euch tot ist. HÖRT IHR MICH? IHR SCHEISSKÖPFE! (Er fällt zurück in den Stuhl) Ich wünschte, ich hätte einen Pfennig, nur einen Pfennig für jede einzelne Kakerlake, die jetzt hier krepiert. Ich wäre reich genug, um mir alles, was heute hier geklaut worden ist, zurückzukaufen. (Luke steht vom Stuhl auf und legt sich aufs Bett. Er ist erschöpft) Sie ficken wirklich unheimlich viel! Kakerlaken! Müssen das wirklich verdammt gerne tun. Na ja, ich tue es auch ganz gerne. Wirklich! ICH SAGE DIR: ICH TUE ES WIRKLICH GERNE. (Er fängt wieder an zu schluchzen) Ich möchte es... sehr, manchmal... wirklich! Es ist nicht fair, o Gott, du kotzt mich tatsächlich an! Wirklich! (Er wird für einen Moment ruhig) MAN HAT MICH BERAUBT!

Ich glaube, viele Amerikaner fingen an, sich für Politik zu interessieren seit J. F. Kennedy. Im Grunde hat sich vorher niemand sonderlich darum gekümmert. Als ich jung war, habe ich nie über Politik gesprochen, einfach weil es keine gab. Da gab es Eisenhower und Truman und alle diese alten Herren, wir haben das einfach akzeptiert. Wenn ich Politiker wäre, würde ich ziemlich weit links stehen, vielleicht sogar radikal.

Worin siehst du das Hauptproblem heute in Amerika?

Die Spaltung – es gibt da eine fürchterliche Spaltung zwischen den extrem Linken und den extrem Rechten. Die dazwischen sind selbstzufrieden und gelangweilt und zu sicher. Sie sind gefährlich, weil niemand sagen kann, was sie tun werden. Das Land müßte mehr geeint werden. Eine Hoffnung ist, daß 1975 über die Hälfte der Bevölkerung unter 25 sein wird. Das bedeutet, daß das Land sich wirklich ändern wird. Heute gibt es Spaltungen in allen Gruppen im Land, es gibt die Teilung innerhalb der Schwarzen, für oder gegen die Integration usw. Und dann gibt es da diese mächtige Gruppe, die weder hier noch da ist, die man heute die 'silent majority' nennt.

Lanford Wilson

Interview

LANFORD WILSON, geb. am 13. April 1938 in Lebanon, Missouri. State College in San Diego, Kalifornien, und Universität in Chicago. Juli 1962 nach New York. Siebzehn Stücke aufgeführt im Caffe Cino, La Mama, Judson Poets Theatre; Off-Broadway wurden produziert *Home Free! This is The Rill Speaking, The Rimers of Eldritch, Ludlow Fair, The Madness of Lady Bright, The Gingham Dog, Lemon Sky* und *Sextet (Yes).* Drehbuch für *The Strike* (nach: Letzte Ausfahrt Brooklyn) und ein Libretto für eine Opernfassung von Williams' *Summer and Smoke.* Verschiedene Preise und Stipendien.

In Chicago hab ich angefangen, Stücke zu schreiben, zumindest dachte ich, es seien welche. Sie wurden nie gemacht, es gab kaum Theater in Chicago, dazu mußt du nach New York kommen. In Chicago gab es aber eine sehr fette, sehr komische Drag-Queen: Er oder sie ging in den Bars herum und unterhielt die Leute da mit Monologen. Für diesen Typ schrieb ich 4 unheimlich säuische Monologe, wirklich dreckige Bar-Unterhaltung. Es war ein irrer Spaß. Ich ging in die Bars, wenn die Queen die Sachen vortrug, und hörte, wie die Leute darüber hysterisch lachten. Es war eine ideale Situation; er war ein Mann, eine Frau, ein Homosexueller, alles in einer Person. Ich bin sicher, daß der Rhythmus in meinem späteren Stück *The Madness of Lady Bright* von diesem Typ kam. Lady Bright spricht genauso wie diese Drag-Queen sprach.

Wenn du aus einer kleinen Stadt im Mittleren Westen kommst, dann ist Theater für dich der Broadway in New York. Mehr wußte ich damals nicht über Theater, und deshalb kam ich nach New York. Ich ging auf den Broadway und sah mir die Sachen an, die sie spielten, und ich war tief enttäuscht. Es war alles scheußlich. Ich war mit zwei anderen mit 7 Dollar in der Tasche im Bus von Chicago nach New York gekommen. Die ersten Tage schliefen wir im Park. Schließlich riefen wir den Freund eines Freundes an, und er sagte: "Kommt rüber!" Er hatte Mitleid mit den 3 verlorenen Kindern aus Chicago. Von seiner Wohnung aus rief ich meine Mutter an, mit R-Gespräch. Sie schickte uns 50 Dollar, davon mieteten wir uns ein billiges Hotelzimmer. Nach einer Woche bekam der erste von uns – Dean – einen Job. Nach weiteren 3 Wochen bekam der zweite von uns – Michael Powell – einen Job: Er ist Schauspieler geworden. Nach 3 Monaten bekam auch ich, der letzte in diesem Triumvirat, einen Job in einem Büro. Wir lebten damals am Broadway, Ecke 76. Straße. Es war da eine wilde Szene. Drag-Queens, Prostituierte, Junkies, nicht hip, völlig außerhalb, sehr merkwürdig. Ich saß da nachts in einem Café, das immer auf hatte, sah mir die Leute an und schrieb. Seit ich in New York war, hatte sich alles geändert, ich war jemand anderes geworden, mein Schreiben war anders geworden. Ich saß also in diesem Café und schrieb mein erstes wirkliches Stück: *Home Free!*

Als ich ungefähr 8 Monate in New York war, ging ich das erste Mal ins Caffe Cino. Nach all dem, was ich am Broadway gesehen hatte, war das meine erste wirkliche theatralische Erfahrung. Ich ging zu Joe Cino und gab ihm *Home Free!* Er mochte es nicht, aber er sagte, er würde es machen. Gerade als sie mit den Proben anfingen, schickte ich das Stück zu einem Wettbewerb nach Spoleto, Italien. Die sagten mir, sie könnten nur Stücke annehmen, die noch nirgends aufgeführt worden waren. Also rannte ich zu Joe Cino und sagte ihm, er könne das Stück nicht machen. Als Ersatz schrieb ich in einer Nacht eine kleine Komödie, einen

Einakter – ich hab das Manuskript verloren –, das Stück hieß *Ludlow Fair.* Das kam dann im Cino raus.
Drei Monate später wurden im Caffe Cino dann *Home Free!* und *No Trespassing* gemacht. Es waren auch Einakter. Alle meine ersten Stücke waren Einakter, in denen meist nur 2 Leute auftraten. Das Caffe Cino war nämlich nicht größer als ein Zimmer, und die Bühne war nicht größer als ein Tisch: mehr als 2 Leute hatten einfach nicht Platz drauf. Als wir gerade *Ludlow Fair* im Cino machten, wurden wir aus dem Hotel rausgeschmissen. Wir schliefen auf der Bühne im Cino, und unsere Sachen, Koffer und Schachteln, wurden das Bühnenbild. In *Ludlow Fair* sitzt nämlich jemand zwischen seinen Koffern und seinem ganzen Kram in einem Hotelzimmer. Joe Cino fütterte uns durch, und wir halfen ihm im Theater, wuschen Teller ab, bedienten die Leute und kassierten den Eintritt, so wie das alle im OOB eine Zeitlang gemacht haben. Jeder Autor, der im Caffe Cino rauskam, hat da auch mal Teller gespült. Ich weiß selbst nicht mehr, wovon ich in diesen Jahren gelebt habe. Ich wurde ungefähr aus einem Dutzend Hotels oder Zimmern rausgeschmissen. Im Broadway Central steht heute noch eine Schreibmaschine von mir, die ich da als Pfand ließ.

LANFORD WILSON

Home Free! und *No Trespassing* spielten wir auch im La Mama. Damals hatte La Mama nur an den Wochenenden Vorstellungen. Irgendein Stück hatten sie kurzfristig aufgeben müssen, und Joe Cino half ihnen mit seinen Produktionen aus. Wenn wir meine beiden Einakter im Caffe Cino gespielt hatten, fuhren wir schnell rüber ins La Mama und spielten sie da.
Im Mai 1964 machten wir im Cino dann *The Madness of Lady Bright.* Das war mein erster großer Erfolg und so mit das Erfolgreichste, was je im Cino gemacht wurde. Neil Flanagan spielte die *Lady Bright* und gewann damit einen Obie. Joe Cino und wir alle liefen herum und spielten verrückt wie *Lady Bright.* Es war ein irrer Spaß. *Lady Bright* war das erste und – außer *Dames at Sea* von Haimsohn-Miller-Wise – das einzige Stück, das im Cino länger als zwei Wochen lief. Alle Stücke wurden im Cino nach zwei Wochen abgesetzt, aber *The Madness of Lady Bright* lief ewig, insgesamt 168mal, es wurde immer wieder aufgenommen. Wir hatten sehr, sehr billig eine ganze Menge Plakate bekommen. Wir fuhren nachts rum und klebten sie überall an, einer paßte auf, ob die Cops kamen. Ich glaube, *Lady Bright* war das erste OOB-Stück, für das Plakate geklebt wurden. Wir hatten keinen Ärger deswegen und wenn, wäre das für Joe Cino auch nichts Neues gewesen. Joe hatte dauernd Ärger mit der Feuerpolizei, sie kam so ungefähr einmal in der Woche ins Cino und machte Stunk. Joe kümmerte sich kaum darum, es liefen eine Menge Prozesse gegen ihn. Er ging zu den Verhandlungen nur, wenn es absolut nötig war. Meist wurden die Verfahren eingestellt, oder es gab kleine Geldstrafen.
Dann schrieb ich *Balm in Gilead,* es war eine Rebellion gegen diese Zwei-Personen-Stücke. Es war ein Einakter mit 55 Rollen. Später wurde daraus ein Stück mit zwei Akten und 35 Rollen. Joe Cino wollte es machen, aber ins Cino wären 35 Leute überhaupt nicht reingegangen. Also machten wir es im La Mama, Januar 1965 war das. *Balm in Gilead* sollte schon vor der Aufführung veröffentlicht werden. Ich hatte einen Freund bei Hill and Wang, und der gab das Stück seinem Verlag. Sie hatten eigentlich eine Anthologie neuer Einakter machen wollen, in der auch ein Stück von mir veröffentlicht werden sollte, aber dann entschlossen sie sich, anstelle der Anthologie ein Buch mit meinen Stücken herauszugeben. Das Buch sollte noch vor der Premiere von *Balm in Gilead* erscheinen. Ich hab sie aber solange hingehalten. Das Stück war ziemlich verworren, es ging alles ein bißchen durcheinander, und ich wollte es während der Proben noch verändern. Es veränderte sich auch, die Schauspieler haben eine Menge dazu beigetragen. Das war meine erste Erfahrung dieser Art von Zusammenarbeit. Eigentlich bin ich nicht jemand, der seine Stücke in Workshops mit den Schauspielern zusammen schreiben kann. Das ist nicht meine Arbeitsweise.
Balm in Gilead wurde sehr erfolgreich. Danach schrieb ich *Sand Castle,* das kam 1965 im La Mama raus und wurde vor kurzem vom Fernsehen gekauft. Das größte im OOB ist, daß du ein Stück schreibst, und schon fangen die Proben an. Es wird sofort aufgeführt, und du mußt nicht 1000 Jahre bis zur Premiere warten. Im Cino machten wir – auch 1965 – *This is the Rill Speaking,* das erste Stück in Collagen-Form, das ich schrieb. Es war ein liebes Stück, über eine kleine Stadt, eine kleine Welt, nicht, wie es ist, sondern wie es sein sollte. Dann sagte ich mir: So ist es nicht, es ist alles schwarz und grimmig. Und ich schrieb *The Rimers*

Lanford Wilson

aus: The Rimers of Eldritch

MARTHA: Geht es ihr besser?
EVELYN: Ich weiß nicht. Wer wüßte es schon?
MAVIS: Hat sie irgend etwas gesagt?
EVELYN: Der Arzt sagt, es war nur ein Schock.
MARTHA: Das glaube ich auch.
WILMA: So etwas habe ich noch nie gehört.
MARTHA: Genauso, wie er damals Patsy so erschreckt hat, als sie noch klein war.
WILMA: Es ist schlimm für das ganze Dorf.
MAVIS: Schrecklich!
PATSY: Sie tut mir so leid.
MARTHA: Ein Schock für uns alle.
MAVIS: Schrecklich!
EVELYN: Sie hat sich schon immer so leicht aufgeregt.
LENA: Diesmal hatte sie einen Grund.
PATSY: Ich wünschte, er wär noch am Leben.
WILMA: Wenn man an all das Böse in der Welt denkt...
EVELYN: Der Arzt sagt, was sie braucht, ist Ruhe.
MAVIS: Wenn er noch leben würde – morgen wär er tot.
WILMA: Das arme Mädchen...
MARTHA: Und Nelly, die arme Frau, so ein Leben...
WILMA: Ich hab zu Evas Mutter gesagt, ich mußte so weinen...
MARTHA: Ja, ich hab es gesehen.
WILMA: Nur Gott im Himmel...

MARY: Mir war, als ob beide Männer auf sie einschlugen...
(Bewegung unter den Zuschauern)
RICHTER: Ruhe! Das war deine Aussage als Zeugin, Mary Windrod.
MARY: Ich stand am Fenster und sah in den Mond.
ROBERT: War denn Mond?
MARY: Zunehmender, ich bin ganz sicher.
RICHTER: Du hast gesagt, daß du...
MARY: Blut, überall Blut. Es war entsetzlich.
RICHTER: Der junge Driver und Eva...
MARY: Ich konnte es nicht genau sehen, meine Augen sind schlecht.
NELLY: Und Mama hat gesagt, jemand ist auf dem Hof, und ich habe das Gewehr genommen, das immer neben meiner Tür steht, nachgesehen, ob es geladen ist, und dann hab ich die Tür aufgemacht.

of Eldritch, dieses Stück über den Mittleren Westen Amerikas, sehr realistisch, aber zugleich impressionistisch. Wir machten es 1967 im La Mama. Ich setzte die Leute auf die Bühne und auf den Boden, und die rohen Holzbänke, die La Mama damals hatte, wurden der Schauplatz für *Rimers.*
So ungefähr seit 1966 konnte ich von meinen Stücken leben. Meine Sachen wurden im Off-Broadway gemacht, und *Home Free!* kam in Deutschland und in Skandinavien raus. Jedes meiner Stücke brachte im Jahr ein paar hundert Dollar, und ich brauchte nicht mehr zu arbeiten. In Deutschland sind meine Stücke beim Fischer-Verlag. Ich glaube, die haben so ziemlich jeden von hier. Sie sind für den ganzen OOB eine Einnahmequelle. Das geht zurück auf Ruth Yorck, sie war mit Stephanie Hunzinger vom Fischer-Verlag befreundet und hat uns alle der Stephanie vorgestellt. Der Fischer-Verlag hat, angefangen mit

***LADY BRIGHT* IM CAFFE CINO, 1964**

ROBERT: Plötzlich war er da, wie aus dem Erdboden gewachsen, wir waren so überrascht, und dann stieß – dann schlug er mich, von hinten; ich weiß nicht, ob ich ohnmächtig wurde oder nicht. (Bewegung in der Menge) Er ist ungeheuer stark. (Bewegung in der Menge)
MARY: Nelly, Nelly, da draußen ist jemand, da kämpfen welche. Sie sind durch den Wald gekommen und schreien.
NELLY: Wo warst du? Ich denke, du bist im Bett?
ROBERT: Und meine Ohren klangen, und ich sah, was er tun wollte, und da wurde alles weiß rings um mich.
MARY: Geh bitte raus und sieh nach, was los ist.

Home Free!, alle meine Stücke gekauft. Für jedes bekam ich 300 Dollar. Das war damals enorm, von 300 Dollar konnte ich zu der Zeit bald ein Jahr lang leben. Na ja, heute natürlich nicht mal mehr einen Monat.
1967 bekam ich dann ein Stipendium von Rockefeller und 1968 eins von Yale. Jedenfalls konnte ich seit 1966 von meinen Stükken leben.
1968 wurde ein Stück von mir im Judson Theater gemacht, ein Stück ohne Titel. Al Carmines schrieb die Musik dazu. Für mich war das ein Reinfall, obwohl das Stück erfolgreich war. Ich kümmere mich nicht um das Urteil anderer. Genauso wie ich die Auf-

führung von *Gingham Dog* 1959 am Broadway gut fand, obwohl die Kritiker es zerrissen und es nur 5 Tage lief. Das Ganze hatte 90000 Dollar gekostet. *Gingham Dog* hatte ich schon viel früher geschrieben, und es war vor der Broadway-Produktion im Washington Theatre Club in Washington gemacht worden.
1969 hat das Eugene-O'Neill-Theater dann *Lemon Sky* von mir aufgeführt. Das ist ein autobiographisches Stück über das triste Jahr, das ich in Kalifornien gelebt habe, ein Familienstück. Ich mag das Stück sehr, aber sie hatten es viel zuwenig und lustlos geprobt, und es war einfach grausig. Ich hab *Lemon Sky* bisher niemand anderem gegeben, vielleicht inszeniere ich es selbst im La Mama.
Mein neustes Stück heißt *Serenading Louis.* Es geht über Leute aus Yale, 20 Jahre später, sie sind Ende 30, leben in Suburbs, haben enorme Eheschwierigkeiten und sind beide Anwälte. Sie gehören zu diesen Yalies, die die sentimentalen Sauflieder ihrer Studentenzeit noch immer mit Tränen singen. Das verbindet sie, und sie sprechen ziemlich ehrlich über ihre Probleme; alles ist sehr qualvoll. Einer von ihnen versucht, sich zu entscheiden, ob er in die Politik gehen soll; er geht schließlich.
Home Free! ist vom Film gekauft worden, es wird bald gemacht werden. Ich hab das Drehbuch dazu geschrieben. Dabei ist mir klar geworden, daß der Autor beim Film gar nichts ist, der Regisseur ist alles. Einen Film machen würd ich gern mal, aber einen schreiben, daran bin ich nicht interessiert. Mein Drehbuch zu *Home Free!* gefiel ihnen nicht, und sie schickten den Regisseur nach New York. Der mietete sich im Plaza Hotel ein und engagierte 4 Sekretärinnen, denen ich den Text neu diktieren sollte. Fast 2 Monate lang ging ich jeden Tag hin, es war grauenvoll. Wenn ich diktierte: "Und dann ging er ins Zimmer", dann unterbrach der Regisseur und sagte: "Nein, nein, Lance!" Ich sage: "Was nein?" Und er: "Es ist doch besser, wenn vorher noch was passiert." Ich sage: "Gut. Also, er schnippt die Zigarette weg und geht ins Zimmer." Dann er wieder: "Nein, nein, Lance!" So ging das weiter, er war dumm wie die Sünde und saß da zurückgelehnt in seinem rosa Sessel und kam dauernd mit seinem verdammten "Nein, nein, Lance!" Schließlich diktierte ich den Sekretärinnen, so schnell ich konnte, ich rannte im Zimmer rum und redete hintereinander weg, so schnell ich konnte, und er kam nicht mehr dazu, dazwischenzufunken.
Das war meine Filmerfahrung; sicher hab ich dabei auch was gelernt, aber in der Art: nie wieder! Allerdings hab ich noch ein zweites Drehbuch geschrieben, und vielleicht schreib ich dies Jahr noch eins, aber allein, und sie müssen mir eine Menge Geld dafür bezahlen. Im Grunde mag ich Filme auch nicht, es sind kleine Zelluloid-Streifen, die Schatten auf eine Leinwand werfen. Ich bin mehr am Theater interessiert. Ich bin daran interessiert, wie man die Magie der Bühne benutzen kann, ohne dabei die Illusion zu zerstören. Was kann man mit einem mehr traditionellen Stück auf der Bühne machen? In meinen Stücken rennen die Schauspieler nicht ins Publikum und veranstalten Liebesfeste, das ist heute sehr en vogue, aber ich bin da nicht drin. Ich bin an der andauernden Einbildung interessiert. Ich kann nicht gut darüber sprechen; wenn ich das klar ausdrücken könnte, würde ich Essays schreiben, aber ich schreibe Stücke. Ich meine so: Die Personen im Stück sind die Personen und manchmal auch die Schauspieler, die Personen spielen, aber sie

ROBERT: Gestoßen hat er mich.
EVA: Ahhhh! (Ein lauter, markerschütternder Schrei)
EVELYN: O Gott, mein Kind!
EVA: Nein, nein, nein!!
EVELYN: Ihr verkrüppelter Körper, ihr gebrochenes Rückgrat – warum hat Gott mich mit diesem Fluch beladen? Ich beklage mich nicht, ich frage nur: warum? Wir lieben Ihn, wir lobpreisen Ihn – und dann dieses Ungeheuer! Ich meine Skelly. Ich frage nur: warum?
PRIESTER: Die Wege des HERRN sind...
EVELYN: Warum? Ich habe das Recht, es zu wissen. Wenn ich etwas Falsches getan habe, will ich dafür büßen. Wenn ich gesündigt habe...
CORA: Eva hat zu mir gesagt – Eva, du weißt, was du gesagt hast. Skelly hat manchmal für mich gearbeitet. Ihr habt ihn alle nicht gekannt. Er war ein anständiger Kerl.
EVELYN: Meine Tochter hat nie mit dir gesprochen. Meine Tochter hat nie mit so einer wie dir gesprochen. Meine Tochter hat eine Narbe fürs ganze Leben davongetragen. Ein Krüppel war sie schon vorher. Sie ist schwach. Sie kann sich nicht wehren.
CORA: Hör mir bitte zu.
EVELYN: Nein, nein, ich will nicht zuhören, einer Frau wie dir traue ich nicht.
CORA: Wer bist du denn?
EVELYN: Meine Tochter ist unberührt, sie ist rein. Sie kommt aus einer christlichen Familie, sie ist rein! Und du? Eine aufgedunsene Nutte, die jeder kennt. Eine besoffene Hure Babylon.
CORA: Ich habe mit ihr gesprochen, weil ich wußte, daß Skelly das nicht tun würde; nie im Leben.
EVELYN: Hure Babylon! Geh wieder in deine Kaschemme zurück, in dein Sündenloch. In Gottes Namen...
RICHTER: Ruhe! Ruhe bitte! (Er klopft auf den Tisch)
EVELYN: Im Namen des Herrn! Weißt du, wie ich dich vor diesem Gerichtshof nenne? Eine Lügnerin! Vor Gott dem Herrn!
(Die Gemeinde singt "Nun laßt uns gehn und beten", der Richter klopft den Rhythmus dazu)

sind nicht plötzlich ganz was anderes. Du fängst mit einer realen Szene an, und von da breitest du dich aus, in allen Richtungen, und die Einbildung der Zuschauer folgt dir. Ich will keine Effekte der Effekte wegen. Effekte muß man verdienen. Es ist schwierig, ich kann das alles nicht richtig ausdrücken.
Ich versuche immer, den Leuten klarzumachen, daß das Schreiben selbst ein politischer Akt ist. Zum Beispiel Joe Chaikin, er sagt: "Lance, es ist ungeheuer gut, wie du schreibst, aber es ist gräßlich, worüber du schreibst." Ich sage ihm: "Meine Stücke sind sehr politisch, ich zeige die Leute." *The Rimers of Eldritch* behandelt eindeutig diese fürchterlich korrupte amerikanische Gesellschaft. Alle in dem Stück sind enorm fromm und enorm moralisch, und als in ihrer Stadt ein Mord passiert, gibt das ihnen Anlaß, sich noch anständiger zu fühlen, egal, was passiert. Genauso wie die *Rimers* ist auch *Balm in Gilead* für mich ein politisches Stück, eine Allegorie des Kauf- und Verkauf-Systems in der amerikanischen Gesellschaft. Aber die Leute meinen, meine Stücke seien unpolitisch, sie sehen keine Verbindung zur Gesellschaft, wenn sie nicht ganz direkt politisch ist. Du kannst in diesem Land gar nicht leben, ohne politisch zu sein, obwohl – manche scheinen es zu können. Außer am letzten Moratorium hab ich nie an einer direkten politischen Aktion teilgenommen, aber ich schreibe Stücke! Ich hoffe, daß ich dabei nicht predige oder den Leuten die einzige Antwort aufzwinge – ich glaube nicht, daß ich das versuche. In den letzten 3 Jahren ungefähr bin ich in meinem eigenen Denken viel radikaler geworden. Das ist eigentlich sehr merkwürdig, weil das gerade die Zeit ist, seit der es mir finanziell recht gut geht. Ich gehöre mit meinem Einkommen zum guten Mittelstand und gehe dabei gegen alles an, was der Mittelstand repräsentiert. Ist das nicht immer das Dilemma?
Vor einem Jahr kam ein Freund von mir aus Spanien zurück und sagte: "Ich weiß, was Theater ist: Es ist Zirkus! Es ist bunt, froh, es ist Zirkus! Wie du schreibst, das ist gestern, das ist furchtbar!" Ich mochte ihn sehr und war eine Woche lang kurz vor dem Selbstmord. Mein Gott, dachte ich, was ich schreibe, sind die Nachrichten von gestern, es ist alles falsch, ich bin ein Niemand.

SAND CASTLE **VON WILSON IM LA MAMA, 1965**

Das zeigt, wie wenig ich über mich sagen kann, wie sehr mich das meiste zu wirklichen Depressionen bringen würde. Wenn ich über alles nachdenken würde, würde ich aus dem Fenster springen. Ich versuche, mich selbst davon zu überzeugen, daß es etwas Göttliches geben muß, irgendwo. Ich versuche das zu glauben, und ich sage nicht: Nein, ich kaufe diesen Schiet nicht. Ich bin als Baptist erzogen, die Leute in Missouri nannten uns die Fußwäscher-Baptisten, es war ein Schimpfwort. Ich sehe Sinn in der christlichen These, ich glaube, das ist der richtige Weg. Nur daß diese Religion seit je falsch praktiziert wird, sie wird für die inhumansten Sachen der Welt ausgeschlachtet. Mit anderen Religionen ist das genauso, sie werden alle nicht im richtigen Sinn praktiziert. Ich bin deshalb gegen jede Art von Kirche, jede Art von organisierter Religion. Aber an die Grundidee des Christentums versuche ich zu glauben. Ich bin überhaupt ein Gläubiger, ich glaube an alles, was plausibel klingt. Ich glaube an Geister und Hexen und all das. Ellen Stewart ist einer meiner Geister, mein dunkler Geist, sie folgt mir, und ich bin entsetzt, wenn ich etwas tu, von dem ich weiß, daß sie's nicht mag. Man kann nicht im Village leben, ohne mit diesen ganzen Sachen vertraut zu sein. Die Leute im Village schwören auf alles mögliche, auf das I-Ching, auf Horoskope, auf Gott, auf die Seelenwanderung, auf Tarock-Karten und die ganze Magie.

JOE CINO AN DER KAFFEEMASCHINE

Ellen Stewart

Joe Cino und das Neue Theater

Neues Theater in dem Sinne, wie ich den Begriff gebrauche, gibt es seit etwa 12 oder 13 Jahren. Was heute Neues Theater genannt wird, hat seine Ursprünge im Caffe Cino, das 1958 eingerichtet wurde, und zwar von Joe Cino. Es war ein kleines Café in der Cornelia-Straße im Village. Joe's Spezialitäten waren heiße Schokolade, alle möglichen Getränke – kein Alkohol! –, Brote und Salate. Joe Cino war in erster Linie Tänzer, dann Dichter, dann Schauspieler und so weiter. Um sein Café besser gehen zu lassen, entschloß er sich, Dichterlesungen und kleine Tanzdarbietungen zu veranstalten. Jeder, der eine Vorstellung geben wollte, konnte das tun. So fing das Neue Theater an. Einige der Bühnenautoren, die heute sehr bekannt sind, hatten im Cino ihre ersten Premieren, zum Beispiel Lanford Wilson. Lanfords erstes Stück im Cino war *Home Free!*, das 1963 eine Woche im Cino lief und anschließend im La Mama, das inzwischen gegründet worden war. Dieses Stück wird in Kürze verfilmt werden.

Ich gründete La Mama 1961, als ich von der Existenz des Cino noch nichts wußte. Ich lebte damals im heute East Village genannten Teil New Yorks, der zu der Zeit noch Lower East Side hieß. Das West Village, wo das Caffe Cino war, war damals für uns völlig unbekannt und aus der Welt. Einmal erzählte jemand Joe Cino, daß wir etwas Ähnliches wie er aufgemacht hätten, und er kam den ganzen Weg quer durch die Stadt, um mir zu helfen. Ich hatte damals zwei oder drei Produktionen. Joe brachte uns ein paar Regler – wir hatten so was damals überhaupt noch nicht –, von denen einer ging, und er half uns bei der Produktion von *Autodafé*, er führte Regie, spielte, machte das Licht usw., weil er meinte, wir brauchten etwas, was er ein *professionelles* Stück nannte. Joe Cino ist tot; ich bin ihm immer sehr dankbar gewesen und werde das auch immer sein. Ich denke, man darf über Neues Theater – was auch immer sich hinter dem Begriff verbirgt – nicht sprechen, ohne den Namen Joe Cino zu nennen. Als wir anfingen, hatten wir einen kleinen Keller, East 9. Straße, und wir hatten wirklich keine Ahnung von Theater. Wir hatten zwölf Schaukelstühle – jemand hatte sie mir geschenkt – zwei Tische und eine kleine Kaffee-Bar. Unser Raum war etwa $3^1/_2$ mal 6 Meter groß, so daß ein Schauspieler, der vom Klo zur Spielfläche wollte, mit dem Publikum in Berührung kommen mußte – das war unsere Erfindung des Totaltheaters. Oft machten wir die Auftritte vom Eingang her – es war außer dem Klo die einzige Möglichkeit –, und wenn es sehr voll war, brauchte es einige Zeit, bis der Schauspieler zur Spielfläche durchgekommen war; manchmal schaffte er es gar nicht! Das ist insofern wichtig, als es unseren Stil auch später noch beeinflußte, als wir mehr Platz hatten. Als wir unseren nächsten Raum bezogen, der eine richtige Bühne hatte, benutzten unsere Autoren die Bühne nicht gern, und so entstanden viele Stücke, die im Publikum spielten oder deren Dekorationen ins Publikum reichten.

Was unseren Stil – und ich meine nicht nur La Mama – weiter sehr beeinflußt hat, war, daß praktisch niemand aus dem professionellen Theater an uns Interesse hatte, so daß wir mit allem bei Null anfangen mußten. Die Autoren hatten fast nie zuvor ein Stück

geschrieben. Wir mußten uns alle ausbilden, d. h., wir lernten, während wir arbeiteten. Dadurch waren wir frei, alles zu benützen, was uns gerade einfiel. Wir benutzten Tanz, Geräusche, Dias, Filme, ungewöhnliche Sprecharten. Mein Traum damals war, daß eines Tages jemand vom Actor's Studio kommen und sagen würde: Ich inszeniere hier ein Stück, um Euch zu helfen, weiterzukommen. Aber das geschah nie, und dadurch war der Weg, den wir gingen, gänzlich unser eigener.

1964 tauchte Tom O'Horgan auf und inszenierte im La Mama *Die Zofen* von Genet. Ich glaube heute, daß das vielleicht die beste Produktion war, die wir je gemacht haben; jedenfalls entschied ich mich damals, daß das der Weg sein sollte, den La Mama gehen sollte. Ich wurde zu der Zeit von Leuten, die ich respektiere, sehr kritisiert, vor allem wegen des Stils unserer Autoren. Zum Beispiel hatte mir Allen Ginsberg 1963 einen schmalen, dünnen jungen Mann geschickt, der ein paar Stücke geschrieben hatte. Das war Sam Shepard. Die Regisseure, die damals im La Mama waren, wußten nicht viel, aber doch soviel, um sagen zu können, daß aus diesem jungen Mann nie ein Schriftsteller werden würde. Was er geschrieben hatte, war einfach unmöglich, unspielbar. Ein heute sehr bekannter Mann sagte mir, daß Jean-Claude van Itallie zurück zur Schule gehen und lernen sollte. Aber nicht nur die Leute, die ich kannte, fanden schlecht, was wir machten – auch das Publikum verließ uns in hellen Scharen, besonders bei 2 Stücken, *Balls* von Paul Foster und *Motel* von Itallie. Dennoch habe ich immer an unsere Arbeit geglaubt. Für mich ging es nur darum, Wege zu finden, um die Stücke so zu präsentieren, daß sie anerkannt wurden. Ich war davon überzeugt, daß wir viel reisen müßten, um zu lernen, wie andere arbeiten, besonders in Europa. Dazu kam, daß wir keine Kritiker in unser Theater bekamen. Wir entschlossen uns also, mit 21 Stücken nach Paris und Kopenhagen zu fahren, und ich muß sagen, daß es abenteuerlich war. Wir waren 16 auf einem Studentenschiff ohne Rückfahrkarten. Unter den Stücken waren *Birdbath* von Melfi (was Antonioni verfilmt), *Home Free!* von Wilson, *America Hurrah!* von Itallie, *Rats Mess* von Kennedy, *Chicago* von Shepard: alles Stücke, die die New Yorker Kritiker nicht kritisieren wollten und die Verleger nicht drucken wollten, weil sie keine Kritiken hatten. Alle sind inzwischen als Bücher erschienen – nicht nur in Amerika.

1965 traf ich Grotowski in Wroclaw, sah mir an, wie er arbeitete, und war sehr beeindruckt. Ich versuchte, seine Techniken in unsere Arbeit einzufügen. Ich bin seitdem viel in Europa gereist, und ich versuche, möglichst viel Austausch zu erreichen, indem ich Regisseure aus Europa nach New York einlade und auf der anderen Seite La-Mama-Schauspieler nach Europa schicke. Ich habe im La Mama Regisseure aus Kanada, Rumänien, Österreich, Jugoslawien, England usw. gehabt, die mit den amerikanischen Schauspielern gearbeitet haben.

LA MAMA PLEXUS WORKSHOP

SPRINTORGASMICS VON PEVNY IM LA MAMA, 1970 →

Das Aquarian Age sollte am Freitag, den 15. August 1969 in Woodstock eingeläutet werden. Die *Woodstock Music and Art Fair* versprach 3 Tage Frieden, Liebe und Musik. Das Festival fand am White Lake auf Max Yasgurs Farm statt. Yasgur vermietete seine 600 Morgen Land, ein natürliches Amphitheater im Staat New York, für 3 Tage und 50000 Dollar an die Woodstock Veranstalter: Mike Lang, John Roberts, Joel Rosenman und Artie Kornfeld. Die Bewohner von Bethel am White Lake erwarteten den langhaarigen Hippie-Horror, bereit die 3 Tage in stiller Profitgier zu überstehen.
Aus 800 New Yorker Polizisten waren für eine versprochene Tagesgage von 50 Dollar 346 ausgewählt worden; zum Beispiel mit der Frage: Was tun Sie, wenn jemand Marihuana raucht? Falsche Antwort: Ich nehme ihn fest. Richtige Antwort: Ich lächle und inhaliere. Auf dem Festival sollte keine Gewalt herrschen und kein 'echter' Bulle sollte es betreten. Leider verbot der New Yorker Polizeichef einen Tag vor Festivals-Beginn das Erscheinen der Polizisten. In Eile wurden einige hundert andere Ordnungshüter mobilisiert, aber die Schlange der Autos hatte sich auf dem Anfahrtsweg, der Route 17 B schon gestaut und die Verkehrsreglung war bereits zusammengebrochen.
Hundert Kommunarden der Hog Farm und einige andere Hippie-Verbände waren mit Chartermaschinen herbeigeschafft worden, um eine innere Festival-Ordnung zu schaffen. Man erwartete 200000 Besucher; im Vorverkauf waren 186000 Karten abgegeben worden.

Die Frühkommer, die vor der 28 Meter breiten Mammut-Bühne lagerten, tanzten und Joints herumreichten, hatten noch eine der 60 Kartenkontrollen passiert. Die, die später kamen, ignorierten die niedrigen Absperrungen, und damit brach das Kartenverkaufssystem zusammen. Am Freitagabend wurde den 200000 die bereits überflüssige Mitteilung gemacht, daß der Eintritt zum Festival nun frei sei.
Auf der Route 17 B standen Autoschlangen von 15 Meilen. Eine Million junger Amerikaner versuchte, das Festival zu erreichen. Ein Teil gab auf, kehrte um oder kampierte neben den Highways. Ein Teil ließ das Auto einfach stehen und ging zu Fuß weiter.
Die 600 Latrinen, die auf Yasgurs Farm aufgestellt worden waren, stanken und waren kaum mehr benutzbar. Das Wasserleitungsnetz, das auf den Wiesen verlegt worden war, funktionierte nicht mehr und die 6 großen Wassertanks reichten nicht aus. Die 29 Lebensmittelstände der *Food for Love*-Gesellschaft waren ausverkauft und auf Nachschub war bei der Verkehrslage nicht zu hoffen. (Die Gesellschaft verklagte die Woodstock-Veranstalter später auf eine Million Dollar Schadenersatz. Darin sind unter anderem auch die Milch- und Soda-Packungen enthalten, die *Food for Love*, als das Wasser knapp wurde, aus Angst vor Ausschreitungen 'frei' ausgegeben hatte – unter dem Jubel der Menge.) Der ärztliche Notdienst war überfordert und konnte vor allem die große Zahl böser Trips nicht ausreichend behandeln.
Keine Toiletten, kein Wasser, kein Essen – und Freitagnacht der erste Wolkenbruch; aber die Kinder des Aquarian Age bauten auf der zusammengebrochenen Ordnung ihre eigene, neue auf und teilten, was da war. 350000 bevölkerten am Samstag das Gelände, das von Abfällen überschwemmt war (die Aufräumungsarbeiten brauchten 2 Wochen und 200 Leute), übermüdet, in gedrängter Enge, bei 31 Grad Hitze und 99 % Luftfeuchtigkeit, aber doch lächelnd und glücklich. Als am Sonntag der zweite Regen fiel, waren es 500000 und sie riefen: *Fuck the rain!* und tanzten in Morast und Abfall.

Montag war das Festival vorbei und ein Meer von Menschen löste sich wieder auf. Die Woodstock-Veranstalter machten Kasse: 1,3 Millionen Einnahmen; 2,6 Millionen Ausgaben; kein Defizit, denn es gibt den Woodstock-Film und die Woodstock-Platten (aber davon sprachen die 4 Hip-Kapitalisten nicht).
Das Woodstock-Festival war die Geburt eines neuen Mythos, die chaotische Gründungsversammlung von Woodstock Nation. Woodstock war der erste Versuch, einen Menschen auf der Erde zu landen, sagte Abbie Hoffman. Woodstock war die Unabhängigkeitserklärung des Lebensstils einer neuen Generation. Woodstock war für die Leute im New Yorker East Village genauso wie für die Leute in der Bay Area von San Francisco eine Prophezeiung.

By the time we got to Woodstock
We were half a million strong
And everywhere there was song and celebration
And I dreamed I saw the bombers
Riding shot-gun in the sky
And they were turning into butterflies
Above our nation (Joni Mitchell)

WOODSTOCK NATION GEGEN PIG NATION

Die Leute im East Village sagen: Es passierte was in Woodstock, das war eine Bewegung, eine Gegen-Kultur. *Fuck the System!* Es lebe die neue Kommunikation, die neue Sprache, die nicht die der Herrschenden ist, die neue Musik, die neue Sexualität, die neue Mystik! Scheiß auf das System, die Werte, Begriffe, Konsequenzen, Analysen von Pig Nation! Woodstock Nation heißt Liebe, Musik, Tanz, Harmonie, Ritual, Licht! In Woodstock Nation leben heißt: erleben, erfahren, mitmachen. *Join Us! Dig It!* Teil mit uns dein Brot und deinen Joint! Mit Woodstock hat die Kulturrevolution begonnen und die Idee des Global Village hat sich erfüllt. In Woodstock haben wir gesiegt, bald werden die Herrschenden kapieren, daß ihre Zeit vorbei ist. Woodstock ist die neue Mentalität. Woodstock ist die Zukunft der Welt. *Power to the People! Power to Woodstock Nation!*

In Woodstock waren Zigaretten rar, aber Opium, LSD, Kokain, Pot, Grass und Speed wurden preiswert gehandelt. *High* konnte jeder werden. Abbie Hoffman sagt: Nixons drei große Feinde sind die Vietcong, die Schwarzen und die Drugs. Die Drugs als Verneinung einer mechanisierten alten Welt und als Bejahung einer neuen Gesellschaft. Nach der Leary-Formel: *Turn On! Tune In! Drop Out!* Die Drugs sind chemische Nachahmungen der neuen elektrischen Umwelt, sagt McLuhan, sie entführen uns aus dem alten visuell orientierten Zeitalter und öffnen unsere Sinne für audio-taktile Bereiche. Mit Drugs läßt sich der Gewalttätige zum Friedfertigen umwandeln, sagt Leary, und es läßt sich eine neue Art von Revolution verwirklichen, denn wenn ein paar Mikrogramm ein Individuum verändern, dann werden ein paar Millionen Mikrogramm auch eine Gesellschaft verändern.

Mit Woodstock hat diese Revolution schon begonnen.
YOU KNOW SOMETHING IS HAPPENING
BUT YOU DON'T KNOW WHAT IT IS (Bob Dylan)
War Woodstock die Hip-Revolution, der Anfang einer neuen amerikanischen Geschichte, einer neuen Gemeinschaft, die ihre eigene Ordnung hat? Oder war Woodstock nur die Utopie der Hilflosen, der Verzweifelten, der machtlosen *drop-outs* einer apokalyptischen Gesellschaft; eine Vision aus Rausch, Zärtlichkeit und Traum?
Mit Musik, guten Vibrations und psychodelischen Freuden, während die Black Panthers umgebracht werden, läßt sich keine Revolution machen. Sich rauszuhalten aus dem amerikanischen Schlamassel mit LSD-Experimenten, mit Tanzen und Ficken, ist keine Revolution. Die *squares*, die *cops*, die *pigs*, die Woodstock geduldet haben, sitzen noch immer am Hebel.
Die halbe Million, die am White Lake in Regen, Schlamm, Abfall und Gestank die alte Ordnung totsagte, diente dem System zur neuen Konsumanalyse. Woodstock war ein Testfall für den Avantgarde-Kapitalismus, es gab noch kein Modell. Bereits heute ist jeder 2. Amerikaner unter 25. Das ist eine jährliche Ausgabenpotenz von über 45 Milliarden Dollar, dafür lohnt es sich, neue Markt-Strategien zu entwickeln und das Konsum-Verhalten der neuen Generation zu analysieren. Der Avantgarde-Kapitalismus wird sich die neuen Techniken bald angeeignet haben.
Mit *all-you-need-is-love*-Slogans läßt sich Woodstock Nation inmitten der Pig Nation nicht verwirklichen. Viele haben das in Altamont verstanden, wo die Rolling Stones versuchten, ein 2. Woodstock zu inszenieren. Es wurde ein brutaler Höhepunkt der kommerzialisierten Rock-and-Roll-Szene.

WE SHALL OVERCOME SOMEDAY

Die neue Ordnung, die entstand, nachdem die gesamte Planung des Woodstock-Festivals zusammenbrach, ist ein Versprechen, an das viele glauben und das viele erfüllen wollen. Die Leute vom Earth People's Park, die eine große Kommune auf dem Land aufbauen, sagen: Es ist nicht genug, sich wie die *freaks* im East Village nur aus der alten Gesellschaft zurückzuziehen, man muß sich auch ihrem Planungssystem, ihrer gesamten Zivilisation entziehen. Man muß auswandern in ein natürliches Lebenssystem und da, fernab auf dem Land, eine wirklich neue Gemeinschaft aufbauen. Es genügt auch nicht, ein Wochenend-Hippie-Getto wie das Woodstock Festival einzurichten; das Land wird in 3 Tagen verwüstet und vergiftet, und man hält die Leute mit Rock-und-Natur-Rhetorik nur kurzfristig zusammen. Man muß eine dauerhafte Gemeinschaft, eine neue Ordnung und eine neue Zivilisation entwickeln. Dazu muß der revolutionäre Kampf von Woodstock Nation gegen Pig Nation von den Städten aufs Land getragen werden. In Woodstock hat die amerikanische Revolution nicht stattgefunden. Es gibt noch einen langen Weg. Aber Woodstock ist ein Mythos geworden, der eine ganze Generation verbindet und ihr das Bewußtsein gibt, eine Nation zu sein. Flower Power hat sich in Woodstock Nation verwandelt. Wenn Woodstock Nation sich organisiert, wird der Kampf beginnen: Woodstock Nation gegen Pig Nation!
HEY PIGS, YOU BETTER GET SHAKIN'
TODAY'S PORK IS TOMORROW'S BACON!

Ihre ursprüngliche Anziehungskraft hat die Undergroundszene eingebüßt. Sie war sicher dem Umstand zu verdanken, daß die antiautoritäre Protestbewegung der Studenten, die sich zur gleichen Zeit herausbildete, die Theorie- und Planlosigkeit des Undergrounds verdeckte und eine politische Identität der Ziele suggerierte, die in Wirklichkeit nicht bestand. In der Mehrzahl der utopischen Entwürfe einer Gegengesellschaft, Gegenkultur, eines neuen Menschen, einer neuen Sensibilität wurden denn auch die ökonomischen, politischen und sozialen Voraussetzungen der kapitalistischen Gesellschaft so unzureichend analysiert, daß politische Ansätze zu einer Veränderung der Gesellschaft sich deshalb kaum entwickeln konnten. "Diesen Entwürfen eignet ein gemeinsamer Zug: Sie überschlagen allesamt die Phase der sozialen Emanzipation und der Klassenkämpfe, die ihrer eigenen Realisierung voranzugehen hätte, und zeichnen ihr gesellschaftliches Utopia jenseits aller Konkretion in

einen luftleeren Raum theoretischer Theorie." (Konrad Boehmer/Ton Regtien in: "Provo – Modell oder Anekdote" – Kursbuch 19)
Die Aktivitäten des Underground (primär ästhetischer und kaum politischer Natur) waren willkommener 'Rohstoff' für die Kulturindustrie, die besonders im Bereich der Popmusik vorgab, progressive Intentionen der Jugendlichen zu unterstützen, tatsächlich aber lediglich Profite aus ihnen herausschlug. Während sich die Hoffnungen der Undergroundanhänger auf die Schaffung langfristig funktionierender gegenkultureller Institutionen (Gegenmedien, Kommunikationszentren, Film-Kooperativen usw.) zerschlugen, konzentrierte sich das Hauptinteresse auf die Popmusik, deren Massenanziehungskraft für die kommerziellen Interessen des Kapitals von größter Bedeutung ist.

Sam Shepard

Interview

Ich bin in Chicago geboren, am 5. November 1943. Ich bin Skorpion. Ich hab in South Dakota, in Kalifornien, in Florida und in Wyoming gelebt, aber immer nur auf dem Land, nicht in den großen Städten. In Kalifornien bin ich zur Schule gegangen, und in Vermont hab ich drei Semester Landwirtschaft studiert. Ich wollte Farmer werden. Ich hab mir als Kind immer ausgemalt, wie ich Kühe und Schafe züchten würde. Aber dann in Vermont hab ich kapiert, daß man dazu eine Menge Geld braucht. Ich hätte nur Hilfsfarmer werden können. Was heißt, du arbeitest für einen anderen. Dazu hatte ich keine Lust. Also hab ich aufgehört und bin Schauspieler geworden. Ja, ohne Ausbildung. Acht Monate bin ich mit einer Truppe herumgereist.

1964 kam ich dann nach New York. Ich lebte bei einem Maler, den ich hier kannte. Ich wollte Stücke schreiben. Also fing ich ganz einfach an, welche zu schreiben. New York gibt dir das Gefühl, daß du das kannst. Obwohl eigentlich dieser ungeheure Ehrgeiz hier mit einer freien kreativen Arbeit nicht immer zusammengeht. Manchmal hindert dich dieser Ehrgeiz, kreativ zu sein. Ich hatte Glück. Die Leute mochten meine Stücke von Anfang an. Sie mochten schon mein erstes. Es hieß *Cowboys* und wurde im Theatre Genesis aufgeführt.

Erst seit dem letzten Jahr kann ich von meinen Stücken leben. Davor habe ich mich mit Stipendien durchgeschlagen. Ich habe Geld von Rockefeller, Guggenheim und von der Yale-Universität bekommen. Ganz zu Anfang hab ich in New York als Schaffner, Kellner und solches Zeug gearbeitet. In der Zeit habe ich auch Ralph Cook kennengelernt. Ralph war wie ich Kellner im Village Gate. Er wollte ein Theater in einer Kirche aufmachen. Wir haben es dann zusammen angefangen, das Genesis.

Das Schreiben fiel mir leicht. Ich glaube, eine Menge Schauspieler könnten Stücke schreiben. Sie haben einen gewissen Instinkt für die Bühne. Was auf der Bühne Zeit und Raum bedeuten. Es ist viel leichter, ein Stück zu schreiben, wenn du mit dem Theater schon Erfahrungen hast. Ich glaube übrigens nicht, daß der Text allein ein Stück ausmacht. Es ist das Gefühl, die Emotion, die du hast. Wie Musik, weißt du. Für mich hat ein Stück viel mehr mit Musik zu tun als beispielsweise ein Buch. Wenn du ein Buch liest, bist du abgesondert, du hast deine eigenen Bilder. Was ich machen will, ist auf Musik bezogen, Rhythmus. Oder wie Arien, weiß du, wo etwas langsam beginnt und sich steigert und wieder zurückkommt.

Am meisten sind meine Stücke, glaub ich, von Science-Fiction-Romanen beeinflußt. Einzelne Autoren haben mich eigentlich nicht beeinflußt. Ich bewundere natürlich einige, natürlich. Ich bewundere Beckett und Kerouac und Tom Wolfe zum Beispiel. Politisch engagiert? In einer Partei, meinst du? Nein, nicht direkt. Das Schreiben ist zum Teil vielleicht eine politische Handlung. Du teilst einer Gruppe, einer Gesellschaft etwas mit. An-

SAM SHEPARD

derseits ist das nur ein Element des Schreibens. Es ist auf keinen Fall alles. Ich meine, Brecht zum Beispiel war nicht nur ein politischer Autor. Er kommunizierte auch auf anderen Gebieten. Ich glaube, wenn einer sich vornimmt, ein politischer Autor zu werden, ein politisches Dogma zu verkünden, dann schließt er sich damit von einer Menge anderer Welten ab. Er wird engstirnig, er sieht nichts mehr. Außerdem glaube ich, es ist anmaßend, wenn einer sich für den Lehrer der anderen hält, wenn ein Autor dem Publikum eine Richtung aufzwingen will und sagt: "Über diese Sache müßt ihr so und so denken." Ich finde das anmaßend. Ja, natürlich will ich das Publikum auch ändern. Aber du mußt doch bedenken: Wenn du was tust, mußt du den Leuten auf der gleichen Basis begegnen. Du kannst doch nicht einfach auf sie heruntersprechen. Du kannst doch nicht sagen: "Ich weiß, wo's lang geht, und niemand sonst." Das meiste, was für mich schlechtes Theater ist, ist einfach deshalb schlecht, weil der Text nicht mehr als ein Ego-Trip ist. Weil der Text auf die Leute herunterspricht. So in der Manier: Du weißt nicht so viel wie ich weiß. Ich hab die Antwort, und du bist blöd. Das öffnet die Leute doch nicht. Das macht sie doch nicht empfänglich für das, was du sagen willst. Das bringt sie auch nicht dazu, irgendwas verändern zu wollen. Im Gegenteil, es macht sie taub. Mich macht diese Art auch verrückt. Ich hab dann nur noch den

Wunsch, dagegen anzugehn. In Amerika weiß doch sowieso schon jeder, was los ist. Jeder ist sich doch dessen bewußt. Alle in meinem Alter, da kannst du sicher sein, wissen, wie schlecht die Sache in Amerika steht. Was wir aber nicht gebrauchen können, sind Leute, die herumlaufen und jedermann erzählen, wie schlimm es aussieht. Was wir brauchen, ist Hoffnung! Neue Visionen! Mythen! Ein bißchen Erleuchtung. Etwas, was die Menschen in eine andere Richtung führt. Wirklich, es bringt absolut nichts, den Leuten immer wieder zu sagen, daß die pigs pigs sind. Jeder weiß, daß die Bullen Schweine sind. Jeder weiß, daß die Geschäftemacher und die Bürokratie und diese ganze Scheiße uns aussaugt. Das ist alles so beschissen, weißt du. Aber es haben ja schon alle längst kapiert. Es ist doch ein alter Hut. Du brauchst das doch nicht noch mal zu sagen. Mann, du mußt versuchen, etwas anderes anzufangen, etwas Neues, etwas, was die Leute öffnet. Amerika, ein Land, das von sich behauptet, "the land of the free and the home of the brave" zu sein. Es ist genau das Gegenteil. Es setzt dich unter einen unheimlichen psychischen Druck. Es ist ein gewalttätiges Land, jeder weiß das, nicht? Du kannst dem nicht entkommen. Wenn du auf der Straße bist, verlierst du nie das Gefühl, irgendwie bombardiert und angegriffen zu werden. Du spürst die ganze Zeit, wie um dich herum alles explodiert und in die Luft fliegt und zerreißt. Der revolutionärste Akt in diesem Land ist, frei zu sein. Kaum einer ist es. Niemand. Ich meine frei, und – du verstehst, was ich meine? Die Leute laufen alle in einer Art von psychischer Unterdrückung herum. Einer Unterdrückung, die nicht nur mit der Ökonomie zu tun hat. Du kannst über die Gettos reden, über die Schwarzen, über Politik und so weiter. Gut, gut, ich meine eine andere Art von Unterdrückung. Eine, wo die Menschen Angst vor sich selber haben. Sie fürchten sich vor dem, was sie entdekken könnten, wenn sie frei wären. Amerika, weißt du, ist ein Land, in dem alle Angst haben. Das ist ein wirklich großes Problem.

Es sind ein paar aufregende Sachen entdeckt worden, die vielleicht ein bißchen helfen: Horoskope, die Astrologie und das ganze Zeug. Das hat die Vorstellungen der Leute über ihre Persönlichkeit ziemlich verändert. Ich glaube, in meinem Alter gibt es kaum mehr einen, der bei Freud steckenbleibt und sich in Selbst-Analysen verliert. Das ist alter Bullshit. Die Leute finden neue Wege, sich selbst zu entdecken. Nimm zum Beispiel die Beatles oder die Rolling Stones und die ganze Revolution in der Musik. Auch im Theater hat eine Revolution stattgefunden, wenn auch eine kleinere.

Für mich ist das Theater von den übrigen Künsten nicht mehr zu trennen. Ich habe im Film und in anderen Medien gearbeitet. Überall ist es der gleiche Prozeß.

Das Theater hat seine eigene Definition durchbrochen. Du kannst nicht mehr sagen: Theater ist, wenn Leute auf der Bühne stehen und sprechen. Was wäre dann das Living Theatre? Ist das Theater? Ist das Anti-Theater? Was ist das? Natürlich kannst du das Theater auch heute noch irgendwie definieren, aber diese Definitionen sind ganz unwichtig. Sie sind veraltet. Die Dinge gehen ineinander über, sie werden sich verbinden. Verstehst du, das ist das Global Village, über das die Leute sprechen. Ich glaube, da läuft's hin. Ein Gefühl, daß du mit einer Gemeinschaft verbunden bist, die weit, weit größer ist als die, die du direkt er-

Sam Shepard

aus: Chicago

(Stu sitzt in einer Badewanne auf der Mitte der leeren Bühne; er legt sich in die Wanne zurück, sein Kopf ist nicht mehr zu sehen; seine Füße hängen über die Seitenwand; Joy kommt von rechts auf die Bühne; sie trägt einen roten Hut und ein rotes Kleid; sie schiebt einen Wagen, der mit Koffern beladen ist; die anderen Schauspieler pfeifen und grüßen; alle halten Angelruten; sie bilden eine Gruppe rechts auf der Bühne; sie winken und werfen Joy Kußhände zu; während sie langsam mit dem Wagen zurückrollt, winkt sie den anderen zu.)

MYRA: Viel Spaß.

SALLY: Bis dann, Joy.

JOE: Bis bald.

JIM: Viel Glück da draußen.

JOE: Bis bald.

MYRA: Grüße von mir.

JOE: Vergiß es nicht.

JIM: Viel Vergnügen.

JOE: Alles Gute.

JOY: Danke.

JOE: Bis dann.

(Joy rollt mit dem Wagen noch weiter zurück und geht links ab; die 4 Schauspieler werfen Kußhände und gehen langsam nach vorn; sie stehen in einer Reihe quer über die Bühne, mit dem Gesicht zum Publikum; sie werfen ihre Schnüre ins Publikum aus; sie setzen sich gleichzeitig und starren ins Publikum, während sie ihre Angelruten halten. Stu's Kopf ist noch immer nicht zu sehen.)

STU: Dann flutet das Wasser zurück, weil es Nacht ist. Ich nehme an, daß es zurückflutet. Ja. Nachts flutet es immer zurück. Der Sand wird trocken, wo das Wasser war. Man hört glucksende Töne, wenn es sich weiter und weiter vom Pier entfernt. Dann kommt eine Art Brise auf. Eine jener steifen Brisen, die dein Haar erfassen und Papierbecher über den Strand treiben. Du schüttelst dich und bekommst eine Gänsehaut. Deine Zehen schwitzen. Der Schweiß rinnt durch die Zehen. Deine Füße schwellen an und kleben in den Socken. Du kannst dich nicht bewegen, weil deine Füße geschwollen sind. Du kannst deinen Kopf nicht bewegen. Dein Kopf bleibt hoch erhoben und deine Augen sind weit geöffnet. Deine Hände schwitzen wie deine Füße. Deine Finger schwellen wie deine Zehen. (Langsam dunkelt das Licht ein.) Der Schweiß rinnt über die Arme und Beine. Du blickst in die Ferne und siehst das Wasser. Du siehst es auch in der Nacht – denn es ist weiß. Wie Milch. Die Oberfläche ist mit Milch bedeckt. Das riecht. Deine Nase schmerzt von dem Geruch, aber du kannst dich nicht bewegen. Der Geruch wird stärker, und in deinen Ohren

***THE UNSEEN HAND* VON SHEPARD IM LA MAMA, 1970**

leben kannst. Bei den Musikern zum Beispiel wird es bald so sein, daß sie auf der ganzen Welt zusammen spielen können. Einer wird aus Indien kommen und einer aus den USA, und sie werden sich hinsetzen und die gleiche Musik machen, ohne sich vorher je gesehen zu haben. Das kommt durch das Radio, das Fernsehen und die Massenmedien. In diesem Sinne ist das Theater begrenzt. Es läßt sich nicht in Elektronen pumpen, es ist life. Das ist ein ziemlicher Unterschied. Aber das, was das Living Theatre gemacht hat, ist bereits ein Schritt, diese Grenzen zu durchbrechen. Sie haben das Theater zu einem revolutionären Akt gemacht. Sie haben Theater gemacht, das du in jedem Land spielen kannst, weil es die Sprache und das ganze nationale Zeugs ignoriert.

Was aus dem OOB werden wird, weiß ich nicht. Eigentlich sehe ich da keine Zukunft, so wie es jetzt läuft jedenfalls. Es ähnelt heute viel zu sehr dem, was es einmal total abgelehnt hat. Dem, wogegen es eigentlich protestieren wollte. Es kommt dem kommerziellen Theater heute zu nah. Es ahmt zwar noch nicht den Broadway, aber doch schon Off-Broadway nach. Vielleicht klingt das sehr pessimistisch, aber eine Menge Leute arbeiten nur deshalb hier, weil sie einen OB daraus machen wollen. Sicher ist das nicht bei allen so. Ich kenne viele, die die Arbeit hier als Endzweck verstehen. Aber bei ebenso vielen ist es nur ein Mittel zum Zweck.

Für mich sieht das so aus: Broadway? Nein. Off-Broadway? Nein. Off-Off-Broadway? Kaum. Manches hier ist zwar experimentell, aber doch wiederum nicht experimentell genug. Ich sehe die Zukunft nur im experimentellen Theater. Ich weiß selbst noch nicht genau, wie es aussehen muß. Ich weiß aber, daß es in einer Gemeinschaft stattfinden muß, die sich selbst trägt. Einer Gemeinschaft, die nicht auf staatliche Förderung aus ist und nicht mit dem Geld von außen kokettiert. Ich bin mir nicht klar darüber, wie das verwirklicht werden kann. Es ist sehr idealistisch. Vielleicht ist das Living Theatre ein erster Schritt in dieser Richtung gewesen. Auf jeden Fall muß das neue Theater ein neues Publikum finden. Das Theaterpublikum in Amerika ist heute eine aussterbende Rasse. Es sind alte Leute, Leute an Krücken, die ins Theater gehen. Das ist kein Publikum, das sind Sterbende. Man muß sich nach einem jungen Publikum umsehen. Eines, wie die Rolling Stones es hatten, wie es in Woodstock war. Das ist ein Publikum und eine Art von Theater, von der ich träume. Ich will ein Stück mit Musik, ein Musical, schreiben. In diesem Sommer hab ich Gitarre spielen gelernt. Ich muß noch mehr über die Gitarre lernen. Ich will auch Singen lernen. Das will ich.

fängt es an zu summen. Du kannst diese kleinen Punkte auf der anderen Seite sehen. Diese Lichter. Deine Augen bleiben offen. Dann bewegst du dich. Du bewegst dich langsam den Strand hinauf. Deine Füße schmerzen, und deine Nase blutet von dem Geruch. Dann siehst du wieder die Lichter. Sie blinken. Eins nach dem anderen. Zwischen den Bäumen. Du siehst sie blinken. Aus und an. Eine ganze Stadt.

(Joy schiebt den Wagen von links nach rechts und geht ab.) Deine Augen blinzeln mit den Lichtern. Deine Füße bewegen sich. Du rennst. Du fühlst deinen Atem. Wie ein Keuchen. Der Wind dringt in dich ein, durch die Nase und trocknet das Blut. Du schmeckst es. Dein Mund öffnet sich, und der Wind strömt herein. Dein Körper bewegt sich. Du läufst jetzt viel schneller, und das Atmen wird schwerer. Man sieht die Lichter jetzt besser. Gelbe Lichter zwischen den Bäumen. Der Geruch ist weg. Das Summen hört auf. Die Lichter gehen aus. (Das Licht blendet wieder auf; Stu springt aus der Badewanne und überquert sehr schnell die Bühne; er wendet sich an das Publikum; die anderen Schauspieler bleiben sitzen und starren die Zuschauer an.) Gut. (Stu atmet sehr schnell ein und aus.) Das ist sehr gut. Sehen Sie meinen Bauch. Ein und aus. Atmen. Ich sauge sie in mich hinein. Die Luft. Ich atme eine Menge Luft ein. Ich sauge sie durch die Nase. Sehen Sie. (Stu atmet durch die Nase.) Aaah. Jetzt mit dem Mund. (Stu atmet durch den Mund.) Gut. Ein und aus. Meine Damen und Herren, die Luft ist wunderbar. Die Luft ist gut. Die Luft ist schön, die sich vor uns angesammelt hat. (Die anderen Schauspieler fangen an, langsam zu atmen; allmählich gehen sie dazu über, beim Ein- und Ausatmen Töne zu machen.) Hier ist alles voll Luft. Einfach atmen. Leicht. Ganz leicht. Eins, zwei. Eins, zwei. Ein. Aus. Aus. Ein. Atmen, meine Damen und Herren. Hervorragende Luft. Alles, was man braucht, um einen Tag zu leben. Zwei Tage. Eine Woche. Monate. Bis Sie nicht mehr aufhören können. Einmal kommen Sie auf den Geschmack. Sie werden damit vertraut. Durch den Mund rein und zur Nase raus. Meine Damen und Herren, das ist phantastisch. (Alle atmen gemeinsam; Joy kommt von rechts mit dem Wagen auf die Bühne zurück; langsam geht sie nach links ab; die Lichter verlöschen langsam; man hört drei laute Schläge vom Ende des Zuschauerraums.)

Catch me if you can while I last
Cause there's nothing to keep me around
Touch me with a ten foot pole
And I'll make both your feet leave the ground

Watch me if you can't come along
Cause I got enough here for us both
It's eating me inside out but
I know that it won't stunt my growth

It doesn't matter what you try
It's all about take and give
It doesn't matter how you die
But only how you live

CHORUS

I'm burning up 99 pounds of rubber
Up here in the sky
I don't know how I just got wheels
Or why it's so easy to fly

I can't see for millions of miles
It looks like a fog up ahead
Catch me if I crash to the ground
And make sure I don't land on my head

It doesn't matter what you try
It's all about take and give
It doesn't matter how you die
But only how you live

CHORUS

Sam Shepard

Catch Me

Sam Shepard

Porzellangeschichte

Ich hatte diesen Abszeß. Der Abszeß saß genau am rechten Vorderzahn an der Spitze, den man mir mit 10 Jahren oder so gespalten hatte, als ich am hinteren Ende von einem roten Metallwagen stand und jemand am anderen Ende den Griff hielt und den Wagen plötzlich unter mir wegzog und mein Zahn genau auf den Rand runtersauste, als der Wagen wegflog. Nun, nach vielen ruhigen Jahren, war der Abszeß da, genau am Nerv vom Zahn und obwohl ein kleines Loch in die Rückseite gebohrt war, um den Eiter abzulassen, wurde das kleine Loch etwas später wieder mit steriler Gaze und vorbereitendem Zeug gefüllt, um schließlich eine Wurzelbehandlung zu machen.
Was ich getan habe – ich schiebe meine Zigarette vor und zurück über das Radio, so wie es mir aus dem Mund tropft, und ich halte meinen Körper (von der Taille an) aufrecht auf einem Ellenbogen (meinem rechten), so daß ich gerade über die Ecke der Feuerleiter sehen kann. Ich hatte mich für eine ganz schöne Zeit abgesondert. Spielte Golf mit mir selbst zwischen den Regenvogel-Wassersprengern auf dem Rasen eines riesigen Besitzes, der in Wirklichkeit nur ein Gewächshaus ist, das meine Eltern durch einen Lehrer erwischt haben, dessen Mutter beim Verkehrsunfall starb und der das Ganze enorm billig verkaufen mußte, Bäume und alles. Ich hatte aber niemals was dagegen. Aber was passierte, war, daß durch ein Versehen vom Stümper-Zahnarzt das Loch nicht ganz und gar trocken war, bevor es wieder zugeschmiert wurde und seiner Vollendung entgegenwuchs, so daß der restliche Schutt da drin sich sogar mehr als vorher entzündete, und schließlich hatte ich eine ungeheure Entzündung ums ganze rechte Auge herum, und es ging immer weiter bis in die Nacht, bis mein rechtes Nasenloch genauso wie das Auge dicht geschlossen war. Aber trotzdem schaffte ich es noch, etwas nebenbei zu verdienen. Ich holte Golfbälle vom neunten Loch weg und verkaufte sie für einen Vierteldollar und sparte die für das Rennen auf der anderen Seite der Straße. Das Rennen und der Course waren sehr bequem gelegen und sind es noch immer. Es gab da alte Männer mit Angelruten, die auch an diese Bälle wollten und die ganze Zeit Bemerkungen machten über die Unfairness der Jungen, weil sie selbst zum Zaun hoppeln mußten und versuchen mußten, sie mit ihren Ruten herauszufischen, und wir nur sprangen und sie hängen ließen. "Ich fühle mich pensioniert mit 19. Du bist es. Wie kann das angehen. Ich ging doch von zu Haus erst vor einigen Tagen weg." Harry war dauernd bei mir, und so für mich nannte ich ihn meinen Kumpan. Ihm seinerseits war das egal, und er hatte in den kleinsten Dingen immer diese Unruhe. Er war klein und drahtig mit sehr kurzem Haar, so daß man die Haut durchsehen konnte und dicke Finger, und rauchte immer Camel. Seine Familie war groß, und als ich ihn kennenlernte, lebte er mit ihnen in einem Motelraum genau hinter Highway '66, der durch Arkadien führt. Sein Vater verkaufte Sachen immer ohne Erfolg, deshalb wurde er immer angestellt und entlassen und war betrunken. Seine Mutter spielte Tennis und im Pferderennen, und als Konsequenz war Harrys Bruder ein Tennischampion, der irgendwo ein Stipendium bekommen hatte, und Harry endete mit Pferdewetten. Zu dieser Zeit waren alle seine Brüder außer einem weg, und so schlief Harry nur mit einem im Bett anstelle mit zweien oder dreien. Nachts saßen wir mit seiner Mutter zusammen und rechneten am

8. Rennen herum, denn das war das einzige, in das man umsonst reinkam. Als die Schwellung den Höhepunkt erreicht hatte, konnte ich nichts tun, außer daß ich mein Kinn auf das Radio legte und dem Delikatessenmann zusah, wie er Senf und Sauerkraut auf jedes Würstchen legte. Ich lag auf rosa Decken mit grünen Blättern, die Decken waren gefüllt mit Daunen und bedeckt von schwarzem, glattem Haar vom Hund. Das Bett war besonders lang, extra angefertigt für einen Ex-Ehemann meiner Frau wegen seiner besonderen Größe. Unter dem Bett sind Haufen von geschlagenem Holz von einem Ex-Freund, der nun in Indiana an der Universität Zahnmedizin studiert und von seinen ehemaligen Freundinnen Schecks bekommt. Ich konnte jetzt etliche Tage nicht spielen. Ich werde Billard versuchen, sobald ich wieder auf den Beinen bin. Inzwischen blättere ich Stapel von Zeitschriften mit sehr dünnen Modellen durch, bis ich eine finde, deren Pose etwas weniger verkrampft als die der anderen wirkt

und die wenigstens versucht zu lächeln, und ich nehme sie beim Kopf; der Hund läuft hinter mir her, und ich schließe mich im Badezimmer ein, so daß der Hund kratzt und sich dann an der Tür hinlegt, und ich stelle das Modell auf dem Waschbecken auf, so daß ich ihr Gesicht sehen kann und grinse sie an, während ich meine Hosen ausziehe und das Telefon klingelt und der Hund bellt und das Modell vom Waschbecken in die Badewanne fällt. Ich nehme also ein Bad und weiche alles ein außer dem Zahn, der jetzt mehr wehtut, weil das heiße Wasser meine Körpertemperatur erhöht. Ich hatte das Modell auch in der Badewanne gelassen, und die Seiten sind alle auseinandergegangen und schwimmen und gehen unter, und das Wasser ist von der Farbe blaugrün geworden, und alles paßt gut zusammen, aber das Telefon klingelt weiter, und der Hund hört nicht auf zu bellen und herumzurasen. Er ist ein Landhund und kam hier eines Tages plötzlich an. Lustig. Ich stehe nun mit einem halben blauen Körper von der Taille abwärts und schließe mir die Tür auf, um zum Telefon zu gehen, und für eine Sekunde sieht es so aus, als wollte der Hund angreifen und mich in die Badewanne zurückstoßen, aber er legt sich einfach hin, und ich gehe ans Telefon. Hallo. Hallo. Gut. Gut. Fein. Fein. Hier auch. Hier auch. O. K. O. K. In Ordnung. Gut. Gut. Gut. Zurück in die Wanne. Ein anderer Freund hieß Mike. Mike war aus Kanada, aber trug sein Haar wie Elvis Presley, er trug Segeltuchschuhe mit einer Kreppsohle, die ungefähr 15 Zentimeter dick war, er trug spanische Hemden mit Ziermünzen und Rüschen und Lederknöpfen, trug weite Arthur-Murray-Tanzstudio-Hosen, damit sie nicht an seinen Beinen spannten, fuhr selten Auto, aber lief immer Rennen auf der Straße und verirrte sich immer und schlief dann irgendwo, aber versicherte sich vorher, daß das Haus Fernsehen hatte, damit er den Lone Ranger vor dem Abendessen sehen konnte, er spielte Gitarre mit seiner linken Hand, plus Klavier, spielte Schlager wie Railroad Bill, entdeckte Bob Dylan, ließ ihn irgendwo in einem Garten bei Nome, Alaska liegen, mochte gern Hunde, gut rasiert sein, spielte ziemlich gut Billard, aber spielte ungefähr immer gleich seit der Zeit, als ihm ein College-Student einen Griff zeigte, wobei man die Knöchel der rechten Hand mit Kalk einrieb und die Hand flach auf den Tisch legte und den Stock zwischen den Knöcheln bewegte; er lebte den größten Teil seiner Schulzeit in einer Garage, die er mit einem 41er Cadillac, einem 52er Chevy und einem Rasenmäher und Stapeln von altem Zeug und alten Los Angeles Times teilte, er mochte gern weit weg fahren, von wo auch immer er war, er mochte seine Cousine Jory, die wirklich ein gutes Mädchen war und eine fantastische Mutter hatte (Mikes Tante Marge), deren Mann (Mikes Onkel Bill) vor langer Zeit verschwunden war und nun in Eagle Rock oder sonstwo lebte, der aber ab und zu mal zurückkam und dann mit einem Colt 45 versuchte, seine Familie abzuknallen, weil er ziemlich regelmäßig trank und er Zeit und Raum dann nicht auseinanderhalten konnte, trank Bier wie ein Idiot, aber wurde nie besoffen, und Wein, später ließ er sich sogar überreden, mal eine Zigarre zu rauchen, aber faßte nie eine Zigarette in seinem Leben an, außer dem einen Mal, als er Jory imponieren wollte, aber es funktionierte nicht, weil er sich auf den Tisch übergab vom Geschmack des Rauches, aber Jory lachte nicht, weil er sagte, daß er ein empfindlicher Bursche sei, mochte gern Familien und sagte, daß er gerne eine oder mehrere wollte, wenn er es irgendwie machen könnte, mochte gern den Satz *sich mit irgendwas niederlassen,* mochte die Nacht und den Morgen, mochte gerne schauspielern und Leichtathleten trainieren. Das Badezimmer war ein Loch, als wir einzogen. Pure Latten. Große Löcher durch den Boden und wo die Installationen sein sollten. Alte Röhren kamen raus und neue rein. Die alte Toilette und das Waschbecken und die Badewanne wurden die Treppen runtergebracht. Ungefähr zehn verschiedene Anstriche in verschiedenen Farben rahmten das Fenster ein und wurden nun abgewaschen. Ein kleines Fenster wurde saubergekratzt. Und dann das neue Zeug. Eine Toilette mit leiser Spülung und eine glänzende Badewanne und Waschbecken und Armaturen, die wie Silber glänzten. Glaskacheln. Große Quadrate um die Badewanne herum bis zur Decke und winzige Quadrate auf dem Boden, in Kies eingelegt, damit sie hielten.

Roter Gips auf den Wänden bedeckte die Latten, und ein Kerl machte das, der nur polnisch und sonst nichts sprach.

Neonlicht und ein rosa Plastikvorhang mit grünen Blättern. Das Wasser ist nun nur noch lauwarm, als ich versuche einen Körpertrick zu machen, ich stemme beide Füße an die Kacheln und lege den Kopf in den Nacken und stemme ihn auf die Kante der Badewanne und lege meine Hände auf den Nabel und stemme den Rücken hoch zur Decke, bis ich ganz aus dem Wasser bin und es nur noch blau hineintropft und ein brechendes Geräusch kommt aus meiner Nase, als der Abszeß bricht, und das Blut spritzt aus meiner Nase und aus meinem Mund, und ich muß fast nur husten, damit ich nicht alles schlucke, und so läuft es einfach über meine Augen und in mein Haar und tropft das Porzellan hinunter und ins Waschbecken, und die Schwellung geht zurück, während mein Rücken mehr weh tut und der Hund bellt wieder, als das Telefon zu läuten anfängt. Wieder. Hallo.

Rochelle Owens

Interview

Ich bin 1936 in Brooklyn, New York, geboren, einen Tag nach Adolf Hitler, am 21. April. Ich machte die Schule durch und lernte überhaupt nichts, außer – daß ich draußen mehr gelernt hätte. Draußen war das Leben. Mein Vater war Postangestellter. Mit 20 hab ich geheiratet. Was ich bis dahin gemacht habe, hab ich vergessen, ich bin viel gereist und hab Gedichte geschrieben. Mein erster Mann war Archäologe, mit ihm war ich in Damaskus, Kairo, in der Türkei und in Griechenland. Asien ist die Antithese der westlichen Welt, ein ewiges Fortsetzen der Tradition, eine Kultur von unaufhörlichem Traditionsbewußtsein. Eine Faszination dauernder und hoffnungsloser Zurückgebliebenheit. Du weißt, daß sich die Sachen da auch in 300 Jahren noch nicht verändert haben werden. Amerika ist vielleicht insgesamt nicht älter als 300 Jahre, aber dort ist das eine kurze Zeit. Noch vor 100 Jahren war Amerika eine große Weite, erfüllt von Pionier-Realität, und Spanien und England waren die herrschenden Länder. Wo sind nach 100 Jahren Spanien und England? Wo ist Amerika? In 100 Jahren ist Amerika der Janus-Kopf, das doppelgesichtige Monster geworden. In Asien findest du eine Tradition von 1000 Jahren, sie ändert sich nicht: die gleiche Armut, die gleiche Religiösität. Im Grunde sind wir hier in Amerika auch noch immer dieselben, nur daß wir die Theologie der Maschine haben, eine ungeheure Technologie. In Asien glauben sie an den Sonnengott Ra, und in Amerika glauben sie an den IBM-Computer.
Ich war fünf Jahre lang in Asien, bis dann in Kairo mein Mann auf merkwürdige Art umkam. Ich will darüber nicht sprechen. Ich hatte keinen Beruf, aber Gottes willen, ich war auch in der Zeit nicht Hausfrau. Hausfrau ist kein Wort, das mit mir was zu tun hat. Ich bin zwar nicht in der Womens Liberation, aber mir fällt neuerdings doch eine Menge auf. Zum Beispiel kommt es nicht vor, daß ein John Smith Dichter, Ehemann und Vater genannt wird, aber überall wird Mary Smith Dichterin, Hausfrau und Mutter genannt. Wenn ich anfange, darüber richtig nachzudenken, bekomme ich noch größere Hang-ups und fühl mich noch mehr außerhalb dieser patriarchalischen Gesellschaft. Obwohl gerade, daß ich mich außerhalb fühle, mir eine anarchistische Freiheit gibt. Ich mach oft einen Aufstand. Ich mach oft Sachen, die andere Frauen nie tun würden, außer vielleicht in Stockholm. Ich mach das, weil ich Rochelle bin. Ich war immer exzentrisch. Ich war immer sehr unkonventionell in manchen Sachen und in andern wieder sehr bürgerlich. Ich hab schon oft Sachen gemacht, die eine nette, kleine Dame nicht machen würde. Nicht, daß ich vulgär bin: Ich bin Rochelle.
Als ich aus Asien wieder zurück nach New York kam, schrieb ich weiter Gedichte, und sie wurden an verschiedenen Stellen veröffentlicht. Ich glaube, Gedichte und Dramen liegen ganz eng beieinander, alle guten Dramatiker sind Dichter. Mein erstes

Stück, *Futz*, ich schrieb es mit 23, es sollte eigentlich auch ein Gedicht werden. Das Living Theatre wollte *Futz* machen, aber schließlich wurde es in Minneapolis im Guthrie Theater als Workshop-Produktion gemacht. Das war 1965. Hier in New York waren im selben Jahr zwei Sachen von mir im Judson Poets Theatre aufgeführt worden: *String Game* und *Istanboul*. Dann kam ich ins Café La Mama und lernte Ellen Stewart kennen. Ich sah ihre Größe und ihre Schönheit. Ellen ist wahrscheinlich das größte theatralische Erlebnis, das je aus La Mama kam. Sie ist besser als alle Stücke, die da gemacht werden. Ellen wollte *Futz* machen und sie wollte, daß Tom O'Horgan es inszenieren sollte. Obwohl ich eigentlich zum Judson gehörte – und wenn du hier in einer Gruppe bist, darfst du in keine andere gehen –, gab ich Ellen *Futz*. Es kam am 1. März 1967 im La Mama raus. Unter Tom O'Horgans Regie wurde daraus diese faszinierende, wunderbare, erregende Aufführung, ein Stück Theatergeschichte. *Futz* gewann einen Obie und wurde anschließend verfilmt.
Ich hab insgesamt neun Stücke geschrieben. Meine Arbeit läßt sich immer weniger kommerziell verwerten. Mir liegt nichts an dem naturalistischen Realitätstheater. Ich verfolge die Linie der Transformationen und des Surrealen. Meine psychologische Identität, meine Mentalität ist auf die mystische Kommunikation gerichtet, das Ritual des Lebens, was für mich Theater ist. Wenn ich 2000 Jahre früher gelebt hätte, wär ich Priesterin geworden. Ich glaube an die Magie und die Transformation von Energie in das Drama des Lebens. Das ist für mich Theater, Ritual, Magie: Diese Dinge liegen im Menschen, sie zeigen sich überall, manchmal in den pervertiertesten Formen, wie hier in Amerika.

ROCHELLE OWENS

Rochelle Owens

aus: Futz

ERZÄHLER: Ein kleiner stinkiger Raum, offenbar eine Art Stall, trotzdem ein kleiner Raum mit einem Haufen ölverschmierter Autolappen und anderen Zeichen des schrecklichen Großstadt-Daseins, noch stinkiger zusammengebraut, mit dem Übelsten, was das Land bieten kann: toten pelzigen Raupen; Pferdemist; Resten von einem verfallenen Scheißhaus; Reisigbesen; Frauenschlüpfern; Gummizeugs für Arbeiten im Wasser usw. Alles, was Ihnen gerade so einfällt. Cy Futz, ein großer nordischer Typ, angetan mit neuen Arbeitshosen mit weiten Beinen, die ein Overall sein könnten, kommt herein, erfüllt von einem sexuellen Traum; der Traum hat überhaupt keinen Bezug zu irgendwas Realem in Ihrer oder in Cys Welt. Er ist die reine Krankheit, aber in seiner Reinheit ist eine Wahrheit. Er setzt sich auf eine feuchte, kaputte Stufe und sagt:

CY: O, die Kuhtitten sind größer, und ich weiß, es ist falsch, aber die Kleinen kennen keinen Unterschied zwischen einem Tier- oder einem Frauenbauch, so weich wie meine Socken, frischgewaschen wie die Hufe neugeborener Kitze. O, ich könnte singen.

OOOOooooOOOOooooOOOO HeeeHeeeeeeHEEEEE Hee HEE HE HERR HERR ICH LIEBE DICH GOTT. Und ich hab Haß für keinen, aber ich will die Tiere lieben, wie ich es tu. Sie, gemeines Volk, hassen mich aufs Blut. Ich drück mich um die Ecke und mach mich über ihre Ärsche lustig, die ihren fühlen kein Kitzeln wie mein eigner Wertester, wenn ich Tränen in den Bauch der Sau singe. Mit ihren hartgesottenen Weibern können sie gar nicht singen.

ERZÄHLER: Und wieder singt er seine ooo's und heee's, vermischt mit einem Rülpser und einem Furz, und endet mit drei sehr lauten 'Herr's'. Dabei knetet er dauernd seine Handgelenke mit seinen roten Händen, macht Vögel und andere Geräusche nach. Er ist sehr erregt und scheint absolut sicher, daß er seine ganze Liebe oder was auch immer über die Welt aussprengen kann, die der Raum ist, in dem er gerade sitzt. Jetzt kommt sie herein, Fräulein Majorie Satz, ungefähr siebenundzwanzig Jahre alt, groß gewachsen, mit einem unzweideutig weltlichen, vielleicht einmal mißbrauchten Körper. Ihr grobes rotes Haar ist raffiniert hochgekämmt, was in Hinblick auf ihr bekleckertes Kattunkleid, der typischen Bauernmädchen-Aufmachung, rührend albern aussieht.

MAJORIE: Tag Saukerl. Du großes Mannsbild. Ich hab dich beim Krämer vermißt, du hast gesagt, daß du kommst, das hast du gesagt, und ich hab mein großen Zeh für dich angemalt. (Kichert) Du Mannsbild, alter Schwedenkerl.

ERZÄHLER: Cyrus sieht sie an und ist von ihr irritiert, wahrscheinlich hat Cy sich schon immer über sie geärgert, wahrscheinlich deshalb, weil sie offenbar eine Frau mit der sehr verträumten sinnlichen Art ist, die er sich nur bei seinen Tieren wünscht. Dieser sanfte, kranke Mann, der er ist. Er kräht sie an.

CY: Tachchen Majy, du Pariser Tänzerin. Du Weib aus zehn Betten und Misthaufen, du stinkiges Weibermensch mit nur Miezemäulern statt Titten und einem Baby-Patscherchen statt Arsch. Ich hab dich gar nicht sehen wollen, du hast mir 'ne faule Sache erzählt, letztes Mal, als ich dich sah. Merk dir das, so 'ne Scheiße will ich nicht wieder! Dauernd gibst du vor, du bist meine

Wir Amerikaner sind die hypokritischste Gruppe der Menschheit seit den letzten 1000 Jahren. Es gibt Dinge, die sich überall zeigen, sie sind ewig und werden sich nicht verändern. Manche halten Marx für die Antwort auf das Dilemma der Welt, aber das stimmt nicht. Hieronymus Bosch, Dante, die Griechen und die Ägypter hatten mehr Einsichten als Marx, Marcuse oder Freud. Die Künstler waren immer die Visionäre. Sie haben diese bösen Monster, diese Sartiren des menschlichen Lebens gezeigt. Sie haben keine perfekten neuen Organisationsformen entwickelt, aber in ihrer Arbeit war immer das schrille Lachen der Revolution.

Ich weiß, daß meine Stücke nur von einer winzigen Minderheit gesehen und gelesen werden, aber darüber kann ich mir keine Gedanken machen. Das Banale, das Sentimentale und das Triviale hat immer mehr Leute angezogen. Die Masse hat sich immer gewünscht, mit Süßigkeiten gefüttert zu werden. Das macht nichts, die Zahl ist nicht, womit ich mich befasse. Ich liebe die Sprache, das Drama, das Theater. Ich bin besessen. Ich schreibe nicht aus Interesse Stücke, das ist viel zu intellektuell, ich schreibe, weil ich keine andere Wahl hab. So wie ich dauernd in meiner Haut stecke, stecke ich auch dauernd in der Dualität zwischen Dämonie und heiliger Besessenheit. Es gibt Gut und Böse, Gut im Sinne der Einheit des Kosmos. Das Sternensystem ist gut, es ist fest und zerstört sich nicht gegenseitig. Anarchie ist das Gegenteil davon. Obwohl ich selbst Freude daran habe, Freude an dem Amoralischen in mir, Freude, das Böse zu entdecken und nicht darüber zu lügen, bin ich doch wahrscheinlich einer der am wenigsten bösen Menschen auf dieser Erde. Ich fühle die Dynamik des Bösen, und es ist faszinierend, dabei nicht von soziologischem Schuldgefühl infiziert zu sein, aber sich bewußt zu sein und sich ganz entspannt der Dynamik des Bösen hinzugeben. Das ist gut für meine Arbeit, es macht mich offen, und ich kann andere verstehen, ihre Verrücktheiten, ihre Monstrositäten. Ich frage mich, woher kommt das Böse? Kommt diese Tradition der Destruktion aus der Gesamtgesellschaft oder läßt sie sich herleiten von den Erfahrungen der einzelnen? Gestern hab ich einer alten Vettel gesagt, daß sie aussieht, als wäre sie seit 1000 Jahren tot, und sie reagierte darauf mit all diesen Klischees. Sie hatte zuvor etwas Absurd-Widerliches über mich erzählt. Sie hat es ganz naiv erzählt, aber ich weiß, daß es das Böse in ihr war. Meine Mutter sagte mir immer: "Heb den Kopf und sei eine Dame," aber ich glaube, das ist albern und ist ein Klischee. Es ist besser, man sucht die Konfrontation. Ich lerne dadurch über die Vielzahl der menschlichen Reaktionen, es ist keine Zeitverschwendung. Deshalb hab ich auch gestern das Untraditionelle gemacht, ich hab die Vettel nicht ignoriert, ich hab sie geschockt, und ich hab mich dabei nicht schuldig gefühlt. Ich kam mir eher vor wie nach einem Kirchgang und einer Absolution. Es war ein direktes Angehen gegen die Konvention, gegen die kulturelle Albernheit. Und das Merkwürdige war, daß diese Vettel, die doch zuerst die Konvention durchbrochen hatte, indem sie diese Sachen über mich erzählte, nun, da ich die Konvention durchbrach und sie konfrontierte, zurückfiel in die Konvention. Das war faszinierend, und es war erschreckend. Die Atmosphäre wurde zum Vakuum. Daraus besteht 3/4 der menschlichen Kommunikation. Ich muß herausfinden, was authentisch ist. Ich hab eine Menge Schwierigkeiten dabei, und manchmal hab ich auch Angst. Ich muß eine neue Unschuld zu sehen und zu hören entwickeln. Meine Arbeit kann nur durch ein wirkliches Kennen der Menschen entstehen. Ich trenne nicht zwischen Theater und dem Drama menschlicher Handlungen. Ich will keine Elfenbeinturm-Unterhaltung machen. Ich hab meine Fixierungen, aber ich kann damit umgehen. Meine Fixierungen haben alle mit Sex zu tun, außerdem hab ich herausgefunden, daß ich, ohne es zu wissen, dauernd ästhetisiere.

Beim Schreiben helfen mir Hindernisse und Frustrationen; jeder Künstler braucht das. Ich glaube an die Frustration und an die nackte Disziplin. Die Künstler werden zu gut ernährt, dadurch werden viele Parasiten, künstlerische Parasiten.

Augenblicklich schreibe ich gerade ein neues Stück. Es geht um einen Deutschen, er heißt Herr Strauß. Er ist ein Wäschemann und wird ermordet von einem Schwarzen. Wir hatten früher einen Wäschemann, es ist viele Jahre her, ich war 7 oder so, und er hieß Herr Strauß. Er kam und holte unsere Wäsche ab. Er war fett, ein herrliches Symbol ewiger Vulgarität, sympathisch, ein Engel vielleicht. Ich vergesse ihn nicht. Es war seine Kunst, Wäschemann zu sein, das war nicht irgendeine Handlung, das war Kunst. Er holte die Wäsche ab, und es war ein dicker Sack, aber wenn er sie wiederbrachte, war es ein ordentliches Paket. Das ist eine Transformation: Der Dreck wird zur Sauberkeit. Das ist eine Metamorphose. Ich glaube, als Kind hab ich das alles tausendmal tiefer verstanden als heute. Wenn Herr Strauß kam, war das immer der größte Tag für mich.

Ob du Stücke schreibst, oder was immer du machst: Du mußt Stellung beziehen. Ich weiß, wo ich stehe. In Amerika wird das Wissen von Marx mit Lüge und Verrat vermischt. Die weißen Mixmilch-Kinder Amerikas können vielleicht Slogans finden und zelluloid-computerartige Aussagen machen, aber sie würden nie in einen Hungerstreik treten. Die einzige wirklich vulkanische, revolutionäre Bewegung in Amerika ist der Kampf der

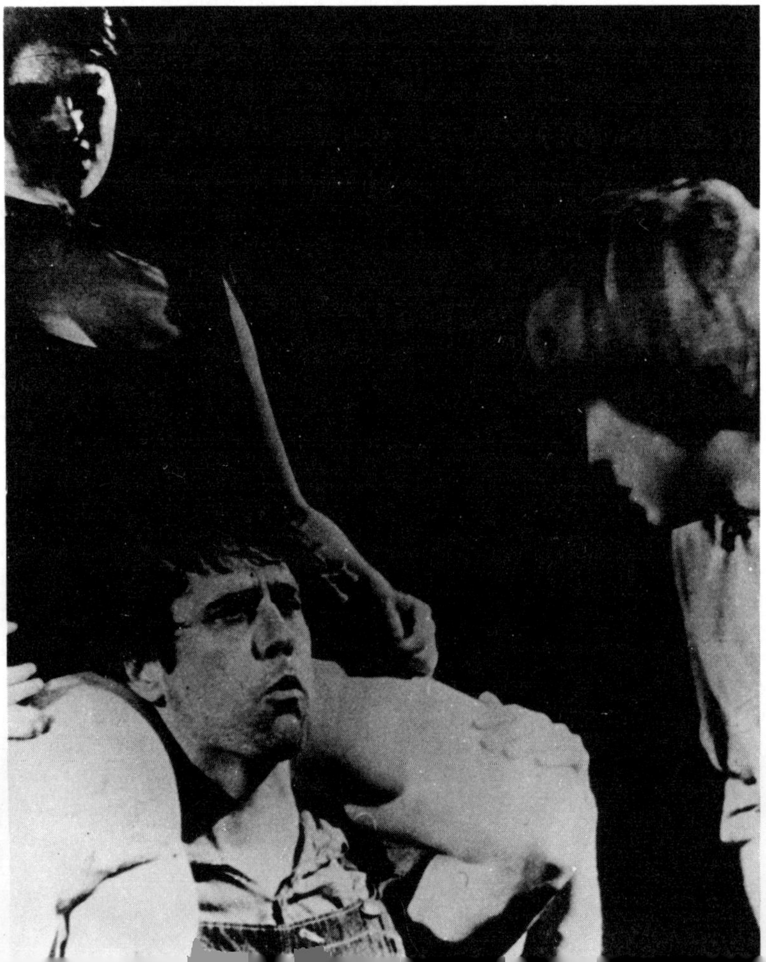

Freundin und noch besser ein Loch für mich zum Reinstoßen, aber lieber steck ich mein Pimmel in den Dreck, bei Gott saubrer als du, Maj! Neee! Ich will keine Sau mit zwei Beinen, sondern eine mit vier! Die geben ehrliche Antwort mit ihrem Grunzen, nicht wie du Menschentochter.

ERZÄHLER: Majorie geht zurück und summt die Marseillaise.

MAJORIE: Ich heb sofort mein Rock hoch, wenn du willst. Ich geh runter auf die Knie und Ellenbogen, alter Bauer, du bist gar nicht so alt, weißt du, erst vierzig, da gibt's jüngere Kerle als dich, die mich gern mit ins Kino nehmen würden, stärker und schlanker als du, also warum dir auf die Nerven fallen – und kauf ich nicht Futter für deine krankhafte Liebe, Amanda, die Sau, damit sie's dir besser besorgen kann? Sogar ich, die dich mag, weiß, wie schlimm es ist, wenn man mit einem Schwein schläft! Unnatürlich, wie's in der Bibel heißt, es ist schweinisch – da kommt das Wort nämlich her, weißt du, schweinisch – von einem Schwein, jaa, jaa, sooo übel. Du stinkst so miiies, das ist kein Witz –.

CY: Hau ab und denk nicht mehr dran und deine Backen werden nicht mehr heiß werden – steck deine Nase nicht in meine Sachen, widerliches Weib. Ich hab Amanda lieb, weil sie gut ist. Schwein hin, Schwein her. Und ich stinke nicht, das lügst du – jedenfalls nicht mehr als die Kerle, die dich hinter den Büschen hernehmen.

MAJORIE (haßerfüllt): Das ist dein eigenes dreckiges Lügenmärchen und macht mich wütend – ich kann kein Mitleid mit deinem Schrecken und deinem Verhängnis haben – du schläfst mit Tieren, bös, bös, gottlos, gottlos.

ERZÄHLER: Cy schubst sie von hinten, dann bückt er sich und hebt einen dreckigen Besen auf, fegt ihr mit übertriebener Gier die Hüften und singt dazu ein obszönes Lied. Sie hält sich die Ohren zu und kreischt.

MAJORIE: Jeeeiiiij! O du großes Mannsbild!

ERZÄHLER: Er reißt ihr den Gürtel mit der linken Hand runter und schlägt sie mit der rechten ins Gesicht. Er schiebt sie vor sich her, und sie verschwinden beide hinter der halbverrotteten Wand, die ehemals zum Scheißhaus gehörte.

(Man hört Amandas Grunzen, und das Licht wird dunkler.)

ERZÄHLER: Sehen Sie die alte verrottete Wand – hinter ihr, da sind Cyrus und Maj und jugch! eine Sau. Amanda! Das Tier, das bestimmt Cys Herz auf ewig stiehlt (ohne Heirat), du, sie, Maj, süße Blume, Weib mit dem reinen Grinsen und ohne Haare am Kinn, blasse Frau mit einem Kürbiskern im Bauch und Zehen, die kanariengelb sind. Ooopph.

(Der Erzähler formt mit seinen Händen einen Trichter und versorgt das Publikum mit Grunzlauten und menschlichen Stimmgeräuschen.)

MAJORIE: Peehh, SO unanständig, ich müßte in Schande leben, wenn das Dorf je weiß, was ich gemacht hab.

CY: Fahhh, mein Mädchen, die Leute brauchen nie zu wissen, was du gemacht hast, außerdem würden sie sich die ganze Freiheit wünschen, daß sie könnten, was du gemacht hast. Mädchen, saftige süße Himbeere, hab

***FUTZ* VON OWENS IM LA MAMA, 1967**

keine Angst mehr, nicht mal die Sau wird was sagen!
ERZÄHLER: Maj heult, sie hat furchtbare Angst.
MAJORIE: Du machst es noch schlimmer, als es ist, wenn du von der Sau anfängst – sie weiß gar nichts davon, und sie war auch nicht weich, wie du gesagt hast, sondern wie ein Rasiermesser an meinen Füßen. Ooo, ich bin so unanständig, und jetzt werden die schmutzigen Träume kommen. O lieber Gott, hilf miiir, daß wir beide bei der Sau gelegen haben.
ERZÄHLER: Maj macht eine Weile so weiter, mit den Händen kratzt sie ihren Herrgott vom Himmel, stopft ihn in ihre Seele, versucht ihm den Schweiß aus seinem mageren Leib zu wringen, versucht so sehr, so sehr, daß sein Wasser die schmutzige Sünde von ihrem elenden Leib abwäscht. Unzüchtig, unzüchtig, foosch, foosch, und sie ruft alle Götzen und den alleinigen Gott an, daß die Drecklache abläuft.

Schwarzen. Das andere kommt von zuviel Sandwichs, Familienhaß, zuviel Mixmilch und zuviel Klavierunterricht. Nichts ist witziger, als die weißen überfütterten amerikanischen Kinder zu sehen, die in den weichen Bibliothekshänden einer privilegierten Klasse proletarische Embleme tragen. Das erste, was sie machen sollten, ist, zur Zuckerernte nach Kuba zu gehen. Aber ich kenne ein fettes Mädchen, das ging nach Kuba und wohnte da im Hilton-Hotel, und sie war so voll mit Revolution, das sie bald platzte. Die schwarze Revolution dagegen ist direkt und ehrlich. Grad vorhin sah ich im Fernsehen einen Black Panther. Es war naiv, was er sagte, aber es war heilig und gefährlich. Er nutzte die paar Minuten, die ihm eine liberale Seele im Fernsehen eingeräumt hatte. Was er sagte, hatte etwas von dem, was Christus gesagt hat. "Wir werden den Imperialismus überwinden", sagte er. Das war wie: Mein Reich ist nicht von dieser Welt.

Rochelle Owens

i'm the
nearest; see the foul
type who came
out of the background
like out
of a bear pit with his
fullness, his
alkaline gospel
his 499 million bad manners–he
tells an adventure story

about how
somewhat cool he
kicked coolie (chinamen
swallow death whole) in his
red breeches
(could he quit i'd paint
him peruvian yellow
including that other segment
called–a leg)
i forbid entrance to

the dark fag's anus
he irks my nervous system
his flat head his
pukeonic love his
jesus fasting
in the wilderness
his monkey jowls
(he speaks bitter lumps in my coffee)

my mind goes off
to outer mongolia; i'm still
with the chinamen my hands
are full of mountain ash
but between my jaws
i'm courteous
dainty almost–like a peafowl
by instinct
i breathe away
from his face

My Mind Goes Off To Outer Mongolia

Raymond Schanze

aus: The Eyeball Tomb

(Die Rakete beim Start. Die Saallichter werden ausgemacht, aber der Vorhang geht nicht auf. Eine langsame Fassung der Hymne 'Heavenly Sunlight' wird auf einem ungestimmten Klavier gespielt. Hinter dem Vorhang ist ein plötzliches Aufleuchten und Zischen, als ob ein Knallkörper angezündet worden wäre. Mack stöhnt. Nach ein paar Sekunden fängt Nadine an, die Hymne zu singen, sehr leise und zu dem folgenden Text von Mack:)
MACKS STIMME: (Langsam, mit kindlicher Liebe) Es tat deiner Mamma sehr leid, daß sie nicht kommen konnte, auf Wiedersehn sagen... aber ich sagte ihr, sie sollte sich um nichts sorgen. Ich sagte ihr, daß die Leute, mit denen du bist, gute Leute sind. Ich kenn sie, und über die, die ich nicht so gut kenne, habe ich die, die ich gut kenne, gefragt, und sie sagten, sie sind okay, du wirst gut aufgehoben sein.
(Nadine verstummt, aber das Klavier spielt die Hymne weiter. In Dissonanz spielt die Musikbox 'Love and Marriage' von Frank Sinatra. Aber jemand stellllllllt sie ab.)
PATRICIAS STIMME: (babyhaftes Quäken) Aber es ist mir angenehm!
STIMME DES REICHEN NEGERS: (lachend, mit Autorität) Nein, nein, nein... NUN!
JEFFERYS STIMME: (erschreckt) RUHE!
(Das Klavier ist still, dann fängt die Hymne wieder an.)
MACKS STIMME: Also, ich sagte ihr, ich nehme ihr ein paar von den Sorgen ab und sie sagte, Mack...
MECHANISCHE STIMME: JETZT!
(Nadine und Benjamen fangen an, die Hymne zu singen, sehr leise und zu dem folgenden Text von Mack:)
MACKS STIMME: (schluckt, dann schnell) ... Sie sagte, Mack, ich wünschte du würdest, und sie sagte mir, dir zu sagen, alles wird gut sein und sie wird ein großes Festessen haben, wenn du zurück...
MECHANISCHE STIMME: COUNTDOWN!
(Nadine und Benjamen verstummen. Das Klavier ist still.)
NADINES STIMME:
Ich hatt mal ein bißchen Verstand
Ich hängte ihn an eine Wand
Ich hab ihn seitdem nicht mehr gesehen.
MECHANISCHE STIMME: 10-9-8-7-6-5-4-3-2-1-...ZERO!
(BarOOOOOOOOOOOOOOMmmmmmmmmmmmmnnn. Die Rakete zündet und hebt ab. Heller Blitz. Krach.)
MACKS STIMME: (laut, mit plötzlicher Realität) PATRICIA! ICH LIEBE DICH!
(Der Vorhang geht schnell auf und zeigt projizierte Dada-Muster. Donner und Zoom bleiben gedämpft erhalten. Außer dem Reichen Neger sitzen die Personen vorne auf der Bühne, an einzelne Stühle angeschnallt, die Arme an beiden Seiten ausgestreckt und die Fäuste an Handgriffen. Jefferey wird gerade ohnmächtig. Der Reiche Neger ist an seinen Füßen, schnallt ihn ab und murmelt vor sich hin. Eine Vase mit einer Lilie ist an der Wand über Jeffereys Kopf. Benjamens Zunge hängt heraus. Nadine schaut auf zum Himmel. Patricia zittert in ihrem Stuhl.)
JEFFEREY: (fällt in Ohnmacht) Riech die Lilie und gib sie weiter ans Volk, bitte.
DER REICHE NEGER: (flüstert, glaubt, es sei was Bedeutendes) Bitte? Was bitte?
JEFFEREY: Riech die Lilie und gib sie weiter ans Volk... bitte. (Ohnmacht)
DER REICHE NEGER: (pustet die Luft raus) Puh! Das wars beinah.
PATRICIA: (zitternd, in ekstatischem Kauderwelsch) Ich kann nicht aufhören, und ich möchte nicht aussteigen. Hod-a-modgei!
NADINE: (zuckend) O, heiliger Jesus...
(Patricia kichert)
DER REICHE NEGER: (fächelt Jefferey Luft zu) Früher habe ich 'inkog-neter' gesagt. Aber jetzt sage ich 'inkognito'.
NADINE: ... Vergib uns unsere Schuld.
(Patricia kichert)
BENJAMEN: (von Heiligen Geist besessen) Meine Frau! Ich singe. (singt) I'm Comin Hooooooooome Virginie and she'll say it's gooooooooood to see you, I forgive you. LOBET DEN HERRN!

RAYMOND SCHANZE

PATRICIA: O, Süßer! (kichert) Ich gehe mit einem Jungen namens Mack und ich hab immer gesagt – ich hab ein solches gutes Gefühl in mir, ich kann nicht aufhören. Mann! (Jefferey kommt wieder zu sich, starrt rum wie hypnotisiert, weint. Nadine betet, leise grunzend.)

MACKS STIMME: (von der Erde, weinend) Ich liebe dich mehr als alles auf der WELT.(heult) Aber du fährst zu irgendeiner anderen Welt ... ICH WEISS DAS, PATRICIA!

(Jefferey schreit. Der Reiche Neger schlägt ihn automatisch bewußtlos, wobei der Schrei in Jeffereys Hals erstickt.)

PATRICIA: (vibrierend, weinend, kichernd) Ich kann nicht aufhören und ich hab immer gesagt... Mack, laß mich deinen Rücken kratzen, und er hielt meine Hand fest und sagte...

(Der Reiche Neger rennt zu ihr, ein langes Schhhhhhhh! hebt warnend seine Hand. Sie wird verrückt.)

DER REICHE NEGER: (schüttelt sie) Jetzt Schluß und hör auf den Reichen Neger. Er weiß alles. (amüsiert über sich selbst) Er hat die Farm verlassen und ist aufs College gegangen.

(Das Licht wird dunkler. Ein unbestimmtes, entferntes Brüllen ist noch immer zu hören. Die Stimmen, Geräusche und Lichter scheinen sich miteinander zu verwischen.)

PATRICIA: Ich kann nicht aufhören, aber er würde folgendes sagen...

DER REICHE Neger: Schhhhhhhhh!

(Dunkelblaues Licht füllt die Bühne. Die Dada-Muster verlöschen. Die Rakete dreht sich kopfüber, die Personen werden durcheinander geschüttelt.)

PATRICIA: (genießerisch) O, Süßer, O Baby... O BRUDER! MACK! Ich komme ZURÜCK!

(Sie hat sich entschieden, nach Hause zu springen. Auf der Hinterbühne könnte ein großes offenes Fenster sein, durch das sie springen kann. Es beginnt eine verrückte ballettartige Jagd nach ihr, in der sich alle Personen in Zeitlupe bewegen und in Zeitlupe sprechen. Die Musikbox grunzt und stöhnt 'Love and Marriage'; und zu all dem spielt das ungestimmte Klavier in einer tiefen Tonart 'Heavenly Sunlight'.)

DER REICHE NEGER: (hinter ihr her) NEIN. NEIN. ICH BIN DER REICHE NEGER.

(Die anderen folgen, mit den Köpfen auf und ab wackelnd und den Mund öffnend und schließend. Die Rakete macht ein undeutliches Geräusch, etwa wie ein Nebelhorn oder wie die verzerrten Schreie von Mack von der Erde aus.)

NADINE: DAS FENSTER. FANG SIE.

BENJAMEN: (steif und ungeschickt) O ICH.

NADINE: (verpaßt den Saum von Patricias Rock) NEIN KLEINER LIEBLING... (fällt hin) NICHT... (flach auf dem Rücken) WIR WOLLEN WISSEN WELCHE FARBE DEIN UNTERROCK HAT.

JEFFEREY: (hat die Richtung verloren, rennt hin und her) SPRING AUS DEM FENSTER. MACH... SPRING! (wiederholt es)

(Wenn Patricia die hintere Bühnenmitte erreicht, sind der Reiche Neger, Benjamen, Nadine und Jefferey dicht hinter ihr... sie klammern sich an ihre Taille, Beine, Schultern und ihren Hinterkopf. Ihre Arme öffnen sich und schweben zu den Seiten, um alle einen Rahmen bildend. Blackout.)

Tom Eyen

Interview

TOM EYEN, geboren 20. August 1940 in Ohio, Cambridge. Public School, Highschool und Universität, kommt 1961 nach New York. Job als Presseagent, lernt dabei die kommerzielle Seite des Theaters kennen. Regie Writer's Stage (heute Playwrights Unit), La Mama. Seit 1967 eigene Gruppe Theater of the Eye, die aber keine eigenen Räume hat, sondern in anderen OOB-Theatern spielt, meist im La Mama oder Extension. Stücke: *The Eye of New York, The White Whore and the Bit Player, Sarah B. Divine!, Why Hanna's Shirt Won't Stay Down, Who Killed My Bald Sister Sophie?* "Mr. Eyen lives in the Village with four locks on his door."

Du bist so ziemlich von Anfang an dabei gewesen; wie siehst du die Entwicklung des OOB-Theaters zum Kommerz?
Das ist sehr vielschichtig. Zum Beispiel hatten wir bei unserer letzten Inszenierung in den Anzeigen den Eintrittspreis von 2 Dollar gedruckt, und wir mußten das ändern, weil die Leute denken, es sei eine billige Sache, wenn es wenig kostet. Die Leute, die früher ins OOB gingen, hatten kein Geld – heute ist das umgekehrt, bzw. wir kennen das Publikum gar nicht mehr. Das war am Anfang anders, man kannte sich, und es war eine Art feste Gruppe, die immer wieder kam. Es ist natürlich auch gefährlich, etwas zu machen, was zu sehr *inside* ist. Andererseits gab es etwas – ich mag das Wort nicht, aber es ist was dran – wie ein warmes Gefühl zwischen Schauspielern und Publikum, man fühlte sich nicht so wie heute auf dem Prüfstand. Aber ich glaube, daß das mit jeder Bewegung passiert, wenn sie etwas älter wird. Die Leute, die heute nachkommen, also da anfangen wollen, wo wir vor 10 Jahren waren, sehen sich in einen Wettbewerb gezwungen, den es damals nicht gab. Wenn du als Neuer heute etwas machen willst, schön, du bekommst deine Chance, aber wenn es schlecht wird – und frag mich nicht, wie die ersten Sachen von den Leuten aussahen, die heute einen Namen haben –, sind sie sofort wieder draußen. Besonders die neuen Autoren haben es schwer.
Was, glaubst du, ist der wesentlichste Beitrag des OOB zum amerikanischen Theater?
Das Wichtigste an der ganzen Bewegung ist: Wir repräsentieren das Amerika von heute, und Amerika heute, das bedeutet: den Drehpunkt der Erde. Europa macht uns nach, und Amerika hat ihm die Vitalität voraus. Die Vitalität ist eigentlich das einzige, was Amerika hat. Wir sind grob, wir sind vulgär, unfreundlich, undankbar usw., aber wir haben unsere Vitalität. Das ist es, was nie zuvor derart deutlich zutage trat. Unser Theater in den dreißiger Jahren war sehr realistisch, die vierziger Jahre waren vom Krieg beeinflußt, die fünfziger Jahre waren langweilig, aber die sechziger Jahre entwickelten die Vitalität, aus der auch die ganze Protestbewegung kam. In einem gewissen Sinne ist die ganze OOB-Bewegung revolutionär, gegen das System gerichtet. Ich würde mich selbst nicht als Revolutionär bezeichnen, aber in dem Sinne, daß wir die alten Regeln in Frage stellen, ist alles, was im OOB passiert, revolutionär. Selbst wenn du mal nicht alles verstehst, was auf der Bühne vor sich geht, du fühlst doch immer diese Vitalität des Revolutionären. Wir haben die ganzen Emotionen zum Fenster rausgeworfen, weil sie mit der Geschwindigkeit, in der wir leben, einfach nicht mehr mithalten können. In den vierziger Jahren hat man sich ausgiebig mit all dem Zeug beschäftigt, aber heute hat es einfach keinen Zweck mehr, weil sich alles so schnell ändert.

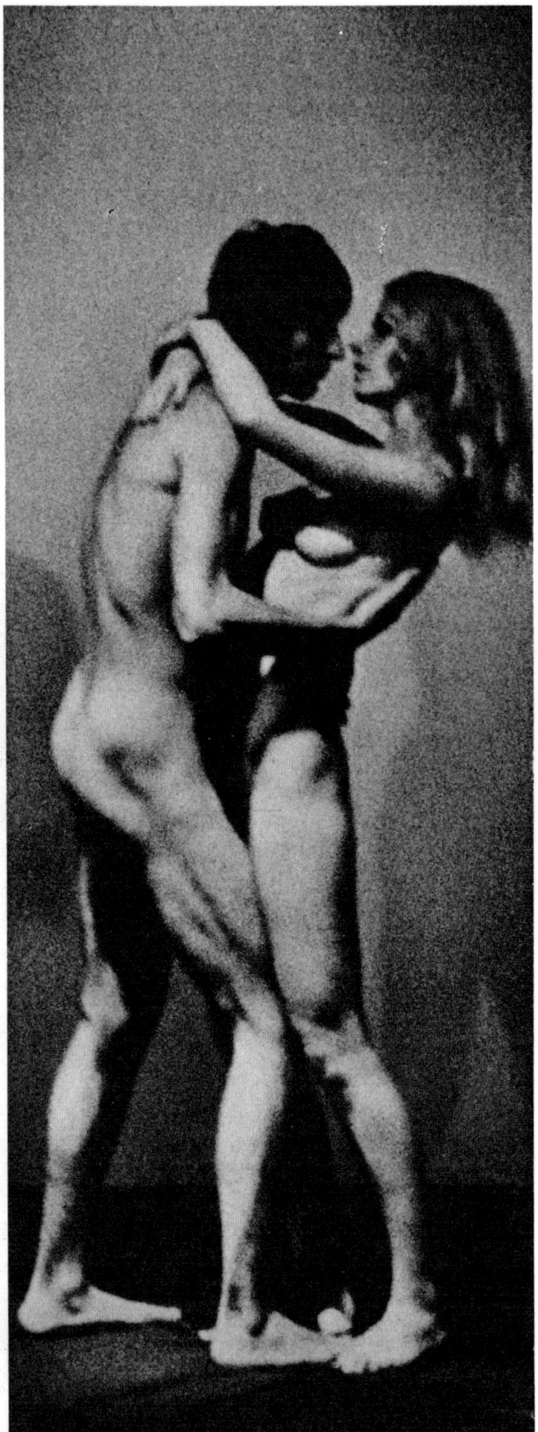

Tom Eyen

aus: The Seven Days of the Weak

Zeit: eine gegenwärtige Erinnerung.
Ort: ein halbdefinierbares Bewußtsein.
Bühnenbild: eine große Leinwand über der Bühnenmitte, worauf herrliche Farbdias projiziert werden.
(Sie tritt auf, zart gekleidet in gelbem Kleid, und geht nach links. Er tritt auf, angezogen wie ein unschuldiger Oberschüler, und geht nach rechts. Sie sind beide barfuß.
Alles ist sehr einfach, außer daß der folgende Dialog von einem Tonband kommt. Während des Stückes haben die Schauspieler nicht mehr zu tun, als sich in Übereinstimmung mit dem Tonband-Text zu bewegen. Nach dem Orgasmus sprechen die Schauspieler selbst.)
SIE: Ich war jung. Ich muß 21 gewesen sein oder möglicherweise erst 20.
ER: Ich war jung – 20 oder vielleicht 21. (Sie beginnen in sehr langsamer Zeitlupe aufeinander zuzugehen. Dia einer Straßenszene.)
SIE: Ich war allein. Freitag, 24:15. Ich weiß nicht mehr, ob ich von zu Hause kam oder nach Hause ging.
ER: Ich war auf dem Weg zur U-Bahn. Ich hatte gerade einen Film gesehen. Ich weiß nicht mehr, welchen. Er war nicht in Farbe, und sie hatten kein Popcorn.
SIE: Ich weiß, daß ich früher am Abend *Die Einsamkeit eines Langstreckenläufers* ansehen wollte.
ER: Es war *Die Einsamkeit eines Langstreckenläufers.*
SIE: ... Aber das ist jetzt nicht wichtig. Es war nur ein unerfüllter Wunsch mehr.
ER: Ich hatte es nicht eilig, zur U-Bahn zu kommen. Dazu war die Nacht zu jung.
SIE: Ich hatte keine Eile, irgendwohin zu kommen. Dazu war ich zu jung. (Sie begegnen sich.)
ER und SIE: Ich erinnere mich... als ich um eine Ecke ging. DA...
SIE: ... war er.
ER: ... war sie. (Sie entfernen sich ein paar Schritte voneinander und bleiben stehen.)
SIE: Ich wußte nicht, was ich tat. (Sie dreht sich um zu ihm.) Ich drehte mich um.
ER: Ich hatte nie zuvor jemand wie sie gesehen.
SIE: Ich kam mir so schrecklich aggressiv vor, als ich ihn ansah. Er würde mich bestimmt für eine Hure halten. Ich drehte mich ganz um.
ER: Sie drehte sich um. Es hat sich nie zuvor eine Frau nach mir umgedreht. Sie war ehrlich.
SIE: Und dann... (ihre Augen treffen sich)... unsere Augen trafen sich, lächelnd. Er war mein Wunschbild von meinem ersten Liebhaber, dem ich nie begegnet war.
ER: Wie schön sie war. Sie wäre in der Schule Schönheitskönigin geworden.
SIE: Ich konnte vor lauter Spannung nicht sprechen.
ER: Ich fing vor Beklemmung an zu pfeifen. (Er pfeift 'The Star Spangled Banner'.)
SIE: Ich drehte mich um und ging in die Richtung meiner Wohnung. (Sie geht in Zeitlupe, aber auf der Stelle.)
ER: (so nah hinter ihr, daß ihre Körper einer zu sein scheinen) Sie würde mich nie verlieren. Ich hatte meinen Traum gefunden.
(Dias von Treppen, sie hebt jetzt die Beine höher, als ob sie Treppen steigen würde.)
SIE: Ich betete, als ich zu meiner Wohnung im dritten Stock raufging.
ER: Sie würde eine wundervolle Frau und Mutter sein. Sie war religiös.
SIE: Ich betete, meine neugierige Tante möge nicht zu Hause sein. Tante Rhoda würde es einfach nicht verstehen.
ER: Sie öffnete die Tür, und ich trat ein (Dias vom Inneren der Wohnung) und dachte an all die Türen, die wir zusammen öffnen würden.
SIE: Ich war auf der Höhe meines Glücks, und plötzlich (sie reißt sich das Kleid vom Leib) fand ich mich im Slip. Ich legte meine Lieblingsplatte auf.
ER: (zieht sich aus, die Hose zuerst) Nach so vielen Jahren, in denen ich meines Körpers sicher war, fühlte ich mich linkisch. Es schien eine Stunde zu dauern, bis mein Hemd fiel. (Er geht zu ihr.)
SIE: (kämmt sich ruhig die Haare) Wie einfach war es, wie richtig! Es war keine Verlegenheit in meiner Nackt-

heit. Wir beide hatten zusammen gelebt, Jahrhunderte zuvor, wie Tristan und Isolde, wie Antonius und Kleopatra, wie Romeo und Julia, wie König Ludwig und Wagner! (Sie läßt die Bürste fallen.)
ER: Obwohl unsere Körper gegensätzlich waren, paßten sie zusammen (er stellt sich ihr nah gegenüber) wie ein Fuß in eine Socke von C & A.
SIE: (legt sich hin) Ich wollte all die Dinge sagen, die ich für diesen Moment aufgehoben und vorbereitet hatte.
ER: (kniet zu ihren Füßen und küßt ihren Körper) Ich konnte nicht damit beginnen, ihr all die Dinge zu sagen, die ich empfand... (Er beginnt sie langsam zu ficken.)
SIE: Sein Körper erregte mich. (Sie fängt an, wild zu werden.)
ER: Ihre Brüste fühlten sich an wie Seide, unter meiner Brust, und ihre... oh, sie war bestimmt noch fast Jungfrau. (Afrikanische Trommelmusik beginnt.)
SIE: ICH LIEBE DICH! Das Blut meines Körpers fing an zu kochen, als ich im Geiste Bilder sah von wilden, weißen arabischen Hengsten. O! SESAM ÖFFNE DICH! EIN RIESIGER WEISSER HENGST DER IN MEINE HÖHLE EINDRINGT UM SIE NIE WIEDER ZU VERLASSEN!
ER: Ich konnte nicht denken, als ihr Körper mein Sklave wurde. ICH LIEBE DICH! Als mein Körper ihr größter Schutz wurde. ICH LIEBE DICH! Und ich konnte nicht denken, als ich das behütete Fleisch im Innern ihres Körpers fand, und ich wußte, ICH LIEBE DICH... ICH LIEBE DICH. (Wildes Ficken)
SIE: Und ICH LIEBE DICH. ICH LIEBE DICH. (Wilderes Ficken)
ER: ICH LIEBE DICH. (Sie ficken wie wahnsinnig – Orgasmus – Beleuchtung hell – die Schauspieler liegen ruhig aufeinander – 10 Takte Stille.)
SIE: Ich hasse dich.
ER: Ich hasse dich. (Er springt schnell auf und zieht sich an, sie wickelt sich in ein Laken und kämmt sich wieder ihr Haar.)
ER: (jetzt original sprechend, versucht besonders lässig zu sein) Du... wohnst hier schon lange?
SIE: (zählt an den Fingern) 1–2–3–4–5–6 Monate zu lang.
ER: Hast du eine Zigarette?
SIE: Ich finde nicht, daß Frauen rauchen sollten. Üble Angewohnheit.
ER: O... ich muß gehen. Welche Tür geht raus? Auf Wiedersehen!
SIE: Das ist das Bad!
ER: (sieht rein) Bad! Sieht eher aus wie eine puertoricanische Entbindungsstation.
SIE: (öffnet die richtige Tür) Auf Wiedersehen!
ER: Auf Wiedersehen (Er geht.)
SIE: Achhhhhhhhh...
ER: (dreht sich schnell um) Ja? (Sie schweigt.) Achhhhhhh...
SIE: Ja!
ER: Ja! Ich heiße Bill.
SIE: Ich heiße Laura. Ruf mich mal an.
ER: Sicher.
SIE: Ja!
ER: Ich hab auch Telefon. (Geht)

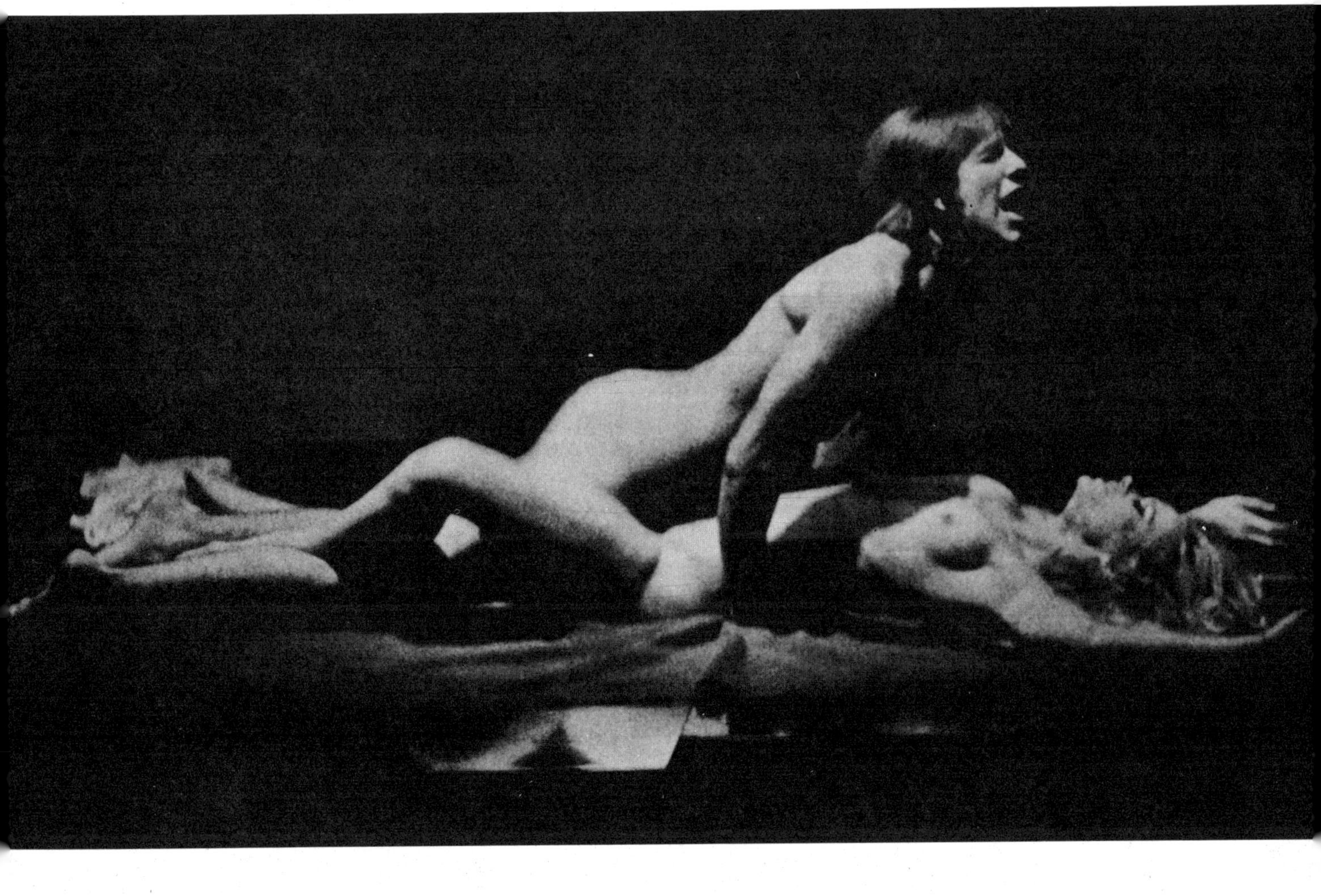

2

Johnny Dodd

Interview

Ich bin 1941 in New Orleans geboren. Ich war lange in Kanada. Ich fing als Jazz-Musiker an. Ich spielte Trompete bis ich merkte, daß es 20 Jahre dauert, so ein Instrument richtig spielen zu können, und dann reichts vielleicht trotzdem nicht. Also hörte ich auf und ging nach New York. Mich langweilten die kleinen Städte, und ich wollte die großen sehen. Ich glaube, das war 1958, ich war sehr jung. Hier in New York ging ich gleich in den ersten Tagen ins Caffe Cino. Ein Freund von mir war Schauspieler da und nahm mich mit. Das Cino spielte damals Tennessee Williams, Tschechow und solche Sachen. Als ich Joe Cino kennenlernte, sagte er: *Wer bist du? So. Ja. Gut. Du wirst den Lichtschalter drehen, wenn die Vorstellung anfängt, und du wirst ihn wieder drehen, wenn sie aus ist.* Ich machte es, und er sagte: *Morgen Abend kommst du wieder und machst das gleiche.* Damals gab es im Cino kein Stellwerk, keinen Regler, nichts, sie hatten zwei Birnen über der Bühne. Zu Beginn der Vorstellung machte man sie an und am Ende aus und manchmal noch während der Vorstellung, wenn eine neue Szene anfing. Also das machte ich dann für ein oder zwei Monate. Dann klaute eines Tages jemand zwei Scheinwerfer von der Bühne des City Center und brachte sie zu uns. Da hatten wir zwei Birnen und zwei Scheinwerfer im Cino. Joe Cino zeigte mir, wie man farbiges Licht macht. Ich hatte das vorher noch nie gesehen. Du nimmst eine blaue Scheibe vor den Scheinwerfer und blau! – die Bühne war blau. Für eine lange Zeit machte ich weiter im Cino, bis eines Tages Nicola Cernovich zu einer Vorstellung kam. Joe sagte zu mir: Wenn du die Sache wirklich lernen willst, hier ist der beste Mann dazu, den es gibt. Nicola kam vom Ballett und vom Modernen Tanz, von Cunnigham und solchen Leuten und hat dann Beleuchtung gemacht. Er ist wirklich der Mann, der die Farbe auf der Bühne erfunden hat, die reine Farbe. Ich ging also zu ihm und fragte, was ich machen sollte, und er nahm mich mit in ein Theater uptown. Er machte da das Licht für ein Ballett. Ich sah da alles, was ich mir immer gewünscht hatte: Tanz und Licht und Farbe, alles! Ich konnte gar nicht fassen, daß das auf der Bühne passieren konnte. Ich sah ihm zu, wie er sich das Ballett ansah und mit Licht und Farbe machte, was er fühlte. Das ist das Wichtigste, du machst, was du fühlst, und später kommt dann jemand der sagt: Das war gut, das war richtig. Was du machst ist, was du fühlst, das ist die Wahrheit, und was danach kommt sind Meinungen darüber.

Ich ging dann in die Klasse von Nicola, er gab Unterricht, aber eigentlich wußte ich jetzt schon alles. Ich lernte nur noch Fachliches. Im allgemeinen finde ich Beleuchtungskurse schrecklich, sie stopfen die Leute voll mit unnützem Zeug. Sicher mußt du einige Regeln beachten, aber du mußt diese Philosophie bekämpfen, die die Beleuchtung als funktionelle Kunst ansieht. Das ist sie auf keinen Fall. Sie sollte genauso lebendig sein wie die Schauspieler auf der Bühne.

Ich wurde Nicolas Assistent und hab mit ihm zusammen viele Sachen uptown und außerhalb New Yorks gemacht. Die ganze Zeit über ging natürlich die Sache im Cino weiter. Es war von Williams' Stücken allmählich abgekommen. Es wurden Einakter gespielt, Stücke von unbekannten Leuten. Ich hatte im Cino einen Job als Kellner, und wenn es Zeit wurde für die Vorstellung, dann ging ich und machte das Licht. Wir hatten nach vielen Jahren endlich ein

Stellwerk und eine gute Lichtanlage, es hatte 3000 Dollar gekostet. Es war sehr gut, ungeheuer flexibel, wie ein Piano. Du kennst es, es steht heute im La Mama.
Irgendwann kam ich mit dem Living Theatre zusammen. Ich mochte die Leute da sehr, aber nicht, was sie machten, das kam erst viel später. Als sie raus mußten aus den USA und nach Europa gingen, dachte ich zwar, daß das alles enorm ungerecht war, aber ich ging nicht mit. Erst später, als ich selbst nach Europa ging, traf ich sie und lebte mit ihnen. Ich war mit ihnen in München und Berlin und ging dann mit nach Italien. Das Living war damals am Licht nicht sehr interessiert. Sie waren in dem, was man heute eine Grotowski-Philosophie der Beleuchtung nennen würde. Sie machten ein bißchen Licht auf der Bühne, nicht sehr viel, und ließen es dann so die ganze Vorstellung über. Sie handhabten das Licht als was anti-theatralisches. Dann wollten die Becks, daß ich in den *Mysteries* mitmachen sollte. Sie sagten: Es ist alles sehr einfach, du machst was wir machen. Ich versuchte es, aber dann hörte ich auf. Ich mußte meine Arbeit machen. Wenn du länger mit dem Living leben willst, mußt du das gleiche Feuer haben wie sie. Ich weiß heute zwar, daß das Living eins der besten Theater überhaupt war, ihre Philosophie, ihre Ideen waren gut, aber in mir war eine andere zwingende Idee, die mußte ich verwirklichen. Es war hauptsächlich die Idee vom Licht. Das Living Theatre hätte nie daran gedacht, die Bühne in blaues Licht zu tauchen, so schön, daß es für sich allein gewirkt hätte. Ich will wirklich immer dahin, daß das Licht allein atemberaubend ist und dann erst das Stück kommt, die Aktion und die Schauspieler.
Ich arbeite mit sehr, sehr vielen Theatergruppen in New York. Manche kenn ich, seit sie vor 10 Jahren anfingen, als das Ganze anfing, und ich hab fast alle ihre Aufführungen beleuchtet. Früher hab ich das Licht zu allen Stücken gemacht, ob sie mir gefielen oder nicht. Heute geht das nicht mehr. Ich kann kein Licht machen für ein Stück, das ich nicht mag, mir fällt nichts ein dazu. Wenn ich eine Beleuchtung übernehme, hier im La Mama zum Beispiel, dann gehe ich erst mal zu einigen Proben und schau zu, und dann arbeite ich 2, 3 Nächte. In der letzten

PROBE IN LA MAMA

Zeit, wo immer mehr Leute die Bedeutung des Lichtes begreifen, kommen oft welche und wollen lernen, mir helfen, mein Assistent sein. Sie kommen gerade von Yale oder sonstwoher, mit all dem, was sie über Theater und Beleuchtung gelernt haben, und es ist nicht real, und ich muß dagegen ankämpfen. Ich sage: Mach die Bühne lila, wenn du so fühlst, mach es! Aber sie machen es nicht, und ich verschwende meine Energie damit, sie zu befreien von ihren Theorien. Deshalb arbeite ich lieber allein. Es ängstigt die Leute, wenn du sagst, du machst es nach dem Gefühl, sie wollen es korrekt machen, sie machen ein enorm ernsthaftes Spiel mit dem Theater, sie glauben, nur so kann es ein Erfolg werden. Sie spielen nicht mit dem Licht. Das ist überall so, auch hier in Amerika. Obwohl die Beleuchtung hier noch eine andere Tradition hat. Das kommt durch den Broadway, wo sie sich in ihren Musicals und ihren Shows schon immer stärker um Lichteffekte bemüht haben als in anderen Ländern. Aber sie spielen auch nicht wirklich mit dem Licht. In Deutschland ist es noch schlimmer, da haben sie kaum farbiges Licht und sehr wenig Veränderungen während der Vorstellung. Die Stellwerke sind da schrecklich lahm. Sie haben diese fürchterlichen Niedervolts, das dauert Minuten, bis du das Licht hoch oder runter bekommst. Solche Sachen wie im La Mama kannst du da überhaupt nicht machen. So ein deutsches Stellwerk kannst du außerdem kaum alleine bewerkstelligen. Als ich in der Oper in Frankfurt war mit einem schwarzen Ballett, da standen da vier Mann am Stellwerk, und einer sagte ihnen: *Schoonkk!* Und sie machten alle vier: *Schoonkk!* Ich sagte ihnen: Nein, so nicht, wieviel Farben habt ihr? Gut, ihr habt sechs, paßt auf, daß ihr keine länger als fünf Minuten nehmt, und dann ändert es. Wenn ihr fühlt, die Szene braucht rot, dann macht sie rot. Sie dachten, ich sei verrückt, und sagten, sowas macht man hier nicht. Ich sagte, die Vorstellung muß so sein, und dann ging es und es wurde ganz schön. Sie hatten so tolle Sachen da, du drückst auf einen Knopf, und 25 Scheinwerfer ändern die Farbe, aber sie spielen nicht damit. Sie lachten und dachten, ich sei ein total Verrückter. Das ist es auch, es ist die reine Verrücktheit, so muß es sein.
Das ist auch, warum ich nur ungern am Broadway arbeite. Es ist soviel Geld da im Spiel, daß du nichts dem Zufall überlassen darfst. Du kannst das Licht nur verändern, wenn das Stück dich dazu total berechtigt. Der Regisseur sagt: Wir brauchen Mondschein, und du machst Mondschein. Ich komm mir dabei vor wie ein Steckdosenstöpsler. Wenn ich im OOB arbeite, schreibe ich nie eine Lichtstellung auf. Ich schreibe sie auf, wenn die einzelnen Vorstellungen jemand anders macht oder wenn ich 200 Stimmungen habe, dann schreibe ich die 5 oder 6 wichtigsten auf, aber der Rest ist frei. Man kann im Theater wirklich Licht machen wie der Electric Circus in seinen Lichtshows. Man könnte es so verrückt machen. Man könnte einen psychedelischen Hamlet machen. Es gibt keinen Grund, warum man während eines langen Monologs nicht irre Bilder aus Licht machen sollte.
Ab und zu, immer wieder mal laß ich mich von einem Angebot am Broadway verführen. Ja, denke ich, du bekommst eine Menge Geld und du hast eine Menge Einfluß, wenn du eine Show am Broadway machst. Es ist was anderes, als 3 Nächte lang allein im La Mama zu arbeiten, und du bekommst nicht viel, und die Aufführung läuft nur 10 Tage, und oft ist die Regie nicht besonders oder die Schauspieler sind schlecht. Technisch sind die Sachen im OOB natürlich nicht so gut wie das, was du am Broadway siehst, den Leuten hier fehlt die Erfahrung. OOB ist ein merkwürdiger Ort, die Leute bleiben hier nicht. Sie lernen hier, und dann wandern sie ab in andere Theaterwelten, um Geld zu machen. Das war früher nicht so. Der ganze OOB hat seine Haltung verändert.
Ungefähr fünf Jahre lang war es anders, eine irre Zeit. Da war das Cino, da war das La Mama, das Judson, da war der ganze kommerzielle Teil nicht da. Niemand wollte unsere Stücke, wir waren das komische Theater downtown, und es war kein Geld drin. La Mama war dieser winzige Raum, wo nach der Vorstellung der Hut rumging und vielleicht 5 oder 10 Dollar eingenommen wurden. Das Cino war immer voll. Die Leute zahlten 1 oder 2 Dollar für Kaffee

und Theater, und sie kamen. Es gab nicht viel Cafés damals hier unten, und dies war eins, wo auch noch Theater gemacht wurde. Das Judson machte jede Woche ein neues Stück und ein Ballett und ein Happening und Ausstellungen, und es waren Maler und Tänzer und Künstler von überall da, und es ging alles zusammen. Die, die mitmachten, konnten fast davon existieren, und so hätte es weitergehen können, wenn nicht das Kommerzielle gekommen wär und aus dem Ganzen diese große bedeutende Avantgarde-Bewegung gemacht hätte. Alle Colleges wollen heute *America Hurrah* von Itallie und *Tom Paine* von Foster und *Futz* von Rochelle Owens machen, und die Techniken, die hier entwickelt worden sind, haben heute alle übernommen. In jeder mittleren Stadt in Amerika gibt es heute ein experimentelles Theaterchen, das die Stücke von Melfi macht und sagt: Mann, sind wir vielleicht *avantgarde!* Und sie machen das, was hier vor zehn Jahren gemacht wurde.
Ich erinnere mich noch, das erste Theater im OOB, das mit Geld arbeitete, war das Poets Theatre von Diane di Prima. Es bestand ungefähr drei Jahre, und sie machten merkwürdige, irre, surreale Stücke da. Sie riefen irgendeinen berühmt gewordenen Dichter an und fragten ihn, ob er ihnen ein bißchen Geld geben würde, und die meisten sagten ja, und so konnten sie als erste ihre Leute bezahlen und hatten als erste eine gute Lichtanlage in ihrem Theater. Und dann gings so allmählich weiter. 1964 kam Dick Barr hier runter und machte die Playwrights Unit auf. Er sagte, wir machen in einem Jahr 25 Stücke aus dem OBB, und wir haben für jedes ein kleines Budget. Ich machte das Licht für dies erste Jahr, und es gab jemand, der machte Programme und all diese Sachen, und es war für uns alle ein großes Ding. Einige der Stücke wurden veröffentlicht und all das. Es war die erste Korrumption. Für diese Zeit von fünf Jahren hatte es ausgesehen, als gäbe es eine Alternative. Wer heute hier im OOB anfängt, will Erfolg haben, um woanders hingehen zu können. Sie wissen jetzt Bescheid. Sie versuchen zwei gute Sachen zu machen, mit zwei guten Kritiken, und dann gehen sie damit zu einer Stiftung und lassen sich Geld geben und ein Direktorium vor die Nase setzen. Oder sieh dir Peter Schumann und das Bread and Puppet Theatre an. Er bleibt, aber die Leute um ihn wechseln dauernd. Sie sagen sich: Ich bin jetzt 35 und ich verdiene nichts, die Sache hier ist ja ganz nett, aber.. Verstehst du, ich beklage mich deshalb so, weil ich die richtige Sache miterlebt habe, wo es anders war. Oder nimm das Genesis, das ist vielleicht das einzige, das rein geblieben ist. Man nimmt sich da Zeit, es ist von allen anderen Theatern verschieden. Sie proben 6 Wochen, und wenn es nicht fertig ist, dann eben länger. Das Genesis denkt nicht an die Kritiken, es hat die Kritiker beleidigt und rausgeworfen. Aber nächstes Jahr wollen sie 6 Stücke machen, sie werden sie auch machen, aber wenn sie die Kritiker nicht reinlassen und über sie schreiben lassen, dann gibt ihnen niemand das Geld dazu. So wirst du heute hier gezwungen. Joe Cino ist tot, Carmines vom Judson ist ein berühmter Komponist geworden, alle im OOB sind 10 Jahre älter geworden, alle sind müde geworden. Ich weiß jeden Tag, was es bedeutet, kein Geld zu haben und etwas zu machen, wodurch du keins verdienst. Aber trotzdem, man muß nach all den Diskussionen über die Kommerzialisierung des OOB wieder zurück an die Arbeit gehen, zurück zu dem, was man auf der Bühne sieht.

ROBERT PATRICK

Robert Patrick

Interview

Das erste, was ich tat, als ich nach New York kam, war, ins Village zu gehen. Das war gerade die Zeit zwischen der Beat-Generation und den Hippies. Ich fuhr also ins Village, und als ich aus der Subway stieg, kam ich mitten in eine Heilsarmee-Parade. Ich folgte der Parade bis zu einer Querstraße, die so aussah wie Greenwich Village im Kino. Ich ging die Straße lang, und da war ein Caffe Cino. Ich ging rein und setzte mich, und da war gerade eine Probe im Gang – ich blieb sozusagen da – bis es sieben Jahre später schloß. Ich lebte durch Arbeit in Büros, schrieb ein paar Gedichte, wurde rausgeworfen, lebte im Park, wurde krank usw. Das war sehr hart für mich, weil dich in der amerikanischen Erziehung nichts darauf vorbereitet, wie man krank ist, pleite, unsicher, verwirrt. Das alles gibt es in der Erziehung einfach nicht. Es gibt das Plastik-Leben, und wenn du das nicht willst, kannst du auch gleich in den Ozean springen. Für mich war so etwas wie ein ruhender Pol das Cino, ich ging hin und saß schüchtern in der Ecke.

Was zog dich daran an?

Ich lernte schließlich einige der Leute dort kennen. Es war dieser verrückte kleine Raum, die Tiffany-Lampen, Bilder aus alten Filmen, Plastikblumen auf den Tischen, Weihnachtsbaumbeleuchtung, alles war voll von allem möglichen Zeug, und lauter Leute, die genau das taten, was sie wollten. Joe Cino war eigentlich Tänzer, der, als er nicht mehr tanzen konnte, ein Café aufmachte, damit alle seine Freunde einen Treffpunkt hatten. Die Musikbox war voll mit Opern- und Ballettmusik. Dann machten ein paar Leute Dichterlesungen, ein Stück wurde gelesen, und so fing es allmählich an. Das war zuerst alles sehr amateurhaft, aber nach und nach kamen richtige Autoren zu Joe Cino. Johnny Dodd entwickelte völlig neue Lichttechniken. Damals fing auch Ellen an; das Judson, das zwar schon ein Tanztheater und Kunstausstellungen hatte, fing an, Stücke zu spielen. Theatre Genesis entstand. Heute sind es über hundertfünfzig. Das ist eine ganze Renaissance von Theater, und niemand merkt es. Du kriegst mal einen Artikel und ein Bild in irgendeine glänzende Modezeitschrift oder so, aber nur, weil es chic ist. Die Village Voice und Showbusiness veröffentlichen Kritiken, manchmal die Times, aber es geht so langsam. Eine Menge Autoren entstanden: Lanford Wilson, Paul Foster, Sam Shepard, Leonard Melfi, Rochelle Owens, Harry Katoukas, Megan Terry, Soren Agenoux, David Starkweather, ich, Robert Heide, Don Kvares, Jean-Claude van Itallie – man kann sie gar nicht alle nennen. Und das sind nur die bekanntesten, die Zahl der Produktionen ist wahnsinnig gering dagegen. Wir vergaßen Tom Eyen, einen der größten. Es ist wie eine hohe Mauer: hier ungeheuer viel Stücke und auf der anderen Seite nur ein paar Produktionen. Viele schnappen über, fangen an mit harten Drugs, kommen ins Irrenhaus, verzweifeln, begehen Selbstmord, gehen davon, ihre Begabung ruiniert, ihr Leben zerstört, weil es einfach keine Möglichkeit gibt, professionell produziert zu werden. Zum Beispiel Maria Irene Fornes' *Promenade* – das ist jetzt sieben oder acht Jahre her, und nichts seitdem. Die Zeit vom Schreiben eines Stückes bis zur Produktion reicht, daß der Autor stirbt. Das ist in einem armen Land vielleicht verständlich, aber hier in Amerika ist es verbrecherisch. Unaussprechlich, was ein Künstler durchzumachen hat, um eine Produktion zu bekommen. Die Kritik in New York – ich kenne die Leute nicht, sie mögen nett sein, aber sie haben absolut keinen Kontakt zum Autor oder zu denen, die die Kritiken lesen. Stell dir eine OOB-Premiere vor: Das Publikum ist begeistert, ein Sturm, die Leute trampeln usw. – der Kritiker geht nach Hause, schreibt: Ich hatte die und die Schwierigkeit, das Theater zu finden, und, nebenbei gesagt, das Stück gefiel mir nicht – das Stück ist tot, der Autor ist tot. Die Leute geben ihr Leben, ihre Gesundheit, ihre Jugend, und am Ende sitzt zwischen Publikum und ihnen ein Kritiker, und alles ist umsonst.

Worin siehst du die Ursachen dieser Haltung in der amerikanischen Gesellschaft gegen Kunst, Theater usw.?

Ich glaube, daß es nicht die gesamte Gesellschaft ist, sondern nur ein kleiner Teil. Ich war neulich am Broadway in einem der größten Erfolge seit langem, und der einzige Grund, warum ich das Theater nicht nach 30 Minuten verließ, war, daß die Leute auf beiden Seiten schliefen. Wir am OOB hatten eine Menge Shows, die uns vielleicht 20 Dollars gekostet haben, und ich habe nie gesehen, daß jemand schlief. Die Show am Broadway hat vielleicht eine halbe Million gekostet – das Ergebnis ist niederschmetternd, absurd. Oder nimm *Hair:* Der Stil, die Energie,

ROBERT (BOB) PATRICK, geb. 27. September 1937 in Kilgore, Texas. Eltern arme Farmer. Reiste während seiner Jugend in ganz Amerika herum, weil sein Vater keine Arbeit fand. Zwölf verschiedene Schulen in acht Jahren. "Frühere Leben: Schauspieler in Rußland zur Zarenzeit, Schriftsteller in Japan zur Kaiserzeit und Choreograph in Ägypten." Kam 1961 nach New York. Schrieb über hundert Stücke, meist Einakter, die z. T. im Caffe Cino, La Mama, Old Reliable aufgeführt wurden. "Seine Hobbys sind: Schreiben, Regie, Komponieren, Choreographie, Lichttechnik, Inspizienz, Schauspielen."

das Talent waren hier unten schon jahrelang vorhanden, es war für uns absolut nichts Neues. Was machen sie jetzt? Sie machen Imitationen von *Hair,* weil sie glauben, daß sie damit Geld machen können. Wir schafften es schließlich, einen Kontakt zu einem Broadway-Produzenten herzustellen. Er kam ins Old Reliable, hatte die Stücke, die wir ihm geschickt hatten, nicht gelesen, schaute sich die Show nicht an, sondern saß an der Bar. Schließlich sagte er uns, wir sollten ihm ein paar Mädchen ins Büro schicken – solche Leute kontrollieren den Broadway. Und das war einer von den Besten. Das ist auch ein Grund für die miserable Kritik, die es hier gibt: Niemand ist wirklich interessiert daran, d. h., der Kritiker hat zu schreiben, was andere sagen. Dann und wann kommt mal ein junger Kritiker, aber entweder integriert er sich, oder er verschwindet wieder. Es gibt gewisse Regeln, "wie man Stücke schreibt"; eine ist: Ein Stück, in dem ein Homosexueller vorkommt, kann nicht erfolgreich sein, außer, er stirbt.

Kannst du noch etwas über deine eigene Entwicklung sagen?

'64 saß ich noch immer im Cino, ohne etwas geschrieben zu haben. Es fing eigentlich wie ein Scherz an: Weil alle, die da waren, Stücke schrieben, wollte ich es auch machen. Es war, als hätte man eine Maschine angestellt. Ich wußte endlich, was ich schon immer hatte tun wollen. Seitdem habe ich über hundert Stücke geschrieben; sie wurden längst nicht alle gespielt, aber ich hatte Produktionen im Cino, La Mama, Bastianos Playwrights Workshop, im Theatre Gallery, Old Reliable.

Wie kannst du leben, hast du Jobs?

Durch Wunder. Ich habe ein bißchen Geld verdient durch Stücke schreiben, Spielen und dadurch, daß ein paar von meinen Stükken veröffentlicht sind. Ich habe oft in den Theatern geschlafen, weil ich keine Wohnung hatte. Ich habe mich darum nie viel gekümmert, ich lebte fast wie ein Zigeuner in New York. Diese Wohnung hier ist die erste, die ich habe. Aber wenn man damit beschäftigt ist, ein Stück auf die Beine zu stellen, und niemand ist da, der das Licht fährt, keiner macht die Kostüme, keiner die Musik, manchmal fehlt plötzlich ein Schauspieler oder der Regisseur bekommt ein anderes Angebot – da hast du nicht viel Zeit, dich um Wohnung oder sonst was zu kümmern. Das ist dann nicht so wichtig.

Viele Leute sagen, der OOB ist am Ende, er kommerzialisiert sich wie der Off-Broadway. Siehst du das auch so?

Die Leute hier sind unglaublich arm, aber schon seit Jahren. Wann immer es hier eine Krise gab, war es eine des Geistes, denn an den materiellen Umständen hat sich hier nicht viel geändert. Dies ist eine Zeit des Übergangs in allen Bereichen: in den Künsten, in der Kultur, in der revolutionären Bewegung. Diese ganzen kommerziellen Bewegungen, wie die Blumenkinder, die Love-Bewegung, das Age of Aquarius: das ist alles vorbei. Ich weiß nicht, ob das stimmt, aber Ruth Yorck hat einmal gesagt, daß die Künstler hier im Village das Deutschland der späten zwanziger, Anfang dreißiger Jahre neu durchleben. Der einzige Unterschied sei, daß es uns keinen Spaß mache wie ihr damals. Und das ist sicher richtig, weil über allem eine Anspannung lagert. Du tust deine Sache, aber du weißt, irgendein Erfolg, auf welcher Ebene auch immer, ist reine Glückssache. Die schönsten Stücke, die je in Amerika geschrieben wurden, liegen hier irgendwo herum, fliegen in den Papierkorb, und es sieht so

Robert Patrick

Nebel

(Die leere Bühne stellt einen Teil des Central Parks in New York dar. Ungewöhnlich dicker, frühherbstlicher Nebel. Ein junger Mann, sehr gut gebaut und schön, tastet sich vorsichtig voran. Er trägt einen braunroten Pullover und nilgrüne Twisthosen. Von der anderen Seite tritt ein anderer Mann auf, superschwul, Cardin-Anzug und eine auffällige Brille.)

JUNGE: Wer isn da?

HOMO: Keine Angst, ich bin kein Schläger oder sonstwas.

JUNGE: Sie könnten mich sowieso in diesem Nebel nicht finden. Ich Sie auch nicht. Wir sind wahrscheinlich die sichersten zwei Menschen, die sich je im Central Park begegnet sind.

HOMO: Sie sind vollkommen sicher, ich würde nie versuchen, mich jemandem aufzudrängen. Um ganz offen zu sein, ich bin hier, weil ich einem großen stillen Typ in einem auberginefarbigen Pullover von einer Party folge.

JUNGE: Schon gut. Ich komme auch gerade von einer Party. Was ist aubergine?

HOMO: Das ist sone Art rot.

JUNGE: Was ist hier eigentlich im Park in soner Nacht los?

HOMO: Ich war nie vorher in solch einer Nacht hier, aber ich sah den Typ in den Park schlendern, und ich sagte mir, was solls? Dann kam der Nebel und ich verlor ihn.

JUNGE: Sie sind wohl auch verlorengegangen, was?

HOMO: Ich kenne den Park wie ein Buch. *Er* ist mir verlorengegangen.

JUNGE: Sagen Sie mal, dieser aubergine Typ, dieser große Stille, was macht der?

HOMO: Ich weiß nicht, ich habe ihn erst heute abend gesehen.

JUNGE: Hast du mit ihm geredet?

HOMO: Nein, wie ich sage, er ist ziemlich groß und still.

JUNGE: Aber du rennst ihm nach in die Kälte und die Nässe und die Dunkelheit und riskierst Raub und Vergewaltigung und Verhaftung und weiß Gott was für eine Demütigung und – Infektion – – nur für die Chance, daß du vielleicht in den Büschen eine Zeitlang mit ihm rumfummeln kannst.

HOMO: Na ja, so ist es schon.

JUNGE: Mein Gott, da läßt du einfach einen potentiellen Verbrecher wie ihn dich an der Nase rumführen. Warum? Kannst du mir sagen, warum?

HOMO: Na ja, er sah sehr gut aus. Er war akademisch, was ich mag, und er hatte diese engen nilgrünen Hosen an, und er hatte ein geradezu phantastisches Gehänge.

JUNGE: Nilgrün? – Jesus – nun ja, sag mir trotzdem: Warum glaubst du, hat er die Party verlassen?

HOMO: Es war niemand da, der so attraktiv war wie er.

JUNGE: Laß mich mal raten, wie die Party war. Ich wette, daß nur die Hälfte der Leute sich kannte.

HOMO: Ich finde, das ist immer das Beste.

JUNGE: Sicher, weil keiner jemanden haben will, den er schon kennt. Oder vielleicht will er keinen, der ihn kennt. Aber, wie auch immer, ich wette, die Hälfte der Knaben da – – und in einer frühherbstlichen Hochsaison-Nacht wie dieser gab es nur Knaben...

HOMO: Du irrst dich, es...

JUNGE: Außer vielleicht der englischen Tante des Gastgebers.
HOMO: Seine Schwester. Seine englische Schwester war da. Woher weißt du...
JUNGE: Diese Partys sind alle gleich. Ich selbst kam gerade von einer – praktisch von der gleichen Party. Laß mich weiter erzählen. Die Hälfte war wie du, junge oder nicht mehr ganz so junge Geschäftsleute, Künstler, Schriftsteller, Rechtsanwälte und so weiter.
HOMO: Genau.
JUNGE: Und die andere Hälfte, die Hälfte, die keiner kannte, war aufgeteilt in kleine Makeup-Schwule, die eingeladen sind, um alle anderen vergleichsweise gut aussehen zu lassen (außerdem – gib ihnen genug zu trinken, und sie sind eine sichere Nummer), und ein paar starke, stille Typen mit leicht ausziehbaren auberginefarbigen Pullöverchen und nilgrünen Futteralen. Typen, die aus ein paar Stehkneipen und Bars aufgelesen worden sind, weil sie nicht viel anderes zu tun haben, außer sich selbst auszustellen.
HOMO: Genauso war es auf meiner Party, nur könnte ich es nicht annähernd so gut beschreiben. Du solltest Schriftsteller werden.
JUNGE: Danke, eigentlich wollte ich das auch, aber ich machte die Erfahrung, daß mein Aussehen gegen mich wirkte.
HOMO: Na ja, jeder will die Schönen haben.
JUNGE: Ich nicht! Ich bin nicht nur hinter den Schönen her. Außerdem bin ich ziemlich dürr und mickrig.
HOMO: So klingst du aber nicht.

aus, als könnte man daran nichts ändern. In Amerika wirst du als Autor behandelt, als wäre Schreiben etwas, das man tut, wenn man zu nichts anderem mehr taugt.

Weshalb schreibst du gerade fürs Theater?

Ich würde auch gern Filme schreiben. Aber Theater hat Möglichkeiten, die du beim Film nicht hast. Ich möchte Stücke schreiben und auf die Bühne bringen, so wahrhaftig ich kann; menschliche Handlungen auf die Bühne bringen und sie mittels meines Stils auf solche Weise bringen, daß die wirkliche Bedeutung davon (oder eine neue Bedeutung) sich aufs Publikum überträgt. Das Publikum hat ein gemeinsames Erlebnis, eine Erfahrung, und wird auf diese Weise zusammengebracht. Wenn das Licht wieder angeht, sind die Menschen nicht mehr voneinander getrennt, sie haben eine gemeinsame Erfahrung, die sie teilen. Einfacher gesagt: Das Theater macht alles möglich in der Phantasie der Schauspieler und der der Zuschauer. Ein Stück von mir fängt an: Ein Ozeandampfer erscheint, er sinkt. Das ist möglich im Theater, es passierte auf einer Bühne, die 1,50 × 3 Meter groß war. Das ist Theater.

Was sind deine Hoffnungen oder Wünsche, was willst du in der nächsten Zeit machen?

Ich hoffe, daß ich einen reichen Liebhaber finde, daß ich Haupt einer neuen Religion werde und den Weltfrieden stifte, daß die Formel für Unsterblichkeit, Jugend und Schönheit gefunden wird...

PATRICK UND DER TRANSVESTIT CANDY DARLING IN *THE REUNION* VON HARTNETT IM OLD RELIABLE, 1970

Man sagt, OOB sei tot. Was hältst du davon?
Läuft das Band? Es gibt über hundertfünfzig neue Theater, die jede Woche hundertfünfzig neue Stücke machen...
Die Zahl ist nicht so wichtig...
Aber aus jedem dieser Theater entsteht eine Gruppe von jungen Leuten, und diese Leute sind wirklich so was wie eine Bewegung. Vergiß nicht, was ihnen dauernd gesagt wird: Sei frei! (und kauf mein Buch darüber, wie man frei ist) Sei frei! (und kauf meine Schallplatte) Sei frei! (durch meine Plakate) Sei frei! (durch meine neue Mode) usw. Und von diesem neuen Markt haben sich die besten Köpfe wirklich frei gemacht, und die anderen werden nicht mehr lange mitmachen. Und dann macht sich die Regierung mehr und mehr unmöglich, so daß alles, was mit dem *american way of life* zusammenhängt, den jungen Leuten verdächtig ist. Dann kommt dazu der von den Zeitungen und Illustrierten künstlich hochgezüchtete Generationskonflikt, nutzbar gemacht, um einen gänzlich neuen Markt zu erfinden. Das alles hat die jungen Leute in eine Situation gebracht, aus der sie ihre Erziehung nicht rauszuführen imstande ist, d. h., sie stehen eine Zeitlang wirklich auf Null, konfrontiert nur mit sich selbst. Sie suchen sich Bereiche, in denen sie leben und arbeiten können, wo die fragwürdig gewordenen Werte keine Gültigkeit haben. Unglücklicherweise endet das oft in Traumwelten, aber ein Teil schafft es, in diesen Theatern, Diskotheken, Filmcooperativen usw. so zu leben, wie es ihnen richtig erscheint, und enorme Dinge zu schaffen. Als ich nach New York kam, gab es einen Platz, wo ich meinem Talent folgen konnte. Es gab nichts Richtiges und Falsches, weil wir einfach uns folgten. Heute gibt es in New York und glücklicherweise auch inzwischen in ganz Amerika solche Plätze. Der Zustand, den sie vorfanden, kann nicht mehr schlimmer werden, also warum Angst haben vor Fehlern? Sie versuchen rauszukriegen, was ihnen gefällt, und tun nicht mehr das, was irgend jemand von ihnen erwartet.
Welche neuen Autoren kennst du?
Unmengen, ich weiß nicht, wen ich zuerst nennen soll. Tom Eyen, der schon so viele gemacht hat, daß man ihn eigentlich nicht zu nennen braucht; Steve Fisher, dessen erstes Stück bereits im La Mama aufgeführt wurde; Jeanine O'Reilly, sie hat bis heute am O. R. gearbeitet; Guy Gauthier, der eigentlich Franzose ist und in Kanada lebt; Don Kvares vom Old Reliable und NTC; David Starkweather, vielleicht der größte von allen; William Hoffmann, der eine Weile nichts geschrieben hat, aber jetzt wieder mit einem neuen Stück im O. R. war; Michael McGrinder, der gerade erst angefangen hat; Soren Agenoux, der schon im Cino eine Menge Stücke hatte; Bob (Robert) Heide, der *Moon* im Cino hatte; dann natürlich Sam Shepard und Lanford Wilson, die sozusagen gerade erst angefangen haben; ich weiß nicht, es gibt noch so viele: Raymond Schanze, der ein Stück im La Mama hatte; Harry Katoukas; es gibt so viele, und wenn du heute etwas tun willst – tus, ich meine, es gibt heute die Möglichkeiten. Du bekommst zwar keine professionelle Produktion, aber immerhin kannst du dein Stück sehen, wenn es fertig ist. Ron Tavel; Jeffrey Weiss, der sicher eine der größten Begabungen ist; ich, zum Teufel...

JUNGE: Ich werd auch was dagegen tun. In den nächsten Jahren will ich Gewicht heben und meine Haltung verbessern, mir einen neuen Haarschnitt zulegen...
HOMO: Ich sehe wirklich dein Problem nicht, solange du die Leute triffst, die du magst.
JUNGE: Aber ich krieg sie nie. Sie liegen da rum, machen eine Nummer zusammen, nachdem sie die Schwester des Gastgebers weggeschickt haben, liegen auf dem Boden und sehen durch das Kerzenlicht auf den Teil von mir, an dem sie gerade bei irgend jemand anderem herumarbeiten. Weil sie zuviel Angst haben, mit mir...
HOMO: Sag mal, wo genau war diese Party, auf der du heute abend warst?
JUNGE: Ist doch egal. Was ich zu sagen versuche, ist, daß die alle immer gleich sind – so haben die Geschäftsleute heute abend auch geschaut –, deshalb brauchen sie das Kerzenlicht und die Dunkelheit – um mich zu irgendeinem Babydoll-Ideal verschwimmen zu lassen. Mein Gesicht interessiert sie genauso wenig wie mein Schreiben. Nichts kann sie dazu bringen, mich zu lieben, mich unter der Schminke, unter dem Pullover, unter den Hosen. Sogar wenn ich mich ausgezogen hätte, hätten sie immer noch versucht, aus mir einen Wunschtraum zu machen, versucht, mich anzubeten, aber mich nicht haben wollen. (Er ist erschöpft. Der Homo hat natürlich inzwischen gemerkt, daß der Strichjunge der ist, hinter dem er her war.)
HOMO: Du warst sehr offen zu mir. Ich meine – würde es dich interessieren, etwas über mich zu hören?
JUNGE: Aber ja.
HOMO: Während ich dir zuhörte, hatte ich das Gefühl, du sagst Sachen, die ich immer gewußt habe, aber nie ausdrücken konnte. Ich habe es auch satt, ein großer blonder Sexgott zu sein. Ich habe immer jemanden wie dich treffen wollen, der mich wegen meiner selbst schätzen würde. Auch wenn er dürr und mickrig und alles wäre, ich kümmere mich nicht viel um solche Sachen.
JUNGE: Wirklich?
HOMO: Hör mal, ich werde sogar noch offener sein. Vielleicht schockiere ich dich, aber ich glaube nicht, daß man einen Augenblick wie diesen einfach vergehen lassen sollte. Klingt das blöd für dich?
JUNGE: Nein, nein.
HOMO: Ich kenne eine Stelle, nicht weit von hier. Ich bin sicher, ich könnte sie finden. Was ich sagen will – warum kommst du nicht mit mir dahin – jetzt?
JUNGE: Du klingst sehr – erregt.
HOMO: Ich bin hier viele Male vorher gewesen, und viele Dinge sind geschehen, die häßlich waren, aber ich denke, wenn ich dorthin gehe, mit jemandem, mit einer schönen Seele wie dir, das könnte all das Schlechte wettmachen. Dahin zu gehen mit jemandem, den ich wirklich respektiere. Warum lachst du?
JUNGE: (unter Tränen) Ich lache nicht. Ich lache nicht. (Er nimmt Homo bei der Hand. Homo sieht sich nervös um. Der Junge preßt die Hand an seine Stirn, während er niederkniet. Homo führt den Jungen schnell weg.)

William M. Hoffman

Interview

Du planst, ein Theater zu gründen, würdest du das zum Off-Off-Broadway zählen? Wie soll es aussehen?
Ich würde es keiner dieser Richtungen zurechnen, es soll eine Sache der Gemeinde werden. Ich bin nicht an einem allgemeinen Publikum interessiert, was auch immer das sein mag. Ich möchte Leute, die ich kenne, hier aus der Nachbarschaft. Ich will kein Publikum über zwanzig, keine Stühle, man wird auf dem Boden sitzen. Ich denke, man wird wenigstens drei Jahre auf diese Weise arbeiten müssen. Ich möchte jedenfalls die Art von Druck vermeiden, der gewöhnlich auf den meisten Vorstellungen lastet: Wird es gefallen? Werden wir Fehler machen? Was werden die Kritiker sagen? usw. Die Schauspieler und das Publikum sollen zueinander stehen wie Freunde. Ich habe kürzlich ein Stück im Old Reliable inszeniert, ich glaube, es ist uns da gelungen, etwas von dem zu erreichen, was mir vorschwebt. Ich glaube, daß das Theater auch wie die anderen Medien mehr und mehr massenorientiert wird, daß es die Menschen nur wie Nummern behandelt, und ich glaube, daß gerade das Theater Möglichkeiten hat, diesen Trend zu durchbrechen. Ich werde versuchen, eine Loft hier zu mieten, ich will dort auch wohnen, damit die Leute wirklich zu mir kommen. Wir werden keine Anzeigen in die Zeitungen setzen, weil möglichst nur Leute kommen sollen, die sich kennen.
Wie willst du das alles finanzieren?
Ich gebe Bücher heraus, ich versuche, mich auf alle mögliche Weise zu ernähren, und ich denke nicht, daß man mit dieser Art von Theater Geld verdienen kann, jedenfalls nicht am Anfang. Es wird einen Eintritt geben, aber nur um die Unkosten zu decken. Ich möchte davon nicht leben.
Es sieht so aus, als ob dein Theater sich mehr als die anderen auf das Publikum einstellt, die anderen beschäftigen sich entweder mit dem Autor oder mit dem Schauspielstil oder mit einem klassischen Repertoire.
Die Grundidee ist: jemand kommt zu mir nach Hause, man sieht etwas zusammen, man ißt zusammen, man raucht zusammen.
Du hast ein neues Stück geschrieben, Buddha (Buddha ist eine andere Fassung von×××××)?
Ich denke, Buddha war ein Mann, der eine Menge Erfahrungen machte, die mir sehr vertraut sind. Seine Lebensgeschichte hat mich sehr fasziniert, ich glaube, er war eine Art Seelenarzt. Er kam aus einer sehr reichen Familie. Er war ein Prinz. Sein Vater versuchte, ihn von allem Schmerz in der Welt fern zu halten, baute ihm einen Palast usw. Aber er war neugierig, ging auf die Straße und sah die Welt, und er überlegte, wie man den Schmerz und alles Übel beseitigen könnte, und er fand eine Art Medizin. Ich bin kein Buddhist, aber ich glaube, jeder sollte die Medizin wenigstens kennen.
Du hast im Caffe Cino angefangen, kannst du darüber etwas sagen? Was machte die besondere Atmosphäre aus, die man noch heute bei den Leuten spürt, die damals da arbeiteten?
Das Cino hatte viel von der Atmosphäre, die ich in meinem Theater herstellen will. Es war

das erste Off-Off-Broadway-Theater. Die Leute, die da hinkamen, waren langjährige Stammgäste, es war ein winziger Raum, eine winzige Bühne, und es gab einen engen Kontakt zwischen den Schauspielern und dem Publikum. Es paßten höchstens 60–80 Leute hinein, und die kannten sich oft untereinander, kannten uns, wir kannten sie usw. Insgesamt waren es vielleicht fünfhundert Leute, die da regelmäßig hinkamen, eine Art Gemeinde. Und vor allem war da die unbeschreibliche Persönlichkeit von Joe Cino. Er war jene Art von Persönlichkeit, daß jeder, der ihn kannte, glaubte, er sei sein bester Freund. Als er starb, gab es buchstäblich Hunderte von Leuten, die schworen, er sei ihr bester Freund gewesen. Für mich war er einer der wichtigsten Menschen in meinem Leben. Du wußtest, er wollte dein bestes und nicht seins, wenn er dich ermutigte, etwas zu schreiben. Er hatte eine besondere Art, so daß Leute sich in seiner Nähe einfach wohl fühlten und das Gefühl bekamen, sie könnten alles schaffen. Hunderte von Schriftstellern sind von ihm beeinflußt worden, viele haben erst durch ihn angefangen. Nimm zum Beispiel mich, ich hatte jahrelang Gedichte geschrieben und war oft im Cino, ohne je auf die Idee zu kommen, ein Stück zu schreiben. Einmal fehlte ein Stück, das heißt, sie wußten nicht, welches sie machen sollten für eines, das ausgefallen war. Joe fragte mich, ob ich eins machen wollte. Künstlerisch war Joe mindestens fünf Jahre vor der Zeit, er machte 1960 schon das, worauf die anderen frühestens 65 kamen. Es gab natürlich eine Menge richtiger Mist-Vorstellungen, aber einige beeinflußten die ganze Bewegung bis heute. Im Cino gab es auch die ersten Homosexuellen-Stücke, die heute so in Mode sind, weil man damit Geld machen kann. Das erste im Cino war *The Madness of Lady Bright* von Lanford Wilson, dann kam *The Haunted Host* von Bob Patrick usw.
Im heutigen OOB hast du kaum Zeit, dich zu entwickeln, zu wachsen. Das erscheint mir heute eines der wichtigsten Dinge am Cino, daß du Zeit hattest, Fehler zu machen und dich auszuprobieren. Eine Menge der heutigen OOB-Theater behauptet von sich, sie seien für den Schriftsteller da, aber eigentlich stimmt das nicht, es ist immer noch zuviel Druck da. Sie sind keine Laboratorien. Die einzige Persönlichkeit im OOB, die mit Joe zu vergleichen ist, ist Ellen Stewart, vielleicht auch, weil sie beide nur eine Art Promotor sind, aber nicht selbst schreiben, spielen oder sonstige Ambitionen haben, die in allen anderen Theatern, die ich kenne, zu Schwierigkeiten führen.

William M. Hoffman

aus: Buddha!

Während der folgenden Szene wird ein Globus, der wie der Mond oder eine fotografische Projektion davon aussieht, auf- und untergehen. Die Bühne wird heller und dunkler wie die Nacht. Filme, Musik, Lichteffekte sind nützlich. Die Schauspieler bilden einen Chor. Mit der folgenden Rezitation beginnt die Szene, wird, während sie dauert (ein Bach-Orgelpunkt), fortgesetzt und beendet die Szene.

Der Mond ist der Himmelskörper, der der Erde am nächsten ist mit einer mittleren Entfernung von 238857 Meilen. Wegen seiner elliptischen Bahn erreicht der Mond eine minimale Entfernung von 221463 Meilen und eine maximale Entfernung von 252710 Meilen. Der Mond umkreist die Erde in 27 Tagen, 7 Stunden, 43 Minuten. Die Umdrehung des Mondes um seine Achse gleicht der Dauer seiner Umkreisung, folglich zeigt der Mond der Erde das gleiche Gesicht. Da seine Umkreisung jedoch um die Erde nicht gleichmäßig ist (schneller werdend bei Erdnähe und langsamer werdend beim Apogäum) und weil sein Äquator um 6 Grad zu der Ebene seiner Umlaufbahn geneigt ist, sind ungefähr 59 % der Mondfläche zu verschiedenen Zeiten von der Erde sichtbar. Die Mondmasse ist $1/81$ der Erdmasse, und sein Radius von 1080 Meilen macht ungefähr ein Viertel des Erdradius aus. Die mittlere Dichte des Mondes ist 3,34 Gramm pro Kubikzentimeter (die Dichte des Wassers ist 1 Gramm pro Kubikzentimeter).

Der Mond ist wie die Erde und die anderen Planeten sichtbar auf Grund seiner Reflektion der Sonnenstrahlung. Der Mond jedoch ist ein verhältnismäßig schlechter Reflektor mit einer Reflektivität von nur 7 %. Bei Vollmond liegt die Erde zwischen der Sonne und dem Mond (obwohl normalerweise nicht auf der gleichen Ebene), und die ganze Mondscheibe, die zur Erde gerichtet ist, wird beleuchtet. Bei Neumond liegt der Mond zwischen der Sonne und der Erde (normalerweise nicht auf der gleichen Ebene), und die Sonnenstrahlen beleuchten nur die Hemisphäre, der sie gegenübersteht, und lassen die Seite, die der Erde gegenübersteht, in vollkommener Dunkelheit und also für die Erde unsichtbar. Nach Neumond wechselt der zunehmende Halbmond zum ersten Viertel.

(Dieser Text kann länger oder kürzer sein. Es kommt darauf an, wie lange das andere Material dauert. Jeder Schauspieler nimmt der Reihe nach einen Satz. Der gewünschte Effekt soll musikalisch sein.)

Man konnte eine Eule sehen, die am Mond vorbeiflitzte.
Die Fernsehantennen hoben sich als Silhouetten ab gegen den Mond.
Wölfe heulen den Mond an.
Die Phasen des Mondes.
Sie sah den Mond an.
Gezeiten.
Irrational.
Okkult.
Die Landung auf dem Mond.
Mondlandung.
Mondkapsel.
Mondsüchtiger – Wahnsinniger.
Ich kann den Mond heute abend nicht sehen.
Der Mond war verdunkelt.
Vollmond.
Herbstmond.
Mond im Zeichen des Wassermanns.
Mondgesicht.
Halbmond.
(Gesungen) By the light of the silvery moon...
Der Mann im Mond.
Der Mensch auf dem Mond.
Mondfinsternis.
Siehe! da ist der Mond.
(Man hört eine Polizeisirene.)
Mondbahn.
Mondoberfläche.
Luná (auf russisch)
Luna (auf Latein)
The moon.
Der Mooond.
(Gesungen) Au clair de la lune...
Mondschaft.
(Das Folgende wird von Paaren gesprochen.)
Irgendwas mit Musik.
Irgendwas mit Filmen.
Irgendwas mit Politik.
Irgendwas mit Kindheit.
Irgendwas mit Drugs.
Grass?
Möchtest du rauchen?
Bist du high?
Wechsel die Platte.
Wechsel den Sender.
Wechsel das Programm.
Mach das Licht aus.
Mach das Licht an.

Der Ursprung des Mondes ist immer noch ein strittiger Punkt. Es wurden drei verschiedene Mechanismen für seinen Ursprung vorgeschlagen: unabhängige Bildung in der Nähe der Erde, Bildung durch die Spaltung (Fission) der Erde und als dritte Möglichkeit, daß er ins Gravitationsfeld der Erde geriet, nachdem er woanders formiert wurde.

In der Theorie der unabhängigen Entstehung soll der Mond durch das Zusammenwachsen kleiner Massen aus einer ursprünglich interstellaren Gaswolke entstanden sein, die die Sonne, die Erde und andere Planeten schuf. Die Hauptschwierigkeit bei dieser Hypothese ist die Diskrepanz zwischen der mittleren Dichte der Erde und der des Mondes. Dieser Dichteunterschied, der nach allgemeiner Ansicht einen Unterschied in der Zusammensetzung darstellen soll – in der Proportion von Eisen und Silikaten –, macht es schwierig zu erklären, warum Körper, die sich im selben Teil der Gaswolke anhäufen, solche verschiedenen Zusammensetzungen haben sollen.

1898 kam G. H. Darwin, der Astronom und Sohn von Sir Charles Darwin, zu dem Schluß, daß die Erde und der Mond einst einen Körper gebildet haben könnten, der sich mit hoher Geschwindigkeit drehte (ungefähr fünf Stunden). Diese schnelle Rotation hätte zu einer Spaltung führen können in einen großen und einen oder mehrere kleinere Körper, wobei die letzteren schließlich den Mond bildeten. Die stärkste Unterstützung für diese Hypothese kommt von Studien der Mondbewegungen, die darauf hinweisen, daß der Mond einst in der Vergangenheit viel näher bei der Erde gewesen sein muß. Manche glauben, daß das Becken des Pazifischen Ozeans einen physikalischen Beweis für die Entstehung des Mondes durch Spaltung darstellt.

Darf ich mit dir schlafen?
Kann ich dich ficken?
Bitte, laß mich dich ficken.
Ja.
Nein.
Ja.
Nein.
Ja.
Ja.
Ja.
Mach das Fernsehen leiser.
Mach das Radio lauter.
Mach das Licht an.
Mach das Licht aus.
Fick mich.
Fick mich.
Dreh dich um.
Nein.
Ja.
Nein.
Ja.
Härter.
Weicher.
Ja, O, ja. O, ja.
Ich komme.
Ich komme.
Ich komme... (Bis die ganze Besetzung "kommt".)
Komm.
Komm...
Komm...
(Das folgende ist ein Orgasmus. Komm, komm, komm wird zu uh, uh, uh. Über dies wird folgendes gesagt. Die wissenschaftliche Rezitation fährt auch weiter fort, aber sehr leise.)
Weder Fisch noch Fleisch.
Nicht dies und nicht das.
Hier und da.
Innen und außen.
Dieses und jenes.
Überall und alles.
Der unbewegliche Fleck.
Die Schlange beißt sich in den Schwanz.
Beides und.
Und, und.
Die ganze Sache.
Das Schloß.
Die Luft, die wir atmen.
Das goldene Vlies.
Ich meine.
Wenn du weißt, was ich meine (fünfmal gesprochen, als Crescendo von allen)
Ja.
Uh.
Komm.
Ja.
Uh.
Komm.
Ja.
Uh.
Komm.
Ja.
Uh.
(Es wird leiser gegenüber der wissenschaftlichen Rezitation, aber geht immer simultan weiter. Das eine ist manchmal lauter als das andere. Der Himmel wird heller; die Sonne geht auf; der Mond wird bleicher. Die Stimmen hören auf. Totale Stille. Die Sonne ist aufgegangen und ist blendend hell. Plötzlicher Blackout.)

THE OLD RELIABLE THEATRE TAVERN, 3. STRASSE

William M. Hoffman

Projekte (1970)

1. Ein Stück für Blinde (nicht ein Hörspiel, sondern unter wirklicher Ausnutzung des Theaters). Ebenso: ein Stück für Taube.
2. Ein Stück für Rassisten (weiß, schwarz, was auch immer).
3. Ein Stück über Zeit.
4. Ein Stück von einem Paranoiden.
5. Ein Stück für ein Hunde-Publikum.
6. Ein Stück für eine Kultur, die anders ist als unsere (Eskimos, Azteken...).
7. Ein Porno-Stück. (Durch und durch!)
8. Ein Stück für ein Publikum von KZ-Insassen.
9. Ein Stück, das in einem Wald spielt, in einem Wald spielen.
10. Ein normales Broadwaystück, aufbauend auf den Erfahrungen von Punkt 1–9.

Israel Horovitz

Interview

Was denkst du über den politischen Einfluß, den man mit dem Theater nehmen kann?
Das ist eine beängstigende Frage. Habt ihr die *Johnny Carson Show* gesehen? Das ist so eine Interview-Show im Fernsehen. Diese Show erreicht ungefähr 100 Millionen Menschen, jeden Abend! Wenn du ein Stück am Broadway hast, und es ist erfolgreich und es läuft zwanzig Jahre, erreichst du dennoch nicht so viele Leute wie eine solche Show an einem einzigen Abend. Und wenn man also in einer *Johnny Carson Show* sagt: "Der Krieg in Vietnam ist obszön, wir müssen damit aufhören" – auf diese Weise erreicht man mehr Menschen, d. h., du hast mehr getan, als wenn du ein Stück über dasselbe Thema schreibst. Ich denke nun nicht, daß Johnny Carson der größere Künstler ist, weil er ein größeres Publikum erreicht, aber in Hinsicht auf den politischen Einfluß ist das sicher effektiver. Dazu kommt, daß der weitaus größte Teil des Theaters in Amerika heute völlig unpolitisch ist, mit Ausnahme des Schwarzen Theaters, das eine Chance hat, zu einem echten politischen Theater zu werden.
Ich glaube, daß das Theater hier und heute total irrelevant ist, und es ist mir ziemlich egal, ob das Theater morgen zum Teufel geht. Es ist reiner Zufall, wenn ich nächsten Monat eine Premiere habe.
Gibt es irgendein Medium, das du für relevant hälst?
Keines. Es gibt zur Zeit einen Krieg, der total obszön ist, der Rassismus steht in einer Blüte wie nie zuvor, selbst in Amerika gibt es Menschen, die hungern, obwohl auf der Welt genug Nahrung vorhanden ist, um die ganze Menschheit satt zu machen. Menschen hungern in der ganzen Welt; was die Universitäten erforschen, wird dazu benutzt, politischen Zwecken zu dienen und nicht der Menschheit... man braucht bloß einmal tief einzuatmen hier in New York. Was soll ein Stück dabei bewirken?
Vielleicht darauf aufmerksam machen?
Mist! Ich schreibe Stücke, weil es das beste ist, was ich tun kann. Wirklichen Einfluß auf irgendwelche Veränderungen erwarte ich nicht, weil ich glaube, daß das Theater – und ich meine nicht nur das New Yorker oder das amerikanische Theater – überhaupt irrelevant ist. Selbst das sogenannte Guerilla-Theater. Dort ist es meistens so, daß das Publikum von vornherein in Übereinstimmung ist mit dem, was dort gesagt wird. Man kommt an die, die nicht mit einem übereinstimmen, nicht ran, und das ist die Irrelevanz des Theaters in der ganzen Welt. Du machst ein Stück gegen den Krieg, und die Leute, die kommen, um es sich anzusehen, sind gegen den Krieg – das heißt, du predigst zu den Gläubigen. Geh ins La Mama: Das Licht geht aus, und die Leute klatschen bereits, weil alles Freunde und Bekannte im Publikum sind.
Aber wie kann man die anderen erreichen?
Was ich zur Zeit versuche, ist, meine Position als Schriftsteller

auszunützen, um Leute aus anderen Bereichen zu erreichen. Zum Beispiel diese *Johnny Carson Show*: Die sehen Leute, die nicht das geringste Verlangen haben, mich zu sehen oder zu hören, aber vielleicht können sie nicht schlafen, und sie drehen den Fernsehapparat an.

Und was sagst du denen?

Ich spreche gegen den Krieg in Vietnam, ich sage ihnen, daß der einzige Weg, ihn zu beenden, ist, Vietnam zu verlassen. Jeder Soldat muß sein Gewehr hinlegen und weggehen, jeder einzelne Mann.

Aber die Sache mit Vietnam ist doch sowieso allen klar; ich meine, daß das, was hinter dem Krieg steht, gefährlicher ist, weil es undurchschaubarer ist.

Wenn es nicht genug Leute gäbe, die noch heute für den Krieg sind, hätten wir keinen mehr. Dies ist ein großes Land, und New York ist nicht Amerika. Ich gehe nach Ohio, und ich halte einen Vortrag in einem College: Die jungen Leute dort haben rasierte Köpfe! Sie tragen Schlipse und saubere Hemden, und alles, was sie wollen, ist, irgendwann einen guten Job zu haben und ein

ISRAEL HOROVITZ

Israel Horovitz

aus: Morning

(Harlem, heute. Im Blackout stehen Gertrude, Sissy, Junior und Updike entlang des Proszeniums. Das Licht blendet auf. Sie sprechen ihren Text wie Ansager im Werbefernsehen. Die Beatband spielt schmalzige Kirchen-Rock-Musik. Die ganze Familie trägt schwarze Kleidung.)

GERTRUDE: Am Anfang gab es nur Gott auf Erden. Und die Sonne.

SISSY: Und Gott ging täglich in der Sonne spazieren. Er ging in der Sonne spazieren und lag manchmal stundenlang in der Sonne. Er träumte davon, wie Er Menschen erschaffen könnte. Er träumte davon, wie Er Bäume erschaffen könnte. Er träumte davon, wie Er die Zeit totschlagen könnte. Damit Gott sich nicht langweilte, sich den ganzen Tag allein in der Sonne herumzutreiben.

JUNIOR: Da Gott ein weiser und gelehrter Mann war, erkannte Er, daß die Sonne auf Seiner Haut Hitzepickel und einen juckenden Ausschlag verursachte, deshalb schuf Gott zuerst Coppertone und dann Bain de Soleil.

GERTRUDE: Und dann legte Gott sich in größter Bequemlichkeit wieder in die Sonne.

UPDIKE: Als Gott bronzefarben und schön braun geworden war, schuf Er den Mann nach Seinem Ebenbild.

JUNIOR: Zuerst wurde der Mann von Hitzepickeln und einem juckenden Ausschlag geplagt, und deshalb gab Gott dem Mann Sein Coppertone und Bain de Soleil.

UPDIKE: Und als der Mann bronzefarben und schön braun geworden war, betete er zu Gott, Er solle die Frau erschaffen.

GERTRUDE: Und Gott schuf die Frau.

SISSY: Die Frauen der Erde lagen in der Sonne, bis ihre Haut mit Hitzepickeln und juckendem Ausschlag bedeckt war.

GERTRUDE: Deshalb gab Gott auch der Frau Sein Coppertone und Bain de Soleil.

SISSY: Und als die Frauen der Erde bronzefarben und schön braun geworden waren, lagen sie in größter Bequemlichkeit in der Sonne.

UPDIKE: Und die Männer der Erde legten sich dann in größter Bequemlichkeit auf die Frauen der Erde.

JUNIOR: (tritt als Prediger vor) So müde wurde Gott, als Er zusah, wie die Männer der Erde auf den Frauen der Erde lagen, daß Er einschlief.

GERTRUDE: Während Gott schlief, gebaren die Frauen der Erde neue Männer und Frauen, die sich in die Sonne legten, bis ihre Haut mit Hitzepickeln und juckendem Ausschlag bedeckt war. Aber weil Gott ruhte, gab es jetzt kein Coppertone und Bain de Soleil. Deshalb mußten die neuen Männer und Frauen der Erde wählen, sich entweder unter und hinter Gottes neuen Schattenbäumen zu verbergen oder einem Leben mit Hitzepickeln entgegenzusehen.

UPDIKE: Als weise und gelehrte Menschen verbargen

Haus und ruhig zu sterben. Habt Ihr *Easy Rider* gesehen? Ich glaube nicht, daß der Feind so aussieht wie der, der die beiden am Schluß erschießt. Ich glaube, er sieht aus wie ein Geschäftsmann mit einem unauffälligen Anzug und Krawatte usw. Der Film war zu einfach. Der Feind ist viel gebildeter, viel intelligenter. Natürlich gibt es ökonomische Hintergründe, aber auf einer anderen Ebene. Zum Beispiel ist für viele Leute aus armen Gegenden unseres Landes einfach der beste Job, den sie bekommen können, in die Armee zu gehen. Es gibt in Amerika Gegenden, wo die Leute nicht wissen, ob der zweite Weltkrieg noch andauert oder schon vorbei ist. Für die ist die Armee ein guter Job, sonst nichts.

Du meinst also, daß man jeden einzelnen erreichen muß; aber ist es nicht so, daß hinter dem Vietnamkrieg z. B. ein System steht, das es völlig nutzlos macht, die einzelnen anzusprechen?

In dem Fall würdest du dich der Struktur einfach unterwerfen; damit wärst du zur Untätigkeit verdammt. Vielleicht klingt das sehr phantastisch, aber ich denke, daß man heute nur auf dem Weg über das Individuum etwas erreichen kann.

Was denkst du über den OOB?

Die Broadway-Stücke, o. k., das ist nicht so wichtig, sie funktionieren, sie dienen ihrem Zweck - aber diese ganzen kleinen Theater und Lofts im Village, in denen Christus predigt, um Christen zu überzeugen. Da schreibt jemand ein Stück: "Krieg ist schlecht", und jeder, der sich das ansieht, kommt gerade von einer Demonstration, wo er vielleicht ein Plakat hochgehalten hat, das lautet: "Krieg ist schlecht". Das ist wie ein Verein. Und sie laufen rum und umarmen sich und sagen: "Sind wir nicht toll?"

Aber die, die da von der Demonstration kommen, die haben doch wirklich etwas getan, und ihnen geben diese Stücke eine Art Rückhalt. Das mindeste ist doch: daß Nixon usw. sich wenigstens um diese Demonstrationen kümmern müssen, daß sie merken, sie können nicht einfach tun, was sie wollen.

Aber sie tun trotzdem, was sie wollen. Und werden wieder gewählt. Ich denke, daß es vielleicht möglich ist, ein ehrliches Stück über Rassendiskriminierung zu machen und es auf den Broadway zu bringen, wenn es eine Komödie ist. Das ist das, was wir versuchten mit *Morning, Noon and Night,* und es gelang, ein Broadway-Publikum dafür zu bekommen. Es kamen ein paar Freunde, und sie wurden *sured up*, aber es kamen auch ein paar vom Feind, und sie waren schockiert in ihren netten Abendanzügen und Abendgarderoben, mit dem kleinen Haus und den Kindern zu Hause usw. Das war das einzige, was mich ermutigt, auf diesem Weg weiterzumachen.

Was bedeutet politisch aktiv sein?

Ich habe gerade den Film *Das Strawberry-Statement* beendet. Für mich ist ein großer Teil der studentischen Bewegung, des Universitätsradikalismus, nur eine Mode, eine Eile, den neuen Slogan, den neuen Führer zu finden. Für mich bedeutet Radikalismus (oder Aktivismus) den Wunsch und die Handlung, etwas aufzugeben. Ich verdiene Geld – ich gebe es weg, ich gebe es Leuten, die es brauchen. Das ist ein Weg, aktiv zu sein. Ich unterrichte ohne Bezahlung (anstatt viel Geld zu machen mit Filmen, was ich könnte) im City College und an der NYU. Das heißt: etwas geben, in diesem Fall Zeit. Das ist das, was ich radikal nennen würde. In diesem Sinn geben wenige etwas auf. Es ist leicht für einen achtzehnjährigen Studenten, radikal zu sein; sein Vater bezahlt das Studium, und er gibt nichts auf; das ist nicht schlecht, es ist sogar nützlich, aber es ist nicht radikal. Es macht Spaß, Fenster einzuschmeißen in einer Bank oder sonstwo – bang! Aber es ist nicht aktiv. In eine Gegend gehen, wo Schwarze wohnen, und all den Haß und das Mißtrauen aushalten und dort mit Kindern arbeiten, das ist aktiv, das tue ich. Dies ist nicht meine Person (Identität), meine Identität ist Playwright, das ist das, was die New York Times druckt, und das ist gut, aber es interessiert mich nicht mehr. Ich weiß, daß die New York Times morgen wertlos ist, weil sie die Zeitung von gestern sein wird. Damit komme ich zurück zu dem Abend *Morning, Noon and Night,* das war aktiv; es war uns gelungen, etwas älteren Leuten zu zeigen, die einfach nicht downtown kommen. Etwas, das sie schockierte und ihnen sagte: Mein Gott, es gibt ja noch etwas anderes als Broadway-Komödien. Wie ich die Sache sehe, hatten wir insgesamt einen großen Erfolg; leider konnten wir es nicht wiederholen. Aber das ist nicht so wichtig, der erste Schritt war getan, und ich denke, das ist radikal, sich mitten in den Feind zu begeben – für einen Schriftsteller heißt das: auf den Broadway gehen, und darüber hinaus: sich einer beliebten Form zu bedienen. Mein nächstes Stück ist eine Komödie, geschrieben, um neues Publikum anzulocken, Leute, die nur ins Theater gehen, um sich zu amüsieren und abzulenken. Und wenn sie da sind, wird es sie angehen, sie werden verletzt, aber sie können dem nicht entgehen, einfach, weil es komisch ist. Das ist das Schwerste, was man tun kann: komisch schreiben über eine Sache, die alles andere als komisch ist.

Das heißt, daß du glaubst, mit dem Theater etwas bewirken zu können, daß du Hoffnung hast.

Bis jemand mir einen Stein auf den Kopf wirft und mich tötet, und man mich wegschleift, werde ich etwas tun. Ich habe acht Stücke, zwei Filme und drei TV-Stücke in zweieinhalb Jahren gemacht, ich arbeite andauernd.

sie sich unter und hinter den Schattenbäumen, bis ihre Hitzepickel und der juckende Ausschlag verschwunden waren: so blieben nur die ersten Menschen und Frauen der Erde bronzefarben und schön braun.

GERTRUDE: Mit der Zeit wurden die, die in der Dunkelheit lebten, immer heller.

UPDIKE: Und so vögelten die hellen Männer die hellen Frauen unter und hinter den Schattenbäumen, und neue helle Männer und neue helle Frauen wurden auf Erden geboren.

SISSY: Als die Jahre vergingen, suchten die Männer und Frauen des Schattens und die Männer und Frauen der Sonne neue Länder.

JUNIOR: Die schwarzen Menschen suchten Länder mit heller Sonne fürs Vögeln, während die hellen Menschen Länder mit schattigen Bäumen und Felsen fürs Vögeln suchten, die sie nicht mit Hitzeblattern bedrohten.

UPDIKE: Der schwarze Mensch war so glücklich, unter Gottes eigener Sonne zu vögeln, daß er lernte, Musik zu machen und zu tanzen.

JUNIOR: Der helle Mensch war so unglücklich in der Dunkelheit von Gottes eigenen Schattenbäumen, daß er ab und zu aufhörte zu vögeln, und das Rad erfand, das Auto, das Düsenflugzeug, Coppertone und Bain de Soleil. Aber während das Rad und das Auto und das Düsenflugzeug ihm gut dienten, kamen Coppertone und Bain de Soleil zu spät, um noch das bronzefarbene und schöne Braun einzuholen, das zum Schwarz des schwarzen Menschen gehörte.

SISSY: Und der helle Mann wurde unzufrieden mit seinen Maschinen und seinen hellen weißen Frauen, und er begann, die bronzefarbenen braunschwarzen Frauen zu vögeln, die damals nur singen und tanzen und vögeln konnten. Und die Unzufriedenheit wuchs im hellen Mann, als er entdeckte, daß der schwarze Mann besser sang und tanzte und vögelte als er mit all seinen komplizierten Maschinen, und er haßte den schwarzen Mann und steckte ihn in Gefangenschaft.

ALLE: Aber Gott schlief nicht ewig!

Israel Horovitz

Word War

WORD WAR I
Nigger!
Obay! Chink!
Mop! Jew! Facist!
Freak! Jive Motherfucker!
Chair.

WORD WAR II
Probably –
Presumably –
Almost certainly –
I think.

WORD WAR III
I love you.

Joe Chaikin und Roberta Sklar

Interview

(Chaikin: c; Sklar: s)

Wir waren in der Probe von Terminal, *und wir sind sehr skeptisch: Wer kann über den Tod sprechen, wer hatte die Erfahrung? Und wenn man darüber sprechen kann, über meine Ängste und Träume, wie kann ich das darstellen?*
c: Ihr habt nicht das Stück gesehen, ihr saht Vorschläge der Schauspieler, Vorstellungen von dem, was sie meinten, was in dem Stück sein soll. Das war keine Vorstellung, die Aufführung ist viel verbaler. Das Stück ist über den Tod, aber wir wissen nicht sehr viel darüber. Wir gehen dabei von den Erfahrungen aus, die andere oder wir mit dem Tod gemacht haben. Das einzige, was man mit Gewißheit sagen kann, ist, daß durch den Tod ein Teilbereich unserer Natur beendet wird. Wir versuchen aber ebenso, das in einem politischen Kontext zu sehen, warum der Tod schön oder sonst irgendwie geschildert wird. Das Stück soll zeigen, was wir tun, nachdem wir diese ganzen Dinge durchdacht haben.
Wie seid ihr vorgegangen, war da erst die Idee oder entstand alles aus der Improvisation?
c: Wir gingen aus vom Thema Tod. Dann kamen die Improvisationen, einige von uns schrieben Texte.
s: Das Thema, der Widerspruch zwischen Tod und Leben, ist eine Art Ausgangspunkt für das Stück, es mußte nicht unbedingt dahin führen, wo wir jetzt sind.
c: Der allererste Anfang kommt von der Gruppe, die erste Idee. Dann überlegen wir Formen, oder sie werden von einem Autor vorgeschlagen. Mit diesen Formen improvisieren wir dann, um zu einer Sprache zu kommen. Sprache muß nicht unbedingt das sein, was Sprache sonst ist, sondern oft erfinden wir eine eigene Sprache von Tönen, mit denen wir kommunizieren. (Das hat übrigens nichts mit 'gibberish' zu tun, das ja nur ein adäquater Ersatz für Wörter ist.) Danach versuchen wir, uns dem Thema direkt zu nähern.
Wenn man zusieht, hat man zwei Haupteindrücke, die sich widersprechen – einmal die große Freiheit, die jeder Schauspieler ausstrahlt, alles, was er für nützlich hält, beizusteuern, auf der anderen Seite entsteht dadurch eine zu große Individualität. Die Gruppe wirkt deshalb nicht sehr einheitlich, verschiedene Stile überlagern sich.
c: Das ist sehr richtig, die Gruppe ist in der Tat im Moment nicht sehr zusammen, das sind zum Teil Spuren unserer Europatournee. Dazu kommt, daß wir vor der Tour das Stück zusammenbauen mußten, um eine Vorstellung zu haben. Als wir zurückkamen, haben wir alles weggeworfen und von Null angefangen, wir sind jetzt in einem Stadium des Neubeginns. Wir sind im Open Theatre immer bereit, Fehler zu machen. Das hilft uns, die sicheren Grenzen zu überschreiten und Abenteurer zu werden. Das ist nur in einer Gruppe möglich, in der jeder dem anderen vertraut. Es ist niemals möglich bei Schauspielern, die nur für eine Produktion zusammenkommen. Wenn wir dieses Vertrauen verlören, wäre das das Ende unserer Arbeit. Schöpferische Impulse können nicht aus einem Wettbewerbsklima entstehen, wie z. B. beim Vorsprechen, wo man seinen Wert unter Beweis stellen muß. In den Schauspielschulen ist das nicht möglich, weil da nur darauf hingearbeitet wird, den Schauspieler fit fürs Engage-

ment zu machen. Deshalb ist dort nie Zeit, sich z. B. mit einer Sache zu beschäftigen, über die auch der Lehrer nichts weiß. Aber das Arbeiten mit dem, was man nicht weiß, ist vielleicht wichtiger als das Arbeiten mit dem, was man weiß.

Was wir sahen, wirkte oft so, als ob nur Mitglieder der Gruppe es verstehen konnten. Wir fühlten uns ein wenig in der Position, in der man raten muß, was jetzt gemeint sein könnte. Dennoch schien es immer so, als wüßten nur die Zuschauer nicht, worum es ging.

c: Ich glaube, daß das davon kommt, daß das heute morgen eine Art von Kombination war aus freien Improvisationen, neuen Vorschlägen und Teilen der alten Vorstellung. Natürlich kommt dazu, daß die Schauspieler sich kennen, so daß eine Improvisation, die einer anbietet, oft von den anderen so aufgenommen wird, daß im Betrachter der Eindruck entsteht, es handele sich um eine fertige Szene.

OPEN THEATRE: *TERMINAL*

Noch einmal zurück zum Thema: Was interessiert euch am Tod?

c: Der Tod an sich ist unwichtig. Für den, dem er zustößt, ist es nichts als ein Augenblick, und ob oder was danach passiert, wissen wir Lebenden nicht. Uns interessiert aber das Verhältnis, das Lebende dazu haben, inwieweit das Bewußtsein vom Tod auf das Leben zurückwirkt. Nicht das Wesen des Todes ist wichtig, sondern die Rolle, die er bei den Lebenden spielt. Es ist aber sehr schwierig, über dies alles zu sprechen, weil wir uns gerade selbst darüber sehr unklar sind.

Könnt ihr etwas über die Entstehung des Open Theatre sagen?

c: Das ist schnell gesagt. Ich arbeitete im Living Theatre, Peter Feldman arbeitete dort. Als die Becks sich entschlossen, nach Europa zu gehen, hatten wir gerade angefangen, mit einer Gruppe von Leuten zu arbeiten. Wir hatten uns vorgenommen, neue Wege zu finden, und zwar zueinander und zum Publikum. Wir wollten die Grenzen, die die Bühne setzt, entweder

neu definieren oder aber ungültig machen. Wir wollten dem Publikum Stücke und Programme von Improvisationen zeigen, ohne den Druck des Geldes und kommerzieller Erwägungen, die sonst die kreative Energie usurpieren. Wir richteten Workshops ein, um die Gruppe zu entwickeln und um alle Probleme zu erforschen, die man nicht beim Spielen oder Inszenieren oder auf der Schauspielschule lösen kann. Wir hatten eine Art von Training, keiner von uns arbeitete auf eine bestimmte Karriere hin, es war einfach Training, ausprobieren von Dingen, die wir sonst nicht tun konnten. Außerdem wollten wir nicht wie die Becks nach Europa. Deshalb blieben wir hier und arbeiteten. Leute kamen und gingen, wir taten manches unnütze Zeug und manches Wichtige. Schließlich fingen wir an, uns mit Stücken zu beschäftigen. Dann merkten wir, daß es sehr wichtig ist, Leute zu haben, mit denen man länger zusammenarbeitet, so fingen wir an, eine feste Gruppe aufzubauen. Dann begannen wir, Stücke selber zu machen. Aber es gibt natürlich Schwierigkeiten verschiedener Art. Unsere Arbeit ist nicht politisch genug. Es ist sehr schwierig, seinen Lebensunterhalt zu verdienen und dennoch seine ganze Kraft ins Theater zu stecken.
Am Anfang haben die Schauspieler für die Miete zusammengelegt. Habt ihr inzwischen irgendwelche Zuschüsse?
c: Seit zwei Jahren bekommen wir eine Unterstützung, aber davon können wir nicht leben. Es hilft, die Miete und die laufenden Kosten zu decken. Dann kommt etwas durch die Vorstellungen zusammen, die wir unregelmäßig geben. Wir haben jetzt den Plan, für jede Vorstellung Eintritt zu nehmen und ständig einen bestimmten Teil für die Zwecke, für die wir sonst Benefits gemacht haben, abzuführen. Auf jeden Fall müssen wir alle nebenher Jobs machen, oder wir versuchen, einen Teil des Jahres Geld zu verdienen und den übrigen ganz der Arbeit im Open Theatre zuzuwenden.
Kann jeder mitmachen?
c: Es würde sehr schwierig sein, zu diesem Zeitpunkt irgend jemand neuen in die Gruppe integrieren zu wollen, besonders, wenn er nie vorher auf diese Weise gearbeitet hat. Wir haben Workshops, die die Leute mit dem Vokabular und den Regeln vertraut machen. Wenn jemand besonders interessant ist, bitten wir ihn mitzumachen. Es ist sehr wichtig, neue Leute zu haben, um zu vermeiden, daß man auf einem Punkt der Entwicklung stehenbleibt. Auf der anderen Seite kann man mit weniger Leuten viel weiter kommen als mit sehr vielen. Ich glaube, daß es an dem Punkt der Entwicklung, an dem wir uns befinden, wichtiger ist, mit wenigen weiter zu gehen.
Glaubt ihr, daß ihr mit eurem Theater die Menschen verändert?
c: Ich glaube, wir selber müssen jetzt erst einmal an uns arbeiten. Wir sind zu erfolgreich, zu immun, um Neues zu lernen. Wir wollen uns in grundverschiedene Situationen begeben, in Colleges spielen, bei Bauern, usw., um herauszufinden, ob das uns verändert, bzw. welche Relevanz wir haben. Natürlich wollen wir Menschen verändern, aber ich glaube nicht, daß das auf die Weise möglich ist, daß jemand ins Theater kommt und ein Stück sieht und als andere Person das Theater verläßt. Vielleicht kann man den Anfang einer Änderung bewirken, oder eine Änderung, die bereits angefangen hat, verstärken.
Lebt ihr zusammen oder seid ihr nur während der Arbeit zusammen?
c: Es ist unmöglich für eine Gruppe, die so viel zusammenarbeitet, nicht auch andere Beziehungen untereinander zu haben. Es gibt aber keine feste Struktur außerhalb der Arbeit, das heißt, einige sind befreundet, andere leben zusammen, einige leben allein, andere sind verheiratet.
s: Es kommt dazu, daß die Arbeit oft so intensiv ist, so viel fordert, daß in der Arbeit eine viel engere Beziehung untereinander entsteht, als sie anders möglich wäre. In den Workshops kommt oft viel Privates auf, mehr als jemand in anderen Beziehungen jemals offenbart.
c: Das ist ein anderer Bereich als Theater, ich meine, der Prozeß des gemeinsamen Erfor-

schens erstreckt sich nicht nur auf den Bereich Theater. Das ist nur das Skelett, was immer wir machen, hängt natürlich mit Theater zusammen. Wenn du eine Gruppe machst und du fragst, was wollen wir zusammen machen, wollen wir Musik machen, wollen wir zusammen leben, wollen wir die Revolution machen, dann wird das natürlich immer das Hauptthema bleiben, aber du kannst das Leben der Leute nicht draußen lassen.
Wie seht ihr überhaupt die Beziehung zwischen dem, was hier auf den Straßen vorgeht, und dem, was ihr hier im Workshop macht? Man fühlt sich wie in einer Enklave bei vielen dieser Gruppen in New York, wie in einem Freiraum.
s: Ich glaube, in Städten wie New York ist das oft eine Überlebenstechnik, gleichgültig, ob die Gruppen nur zusammenkommen, um untereinander zu kommunizieren, oder ob sie gemeinsam mit anderen Menschen kommunizieren wollen wie wir. Ziel ist dann nicht so sehr eine Therapie als vielmehr, eine Gemeinschaft zu bilden.
c: Ich glaube, daß die einzige Lösung für das Theater heute durch eine Gruppe und ihre Bemühungen gefunden werden kann. Ohne eine Gruppe kann man nicht an den Problemen arbeiten, die man selber hat, und man kann über diese Erfahrungen nicht sprechen, was ebenso wichtig ist. Wenn man zusammen etwas erfährt, dann ist das mehr als nur ein gemeinsames Vokabular, es ist eine gemeinsame Geschichte, und daraus kann so etwas wie eine Basis für neue Erfahrungen werden, für eine Loslösung von den alten Problemen. Es gibt so viele Gruppen, und jede von ihnen verhält sich zur Straße auf eine andere Weise. Eine von der Alternate University z. B. hat eine sehr enge Beziehung zur Straße, sie gehen einfach in die U-Bahn und reden mit den Leuten. Das ist ihr Theater.
Wie seht ihr das Verhältnis von dem, was ihr macht, zu dem, was auf der Straße stattfindet, der Realität?
c: Wir sind gerade in einem Prozeß der Neuüberlegung dessen, was wir tun. Ich denke, daß wir uns im Augenblick gerade sehr ändern. Ich stelle mir das etwa so vor, wie Marcuse von den Bereichen spricht: der eine beeinflußt den anderen, wird von ihm genährt und informiert. Das ist eine gegenseitige Beeinflussung, dennoch sind beide Bereiche voneinander getrennt. Für mich reicht die Definition von Realität, die nur vom Sichtbaren spricht, nicht aus. Die Situationen unseres Lebens sind nicht so einfache, daß sie in Worte wie: mein Leben besteht aus den Kleidern, die ich trage, ich war soundsovielmal verheiratet, ich habe eine Katze usw., zu fassen sind. Dies definiert nur deine Handlungen, sagt nur etwas über die pure Situation aus. Ich glaube nicht, daß das alles ist. Ich glaube auch nicht an mystifizierende Erklärungen, die meistens geschaffen sind, um irgendwelchen Interessen zu dienen, ebensowenig wie ich glaube, das wir ausschließlich politische Tiere sind, die von Dingen manipuliert und regiert werden. In den Workshops nähern wir uns der Realität, wie ich sie verstehe, indem wir versuchen, das zu verstehen, was nicht direkt in der Situation ausgedrückt ist. Verstehen nicht auf logische Weise, sondern eher durch ein Verhalten, das auf irrationalen und subtilen Qualitäten beruht. Innere Wahrheit ist nichts Feststehendes. Das Wort Realität kommt aus dem Lateinischen 'res', was soviel bedeutet wie 'das, was man ergründen kann'. Realität in diesem Sinne wäre also der Gedanke, den eine Person hat, während sie sich in einer normalen Situation befindet. Das könnte also zum Beispiel jemand sein, der ein Glas Wasser trinkt und dabei daran denkt, ob es Gott gibt oder nicht. Wenn wir dieses Innere einer Situation erforscht haben, versuchen wir, es sichtbar zu machen. Irgendwie ist Theater für mich der Versuch, Handlungen eine andere Perspektive zu geben.
Wenn ein Schauspieler mit der Subway hier in die 14. Straße kommt und er geht die Treppe rauf usw., das ist Realität. Er kommt in eure Loft, und er stellt sich hin und spielt einen Kranken, was ist das? Die Personen, die da erfunden werden, haben keine Realität, sie sind Funktionen eurer Gehirne.
c: Wenn der Schauspieler jemanden spielt, d. h. eine Person, die er nicht ist, dann ist das

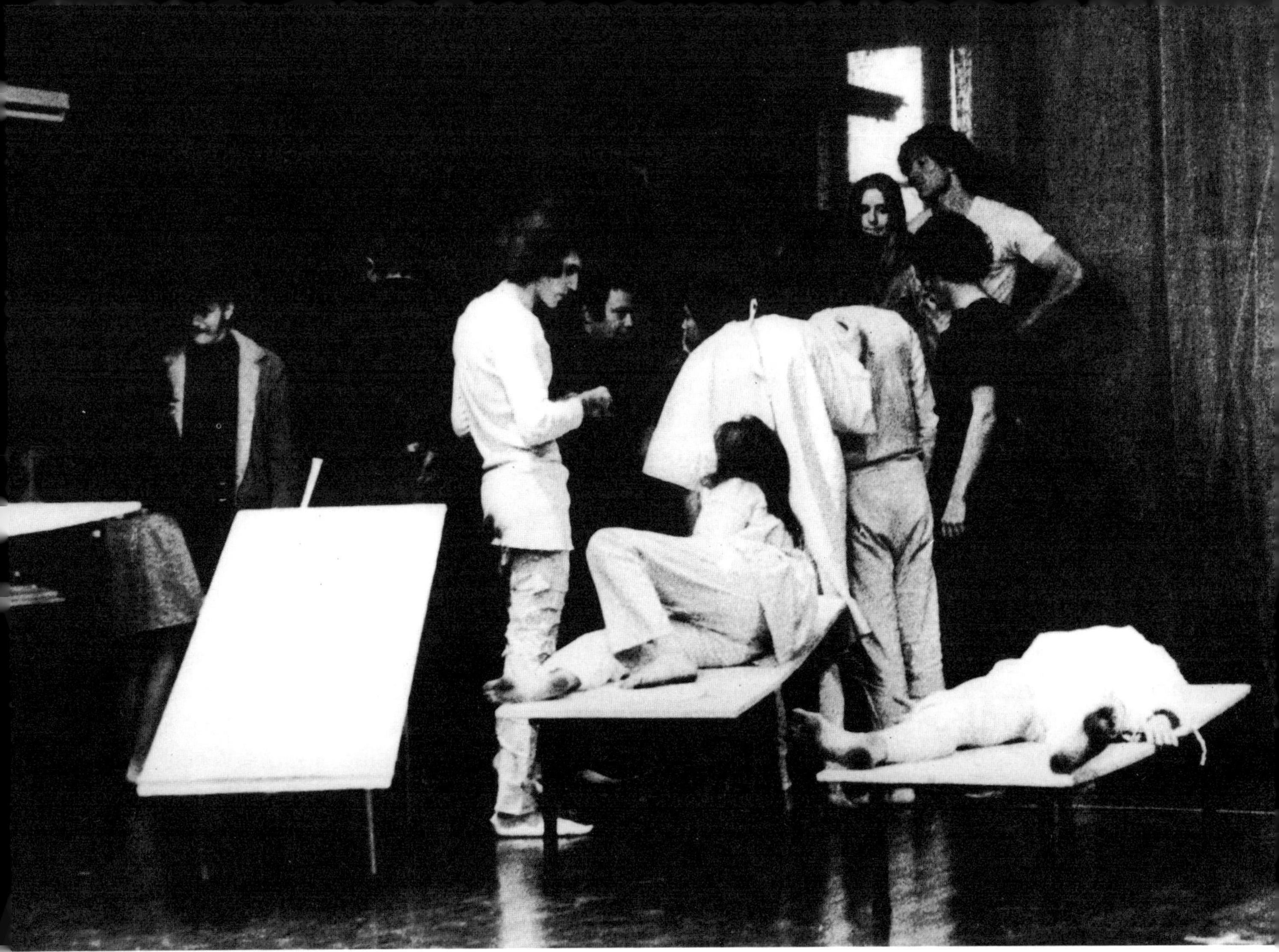

CHAIKIN GIBT INSTRUKTIONEN

PUBLIKUM IM OPEN THEATRE

richtig. Wenn der Schauspieler aber jemanden spielt, der er ist, und zwar einen Aspekt von dem, was seine Gesamtpersönlichkeit ausmacht, dann ist es real. Wir könnten das in eine Art Slogan kleiden: in der Art von Theater, mit der wir uns beschäftigen, handelt es sich um wirkliche Zeit, ein Theater, das z. B. *Hedda Gabler* spielt, unterliegt historischer Zeit. Ebenso ist es mit dem Ort, wir haben den wirklichen Ort. Wir spielen 'Krankenhaus', der Schauspieler weiß, er spielt 'Krankenhaus', er versucht nicht vorzugeben, es sei ein richtiges Krankenhaus. Das Publikum weiß, es ist kein Krankenhaus. Der Schauspieler versucht nicht zu erreichen, daß du ihn ansiehst und denkst, er ist wirklich krank. Die Kontinuität der Persönlichkeit des Schauspielers, der aus der Subway steigt und in der Loft in unserer Produktion etwas tut, ist nicht unterbrochen.

Das Verhältnis zur Realität interessiert uns vor allem deshalb, weil wir meinen, daß beim durchschnittlichen Theaterpublikum ein Einverständnis darüber besteht, daß das, was da vorgeführt wird, eine andere Welt ist als die Straße. Das Theater, selbst wenn es auf die Straße geht, ist ein Medium für wenige, weil es mit dem Hunger, der Brutalität und der Straße nur in Form von Gleichnissen zu tun hat.

s: Während der meisten Zeit in der Geschichte war Theater ein Äquivalent von dem, was heute die Massenmedien sind. Es war eine Art von Unterhaltung, und die Beziehung zu der Realität, von der ihr sprecht, war vergleichbar.

c: Das ist vollkommen relativ. Wenn man die These aufstellt, das, was die meisten Leute erreicht, ist besser, dann ist Theater sicher nicht besonders gut. Die Menge der Leute, die man erreicht, ist gering. Aber vielleicht ist die Art, wie man sie erreicht, wichtiger. Das Theater hat die große Kraft des JETZT, das heißt, alle, die da sind, leben, die Schauspieler, die Zuschauer, alle reagieren aufeinander. Theater hat gleichzeitig eine Wirkung von Gemeinschaft und eine von Sterblichkeit, das heißt, du bist einerseits in einer Gemeinschaft mit den Schauspielern, andererseits können sie jederzeit wirklich sterben. Wenn du ins Theater gehst, mußt du daran teilnehmen, ob du willst oder nicht. Selbst wenn du es verläßt, hat das eine Wirkung.

Ihr seht keine Gefahr darin, daß ihr irgendwann für eine kleine Gruppe von Spezialisten Theater macht und gar nicht mehr merkt, daß ihr keine Wirkung habt?

s: Ich glaube, diese Gefahr ist überall, wo du arbeiten kannst.

c: Ganz sicher sind diese Fallen auf jedem Gebiet. Du mußt irgendwann entscheiden, was für dich das Bedeutendste ist. Ich z. B. arbeite im Theater, weil es mich gefangen hält, weil es mich interessiert, jedenfalls bis heute. Ich kann nicht sagen, daß ich das Theater liebe, aber es scheint mir die meisten Möglichkeiten zu bieten. Wenn ich mir vorstelle, ich wäre Journalist, da gibt es mindestens ebenso viele Fallen. Ich bin nicht sicher, aber wenigstens sind wir in dem Theater, was wir machen, frei zu verändern. Wir sind nicht für alle Zeiten festgelegt.

s: Uns hilft in dieser Hinsicht sehr, daß wir nicht in den Theater-Markt integriert sind. Sobald du dich dem Markt verschreibst, bekommst du ein Markenzeichen, das du immer erfüllen mußt, ob du willst oder nicht. Änderst du dich, sinkt dein Wert, weil du mit einem anderen Image verkauft worden bist.

OPEN THEATRE, 1963 gegründet von Joe Chaikin (vorher Schauspieler beim Living Theatre) und Peter Feldman (vorher Assistent beim Living Theatre). Ziele: eine Situation schaffen, in der ein Schauspieler mit einer größeren Sensibilität, als sie im konventionellen Kommerz-Theater möglich ist, mit anderen Schauspielern spielen kann (Gruppe); die spezifischen Möglichkeiten des lebendigen Theaters erforschen (Lösung von der Sprache als dem Hauptelement des *toten Theaters*); Abgrenzung gegen ein psychologisch motivierendes Theater (wie zum Beispiel der Stanislawski'schen Methode des Actors Studio, New York); Wege zu finden, sich im Theater zu artikulieren, ohne daß Geld der bestimmende Faktor ist (kein eigener Theaterbetrieb). Die bedeutendsten Autoren des Open Theatre sind: Megan Terry, Jean-Claude van Itallie, Sharon Thie, Michael Smith. Neben Improvisationsabenden wurden folgende Stücke im Open Theatre erarbeitet: 1965 – *Pavane* (Itallie), *Keep Tightly Closed* (Terry), *War* (Itallie); 1966 – *Soon Jack November* (Thie), *Court Trial* (über den Living-Theatre-Prozeß, Smith), *Comings and Goings* (Terry), *Next Thing* (Smith), *Viet Rock* (Terry), *America Hurrah!* (Itallie); 1968 – *The Serpent* (Itallie und Kollektiv), *Clownsstücke* (Kollektiv), *Ubu Cocu* (Jarry); 1969 – *Terminal* (Kollektiv, Text von Susan Yankowitz), *Endgame* (Bekkett); 1970 – *Terminal* (Neufassung, Kollektiv). 1968 leitete J. Grotowski einen Workshop am Open Theatre, der die Arbeit der Gruppe wesentlich beeinflußte. 1971 – Tournee nach Shiras, Persien. Die Miete für den Probenraum des Open Theatres wird von Beiträgen der Gruppenmitglieder bezahlt, die Einkünfte aus den Vorstellungen (etwa einmal im Monat, Workshops permanent) werden zur Bezahlung von Lehrern (zum Beispiel dem Tänzer Daniel Nagrin) oder für Spenden (für die Black Panthers, John Sinclair, H. Newton usw.) verwendet. Das Open Theatre erhielt Subventionen von der Ford-Stiftung und von der National Endowment for the Arts.

JOE CHAIKIN, geb. 1937, Schauspielerausbildung im Stanislawski-System, der sog. *Methode*, Schauspieler beim Living Theatre, gründet im Sommer 1963 zusammen mit P. Feldman das Open Theatre; "Der Schauspieler des neuen Theaters muß seinen Körper mehr nutzen und ausbilden. Er muß seine Grenzen kennenlernen und ausweiten. Der Schauspieler der *Methode* wird in die psychologischen Erklärungen seiner Rolle eingezwängt, während er im neuen Theater immer das Bewußtsein behält, daß er ein Schauspieler auf der Bühne ist."

Jerzy Grotowski

aus einem Interview

JERZY GROTOWSKI

Armes und reiches Theater

Das wesentliche unserer Arbeit ist eine radikale Aufrichtigkeit. Es ist eine Art von Auseinandersetzung mit unserer Lebenserfahrung, die genau sein muß. Das bedeutet, daß sie artikuliert werden muß. Wenn sie nicht genau ist, dann wird sie nicht wahrhaftig sein, dann handelt es sich eher um eine Art von Verbergen und nicht um einen Weg, uns zu entschleiern oder zu zeigen.

Es gibt einen Begriff von Theater-Arbeit, der uns fremd ist, und dieser Begriff ist etwas, das die Theaterarbeit überall seit Jahrhunderten beherrscht. Dieser Begriff besagt, daß das Theater eine Institution ist, die eine Vorstellung produzieren muß. Das bedeutet, es nimmt gewisse Texte und illustriert sie durch Aktion, um eine Premiere nach der anderen zu machen, um viele Abonennten, um ein großes Publikum zu finden. Dies ist ein mechanischer Vorgang. Für uns ist Theater eher ein Platz, an dem wir unsere Lebenserfahrungen ausstellen. Sie kennenzulernen, sie zu erforschen und ein Verständnis unseres Lebens zu finden, heißt für uns, zu einem Verständnis des Lebens auch der anderen zu kommen.

Wenn man versucht, zu viele ergänzende, äußerliche, mechanische Dinge im Theater einzuführen, – wie z. B. der Weg, den das sogenannte 'Totaltheater' vorschlägt, das heißt, das reiche Theater – läuft man Gefahr, das zu zerstören, was schöpferisch im Menschen ist. An einem bestimmten Punkt in unserer Arbeit erkannten wir, daß es unvermeidlich bei diesem Prozeß der Konfrontation mit unserer Erfahrung ist, bestimmte Dinge, die nur ergänzend sind, zu eliminieren, alles was nicht wesentlich ist und alles, was nicht aus dem Menschen selber kommt. Wir entfernten zum Beispiel Musik, die nur zur Illustration einer Vorstellung diente, Lichttechnik, Film, gewisse Bühneneffekte, bestimmte mechanische Effekte, die sogenannte traditionelle Bühne usw. Wir beobachteten

Michael Smith

Brief an Joe Chaikin

16. Oktober 1966, Wroclaw, Polen.

Lieber Joe!

Ich bin eben von Grotowskis Workshop gekommen. Ich sah seine Aufführung vom *Constant Prince* gestern abend, und sie war wie eine Offenbarung. Ich war erschüttert. Ich stand nachher für eine lange Zeit auf der Straße, nicht fähig, mich zu bewegen. Es ist die erste Sache, die ich seit langer Zeit gesehen habe, die mich wirklich anreizt, im Theater zu arbeiten.

Der Workshop traf sich heute morgen (ein Sonntag) um 8:30. Es ist ein kleiner Raum, vielleicht ein Drittel der Größe des Open-Theater-Raumes. Er ist dunkel, bis auf zwei große Scheinwerfer und eine niedrige Lampe auf Grotowskis Tisch. Er sagte uns genau, wo wir uns hinsetzen sollten. Die Schauspieler kamen rein – 12 im ganzen –, die Hälfte Studenten, die andere Hälfte Mitglieder der Truppe. Grotowski las 15 Minuten lang aus Dostojewski vor. Es wurde mir gesagt, daß sie jetzt über Hexerei und das Neue Testament arbeiten. Dann schickte er die Schauspieler weg, um Kostüme zu holen. Er sagte uns, wenn sie zurückkämen, sollten wir absolute Ruhe halten und nicht rauchen. Er rauchte Kette. Wir warteten.

Schließlich läutete eine Glocke. Die Schauspieler kamen in improvisierten Kostümen herein und begannen die Improvisation, die lang und kompliziert war. Manchmal stand Grotowski auf und stellte einen Schauspieler in eine andere Position. Manchmal sagte er: "Halt!", und jeder blieb stocksteif stehen, während er ein paar Worte der Instruktion oder Inspiration sagte. Dann fingen sie wieder an, wo sie aufgehört hatten. Seine Autorität ist absolut. Keiner stellte jemals Fragen oder gebrauchte Ausreden oder widersprach ihm. Die Improvisation verwendete keinen Text, nur Kostüme, Bewegung und abstrakte, ausdrucksvolle Töne, manchmal fast Musik. Als sie einen Höhepunkt erreichten, schloß sich Grotowski dem Klang an, lachte wie besessen und schwang seine Arme, um die Schauspieler mehr anzuspornen.

Als es vorbei war, verließen die Schauspieler wieder den Raum, und wir warteten in einer kathedralischen Stille. Ich erfuhr, daß die Schauspieler zu ihren Umkleideräumen gegangen waren, um alles aufzuschreiben, was sie von dem, was sie getan hatten, behalten hatten. Vieles an der Arbeit besteht aus peinlich genauer Rekonstruktion der Improvisationen. Grotowski saß in einer Ecke, abwesend und verschlossen. Als die Schauspieler mit ihren Notizen zurückkamen, veranlaßte er sie zum Reden und schaute und hörte dann einfach zu, während sie das, was sie getan hatten, diskutierten, manchmal aufspringend, um etwas zu illustrieren. Er sagte fast nichts, und der Workshop endete ungefähr um 12:30.

Das Stück ist etwas, was ich mir nie hätte vorstellen können. Die Zuschauer (es ist Platz für ungefähr 40) sitzen in einer einzigen Reihe auf Bänken, die auf Rampen gestellt sind, hinter den Barrikaden, die bis an das Kinn reichen, und schauen aus sehr geringer Entfernung auf die Schauspieler hinunter.

Der Text, der aus dem Spanischen ins Polnische übersetzt wurde, ist offenbar drastisch gekürzt: Das Stück dauert nur ungefähr eine Stunde. Wahrscheinlich ist es sogar für Polen unverständlich (ich bin nicht sicher), wegen der stilisierten Sprache – oft sehr, sehr schnell

diesen Eliminierungsvorgang und daher rühren die Methoden innerhalb unserer Arbeit, bei denen der Mensch selber sich enthüllt, wo der Mensch selbst das Licht und die Musik und alles andere ist. Man kann dies ein 'armes' Theater nennen, und man könnte ein Dutzend anderer Namen dafür finden. 'Arm' im polnischen hat eine doppelte Bedeutung, nämlich einmal im materiellen Sinn und zum anderen im Sinne von 'alles entfernt haben, was unnötig ist'.

Text

Ich glaube nicht, daß es eine gültige Definition des Theaterschriftstellers gibt. Wenn man arbeitet, definiert die Wirklichkeit dessen, was passiert, die Rolle jedes einzelnen. Wenn man zum Beispiel Shakespeare nimmt, so ist schwer zu sagen, war er Schriftsteller, war er Regisseur, war er Mitglied einer Truppe? Außerdem hat er viele Themen aufgegriffen, die schon von anderen vor ihm benützt worden waren. Wir wissen auch, daß er Stücke, die von anderen geschrieben worden waren, umgeschrieben hat, und zwar nicht, um ein literarisches Werk, sondern um eine Produktion zu haben, und zwar für eine ganz bestimmte Truppe. Man könnte andere Beispiele anführen, Molière, Brecht.

Für uns ist beim weitaus größten Teil der schöpferischen Kraft, die in unsere Produktionen fließt, der literarische Text überaus wichtig. Wir dachten nicht, daß zum Beispiel unsere ehrliche Antwort auf den Text des 'Standhaften Prinzen' sein könnte, ihn einfach zu illustrieren. Eine wirkliche, wahrhafte Antwort auf etwas, das erschaffen wurde, ist ein Wiedererschaffen.

Es gibt da eine große Gefahr. Man könnte glauben, daß es schon eine Antwort ist, wenn man nur den gegebenen Text zerstört. Wir haben dagegen versucht, das, was essentiell im Text enthalten war, zu erhalten. Gewöhnlich fügen wir nicht irgendetwas ein, sondern stellen eine bestimmte Montage her. Man könnte das so ausdrücken: Wir erhalten die Wörter, aber der Bereich, in dem Theater geschaffen wird – bei uns also: das Schauspielen – war eine Antwort, unsere Antwort auf den Text. Dieser Bereich ist gleichzeitig in Übereinstimmung mit dem Text wie er auch unterschiedlich von ihm ist. Wir unterscheiden uns von Slowacki, der das Stück ins Polnische übertragen hat, ebenso wie von Calderón. Zur gleichen Zeit gibt es da etwas gemeinsames, ein gemeinsames Band und auf der anderen Seite einen Unterschied, der sich aus den Unterschieden unserer Leben und unserer Erfahrungen, sowohl der individuellen als auch der gesellschaftlichen, begründet.

und monoton – und wegen der anderen Töne, die die Schauspieler machen. Sie singen, zirpen, wehklagen, lamentieren, pfeifen, zischen – es gibt nicht genug Wörter, um zu beschreiben, was sie alles machen. Drei Schauspieler spielen die Hauptrollen, drei andere alle restlichen. Das Spiel ist nicht psychologisierend. Es gibt viel Pantomime, aber sie ist stilisiert, nicht realistisch.

GROTOWSKI-ÜBUNG ("KATZE") IM LA MAMA PLEXUS WORKSHOP

Theatervokabular und Individuum

Tanz ist eine Kunst, die auf einem bestimmten Alphabet beruht, einem Alphabet von Bewegungen. Die Basis besteht aus bestimmten festgelegten Elementen, mit denen man arbeitet. Zweifellos gibt es Variationen und diese sind gerade im Falle der großen Tänzer entscheidend. Tanz könnte verglichen werden mit dem klassischen Theater des Orients, einem Theater, in dem der Begriff des Individuums nicht existiert. In unserem Falle davon zu sprechen, daß der Schauspieler als Individuum nicht existiert, wäre grundfalsch.

Die körperliche Bewegung ist unglaublich – übertrieben, sehr schwierig, völlig kontrolliert, verzerrt, schmerzhaft und immer intensiv ausdrucksvoll, nie dekorativ. Ryszard Cieslak als der Prinz ist inspiriert – was für ein schöner Schauspieler! Grotowskis Theater beschäftigt sich nicht mit gewöhnlicher Realität oder gewöhnlichen Emotionen, sondern strebt unnachgiebig nach Ekstase. Die Schauspieler gehen völlig in der Aufführung auf, völlig konzentriert. Ich war starr, in jedem Augenblick war es mehr, als ich verkraften konnte. Das Stück endet unerwartet: Plötzlich wird das Licht ausgeschaltet. Es ist so erschütternd wie das Ende der Musik von La Monte Young – man kann sich nicht vorstellen, daß sie ein Ende haben würde. Wenn das Licht wieder angeschaltet wird und die Zuschauer in Reih und Glied hinausgehen, bleibt Cieslak allein auf der Bühne zurück, bedeckt mit einem roten Tuch.

Ich konnte nicht fassen, daß es vorbei war. Man mußte mich bitten, wegzugehen. Ich brach in einem Stuhl im Foyer zusammen, schaffte es, mir eine Zigarette anzuzünden, und fand schließlich den Ausgang zu der geschäftigen, aber düsteren Straße. Es war kurz nach 8 an einem Samstagabend, aber ich war völlig fertig. Ich wollte nichts tun oder sehen noch irgendeine Realität erkennen, außer der des Stücks. Ich ging wie betäubt zum Hotel zurück.

Das Stück ist aus dem Workshop entstanden, und ich konnte es deshalb kaum erwarten, bis ich ihn heute morgen sah. Die Arbeit des Workshops ist deutlich mit Eurem verwandt – der Akzent liegt auf dem Ensemble, auf der Entwicklung einer abstrakten Sprache von Klang und Bewegung (das Living Theatre macht das auch), auf der Freiheit und Übertriebenheit in den Improvisationen, auf dem Versuch, Tabus zu verletzen und auszulöschen, auf einer Unzufriedenheit mit dem, was leicht ist, auf einer Herausforderung des einschränkenden konventionellen Konzepts der Schauspielerei. Die Grundidee ist die gleiche: *Nach unserer Meinung definieren weder das Konzept einer Inszenierung noch das des dramatischen Textes, was kennzeichnend für Theater ist oder was das Theater von einem Film unterscheidet oder von einem Buch, dessen Inhalt durch eine Serie bewegender Illustrationen lebendig wird... Der Schauspieler und die Zuschauer – das ist die fruchtbare Zelle des Theaters.*

Es gibt auch wichtige Unterschiede in Eurem Workshop, und es lohnt sich darüber nachzudenken. Grotowskis Technik ist keine Erweiterung der Methode (psychologisierenden Schauspielens), sondern eine Alternative dazu. Seine technische Basis ist körperlich, nicht emotional. Er befaßt sich mit geistigen Wahrheiten, nicht psychologischen. Die Schauspieler konzentrieren sich aufs Tun, nicht aufs Fühlen. Kein Sichgehenlassen wird toleriert. Die Arbeit ist heilig. Sie ist völlig von dem persönlichen Leben der Mitspieler getrennt. Keine Störungen sind im Workshop erlaubt. Die Haltung dem Zuschauer gegenüber ist genauso streng: Es wird von ihm erwartet, daß er die Arbeit ebenso ernst nimmt wie die Schauspieler. Die Arbeit wird ihnen gezeigt, aber ihre Reaktionen interessieren nicht: Es gibt keine Gelegenheit, am Ende des Stücks zu applaudieren. Die Arbeit befriedigt das Ego des Schauspielers nur insofern, als er sich seiner außerordentlichen Qualitäten bewußt ist: sein Ego wird den Forderungen der Arbeit unerbittlich untergeordnet. Das Theater beschäftigt sich nur mit einem Stück auf einmal und läßt es lange laufen. Der Workshop trifft sich 6 Tage in der Woche um 8:30 morgens. Die geringe Größe des Workshops, die intensive Disziplin und die Menge Zeit, die zur Verfügung steht, ermöglichen Grotowski, Probleme bis zu einer absoluten Lösung zu verfolgen, jedes Detail zu definieren, jeden Schauspieler mit unbegrenzter Genauigkeit zu kennen. Die Lage des Theaters in dieser abgelegenen Ecke Polens befreit es von den Ablenkungen und Verlockungen, die in den großen Weltstädten den Erfolg begleiten.

Ich schlage nicht vor, daß Ihr Grotowski imitieren sollt – obwohl ich denke, daß Ihr jede Anstrengung machen solltet, Geld zu kriegen, um Eure Schauspieler zu bezahlen, damit sie ganztags mit Euch arbeiten können; und ich denke auch, daß Ihr viel mehr erreichen würdet, wenn Ihr Eure Workshops auf eine vernünftige Größe vermindern würdet. Die Toleranz des Open Theaters für Mittelmäßigkeit ist nett und rührend, aber sie hindert die Arbeit. Es gab immer eine Tendenz, den Workshop für

Zweifellos sind auch bei uns gewisse Elemente fixiert, und wir arbeiten mit ihnen, oder innerhalb ihrer Grenzen. Der Ausgangspunkt jeder unserer Produktionen ist jedoch in keiner Hinsicht bezogen auf irgendein festgelegtes Element. Wir üben nicht bestimmte Bewegungen oder bestimmte Zeichen des Körpers oder der Stimme, wir arbeiten nicht mit einer Art Alphabet des menschlichen Ausdrucks. Alles, was man in einer unserer Produktionen sehen kann, jedes einzelne Ding ist lediglich für diese eine Produktion erfunden und geht aus von den persönlichen Erfahrungen des beteiligten Schauspielers. Wenn man so will, stellt die letzte endgültige Struktur in Raum und Ton lediglich den allerletzten Teil des Arbeitsprozesses dar. Das gesamte Material ist individuell. Es gibt keine festgelegten Elemente, mit denen wir arbeiten, festgelegt im Sinne eines Alphabets. Die Aufrichtigkeit eines menschlichen Wesens, seine Entschleierung, tritt in Erscheinung als eine Abfolge von Impulsen. Diese Abfolge ist eine vollkommen individuelle Sache, aber indem sie das ist, ist sie gleichzeitig ein Ergebnis der Natur des Menschen und hat dem Zuschauer gegenüber die Wirkung eines Zeichens, weil der Zuschauer ebenfalls ein menschliches Wesen ist.

Blockierung

Es gibt keine Trennung von Übungen für den Körper und Übungen für die Stimme. Alle Übungen sind ein Weg zum Überwinden jeglichen persönlichen Widerstandes, der sogenannten Blockierungen. Die Blokkierungen und Widerstände sind bei jedem Menschen anders, daher wird das Training sehr bald persönlich. Niemals ist es positiv, d. h., man weiß was man tut, sondern eher negativ. Es ist ein Versuch, den Punkt herauszufinden, wo man blockiert ist und diese Blockierung dann aufzuheben. Als Ergebnis ist keine dieser Übungen dann rein technisch. Nach einer Phase, die man die Testphase nennen könnte, versucht man herauszufinden, wie man die lebendigen Impulse, die im Menschen liegen, freilegen kann. Diese lebendigen Impulse haben ihre Wurzeln immer in den direkten Lebenserfahrungen. Im Training bleibt lediglich eine bestimmte Art von Übungen erhalten, die die Aufgabe haben, nicht ins Chaos zu fallen, aber sie werden gebraucht und umgewandelt in der Konfrontation mit der persönlichen Erfahrung, die wiederum mit der Persönlichkeitsstruktur des

Schauspielers zu tun hat. Man könnte sagen, daß alle festgelegten Elemente von einem bestimmten Augenblick an zu verschwinden anfangen und daß von da ab der Schauspieler sich wie eine Folge lebendiger Impulse verhält. In diesem Augenblick lösen sich seine Blockierungen, weil er aufrichtig ist, nicht in einem geistigen Sinn, sondern in einem Gesamtsinn. In diesem Augenblick kann sich auch seine Stimme ohne irgendeinen Widerstand frei entfalten.

Psychotherapie zu benutzen. Auf der anderen Seite bin ich froh, daß Du Grotowskis Charakter nicht hast, und ich glaube nicht, daß Du das brauchst. Er ist möglicherweise ein netter Mann, wenn er nicht über sein Theater nachdenkt, aber ich bezweifle es. Seine Autorität, die er auf seine Schauspieler ausübt, ihre absolute Gehorsamkeit, sind für die Arbeit sehr nützlich, aber es ist schade, wenn es zur totalen persönlichen Isolierung führt. Ich denke, daß ein bestimmter Fanatismus nötig ist, um großes Theater zu machen. Vielleicht kann er sich auf den Bereich der Arbeit beschränken. Die Idee, daß der Künstler sich für seine Kunst opfern muß, ist Romantizismus des 19. Jahrhunderts.

Ich weiß jedoch, daß mein Problem als Künstler daher kommt, daß ich versuche, meine persönlichen Probleme durch die Arbeit zu lösen – ich versuche, die gleiche Befriedigung, die ich von Freundschaften, Liebe usw. haben möchte, in der Arbeit zu finden. Seit einigen Jahren versuche ich, mein Leben auf einen Nenner zu bringen, d. h. meine Arbeit so organisch, natürlich und leicht zu machen, wie es bei den anderen Unternehmungen im Leben ist (oder sein sollte). Anderseits habe ich versucht, nach dem Konzept der Antiautorität zu leben, mit dem Ziel, aus mir selbst ausbrechen zu können und meine Fähigkeiten nicht durch Disziplin zu erweitern, sondern durch das Aufgeben von Gewohnheiten und früheren Disziplinen. Außerdem ist es eher möglich, mit anderen antiautoritär zu sein, wenn man mit sich selbst antiautoritär ist. Aber es geht nicht. Mein Leben ist vollkommen durcheinander. Ich mag mich selbst nicht mehr. Ich bin mit meiner Arbeit unzufrieden. Anstatt die Grenzen des Egos zu überschreiten, werde ich immer mehr darin verwickelt. Offensichtlich bin ich auf dem falschen Wege. Vielleicht ist Disziplin doch die Antwort. Vielleicht sollte ich Kunst und Leben trennen. Vielleicht muß ich aufhören, mich gehenzulassen, und mich ein bißchen zusammenreißen. Aber das klingt altmodisch und einfältig. Ich weiß nicht. Grotowski hat irgendwas, aber es könnte etwas grundsätzlich Polnisches sein und nicht übertragbar. Ich kann verstehen, daß man Kunst und Leben hier trennt, weil das Leben deprimierend ist.

Michael

GASTSPIEL VON GROTOWSKIS THEATER-LABORATORIUM IN DER NEW YORKER PEACE CHURCH, 1970

Tote sprechen über ihr Leben
Probe Open Theatre

OPEN THEATRE: VOR DER PROBE

Ein schäbiges Geschäftshaus auf der 14. Straße, das aussieht, als sollte es abgerissen werden. Das Treppenhaus ist ausgebrannt, man tastet sich mühsam bis in den dritten Stock. Nichts. Wieder zurück auf die Straße: Die Nummer stimmt. Man entdeckt einen Fahrstuhl, der zu funktionieren scheint. In der Decke ist ein großes Loch, Öl tropft von dort auf den Boden, man kann in den Schacht sehen. Man steht plötzlich in einer riesigen Loft. Leute gehen durch den Raum, ordnen Dinge, eine Spielfläche ist abgegrenzt, Neonlicht. Ein paar Matratzen am Boden, auf denen einige Zuschauer sitzen. Man trinkt Kaffee aus Pappbechern.

10:30-12:00	Warm-up (Daniel Nagrin)
12:00	Stimmübungen (nach Grotowski)
12:30	Diskussion der letzten Probenergebnisse
13:00	Probe *Terminal (Endstation): Tote sprechen über ihr Leben – Tote sprechen von Toten.*

Der Fahrstuhl bringt ein paar neue Leute. Es ist vormittags, Theaterhandwerk, Theater ohne Aura. Die Verabredung ist klar: Wer hierher kommt, macht entweder etwas oder er schaut zu. Das Thema Verfremdung entfällt. Hier wird Theater gemacht, wir schauen zu, unsere Kontinuität bleibt ebenso gewahrt wie die der Spieler.
Konzentrationsübung: Alle stehen im Kreis und versuchen ihren Atem in den gleichen Rhythmus zu bringen. Die Spieler sehen sich an, die Konzentration teilt sich mit, und die Zuschauer werden leise. Die Spieler schließen die Augen. Man hört nur noch einen Atem. Die Spieler lösen sich und stellen den Tod mit dem Gesicht allein dar. Chaikin bricht diesen Versuch ab, man spricht darüber. Offenbar hat die Übung nur alte Erfahrungen wiederholt.
Neue Konzentration: Einzelne Spieler lösen sich und verlassen die Spielfläche. Einige wenden sich ans Publikum: *We come among the dying to call upon the dead.* Variationen, der Text wird gesungen, geschrien, geflüstert, gestöhnt, rhythmisch gesprochen, laut, leise, überlappend. Übergang in die Beschreibung von Sterbenden: *Ich sah einen, dessen Oberkörper völlig zerfetzt war! Das Rad trennte seinen Rumpf in der Mitte durch! Er wurde durch die Luft geschleudert, und als er auf den Boden prallte, war er schon tot...* Entsetzte Gesichter, Schmerz. Text: *Wir sind hier in dieser Loft, wir versuchen uns vorzustellen, wie der Tod ist.* Die Erzählungen gehen über in

Darstellung: Man sieht jemanden ersticken, erwürgt werden, man erkennt schließlich nur noch Tod, keine besondere Art des Todes, sondern einfach: Tod.
Plötzlich stehen alle Spieler frontal zum Publikum, sie sprechen Fetzen von Gebeten Sterbender, Singsang, Schreie, Weinen, Haareraufen. Assoziationen. Ein Rhythmus dringt durch: Einer schlägt mit einem Bambusstock an eine Säule. Ein Toter wird für das Schauhaus vorbereitet: Schminken unter Kichern und Lachen, fast erotisch, aber alltäglich, der Tod als Beruf, der Tod ist alltäglich. Eine Spielerin versucht seit einiger Zeit einen Satz zu formulieren, der unter Stottern, Würgen, Zögern, Herumirren der Stimme nicht herauskommen kann. Sie kann die Laute nicht mehr formen, der Körper versucht zu helfen, sie windet sich, die Schwierigkeit, sich zu artikulieren, wird zum Bild (Assoziation: der Monolog von Lucky in *Warten auf Godot*). Am Ende kann man sich die Wortfetzen selbst zusammensetzen: *...um ihm ein lebensechtes Lächeln zu geben.* Die Szene wird überlagert von dem Satz: *We come among the living to call upon the dead.* Eine Lebensgeschichte wird erkennbar: *An meinem ersten Geburtstag bekam ich 2 Jäckchen, an meinem zweiten Geburtstag bekam ich ein Höschen, an meinem dritten Geburtstag bekam ich eine Puppe, an meinem vierten Geburtstag bekam ich ein Steiftier... an meinem sechzehnten Geburtstag bekam ich einen Scheck, an meinem siebzehnten Geburtstag bekam ich einen Scheck, an meinem achtzehnten Geburtstag bekam ich einen Scheck...*
Auf einer Bahre liegt eine nackte Frau. Sie ist tot. Der Raum wird gefegt, geschrubbt, die Bahre wird weggeschoben, die Leiche wird geschrubbt, die Bahre zurück an die alte Stelle, die Leiche gerieben, der Boden, die Bahre, die Leiche, alles muß sauber sein. Der Boden ist plötzlich übersät mit Sterbenden, mit Toten: Würgen, Röcheln, Jammern, Sterben. Es wird aufgeräumt: Ein Kleiderständer wird hereingefahren, zwei Männer in Schlächterschürzen sammeln die Leichname auf und hängen sie an den Füßen, Armen, Beinen über die Kleiderstange – Schlachthof, das Vieh wird rausgefahren. Die Spielfläche ist leer. Eine unwirkliche Stimme: *Optimismus ist schöpferische Aktivität. Laßt uns nicht nur das Dunkle sehen! Dies ist deine letzte Chance, angesichts des Todes dein Leben zu ändern!* Die Texte überlagern sich, gleichzeitig, nebeneinander, ineinander, lauter, leiser, die Körper nehmen das auf, verschlingen sich ineinander. Daraus entstehen Einzelszenen, mindestens 5 gleichzeitig. Texte: *Die Sache war die / ich konnte nicht / ich ging die Straße hinunter / ich wollte eigentlich / weil ich nämlich niemals / und da war dieser Menschenauflauf / wenn ich nämlich damals schon / hallo / kannst du mich erkennen / ich bin doch Lara / deine Tochter / und da lag diese zerfetzte Leiche / von der Küche aufs Klo und vom Klo ins Wohnzimmer / also, ich verstehe dich nicht / genug, Ralph, das ist genug davon / vom Wohnzimmer in die Küche und von der Küche aufs Klo / ich kann dich nicht erkennen / aber ich bin doch Lara / deine Tochter.*
Man glaubt sich dauernd an den Text zu erinnern: War das heute früh, in einer anderen Szene, oder hat man das wirklich erlebt? Wann? Gestern, als der alte Neger den Schlaganfall in der U-Bahn bekam? Wann war ich das letzte Mal im Altersheim – war ich doch überhaupt noch nicht, oder? Plötzlich do-

miniert eine Stimme: *Den Ozean kannst du nicht töten.* Der Text wird aufgenommen, reflektiert, gespiegelt. Dunkel.
Hell. Man trinkt Kaffee aus Pappbechern, es ist vier Uhr nachmittags, die Schauspieler versammeln sich um Joe Chaikin, man spricht über die Probe, über die neuen Versuche und über die Verbesserungen der alten. Einer hat ein Buch über die Bedeutung des Todes mitgebracht: C. G. Jung. Die Zuschauer gehen langsam oder stehen in Grüppchen und sprechen – über den Tod, wie sich die Bilder unmerklich aus den Übungen abgelöst haben...
Auf der 14. Straße grelle Sonne, man sieht unendlich viele Gesichter, *die Sache war die / ich konnte nicht / ich ging die Straße runter / da war dieser Menschenauflauf...*

Open Theatre

Transformationen

Transformationen bezeichnen eine bestimmte schauspielerische Improvisationstechnik, die im Film und im Theater in verschiedener Art bereits benutzt wurde. Transformationen, wie sie das Open Theatre versteht, wurden zuerst von Paul Sills am Second City in Chicago eingesetzt und vom Open Theatre weiterentwickelt.
Die Transformations-Technik des Open Theatres ist die spontane, augenblickliche und dauernd wiederholte Veränderung von Rollen-, Situations-, Zeit- und Objektbezügen. Aus einer gegebenen Realität und den gegebenen Umständen entsteht durch eine Assoziation eine neue Realität, die ebenfalls wieder zerstört und in eine andere Realität umgeschaffen wird. Es gibt einen dauernden Wechsel, in dem eine Realität eine andere ersetzt. Eine Szene folgt der anderen, aber sie entsteht nicht logisch aus ihr; sie besteht getrennt und ohne die Notwendigkeit einer organischen Entwicklung. Es gibt kein folgerichtig fortlaufendes Ganzes, in dem die verschiedenen Einheiten durch Interrelationen verbunden sind.
Diese realistische Improvisationstechnik des Open Theatre ähnelt in ihrer Struktur und in ihren Regeln dem Kinderspiel, bei dem Objekte und Beziehungen spontan transformiert werden.
Die Transformationen verändern nicht nur die realistische, organische Struktur der Szenen, sie heben auch die Rollenidentifikation auf. Die Rollen sind nicht abgeschlossen, sondern werden fortwährend gebrochen. Der Schauspieler muß seine Rolle in neuer Weise aufbauen; er definiert sie durch seine sichtbaren Handlungen, die verschiedene Aspekte einer Erfahrung zeigen. Der Zuschauer kann den Schauspieler nicht wie gewöhnlich durch seine Rolle identifizieren, da er sich dauernd verändert. Beide, Zuschauer wie Schauspieler, müssen erkennen, daß sich unterhalb der Rolle, mit der sich eine Person identifiziert und mit der sie versucht, sich ein gleichbleibendes Image zu erhalten, verschiedene andere, höchst widersprüchliche Elemente verbergen. Die Transformationen sind Dramatisierungen dieser Elemente, an denen die vielschichtigen Beziehungen aufgezeigt werden. Die Transformations-Technik des Open Theatres ist eine bewußte Absage an ein Theater, das sich darauf beschränkt, mögliche Lebenserfahrungen methaphorisch zu rekapitulieren. Die Transformationen wirken wie Kaleidoskop-Effekte. Sie gehen davon aus, daß die Realität vielschichtig ist und sich dauernd verändert. Transformationen sind ein "theatralischer Kubismus".

Megan Terry

Interview

Politisches Theater

Wir leben wieder in einer Phase der Unterdrückung, geradeso wie zu Beginn der Eisenhower-Ära. Deshalb schreibe ich politische Stücke. Ich denke, daß die Unterdrückung noch zunehmen wird und daß wir noch härter kämpfen werden müssen, weil sie alle unsere Helden umgebracht haben. Obwohl es junge Menschen gibt, die bereit sind zu kämpfen – und ich hoffe, daß es genug sind –, haben sie es geschafft, über die Hälfte der Black Panthers ins Gefängnis zu werfen und die meisten ihrer Führer umzubringen. Die Panther und die Jugend sind da, weil die Unterdrückung einen stärkeren Widerstand herausgefordert hat. Während Johnson an der Macht war, haben wir gegen Marshmallows gekämpft, aber jetzt sind wir zum äußersten entschlossen. Die Fronten sind klar. Ich wurde radikalisiert, als ich siebzehn war, ich hatte nichts zu verlieren.

Transformationen

Ich kam sehr früh zur Körperlichkeit im Theater, weil mein Neffe einer der ersten war, der in dieser Richtung Kindertheater machte (*creative dramatics for children*). Ich machte meinen Universitäts-Abschluß in Pädagogik. Danach gab ich vormittags Unterricht und hatte am Nachmittag meine Theatergruppe. Mein Neffe unterrichtete mich in Kindertheater, und ich versuchte das mit dem zusammenzubringen, was ich von Stanislawski wußte. Was dabei herauskam, war sehr körperbetont. Manchmal kommen Leute und fragen mich, woher mein Stil kommt und was der Begriff Transformation bedeutet. Das ist sehr einfach: Es ist nichts anderes als das, was die Kinder machen, wenn sie spielen. Aber wenn man es mit Erwachsenen macht, bekommt es eine ganz neue Richtung. Mein erstes Stück beschäftigte sich damit, wie Kinder miteinander spielen und wie sich untereinander benehmen. Eigentlich schrieb ich das Stück, weil mir das sogenannte Kindertheater zum Halse heraus hing, diese Art von moralisierenden Märchen. Das Stück hieß *Am Meer,* und wir ließen keine Erwachsenen ins Theater, nur Kinder und Teenager. Den Kindern gefiel es sehr gut, aber wenn wir die Erwachsenen hereingelassen hätten, wären wir von der Polizei geschlossen worden.

Open Theatre

Als ich nach New York kam, stellte ich fest, daß meine Ideen und Stücke viel fortschrittlicher waren als das, was damals in New

Megan Terry

aus: Viet Rock, A Folk War Movie

Aufführungsnotizen: *Viet Rock* wurde in meinem Samstags-Workshop im Open Theatre entwickelt. Es entstand aus Improvisationen, kombiniert mit der Erforschung von Schauspieltechniken, die Joseph Chaikin in seinem Montags-Workshop begonnen und perfektioniert hatte.
Wir benutzten das Material, mit dem uns jeden Tag das Fernsehen und die Zeitungen bombardierten. Wir erstellten persönliche Geschichten und versuchten, an die Wurzeln unserer Triebe von Wut und Aggression zu gelangen. Ich fühlte, daß wir, um die Bestürzung, die Scham und die Verwirrung, die dieser Krieg geschaffen hat, zu behandeln, unsere negativen Gefühle, Triebe und Phantasien erforschen mußten. Ich arbeitete daran, diese Qualitäten zu enthüllen, und brachte sie dann in eine Form.
(Wenn das Licht hell wird, sieht man die Schauspieler im Kreis auf dem Boden liegen. Ihre Körper, ihre Köpfe nach innen, bilden eine gigantische Blume. Was in den ersten 10 Minuten auf dem Boden passiert, sollte den Charakter einer freien Gruppen-Assoziation annehmen, ein gemeinschaftliches Zurückrufen vergangener Schauplätze und Ereignisse darstellen. Kinderspiel-Material, besonders aus Kriegsspielen, sollte an die Oberfläche steigen und sich in Geräuschen entladen, Geräuschen von Waffen, Pferden, Tanks, Flugzeugen, Gewehren, Truppen, Befehlen, Märschen etc. Der Tenor der Geräusche sollte der einer fröhlichen Begeisterung und eines imaginativen Ringens sein, eine beängstigende Situation zu überkommen. Die Geräusche sollten sich bis zu einem Höhepunkt steigern. Wenn die explosiven Geräusche abklingen, sollten die Schauspieler zur Mitte kriechen. Sie reden babbelnd zueinander und stehen, sich an den Händen haltend, langsam zusammen auf. Beim Aufstehen fangen sie an, sich im Kreis herumzubewegen. Wenn sie sich fast aufgerichtet haben, sollte sich der Kreis gemeinsam auf und nieder bewegen. Wenn ein Höhepunkt erreicht ist, sollte der Kreis zerbersten, die lachenden Schauspieler über den Boden schleudernd.
Hier findet eine sofortige Transformation statt. Die männlichen Schauspieler werden zu Neugeborenen, und die weiblichen Schauspieler werden zu Müttern. Die Frauen spielen mit ihren Babys. Die Frauen fangen an, die Männer liebevoll auszuziehen, bis alle Männer bis auf ihre Shorts ausgezogen sind. Der Schauspieler, der den Sergeanten spielt, springt auf und brüllt: ACHTUNG! Die Männer springen auf und formieren sich in Reihen für die Armee-Untersuchung. Einige Frauen

werden zu kalten, unpersönlichen Ärzten. Zwei Frauen sitzen auf Stühlen dem Publikum gegenüber. Wenn ein Mann sein "Okay" bekommt, sehen sie einen Zuschauer an und verkünden: U. S. Regierungs-Behördlich Geprüfter Mann! Die Männer in den Reihen springen zu 2 Ärzten. Den Männern wird befohlen, zu springen, zu husten und sich vorzubeugen, während sie ihre Spritzen bekommen. Wenn sie sich vorbeugen, versetzen ihnen die beiden Ärzte einen Schlag. Beim Geräusch des Schlages machen die Frauen, die ins Publikum sehen, ihre Ansage.)
ÄRZTE: (singen) Springen husten beugen.
MÄNNER: (singen) Stecht ihn in den Arm,
Stecht ihn in den Hintern. (Wiederholung)
FRAUEN: (singen) U. S. Regierungs-Behördlich Geprüfter Mann!
ÄRZTE: (singen) Springen husten beugen.
MÄNNER: (singen) Stecht ihn in den Arm,
Stecht ihn in den Hintern. (Wiederholung)
FRAUEN: (singen) U. S. Regierungs-Behördlich Geprüfter Mann!
ÄRZTE: (singen) Springen husten beugen.
MÄNNER: (singen) Stecht ihn in den Arsch
Und seht ob er geheilt ist. (Wiederholung)
ÄRZTE: (singen) Springen husten beugen.
FRAUEN: (singen) U. S. Regierungs-Behördlich Geprüfter Mann!
MÄNNER: (singen) SCHÜTTELT SEINE EIER
Und seht ob er sich ergießt. (Wiederholung)
ÄRZTE: (singen) Springen husten beugen.
MÄNNER: (singen) Springen husten beugen,
Stecht es in den Arm
Aber am Ende werd' ihr's kriegen. (Wiederholung)
FRAUEN: (singen) U. S. Regierungs-Behördlich Geprüfter Mann!
(Zwei Mütter warten in einem Cafe auf ihre Söhne, die gerade zur Einberufung untersucht werden. Sie spielen ihre Szene sehr groß, sehr schnell, an der Seite der Bühne in hellem Licht. Es setzt ein leiser Trommelschlag ein.)
FRAU SHERMAN: (nervös und unruhig; um ihre Spannung zu lösen, versucht sie, eine Unterhaltung anzufangen) Ach, wissen Sie, wie spät es ist?
FRAU COLE: (kalt) Ja.
FRAU SHERMAN: Das ist nett.
FRAU COLE: Da ist eine Uhr an der Wand.
FRAU SHERMAN: Oh, da ist sie. Ich habe sie nicht gesehen. (Frau Cole zuckt die Schultern und wendet sich ab. Frau Shermans Spannung wächst.) Es ist ein langes Warten. (Frau Cole wirft ihr einen Was-zum-Teufel-willst-du-Blick zu. Frau Sherman nickt.) Das Warten dauert so lange in dieser kurzen Zeit. (Frau Cole wendet sich ab.) Ich kann's nicht aushalten, an ihn zu denken, wie er drinnen mit all den anderen behandelt wird wie ein Stück Fleisch. (Frau Cole wendet sich noch stärker ab.) Wie alt ist Ihr Junge?
FRAU COLE: Wie bitte?
FRAU SHERMAN: Ihr Sohn?
FRAU COLE: Was?
FRAU SHERMAN: Ich, oh, Verzeihung, ich dachte, Sie würden auf Ihren Sohn warten, wie ich.
FRAU COLE: Ich trinke Kaffee.
FRAU SHERMAN: Es tut mir leid, aber ich bin nervös. Sind Sie nicht nervös?
FRAU COLE: Warum sollte ich nervös sein?
FRAU SHERMAN: Also, wenn ihr Sohn gerade in dieser Minute von der Armee untersucht würde, wären Sie da nicht nervös?

York üblich war. Ich brauchte zehn Jahre, bevor irgend jemand sich für meine Stücke interessierte. Schließlich wurde eines meiner Stücke bei der Playwrights Unit gemacht – es war ein Desaster. Aber Joe Chaikin und Michael Smith waren im Publikum. Sie mochten das Stück und sagten, daß sie eine Gruppe aufmachen wollten, weil sie nicht so arbeiten konnten, wie sie wollten. So entstand das Open Theatre. Ich hatte einen eigenen Workshop, aus dem dann später *Viet Rock* entstand. Wir brauchten sechs Monate, weil wir nur einmal in der Woche arbeiten konnten. Jeder hatte nebenbei irgendeinen Job und bezahlte fünf Dollar als Beitrag für die Unkosten des Probenraumes. Am Anfang waren wir ungefähr zwölf oder fünfzehn. Nach und nach kamen andere und fragten, ob sie mitmachen könnten. Heute gibt es über hundert Gruppen in New York, aber das wurde erst

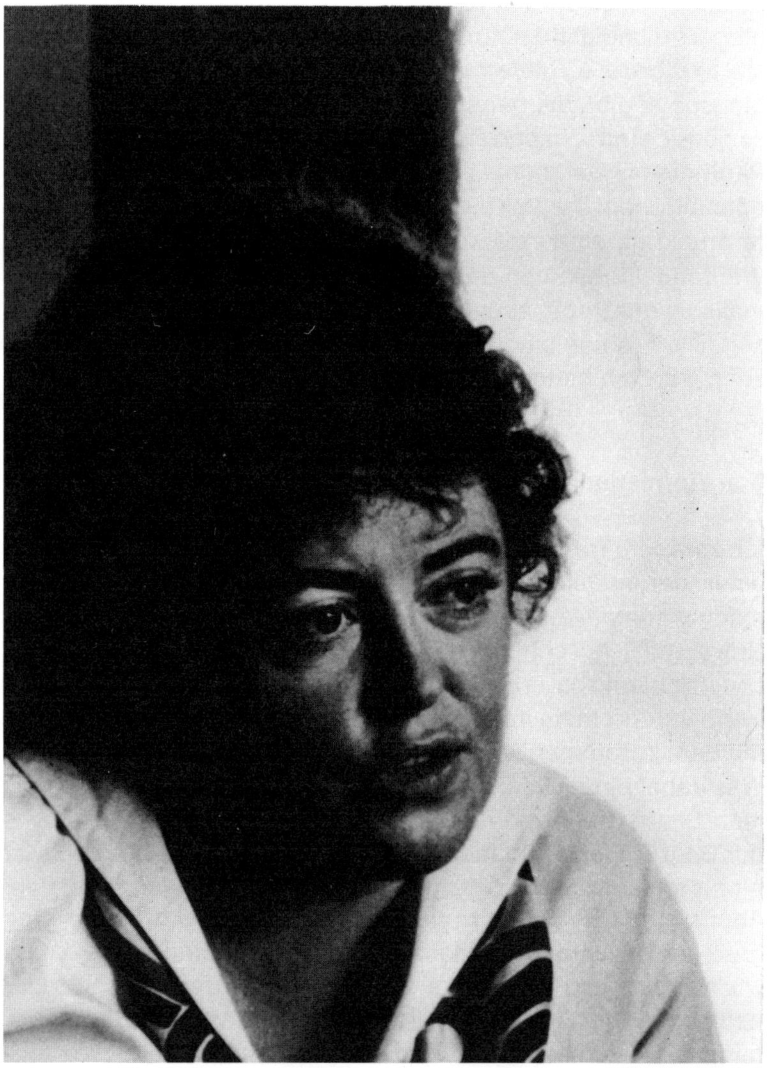
MEGAN TERRY

in den letzten fünf Jahren so. Es ist der einzige Weg für einen Schauspieler, sein Handwerk auszuüben: Es gibt auf dem Broadway ungefähr dreihundert bezahlte Stellen, und auf den Straßen laufen ungefähr 20000 Schauspieler herum. Ein Maler braucht nur einen Raum und ein paar Farben und kann dann allein arbeiten. Theater ist eine Gemeinschaft, und man braucht alle möglichen Leute, um es zu tun. Im Open Theatre haben wir ungefähr zwei Jahre gearbeitet, bevor wir irgend etwas vorzeigten. Wir arbeiteten frei, bis wir fanden, daß wir ein Stück hätten, das wir einem Publikum zeigen könnten.

Stückschreiber

Ich schreibe meine Stücke nicht im Elfenbeinturm. Ich erarbeite sie zusammen mit anderen Menschen. Ich baue ein Stück mit ihnen zusammen auf, eher wie ein Choreograph als ein Dichter im herkömmlichen Sinn. Schauspieler sind Mitarbeiter und nicht Puppen. Sie haben so viele Ideen, wenn man es fertigbringt, eine Umgebung zu schaffen, in der sie sie frei äußern können. Außerdem ändern sich die Menschen, die Schauspieler werden, mehr und mehr. Der Typ von Schauspieler, der nur wild darauf ist, sich selber auszustellen, wird immer seltener.

Massenkunst

Theater war immer eine Kunst für eine Minderheit. Der Zirkus oder das Musical sprachen die Massen an, bis das Kino kam: Dies ist nun wirklich etwas für das große Publikum. Aber das Theater war immer sehr klein, und zwar deshalb, weil es immer eine Art Forschungsstadium war. Die Dinge wurden da durchgefiltert, bis sie schließlich zu einer Sache für das große Publikum wurden. Ich glaube, nur ungefähr 2 % der Stadtbevölkerung in den Vereinigten Staaten gehen überhaupt ins Theater. Das Straßentheater und das Theater in den Parks versuchen das zu ändern. Manchmal kommen Menschen, die meine Stücke gesehen haben, werfen sich mir in die Arme und danken mir für eine Erfahrung oder für irgendwas, das sie durch mich gelernt oder begriffen haben. Ich glaube, ob das, was man tut, wichtig ist, läßt sich nicht allein an der Zahl der Menschen ablesen, die man erreicht. Wenn der FBI kommt und eine Vorstellung von *Viet Rock* auf Tonband aufnimmt, dann bedeutet das, daß wir nicht nur unser Publikum erreicht haben, sondern die Politiker ebenso.

Die Bewegung

Seit die neue Regierung da ist, haben manche Menschen einfach abgeschaltet. Sie kehren der Hoffnung den Rücken und wenden sich der Dekadenz zu. Sie machen Sex-Stücke und Pornographie, einfach, weil sie nicht wissen, wo es lang geht. Aber dann gibt es Menschen, die versuchen, wirklich etwas zu tun. Leute aus ganz Amerika schicken mir politische Stücke. Ich war beim Festival in Nancy, mit der Firehouse Company aus Minnesota. Wir trafen dort Menschen aus der ganzen Welt, und es sieht so aus, als ob es wirklich so etwas wie eine Bewegung gibt. Leute, die die Gesellschaft beobachten und ihr Leben im Theater leben wollen, nicht für einen Ego-Trip, sondern weil sie das Theater und die Gesellschaft von Grund auf ändern wollen. Es gibt so etwas wie eine Underground-Bewegung auf der ganzen Welt.

FRAU COLE: Er wird.
FRAU SHERMAN: Aber Sie sagten doch, Sie würden nur Kaffee trinken.
FRAU COLE: Mach ich. (Frau Sherman sieht sie verwirrt an.) Sie werden ihn nicht nehmen.
FRAU SHERMAN: Ist mit ihm was nicht in Ordnung?
FRAU COLE: Es ist alles in Ordnung mit ihm. Er ist vollkommen.
FRAU SHERMAN: Oh, wirklich?
FRAU COLE: (sieht auf die Uhr) Er muß jeden Augenblick hier sein. Sie werden nicht lange brauchen, um sich zu entscheiden.
FRAU SHERMAN: Sie haben Beziehungen, ja?
FRAU COLE: Sie würden meinen Laird nicht nehmen. Er wäre untauglich im Dschungel.
FRAU SHERMAN: Ich weiß, daß sie meinen Ralphie nehmen. Ich weiß es genau. Er hat 50 Stützpunkte für unsere Feuerleiter gebaut. Er weiß alles über den Bau von Stützpunkten.
FRAU COLE: Das wird gelegen kommen.
FRAU SHERMAN: Er wird die Freiheit Ihres Sohnes schützen.
FRAU COLE: Einige müssen gehen.
FRAU SHERMAN: Er wird für Ihren kleinen Jungen kämpfen.
FRAU COLE: Die Starken müssen die Schwachen schützen. (Frau Cole blickt auf und sieht ihren Sohn auf sich zukommen.)
LAIRD: He, he, he, M-M-M-M-Mammi.
FRAU COLE: Laird. Was zum Teufel hast du denn an?
LAIRD: Ich bin ich bin ich bin ich bin...
FRAU COLE: Nein.
LAIRD: Ja.
FRAU COLE: Sie würden niemals.
LAIRD: (lächelnd) M-M-M-M-M-Mammi, ich binnnn ein ganzer Am-Am-Am-Amerikaner.

Megan Terry

aus: Jack-Jack

Ein nichtlineares Musical

Es waren einmal sechs Jungen und Mädchen der neuen Generation, die aufhörten, die Gesellschaft zu lieben, in der sie lebten. Die einzigen Waffen, die sie hatten, um diese Gesellschaft zu bekämpfen, waren ihre Jugend, ihre Leidenschaft, ihre Ehrlichkeit und ihr Stil. Aber diese Waffen waren nicht genug, denn ihre Widersacher hatten Gewehre und Geld und Clubs und Dosen mit giftigen Gasen. Und deshalb flohen diese jungen Leute und wurden gejagt. Aber niemand konnte sie finden – sie waren in ein anderes Land entkommen. Und dieses Land war in ihren Köpfen. Aber sie fühlten sich auch hier dauernd vom Druck der Gesellschaft verfolgt, und die beste Art, ihre neue Freiheit zu schützen, war, diese Macht und diesen Druck in einer bestimmten Figur zu vereinigen. Und sie nannten sie Jack-Jack. Die sechs begannen gegen Jack-Jack zu kämpfen, diesen erschreckenden und verführerischen Giganten. Jack-Jack ist der Establishment-Gigant: jetzt fürchterlich, jetzt freundlich, jetzt böse und – immer da. Er ist so riesig, daß er nicht als eine Gesamtfigur gesehen werden kann. Er erscheint auf vielfache Weise: ein gigantisches Auge, eine Faust, ein Mund, der über Verstärker spricht.

EIN SONG VON JACK-JACK: BREAK THEIR HEADS

I steal their memos and
Memorize their manifestos
I know everything they know
And what they know must go.
The profile of their life-style
Is my evidence
I'll break their heads or bring them
Home to common sense.

EIN SONG VON JACK-JACK: THE UPSTART YOUNG

No longer can we allow bourgeois forms to be fucked
By the upstart young
Who seem to be increasingly well-hung.
But it's long past the time when we should have begun
To stop succumbing to being sucked
Into the morass
Of this youthful ass –
Inine behavior.

I, dear friends, have come forward
To offer myself as your savior.
Relax into Jack-Jack's flavor,
Jack-Jack the savior.
Fe Fum Fo Fly

I am the smoke of your spectacular high
Fe Fum Fo Moo
Everything I lay on you is absolutely true.

EIN SONG DER NEUEN GENERATION: WE ARE BLESSED

We are blessed
We are blessed
We are dressed
But not for long
First we're going inside our heads.

We are meshed
We're caressed
We are dressed
But not for long
First we're going underground.

AL NOV.17
L POLITICAL
PRISONERS!
L NOV.17
POLITICAL
RISONERS!
100 CENTRE St
N NYC

T. Roszak

The Making of a Counter Culture

Wir nennen es *Erziehung, Lebendigkeit des Bewußtseins,* die *Suche nach der Wahrheit.* Aber es handelt sich um die Anpassung der Jugend an die Bedürfnisse unserer verschiedenartigen barocken Bürokratien: körperschaftlich, staatlich, militärisch, gewerkschaftlich, pädagogisch.
Wir nennen es *Freie Marktwirtschaft.* Aber es ist ein weitgehend restriktives System von oligopolitischer Marktmanipulation, verbunden mit der größten Rüstungsschiebung in der Geschichte durch institutionalisierte Korruption, und dazu bestimmt, die Menschen zu verdummen, indem es sie in eine Herde von zwangsunterworfenen Verbrauchern verwandelt.
Wir nennen es *Kreative Freizeitgestaltung.* Fingermalerei und Keramik in der Volkshochschule, Urlaub in tropischen Ländern, ausgedehnte sportliche Ausflüge in die fernen Berge und zu den sonnigen Stränden der Erde. Aber das ist wie unser sexuelles Verlangen ein aufwendiger Zusatz für karrieresüchtige Höchstleistung: die Belohnung, die dem zuverlässigen Lohnarbeiter zufällt.
Wir nennen es *Pluralismus.* Aber es handelt sich um Staatsbehörden, die das Recht der eigenen Meinung für jedermann feierlich versichern und das dann als Ausrede benutzen, um lästige Kritik ignorieren zu können. In einem solchen Pluralismus werden kritische Meinungen zu rein privaten Gebeten, die auf dem Altar einer inkonsequenten Auffassung von Redefreiheit geopfert werden.
Wir nennen es *Demokratie.* Aber es handelt sich um eine Wahl entsprechend der öffentlichen Meinung, wobei eine willkürlich zusammengestellte Gruppe von Musterpersonen aufgefordert wird, entweder mit dem Kopf zu nicken oder ihn zu schütteln als Antwort auf das Angebot einer Reihe von vorfabrizierten Alternativen, die sich normalerweise herleiten von den *faits accomplis* derer, die die Entscheidungen machen, die die Wahl immer so manipulieren können, wie es ihnen von größtem Nutzen ist. Wenn zum Beispiel 80 % meinen, es sei ein Fehler, daß wir uns überhaupt in Vietnam engagiert haben, 51 % aber befürchten, wir würden unser Prestige verlieren, wenn wir uns jetzt zurückzögen, dann ist das Volk befragt worden, und der Krieg geht weiter mit seiner Zustimmung.
Wir nennen es *Debatte.* Aber es handelt sich um geplante und inszenierte Gefechte von gleichermaßen unbeteiligten Kandidaten, säuberlich darauf zugeschnitten, genau dreißig Minuten der besten Sendezeit zu füllen. Das Ziel dieser Übung: ein Image der Kompetenz aufzubauen. Wenn Leute dabei sind, die Fragen stellen, so sind sie sorgfältig ausgesucht und ihre Fragen eingeübt.
Wir nennen es *Regierung, für das Volk, durch das Volk,* konstituiert durch die Zustimmung der Regierten. Aber gerade jetzt schickt irgendwo im Labyrinth der paramilitärischen Organisationen ein Ressortchef, den weder Sie noch ich gewählt haben, Sonderberater zu einem fernen Krisenherd, der das nächste Vietnam sein wird. Und irgendwo in der Tiefe des Ozeans steuert ein Kommandant, den weder Sie noch ich gewählt haben, ein U-Boot, das mit einer Feuerkraft bestückt ist, die in der Lage ist, eine verheerende Verwüstung herbeizuführen, und vielleicht versucht er gerade zu entscheiden – aus Gründen, die weder Sie noch ich kennen, – ob die Zeit gekommen ist, auf den Knopf zu drücken. Das alles heißt *frei* sein, *glücklich* sein, in der *Großen Gesellschaft* leben.
Vom Standpunkt der traditionellen Linken lassen sich die Fehler im gegenwärtigen Amerika, die wir hier genannt haben, leicht erklären, und zwar zu leicht. Die Mißstände kommen einfach aus der unbeherrschten Profitgier. Hinter der manipulativen Täuschung stehen kapitalistische Gangster, die die Gesellschaft um so viel Geld berauben, wie sie bekommen können.
Die Gangster gibt es, und sie sind eine Plage der Gesellschaft. Für eine kapitalistische Technokratie wird Profit zu machen immer der Hauptanreiz und die stärkste korrumpierende Kraft sein. Jedoch selbst in unserer Gesellschaft wird der Profit nicht länger seine Vorrangstellung als deutliches Zeichen eines organisatorischen Erfolgs behalten, wie man vermuten darf, wenn aus keinem anderen Grunde so deshalb, weil unsere größten industriellen Unternehmen jetzt sicher darauf zählen können, daß der Strom des bequemen, hohen Verdienstes nicht abreißen wird.

Jean-Claude van Itallie

Interview

Ich begann zu schreiben, als ich in Harvard war. Ich schrieb zuerst Stücke, nein, eigentlich habe ich, seit ich 12 war, Tagebuch geschrieben. Das ist die Art zu schreiben, die mir am natürlichsten erscheint. In der High School hatte ich schon Theater gespielt, so kam ich mit Theater in Berührung, und das schien mir alles sehr aufregend zu sein. Ich kam nach New York, zog häufig um, hatte eine Menge Jobs und all das. 1963 wurde dann zum ersten Mal ein Stück von mir aufgeführt, und zwar *War* in der Playwrights Unit.

Hattest du irgendwelche Vorbilder?

Eigentlich nicht, jedenfalls nicht, als ich anfing. Ich wollte einfach Stücke schreiben, aber ohne darüber viel nachzudenken, war ich wohl von Shaw, Ibsen, vielleicht Tschechow beeinflußt. Ich schrieb ziemlich konventionell, eine Art – sagen wir – mittelmäßiger Stücke. Und dann, ungefähr 1962, wurde ich durch irgendwas verändert, ich weiß nicht, was. Ich erinnere mich nur – ich schrieb damals das, was später der Teil *Motel* in *America Hurrah* wurde –, daß ich sehr stark von Artaud beeindruckt war, den ich damals las. Damals war es noch nicht Mode, Artaud zu lesen; jedenfalls überwältigte er mich ziemlich. Aber ich glaube nicht, daß man wirklich sagen kann, wer einen alles beeinflußt hat.

In der Zeit mußt du doch auch mit dem Open Theatre in Kontakt gekommen sein?

Ja, das stimmt – nein, ein bißchen später erst. 1963 war ein sehr wichtiges Jahr: für die ganze Bewegung, für mich und überhaupt für die meisten meiner Generation. Die ersten 5 Jahre, die ich nach Harvard in New York war, war das hier im Bereich der Kunst wie eine Wüste. Man konnte nichts außer dem konventionellen Zeug machen.Es gab zwar schon das Cino damals und die Judson Church, La Mama hatte gerade angefangen. Irgendwie jedenfalls scheint mir 1963 das entscheidende Jahr gewesen zu sein.

Was war denn damals hier politisch los?

Nichts, die ganze politische Sache hatte damals noch nicht angefangen. Ich meine, das ganze Land hat sich seitdem so ungeheuerlich verändert. Alles, was es heute gibt, war damals einfach noch nicht existent, oder vielleicht fing es gerade ganz klein an. Also, wie ich sage, das Open Theatre war auch für mich persönlich, für meine ganze persönliche Entwicklung, sehr wichtig. Während wir da mein erstes Stück machten, schrieb ich auch Sachen fürs Fernsehen, und dadurch besserte sich meine Situation, was das Geld anging. Damals hatte das Open Theatre eine Loft in der 24. Straße; ich ging da hin, und das wars eigentlich. Meine Verbindung mit dem Open Theatre war seitdem mal lokker, mal fest. Es ist sehr, sehr fruchtbar für einen, der Stücke schreibt, mit einer Gruppe wie dieser zusammenzuarbeiten – bis zu einem gewissen Punkt: nämlich dann, wenn man zu sehr in

Jean-Claude van Itallie

aus: The Serpent

King-Kennedy-Ermordung: Im Hintergrund der Bühne als Halbkreis die jubelnde Menge. Vier Schauspieler – 2 Männer und 2 Frauen – sitzen auf 4 Stühlen oder, wenn die Bühne eine genügende Schräge hat, auf dem Boden als Hauptfiguren bei der Ermordung des Präsidenten John F. Kennedy. Der Gouverneur und seine Frau vorn, der Präsident und seine Frau auf den Rücksitzen, genau wie auf den Bildern in den Zeitungen. Sie winken. Die Menge dahinter wogt von einer Seite zur anderen, täuscht eine Vorwärtsbewegung vor wie ein Film, dessen Hintergrunddekoration am angeblich fahrenden Wagen vorbeigezogen wird. Gleich bei der ersten Bewegung der Menge bleibt eine Figur isoliert stehen: der Mörder. Ein zweiter steht hinter der Menge, er bewegt sich nicht. Alle, außer den vier Leuten im Wagen, stehen dem Publikum frontal gegenüber. Die vier im Wagen schauen ins Publikum, lächeln ihm zu, als wäre es das Volk. Der Vorgang der Ermordung wird in zwölf Phasen unterteilt und läuft ab wie ein Stummfilm in Zeitlupe. Innerhalb dieses Vorgangs geschieht alles so, wie es den Berichten nach tatsächlich geschehen ist.

1. Alle vier winken.
2. Schuß auf den Präsidenten in den Hals.
3. Schuß auf den Gouverneur in die Schulter.
4. Schuß auf den Präsidenten in den Kopf. Die Frau des Gouverneurs zieht ihren Mann nach unten, deckt ihn mit ihrem Leib.
5. Der Präsident fällt zur Seite, an seine Frau.

6. Die Frau des Präsidenten begreift, daß etwas passiert ist, schaut auf ihren Mann.
7. Sie legt ihre Hände auf seinen Kopf.
8. Sie zieht die Knie hoch, um seinen Kopf draufzulegen.
9. Sie blickt zum Vordersitz.
10. Das Entsetzliche wird ihr bewußt.
11. Sie beginnt aufzustehen.
12. Sie beginnt, aus dem offenen Wagen nach hinten zu kriechen und streckt eine Hand aus.

Sofort danach fängt alles von vorn an. Die einzelnen Phasen werden jeweils von Wachposten, die bis zur Rampe nach vorn kommen und da, mit dem Rücken zum Publikum, niederknien, laut ausgerufen. Dann läuft alles ein drittes Mal ab, diesmal rückwärts. Auch das Volk reagiert rückläufig, als würde eine Filmaufnahme dieser Ereignisse rückwärts abgespult. Dann rufen die Wachposten beliebig einzelne Phasen auf, und die Leute aus der Menge, auch die vier im Wagen, nehmen genau die Stellung ein, die sie bei der betreffenden Phase, die aufgerufen wird, innehatten. Der Mörder mit seinem leeren, ausdruckslosen Gesicht hat lediglich bei der zweiten Phase Schießen mit dem Gewehr gemimt. Auch er en face zum Publikum. Die Handlung im Wagen geht weiter und weiter, als ob auch der Ablauf von eins bis zwölf ewig weiterginge – aber jetzt hören wir keine Wachposten mehr schreien. Das Volk, abseits vom Mörder, drängt sich rechts im Hintergrund eng aneinander. Es ruft im Sprechchor und marschiert sehr langsam nach vorn. Doch zunächst verstehen wir nicht, was sie rufen. Der Sprechchor bricht aus in Vokale, dann in Umlaute, in Mittelkonsonanten und Endkonsonanten. Die Menge besteht aus vier Gruppen, jede Gruppe übernimmt einen Teil. Der Sprechchor wird viermal wiederholt; jedesmal wird ein Teil angefügt.

SPRECHCHOR DER MENGE:
Ich habe nichts damit zu tun.
Ich bin nur ein kleiner Mann.
Ich habe nichts dazu zu sagen.
Ich bleibe am Leben.

Dann erstarrt alles auf der Bühne, und die Gestalt ganz hinten spricht ruhig die Worte von Dr. Martin Luther King.

KING:
Obwohl unser Leben umhüllt ist von Nacht,
Habe ich einen Traum.
Er hat mir erlaubt,
Hinaufzugehen auf den Gipfel des Berges.
Und ich habe ins Weite geschaut.
Ich habe das Gelobte Land gesehen.
Ich habe einen Traum,
Daß wir, wie immer,
An der Schwelle eines neuen Morgens stehen,
Und daß wir ihn gemeinsam sehen werden.

Die Menge setzt ihre Sprechchöre fort, baut die weiteren Strophen wie die vorigen auf, aber die Wörter sind noch nicht deutlich zu verstehen. Die Figuren im Wagen setzen ihre Zeitlupenbewegungen fort.

SPRECHCHOR DER MENGE:
Ich habe meine eigenen Sorgen.
Ich bin ein kleiner Mann.
Ich lebe ganz privat.
Ich bleibe am Leben.
Ich bin kein Mörder.
Ich bin kein Präsident.
Ich weiß nicht, wer der Mörder ist.
Ich bleibe am Leben.
Ich bin ganz unpolitisch.
Ich bin gegen jede Gewalt.

die Gruppe hineingerät. Für einen Schriftsteller, der im Wesentlichen allein arbeitet, wird schließlich die Sache mit der Gruppe... ich meine, ich habe eigentlich nur ein Stück richtig mit der Gruppe zusammen entwickelt, und zwar *Serpent*. Es ist sehr schwer für einen Autor, sich der Sache der Schauspieler ganz hinzugeben. Alles in allem war die *Serpent* ein sehr interessantes Experiment: Alle Texte sind von mir, alles, was die Regie betrifft, ist von Joe Chaikin, alles, was das Spiel betrifft, ist von den Schauspielern. Aber es war ein ständiger Austausch von Ratschlägen und Einfällen, eine richtige *Zusammen-Arbeit.* Die Sache war gut, weil das, was dabei herausgekommen ist, gut ist, aber es ist sehr schwierig und manchmal auch gefährlich für einen Schriftsteller, weil man jeden Schritt so genau bedenken muß. Da sind 18 Leute und sehen dich an, so daß du einfach nicht genug Möglichkeiten hast zu suchen und auszuprobieren.

Wie entstand denn zum Beispiel ein Stück wie The Serpent?

Na ja, wie ich schon sagte, die *Serpent* war so was wie eine Kollektivarbeit, und ich hatte so was noch nie vorher gemacht. Zuerst muß ich sagen, daß ich in den ersten zwei Monaten mit der Sache überhaupt nichts zu tun hatte. Ich glaube, es war Joe Chaikins Idee oder die eines Schauspielers, über ein Thema aus der Bibel zu arbeiten, genauer: über die Schöpfungsgeschichte. Und so fingen sie also an. Dazu muß man noch sagen, daß sie sich nicht einfach auf der Straße trafen, sie hatten schon eine Weile zusammengearbeitet und eine Menge Techniken entwikkelt und deshalb ein ganzes Vokabular zur Hand. Sie improvisierten zum Beispiel über die Frage: Wie könnte die Stimme Gottes klingen? Dann hatten sie auch lange Diskussionen darüber, was man überhaupt aus der Schöpfungsgeschichte nehmen sollte. Was davon bedeutet uns heute etwas? Als sie sich darüber einigermaßen klar waren, fingen sie einfach an zu experimentieren, weil man nur bis zu einem gewissen Punkt reden kann, dann muß man etwas tun. Sie gingen dabei so vor, daß sie sich Fragen stellten, etwa: Wie soll die Schlange aussehen? oder: Wie und was versucht die Schlange zu kommunizieren? usw., und dann versuchten sie, die Antworten darauf in ihren Improvisationen zu finden. Als ich dazukam, ungefähr zwei Monate, nachdem sie angefangen hatten, waren bereits eine Menge Improvisationen gemacht worden, hauptsächlich über den Garten Eden. Und dann machte ich das, was ich vorher schon oft getan hatte, nämlich den Improvisationen eine Struktur geben. Wir hatten vorher manchmal Improvisationen strukturiert, um sie einem Publikum zeigen zu können. Und so tat ich eigentlich nichts anderes, natürlich nicht autoritär, sondern wir diskutierten alles. Ich versuchte, dem zu folgen, was sie wollten, und sie änderten und versuchten, das zu machen, was ich mir vorstellte. Damit meine ich nicht, daß ich Worte schrieb, um sie ihnen in den Mund zu legen, sondern ich schrieb eher eine Art Geschichte zu einer nichtverbalen Szene. Und als wir mit dem Garten Eden fertig waren, fragten sie: Was jetzt? Sie hatten schon über Kain und Abel improvisiert und über eine Menge Sachen von heute, die wir alle rauswarfen, weil sie irgendwie nicht dazu paßten. Dann brachte ich diesen Chor der 4 Frauen ein, so daß wir jeweils eine biblische Szene und dann diesen Chor abwechselnd hatten. Auf diese Weise fanden wir die Struktur, wenigstens die des Textes. Damit haben wir noch viel experimentiert und es eigentlich fortwährend verändert bis vor einem Jahr.

Jetzt ist es gedruckt, und andere Gruppen spielen es. Es ist ein Stück geworden.

Was bedeutet Theater überhaupt für dich?

Oh, mein Gott. Also, was mir zuerst einfällt: Leute, aufregend. Wenn ich *Theater* denke, stelle ich mir den physischen Ort vor und die Leute, die da sind, die Schauspieler und das Publikum und die Möglichkeit, daß irgendwas Aufregendes passiert. Ich glaube, der weitaus größte Teil der Zuschauer geht ins Theater, weil es eine Gewohnheit ist, weil man das macht. Für mich bedeutet es eigentlich meistens, daß ich hingehe, um Freunde zu sehen, die dort arbeiten. Ich kenne eine Menge Schauspieler und Regisseure, die in meinen Stücken gearbeitet haben.

Glaubst du, Theater kann ein politisches Mittel sein?

Ja, das glaube ich, aber ich denke meist nicht dran, wenn ich im Arbeitsprozeß bin. Hinterher denke ich: Jetzt könnte ich dazu diese schönen abstrakten Definitionen liefern, die ich in Aufsätzen über dieses Thema schreibe, aber der Arbeitsprozeß selbst ist davon ausgenommen. Ich denke, man versucht zu reflektieren, was um einen vorgeht, der Regisseur macht das und die Schauspieler und der Autor. Und wenn zwischen dem Ergebnis und dem, was das Publikum normalerweise sieht, eine Diskrepanz ist, und wenn das Publikum erkennt, daß du etwas Gültiges ausgedrückt und gesehen hast, dann hast du eine politische Aussage gemacht. Aber das heißt, ich stelle den Effekt fest, es heißt nicht, ich untersuche den Vorgang selbst.

Ich bin sehr betroffen, aber
Ich bleibe am Leben.

Hin und wieder können wir die Worte der Frau des Präsidenten verstehen, die sie bei der zwölften Phase spricht, während sie die Arme ausstreckt.

FRAU DES PRÄSIDENTEN:
Ich habe sein Gehirn in meiner – –

Beim letzten Mal hören wir während des ganzen Sprechchors jede Gruppe der Menge deutlich ihren Teil akzentuieren. Der Mörder, der dem Publikum gegenüber an einer Seite steht und bis jetzt stumm die Angst dessen durchgemacht hat, der selbst erschossen wird, spricht nun mit den anderen deutlich mit.

MENGE UND MÖRDER:
Ich habe nichts damit zu tun.
Ich bin nur ein kleiner Mann.
Ich habe nichts dazu zu sagen.
Ich bleibe am Leben.
Ich habe meine eigenen Sorgen.
Ich bin ein kleiner Mann.
Ich lebe ganz privat.
Ich bleibe am Leben.
Ich bin kein Mörder.
Ich bin kein Präsident.
Ich weiß nicht, wer der Mörder ist.
Ich bleibe am Leben.
Ich bin ganz unpolitisch.
Ich bin gegen jede Gewalt.
Ich bin sehr betroffen, aber
Ich bleibe am Leben.

JEAN-CLAUDE VAN ITALLIE

Was heißt Freiheit für dich?
Na ja, weil ich mich in einer glücklichen Lage befinde, heißt das für mich in erster Linie, mich von meinen eigenen Fesseln zu befreien. Ich glaube, daß ich mir mein eigenes Gefängnis baue: durch meine Denkgewohnheiten, durch das, was ich glaube tun zu müssen, durch meine Schuldgefühle usw. Freiheit heißt für mich Emanzipation von diesen Mustern und Wunschvorstellungen in meinem Kopf. Eine Menge von dem, was uns unfrei macht, besteht nur in unseren eigenen Köpfen, denn rein materiell leben wir in einer unglaublich glücklichen Situation.
Siehst du nicht eine Menge Probleme hier in Amerika?
Ja, natürlich, jeder sieht heute in der amerikanischen Gesellschaft ein riesiges Problem. Sie ist krank, vielleicht sogar mehr als das, es ist wie Krebs und dehnt sich aus, und Europa kann es gar nicht erwarten, diesen Krebs auch zu bekommen. Es ist genaugenommen der Widerspruch zwischen den materiellen Gütern und dem Geist. Wir wissen, daß Amerika gewalttätig schizophren ist zwischen dem, was es sagt, und dem, was es tut und wirklich will. Diese Schizophrenie zeigt sich deutlich in Vietnam und überall sonst. Mein Problem als Schriftsteller ist nicht so sehr, dies alles von den Dächern herab zu verkünden (was ich nebenbei auf Demonstrationen tue, wenn ich mein Plakat trage), sondern ich versuche herauszufinden, wie sich diese Schizophrenie und das alles in mir niederschlägt und wie ich das ausdrücken kann, wirklich das, was in mir vorgeht, zu zeigen.
Du gebrauchst das Wort Kapitalismus gar nicht –
Nein, versuche nicht, mich in irgendeine Art von Doktrin zu pressen. Natürlich hat das alles mit Kapitalismus zu tun, das kann man alles bei Marcuse nachlesen und sonstwo. Man kann herausfinden, was die ökonomischen Ursachen sind, wie diese Ursachen sich auswirken – alles in großen, schönen, abstrakten Worten. Mich interessiert, wie sich das alles in meiner Magengrube anfühlt und wie es sich anfühlt bei den Leuten, die ich kenne.
Was ist der Sinn deines Lebens?
Das kann doch wohl nicht dein Ernst sein, was?
Doch, laß dir Zeit –
Also, ich kann da nicht raus? Bei so schwierigen Fragen antworte ich immer: Ich weiß nicht. Ich glaube wirklich nicht, daß ich das beantworten kann. Kennst du den Sinn deines Lebens?
Hast du nie darüber nachgedacht?
Doch, aber ich habe das immer negativ beantworten müssen, auf diese oder jene Weise. Ich muß auch sagen, daß mich das eigentlich nicht interessiert, ich meine, es gibt eine Menge Dinge, die mich wesentlich mehr beunruhigen. Dinge, die ich an mir nicht mag und die ich ändern will. Philosophie war niemals meine Stärke. Jemand kann mich mit ein paar guten Argumenten von einer Philosophie überzeugen, aber wenn ein anderer mit guten Argumenten kommt, könnte er mich in 5 oder 10 Minuten auch vom Gegenteil überzeugen. Ich glaube, daß der Sinn meines Lebens darin liegt, Vergnügen zu haben, Vergnügen im weitesten Sinn. Das zieht natürlich wieder eine ganze Philosophie hinter sich her, aber wenn das deine Frage beantwortet...
Was denkst du über das Off-Off-Broadway-Theater?
Ich denke, es ist *das* amerikanische Theater. OOB und die eng-

lischen Importe waren die einzigen ernst zu nehmenden amerikanischen Theaterereignisse in den letzten Jahren. Inzwischen gibt es auch in anderen Städten kleine Gruppen, und obwohl man da nicht nach der Quantität urteilen sollte, ist die Möglichkeit damit natürlich größer, daß etwas Gutes dabei herauskommt. Man kann heute in Chicago, San Francisco, Los Angeles, Atlanta und wo auch immer kleine Underground-Theater finden, die mit den Gruppen in New York auf die eine oder andere Weise vergleichbar sind. Natürlich ist die wirtschaftliche Situation des OOB sehr schwierig, es gibt keine staatlichen Zuschüsse, und das einzige Geld, das man bekommen kann, geben die Stiftungen, und die Stiftungsgelder kommen aus der Wirtschaft, und die Wirtschaft denkt, daß man Geld nur in eine Sache steckt, die lohnt, und lohnen heißt: Man kann damit Geld machen. Also geben uns die Stiftungen Geld, und sie sagen: Hier, wir geben euch dieses Jahr Geld, aber nächstes Jahr müßt ihr Gewinne machen. Also funktioniert das auch nicht, denn es bedeutet, daß die Theater, die Stiftungsgelder bekommen, alle ihre Bemühungen daran setzen müssen, Produktionen herauszubringen, die Geld machen. Und schon bist du verloren.

3

Burning City Theater

Interview

Wir fingen ungefähr im Frühjahr 1968 an. Einige von uns hatten schon ein paar Monate mit den Pageant Players gearbeitet. Ein paar kannten sich durch den SDS, einer war Lehrer, zwei gaben eine politisch-literarische Zeitschrift heraus.

Wie arbeitet ihr? Seid ihr ein Kollektiv?

Meistens fangen wir mit Workshops an, und dann ist es oft so, daß der eine eine Idee für ein Stück hat, in dem Fall ist er sowas wie ein Regisseur, den nächsten Tag fällt einem anderen etwas ein, was er dann verwirklicht usw. Aber selbst dann arbeiten wir nicht im Sinne von Regisseur und Schauspielern, höchstens bestimmen wir manchmal einen, der sich dann raussetzt und sieht, was passiert, um einen besseren Überblick zu haben.

Wie habt ihr eigentlich angefangen, was war euer erstes Stück?

Wir fingen mit Übungen an, ungefähr 4 oder 5 Stunden am Tag. Es waren zum Teil körperliche Übungen, zum Teil richtige Schauspiel-Übungen. Ein Teil der Übungen waren Weiterentwicklungen der Sachen, die wir bei den Pageant Players gemacht hatten, andere kamen von anderen Gruppen, zum Beispiel vom Open Theatre. Dann haben wir auch die Sachen von Brecht gelesen, die Übungen für Schauspieler, und zum Teil weiterentwickelt. Aber schon nach ungefähr 14 Tagen fingen wir an, ein Stück zusammenzubauen, eigentlich hauptsächlich deshalb, weil die Parksaison anfing. Unser erstes Stück hieß *Virginia Slim and Her Performing Birds,* ein Stück von 20 Minuten. Es handelte von den *Schwierigkeiten, in einem Polizeistaat frei zu fliegen.* Im ersten Teil träumen die Vögel vom Fliegen, im zweiten Teil hält man sie davon zurück, und im dritten Teil finden sie einen Weg zu fliegen. Es war ein Stück über die Unterdrückung, gespielt in einer Art Zirkus-Stil. Bei unserer 2. Vorstellung in einem Park wurden wir festgenommen, vorgeblich, weil wir ohne Erlaubnis spielten. Aber andere Gruppen hatten vor uns da gespielt, ohne Erlaubnis, deshalb glauben wir nicht, daß das der eigentliche Grund war. Es war sehr theatralisch, das Stück funktionierte gut, und es stand eine große Menge um uns herum, als ein paar Bullen die Treppe runterkamen. Sie kamen genau im richtigen Augenblick, nämlich im zweiten Teil, wenn die Vögel am Fliegen gehindert werden. Die Bullen nahmen einen von uns, Jerry, mit. Wir mußten aufhören. Das ganze endete schließlich mit einer Verhandlung, wo wir zu 25 Dollar Strafe verurteilt wurden. Inzwischen haben wir eine Erlaubnis, im Central Park zu spielen, und wir haben auch mit der Park-Verwaltung gesprochen. Es hat sich sowieso viel geändert seitdem, es gibt jetzt eine Menge Theater- und Musikgruppen im Park, die dort ihre Vorstellungen geben und nachher den Hut rumgehen lassen.

Wie versucht ihr die Leute zu erreichen, was wollt ihr ihnen sagen?

Naja, erstmal eine Menge über uns selbst. Unsere Stücke handeln von Unterdrückung und Befreiung, von Alternativen, von Kampf, es sind Stücke über uns selbst und unsere Generation. Aber wir zeigen auch, wie wir arbeiten, daß es keine Stars gibt, sondern jeder mehr oder weniger alles macht. Unsere Arbeitsweise ist genauso wichtig wie unsere Stücke selbst...
.... ja, wir arbeiten kollektiv, und manchmal leben wir auch zusammen. Theater ist nicht nur auf die Vorstellungen beschränkt, es erstreckt sich auf unser ganzes Leben. Wir arbeiten zusammen in Workshops, und wir glauben, daß sich aus dem Vertrauen in uns und in die an-

deren der Gruppe Einsichten, Rhythmen, Bewegungen und Strukturen entwickeln, die uns einander näherbringen. Wir ändern uns, während wir arbeiten und leben, aber wir tun es gemeinsam.

Wißt ihr was über die Leute, die euch zusehen? In der Uni habt ihr ein anderes Publikum als auf den Straßen oder im Park.

Ich denke, wir machen sehr einfache Sachen, man braucht keine besondere Erziehung oder Bildung, um sie zu verstehen. Es ist natürlich eine andere Sache, einen 45 Jahre alten Arbeiter zu erreichen oder einen 20 Jahre alten Studenten, aber unsere Themen – die Familie, die Frau, das Leben in den Städten, das Leben in der Armee usw. – sind so allgemein, daß jeder was damit anfangen kann. Jeder, der nicht glücklich ist, ist erreichbar. Neulich erzählte uns jemand in Springfield von einem Arbeiter, der uns im Park gesehen hatte. Der Arbeiter wußte nicht, daß der, zu dem er sprach, uns kannte. Er sagte, er hätte da so ein paar Übergeschnappte im Park gesehen, die im Dreck rumgekugelt seien, ungefähr 20 Minuten lang, und danach hätten sie auch noch Geld von ihm gewollt. Das ist sicher nicht repräsentativ, aber irgendwie dachten wir, er hat es nicht vergessen, daß er uns da 6 Monate vorher im Park gesehen hatte.

Ich möchte da etwas von meiner eigenen Erfahrung sagen. Ich glaube, Theater kann die Leute erreichen, die schon ein gewisses Bewußtsein von der politischen Lage haben. Wir wissen sehr wenig über die Reaktionen der Leute, die völlig unpolitisch sind. Aber wir beobachten natürlich unser Publikum, und wir kommen sehr oft mit ihm ins Gespräch.

Aber die Leute, die ihr eigentlich erreichen wollt, werden die nicht vielleicht durch eure Erscheinung abgestoßen? Ihr habt lange Haare und all das.

Die meisten Leute, die kurzes Haar haben und sich für einen Spaziergang im Park fein machen, haben Kinder, die so aussehen wie wir.

Ich glaube auch, es ist so: wir zwingen niemanden, uns zuzusehen. Ich meine, wenn wir in den Park gehen, dann suchen wir uns eine Stelle, packen die Requisiten aus, stellen unsere Plakate hin und machen Musik. Die Leute sind frei, sich hinzusetzen oder weiterzugehen. Und wir versuchen immer, die Leute zu unterhalten. Ich meine, wir sind eine politische Gruppe, aber wir sind auch eine Theatergruppe.

Es ist ein großes Problem, gutes Theater zu machen und doch dabei politisch aktiv zu sein. Oft, wenn wir unterwegs sind, machen wir nicht einfach Vorstellungen, sondern nehmen auch an Diskussionen und Vorträgen teil, wir gehen in die Cafés und Imbisse, um für unsere Vorstellungen Reklame zu machen, und das braucht sehr viel Zeit. Andere Gruppen wenden dafür noch mehr Zeit auf als wir, weil sie das wichtiger finden als an den Vorstellungen zu arbeiten.

BURNING CITY STREET THEATER

Burning City Theater

Earth News

In Los Angeles dürfen Schulkinder an außergewöhnlich dunstigen Tagen keinen Turnunterricht haben. Es ist gefährlich, die Luft zu atmen. Wenn man in New York einen Tag lang atmet, entspricht das der Menge von 3 Packungen gerauchter Zigaretten. Frauen verlieren ihr Haar, bevor sie 30 sind; die Leute husten viel. ES IST GEFÄHRLICH ZU ATMEN. Der Eriesee ist der erste vollkommen tote See. Keine Fische, keine Vögel, von der einst reichen Vegetation ist nichts übriggeblieben. Fabriken haben ihre Abfälle jahrelang bedenkenlos in den See geschüttet, deshalb ist er heute nur noch ein stinkender Tümpel, in dem es lebensgefährlich ist zu baden. DAS PASSIERT ÜBERALL. DAS IST ÜBERALL PASSIERT. Unser Grundwasser ist Träger epidemischer Krankheiten geworden, wie zum Beispiel Hepatitis. Unser Körper muß sich mit unbekannten Chemikalien und mit wohlbekannten Giften beschäftigen. Unser Wasser ist gefährlich. ES IST GEFÄHRLICH ZU TRINKEN. Die Oberfläche der Erde ist vergiftet; Insektizide und Herbizide haben Millionen von Fischen und Pflanzen getötet. Unser Brot, unsere Milch, unser Obst, unser Gemüse, unser Fleisch, alles ist vergiftet. Unser Körper speichert gefährliche Mengen von Chemikalien. ES IST GEFÄHRLICH ZU ESSEN. Der Kreislauf der Natur ist aus dem Gleichgewicht gebracht und zerstört worden. Der Mensch hat die Natur vergiftet. Jetzt vergiftet die Natur den Menschen. DER KREISLAUF DER NATUR BEWEGT SICH AUF DEN TOD ZU. Das ökologische Gleichgewicht der Natur ist so empfindlich gestört, daß wir uns ungeheuren Katastrophen gegenübersehen. Das Anwachsen

der Bevölkerung wird es schon in 20 Jahren unmöglich machen, alle Menschen zu ernähren. Der Organismus der Menschen ist geschwächt und angegriffen, unsere Gene radioaktiven Strahlen ausgesetzt. Die Vergifter sind die Industrie und die industrialisierten Pflanzungen, die Forschungszentren der Armee, die großen Städte, die Konsumgesellschaft, mein Auto und die Waschmittel, die ich benutze. Wie der Krieg in Vietnam ist die unkontrollierte Umweltverschmutzung ein unumgänglicher Effekt eines auf die Ausbeutung ausgerichteten Systems. Dieses kapitalistisch-imperialistische System ist außerstande, den Katastrophen, die es hervorruft, wirksam zu begegnen. Das Monstrum kann seine Glieder nicht selbst abschneiden. ABER DER SYSTEMATISCHE ANGRIFF AUF DIE ERDE MUSS AUFHÖREN. DAS ÖKOLOGISCHE GLEICHGEWICHT MUSS WIEDERHERGESTELLT WERDEN. Wir können bei uns selbst, mit unserem eigenen Körper anfangen. Aber das ist nicht genug. Um wirksam zu begegnen, was uns zu vernichten droht, brauchen wir eine neue Technik. Es ist möglich, die Luft oder das Wasser zu reinigen oder andere Methoden zur Kontrolle von Pflanzen und Insekten anzuwenden als chemische. Wir brauchen eine neue Beziehung zwischen Mensch und Natur. Wir brauchen sofortige Handlungen. Reformen sind nicht genug. Das gegenwärtige politische System wird nie an den Wurzeln des Übels anpacken. Es kann es einfach nicht, weil die Profite in Gefahr kämen. Der tödliche Angriff auf unser Leben kann nur beendet werden, wenn das System, das ihn unterstützt, zerstört wird. DIE ERDE BRAUCHT HILFE.

(Flugblatt zu einem Agitationsstück über Umweltverschmutzung, 1970.)

GUERILLA SZENARIOS

Museumsstück

Rollen: Gutangezogene Frau, gutangezogener Mann. Beide sollen wie Kunstliebhaber und -förderer aussehen. Einige fette, schmutzige Ratten (eventuell gefärbte Labortiere).
Requisiten: Eine behelfsmäßige Wiege, eine Puppe mit Honig oder einer Boulette im Kopf, um die Ratten anzulocken (sie sollten möglichst hungrig sein). Ein Tonband mit Babygeschrei.
Der Mann und die Frau stehen vor dem Haupteingang des Museums und begrüßen alle Besucher. Der Mann macht die Besucher freundlich darauf aufmerksam, daß sie die neue Ausstellung antiker Zahnbürsten nicht versäumen sollten. Die Frau schenkt jedem Besucher ein Plastik-Lächeln, oder sie sagt freundlich: Ars Vincet Omnia. Niemand kümmert sich um die Wiege. Das Tonbandgerät kreischt Babyschreie, während die Ratten sich auf den Kopf der Puppe stürzen (genauer: auf die Boulette). Man kann ein Nylonnetz gebrauchen, um die Ratten in der Wiege zu halten.
(Queens College Guerilla Theater, New York.)

Das Kriegs-Monster

Während des Spiels wird Musik gespielt (2 bis 4 Musiker). Die Nummern sind: Tanzmusik, Monster-Marsch, Militärmusik, Steuerbeamten-Musik, Scheißmusik, allgemeiner Lärm.
Instrumente: Trommel, Waschbrett, Schellentambourin, Bekken, Holzblock, Clyde (eine Metallbüchse mit Ketten drin, die geschüttelt wird), Saxophon oder Flöte.
Ein junges Paar tanzt. Ein Geschäftsmann tritt auf – Anzug, Aktentasche –, hinter sich führt er an einem Seil das Monster – ein künstlicher Kopf mit schnappendem Maul, riesige Zähne, ein Stoffkörper, darunter 2 Spieler.
Der Geschäftsmann befestigt ein Schild *Krieg* am Monster, das Monster brüllt, das Paar setzt sich eingeschüchtert auf eine Holzkiste. Der Geschäftsmann nimmt eine Bombe aus seiner Aktentasche und füttert das Monster, das die Bombe gierig verschlingt. Das Monster verdaut, dreht sich um und scheißt Geld in die bereitgehaltenen Hände des Geschäftsmannes.
Das Paar fängt wieder an zu tanzen.
Das Monster brüllt, der Geschäftsmann setzt sich einen Generalshut auf, geht zum Paar, unterbricht den Tanz und zwingt dem Jungen ein Gewehr in die Hand. Dann zwingt er ihn mit Karate-Bewegungen in den Krieg. Das Mädchen bleibt zurück und wartet.

Radikale Theater

New York Free Theatre

Gründer: Steven Wangh, spielt in New York, Stücke über Armut, Vietnam, Rassismus. Versucht, das Publikum mitspielen zu lassen. Basiert auf Improvisationen, Theaterspielen, Psychodram. Versucht, in Gegenden mit rassisch gemischtem Publikum zu spielen.

The Revolting Theater

Gründer: Tuli Kupferberg, gebraucht bestehendes Material für einen kabarettähnlichen Stil: Reklamen, Gesetzesvorlagen, öffentliche Bekanntmachungen.

Pageant Players

eines der ältesten Straßentheater, gegründet von M. Brown. Untersucht in Workshops neue Theaterformen. Kinderworkshops mit Malen und Musik. Die Stücke zielen meist auf Anti-Establishment-Themen ab, sollen Spaß machen (viel Musik) und versuchen, das Publikum einzubeziehen.

Tribal Musik Pool

gegründet von Angus McLise, basiert auf Ideen und Instrumentationen, die die Gruppe auf Reisen durch Marocco und Indien kennenlernte. Beeinflußt von gemeinsamen Veranstaltungen mit der Hog Farm in Woodstock.

Burning City Theater

seit 1968, eine Abspaltung von den Pageant Players. Leben meistens zusammen und arbeiten kollektiv. Stücke über: Umweltverschmutzung, Rassismus, Armut, Womens Lib.

Der Junge kämpft, wirft Granaten, schießt usw., während das Monster um ihn herumtanzt und zwischendurch Geld für seinen Herrn scheißt.
Der Geschäftsmann verändert sich in einen Steuerbeamten, nähert sich mit einem Schild *Finanzamt* dem Mädchen. Sie weigert sich, ihm Geld zu geben. Er zeigt auf ihren Geliebten im Krieg, den gerade das Monster sehr bedrängt. Er ist in großer Gefahr. Sie gibt ihr Geld schnell dem Steuerbeamten.
Der Geschäftsmann füttert das Monster mit Kanonen, Flugzeugen, Bomben und Maschinengewehren. Das Monster breitet sich jetzt über die ganze Spielfläche aus, tanzend, brüllend und Geld scheißend, wenn es zum Geschäftsmann kommt. Schließlich frißt es den Jungen. Der Junge stirbt. Die Tanzmusik vom Anfang wird jetzt langsam gespielt, und das Mädchen geht zu dem tot am Boden liegenden jungen Soldaten.
Der Geschäftsmann nimmt seine Aktentasche, die jetzt voller Geld ist, macht das Monster an einem Seil fest und geht mit ihm fort. Wenn er an dem toten Soldaten vorbeikommt, wirft er dem Mädchen ein Geldstück zu. Schlußmusik.
Die Schauspieler händigen Flugblätter ans Publikum aus (Flugblatt *Vietnam*), auf denen Adressen von Wehrdienstverweigerer-Verbänden stehen.
(Pageant Players, New York)

Poor Theater Co.

Leiter: Tony Serchio, spielte eine Zeitlang in St. Marks in the Bouwerie; letztes Stück behandelt die griechische Militärdiktatur (eigene Erfahrungen der Gruppe). Arbeiten mehr als die anderen Gruppen am Theater-Handwerk.

Bread and Puppet Theatre

Gründer: Peter Schumann, geb. 1934 in Deutschland, Studium der Bildhauerei, von 1958 bis 1960 Leiter der Gruppe für Neuen Tanz im Amerika-Haus, München. Versuch, große Skulpturen in die Vorstellungen zu integrieren. 1960 nach Amerika, um eine Tanzgruppe aufzubauen. 1961 Gründung des Bread and Puppet Theaters in New York.

1961 – Erste Produktion: amerikanische Uraufführung von Strindbergs *Totentanz* in der Judson-Memorial-Kirche in New York.
1962/63 – Puppentheater an der Putney-Schule in Vermont; Reisen der Truppe als Wanderbühne; Auftreten im Living Theatre und in der Judson Gallery in New York.
1963/66 – Festes Haus mit 40 Plätzen in der Delancey Street, New York: das Bread and Puppet Museum.
1966/67 – J. Papp vom New York Shakespeare Festival nimmt die Gruppe im Public Theater, Lafayette Street auf; einmal wöchentlich Workshops für Kinder.
1967 – Newport Folk Festival und Expo '67 in Montreal; College-Tournee; 3 Stücke vom National Educational Television aufgezeichnet.
Ende 1967 – St. Mark's Projekt stellt der Gruppe ein ehemaliges Gerichtsgebäude zur Verfügung.
Frühjahr 1968 – Erste Europa-Tournee.
Sommer 1968 – Newport Folk Festival; ein Projekt in Maine.
Herbst 1968 – Radical Theatre Festival in San Francisco.
1969 – Zweite Europa-Tournee.

Holt die Arbeiter von den Maschinen weg aus den Werkstätten; führt sie durch das Fabriktor auf die Straße; leitet sie zu benachbarten Fabriken; ruft dort die Niederlegung der Arbeit aus; bringt so neue Massen auf die Straße. Auf diese Weise, indem man sich von Fabrik zu Fabrik fortbewegt, von Werkstätte zu Werkstätte, indem man unterwegs anwächst und Hindernisse der Polizei wegräumt, indem man die Leute auf der Straße anredet und mitnimmt, indem man entgegenkommende Gruppen aufnimmt, die Straßen füllt, die ersten Gebäude, die für Versammlungen taugen, in Besitz nimmt, indem man sich dort verschanzt und ununterbrochen revolutionäre Versammlungen mit einem ständig sich ändernden Publikum abhält, auf diese Weise bringt man Ordnung in die Bewegung der Massen, gewinnt ihr Vertrauen, erklärt ihnen den Zweck und die Absicht der Ereignisse; auf diese Weise verwandelt man schließlich die Stadt in ein revolutionäres Lager.
(Trotzki, Mein Leben, 1933.)

Früher haben sich Schauspieler, Kritiker und Theaterleute über die Kunst des Theaters den Kopf zerbrochen. Heute interessieren wir uns für das Leben. Theater muß Leben sein, wir haben diesen Punkt in unserer Entwicklung erreicht. Wenn wir das Leben wiederentdeckt haben, können wir uns an die Wiederentdeckung des Theaters machen.
(Julian Beck, 1969)

The Big Top oder The Pig Top

AUSRUFER: Damen und Herren! Aufgepaßt! Kein Grund zur Eile, es ist Platz für alle! Big Top hat keine Mühe gescheut, Ihnen heute in einer Sondervorstellung zu zeigen, wie Big Top angefangen hat. Wir führen Ihnen die historische Hochzeit hier vor, deren fruchtbare Vereinigung alles angefangen hat, auf das wir heute so stolz sind. Im gleichen Augenblick sind auf der ganzen Welt Unterabteilungen von Big Top bemüht, vor ausländischem Publikum Vorstellungen zu geben und neue Truppen auszubilden, die die Tradition fortsetzen. Wir schreiben die Musik, sie singen sie. Wir schreiben die Handlung, und sie treten darin auf. Dieselbe phantastische Show findet man heute auf der ganzen Erde! Natürlich haben wir Ihnen einige der alten Nummern mitgebracht, die jahrelang Ihre Lieblinge waren! Aber bevor wir mit der Vorstellung anfangen, wollen wir – vor Ihren Augen – mit allem nötigen Ernst die Zeremonie wiedererschaffen, die Big Top möglich machte! Den Anfang der historischen Partnerschaft von GESCHÄFT UND REGIERUNG.

(Man hört den Hochzeitsmarsch aus Lohengrin)

AUSRUFER: (als Priester) (mit großer Ernsthaftigkeit) Willst du, GESCHÄFT, geloben mit allen Kräften für die ökonomische Gerechtigkeit zu arbeiten, die nötig ist, der Welt erste und beste Demokratie bestehen zu lassen?

GESCHÄFT: Ja.

AUSRUFER: Und gelobst du, REGIERUNG, nach bestem Vermögen dafür zu sorgen, daß Amerika die Hoffnungen der Welt auf Freiheit und Gerechtigkeit erfüllt?

REGIERUNG: Ja.

(Regierung und Geschäft erstarren)

AUSRUFER: Damen und Herren, das war ein Blick in die Vergangenheit! Sie glauben nicht, daß es so war? Damen und Herren, vergessen wir nicht, daß es sich um den offiziellen Teil der Zeremonie handelt. Damen und Herren, nehmen Sie jetzt teil an einem Blick hinter die Kulissen! (Wenn Sie glauben, daß Geschäfte nur offiziell abgeschlossen werden – dann gehen Sie besser jetzt gleich nach Hause!)

(Die Erstarrung und das feierliche Zeremoniell werden unterbrochen. Regierung – ein Mädchen – zieht ihr Kleid aus, sie trägt jetzt einen sehr kurzen Rock. Sie spielt eine geile Hure. Geschäft ist ein Zuhälter)

AUSRUFER: Versprichst du, GROSSES GESCHÄFT, die Produktion hochzutreiben und dabei die Löhne niedrig zu halten?

GESCHÄFT: Na klar!

(Die Regierung ist hoch erfreut über die Antwort des Geschäfts, sie kann es kaum erwarten, ins Bett zu kommen; sie nähert sich dem Geschäft)

AUSRUFER: Versprichst du, alle Möglichkeiten dieser oder irgendeiner Nation auszunutzen, die dieser Sache nützen können?

GESCHÄFT: Genau!

AUSRUFER: Und darüber hinaus dem Prinzip von Profit, Profit, mehr Profit, noch mehr Profit... gläubig die Treue zu halten?

GESCHÄFT (lachend und der Regierung auf den Arsch hauend, die dadurch fast einen Orgasmus hat): Aber klar!

(Aus dieser Verbindung geht ein Kind hervor, das sich prächtig entwickelt: das Militär. Die nächsten Szenen zeigen die Ver-

1970 – Der Gruppe wird ein altes Kino in Coney Island, New York, zur Verfügung gestellt.

Das Bread and Puppet Theater hat eine große Anzahl von Puppen- und Maskenspielen, Pantomimen und Improvisations-Shows aufgeführt; spielt seine politischen Slapsticks und Anti-Kriegs-Szenen nicht nur in geschlossenen Räumen, sondern vor allem in Parks und auf Straßen; hat Prozessionen und Friedensparaden (darunter auch auf der Fifth Avenue in New York) veranstaltet; gibt Vorstellungen für Kinder und arbeitet mit Kindern zusammen; entwirft in Workshops seine Figuren und Masken, seine Anti-Kriegs-Banner und die Szenarios seiner Stücke selbst; baut Puppen: manche 3 Meter hoch, Gesicht und Hände aus Pappmaché, der übrige Körper, ein mit grobem Stoff behängtes Drahtgestell; je nach Größe werden sie von einem oder mehreren Schauspielern gehandhabt; gab eine Zeitlang eine eigene wöchentlich erscheinende Zeitung heraus; backt sein Brot, das es auch an das Publikum verteilt, selbst; arbeitete mit verschiedenen New Yorker Community-Projekten zusammen (darunter auch in Harlem und in Bronx); zeigte von 1962 bis 1966 in den New Yorker Kirchen alljährlich ein Oster- und ein Weihnachtsspiel; hält öffentliche Workshops ab, in denen es Puppenbau, Instrumentenbau und Brotbäckerei unterrichtet; finanziert sich durch Tourneen, Fernsehaufzeichnungen und Spenden, die nach der Vorstellung gesammelt werden.

Stücke: *Christmas Story, The Sausage Machine, King's Story, A Man Says Good-bye to His Mother, The Cry of the People for Meat, Fire, The Difficult Life of Uncle Fatso, The Blue-Ribboned Beauty, Apocalypse, Johnny Comes Marching Home, Murder Mystery, Eating and Drinking in the Year of Our Lord 1961–1967, Elements of World War II, The Pied Piper of Harlem, Chicken Little, Rinaldini, The Dead Man Rises, Genesis, The Bach Cantata, Punch and Judy, The Rat Movie, The Garbage Movie, Burning Towns, Huelga!, The Young Man Who Lived in a Big City* u. a.

flechtung von Militär, Geschäft und Regierung in der Geschichte Amerikas, von der Unabhängigkeit über den Spanisch-Amerikanischen Krieg, die Ausbreitung des Imperialismus in Lateinamerika, Afrika, die Einflüsse in Europa (erster und zweiter Weltkrieg), den Marshallplan, bis zur Verwicklung in den Krieg in Südostasien. Die nächsten Szenen zeigen die Manipulation in der Erziehung und in den Medien. Eine Szene zeigt die Verstrikkung der Interessen der Gewerkschaften mit denen des Kapitals.)

AUSRUFER: Und jetzt, Damen und Herren, kommen wir zum großen Finale!

CHOR DES VOLKES:
Der Krieg hört nicht auf,
Wir sind krank und müde.
Wir werfen Napalm,
Der Feind / foltert die Menschen.
Napalm brennt / aber
Foltern ist barbarisch!

HAPPY FAMILY (bestehend aus Geschäft, Militär, Erziehung und Regierung, bezieht sich auf den Arbeiter, der noch aus der vorigen Szene auf den Wohlfahrtsempfänger einprügelt, weil der die Steuern aufbraucht und einen Sohn hat, der Hippie ist): Verprügel ihn, Arbeiter!

HAPPY FAMILY (singt):
Er ist aus auf das, was du erarbeitest hast!
Verteidige dich!
Du hast einen miesen Job, aber er ist schuld!
Wende dich nicht an uns – er muß verflucht werden!

CHOR DES VOLKES:
Irgendwas ist schiefgegangen,
Sie sagen, es ist der Krieg.
Ich hasse den Vietcong,
Die Miete steigt,
Ratten laufen / über unseren Fußboden!

GESCHÄFT: (bewegt sich zum Arbeiter) Wir haben tolle Stellen, aber nur ein paar. Der Vorarbeiter – das bist entweder du oder er! (freundlich und süß) Um nach oben zu kommen, brauchen wir die, die unten sind!

HAPPY FAMILY:
Deshalb: kämpf, Arbeiter, kämpf!
Kämpf gegen die unten, Tag und Nacht!
Frag SIE nach der Wohlfahrt, frag SIE übers Verbrechen!
Mach SIE für die hohen Steuern verantwortlich.
Verschwende deine Zeit nicht damit,
Uns verantwortlich zu machen!
(Der ganze Text muß sehr weich und lieblich gesungen werden, nur die beiden letzten Zeilen sind plötzlich hart: Stahl und Eisen)

CHOR DES VOLKES:
Irgendwas ist schiefgegangen,
Sie sagen, es sind die Schwarzen.
Sie werden zu stark,
Deshalb gehen die Preise rauf,
Aber ich / muß alle Steuern zahlen.

GESCHÄFT (zum Arbeiter): Fragt nicht nach mehr Stellen oder nach neuen Wohnungen. Fragt nicht nach neuen Krankenhäusern oder mehr Schulen. (ekstatisch) Fragt nach Autos, Zigaretten, Swimmingpools!

The San Francisco Mime Troupe

1959 als professionelles Theater gegründet, in der Absicht, eine Alternative zum etablierten Kommerz- und Subventionstheater zu entwickeln. Anfangs Pantomimen (eher Richtung Chaplin und Keaton als Marceau), später Commedia-dell'Arte-Stücke, meistens moderne Adaptionen von alten Originalen. 1962 Aufgabe des Spielens in Theaterräumen, fahrbare Bühne in Parks, kein Eintritt, sondern Sammlung am Schluß. Zahlreiche Tourneen in Amerika seit 1965. Spielen fünfmal in der Woche in Parks und Straßen in und um San Francisco. R. G. Davis, Gründer und Leiter der Gruppe, verließ die Gruppe 1970.

NEW YORK, TIMES SQUARE

HAPPY FAMILY: Ja, kämpfe, Arbeiter, aber (hart) schließ dich nicht zusammen!
CHOR DES VOLKES (zornig werdend):
Irgendwas ist schiefgegangen,
Ich habe Angst,
Mein Arbeitstag ist lang.
In den Zeitungen gibt es nur Mord,
Ich hasse meine Frau!
(Die Szene wird jetzt unterbrochen durch eine Familienszene der Happy Family)
GESCHÄFT (die Rede wird immer schneller, die Family stampft gegen Ende rhythmisch mit bis zu dem Wort 'Kontrolle'): Was wir wollen, ist doch folgendes: Mehr Autos! Das ist gut für uns. Mehr Autos bedeuten mehr Straßen, mehr Autos bedeuten mehr Gummi, mehr Autos brauchen mehr Stahl, mehr Autos brauchen mehr Anzeigen, mehr Autos brauchen mehr Fahrer, die mehr

Pageant Players

Vietnam-Song

Es gibt keinen Frieden,
der Krieg ist ein Moloch,
wir sind 10000 Meilen marschiert,
um die halbe Erde,
um Krieg zu führen.

Zu Hause gibt es auch keinen Frieden,
die Straßen sind gefährlich,
die Menschen sind irr,
weil sie Wohnungen, Stellen, Liebe
und Geld wollen.

Es gibt keinen Frieden draußen,
es gibt keinen Frieden drinnen.
Wer ist glücklich?
Wer ist zufrieden?

Der Krieg hat uns alle zu Affen gemacht.

Damit Rusk reich wird
und Johnson noch reicher,
während wir uns jeden Morgen hetzen,
um Geld für Leute zu machen,
die wir nicht einmal sehen.

Krieg heißt Tod, aber
es sterben keine Reichen.

Und bis du
und ich
und wir alle
zusammenkommen
und uns den Geschäftsmann
und die Generäle
und die Abgeordneten schnappen,
die so herrlich davon leben,
daß sie mit dem Blut
ihrer Mitbürger handeln,
und sie alle
zum Abfall werfen,
wo sie hingehören.

Und bis wir diejenigen sind,
die bestimmen,
wie wir leben
und wofür wir kämpfen wollen
und wofür wir sterben wollen –
bis wir das selber entscheiden,
wird es keinen Frieden geben.

Sprecht mit anderen über den Krieg und über den Wehrdienst!

Autos brauchen, die mehr Öl brauchen und mehr Gummi und Stahl und Nickel und mehr Straßen, die mehr Autos brauchen, die mehr Öl brauchen, und mehr Öl bedeutet Öl-Gesellschaften, und die brauchen:
GESCHÄFT und REGIERUNG (sich die Hände schüttelnd): Kontrolle!
REGIERUNG: Aus den natürlichen Reservaten in Persien, Südostasien und Lateinamerika. Wir brauchen stabile Regierungen, die uns brauchen für die Stabilisierung ihrer:
MILITÄR und REGIERUNG (sich die Hände schüttelnd): Armeen!
MILITÄR: Starke Armeen brauchen starke Waffen. Starke Waffen brauchen gute Chemikalien. Gute Chemikalien brauchen die Forschung, und die Forschung braucht:
ERZIEHUNG und MILITÄR: Gute Gehirne!
ERZIEHUNG: Gute Gehirne können gefährlich werden. Gefahren brauchen (die ganze Family steht jetzt in einer Linie dem Publikum gegenüber):
MILITÄR (wie ein Befehl): Scharfe Überwachung!
ERZIEHUNG (ebenfalls Befehl): Überwachung heißt:
GESCHÄFT: Spezialisierung!
ERZIEHUNG: Spezialisierung bedeutet:
REGIERUNG: Konzentrieren auf Experten.
ERZIEHUNG: Und Experten brauchen:
ALLE: Privilegien!
AUSRUFER: Leute mit Privilegien heißt, daß es auch Leute ohne Privilegien geben muß. Unprivilegierte brauchen unprivilegierte Stellen!
CHOR DES VOLKES:
Irgendwo stinkt's
Das ist alles, was ich sagen kann.
Ich hab vergessen,
– Während ich die Feinde meiner Bosse haßte –
Daß meinen Boß zu hassen
Sich auszahlen kann!
HAPPY FAMILY: Wir brauchen irgendwas, um sie zu beruhigen, irgendwas, um sie zu verwirren. (glücklich, weil sie die Antwort haben) Ablenkungen!
(Während des folgenden Textes greifen Regierung und Erziehung den Arbeiter und drehen ihn, bis er schwindlig wird)
HAPPY FAMILY:
Ein glücklicher Film und ein bißchen Horror,
Die Rassenunruhen und den Ruhm vom Zweiten Weltkrieg,
Ein kleiner Krieg in Vietnam, blutig –
(jetzt singen sie nicht mehr, sondern brüllen mit drohenden Gesten)
Haß den Vietcong! Bombardiert Haiphong!
Brüll deine Frau an!
(jetzt wieder freundlich zum Publikum)
Befreit euch von euren Aggressionen!
Aber vergeßt nicht: Wir sind nicht eure Feinde!
(Während des letzten Satzes, der sehr freundlich gesungen wird, lächeln sie alle wie Filmstars und bewegen sich langsam rückwärts. Sie winken mit den Händen)
EINER AUS DEM VOLK: Wir brauchen mehr Wohnungen!
ERZIEHUNG: Wir brauchen Millionen von amerikanischen Büchern, damit die Kinder in Lateinamerika früher lernen können. Wir fangen an mit Buchstabieren: Pepsi. P-E-P-S-I-!

EINER AUS DEM VOLK (buchstabiert): S-C-H-E-I-S-S-E-! Wir brauchen mehr Schulen!
MILITÄR: Wir brauchen mehr Armeen, mehr Fallschirmjäger, mehr Bomben, Kanonen, Geschosse, Raketen!
REGIERUNG (wird hysterisch): Wir brauchen mehr Autos, mehr Öl, mehr Bücher, mehr Geschosse, mehr Gewehre, mehr Geld! Mehr Geld! Mehr Steuern, mehr Steuern, mehr Steuern...!
VOLK (von außerhalb der Bühne): Bring the boys home now!
WOHLFAHRTSEMPFÄNGER (hebt einen Ziegelstein auf und dreht sich in Zeitlupe zur Happy Family um, nähert sich ihr): Change! Now!
HAPPY FAMILY (es wird bedrohlich): Law and order! Recht und Ordnung! Recht und Ordnung! Law and order!
(Der Chor des Volkes greift jetzt langsam ins Spiel ein; sie kommen von beiden Seiten der Bühne)
CHOR und WOHLFAHRTSEMPFÄNGER: Change now!
(Alle nähern sich bedrohlich der Happy Family, nur der Arbeiter versucht, verwirrt, den Wohlfahrtsempfänger daran zu hindern weiterzumachen)
WOHLFAHRTSEMPFÄNGER: Halt! Es ist nicht dein Recht, nicht deine Ordnung! Es sind IHR Recht und IHRE Ordnung. Wir sind alle Opfer!
(Alle Spieler wenden sich jetzt ans Publikum)
Befreit euch, bevor es zu spät ist,
Glaubt ihnen ihre Lügen nicht mehr!
Sie schreien nach Recht und Ordnung,
Aber sie wollen nur die Kontrolle!
Jagt sie davon!
(THE PEOPLE'S STREET THEATRE – SDS, NEW YORK 1970)

Im Morgengrauen versammeln sich Tausende außerhalb Washingtons. Jeder erhält eine brennende Kerze und ein Schild mit dem Namen einer zerstörten vietnamesischen Stadt oder dem Namen eines gefallenen amerikanischen oder vietnamesischen Soldaten darauf, das man sich um den Hals hängt. Man geht hintereinander, eine endlose Reihe von Menschen. Der Zug geht durch Washington bis zum Weißen Haus. An einer bestimmten Stelle des Zaunes hält jeder kurz an und ruft den Namen, der auf seinem Schild steht, in Richtung auf den Sitz des Präsidenten. Die Zahl der Teilnehmer ist so groß, daß über 24 Stunden lang ununterbrochen Namen gerufen werden. Der Zug führt weiter durch die Stadt zum Kapitol, wo Holzsärge aufgestellt sind, die mit den Schildern angefüllt werden. Die Särge werden dem Präsidenten zugestellt.
(Moratorium, November 1969 in Washington.)

Michael Brown

Interview

Wann habt ihr die Pageant Players gegründet?

Ende 1964. Wir kannten uns meist durch politische Organisationen. Wir – d. h. Künstler, die mit der Kunst etwas politisch Relevantes machen wollten. Wir waren damals ungefähr zehn, keine Theaterleute: Maler, Bildhauer, Schriftsteller.

Wie kamt ihr gerade dazu, Theater zu machen?

Einmal hatten wir damals ein bißchen über China gehört, daß sie dort Wandzeitungen und eine Art Straßentheater machten, dann gab es das Bread and Puppet Theater, das wir von Demonstrationen kannten. Wir waren alle im 2nd-Mai-Movement, der Bewegung des 2. Mai (gegründet am 2. Mai 1964, hervorgegangen aus der Progressive Labor Party, einer chinesisch orientierten Abspaltung der Kommunisten), und wir merkten, daß wir durch Demonstrationen und Versammlungen allein keine Leute mehr ansprachen. Wir dachten, daß man etwas machen muß, was die Leute anzieht, daß man mit einem guten Stück mehr Leute erreicht als durch eine Rede. Und außerdem wollten wir die Trennung zwischen unserer Kunst und unserer politischen Tätigkeit aufheben, das heißt, wir wollten unsere Kunst in die Bewegung einbringen. Dann kamen ein paar Leute dazu, die früher getanzt hatten. Sie brachten Übungen und Formen mit, so daß unsere ersten drei Stücke in der Tat so etwas wie Tanz waren.

Wie war das mit dem Geld, wovon habt ihr gelebt?

Geld war mit diesem Theater überhaupt nicht zu machen. Die Leute hatten Jobs oder waren noch auf der Uni. Dann kamen wir darauf, daß man in den Parks ein bißchen Geld machen kann, wenn man nach der Vorstellung sammelt. Natürlich kann man davon nicht leben, aber wenigstens konnten wir länger proben. Im letzten Jahr waren wir in ein paar Colleges auf einer Art

– Sahen Sie Leute, die aufs Pentagon urinierten?
– Direkt aufs Pentagon?
– Oder am Pentagon?
– Es gab ungefähr 100 000 Leute da. Das bedeutet, daß Leute dieser biologischen Gewohnheit nachgeben.
– Und haben Sie...?
– Ja.
– Haben Sie symbolisch...?
– Ob ich zugesehen habe?
– Haben Sie symbolisch und haben Sie – haben Sie symbolisch ans Pentagon uriniert?
– Ob ich symbolisch ans Pentagon uriniert habe?
– Ja.
– In der Nähe schon, in den Büschen, ungefähr 900 Meter vom Pentagon. Ich kam nicht so nah ran. Pinkeln an die Wände des Pentagons? Sie überschlagen sich aber wirklich. Denken Sie, daß es ein Gesetz gibt dagegen?... Könnte ich, ich fühle diese biologische Notwendigkeit jetzt gerade, könnte ich für einen Augenblick entschuldigt werden?
– Wir machen eine kurze Pause.
(Aus dem Protokoll des Prozesses der Chicago-8, 30. Dezember 1969, Verhör von Abbie Hoffman.)

Tournee, und damit kann man auch eine Weile weiterarbeiten. Einige von uns haben Wohlfahrtsunterstützung, ich verdiene durch den Verkauf von *radical papers* ein bißchen nebenher.

Wie seid ihr zu eurem jetzigen Stil gekommen?

Wir einigen uns auf irgendein Thema, und dann bringen welche von uns Sachen mit, die sie zu Hause geschrieben haben. Oder wir improvisieren. Musik ist immer dabei, Musik und Bewegung. Wir versuchen, jeden Tag in der Woche zu probieren, aber meistens werden daraus nur 4 oder 5 Tage.

Was habt ihr für Publikum?

Bei Benefits fast immer dieselben, d. h. Linke, meist aus den Universitäten oder Schulen. Im Park immer etablierte weiße Mittelschicht, manchmal Puertoricaner, ein paar Hippies.

Bekommt ihr von irgendwelchen Parteien, mit denen ihr zusammenarbeitet, Geld?

Ich wünschte, ja. Wir verstehen uns als ein Teil der Bewegung. Wir versuchen mit anderen Gruppen zusammenzuarbeiten, weil wir nicht ein bestimmtes Markenzeichen haben wollen, indem wir nur mit der Kommunistischen Partei oder dem SDS zusammenarbeiten.

Habt ihr Geld von Stiftungen?

Wir haben das mal versucht. Einmal hätten wir fast eine Unterstützung von der Rockefeller-Stiftung bekommen, auf Vermittlung des RTR, des Radical Theatre Repertory. Und der Mensch vom RTR, der mit den Leuten von Rockefeller gesprochen hatte, holte einen von uns, ein

PAGEANT PLAYERS BEIM RADICAL THEATER FESTIVAL, 1970

Du liegst im Bett und schläfst. Es ist halb fünf Uhr früh. Du wachst von einem lauten Krachen auf, öffnest die Augen und findest dein Bett von Polizisten umstellt, deren Pistolen auf deinen Kopf zielen. Die Polizei hat sich nicht damit aufgehalten zu klopfen, sie rannte die Tür einfach ein. Du wirst aus dem Bett gezerrt und ins Gefängnis gebracht, wo du entdeckst, daß dasselbe ein paar Freunden von dir zugestoßen ist. Am Morgen werdet ihr alle einer *Verschwörung zum Bombenlegen* in verschiedenen Warenhäusern und an öffentlichen Plätzen beschuldigt. Obwohl keine einzige Bombe jemals gefunden wurde oder losging und obwohl keiner von euch jemals in irgendein Verbrechen verwickelt war, setzt der Untersuchungsrichter eine Kaution von 400000 Dollar für jeden von euch fest. Klingt das wie ein alter Film über Nazi-Deutschland? Es passierte am 2. April 1969 einer Anzahl von Black Panthers, inzwischen bekannt unter dem Namen Panther 21.
(Aus einem Flugblatt der Black Panther, Weihnachten 1969.)

Um drei Uhr nachmittags betreten vier Leute den Vorraum im Museum of Modern Art. Sie verteilen eine Menge Flugblätter, bedecken den Boden mit Flugblättern und gehen aufeinander los, brüllend und stöhnend, als ob sie sich in Stücke reißen wollten. Die Museumsbesucher sind aufmerksam geworden und bilden jetzt einen Kreis um die Kämpfenden. Diese liegen inzwischen am Boden, immer noch miteinander kämpfend, jetzt aber über und über mit Blut beschmiert, das sie in verborgenen Behältern bei sich trugen. Schließlich sinken sie in einem See von Blut erschöpft zusammen. Nach einer Weile stehen sie auf und verlassen das Museum. Auf den Flugblättern fordern sie den Rücktritt aller Rockefellers aus der Verwaltung des Museums; der Präsident des Kuratoriums des Museum of Modern Art ist zugleich Vorsitzender des Verwaltungsrates der Chase Manhattan Bank und sein Bruder ist Gouverneur des reichsten amerikanischen Bundesstaats.
(Eine Aktion der Art Workers Coalition, 18. 11. 69 in New York)

Zwei Leute stehen in der Mitte und bewegen sich, als ob sie eine Maschine wären. Sie bewegen sich wie eine Kreuzung aus einem Verkehrspolizisten und einem U-Bahn-Drehkreuz. Töne und Geräusche begleiten ihre Bewegungen: Bzz bzz bzz, ding dong ding dong, kkzkkkzkkkzkkkz usw.
Die anderen gehen einer nach dem anderen zur Maschine. Wenn sie in die Nähe kommen, werden sie von den Armen der Maschine erfaßt. Einer der Maschinenspieler hat einen Stapel Nixon-Masken, der andere nimmt mechanisch jeweils eine der Masken und setzt sie dem Gefangenen auf. Dieser löst sich dann und geht in weitem Kreis um die Maschine herum. Einer nach dem anderen wird erfaßt, bekommt eine Maske aufgepaßt und wird entmenschlicht, unpersönlich, vereinheitlicht, gefühllos, militärisch usw. Die Leute, die um die Maschine herum im Kreis gehen, haben inzwischen angefangen zu sin-

Mädchen, und ging mit ihr hin. Sie machte da einen Riesenaufstand und sagte denen alles mögliche, und da entschlossen sie sich, uns besser doch kein Geld zu geben. Ich glaube auch nicht, daß man überhaupt Geld von den Stiftungen nehmen sollte, ich glaube, es beeinflußt einen. Das Bread and Puppet hatte mal Geld von denen bekommen, und ich glaube, es hat ihnen nichts geschadet, aber das ist eher eine Ausnahme. Außerdem ist das Bread and Puppet inzwischen auch radikaler geworden. Zum Beispiel haben sie das Ende des Stückes vom Großen Krieger toal verändert. Früher tötete der Krieger am Schluß alle, und die Fabel bedeutete so was wie: Wenn man sich mit Gewalt einläßt, geht man dran zugrunde. Am letzten Samstag spielten sie ein ganz anderes Ende: Das Volk erhebt sich gegen den Krieger, der den König und seine Berater umgebracht hat, und tötet ihn. Das heißt: Du kannst nicht dem König, nicht den Führern vertrauen, aber du kannst vielleicht aufs Volk hoffen.

Eure Stücke sind viel weniger verklausuliert, sind viel direkter. Ich glaube, die Leute, die das Bread and Puppet sehen, mögen die Puppen und finden alles sehr schön, aber sie werden nicht wie bei euch gezwungen, direkt über sich selber nachzudenken.

Ich glaube nicht, daß irgend jemand, der ein Stück sieht, sein Denken total verändert. Im besten Fall denkt er weiter über etwas nach, das ihn sowieso schon beschäftigt hat. Das heißt, wir geben ihm höchstens einen Stoß in eine bestimmte Richtung, wobei er sich aber sowieso schon bewegt.

Warum spielt ihr auf der Straße und in Parks? Würdet ihr auch in einem Theater spielen?

Auf der Straße stehen die Leute, und wir stehen auch, das gibt eine gleiche Basis. Im Theater sitzen die Leute,

gen: Arbeite, studiere, TÖTE! Wenn Töte! gesungen wird, salutieren alle gleichzeitig. Einer, der noch nicht von der Maschine erfaßt wurde, schreit laut, sie sollen aufhören; er wird von den Maskierten ergriffen, zu Boden geschlagen und zwangsweise mit einer Maske versehen.
Eine Variante: Die Maschine wird zertrümmert, die anderen befreit.
(*Die Nixon-Maschine,* Szenario der Rapid Transit Guerilla Communications, Chicago, 1969.)

und das gibt eine Art von psychologischer Sicherheit. Die Straße kostet keine Miete, du brauchst also nicht zu rechnen, daß du soundso viel Geld einnehmen mußt, und die Leute sind frei, wegzugehen, wenn sie wollen. Es ist nicht dein Haus, und du kannst ihnen nicht sagen, was sie tun sollen. Außerdem hat der Zuschauer ein anderes Verhältnis zu einem Stück, für das er Eintritt bezahlt hat: Er hat sozusagen etwas gekauft.

Habt ihr auch Vorstellungen für Kinder gemacht?

Wir haben daran gedacht, aber es ist sehr schwer. Jedenfalls hat es keinen Zweck, für Kinder dieselben Stücke zu spielen wie für Erwachsene. Wir haben Workshops für Kinder gemacht. Wir erzählten Geschichten und führten sie dann mit Bewegungen aus, oder wir machten Musik mit ihnen.

Ihr nennt euch radical, *was heißt das für euch?*

Das bedeutet, daß wir auf die Revolution hinarbeiten, was auch immer das heißen mag. Wir haben da in unserer Gruppe natürlich verschiedene Ansichten, aber ich glaube, daß wir uns in letzter Zeit etwas geändert haben. Früher haben wir mehr praktisch politisch gearbeitet, heute verstehen wir uns als Teil der Kulturrevolution.

Kunst ist fast immer harmlos und wohltätig; sie versucht, nichts anderes als Illusion zu sein. Außer im Falle einiger weniger Leute, die, wie man sagen könnte, von der Kunst besessen sind, wagt die Kunst niemals, irgendwelche Angriffe auf das Reich der Wirklichkeit zu machen.
(S. Freud, Neue einführende Vorlesungen über Psychoanalyse, 1933.)

Die Gerichtspolizisten sollen jeden, der eben applaudiert hat, entfernen. Hier wird nicht applaudiert. Dies ist kein Theater! (Richter Hoffman am 29.1.70 im Prozeß gegen die Chicago-8.)

Ein Aufzug eines großen Bürohauses. Auf jedem Stockwerk steigen einige Sekretärinnen und Schreibkräfte zu. Sie haben ihren Mantel über dem Arm und ihre Handtasche in der Hand und sehen aus, als ob sie in Eile aufgebrochen wären. Sie sind sehr aufgebracht und unterhalten sich: "Der Alte hat mich wieder angebrüllt, weil zuviel Zucker im Kaffee war!" – "Der alte Esel hat

schon wieder eine Prämie bekommen für eine Rationalisierungsidee, die ich ihm gesagt habe!" – "Der Heini, mit dem ich zusammen eingestellt wurde, ist schon wieder befördert worden!" – "Ich kündige!" – "Mir langt's!" – "Mich sehen die nicht wieder!" usw. Das Gespräch versucht alle, die in den Fahrstuhl steigen, mit einzubeziehen.
(Fahrstuhl-Theater, Sandra Lowell, Los Angeles, 1970.)

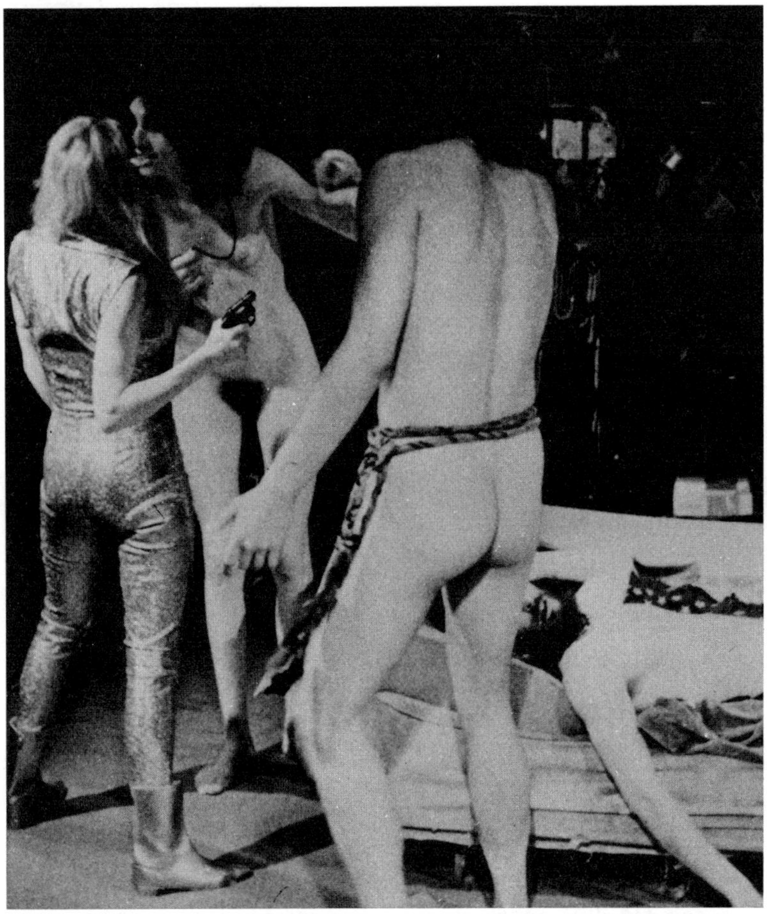

***CHE!* VON LENNOX RAPHAEL**

In Dog we trust!

Macht mit beim GORILLA COURT THEATER!
Che, der Präsident, Mayfang, Sister of Mercy und der Sohn von King Kong und alle Mitverschwörer treffen sich am:
17. Dezember um 10.00 Uhr,
100 Centre Street, 4. Stock,
mit: 3 Eunuchen-Richtern.
ALL POWER TO THE PEOPLE!
Seid Schauspieler im größten Stück des Jahrhunderts *CHE LEBT.* Kommt nackt, oder kostümiert, falls ihr Angst habt, J. Edgar könnte euch in der Menge erkennen.
Bringt Requisiten mit: Anti-Baby-Pillen, Pariser, Gasmasken, Anstecknadeln der Womens Liberation, Spielzeug-Handgranaten, motherfucking YIP-Freunde, Woodstock-Vibrations, Gorilla-Masken usw. Genießt die politische Orgie!
ALL POWER TO YOUR IMAGINATION!
FREE CHE! STOP THE TRIAL! FREE ALL POLITICAL PRISONERS!
VIVA LA REVOLUCION! VENCEREMOS!
(Flugblatt zum *Che!*-Prozeß, 1969, New York.)

Wie arbeitet ihr? Habt ihr einen Regisseur?

Meistens fangen wir mit einer Art von Szenario an, das einer geschrieben hat: ein ganz roher Entwurf, wenig mehr als ein formulierter Einfall. Dann bestimmen wir einen Regisseur; ich zum Beispiel bin oft dazu bestimmt worden – einer der Gründe, weshalb ich zu einer Art Führungsposition gekommen bin, was ich gar nicht will. Aber daß wir einen Regisseur haben, bedeutet nicht, daß nicht jeder Einfälle zum Stück hat und so – das Problem ist nur, daß oft Leute, die die besten Ideen haben, durch das Tempo oder ihre eigene Schüchternheit nicht in der Lage sind, diese Ideen einzubringen. Diese Art von Arbeit erfordert, daß man sich wirklich kennt, um jedem die Freiheit zu geben, seine Ideen zu verwirklichen. Zum Beispiel haben viele Leute einfach deshalb keine Ideen, weil einer da ist, der zu viele hat.

Aber wenn wirkliche Entscheidungen zu fällen sind?

Wir reden, bis wir einig sind. Das fordert viel Zeit, aber man lernt sich dabei kennen.

Was habt ihr in der nächsten Zeit vor?

Schwer zu sagen. Wir waren etwa 3 Jahre lang konstant dieselben 8 oder 10 Leute in der Gruppe. Dann kamen ein paar Änderungen, wir versuchten, als Kommune zu leben, was schiefging (das Burning City Theater ist das Resultat: die zwei, die es gründeten, stiegen damals bei uns aus), einige verließen New York, um auf einer Farm zu leben. Im Frühjahr 1969 hatten wir praktisch eine neue Gruppe, meistens jüngere Leute. Wir machten eine College-Tour, und das brachte große Schwierigkeiten, die Gruppe flog fast auseinander. Als wir wieder in New York waren, gab es Ärger mit unserem Probenraum, schließlich überließ das Bread and Puppet uns einen Raum. Wir verliehen ihn einmal an die Motherfukkers, die ein Fest für das Stadtviertel machen wollten, und, na ja, wir bekamen einen Tip, daß wir rausfliegen würden, und am nächsten Tag kam tatsächlich die Polizei und sagte uns, daß wir innerhalb von 3 Stunden räumen müßten. Seitdem haben wir keinen eigenen Raum mehr gehabt, was heißt, daß wir nur Vorstellungen geben können und praktisch kaum proben können. Und dabei war die Arbeit an den Stücken, das Proben und Ausprobieren, bei uns fast ebenso wichtig wie die Vorstellungen selbst. Deshalb ist die Zukunft bei uns die Gegenwart, das heißt, wir müssen arbeiten, um diese Gruppe, die wir jetzt sind, zusammenzuhalten.

– Können Sie sich identifizieren, für das Protokoll?
– Mein Name ist Abbie. Ich bin ein Waisenkind Amerikas.
– Wo wohnen Sie?
– Ich lebe in Woodstock Nation.
– Können Sie dem Gericht und den Geschworenen sagen, wo das ist?
– Ja. Das ist eine Nation entfremdeter junger Menschen. Es ist eine Nation, die auf der Zusammenarbeit basiert, im Gegensatz zum Wettbewerb, die sich mit der Idee befaßt, daß die Menschen bessere Beziehungen untereinander haben sollten als Besitz oder Geld, daß es andere Grundlagen für menschliche Beziehungen geben muß. Es ist eine Nation...
– Einfach: wo das ist, das genügt.
– Sie ist in meinem Verstand und in dem meiner Brüder und Schwestern. Sie besteht nicht aus materiellem Besitz, sondern aus bestimmten Ideen und Werten...
– Das erklärt aber nicht, wo Woodstock Nation, was immer das auch sein mag, liegt. Wir wollen wissen, wo Sie wohnen, wenn Sie irgendwo wohnen, und wo Sie arbeiten, falls Sie das tun. Eine Adresse genügt. Nichts über Philosophie oder Indien. Sie haben gesagt: Woodstock. Welcher Staat ist das?
– Er liegt im Gebiet des Geistes...
– Können Sie uns sagen, wie alt Sie sind?
– Ich bin 33. Ich bin ein Kind der 60er Jahre.
– Wann sind Sie geboren?
– Psychologisch 1960.
– Welchen Beruf üben Sie aus?
– Ich bin Kulturrevolutionär. Genaugenommen bin ich Angeklagter.
– Was meinen Sie?
– Hauptberuflich Angeklagter.
(Vernehmung von Abbie Hoffman im Prozeß der Chicago-8, am 23. 12. 69.)

New York Hilton: Festessen der Liberalen Partei, das Essen ist fast vorüber, beste Laune, man wartet auf den Nachtisch. Statt dessen erscheinen plötzlich 2 nackte junge Leute, ein großes Tablett vor sich hertragend mit einem blutigen Schweinekopf darauf. Entsetzen. Eine *(liberale)* Frau schreit: "Schlagt sie, sie sind nackt! Schlagt sie!"
(Eine Aktion der Crazies, einer radikalen Gruppe in New York.)

Vor einem Mietshaus in einer typischen Mittelklassen-Siedlung in einem Vorort, in dem kürzlich eine Wohnung frei wurde, hält ein alter Kombiwagen, über und über mit psychodelischen Farben bemalt und bedeckt mit Friedens-Slogans und Symbolen. Eine Bande wild aussehender junger Leute, langhaarig und in farbenfrohen Kleidern, bezieht die Wohnung. Es ist Samstag morgen, und die meisten Nachbarn bemerken den Einzug. Die neue Familie ist überaus freundlich, macht Antrittsbesuche bei den Nachbarn, geht in die Kirche, sitzt oft vor

der Haustür und unterhält sich mit den Nachbarn, geht zu allen Gemeindeversammlungen, zu Elternversammlungen, abonniert radikale Zeitungen, die sie im Rückfenster ihres Autos sichtbar liegen läßt, läßt ihre Kinder nackt im Vorgarten spielen, spricht oft mit dem Streifenpolizisten, kurz, zwingt die Nachbarn, ihren unterschiedlichen Lebensstil wahrzunehmen, ohne Anlaß zu Auseinandersetzungen zu bieten.
Man braucht 2 Familien aus verschiedenen Gegenden. Variationen sind: Schwarze in einer weißen Nachbarschaft, Katholiken in einer jüdischen usw.
(Szenario von Marc Estrin, American Playground Theater, Washington.)

Ein paar der aktiveren Typen in New York City drückten eine besonders harte Art von Klebstoff (Epoxy-Harz) in alle Schlüssellöcher der Börse an der Wall Street. Als die Substanz getrocknet war, verhärtete sie sich zu einem Material, das so hart wie Stahl war. Die Börse öffnete mit 3 Stunden Verspätung, nachdem Schlosser herbeigerufen worden waren, um die nutzlosen Mechanismen zu entfernen. Epoxy-Harz ist phantastisch und seine Verwendungsmöglichkeiten unbegrenzt.
(Aus: Powell, The Anarchist Cookbook, New York, 1971.)

Drill-Stück

Personen: Unteroffizier, 4 oder mehr Soldaten, vietnamesische Bauern (Mann und Frau).
Das Stück fängt an, wenn der Unteroffizier seine Soldaten auf der Spielfläche kommandiert. Es ist wichtig, daß die Soldaten sich absolut korrekt verhalten, d. h. Anordnungen und Befehle präzise ausführen. Während des Drills sitzen 2 Schauspieler (die Vietnamesen) ungefähr 10 Meter von der Spielfläche entfernt, unauffällig, bis das Drillen beendet ist.
UNTEROFFIZIER: (brüllt) Wozu dient ein Gewehr?
SOLDATEN: Zum Töten!
UNTEROFFIZIER: Wozu dient ein Bajonett?
SOLDATEN: Zum Töten!
UNTEROFFIZIER: Wozu dient ein Soldat?
SOLDATEN: Zum Töten!
UNTEROFFIZIER: Wie bitte?
SOLDATEN: (lauter) Zum Töten!
UNTEROFFIZIER: Lauter!
SOLDATEN: Töten!
UNTEROFFIZIER: Ich verstehe nicht!
SOLDATEN: Töten!
UNTEROFFIZIER: Noch mal!
SOLDATEN: TÖTEN!
UNTEROFFIZIER: Wofür töten wir?
SOLDATEN: Für den Frieden!
Jetzt sieht der Unteroffizier die beiden Bauern und befiehlt sei-

NO
PARKING
8 AM TO 6 PM
MON THRU FRI
DEPT OF TRAFFIC

nen Soldaten, die beiden zu ergreifen. Ein Verhör beginnt. Die Soldaten fragen suggestiv, ob die Bauern Vietcong sind. Die Bauern verneinen. Schließlich entscheiden die Soldaten, daß das Verhör lange genug gedauert hat, und schneiden der Frau ein Ohr ab (das soll sehr eindrucksvoll aussehen, möglichst mit roter Farbe oder einer Blutblase). Die Frau schreit entsetzlich. Ein Soldat gibt das blutige Ohr (er hat ein Stoffohr oder ein echtes Schweineohr vom Schlachthof) jemandem aus dem Publikum, *als Souvenir, für die Frau zu Hause.* Der Unteroffizier entscheidet, daß *die Truppe sich jetzt besser verdrückt.* Vorher werden die beiden Bauern beiläufig erschossen.
(Dieses Stück der Rapid Transit Guerilla Communications, Chicago, wurde erstmals zur Demonstration gegen die Weltpremiere von *The Green Berets* aufgeführt, einem Film mit John Wayne, der die Elitetruppe der amerikanischen Armee zu heroisieren versucht.)

Fort Benning, Georgia – Wenn man hier früh genug aufsteht, kann man in der Nähe der Kasernen, im Doughby Stadion, im frühen Morgengrauen unter gespenstischer Flutlicht-Beleuchtung folgendes Schauspiel beobachten:
Ein gorillaähnlicher Typ brüllt etwa zwanzigmal:
WOZU DIENT EIN BAJONETT?
ZUM TÖTEN! ZUM TÖTEN! brüllt die Reihe der Rekruten, die gleichzeitig mit dem Ruf in Position gehen. Dabei richten sie ihre Gewehre mit den blitzenden Bajonetten in Hüfthöhe auf den vermeintlichen Angreifer.
Jetzt weiter! brüllt der Antreiber. Die Gegend hallt wider vom Schlachtgebrüll der Rekruten.
WOZU DIENT EIN BAJONETT?
ZUM TÖTEN! ZUM TÖTEN!
Etwa 150 Meter vom Stadion entfernt befindet sich ein kleiner fensterloser Gerichtsraum. In diesem Raum findet die Verhandlung des Militärgerichts gegen den 27jährigen Oberleutnant William Calley, Jr. statt, der angeklagt wird, maßgeblich am Massaker von My Lai, bei dem mindestens 300 vietnamesische Zivilpersonen den Tod fanden, beteiligt gewesen zu sein.
(Village Voice, 25. 2. 1971)

OBEDIENCE TO THE LAW IS FREEDOM

(Schild am Ausgang eines Straflagers der Armee)

IS FREEDOM
OBEDIENCE TO THE LAW
IS FREEDOM
OBEDIENCE TO THE LAW
IS FREEDOM
OBEDIENCE TO THE LAW
IS FREEDOM
OBEDIENCE TO THE LAW
IS FREEDOM
OBEDIENCE TO THE LAW
IS FREEDOM
OBEDIENCE TO THE LAW
IS FREEDOM
OBEDIENCE TO THE LAW
IS FREEDOM
OBEDIENCE TO THE LAW
IS FREEDOM
OBEDIENCE TO THE LAW
IS FREEDOM
OBEDIENCE TO THE LAW
IS FREEDOM
OBEDIENCE TO THE LAW
IS FREEDOM
OBEDIENCE TO THE LAW
IS FREEDOM
OBEDIENCE TO THE LAW
IS FREEDOM
OBEDIENCE TO THE LAW

Eine Gruppe von Armen versammelt sich auf den Stufen des Kapitols in Washington. Vier Mitglieder des Kongresses, in dunkelblauen Anzügen und Attaché-Aktentaschen, erscheinen am oberen Ende der Treppe. Die Armen gehen langsam, alle summend, die Treppe hinauf, wobei sie ihre Hände den Abgeordneten entgegenstrecken. Die Abgeordneten greifen in ihre Aktentaschen und werfen den Armen Hände voller Pfennige zu, etwa so, wie man Hühner füttert. Dabei singen sie: Geht dahin, geht dahin... Die Armen nähern sich den Kongreßabgeordneten, diese ändern ihren Gesang allmählich in: Bleibt gefälligst, wo ihr seid! Warum arbeitet ihr nicht, wie alle? Stirb, Abschaum, stirb! Sie werfen dabei die Pfennige immer heftiger auf die Armen. Schließlich sieht es so aus, als würden sie mit dem Geld schießen. Die Armen sterben, einer nach dem anderen, getroffen von den Schüssen. Die umstehenden Zuschauer – meist Touristen – stürzen sich auf die Pfennige.
(Eine Vorstellung des American Playground Theaters auf den Stufen des Kapitols, Ende 1969.)

Die unabhängige Frau (oder Ein Mann hat seinen Stolz)

MAMMI: (tritt auf) Heute ist vielleicht der glücklichste Tag meines Lebens – außer dem Tag, an dem Walter mich fragte, ob ich ihn heiraten wolle – und dem Tag, an dem der kleine Walter seinen College-Abschluß machte. Meine Tochter Gloria hat sich gerade verlobt – und diese Verlobung ist was ganz Besonderes. Gloria benimmt sich manchmal ein bißchen... unabhängig. Ich habe oft gefürchtet, sie könnte keine Zukunft haben. Aber das ist jetzt ausgestanden – und die alte Mammi hat nicht umsonst gelebt! (Gloria tritt auf) Liebling – willst du die Brautjungfern in Aqua oder Lachsfarbe?
GLORIA: Vielleicht wird es keine Brautjungfern geben (schluchzt) – wir hatten gerade unsern ersten Zank. John will nicht, daß ich arbeite.
MAMMI: Das Schätzchen! Aber was gibts darüber zu zanken?
GLORIA: Ich möchte arbeiten.
MAMMI: Gloria! Warum heiratest du?
GLORIA: Weil John der herrlichste Mann der Welt ist – sehr intelligent – und ernsthaft und beherrschend und groß. Aber, Mammi, muß eine Frau denn ihre ganze Zeit ihrer Ehe widmen?
MAMMI: Was könnte sie sonst tun? Ach, das wäre nie passiert, wenn eine Tragödie dich nicht gezwungen hätte, uns finanziell zu unterstützen...
GLORIA: Aber Mammi...
MAMMI: Ich weiß, ich weiß, wer dir diese wilden Ideen in den Kopf gesetzt hat – das ist diese häßliche Sarah Bullitt – dieses Karriereweib! Sie weiß, daß sie nie einen Mann finden wird, und deshalb kann sies nicht ertragen, dich mit einem jungen Prinzen wie John glücklich zu sehen!
GLORIA: Also, Sarah war wenigstens immer nett zu mir! Und John war so gemein! Ach, Mammi – er hat mich angeschrien! Er nannte mich eine...

Wie LIFE die sechziger Jahre sieht

1.
John F. Kennedy: Wahlkampagne 1960
Unruhen in Chicago 1968
Rassenunruhen in Watts und Los Angeles
Marilyn Monroe
Militante Studenten in der Columbia-Universität 1968
Football
Vietnam
Die Stadtflucht der Jugend, Walden
Pop: The Beatles und Andy Warhols Campbell Soup
Astronauten auf dem Mond
Morde an J. F. Kennedy und Robert Kennedy

2.
Übergang in die Sechziger: Truman, Eisenhower, Kennedy
Vietnam: Berater werden Soldaten
Ginsberg, Dylan, Baez, The Beatles
U-2-Abschuß, Atombunker, Kuba wird sozialistisch,
Mauer in Berlin, Chruschtschow, Kuba-Krise
Papst Johannes der dreiundzwanzigste
Süden: Gewalt erzeugt Gegengewalt, M. L. King in Washington. I had a Dream
Mode: Gernreich, 007
Weißes Haus unter den Kennedys
Vereidigung von Johnson in Air Force Nr. 1 in Dallas
Miss America
Albee: Virginia Woolf
Jacqueline Kennedy nach Dallas
Ermordung von M. L. King, Malcolm X, Meredith, Oswald
Saigon: Mönchsverbrennung
Robert Kennedy ermordet
Paare: Lennon-Yoko, Streisand, Burton-Liz, Vadim, Redgrave, Margret, Eddie Fisher, Onassis-Jackie, Sinatra-Farrow, S. Davis
Chicago '68: die explosiven Jahre
Zweifrontenkrieg: Vietnam und U.S.A.
Poster: Barrow Gang, Lichtenstein: The fastest Gun, Feiffer: Little Murders, Bonnie and Clyde (68)
Bevölkerungsexplosion

MAMMI: Wein nicht, Liebes, du wirst dich daran gewöhnen. Sieh mal, da ist was, was die Erziehung, die modernen Hauseinrichtungen und die Pille nicht verändern können, und das ist der grundsätzliche Unterschied zwischen einem Mann und einer Frau. Ein Mann hat seinen Stolz. Wir sind vielleicht nicht mehr Sklaven unseres Heims, aber unsere Hauptaufgabe ist es noch immer, unseren Männern zu helfen, sich stark zu fühlen.
GLORIA: War das mit dir und Pappi auch so?
MAMMI: Ich habe als Frau versagt. Ich will dich nicht den gleichen Fehler machen sehen, Gloria! Ihr Kinder habt es nicht gewußt, aber – ich habe Walter kritisiert.
GLORIA: Du glaubst nicht, daß er einfach wegging, weil du alt wurdest?
MAMMI: Nein, Liebling – er mußte gehen, weil ich ihn bedrohte. Leide nicht wie ich! Sag John, daß du dich entschlossen hast, deine Arbeit aufzugeben. Sei eine Frau, Liebling, bevor es zu spät ist! (geht ab)
GLORIA: Arme Mammi! Sollte ich auf dem gleichen Weg sein? Und ist es wahr, was sie über Sarah sagt? Ach, ich darf nicht so eigenwillig und selbstsüchtig sein – ich liebe John, und ich will, daß wir glücklich werden – aber diese verrückte Unabhängigkeit (Karate-Bewegungen) – ist manchmal stärker als ich!
(Aus einem Frauen-Emanzipationsstück der San Francisco Mime Troupe, das im Commedia dell'arte-Stil gespielt wird.)

3.
Mode: Rabane
Pop Fashion
Manio Savo at Berkeley
Rock: Woodstock 400000
Herzoperation, Aquanauten
Electric Circus, Hair, Unisex
Erde: Wälder, Desert-Art, erster Schritt auf dem Mond
Drugs: Photos von Ira Cohen
'69: Football, Joe Namath
Olympia '68: Black Power
Flower Power gegen Gewehre, Black Militants, Carmichael
Mode: Beardsley, Art Nouveau
Siege: The Mets, Nixon
Eine Welle
Der blaue Planet: die Erde vom Mond aus

Grinnell College, Iowa, 1969: Ein Angestellter von *Playboy* hält einen Vortrag über Sexual-Erziehung. Plötzlich ist er umgeben von 10 nackten Studenten, die Flugblätter verteilen, auf denen steht: Playboy *gibt vor, die Schönheit des nackten menschlichen Körpers zu schätzen und zu respektieren. In Wirklichkeit aber stereotypisiert er ihn und macht ihn zum Handelsobjekt. H. Hefner hat ein ganzes Imperium auf der Ausnutzung der männlichen Phantasie und auf dem Prinzip der Unterwerfung der Frau aufgebaut!* Als der Redner gefragt wurde, ob er sich für ein Nacktfoto mit der Gruppe ausziehen würde, antwortete er: "Ich kam her, um zu reden und nicht, um nackt zu posieren."

Für die Leser von Howard Smith's Kolumne SCENES waren die zehn wichtigsten Ereignisse der sechziger Jahre:
1. die Rebellion der Studenten,
2. die Eskalation des Vietnam-Krieges,
3. die Kennedy-Attentate,
4. die Beatles,
5. die Raumfahrt, besonders Apollo 11,
6. die Zunahme des Rauschmittel-Gebrauchs,
7. der Chicago-Konvent,
8. Woodstock,
9. Haight-Ashbury, und
10. Eugene McCarthy.
(Village Voice, 5. Februar 1970)

Telefon-Stück

(Ein Mann ruft die Auskunft an)
– Kann ich Ihnen helfen?
– Ich würde gern ein Ferngespräch nach Zap, Nord-Dakota, anmelden.
– Das kostet 3 Dollar 95.
– 3 Dollar 95?
– Ja, für die ersten 3 Minuten.
– Hören Sie, ich rufe meinen Guru an!
– Ihren Guru?
– Ja, er ist sehr krank, und ich hab das Geld nicht.
– Vielleicht ein R-Gespräch?

– Das könnte ihn töten.
– Haben Sie vielleicht eine Kreditkarte?
– Eine was...?
– Mit einer Kreditkarte könnten Sie das Gespräch auf die Rechnung Ihres Arbeitgebers führen.
– Tatsächlich?
– Ja. Wenn Sie zum Beispiel für die Bank of America hier in San Francisco arbeiten, würden Sie mir einfach sagen: *Ich möchte einen Anruf auf Kreditkarte machen. Meine Kreditkarte ist S-756-0400-158.* Das Gespräch wäre dann ohne weiteres möglich.
– Wie wäre die Nummer?
– S wie Sabotage, 756-0400-158.
– Vielen Dank. Damit sind Sie entlassen.
– ???
– Komm, machs kurz, du bist dran.
– Aber wie...?
– Wir haben dich schon lange im Auge. Erst lag ein bißchen Marihuana auf deinem Platz im Umkleideraum, und das hier langt nun wirklich. Die alte Geschichte, ja, ja, ja.
– Na schön, ist mir doch wurscht, ich hasse die Telefongesellschaft. Warum machen Sie die Gespräche nicht billiger, statt teure Prospekte zu drucken? Wer in aller Welt braucht ein *Prinzeß*-Telefon?
– (zieht die Pistole) Wir werden dich ein bißchen auf Erholung schicken, meine Süße, da wirst du viel Zeit haben.
– (befreit sich mit einem Karate-Schlag und spricht ins Publikum) Um es noch mal zu sagen, die Nummer kann man so rauskriegen: Die Kreditkarten werden jährlich erneuert, und S ist der Buchstabe für 1970. Der zweite Teil kann jede Telefonnummer im San-Francisco-Telefonbuch sein. Die Bank of America ist deshalb gut, weil sie eine so große Gesellschaft ist – ein paar Dollar mehr oder weniger auf der Rechnung merken sie gar nicht. Wußtet ihr, daß letztes Jahr über 10000 falsche Kreditkarten-Telefonate allein bei der Dow Chemical Company berechnet wurden?
– Noch ein Wort und ich schieß dir dein Hirn aus dem Kopf!
– ... der letzte Teil der Nummer, 158, ist die Kennziffer für San Francisco. Die ganze Nummer besteht also aus: S-irgendeine Nummer aus dem Telefonbuch-158. Und immer aus einer Zelle anrufen...
– Wie du willst! (schießt auf sie) Diese verdammten M-16!
– ... weil sie dir dann, selbst wenn sie was merken, nichts tun können!
– Aber warum ausgerechnet öffentliche Unternehmen wie Dow, United Fruit und Levi-Strauß?
– Weil sie speichelleckende imperialistische Hunde sind! Wir sollten sie aufs Kreuz legen, wo immer wir können.
– Hallo, du hältst dich wohl für einen dieser politischen Gefangenen?
– Warum nicht? In Kuba kostet das Telefonieren nichts!
– Das sieht allerdings anders aus. Mit diesen merkwürdigen Ansichten werden wir dir ein hübsches kleines Gerichtsverfahren verpassen. Wir werden den URTEIL-O-MAT benutzen.
– Den was...?
– Den URTEIL-O-MAT, das Sofort-Urteil. Die letzte Erfindung im Kampf gegen Verbrechen und überfüllte Gerichtssäle. (Sie gehen rüber zum Kasten)

Der Cop ist ein Phänomen für sich. Er ist Paranoiker. Er leidet unter Größenwahn. Er kann Sadist sein. Er kann bösartig und grausam sein. Er kann nett und lieb sein, besonders wenn er etwas will. Er kann die Gesetze ungestraft übertreten, die er vorgibt, durchzusetzen. Er ist sehr empfindlich, wenn er beschimpft wird, und neigt dazu, in der einzigen Weise, die er kennt, darauf zu reagieren. Er ist bis zu den Zähnen bewaffnet mit Knüppeln, Chemikalien, Gasen, Feuerwaffen und mit der erschreckendsten Waffe von allen: mit empörter Selbstgerechtigkeit. Er neigt dazu, stupide und ungebildet und sich seiner Mängel sehr bewußt zu sein, obwohl er es nicht schätzt, wenn ihn Leute daraufhin ansprechen. Er bewegt sich in Haufen oder Banden und fühlt einen gewissen Grad von Sicherheit, wenn er unter seinesgleichen ist. Sein Wort gilt ohne Frage vor allen Gerichten, und er verläßt sich darauf.
Wenn du unbewaffnet bist und mit einem Polizisten konfrontiert wirst, mußt du alle diese Faktoren einberechnen, ehe du entscheidest, was du unternehmen wirst. Die meisten persönlichen Zusammenstöße zwischen Polizisten und einzelnen finden auf der Straße statt. Wenn du ein Schwarzer bist, ein Puertoricaner oder ein Weißer mit langen Haaren, kannst du drauf warten. Die Cops haben das *legale* Recht, jeden anzuhalten und zu filzen, wenn verdächtige Umstände vorliegen. Verdächtige Umstände unterliegen allein der Interpretation des Cops. Er kann dich immer festnehmen, für so was wie Ruhestörung, ungebührliches Verhalten, und dir dann eine Anzeige wegen Widerstandes gegen die Staatsgewalt anhängen.
(William Powell)

AUTOMAT: Ruhe im Gerichtssaal! Zahlen, bitte!
– Ein Vergehen, Euer Ehren-o-mat.
AUTOMAT: Welcher Art, bitte?
– Telefon, Euer Ehren-o-mat.
AUTOMAT: Der alte Briefmarkentrick, was?
– ???
AUTOMAT: Na, keine Marke auf die Telefonrechnung kleben, damit die Gesellschaft die Postgebühr zahlen muß.
– O nein, viel schlimmer.
AUTOMAT: Dann die Stecknadel-Sache?
– ???
AUTOMAT: Die Rechnungen mit Löchern versehen, damit die Computer durchdrehen.
– Nein, Euer Ehren-o-mat, es handelt sich um Kreditkarten.
AUTOMAT: Ah, Sie meinen den alten S-irgendeine-Telefonnummer-Trick? Verbrechen, Verbrechen!
– Nein, es ist ein Vergehen, Euer Ehren-o-mat.
AUTOMAT: Sprechen ist Verschwörung; Verschwörung zum Zwecke eines Vergehens ist Verbrechen. Bitte werfen Sie weitere 10 Cent ein! (Der Mann wirft das Geld ein) Urteil: 6 Monate suspendiert, 3 Wochen Gefängnis, ein Semester (Name einer Universität). Nehmt sie fest!
– Faschistische Null, deine Tage sind gezählt!
SPIELER DES RICHTER-AUTOMATEN: (aus dem Kasten steigend) Komm, Mädchen, ich tu, was ich kann.
– (zur Musik von Yellow Submarine) Ruft eure Freunde an, es kostet nur 10 Cent von Kalifornien nach New York, auf Kosten der Gesellschaft, sagt: Meine Kreditkartennummer ist S-irgendeine Nummer-158
– Du bist verhaftet!
ALLE: Ruft eure Freunde an vom Volkstelefon, Volkstelefon...
(Kennummern für New York: 021, Washington: 032, Boston: 001, Pittsburgh: 030.)
(Aus Rat, 15. Juli 1970.)

TULI KUPFERBERG

Ein Schulstück

(Dies ist ein Szenario für die Situation, daß ein junger Lehrer sich einer apathischen, reaktionären Klasse gegenüberfindet, die er politisieren will. In unserem Fall handelt es sich um eine Klasse junger Schwarzer in einer Mittelklassen-Nachbarschaft, die sich schon mehrfach über ihren Lehrer beschwert hatte, weil er sie mit linker Propaganda füttere, anstatt den Lehrplan zu erfüllen.)
Einige Tage vorher sagt der Lehrer an, daß er beabsichtige, im Rahmen der pluralistischen Erziehung einen jungen Radikalen einzuladen, der einen Vortrag über das Thema *Die Revolution* halten soll. An dem vorgesehenen Tag erscheint der Lehrer mit dem Radikalen und einem konventionell gekleideten älteren Herrn. Der Lehrer erklärt (und er ist sichtbar erregt über diesen Umstand), daß das Erziehungsministerium von der Sache gehört und einen Beamten geschickt hätte, der den Vortrag auf Tonband aufnehmen solle. Der Erziehungsbeamte setzt sich hinten in die Klasse, stellt das Tonbandgerät an, und der Vortrag beginnt. Der Vortrag wird zunehmend militanter, und schließlich greift der Beamte ein, zuerst mit Worten, schließlich kommt es zu einer Prügelei, in deren Verlauf der Beamte wütend hinausstürmt, um den Direktor zu informieren. Nach einer Weile kommt ein neuer Lehrer (der erste Lehrer und dieser tauschen zu dem Zeitpunkt die Klassen) und unterhält sich mit der Klasse darüber, was passiert ist (während das Band noch immer läuft und alles aufnimmt). Am nächsten Tag kommt der erste Lehrer wieder und erklärt die ganze Veranstaltung (stellt die Schauspieler vor) und spielt das Tonband vom Vortrag und der anschließenden Diskussion vor. Die Kinder reagieren negativ auf die Tatsache, daß sie manipuliert worden sind. Anhand dieser Tatsache kann man die Möglichkeiten der Manipulation in unserem System deutlich darstellen.
(The American Playground, Washington 1969.)

Bread and Puppet Theatre

Ein Mann sagt seiner Mutter Lebewohl

Ein Vorhang, auf dem ein asiatisches Dorf angedeutet ist.
Personen: Erzähler, Mann, Frau.
Geschichte: Der Sohn verabschiedet sich von seiner Mutter, er umarmt sie, wendet sich zum Publikum und marschiert zum Klang der Trommel auf der Stelle. Er kommt in ein fernes Land. Der Erzähler behauptet, daß der Mann vom Feind verletzt wird. Die Frau ändert ihre Maske und ist jetzt eine Frau in dem Dorf im fernen Land. Der Erzähler sagt, daß das Land sehr gefährlich ist. Er gibt dem Mann ein Gewehr. Das Land ist sehr gefährlich. Er gibt dem Mann eine Gasmaske und ein Flugzeug. Der Mann bewegt das Flugzeug mit seinen Händen, und alle Spieler machen Flugzeuggeräusche. Die Frau hört mit ihrer Arbeit auf und schaut zum Himmel. Der Erzähler gibt ihr eine Pflanze. Aber er sagt, daß das Flugzeug alle Pflanzen vergiftet: Der Mann wirft ein Tuch über die Pflanze. Der Erzähler sagt, daß alle Einwohner des Dorfes sich in den Häusern verstecken. Er gibt der Frau ein aus Pappe ausgeschnittenes Haus, das sie vor ihr Gesicht hält. Der Mann versucht, das Haus anzuzünden, aber der Erzähler sagt, daß die Vorschrift offenes Feuer auf der Bühne verbietet. Der Mann zerreißt das Haus der Frau. Der Erzähler gibt der Frau ein Kind. Der Mann tötet es. Die Frau legt das tote Kind auf den Boden, zieht eine Schere hervor und ersticht den Mann. Der Erzähler breitet ein Tuch über den toten Mann. Die Frau und der Erzähler setzen Totenkopfmasken auf und tragen den toten Sohn davon.

BREAD AND PUPPET THEATRE

Bread and Puppet Theatre

Der große Krieger

Ein etwa zwei Meter hohes Tuch, auf beiden Seiten gehalten von je einem Spieler. Trommel, Trompete, Stimmen. Ein Erzähler. Rollen: König, Priester, roter Mann, blauer Mann und sein Sohn, Volk, Drachen, Krieger. Alle Puppen, außer dem Drachen und dem großen Krieger, bestehen aus Kopf, Umhang und Händen und werden über dem Tuch (wie in einer Puppenbühne) gehandhabt. Jeder Puppe sind Geräusche zugeordnet, die von den Spielern gemacht oder mit den Musikinstrumenten erzeugt werden.

Handlung: Der gute König und sein Volk werden vorgestellt: der Priester, der rote Mann, der blaue Mann und sein Sohn. Der Krieger tritt auf. Der König fragt ihn, ob er einen Bauernhof führen kann, ob er eine Familie hat usw. Der Krieger kann nur kämpfen und töten. Der König sagt dem Krieger, daß es in diesem Land nichts zu töten gibt, es gibt keine Feinde. Der Krieger geht weg. Der Drache kommt. Alle haben Angst, und der König entschließt sich, den Krieger zurückzurufen, obwohl das Volk dagegen ist. Die Trompete wird geblasen, der große Krieger kommt zurück, er tötet den Drachen. Der König kommt, um dem Krieger zu danken, aber der hört nicht auf zu töten und tötet den König. Dann tötet er den roten Mann, den blauen Mann und seinen Sohn. Da steht das Volk auf: Die Puppen werden immer größer, und schließlich begräbt das rote Tuch den Krieger unter sich.

PETER SCHUMANN PROBIERT EINE PUPPE AUS

Peter Schumann

Interview

Seit wann besteht eure Gruppe?
Unter dem Namen Bread and Puppet seit 65. Vorher war ich in Deutschland, in München, Hannover und Hamburg und habe mit Tänzern gearbeitet. Ich versuchte, Puppen und Masken mit Tanz zusammenzubringen. Wir haben sehr wenig aufgeführt. 60 kam ich nach New York. Ich wollte eigentlich eine Tanzgruppe anfangen, ich machte die erste Vorstellung von *Totentanz* in Amerika in der Judson Church. Daraus hat sich dann nach und nach das Bread and Puppet entwickelt, wir machten Vorstellungen in Colleges und in New York im Judson, und manchmal ließ uns das Living Theatre spielen, bis wir 63 eine Loft in der Delancey Street bekamen. Dort konnten wir unsere Puppen und Requisiten herstellen und Vorstellungen geben.
Wovon habt ihr damals gelebt?
Ich habe als Maler und Anstreicher gearbeitet, jeder hatte irgendwelche Jobs. Erst seit ungefähr zwei Jahren können wir ein paar Mitgliedern sowas wie Gehälter zahlen; wir zahlen zehn Leuten so viel, daß sie ihre Miete zahlen und sich was zu essen kaufen können, nicht mehr. Aber soweit waren wir damals noch nicht, es war eine sehr harte Zeit. Wir machten neben unserem Theater in der Loft auch noch Straßentheater bei Paraden, Demonstrationen und Anti-Kriegsmärschen. 65 machten wir mit bei einem Gemeindeprojekt in East Harlem, 66 in der Bronx und in Harlem, daneben hatten wir Kinder-Workshops. Inzwischen hatten wir 66 vom New York Shakespeare Festival Räume in der alten Astor-Bücherei bekommen. Im Sommer 67 machten wir unsere erste Tour, hauptsächlich in Colleges an der Ostküste, beim Newport Festival und auf der Weltausstellung in Montreal. 67 zogen wir um ins Old Courthouse, und 68 fand unsere erste Europatour statt, danach das Newport Folk Festival und ein Projekt in Maine, im September das Radical Theatre Festival. 69 machten wir die zweite Europatour, und dieses Jahr wollen wir eine in die Südstaaten machen.
Wie viele seid ihr jetzt?
Neben denen, die bezahlt werden, sind zur Zeit etwa noch zehn andere da, aber das wechselt; auf der letzten Europatour waren wir mit Kindern ungefähr dreißig.
Müßt ihr Leute suchen oder wollen sehr viele bei euch mitmachen?
Wir müssen Leute wegschicken und uns Feinde machen, weil wir nicht so viele aufnehmen können. Im vorigen April auf der Europatour haben wir in Frankreich fünf Wochen Pause gemacht, sozusagen zwischen zwei Tourneen, und haben an Stücken gearbeitet. Wir hatten so eine Art Jugendherberge, in der wir arbeiteten, und innerhalb von zwei Wochen waren wir von dreißig auf ungefähr achtzig angewachsen, wovon wir sechzig verpflegen mußten.
Wie lebt ihr jetzt? Lebt ihr zusammen oder kommt ihr nur zur Arbeit zusammen?
Es ist billiger in New York, wenn man kleine Wohnungen sucht, wir müßten sonst ein ganzes Haus mieten, so leben oft zwei oder drei zusammen.
Wie arbeitet ihr praktisch, schreibt ihr eure Stücke?
Da ist nicht viel zu schreiben, meistens sieht unsere Arbeit so aus, wie es jetzt hier aussieht: Wir bauen Puppen, drucken Fahnen, machen Masken, probieren Farben aus usw. Beim Her-

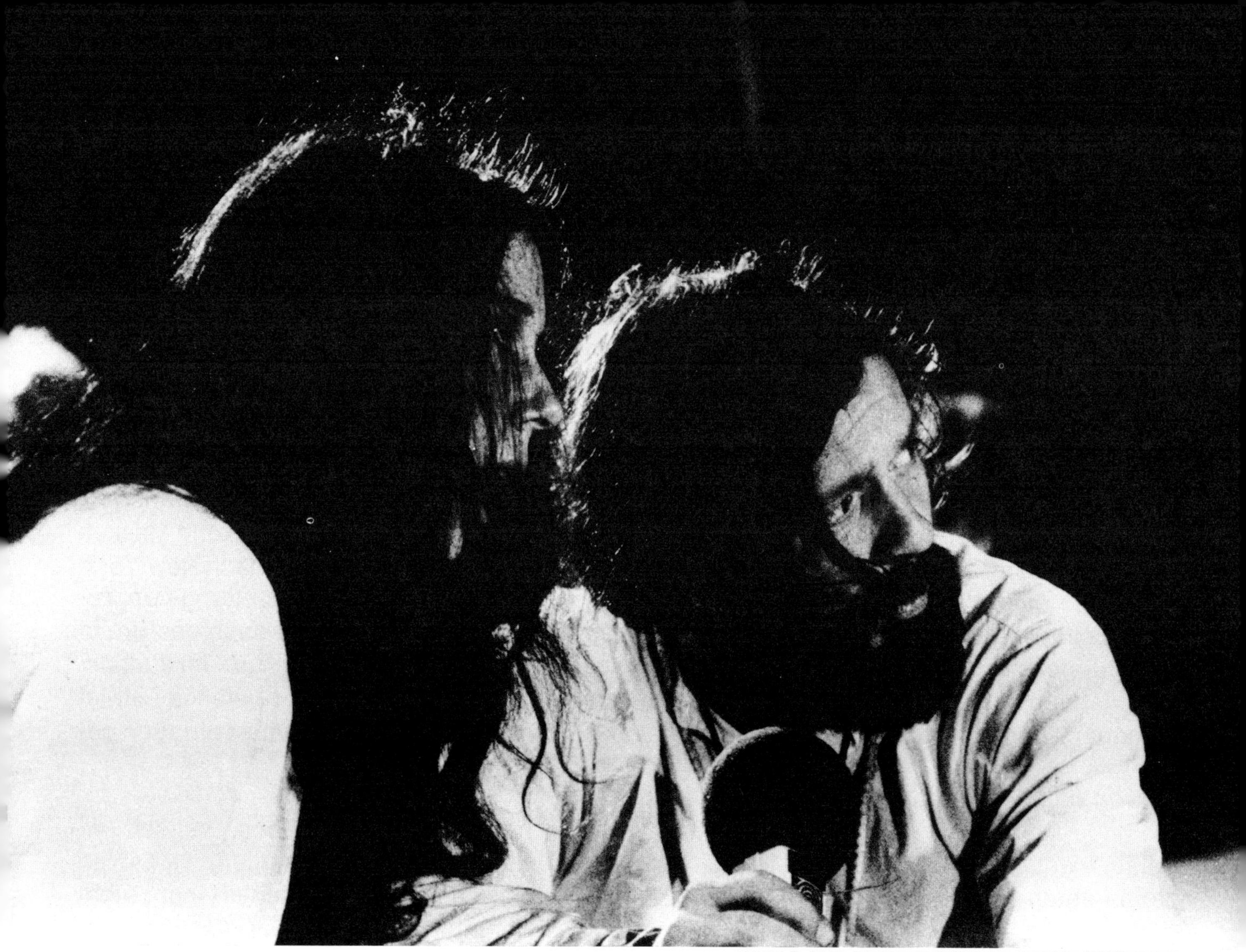
BREAD AND PUPPET THEATRE: PETER SCHUMANN

stellen der Sachen helfen viele Leute. Meistens wird dann irgendein Problem aus der Außenwelt hereingetragen, mit dem wir experimentieren. Das ist ein sehr langer Weg, aber selbst wenn wir es dann vor ein Publikum bringen, ist es noch nicht fertig, wir experimentieren immer noch dran herum. Zum Beispiel das Stück *Reiteration,* das fing damit an, daß man uns fragte, ob wir nicht ein Stück in East Harlem machen könnten. Sie brauchten das Stück in zwei Tagen, und wir hatten nichts. Das einzige war die Idee, daß wir den Müttern dort die Sache mit der Benachrichtigung, die man bekommt, wenn sie den Sohn getötet haben, irgendwie nahebringen wollten. Wir wußten, daß einige Frauen dort einen solchen Brief bekommen hatten, und wir wollten versuchen, die Sache mit dem Brief in einen Zusammenhang zu bringen, der ihnen vielleicht ungewohnt war. Wir haben zuerst viele Sachen in dem Stück gehabt, die wir dann rauswarfen, Nebenwege, die von der Hauptsache ablenkten.
Wie sieht das mit den Räumen aus, in denen ihr spielt? Eure Puppen, eure Musik und meist auch die Choreographie sind doch eigentlich auf Straßentheater zugeschnitten. In Europa haben die Vorstellungen, die in Theatern stattfanden, viel von dem, was das Bread and Puppet ist, verloren.
Das ist richtig, das haben wir auch von der Tournee gelernt. Wir haben oft in Theatern spielen müssen, die uns nicht gefielen und die ein bestimmtes Publikum diktierten, das uns nicht gefiel. Und es prägt einem automatisch einen bestimmten künstlichen Stempel auf: du bist automatisch Avantgarde, etwas Kostbares. Die Kritiker messen nach denselben Maßstäben, wie sie irgendeine Inszenierung messen, und das Publikum auch. Wenn zu uns ein Publikum kommt, wie es zur Oper geht, sind wir fehl am Platze, deshalb gehen wir lieber zu den Leuten.

Wir haben unsere besten Vorstellungen in den Straßen gehabt. Manchmal bekommt die Sache einfach dadurch einen Sinn, daß du dich da mit deinem ganzen Zeug auf der Straße befindest. Die Leute kommen aus ihren gewohnten Bahnen, und plötzlich sehen sie diese großen Puppen, und sie sehen etwas Theatralisches, aber außerhalb des Theaters. Sie sind nicht darauf vorbereitet, indem sie Eintrittsgeld bezahlt haben, um etwas zu sehen, sondern sie stehen plötzlich vor einer Sache, mit der sie konfrontiert sind. Wir haben allerdings auch böse Erfahrungen gemacht, die Pageant Players und das Burning City sind schon verprügelt worden, deshalb lassen wir uns jetzt immer einladen von den Gemeindeverwaltungen oder irgendwelchen Organisationen. Als wir in Harlem spielten, wären wir dort nie ohne Einladung hingegangen. Das ist auch gut wegen der Polizei, weil bei solchen Veranstaltungen meistens jemand von den Zeitungen da ist, der über irgendwelche Gewaltaktionen berichten könnte. Für unsere neue Tour in die Südstaaten haben wir die Idee, in einem Zirkuszelt zu spielen, was wir an Stellen aufbauen können, wo alle hinkommen. Wir werden, wenn wir in eine Stadt kommen, an verschiedenen Stellen kleine Stücke spielen und den Leuten sagen, wo unser Zelt steht und daß sie dort hinkommen sollen. Dort spielen wir am Abend dann die großen Stücke. In Theatern wollen wir eigentlich überhaupt nicht mehr spielen, zum Teil auch deshalb, weil wir nicht so sehr am Theater interessiert sind wie andere Gruppen. Die meisten Mitglieder unserer Gruppe sind weder Schauspieler noch Pantomimen. Die meisten kommen, weil sie politisch interessiert sind. Wenn wir Schauspieler bei uns hatten, war es meist sehr schwer, sie in die Arbeit zu integrieren. Was uns zusammenbringt, ist nicht die Sache, Theater zu machen, sondern daß wir über verschiedene Dinge mit Leuten, dem Publikum, reden wollen. Man kann das mit einem Maler vergleichen; der setzt sich auch nicht in eine stille Ecke und malt einfach, weil ihm das gefällt, sondern er malt, um das jemandem zu zeigen, und das beinhaltet, daß er wissen muß, wem er es zeigen will und wohin er gehen muß, um ihn zu finden. Wir sind nicht so sehr daran interessiert, das Theater zu revolutionieren, möglicherweise entsteht eines Tages das beste Theater aus den konventionellsten Formen. Ein Theater ist gut, wenn es für die Leute einen Sinn ergibt. Ein kleines Theater, das nur darauf zielt, gibt es in Amerika noch nicht.
Ihr habt früher ziemlich viel Ärger mit der Polizei gehabt, ist das heute auch noch so?
Das hat sich geändert, einmal weil die Polizei sich geändert hat, und dann, weil wir nicht mehr so viel wie früher in Demonstrationen mitmachen. Und dann – man findet Wege, um die Schwierigkeiten zu umgehen. Vor zwei oder drei Jahren zum Beispiel sind wir an Weihnachten zur St. Patricks Cathedral gezogen, als Kardinal Spellman noch lebte. Wir haben da die Weihnachtsgeschichte gespielt mit einem blutigen Jesuskind, und Maria hatte ein Schild um den Hals, das sagte, daß man ihr Kind mit Napalm getötet hat. Wir wollten dem Kardinal das Baby schenken, aber die Leute von der Kirche wollten das nicht. Sie riefen die Polizei, und die fand heraus, daß es ein altes Gesetz gibt in New York, daß man auf der Straße keine Masken tragen darf, außer wenn die Polizei es vorher genehmigt hat. Da haben wir alle Zeitungen und Rundfunk- und Fernsehanstalten angerufen und sie für den nächsten Tag eingeladen, wo wir es wieder machen wollten. Die Polizei kam, und die ganze Straße war schwarz davon, aber wir hatten die Masken in Puppen umgebaut, so daß man unsere Gesichter sehen konnte und das Gesetz nicht mehr galt. Die Puppen waren genauso wie die Masken, nur daß sie für die Menge besser zu sehen waren, aber die Vorstellung selbst hatte sich gar nicht verändert. Jedenfalls konnte die Polizei nichts machen. Sie schritten erst ein, als wir versuchten, das blutige Jesuskind in die Kirche zu bringen. Einer von den Polizisten ergriff es und rannte damit über die Straße und brachte es ins Fundbüro. *Jesus im Fundbüro!* – Aber wie ich schon sagte, wir machen nicht mehr so viele Demonstrationen und Paraden mit. Nicht daß wir gegen die Demonstrationen sind, aber es gibt da immer diesen Zwiespalt – hörst du mit einer Probe auf und gehst du hin? Mehr und mehr ziehen wir vor, nicht zu den Demonstrationen zu gehen

und statt dessen lieber in der Werkstatt zu arbeiten. Trotzdem kommen manchmal Situationen, wo man sagt, daß man etwas helfen kann, einfach indem man da ist mit den Puppen oder mit einem kleinen Stück. Aber was New York angeht, ihr wißt, daß wir diese großen Paraden auf der Fifth Avenue gemacht haben, aber wir glauben jetzt, daß New York das gesehen hat und daß die Bewegung weitergegangen ist. Jetzt muß irgend etwas anderes passieren, aber was auch immer passiert, es wird eine Antwort sein auf das, was politisch in der Welt passiert. Außerdem gibt es mehr und mehr Straßentheater in New York, die in den Parks und bei den Demonstrationen sind, es ist nicht mehr so wie vor fünf Jahren, als wir die einzigen waren.

BREAD AND PUPPET THEATRE: WERKSTATT

USA: Überfluß-Gesellschaft?

Die Vereinigten Staaten von Amerika, reichste Nation der Welt, Symbol der Überfluß-Gesellschaft, sind unterentwickelt. Mitten in diesem Wohlfahrtsstaat, in dem sich die meisten in Vororten um ihre Neurosen sorgen, existieren 11 % der Bevölkerung unterhalb der Armutsgrenze; ihr Jahreseinkommen beträgt pro Kopf nicht über 1600 Dollar.
Die amerikanische Wirtschaft produziert jährlich Güter und Waren im Werte von einer Billion Dollar. Aber das Ziel der freien amerikanischen Marktwirtschaft ist nicht die Befriedigung der fundamentalen menschlichen Bedürfnisse, sondern der Profit. Die – durch ein unbeschränktes Produktionspotential – erstmals mögliche totale Befriedigung der Bedürfnisse der Gesamtbevölkerung findet nicht statt. Amerika produziert mehr, als es im eigenen Land zu Höchstpreisen verkaufen kann. Die Überschuß-Produktion, eine Folge der freien Marktwirtschaft und der technologischen Revolution, wird vom amerikanischen Markt ferngehalten. Sie wird verschleudert, vernichtet, auf ausländischen Märkten abgesetzt, die Amerika erobert hat und am selbständigen Aufbau hindert, oder in "Freiheits"-Kriegen verbraucht, in denen sich der Imperialismus in Antikommunismus umtauft.
WIE KANN ES ÜBERSCHUSS GEBEN, SOLANGE DIE FUNDAMENTALEN BEDÜRFNISSE ALLER AMERIKANER NICHT BEFRIEDIGT SIND?
Die USA haben ein Wirtschaftssystem, das Pseudo-Bedürfnisse stimuliert, statt vorhandene Bedürfnisse zu befriedigen.
AMERICAN WAY OF LIFE HEISST BIG BUSINESS UND BIG GOVERNMENT.
Wie kann sich Amerika großspurig die fadenscheinige Robe des Weltmissionars umlegen und von der Entwicklung der unterentwickelten Länder sprechen, solange es die unterentwickelte Welt in seinem eigenen Land übersieht? Wie kann Amerika Indien Entwicklungshilfe leisten, solange es das schwarze Getto Harlem gibt? Wie kann Amerika Vietnam Frieden bringen, wenn es unfähig ist, Armut, Rassismus, Kriminalität und Militarismus im eigenen Land zu bekämpfen?
Amerika hat im Haushaltsjahr 1970 81 Milliarden Dollar für die Nationale Verteidigung, aber nur 54 Milliarden Dollar für Gesundheit und Wohlfahrtspflege ausgegeben. Die amerikanischen Steuergelder werden zu 43 % für die Nationale Verteidigung, aber nur zu 11 % für Erziehung und Sozialprogramme verwendet.
Amerika ist ein Wohlfahrtsstaat der Middle Class. Er schafft Sicherheiten für die, die 30 Dollar am Tag verdienen, und ignoriert die, die 30 Dollar die Woche verdienen. *The Other America,* das Amerika der Armen, ist unorganisiert und kann ausgebeutet werden. Armut erzeugt Armut. Die Geschäftsleute haben ein Interesse daran, diese ökonomische Unterwelt Amerikas zu erhalten; sie ist ein billiges Arbeitspotential.
Von 1960 bis 1969 stieg die Zahl der bekanntgewordenen Verbrechen in Amerika um 100 %, die Bevölkerungszunahme betrug nur 11 %. Allein im New Yorker Stadtteil Manhattan wird mehr gemordet als in ganz England. Die Zahl der festgenommenen Rauschgiftsüchtigen verdoppelt sich jährlich. 1969 gab es bereits 900 Heroin-Tote, 224 davon waren Teenager; 1970 waren es 370 Teenager. Jeweils vor den Wahlen schwört Gouverneur Rockefeller, die Rauschgiftsüchtigen von New Yorks Straßen zu zaubern. Vor allem für die Heilung der Heroin-Süchtigen unter 16 – in New York City sind das heute mindestens 30000 –, für die keine Mittel da sind, kündigt er Millionen-Beträge an. Jeweils vor den Wahlen wird der Armut, der Kriminalität und dem Rassismus der totale Krieg angesagt.

Aber eine Stadt wie New York City, in der man die Wahlen am besten mit liberaler Rhetorik gewinnt, hat die höchste Kriminalitätsquote Amerikas. In New York hat das *Syndicate, The Organization. Cosa Nostra* oder auch *Mafia* genannt, ihr Hauptquartier. Hier bestehen 5 ihrer insgesamt 24 Clans. In New York lebt eine Million der 8 Millionen Einwohner von Wohlfahrtsunterstützung. Für die 1,5 Millionen Schwarzen und die 1 Million Puerto-Ricaner, die hier leben, heißt eine Stadt wie New York: Frustration.
In einer Stadt wie New York, in der die Rassengleichheit gesetzlich ist und Organisationen für eine bessere Rassenintegration arbeiten, heißt in Harlem zu leben noch immer, schwarz und an der Kultur der Armut beteiligt zu sein. In Amerika existieren neben 10 % der weißen Bevölkerung 35 % der farbigen Bevölkerung unter der Armutsgrenze. Das Durchschnittseinkommen eines weißen Arbeiters ist ungefähr doppelt so hoch wie das eines schwarzen Arbeiters. Die amerikanische Gesellschaft und ihre Wirtschaft sind rassistisch. Allen Gesetzen zum Trotz bleibt ein stummes und automatisches System der Diskriminierung bestehen. Für die Bewohner von Harlem ist die Armut eine historische, institutionalisierte Konsequenz ihrer Hautfarbe.

IF YOU'RE WHITE YOU'RE RIGHT
IF YOU'RE BLACK STAY BACK

Harlem ist das größte Getto Amerikas. Aber auch sein Getto beherrscht nicht der Schwarze, es gehört ihm nicht. In Harlem ist es *The Man,* der Weiße, der die Geschäfte macht. Harlems Ökonomie ist weiß. Der amerikanische Imperialismus hat die Schwarzen in Harlem doppelt erniedrigt: durch Rassendiskriminierung und ökonomische Ausbeutung. Die Revolution ist das kollektive freie Unternehmen der kollektiv Enteigneten, sagt Carl Oglesby. Harlem ist ein Getto der kollektiv Enteigneten.
VOM RASSENKAMPF ZUM KLASSENKAMPF!
Es sieht so aus, als habe die amerikanische Überfluß-Gesellschaft an ihre Armen abgelegte Kleider ausgegeben, damit sie nicht zu sehr auffallen und die Ideologie von Freiheit-und-Kapitalismus nicht zerstören. Amerikas Arme tragen nicht alle Lumpen, man erkennt sie nicht immer gleich. Die schäbige, standardisierte Massenkleidung der Amerikaner verdeckt sie. Sie verdeckt auch die Armut der Alten, der Verbrauchten über 65. Ihre Tragik ist nicht nur der Hunger, die Krankheit und die Einsamkeit, sondern vor allem die dauernde Erniedrigung durch eine Gesellschaft, die vom Jugend-Kult besessen ist, für die nur gilt, was jung ist, was neu ist und was *in* ist.
Das amerikanische Prinzip der Armutskostümierung zeigt sich auch bei den Slum-Sanierungen. Die bürgerliche Erleichterung über die Zerstörung dieser Armutsbeweise in der Überfluß-Gesellschaft entstammt der Überzeugung, daß mit einer Slum-Sanierung auch eine endgültige Slum-Lösung stattgefunden habe. Der Abriß eines Elendsviertels bedeutet aber für seine Bewohner oft nicht mehr als eine Verschlechterung ihrer Lage. Meist verschwindet ein Slum, um einem Geschäftshaus oder einem teuren Apartement-Haus Platz zu machen, das dann die Middle Class bezieht. Die Armen werden noch ärmer und müssen versuchen, in anderen überfüllten Slums unterzukommen. Wenn an Stelle des Slums aber kein modernes Einkaufszentrum, sondern eines der *Low-Cost-Housing-* Projekte entsteht, die der Öffentlichkeit als Alternative dargestellt werden, dann bietet es nur einem kleinen Teil der Slum-Enteigneten Unterkunft. Doch selbst die Familien, die in diese häßlichen Neubauten mit niedriger Miete einziehen, entgehen nicht der Slum-Psychologie, dieser morbiden Kette aus Armut, Verzweiflung, Krankheit, Erniedriegung, Kriminalität, Gewalt und Gang-Wesen. Die neuen Mietskasernen sind kostümierte Slums, die das Gewissen der amerikanischen Gesellschaft beruhigen. Die vielen fetten Ratten sind nicht mehr da, es gibt weniger Kakerlaken und kaum

noch Wanzen, aber die Kultur der Armut ist aus den alten Slums in diese neuen Slums mitgezogen. Man muß nicht erst Hubert Selbys *Last Exit to Brooklyn* lesen, um das zu verstehen. Man sieht es, man riecht es. Ein Getto wird durch ein anderes nicht aufgehoben.

Wenn Du in New York City bist, sieh Dir das alles an. Geh über die Park Avenue und die Fifth Avenue, und dann laß Dich von jemandem mit nach Harlem nehmen. Geh auch mal über die Bowery. Da sind die Bums, die Alkoholiker, die Gesichter zerstört, verklebt mit Dreck und Blut. Du kannst nicht sagen, wie alt sie sind oder was sie mal waren, früher. Sie stinken, an den Hosenbeinen siehst Du die weißen Ränder des trockenen Urins. Sie sind schwach, ohne Aggressivität, wenn Du vorbeigehst und sie anglotzt. Sie sind krank, menschliche Wracks, physisch und moralisch kaputt. Es ist eine Männergesellschaft, Du siehst kaum Frauen an der Bowery. Hier gibt es eine Unmenge dreckiger kleiner Sauflöcher, sie heißen Bars; man kann selbst hier noch Geld machen. Die Bums sind entweder schon besoffen, oder sie besaufen sich gerade mit billigstem Fusel. Sie schwanken, taumeln und brechen manchmal zusammen; sie liegen dann einfach da, Du weißt nicht, ob sie jetzt tot sind oder was.

Diese Subkultur des Alkohols, diese Unterwelt der Armut und Krankheit kümmert New York nicht viel. Man zeigt sie den Fremden als kleine Attraktion; hier und in Harlem muß jeder mal vorbeigefahren sein. Die Bowery erregt kein Mitleid im puritanistischen Denken Amerikas.

Wenn Du in New York City bist, sieh Dir die alten und die neuen Slums der amerikanischen Minderheiten an und hör mal eine Nixon-Rede über die Silent Majority.

THINGS'LL GET BETTER IF YOU REALLY TRY
SO DONTCHA PANIC
DONTCHA PANIC (Mick Jagger/Keith Richard)

Wenn Du in New York City bist, sieh Dir auch die freiwillig Armen im Underground des East Village an. Sie essen wie die Armen, wohnen wie die Armen, aber sie haben nicht Teil an der Atmosphäre von Pessimismus und Defätismus. Für sie ist die Armut oft nicht mehr als ein Durchgangsstadium. Sie bekunden abseits und geduldet von der Gesellschaft ihre Unzufriedenheit mit dem Status quo; oft ist das nicht mehr als die Gebärde der Rebellion inmitten Gleichgesinnter. Sie bauen sich ein Paradies; aber das grundlegende revolutionäre Motiv kann nicht die Hoffnung auf ein Paradies, sondern nur die Zerstörung des bestehenden Infernos sein, der amerikanischen Matrix aus Frustration und Schmerz.

Wenn man Nixons Gesänge von Sicherheit, Ordnung und Gerechtigkeit hört, inmitten der Agonie des Krieges, der Armut, des urbanen Verfalls und der politischen Unruhen, begreift man, daß sich das mittelständische Amerika selbst noch immer für die endgültige Lösung hält. Es fühlt sich beleidigt durch jede Forderung nach Veränderung und ist bereit, jeden radikaleren Anspruch mit totalitären Reaktionen zu beantworten.
Solange die amerikanische Realität Big Government und Big Business heißt, werden die USA ein unterentwickeltes Land bleiben.

Paul Foster

Interview: Natürlich mußt du für alles bezahlen

Ich liebe New York City. Schon als ich 5 war, hatte ich mit dieser Stadt eine Liebesaffäre. Ich wollte immer hin. Jetzt lebe ich hier seit rund 10 Jahren. Ich liebe den Müll von New York und die Gefahr auf den Straßen. Ich weiß, die Stadt ist kapitalistisch. Geld! Geld! Hetze! Herumgerenne! Mach dies! Mach das! Sie ist nervös, frenetisch, verrückt, paranoid. Hier sind die reichsten und die ärmsten Leute der Welt. Aber ich liebe New York. Es kann Paris sein, Rom oder London, ich fühle mich überall ein bißchen à côté vom Zentrum, wenn ich nicht in New York bin. Glaub nicht, ich sei ein Super-Amerikaner, bin ich nicht, aber ich bin ein Super-New Yorker. Ich fühle mich nirgends lebendiger als hier. In New York kannst du wirklich alles machen, wozu du Lust hast. Wenn du um 3 Uhr morgens Hunger hast, rufst du die nächste Kneipe an und bestellst dir was. Wirklich, das geht nur in New York. Natürlich mußt du für alles bezahlen, das ist klar. Aber wenn du um 5 Uhr morgens ins Kino gehen willst, wo kannst du das? In New York. Die U-Bahn hier fährt die ganze Nacht, und wann immer du was trinken willst, kannst du gehen und was trinken. Stell dir was ganz Verrücktes vor, was völlig Ungewöhnliches. In New York kannst dus kaufen. Alles! Du kannst vom Strichjungen bis zum – ich weiß nicht, was – alles zu jeder Tageszeit haben. Es ist ziemlich schwer für mich, überhaupt was zu lieben, aber ich liebe New York. Es gibt auf der ganzen Welt keine Stadt wie New York City. New York ist ungeheuer geschäftig und dynamisch. Du kennst tausend Leute, wenn du hier lebst. Weißt du, was sie über New York erzählen? Sie sagen, New York sei die höflichste Stadt der Welt. Wenn einer hier zusammenbricht, treten alle beiseite, damit er fallen kann. Das ist die Höflichkeit einer Weltstadt. New York ist Babylon, Rom, Athen und Alexandria. New York ist eine Super-Stadt, hier kommt alles zusammen. In New York leben mehr Italiener als in Neapel, mehr Juden als in Tel Aviv, mehr Ukrainer als in Kiew und so fort und so fort. Du kannst hier alle Gerichte der Welt essen. New York ist ein Magnet. Es ist Sodom und Gomorrha, es ist schrecklich und brutal. Wenn du allein sein willst, kannst du hier total allein sein, weil sich kein Aas um dich kümmert. New York ist ein Monster, aber du kannst hier alles machen. Wirklich, denk dir was aus, hier kannst dus machen. In New York kannst du so individuell leben, wie du willst. Wenn es dir Spaß macht, kannst du im Winter barfuß herumlaufen. Es wird sich keiner drum scheren. Natürlich, wenn du barfuß gehst, weil du keine Schuhe hast, wird sich auch keiner drum scheren. New York ist eben so groß, da kann niemand auf den anderen aufpassen.

MANHATTAN, UPTOWN →

HOTEL
ROGER
SMITH
COFFEE
SHOP

Gilbert Moses

Interview

1963 kam ich nach New York. Ich war dort glücklich, bis ich in den Süden ging. Mein politisches Bewußtsein bestand eigentlich nur darin, anders zu sein, sich abzuheben. Ich las sozialistische Schriften, aber nur, weil ich über Leute schreiben wollte, die das tun. Ich interessierte mich für alles, aber irgendwas hielt mich immer davon zurück, wirklich mitzumachen. Ein Freund von mir gründete eine Zeitung in Jackson, Mississippi: die Mississippi Free Press. Es sollte eine liberale Zeitung werden in einer schwarzen Gemeinde. Ich sollte da so etwas wie ein Herausgeber sein – so ging ich in den Süden; aber als ich da war, merkte ich, was eigentlich los war: Dieser Freund wollte nicht so sehr eine Zeitung für Schwarze als vielmehr eine liberale Zeitung, eine Zeitung, wo Schwarze und Weiße schreiben. Ich hatte das Gefühl, daß wir eine Zeitung nur für Schwarze brauchten, um wirklich Stimme dieser Gemeinde zu sein. Dadurch entstanden Diskrepanzen, noch verstärkt durch eine persönliche Schwierigkeit, die ich hatte: Ich war wohlerzogen, sprach zwei Sprachen außer meiner eigenen, konnte über Theater von Aischylos bis Albee bestens reden usw., aber es war vollkommen nutzlos, ich war vollgestopft mit einer Nahrung, die ich nicht brauchen konnte. Ich begriff, daß dort unten ein Theater nötig war, das erzieherisch, instruktiv und emotional bewegend (kathartisch) zugleich war, das mit den Problemen, die bestanden, zu tun hatte. Wir brauchten nicht klassisches Theater, wir brauchten nicht irgendeine Kategorie von Theater, wir brauchten ein Theater, das aus den Leuten selbst kam. Wenn ich damals in eines der bestehenden Theater gegangen wäre, hätte ich das Zeug, das ich wußte, natürlich verwenden können, dafür war ich erzogen worden. Statt dessen brauchten wir da unten ein Theater, das sozusagen von Null anfing, das von dem Leben sprach, wie es dort unten aussah, über die Brutalität, über die kriminelle Gesellschaftsform im Süden, über die amerikanische kriminelle Gesellschaft, über die Diskrepanz zwischen dem, was Demokratie ist, und dem, was sie sein könnte. Die Schwierigkeit, vor der ich mich sah, war: eine vollkommen neue Art zu reden und zu schreiben. Was ich schrieb, wurde sehr real, nicht weil die Leute, für die ich schrieb, es nicht verstanden hätten, sondern weil es einfach irrelevant war. Ich schrieb einfacher und normaler, weniger lyrisch.

Glaubst du nicht, daß das amerikanische Gegenwartstheater allgemein das auch nötig hat, weg vom Mystizismus zu kommen?

Ich denke, daß das so ist, das hängt mit der Trennung zwischen Kunst und Realität zusammen und damit, wem es nützt, eine Menge Leute sich mit Kunst beschäftigen zu lassen, die nichts mit der politischen Wirklichkeit zu tun hat. Für die Kunst der Schwarzen hat das eine ganz besondere Bedeutung. Wir befinden uns in einem Stadium, wo wir ein Selbstbewußtsein wiedererlangen, wo Werte wiedergefunden werden. Unsere Sprache

GILBERT MOSES, geb. in Cleveland, Ohio, 20. 8. 1942. In Cleveland erste Begegnung mit dem Theater: *Keramu-Theater,* eine nichtkommerzielle Organisation von Schwarzen für Schwarze. Public School, an der High-School Mitwirkung in Musik- und Theatergruppen. Leiter einer Theatergruppe am College, Stil basierend auf Improvisationen und Körpertraining. Bricht Studium der Mathematik und Ökonomie ab und studiert statt dessen französische und deutsche Literatur. 1962 Stipendium in Paris, Beschäftigung mit dem absurden Theater, besonders Ionesco und Bekkett. Sieht das TNP von Vilar, entdeckt Interesse für Brecht ("Brecht sprach meine Sprache, nicht über jeden einzelnen, sondern über die Gesellschaft. Ihm war so etwas wie die Verbindung von Kunst und Politik gelungen."). Bricht 1963 das Studium ab, geht nach New York, um zu schreiben und als Schauspieler zu arbeiten. Nach anfänglicher Begeisterung über die Scheinfreiheiten der Bohème-Welt (Kleider, Moral usw.) fängt er an, sich mit Sozialismus zu beschäftigen. Geht als Journalist nach New Orleans (Mississippi Free Press). Bricht wegen der anderen Auffassung vom Integrationsgedanken (Moses schwebt eine Zeitung ausschließlich für Schwarze vor) die Zusammenarbeit ab und gründet zusammen mit Tom Dent (später auch mit Richard Schechner) das Free Southern Theatre. Mehrere Jahre dort als Künstlerischer Leiter (Unterbrechungen: Arbeit am Second City Theatre in Chicago, Schauspielunterricht in New York). Verläßt das FST 1969. Arbeit als freier Regisseur (*Slaveship* von LeRoi Jones in New York, *No Place to Be Somebody* von Gordone in Washington).

ist anders als die der Weißen. Das hängt zusammen mit dem Verständnis des Schweigens, dem Gebrauch von Wörtern und den damit verbundenen Assoziationen. Statt einen Zwei-Minuten-Monolog über irgendwas zu halten, stellst du eine Situation her, in der ein ebenso langes Schweigen mehr Bedeutung hat. Ich sage nicht, daß unsere Leute nichtverbal sind im Gegensatz zu den Weißen, aber ich glaube, daß da eher eine Art emotionaler Kontext mitläuft, d. h., daß es darauf ankommt, wie du ein Wort sagst, aber daß es andererseits genügen kann, nur dieses eine Wort zu sprechen. Das war es, was ich begriff, statt all der Sachen, die ich über Theater gelernt hatte. Später verstand ich, daß Zusammenhänge existieren zwischen dem, was ich über das Theater gelernt hatte, und der Musik der Schwarzen.

Kannst du noch darüber sprechen, was du mit Emotionen meinst? Wir haben eine sehr große Skepsis gegen Emotionen und wie man sie mißbrauchen kann.

Ja, ich verstehe. Ich meine natürlich nicht, man soll den Intellekt ausschalten. Aber ich denke, daß man viele Dinge besser zeigen kann, als darüber zu sprechen. Zum Beispiel ein Schauspieler, der versucht, kühl zu sein, wenn er spricht: In Wirklichkeit ist er es nicht, das heißt, du kannst es sehen an dem Finger, der nervös auf die Tischplatte pocht. Dies ist ein Zeichen für das, was innen in ihm vorgeht. Mit den Emotionen ist es ähnlich, du sagst zum Beispiel etwas, was emotional in Widerspruch steht zu dem, was eigentlich psychisch vorgeht. Oder ein anderes Beispiel: Manchmal versuchen Leute, Gewalt auf der Bühne darzustellen. Man soll nie vortäuschen, daß das, was da vorgeht, real ist; es ist nicht real, und wenn ich spiele und nachher kommt jemand, der mir sagt: "Mensch, ich habe dir jedes Wort geglaubt!", weiß ich, daß ich falsch gespielt habe. Wenn du stirbst auf der Bühne, dann stirbst du so, wie nie jemand sterben würde; du gehst über die Realität hinaus, es wird zum Sterben und geht über diesen Einzelfall hinaus. Es ist nicht dein Tod, es ist Tod. Das herzustellen braucht man den Intellekt, es zu verstehen, verlangt mehr als nur den Intellekt. Oder wenn zum Beispiel die Situation da ist, daß jemand seinen Geliebten verloren hat – ich würde den Schauspieler nicht einfach weinen lassen, sondern ihn eine ganz gewöhnliche Handlung mit Tränen in den Augen tun lassen, um diesen Schmerz wirklich auszudrücken.

Wie ging es weiter, als du die Zeitung aufgegeben hattest?

Ich gründete dieses Theater, das Free Southern Theatre, das heute noch existiert. Dort machten wir *Roots* und ein paar andere Stücke von mir, die ich leider verloren habe. Aber laß mich noch etwas zurückgehen. Die erste Desillusionierung war also die Sache mit der Erziehung, die zweite war die, als die eigenen Versuche fehlschlugen. Wir schafften es, in drei Jahren so was wie ein richtig funktionierendes schwarzes Theater aufzubauen, aber am Ende bemerkte ich, daß es sich mehr und mehr nach den Richtlinien des Theaters der Weißen auszurichten begann. Wir hatten es nicht erreicht, daß es ein wirklich authentischer Ausdruck der Gemeinde war, in der es stattfand. Ich dachte, daß wir gar keine Schriftsteller oder Autoren brauchten, wir brauchten so etwas wie Zeitungsleute, bloß eben im Theater. Nicht im Sinn von Agitprop, sondern indem man über Improvisationen das Publikum wirklich einbezieht. Ich dachte, wir kommen in eine kleine Stadt, wir setzen uns mit den Leuten zusammen und fragen, was es bei ihnen für Probleme gibt, und dann bauen wir

GILBERT MOSES

es irgendwie zusammen. Genau die Sache, die mal im Second City probiert wurde. Ich ging dorthin und machte eine Weile mit, als sie in Chicago waren. Ich dachte, daß wir mit dieser Art von Theater irgendwas zu tun hätten. Ich dachte, es braucht zu lange, dies Zeug wie Stückeschreiben, Inszenieren usw. Ich war dort ungefähr ein halbes Jahr, dann machte ich eine neue Wandlung durch: Ich wollte jetzt unser Theater zu einem wirklich schwarzen Theater machen.

Wurde es denn nicht schon von Schwarzen gemacht?

Es wurde zwar von Schwarzen gemacht, aber wir beschäftigten uns mit weißem Zeug: *Warten auf Godot, Die Gewehre der Frau Carrar* usw. Es war genau das, was die Schwarzen immer gemacht hatten: die Kultur der Weißen nachahmen, ohne ihre eigene zu finden. Der erste Schritt war getan: Wir hatten schwarze Schauspieler; das hatte schon für sich eine große Bedeutung für unser Publikum, einfach schwarze Darsteller zu sehen. Aber es hatte noch nicht genug Wirkung, es beeinflußte Leute nicht, etwas zu tun. Improvisationen schienen mir ein Weg zu sein, sehr schnell etwas zu erreichen, einfach eine Arbeitsmethode, die Erfahrungen sofort umsetzbar macht. Aber merkwürdigerweise wirkte es nicht, obwohl die Arbeit im Second City mir sehr viel Spaß machte. Wieder hatte ich den Eindruck, daß für diese Kunst keine Verbindung zur Realität möglich ist. Diese Spiele liefen irgendwie darauf hinaus: Wer ist der Intelligenteste? Ich konnte damit die Worte nicht in Einklang bringen, d. h., Improvisationen sind einfach, solange es sich um eine Art Pantomime handelt. Aber was ich lernte, war der Raum. Ich begriff ganz neu, was der Raum bedeuten kann für das Verhältnis zwischen Menschen. Du kannst auf der Straße allein vom Raum, der sich zwischen zwei Menschen befindet, sagen, ob sie Liebende, Eltern und Kinder oder sonst was sind. Die Bedeutung des Raumes habe ich wirklich von den Spielen im Second City gelernt.

Wie ging es dann weiter?

Wir sprachen viel über ein schwarzes Theater, und es kam mir immer absurder vor, da in Chicago zu sein und Improvisationen zu machen mitten in einem total weißen Theater. Irgendwie konnte ich diesen Widerspruch nicht mehr aushalten, und ich beschloß, etwas völlig anderes zu machen. Ich ging also wieder auf die Schauspielschule; das war meine erste professionelle Ausbildung im Schauspiel. Ich ging an die NYU. Es war absurd: In der Schule sprachen alle immer über Sachen, die ich längst wußte.

Ich hatte mich schon in Chicago sehr für Blues interessiert und Gitarre spielen gelernt. In New York ging ich also nicht auf die Schauspielschule, sondern machte statt dessen eine Rock-and-Roll-Band auf. Wir haben auch schon eine Platte aufgenommen. Wir waren ungefähr zwei Jahre zusammen. Für mich war das so etwas wie eine Flucht: Ich dachte, ich schaffe es nie, mit dem Theater ins Klare zu kommen. Ich zweifelte daran, daß ich irgend etwas zu sagen hätte. Aber es fing schon wieder an: Das Foto von unserer Band war in *Vogue*; Leute kamen, die Verträge machen wollten usw. Ich dachte, daß es so auch nicht geht, und ging schließlich zurück zum Free Southern Theatre, zurück nach Hause. Ich fing wieder an, Regie zu führen und zu spielen. Die Leute von meiner Band kamen mit. Wir machten *Slaveship* von LeRoi Jones, und jemand kam und wollte es in New York machen, und so kam ich wieder her. Es wurde ein großer Erfolg,

und jetzt klingelt das Telefon, und ein Angebot folgt dem anderen.
Schreibst du noch Stücke?
Im Moment nicht, im Moment nur Songs. Ich denke, ich werde Stücke schreiben, aber wenn man Stücke schreibt, ist man allein. Ich arbeite lieber mit Leuten zusammen. Ich weiß wirklich nicht. Ich brauche einen Weg, um mich auszudrücken, ich möchte Filme machen, inszenieren, schreiben, Musik machen, spielen...
Fühlst du dich als Amerikaner?
Nein, absolut nein. Ich bin ein Produkt dieser Gesellschaft, ja. Es gibt eine Gesellschaft innerhalb dieser, das ist die afro-amerikanische Gesellschaft. So gesehen bin ich ein Produkt dieser amerikanischen Gesellschaft, aber zu sagen, ich sei Amerikaner, ist etwas anderes. Ich fühle mich nicht an die Verfassung gebunden, ich habe andere Ideale, ich glaube nicht an die Fahne. Dort ist meine Fahne: rot, grün, schwarz, Black Liberation. Es ist eine Nation in einer Nation.
Wie siehst du die Situation im OBB; glaubst du, es ist auch derart vom Geld beherrscht wie Broadway und Off-Broadway?
Der Anfang war sicher, daß jemand kein Geld hatte und dennoch einen Weg fand, sich auszudrücken. Aber sowie du weitermachst, kommst du in dieselben Schwierigkeiten, der Raum kostet, die Schauspieler usw. Es gibt Leute, die Geld reinstecken, sie wollen etwas verdienen; dieselben Dinge, die den Broadway töteten, werden nach und nach auch hier wirksam. Diese Theater sind nicht aus politischen Gründen angefangen worden, sondern einfach, weil jemand Theater machen wollte und es nicht anders konnte. Deshalb sind sie nicht gegen das System, sondern im Gegenteil froh, wenn sie Geld verdienen. Die Auseinandersetzung ist ästhetisch.
Aber das liegt wohl daran, daß man immer im System bleibt, ganz gleich, was man tut. Du brauchst Geld, und das mußt du verdienen.
Wenn man absolut denkt, kann man diesem Widerspruch nicht entgehen. Aber das ist ein Fehler. Alles, was man tut, hat eine Relation zur Realität; du kannst eine bestimmte Richtung einschlagen, aber du kannst sie nicht bis zu Ende gehen. Was du tun kannst, ist, täglich und andauernd deinen Standpunkt zu überprüfen; du machst Fehler, du machst Sachen gut, andere schlecht, es ist ein fortwährender Kampf. Ich denke nicht, daß es ein Problem ist im Sinn von: Wie kann ich leben in dieser Gesellschaft, ohne Teil dieser Gesellschaft zu werden? Du tust, was du kannst. Ich lebe hier. Ich werde kein Stückchen meiner Arbeit der Gesellschaft geben, aber ich lebe hier, ich kann es nicht ändern.

Diese Gesellschaft hat versagt, weil es die Aufgabe jeder Gesellschaft ist, dafür zu sorgen, daß jedes Individuum dieser Gesellschaft mit den menschlichen Errungenschaften ausgestattet und mit so viel handwerklichen Fertigkeiten und mit so viel Wissen versorgt wird, daß es sich mit seiner Umwelt messen kann, daß es überleben und ein gutes Leben führen kann. Dies ist die Pflicht der Gesellschaft, geradeso wie es ihre Pflicht ist, für den höchsten Stand der Medizin, die besten Wohnungen und Arbeitsplätze zu sorgen. Es ist die Pflicht der Regierung, dafür zu sorgen.
Solange die Regierung nicht dafür sorgt, ist ihre Existenz wertlos. Und unter eurer Form von Regierung, die Repräsentative Demokratie genannt wird, ist es nicht möglich, dafür zu sorgen, es ist für eine kapitalistische Ökonomie unmöglich, den Menschen eine gleiche, allgemeine Erziehung zu geben. Sie hat für eine allgemeine Gehirnwäsche gesorgt, die in der Maske allgemeiner Erziehung einhergeht. Die Qualität der Erziehung ist verachtenswert, ist unmenschlich und zielt nur darauf ab, für einen bestimmten Grad von Intelligenz zu sorgen oder für einen bestimmten Grad von Wettbewerb, der es dem Produkt dieses Erziehungssystems ermöglicht, Kriegsmaterial zu werden, ausgebeutet zu werden von den kapitalistisch-ökonomischen Mächten in den Vereinigten Staaten.
(Eldridge Cleaver)

Gilbert Moses

Ich frage mich manchmal...

Das heutige Theater findet nicht im Theater statt. Die Ereignisse, die das heutige Theater genau beschreiben könnten oder dem am nächsten kommen, sind Demonstrationen, politische Versammlungen und Rhythm-and-Blues-Shows. Hier handelt das Theater als Informant, dem die Gemeinde aus einer funktionalen Notwendigkeit zuhört. Versammlungen, in denen das Publikum notwendig ist, damit das Ereignis überhaupt erst stattfindet. Happenings, die ihre Wirkung an der Wirkung auf ihr Publikum messen.

Amerikanisches Theater, wie wir es kennen, ist nur ein Monument des Todes. Die revolutionärsten und kritischsten Einblicke in die amerikanische Gesellschaft hat die schwarze Revolution gegeben. Die Dichtung der Revolution hat das Muster der amerikanischen Demonstration geprägt; schwarze Musik hat Amerikas Art zu hören verändert; die schwarze Ästhetik hat Amerikas Bild verändert.

Junge Weiße in Amerika, unfähig in ihrer fossilen Kultur Auswege zu finden, haben die schwarze Energie und Macht des Theaters auf den Straßen imitiert.

Wenn eine Kultur sich entscheidet, Kunst von Politik zu trennen, entscheidet sie sich, ihre Kunst und ihre Künstler der Impotenz zu überlassen. Es ist eine Entscheidung, die verhindert, daß Kunst oder Künstler den Intellekt dieser Kultur in irgendeiner Weise bereichern.

Die amerikanische Kunst und das Erziehungssystem sind auf diese Weise unwirksam gemacht worden und können entsprechend bezeichnet werden als das nicht-agitatorische Propaganda-Theater; denn was im Moment amerikanische Theater-Unterhaltung genannt wird, ist eine fürchterliche Propagandamaschine.

Darüber gibt es keine Diskussion. Das amerikanische Theater weigert sich, die Gesellschaft in Frage zu stellen, aus der es wächst. Es ist nicht gewillt, sich mit der eigenen Geschichte zu befassen. Jedes Theater, das seine Maßstäbe in einer nichtverwandten, oder besser, geborgten Vergangenheit findet; jedes Theater, das seine eigene Vorstellung von Qualität durch eine nichtverwandte Vergangenheit verewigt; jedes Theater, das die gegenwärtige Erregung der gegenwärtigen Gesellschaft ignoriert; jedes Theater, das sich von Wirtschaftlichkeit anstelle von Fragen und Zelebrationen leiten läßt; jedes Theater, das darauf besteht, daß Kultur gekauft und erworben wird anstatt geschaffen; jedes Theater, das tote Dinge für wichtig hält; jedes Theater, das die tägliche Realität vermeidet; JEDES THEATER, DAS BILDER DER HEUTIGEN GESELLSCHAFT DARSTELLT, OHNE SIE KRITISCH ZU BEFRAGEN, IST EIN PROPAGANDA-THEATER.

Theater sollte so nützlich sein wie Haushaltsfolie, Omo, Religion oder eine Melodie, die einem beständig durch den Kopf geht, einen umfängt mit Ideen und Vorstellungen, die einem helfen zu leben, mit sich selbst zurechtzukommen und mit der Umwelt.

Amerikanisches Theater schwankt am Abgrund gewaltsamen Verhungerns. Da ist eine Verwirrung von Form und Inhalt. Unfähig, sich mit den eigenen Rassisten, der gewaltsamen und chauvinistischen Geschichte zu befassen, hat es sich auf die Form gestürzt, abgetrennt von der Bedeutung und Form als Wert an sich darstellend. Die strukturierte *Form* des Theaters existiert; innerhalb dieser Form existieren neue und alte Formen von Stücken, aber der Inhalt bleibt harmlos, gemütlich.

Die Leute dieser amerikanischen Kultur haben sich selbst von jeder Einsicht in sich selbst getrennt. Die Tatsache, daß dieses Land die Scheiße, die sich Theater nennt, akzeptiert, ist das Ergebnis der stumpfsinnigen Wirkung, die Amerikas Propaganda-Theater auf sein Publikum hat. Amerikas Filme und sein Fernsehen waren und sind die Verbrecher, die den Code des Establishments von geistiger Impotenz, Blindheit und Rassismus befolgen, helfen das moralische, ethische, ästhetische und intellektuelle Defizit, das man in Amerika findet, zu erhalten.
Theater beeinflußt die Leute. Sogar seine Nicht-Existenz (in Bezug auf die Relevanz) setzt der Denkfähigkeit eines Landes eine Grenze.
Dies ist eine Gesellschaft ohne Spiegel. Absichtlich. Ein verdrehtes Lachkabinett. Anstelle der fetten lachenden Frau siehst du ein Schwein, das dich einlädt, aber nicht bevor du deine Kreditkarte gezeigt hast.
Viele amerikanische Theaterkritiker werden argumentieren, daß große Kunst durch Indirektheit wirkt, das heißt, Politik ist für Politiker, Kunst dient zur Unterhaltung. Das heißt, Theater soll aus der realen Welt entführen und Entspannung erlauben, ein bißchen Phantasieren. Träges intellektuelles Geschwätz. Das heißt, wir wollen nicht sehen, was tatsächlich los ist. Dürre emotionale Möglichkeiten. Das heißt, Theater ist der Clown, vom Hof bezahlt, um zu erheitern, aber harmlos.
Dies Konzept ist von der völligen amerikanischen Unfähigkeit, selbstkritisch zu sein, abgeleitet und ist eine Manifestation der Notwendigkeit, universales weißes / Kunst / Theater zu machen. *Wenn Kunst um der Kunst willen und als unpolitische Unterhaltung existiert, dann braucht Amerika sich als Gesellschaft nicht ins Gesicht zu sehen.*
Die Theaterkritiker sind schnell bei der Hand, schwarzes Theater als *schwarzes Theater* zu etikettieren, aber sie sind unfähig zu erkennen, daß dieses besondere Etikett bedeutet, daß sie selbst über *weißes Theater* sprechen und gesprochen haben.
Die Universitäten, unfähig ihr *universelles* Konzept vom Theater aufzugeben, etikettieren ihre neuen Abteilungen *schwarzes Theater*, ohne zu realisieren, welche Implikationen diese Einteilung für ihre eigenen Konzepte hat.
Die Theater als Museen zu verstehen, in denen verschiedene Stücke wie Bilder aufgehängt sind, zeigt ein synthetisches Verständnis. Irgendwie soll die passive Existenz dieser Stücke etwas bewirken. Kultur ist wichtig. Das Publikum wird eingeladen, Kultur (wie Fernsehen) zu betrachten.
Theater werden aus einer bestimmten Zeit und Energie geschaffen und aus der Bewegung ihres Publikums. Sie können nicht von einer Gemeinde angeordnet werden, die ein Museum und Stiftungsgelder braucht.
Auf diese Weise endet man bei großen Theatern, die künstlerisch durch den zum Unterhalt benötigten Geldbetrag geleitet werden; bei Theatern, die überleben, aber tot sind; bei Stükken ohne Bedeutung; bei Schauspielern, die wie Chamäleone von einer Methode zur anderen überwechseln, alles akzeptierend, ohne bestimmte Ansichten, deklamierend in ein Vakuum und endend mit dem Verkauf ihrer Persönlichkeiten; bei Regisseuren, die in Klischees eingeschlossen sind; bei einem Publikum, das entweder schläft oder höflich klatscht; bei Theaterkritikern, die ihre matten Beschreibungen mit kaum vorstellbaren Adjektiven belasten; bei Langeweile; bei einem Publikum, das schließlich den Verlust von Kritikfähigkeit nicht mehr wahrnimmt; bei, wenn auch nur durch die verräterische Abwesenheit von Relevanz, weißer Propaganda.
Hubert Humphrey ist für die Politik, was das amerikanische Theater für die Kunst ist.
Theater entwickelt sich aus dem Bedürfnis eines Autors und / oder eines Regisseurs und repräsentiert eine Erforschung dieser besonderen und persönlichen Bedürfnisse. Oder Theater wird aus der Bewegung eines Volkes geboren.

Tatsächlich sind Theater landesgebunden und waren immer Ausdruck bestimmter Kulturen: Indisches Theater, Westliches Theater, Afrikanisches Theater und brachen auch innerhalb dieser Kulturen zusammen, entsprechend der bestimmten Gruppe oder Gemeinschaft, der das Theater diente.
Es ist recht gültig anzunehmen, daß das amerikanische Theater der weißen amerikanischen Kultur dient und ein Maßstab für die Hohlheit des weißen Amerika ist. Und daß das weiße Theater wahrscheinlich unfähig ist, Kritikfähigkeit zu erlernen oder zu entwickeln, weil die Angst vor der Selbsterkenntnis zu groß ist, zu eingefleischt.
Die Produzenten des weißen Theaters realisieren, daß eine neue Form des Theaters *Rock and Roll Musik* einschließt, d. h. daß man vom naturalistischen Stück wegkommt, d. h. die Benutzung von *Multi-Media* (ein neuer Begriff, aber ein Konzept das so alt ist wie Brecht und Piscator – Deutschland, 1920). Es werden mehr schwarze Stücke produziert. Regionale Ensembles betreiben Integration auf kleiner Basis. Sie schleppten vielleicht sogar einen schwarzen Regisseur ran, damit er ein schwarzes Stück inszeniert; schwarze Schauspieler, damit sie in diesem schwarzen Stück spielen und für den Rest der Spielzeit mit Speeren herumlaufen.

***ROOTS* VON MOSES IM FREE SOUTHERN THEATRE**

Aber das ist einfach nur das Streben nach einem neuen Ausdruck ohne Inhalt, wie man einen Anzug wechselt. Ein neuer Ausdruck, der neue Formen erfordert, ist wirklich antithetisch zu der Existenz des weißen Theaters. Man kann sicher sein, daß die Produzenten in Wirklichkeit nur realisieren, daß schwarze Stücke und Rock-Musicals Geld bringen. Der Inhalt bleibt der gleiche. Das Theater mag vielleicht mehr Schwarze beschäftigen, die Relevanz und die Bedeutung des Theaters bleibt unentwickelt.

Das Fehlen von politischen Themen und der Unwille, sich mit Themen zu befassen, setzt im weißen Theater die Betonung auf das Unwesentliche. Autoren, Regisseure und Schauspieler sind unfähig, den Mittelpunkt ihrer Arbeit zu erkennen, sie konzentrieren sich auf Emotionen, Gefühle. Viele Schauspieler scheinen zu glauben, daß Schauspielen nur Gefühl ist, ehrlich sich selbst gegenüber sein, glaubhaft sein. Methoden, die sich auf einen bestimmten Teil der Arbeit beziehen und aus einer bestimmten Zeit stammen, werden ausgeborgt und verlieren in diesem Borg ihre Bedeutung, sie werden nicht verstanden. Die Stücke sind in ihrer Aussage oft obskur, aus Angst vor direkter Stellungnahme.

Das Theater scheint in einer Wolke von Verwirrung zu existieren. Kunst soll doch was sein, ich weiß nicht genau was, deshalb versuche ich dies und das.

Hubert Humphrey ist für...

Die Kunst des Theaters ist eine Kunst, die stark an Motivationen gebunden ist. Außer wenn sie sich mit wesentlichen gesellschaftlichen Problemen befaßt, können ihre Wirkungen nicht eingeschätzt werden. Der Sinn ist natürlich, die Leute zu veranlassen, sich mit ihren Gedanken und Gefühlen zu beschäftigen.

Viele Kritiker fordern ein stärker *gesellschaftliches und politisches* Theater, im Vergleich zu der Art von Theater, die besteht. Ich fordere die Existenz eines *Theaters.* Das weiße Theater beleuchtet für sein Publikum kein Problem, gibt keinen Einblick in die Gesellschaft, ist nicht dazu bestimmt, künstlerisch Greifbares und Konkretes zu behandeln.

Das schwarze Theater im Zentrum des gesellschaftlichen Aufruhrs ist in dieser Zeit das einzige Theater in Amerika, das versucht, die essentielle Funktion des Theaters und seine Beziehung zum Publikum zu verstehen.

Ein Theaterstück ist eine der ältesten Formen der Unterhaltung. Theater war für Jahrhunderte eine festliche Angelegenheit, Teil einer religiösen Zeremonie, an der große Menschenmassen teilnahmen und die lebendigen Konflikte zwischen Mensch und Gott, Mensch und Mensch oder die inneren Konflikte des Menschen beschauten.

Obgleich es viele Formen von Theater gibt, z. B. Fernsehen und Filme, hat sich nur im Theater selbst die einzigartige Kraft der Kommunikation zwischen Schauspielern und Publikum erhalten.

Die Definition des Publikums, d. h. zu wem das Theater spricht, ist ein einfacher, aber dennoch revolutionärer Aspekt des schwarzen Theaters. Es gibt nicht vor, *universal* zu sein. Der Gebrauch einer kodifizierten Sprache, die Aufführung relevanter Produktionen geben dem schwarzen Theater und allen daran Beteiligten eine Bedeutung, die über die eines bestimmten Stückes oder Schauspielers hinausgeht.

Im ländlichen Süden überträgt das Publikum ins Theater die Erregung eines Massentreffens, einer Demonstration, einer Kirche und einer Rhythm-and-Blues-Show. Es ist ein Publikum, das gewöhnt ist, sich auf Versammlungen auszudrücken und auf das, was gesagt wird, zu antworten. Die Schauspieler des Free Southern Theaters lernten, daß dieser Erregung zu begegnen weit mehr Energie erforderte, als bei der Arbeit in normalen Theatern notwendig war.
Der Schauspieler mußte ein Teil des Publikums werden.

Im schwarzen Theater ist die sogenannte vierte Wand niedergerissen, nicht künstlich, indem man einfach Schauspieler ins Publikum setzte, sondern durch ein Einheitsgefühl der Schauspieler mit dem Publikum, durch Lenkung der Aufmerksamkeit auf die Ereignisse im Stück

und nicht auf die Schauspieler. Während der Schauspieler seine Rolle im Stück spielt, steht er außerhalb der Rolle und kommentiert sie.
Die schwarzen Autoren, die die verschiedenen Aspekte unserer Kultur, Kirche, Zeremonie und Muscular Musik (der konkreten Poesie vergleichbar) mit dem historischen schwarzen öffentlichen Theater der Revolte verbinden, schaffen für unser Volk neue und schöne Visionen.
Einige schwarze Autoren beschäftigen sich auf vielen Ebenen mit der Gesellschaft und haben den Schwarzen mit seiner Umwelt konfrontiert. Dieses Vorgehen erfordert oft viele, schnell wechselnde Szenen, um die Verbindung zwischen der Bewegung der Gesellschaft und dem Schwarzen herzustellen. Auf diese Weise verliert Multi-Media seine Bedeutung.

A play should be like a clay bowl
used over and over
filled with water when you are thirsty
with food when hungry
mended when cracked with use
when it is unable to hold time
and you are still empty
make another clay bowl

Das schwarze Theater wird zu einem lebendigen Einblick in Theater und seine mögliche Funktion in einer Gemeinschaft. Seine Ziele sind nicht diffus, ehrgeizig, sondern einfach: durch Kontakt mit seinem Publikum zu wachsen; seinem Publikum gesellschaftliche Realitäten bewußt zu machen; Möglichkeiten für schwarze Künstler zu schaffen, zu Schwarzen zu sprechen; die Denkgewohnheiten seines Publikums positiv zu beeinflussen; *die innerliche schwarze Revolution zu veräußerlichen; für ein Ziel geboren zu sein.*
Ich frage mich manchmal, wie so schöne Blumen aus Gräbern wachsen können...

Black Theater

Something is happening – and you'd better know what it is!
SCHWARZES THEATER – das ist ein neuer Weg, Stücke zu schreiben, und eine neue Art, Theater zu spielen, aber es ist noch mehr. Es ist eine neue Denkweise, eine außergewöhnliche Bewußtseins-Revolution. Zum ersten Mal haben amerikanische schwarze Autoren ihre eigene wahre Sprache gefunden – und sie gebrauchen sie. Mit Stolz. Mit Vertrauen. Mit Trotz. Mit Kraft.
A Revolution is now taking place on stage.
(Umschlag der Buchausgabe von *A Black Quartet*, einer Sammlung von Einaktern, Signet Books, New York 1970)

1960 Sechzehn afrikanische Staaten werden unabhängig, afrikanische Nationen stellen damit fast ein Drittel der in den Vereinten Nationen vertretenen Mitglieder. Bürgerrechtskampf im Süden der USA.

1962 Der Terminus *Black Power* taucht erstmals auf (S. Carmichael).

1963 Zahlreiche Demonstrationen der Schwarzen in ganz Amerika, *Marsch auf Washington*, Ermordung von Präsident Kennedy.

1964 Aufstände in Harlem und anderen Städten, Studentenunruhen in Berkeley; Ermordung dreier Bürgerrechtskämpfer.

1965 Malcolm X, ehemaliger Hauptsprecher der *Black Muslims*, wird ermordet. Aufstände in Los Angeles (Watts), bei denen es 35 Tote und 3500 Festnahmen gibt. Bürgerrechtsbewegung verliert Anhänger, weil sich keine Erfolge erkennen lassen.

1966 Ein *heißer* Sommer mit zahlreichen Aufständen; die Bürgerrechtsbewegung spaltet sich endgültig; H. P. Newton und Bobby Seale gründen die *Black Panther Party*.

Jack D. Zipes

Wohin geht das Schwarze Theater?

Seit dem Mord an Malcolm X im Jahre 1965 und dem späteren Mord an Martin Luther King, 1968, haben die führenden schwarzen Politiker, Intellektuellen und Künstler ihre Meinung und Auffassung über Integrierung im White-Amerika qualifiziert und geändert. Zu Lebzeiten Malcolm X' und Kings hegten sie noch die Hoffnung, die Vorurteile und Ungerechtigkeiten der Weißen überwinden zu können. Nun betrachten sie Assimilierung an die weiße Gesellschaft als Einwilligung in Barbarei. Der Dichter und Dramatiker LeRoi Jones: "Wir haben gelernt, daß wir uns nur bewähren können, wenn wir ein ganz anderes Wertsystem als das bestialische Wertsystem entwickeln."
Da viele bedeutende Männer der schwarzen Gemeinschaften Amerikas (nicht nur Radikale) es abgelehnt haben, das weiße Machtsystem zu fördern, weil sie nicht bestialisch werden wollen, hat sich die Situation zu einem prekären Konflikt außerhalb und innerhalb Black-Amerikas entwickelt. Die gegenwärtige Nixon-Regierung hat den FBI und die Polizei zur engen Zusammenarbeit aufgefordert, um schwarze Gruppen auszuschalten, die gegen das weiße Establishment kämpfen und mehr Macht für die schwarzen Unterdrückten verlangen. Die Hauptführer der radikalen Black Panther Party hat man langsam verschwinden lassen, und zwar in einer Art und Weise, die an Gestapo-Metho-

den erinnert. Allein 1969 sind ungefähr fünfzehn Black-Panther-Mitglieder von der Polizei fast systematisch ermordet worden. Der Großteil der nationalen Hilfsprogramme für die schwarzen Gemeinschaften wurde gestoppt, im Süden wurden den Weißen Konzessionen gemacht, so daß sie Schulsystem und Staatsregierungen auch weiterhin beherrschen können.

Innerhalb Black-Amerikas haben sich zwei grundverschiedene Reaktionen gegen diese weiße regressive Politik gezeigt: Entweder wenden sich die Schwarzen absolut von den Weißen ab und verlangen bestimmte Rechte und Anerkennung als eine selbständige ethnische Gruppe mit eigener Kultur, oder sie suchen neue diplomatische Kommunikationswege mit weißen Liberalen, um die Rechte, die sie in den sechziger Jahren gewonnen haben, nicht zu verlieren. Diese zweifache Reaktion spiegelt die Widersprüche innerhalb der schwarzen Freiheitsbewegung und hat zu einem internen Kampf geführt zwischen Schwarzen, die behaupten, daß es nur ein vereinigtes Amerika gäbe und sie zu dessen *manifest destiny* gehören, und Schwarzen, die behaupten, daß es zwei Amerika gäbe und es an der Zeit sei, das schwarze Bewußtsein zu wecken und die schwarze Kultur im Gegensatz zum weißen Barbarismus zu pflegen. Die schwarzen Dramatiker scheinen bei diesem Konflikt ihr Sendungsbewußtsein entdeckt zu haben. Ihre Stücke und die Gruppen, die sie aufführen, spiegeln die sich widersprechenden Haltungen der Schwarzen in ihrer Auseinandersetzung mit der weißen Hegemonie. Zur Zeit gibt es in Amerika ungefähr 35 schwarze Theater, die ihren Sitz hauptsächlich in den Großstädten haben. Eine der ersten Grup-

1967 Zahlreiche Rassenunruhen in den Städten, besonders in Newark (27 Tote) und Detroit (43 Tote, über 2000 Verletzte). In der *Black Power*-Bewegung setzt sich die Befürwortung bewaffneten Widerstandes durch. Eine Volkszählung ergibt folgende Daten: in Amerika leben ca. 22 Millionen Schwarze, das sind 11 % der Gesamtbevölkerung; 54 % der Schwarzen leben in den Südstaaten, 55 % sind unter 25 Jahre alt (Vergleichszahl der Weißen: 45 %); 35 % der Farbigen leben unter dem Existenzminimum (10 % der Weißen).
Juli: Black Power Konferenz in Newark, N. J.

1968 Auf die Ermordung Martin Luther Kings folgen zahlreiche Unruhen; *Marsch der Armen* auf Washington; die Methoden der Polizei brutalisieren sich; Straßenschlachten in Chicago anläßlich der Demonstrationen zum Parteikonvent der Demokratischen Partei.

1969 Die unter Kennedy und Johnson eingeführten Wohlfahrtsprogramme werden wegen des Vietnamkrieges drastisch gekürzt. Bei zahlreichen Polizeiaktionen werden fast dreißig Mitglieder der *Black Panther Party* ermordet. Eldridge Cleaver geht ins Exil nach Algerien.

1970 Prozeß gegen die *Chicago-8* endet mit hohen Freiheitsstrafen für alle Angeklagten und ihre beiden Anwälte. Zahlreiche Prozesse gegen Schwarze, u. a. *12 Panther* in New York.

1971 Fraktionenbildung innerhalb der schwarzen Bewegung, die von der weißen Presse hochgespielt wird; Diskrepanzen zwischen Cleaver und Newton; Kongreß für schwarze Solidarität in Oakland, der die Einheit der Bewegung zeigen soll, 3000 Teilnehmer. Die Justiz- und Polizeikampagne gegen die Panther dauert an.

Wir wollen nicht eine Art von höherer weißer Kunst im schwarzen Gewand. Wir arbeiten in Richtung auf etwas vollkommen neues, etwas, das *Soul* und *Spirit* der Schwarzen spiegelt, etwas, das die Erfahrung wiedergibt, jetzt und hier in diesem Land der Unterdrückung zu leben.
(Ed Bullins, 1969)

Die Bewegung – das sind Schwarze, die erkannt haben, daß die Gesellschaft, so wie sie besteht, keinen Platz für sie hat und deshalb verändert werden muß. (John O'Neal, der 1963 zusammen mit Gilbert Moses das *Free Southern Theatre* in New Orleans gründete, eines der ersten Theater, die von Schwarzen für Schwarze gemacht wurden. Das FST macht Tourneen durch den gesamten Süden der USA und besteht trotz dauernder Repressionen und ständiger Geldnot heute noch.)

21. Februar
Black Theatre Workshop, 108 West, 112. Straße, mitten in Central Harlem. Die Straßen sind dunkel und voller Unrat, wie in allen Slums. Uns ist unbehaglich, wir sind froh, zu viert zu sein. Wir fragen nach dem Weg und bekommen freundliche Auskunft. Das Haus ist düster und dreckig und verfallen, ein normales Geschäftshaus. Ein unauffälliges Schild: Black Theatre Workshop. Eine sehr steile Treppe führt in den ersten Stock. Es kommen viele Leute, obwohl es noch früh ist, alles Schwarze. Am Eingang ein Tisch, hinter dem 2 junge Schwarze sitzen, die Eintrittskarten für einen Dollar und Programme verkaufen, sie tragen die Mützen der Black Panther. Wir wollen Karten, aber sie erklären uns, daß dies nur ein Theater für die Black Community, für die Schwarzen ist. Wir sagen, daß wir aus Europa kommen (d. h. wir sind nicht direkt Schuld an der Unterdrückung durch Weiß-Amerika, wir sympathisieren mit dem Kampf der Schwarzen usw...), aber man bedeutet uns, daß wir hier nichts zu suchen haben. Obwohl wir viel über die Situation der Schwarzen wissen, ihre Zeitungen kaufen, merken wir zum ersten Mal am eigenen Leib, was es heißt, eine andere Hautfarbe zu haben, was es heißt, rausgeworfen zu werden.

Wenn wir uns heute an die schwarze Gemeinschaft wenden, dann haben wir eine Literatur für die Massen der Schwarzen. Wenn wir ein schwarzes Theater und ein schwarzes Publikum und einen schwarzen Künstler haben, dann ist die Idee, *wieder zusammenzukommen* endgültig passé. Denn dann

pen war das Black Arts Projekt in Harlem, das von LeRoi Jones gegründet wurde. Heute sind unter den führenden Ensembles die Negro Ensemble Company (Douglas Turner Ward, Robert Hooks, Gerald Krone – Leiter) und das New Lafayette Theatre (Robert Macbeth) in New York, das Spirit House (LeRoi Jones) in Newark, das Free Southern Theatre (John O'Neal und Tom Dent) in New Orleans, das viele Gastspiele in anderen Südstaaten gibt, Alridge Players/West (Henrietta Harris) und Black Arts/West (Dan Robbin) in San Francisco und das Concept East Theatre (Woddie King, Jr. und Davin Rambeau) in Detroit, der Black Theatre Workshop in New York und das Chelsea Theatre Center, New York. Mit Ausnahme der Negro Ensemble Company spielen diese Theater fast ausschließlich für die schwarze Bevölkerung in den weißen Städten. Sie machen keinen Versuch, die ästhetischen Maßstäbe und Werte der weißen Zuschauer und Kritiker nachzuahmen und ihnen zu gefallen. Das Grundprinzip wird nochmals von LeRoi Jones formuliert: "Die Kunst der Schwarzen muß kollektiv sein, d. h. dem Geist der ganzen Nation entsprechen. Sie muß gut funktionieren können, sie muß die schwarzen Leute dazu bringen, für ihre nationale Freiheit zu kämpfen."
Jones vertritt einen Standpunkt, dem einige der besten jüngeren schwarzen Dramatiker zugetan sind. Ed Bullins, Ben Caldwell, Ronald Milner, Kingsley B. Bass, Jr., Sonia Sanchez, Marvin X und Charles Fuller, Jr. streben danach, die Prinzipien der neuen Black-Kunst zu verwirklichen, d. h., daß das Drama die Bedürfnisse und Hoffnungen der Schwarzen ansprechen muß. Es darf sie nicht verleugnen. Die Ästhetik des weißen Bürgertums im Westen ist am Ende, d. h. ent-

artet. Eine neue Ästhetik der Schwarzen muß samt einer neuen Ideologie geschaffen und gepflegt werden. Der schwarze Künstler ist den schwarzen Gemeinschaften allein für das Schaffen der neuen Ästhetik verantwortlich, die mit der Entwicklung einer neuen Ethik verbunden ist.

Obwohl die Negro Ensemble Company diese nationalen Ansichten respektiert, stimmt diese Gruppe, der liberale Flügel in der radikalen schwarzen Bewegung, ihnen nicht völlig zu. Unter der Führung von Douglas Turner Ward hat sie sich vor drei Jahren in Greenwich Village niedergelassen und eine Schule für Schauspieler, Dramatiker und Bühnenarbeiter etabliert; dies alles mit Geld von der weißen Ford Foundation. Die Gruppe spielt sogar Stücke von weißen Dramatikern. Hier fand zum Beispiel die amerikanische Uraufführung von Peter Weiss' *Gesang des lusitanischen Popanz* statt, und dieses Jahr werden weiße Schauspieler gelegentlich eingeladen mitzuspielen. Ward ist auf einer Seite mit den Nationalisten einig, es sei wichtig, ein schwarzes Publikum zu haben und schwarze Künstler auszubilden. Doch Segregation sei nicht unbedingt notwendig, um eine Kunst der Schwarzen zu fördern. Schwarze Dramatiker und Schauspieler können sich innerhalb des weißen Systems entwickeln, wenn sie sich ihrer Identität und ihrer Kultur bewußt seien. Ward betrachtet das Theater keineswegs als eine politische Anstalt, die das Publikum und die Gesellschaft ändern kann. Im Gegenteil, es spiegelt die Probleme und Erlebnisse der Schwarzen und hilft sowohl dem Künstler als auch dem Zuschauer, ihre Autonomie zu erlangen. "Die Frage, ob einzelne schwarze Künstler außerhalb eines schwarz regierten

werden die Menschen zusammen sein, und was wir dann noch tun müssen, ist: ihnen die Dinge sagen, die ihnen helfen, die progressiv und revolutionär sind.
(Ed Bullins, 1969)

Zwischen 1925 und 1959 wurden in New York nur fünfzehn schwarze Autoren im professionellen Theater aufgeführt, Autoren, die mehr oder minder für ein weißes Publikum schrieben (oder jedenfalls von Weißen konsumiert wurden) und fast ausnahmslos die liberale Ideologie der Rassenintegration bestätigten. Die bedeutendsten Autoren dieser Epoche waren Theodore Ward, Langston Hughes, Richard Wright, Lorraine Hansberry, Loften Mitchell, Rudolph Fisher, William Branch, Louis Peterson, Alice Childress. Diesen Autoren wird heute von der jungen Generation der Schwarzen vorgeworfen, sie hätten eine Literatur gemacht, die – gewissermaßen aus guter Erziehung – den Frieden mit der weißen Welt gesucht hätte, ein Vorwurf, der angesichts des seit Beginn dieses Jahrhunderts bereits organisierten und formulierten Widerstandes gegen die Rassenunterdrückung nicht ganz unberechtigt erscheint (bereits Anfang dieses Jahrhunderts fanden massive Demonstrationen der Schwarzen statt, z. B. 1917 eine von W. E. B. DuBois geleitete in New York, an der über 16000 Schwarze teilnahmen).

Erst seit Anfang der sechziger Jahre kann man von einem Schwarzen Theater sprechen, *schwarz* als Gegensatz zum *Neger*-Theater, dem Theater des Integrationsgedankens. Das wichtigste Ereignis war zweifellos die Erstaufführung von LeRoi Jones (heute: Imamo Ameer Baraka) Stück *Dutchman* 1963 – nach mehreren Workshop-Aufführungen – in New York. Dieses Stück zählt heute zu den "Klassikern" des Schwarzen Theaters, weil darin zum ersten Mal die *black experience* zum Ausdruck kommt, und zwar – wie die Schwarzen meinen – so sehr, daß Weiße das Stück gar nicht verstehen können. Das Stück ist eine Konfrontation einer weißen Frau mit einem Schwarzen während einer Fahrt in der U-Bahn. Die Weiße zeigt sich sexuell interessiert. Der Schwarze gibt aber seine Identität nicht auf, wie sie es angesichts der Chance, mit einer Weißen zu schlafen, von ihm erwar-

Systems arbeiten können, findet ihre Antwort in ihrer Autonomie. Das Problem für den schwarzen Künstler – unabhängig davon, wo er arbeitet – gestaltet sich so: Wie kann er den Sinn für seine schwarze Identität bewahren und ihn einsetzen, um sich auszudrücken? Sollte die Selbständigkeit bedroht werden, dann muß er sein Recht aussprechen und sich trennen. Er darf seine Prinzipien als Künstler, als Mensch – als Mensch, der schwarz ist – niemals bloßstellen."

Der Streit zwischen den schwarzen Nationalisten wie Jones und Bullins und den schwarzen Selbständigen wie Ward beschränkt sich auf die Rolle des Theaters dem schwarzen Publikum gegenüber. Vor kurzer Zeit schien es sogar, als ob beide Parteien sich einig würden. Die Nationalisten kommen langsam aus den schwarzen Gettos, um an bestimmten Theaterexperimenten teilzunehmen (z. B. spielte das Afro American Acting Studio und andere Gruppen im November 1969 verschiedene Stücke an der Columbia University und stellen nun ein gemeinsames Ausbildungsprogramm auf). Die Negro Ensemble Company versucht, immer mehr Schwarze anzusprechen und ein größeres schwarzes Publikum anzuziehen.

Die weißen Kritiker in New York, die schwarze Stücke besprechen, vergleichen sie mit den Dramen des Sozialrealismus der dreißiger Jahre, loben ihre Ehrlichkeit, aber beklagen sich über deren Naivität (welches Unglück!). Ihre Klage verbindet sich trotzdem mit Gewissensbissen, denn es ist ja Mode, heftige Kritik an den Schwarzen zu vermeiden. Daraus könnte man schließen, daß die prätentiösen, in gewissem Sinn banalen psychologischen Dramen von Edward Albee, Terence McNally, Tennessee Wil-tet. Als sie erkennt, daß sie keine Macht über ihn hat, bringt sie ihn um.

Von der weißen Kritik wurde die Frau als eine Art Verkörperung der Sehnsüchte des Weißen nach sexueller Kraft verstanden: Die Vorstellung vom Schwarzen als ewig potentem Deckhengst. Die Schwarzen sehen in der Frau dagegen die Verkörperung Amerikas, der sexuelle Bereich steht hier für Macht.

Die Entwicklung, die das Schwarze Theater seit 1963 nahm – und von einem *Schwarzen* Theater kann man erst seit *Dutchman* sprechen – brachte nicht nur eine Reihe neuer schwarzer Autoren hervor, sondern führte auch zur Gründung zahlreicher schwarzer Theater, die ausschließlich für die Gemeinschaft der Schwarzen gemacht wurden. Die bedeutendsten Autoren des neuen schwarzen Bewußtseins sind Ben Caldwell, Ed Bullins (einer der Leiter des New Lafayette Theaters in New York), Ron Milner, LeRoi Jones, Sonia Sanchez, Marvin X., Herbert Stokes, Nettie McCray (heute: Salimu), C. H. Fuller, K. B. Bass. Mit dem Black Theatre Magazine gibt es erstmals eine schwarze Theaterzeitschrift, die New Lafayette Agency vertritt ausschließlich schwarze Autoren und die New Yorker Gruppe des New Lafayette Theaters plant seit einiger Zeit die Gründung des National Black Theatre (NBT), einer Art Dachorganisation aller schwarzen Theater. Das NBT soll einen permanenten Austausch der einzelnen schwarzen Gruppen untereinander und die Organisation von Gastspielen für schwarze Gemeinschaften, die keine Theater haben, übernehmen.

Es gibt da eine Menge Blödsinn in den Vorstellungen der Leute vom Theater. Die Leute glauben, daß die Bedeutung von irgendeiner Sache irgendwo da draußen, von etwas Vorgefaßtem oder Vorbestimmten ausgeht. Das glaube ich nicht. Bedeutung kann nur daraus entstehen, daß man sich mit einer Sache beschäftigt. Wahrheit entsteht aus der unmittelbaren Situation. Man sehe sich das heutige Theater an, da beschäftigen sich die Leute mit einer Kunst, die heute nur noch abstrakte Bedeutung hat, vorbestimmt von einem Dionysius, der sagte: Das ist Theater! Aber heute kann keiner mehr das Orakel verstehen, und Theater ist zu einer Beschäftigung von Leuten geworden, die die Zeit dafür aufbringen

können, weil sie nichts bestimmtes anderes zu tun haben. Das Theater hat die Farbe unseres übrigen Lebens angenommen: es ist bedeutungslos, etwas aus einer anderen Welt, etwas außerhalb Stehendes. Das letzte *Dolce Vita.* Gilbert (Moses) nennt es das *Eiskrem-Empfangs-Theater,* etwas, wo man nicht einmal hingeht, um irgendwas zu sich zu nehmen, sondern einfach, um irgend etwas zu tun. Aber das *Free Southern Theatre* soll so etwas wie das tägliche Brot werden, etwas, was man wirklich zum Leben braucht. Theater muß nicht Unterhaltung sein. Ich weiß nicht, was es werden kann, aber wir fangen trotzdem an, wir wissen nicht, wohin es geht, aber wir wissen, wohin es nicht gehen soll. Es ist durchaus möglich, daß wir dabei gewaltig auf den Arsch fallen. Aber ich glaube, daß aus der Beschäftigung mit unserem Publikum – ein Publikum, das wir uns ausgesucht haben – eine neue Bedeutung entstehen kann. Diese Art von Beschäftigung hat das Theater in diesem Land immer abgelehnt. Aber Bedeutung kommt nicht von Orakeln – man schmiedet sie auf dem Amboß der Erfahrung miteinander. (John O'Neal, Sommer 1965)

liams, Arthur Miller usw. oder die infantilen, politisch gesinnten Schöpfungen des Living Theatre und Richard Schechners, die er in seiner Garagenbehausung produziert, mehr Kulturelles und Dramatisches zu bieten haben als die schwarzen Stücke. In Wirklichkeit sind es aber die schwarzen Dramatiker, die ironischerweise den Hauptstrom der amerikanischen Kultur ansprechen. Als Außenseiter sind sie Produkte der amerikanischen Unterdrückung, und als Produkte reflektieren sie die amerikanische Misere. Als Schwarze, deren Vorfahren nie verstanden, warum die Puritaner Spiel und Theater als sündhaft betrachteten, entdecken sie ihre Tradition wieder, um die sie die Weißen beraubten. Ihre Tradition schließt von Natur aus einen Teil des Naiven mit ein, das Brecht zu den wesentlichsten Elementen großen Theaters zählte. Dies ist die neue Naivität, die mit dem dialektischen Prozeß des Erkennens einhergeht. In diesem Fall ist das Naive mit dem schwarzen Bewußtsein verknüpft, das eine Negation der Negation schafft, in dem es die Widersprüche innerhalb und außerhalb Black-Amerikas sichtbar macht und eine echte Lösung postuliert. Mit anderen Worten: Die weiße Tradition, welche die Unterdrückung und Ausbeutung der Schwarzen konserviert, wird aufgehoben, und eine neue Menschlichkeit beinhaltende schwarze Tradition wird gestiftet. Dies Ereignis im schwarzen Theater ist nur möglich, weil schwarze Dramatiker aus echtem Einverständnis mit ihrem Publikum schreiben. Sie sind nicht von ihrer Gesellschaft entfremdet wie die weißen Künstler, sondern sie schreiben, weil sie an einer kulturellen Entwicklung teilnehmen wollen und etwas beizutragen haben. Aus dieser Situation entspringt eine neue Naivität, eine neue Heiterkeit.

Was wir wollen – Was wir glauben

1. Wir wollen Freiheit. Wir wollen Macht, um das Schicksal unserer schwarzen Gemeinschaft zu bestimmen.

Wir glauben, daß die Schwarzen nicht frei sein werden, solange wir nicht in der Lage sind, unser Schicksal selbst zu bestimmen.

2. Wir wollen Vollbeschäftigung für unser Volk.

Wir glauben, daß die Bundesregierung dazu verpflichtet ist, jedem Menschen Arbeit und ein garantiertes Einkommen zu geben. Wir glauben: Wenn die weißen amerikanischen Unternehmer keine Vollbeschäftigung gewähren, dann sollten ihnen die Produktionsmittel genommen und der Allgemeinheit überstellt werden, so daß diese Allgemeinheit alle ihre Leute organisieren, beschäftigen und ihnen einen hohen Lebensstandard gewähren kann.

3. Wir wollen ein Ende der Ausbeutung unserer schwarzen Gemeinschaft durch den Weißen.

Wir glauben, daß diese rassistische Regierung uns ausgebeutet hat, und jetzt verlangen wir die längst fällige Schuld von vierzig Morgen und zwei Mauleseln. Vierzig Morgen und zwei Maulesel

Ed Bullins

aus: It bees dat way
Ein Konfrontations-Ritual

JACKIE: 45, eine triefäugige, krausköpfige, besoffene Schwarze.
POPPY: Mitte Zwanzig. Heroinsüchtiger. Schwarz.
OUTLAW: 15–16 oder jünger. Kräftig und athletisch. Schwarz.
TRIGGER: 18–19. Ungefähr die gleiche Größe wie Outlaw, nur dünner. Schwarz.
CORNY: Anfang Vierzig. Weiß mehr, als sein Aussehen verrät. Besoffen. Schwarz.
SISTER: Anfang Zwanzig. Hat einen sanften, verlorenen Blick. Schwarz.
(Dieses Ritual hat dort stattzufinden, wo ein weißes Publikum ist.
Der Raum und die Spielfläche sind eins. Eine vierwändige Umgrenzung mit Decke.
Schwarz angemalt.
Das einzige Requisit ist eine Laterne, die fast in der Mitte des Raums steht.
Die Bühne oder der Raum stellt eine Straßenecke in Harlem dar, wobei die Laterne am Anfang des Rituals die einzige Beleuchtung ist.
Die Musiker sind irgendwo im Raum versteckt, hinter einem Vorhang oder einer falschen Wand, damit sie das Spiel unbemerkt beobachten und zu den emotionalen Spannungen spielen können.
Nur 25 Leute sind bei einer Vorstellung für das Stück zugelassen. Und diese Leute müssen überwiegend weiß sein.
Die Leute werden eingelassen. Sie sind ein normales Theaterpublikum, und sie suchen nach Plätzen, versuchen das Bühnenbild von den realen Dingen im Raum zu unterscheiden und warten, während sie unbequem herumstehen und miteinander flüstern, bis das Stück anfängt.

JACKIE, POPPY, OUTLAW, TRIGGER, CORNY und SISTER kommen herein wie Zuschauer, nicht als Schauspieler erkennbar.)
JACKIE: (stößt gegen einen Weißen) He... weißt du, was hier los ist?
POPPY: (nah dabei) Nicht so laut, Baby... Hier ist eine Vorstellung.
JACKIE: Ich hab nicht mit dir gesprochen, Mösenlutscher!
POPPY: Ich wollte nur behilflich sein, Baby.
JACKIE: Bin nicht dein Baby. Hau ab, sei woanders behilflich, Bruder.
POPPY: Klar... wenn dus so willst, Schwester.
OUTLAW: (zu einem Weißen) He, was ist los? Was steht an?
(Wenn einer der Schauspieler eine Unterhaltung mit einem Zuschauer anfängt, geht er so weit wie möglich in sprachlicher und körperlicher Aktion. Sie bringen die Situation bis zu ihrem absurdesten Schluß: davon ausgehend, daß Jackie besoffen ist, Poppy ein Heroinsüchtiger ist, der Geld für Drogen braucht, Outlaw eine Karriere im Überfallen von Weißen gemacht hat, Trigger alles gewalttätig macht, meist Outlaw unterstützend, Corny ein streitsüchtiger und halbbesoffener Eckensteher ist und daß Sister sich auf alles einläßt, wo sie glaubt, es könnte Geld dabei herausschauen.
Was immer das Publikum macht – die Schauspieler gehen dagegen an oder machen mit, was immer am unerwartetsten und am drohendsten ist, bis zur körperlichen Mißhandlung: das Publikum herumstoßend, vergewaltigend, hart anfassend und prügelnd!)
TRIGGER: (zu einem Weißen) Was ist los? Hast du was verloren?
CORNY: Ist das vielleicht eine Nutte!
SISTER: Das ist eine.
JACKIE: He... Ich hab was verloren... Willst du was mit anfangen?
POPPY: Achhhh... Scheißer!
OUTLAW: Leck mich...
JACKIE: Halts Maul!... halt dein dreckiges, beschissenes Maul!
CORNY: Deine Mammi.
JACKIE: (zu einem Weißen) Hast du nichts zum Trinken, Herzblatt? Was ist in deinen Taschen, Scheißer! Uuuu... was bist du für ein Spießer...
SISTER: (zu einem Weißen) He, Baby... willst du dich ein bißchen amüsieren?
JACKIE: Ja? Ist das wahr?
TRIGGER: Sag bloß?
JACKIE: Nicht mit mir, Mösenlutscher! Hol dein eigenes Ding.
POPPY: Ich hab ihn gesehen, ich habs gesehen, wie ers nahm! (Outlaw oder Trigger haben jemandem das Geld oder die Handtasche geklaut.)
CORNY: Halts Maul, Kleiner! Was hast du davon?
POPPY: Er ist da rüber gegangen. Da ist er, da drüben.
JACKIE: Halts Maul!
POPPY: (zu einer Weißen; vertraulich) Er ist nicht weit von hier. Ich krieg ihn... ich kann zurückholen, was du verloren hast... was ist dabei für mich drin?
SISTER: Du willst dich ein bißchen amüsieren, Baby?
POPPY: Was ist dabei für mich drin?
OUTLAW: Nimm deine Pfoten weg... Ich habe nichts. Nimm deine Scheißpfoten weg.
TRIGGER: He, Outlaw, soll ich diesem Scheißtyp eine reinhauen?
JACKIE: SCHLAG IHN NICHT ZUSAMMEN!... GOTT IM

wurden uns vor hundert Jahren versprochen als Wiedergutmachung für Sklavenarbeit und Massenmord am schwarzen Volk. Wir werden die Zahlung in Bargeld akzeptieren, die wir verteilen werden an unsere vielen Gemeinschaften. Die Deutschen unterstützen jetzt die Juden in Israel für den Völkermord am jüdischen Volk. Die Deutschen ermordeten sechs Millionen Juden. Der amerikanische Rassist hat teilgenommen an der Abschlachtung von über fünfzig Millionen Schwarzen; daher meinen wir, daß dies eine bescheidene Forderung ist, die wir stellen.

4. Wir wollen anständige Wohnungen, die als Unterkunft für menschliche Wesen geeignet sind.

Wir glauben: Wenn die weißen Landbesitzer unserer schwarzen Gemeinschaft keine anständigen Wohnungen geben, dann sollten die Wohnungen und das Land zu Kooperativen gemacht werden, so daß unsere Gemeinschaft mit Unterstützung der Regierung angemessene Wohnungen für ihre Leute bauen kann.

5. Wir wollen eine Erziehung für unser Volk, die das wahre Wesen dieser dekadenten amerikanischen Gesellschaft bloßstellt. Wir wollen eine Erziehung, die uns unsere wahre Geschichte lehrt und unsere Rolle in der gegenwärtigen Gesellschaft.

Wir glauben an ein Erziehungssystem, das unserem Volk Kenntnis von sich selbst vermittelt. Wenn ein Mensch keine Kenntnis von sich selbst und seiner Stellung in der Gesellschaft und der Welt hat, dann hat er eine geringe Chance, irgend etwas anderes im richtigen Verhältnis zu sehen.

6. Wir wollen, daß alle Schwarzen vom Militärdienst ausgenommen werden.

Wir glauben, daß Schwarze nicht dazu gezwungen werden sollen, im Militärdienst zu kämpfen, um eine rassistische Regierung zu verteidigen, die uns nicht beschützt. Wir werden nicht gegen andere farbige Völker der Welt kämpfen und sie töten, die wie das schwarze Volk durch die weiße rassistische Regierung von Amerika gequält werden. Wir werden uns selbst schützen vor der Macht und Gewalt der rassistischen Polizei und des rassistischen Militärs, welche Mittel dazu auch immer nötig sein werden.

7. Wir wollen ein sofortiges Ende der polizeilichen Brutalität und des Mordes am schwarzen Volk.

Wir glauben, wir können die polizeiliche Brutalität gegen unsere schwarze Gemeinschaft beenden, indem wir schwarze Selbstverteidigungsgruppen organisieren, die dazu bestimmt sind, unsere schwarze Gesellschaft vor dem Druck und der Brutalität der rassistischen Polizei zu verteidigen. Der zweite Artikel der Verfassung der Vereinigten Staaten verleiht ein Recht, Waffen

ED BULLINS VOR DEM NEW LAFAYETTE THEATRE IN HARLEM

zu tragen. Deshalb glauben wir, daß sich alle Schwarzen bewaffnen sollten zur Selbstverteidigung.

8. Wir wollen Freiheit für alle Schwarzen, die in Bundes-, Landes-, Bezirks- und Stadtzuchthäusern und -gefängnissen festgehalten werden.

Wir glauben, daß alle Schwarzen aus den vielen Gefängnissen und Zuchthäusern entlassen werden sollten, weil sie kein faires und unparteiisches Verfahren erhalten haben.

9. Wir wollen, daß alle Schwarzen, wenn sie vor Gericht gestellt und verhört werden, von einer Jury, die aus ihresgleichen besteht, oder von Leuten ihrer schwarzen Gemeinschaften, wie es durch die Verfassung der Vereinigten Staaten bestimmt ist.

Wir glauben, die Gerichte sollten der Verfassung der Vereinigten Staaten Folge leisten, damit die Schwarzen faire Verfahren erhalten. Der vierzehnte Artikel der US-Verfassung gibt einem Menschen das Recht, durch eine Gruppe von seinesgleichen (ebenbürtigen) vernommen zu werden. Gleich ist eine Person aus den ähnlichen wirtschaftlichen, sozialen, religiösen, geographischen, umweltlichen, historischen und rassischen Verhältnissen. Um das zu tun, wird das Gericht gezwungen werden, eine Jury auszuwählen aus der schwarzen Gemeinschaft, aus der der schwarze Angeklagte kam. Wir sind und wir werden abgeurteilt von ausschließlich weißen Jurys, die kein Verständnis für den durchschnittsdenkenden Menschen der schwarzen Gemeinschaft haben.

HIMMEL LASS MICH NICHT ZEUGE VON SO WAS WERDEN... O GOTT LASS MICH NICHT SEHEN WIE SIE DIESEN MANN UMBRINGEN!

POPPY: (zu einem Weißen) Ich sah ihn, ich sah es diesen Nigger machen. Was willst du mir geben, Chef, damit ich sage, was ich weiß? He? He? He, Chef?

OUTLAW: (zu einem Weißen) Ich wars nicht, es war der andere Nigger. Er ging da hin.

CORNY: (zu Weißen) Eure Mammi ist blau... ihr grauarschigen, kackigen Typen.

JACKIE: (zu einem Weißen) Ich würde gerne meine Schuhe unter dein Bett stellen, Mister. (Sie rülpst) Rülps!... Verzeihung, Süßer... Ich hab 'ne kleine Blähung.

CORNY: Ja... ich sags ja!... ich sags ja!... Was willst du machen?

JACKIE: Kümmert euch nicht um ihn, Leute. Er ist nichts als ein nichtsnutziger Nigger.

POPPY: (zu Weißen) Kümmert euch um gar nichts.

JACKIE: Achtet nicht drauf, hört ihr?

OUTLAW: (zu einem weißen Mädchen, versucht sie anzufassen) Wie heißt du, Baby?

TRIGGER: (zu dem Begleiter des Mädchens, sei es Mann oder Frau) Wir werden versuchen, dir zu helfen, klar?

CORNY: Schreib deinen Namen auf das Stück Papier hier. Wenn ich Glück hab, kann ich dich noch retten.

JACKIE: KÜMMERT EUCH ÜBERHAUPT NICHT UM DIESE NIGGER HIER! SETZ DEIN VERTRAUEN AUF JESUS!... JA HERR... SETZ DEIN VERTRAUEN AUF IHN.

SISTER: (zu einem weißen jungen Mann) Wieviel hast du eingebüßt, Liebling? Du solltest mir dein Geld zum Aufbewahren geben. (Sie tätschelt sein Gesicht und faßt nach seinem Geschlecht.)

OUTLAW: (zu einem weißen Mädchen) He, Baby... warum läßt du dir nicht von mir helfen, aus den Unterhosen zu kommen?

CORNY: Sieh mal... schreib einfach deinen Namen und dein Telefon auf dies Stück Papier.

JACKIE: Heulen wird dir nichts helfen.

POPPY: Na... jetzt bist du dran, Scheißer!

OUTLAW: Ruhe jetzt! Ruhe. Also, ich will dir nicht weh tun... Du bist zu nett und alles, als daß ich dir weh tun könnte... einfach locker, Baby.

TRIGGER: Sieh in die Gänge... die Treppen hoch.

SISTER: Das erste Mal, als ichs gemacht hab, war es auf dem Gang – wirklich, Schätzchen.

CORNY: Ja... manchmal, wenn sie dir dein Geld abnehmen, werfen sie, was übrig bleibt, in die Gänge.

POPPY: (zu einem Weißen) Soll ich dir helfen?

OUTLAW: (zu einem Weißen) Es ist besser, du bleibst weg von ihm... du könntest was verlieren, was du nicht wiederkriegst.

(Jetzt gehen Scheinwerfer an und aus. Flackernde Lichter und Schatten, die sich bewegen, als ob sich der Raum bewegen würde. Entfernte Sirenen, undeutliche Rufe über Polizeifunk. Die Musik ist jetzt treibend.)

JACKIE: Ja, das ist recht, Baby. Du übergibst uns die Sache.

POPPY: Ich sag dir, wenn was los ist.

OUTLAW: Also, du haust besser ab, klar?

TRIGGER: (zu einem Weißen) Rufst du die Polizei?

CORNY: Keine Polizei!

SISTER: Wieviel hast du eingebüßt, Baby?

CORNY: Keine Polizei!

JACKIE: Gott weiß ganz genau, ich weiß... sicher!

POPPY: Wirst du dir die Leute merken, die dir helfen?
CORNY: Du glaubst, du bist böse. Hast ein Gewehr und solche Scheiße. Du bist hier, Bullen abzuknallen. Aber die Bullen haben diese Scheiße nicht gemacht. Die Bullen sind nicht die, die man abknallen muß... Niggers... nur wenn sie euch im Weg sind. Sie haben nichts... genau wie du und ich... sie arbeiten nur für die, die den Dreck angerichtet haben... KNALLT DIE KONGRESSABGEODNETEN IM SÜDEN AB!
JACKIE: (zu Weißen) Am besten geht ihr jetzt, solange ihr noch könnt, Leute.
(Das Publikum darf zu zweit und zu dritt rausgehen.)
CORNY: KNALLT DEN PRÄSIDENTEN AB... ER KÜRZT DIE SOZIALAUSGABEN UND MACHT DIE LEUTE ARBEITSLOS UND VERSUCHT EUCH MIT ANTIBABYPILLEN UND WÜRMERN IN EUREM WASSER ZU VERNICHTEN... UND SCHICKT DEINEN SOHN NACH VIETNAM!
POPPY: (zu Weißen) Vergiß meine Freunde nicht, Süßer. Und paß auf, daß du mich nicht vergißt.
CORNY: KNALLT EURE REGIERUNG AB... DAS SIND DIE, DIE GEGEN EUCH KRIEG MACHEN!
OUTLAW: (zu einem weißen Mädchen) Kann ich was haben, damit ich mich an dich erinnern kann?
CORNY: SCHLIESST EUCH DER REVOLUTION AN, BRÜDER... UND ÄNDERT, ÄNDERT DIESE SCHEISSE!... UND ÄNDERT DIESE SCHEISSE!
TRIGGER: Sie wollten sich nur amüsieren...
SISTER: Was sonst?
CORNY: HOL DEIN GEWEHR... KANN DER TOD SCHLIMMER SEIN ALS DIES HIER, BRÜDER... KÖNNEN SIE UNS NOCH MEHR TÖTEN, ALS SIE ES SCHON GEMACHT HABEN?
JACKIE: (zu den letzten Weißen) Seid jetzt schlau und schießt in den Wind.
(Die letzten Weißen gehen. Volle Lautstärke der Sirenen, Geräusche von Menschenmassen, Schießen, Aufruhr, Revolution. Kraftvolle Musik. Das Licht wird orange, in flackernden Schatten.)
CORNY: IST DAS NICHT EINE KACKE, MENSCH... ICH LEBE IMMER NOCH!!!

10. Wir wollen Land, Brot, Wohnung, Erziehung, Kleidung, Gerechtigkeit und Frieden und als unser politisches Hauptziel eine von den Vereinten Nationen überwachte Volksabstimmung, die überall in der schwarzen Kolonie abgehalten wird und in der nur schwarze koloniale Personen zur Teilnahme zugelassen werden mit dem Zweck, den Willen des schwarzen Volkes bezüglich seines nationalen Schicksals zu bestimmen.

Wenn es für ein Volk nötig wird, die politischen Bande zu lösen, die es mit einem anderen verbunden haben, und zwischen den Mächten der Erde die eigenständige und ebenbürtige Stellung zu behaupten, zu der es die Naturgesetze und Gott berechtigen, dann erfordert ein angemessener Respekt vor den Meinungen der Menschheit, daß sie die Gründe erklären sollten, die sie zu der Separation veranlassen.

Wir halten diese Wahrheiten für selbstverständlich: daß alle Menschen gleich geschaffen sind; daß sie von ihrem Schöpfer mit gewissen unveräußerlichen Rechten ausgestattet sind; daß darunter sind: Leben, Freiheit und die Suche nach Glück; daß, um diese Rechte zu sichern, unter den Menschen Regierungen gebildet werden, die ihre rechtmäßige Macht aus der Zustimmung des Volkes (der Regierten) beziehen; daß es, wenn immer irgendeine Regierungsform von diesen Zielen abweicht, das Recht des Volkes ist, sie zu verändern oder aufzulösen und eine neue Regierung zu bilden, indem es sie auf solchen Prinzipien gründet und indem es ihre Macht in solcher Form organisiert, wie sie ihm am ehesten seine Sicherheit und sein Glück zu bringen scheint.

Die Klugheit wird diktieren, daß lang bestehende Regierungen nicht geändert werden sollten aus unwichtigen und flüchtigen Gründen; alle Erfahrung hat jedoch gezeigt, daß die Menschheit eher geneigt ist zu leiden, weil die Übel zu ertragen sind, als daß sie sich Recht verschafft durch Auflösung der Formen, an die sie gewohnt ist. Aber wenn eine lange Folge von Mißbräuchen und widerrechtlichen Eingriffen, unverändert das gleiche Ziel verfolgend, eine Absicht kundtut, sie unter einen absoluten Despotismus zurückzuführen, dann ist es ihr Recht, ist es ihre Pflicht, sich von einer solchen Regierung zu befreien und sich neue Hüter für ihre künftige Sicherheit zu verschaffen.

Adrienne Kennedy

Interview

Adrienne Kennedy

aus: Funnyhouse of a Negro

(Zwei Frauen sind in einem Raum in der Mitte der Bühne, der durch hartes weißes Licht begrenzt ist. Die Einrichtung besteht aus einem monumentalen dunklen Bett, wie ein Sarg aus Ebenholz, und einem niedrigen dunklen Kandelaber mit Kerzen. Königin Victoria hält einen Spiegel in der Hand und steht wie die Herzogin von Habsburg mit dem Rücken zum Publikum. Beide rühren sich während der ganzen Szene nicht. Sie tragen Gewänder aus billigem weißem Satinstoff und weiße Kopfbedeckungen, unter denen wildes, krauses Haar hervorspringt. Man hört Klopfen.)

VICTORIA: Das ist mein Vater. Er kehrt wieder zurück für die Nacht. Er kommt durch den Dschungel, um mich zu finden. Nie ermüdet ihn seine Reise.

HERZOGIN: Was bildet er sich ein, mein Schloß zu betreten, er, der dunkelste von allen. Meine Mutter sah aus wie eine weiße Frau, sie hatte glattes Haar wie die weißen Frauen. Und ich bin wenigstens gelb, aber er ist schwarz, der Schwärzeste von allen. Ich hatte gehofft, er sei tot. Aber er kommt durch den Dschungel, um mich zu finden.

VICTORIA: Warum kehrt er stets zurück? Er kehrt immer wieder, eine ewige Rückkehr. Er ist mein Vater.

HERZOGIN: Er ist ein schwarzer Neger.

VICTORIA: Er ist mein Vater. Ich bin an den schwarzen Neger gefesselt. Er kam, ehe ich geboren wurde, geisterte durch meine Zeugung, verleidete mir meine Geburt.

HERZOGIN: Er tötete meine Mutter.

VICTORIA: Meine Mutter war das Licht. Sie war von allen die Hellste. Sie sah aus wie eine weiße Frau.

HERZOGIN: Wir sind an ihn gefesselt, es sei denn, er stirbt.

VICTORIA: Aber er ist gestorben.

HERZOGIN: Und kehrt doch immer wieder zurück.

(Das Klopfen wird stärker, bricht ab. Das Licht konzentriert sich auf eine quadratische weiße Wand, durch die eine weibliche Gestalt tritt. Sie hat ein Henkersseil um den Nacken und einen roten Fleck anstelle des Gesichts. Es ist die Neger-Sarah. Sie ist schwarz gekleidet.)

NEGER-SARAH: Einen Teil meiner Zeit verlebe ich mit Raymond, einen Teil mit Gott, einen Teil mit Maximilian und Albert von Sachsen-Coburg. Ich lebe in einem Zimmer in der 90. Straße im Westen von New York. Es ist auch Victorias Zimmer, weil es von einer riesigen Gipsstatue der Königin Victoria fast ausgefüllt wird. Es ist eine sitzende Figur von unglaublichstem Weiß. Raymond sagt, sie kann Alpträume hervorrufen, sie sei ein Terrorinstrument. Natürlich hat er recht. Wenn ich die Herzogin von Habsburg bin, sitze ich Victoria gegenüber, und wir unterhalten uns. Victoria will immer, daß ich ihr von den Weißen erzähle, von einer Welt, wo

Wie war es, Funnyhouse of a Negro *produziert zu sehen, Figuren, die von dir entwickelt worden waren?*

Es war sehr schwierig für mich. Als sie anfingen es zu lesen und zu probieren, merkte ich, daß es sehr viel über mich sagte, ich hatte so was noch nie erlebt. Obwohl ich mich lange mit dem Manuskript beschäftigt hatte, hatte ich nie erwartet, daß es so viele meiner persönlichen Probleme zeigen würde. Schließlich kam es dahin, daß ich nicht mehr wollte, daß es probiert wurde. Ich ging zu Edward Albee und bat ihn, es zurückzuziehen, aber er überzeugte mich vom Gegenteil. Aber diese Erfahrung wiederholte sich bei allen Stücken, die später von mir aufgeführt wurden. Es war oft sehr schwierig, psychisch schwierig für mich. *Funnyhouse* war ein großer Erfolg, aber für lange Zeit passierte nichts weiter. Zwei Jahre später wurde es noch mal gemacht, eine teure Ausstattung, es lief ungefähr einen Monat lang und gewann einen Obie. Aber das Merkwürdige passierte, daß es eigentlich nur Theaterleuten gefiel. Die meisten anderen fanden es pretentiös, fragmentarisch. Ein sehr häufiger Einwand war: Es ist einfach ihr Leben, es ist kein Stück. Ich habe mit *Funnyhouse* kaum Geld verdient, aber es brachte mir viel Hilfe von Theaterleuten ein, die eigentlich bis heute angehalten hat.

Was war das nächste Stück?

Nach *Funnyhouse* schrieb ich 1963 *The Owl Answers.* Eigentlich schrieb ich es, während ich darauf wartete, daß *Funnyhouse* gemacht wurde. *Owl Answers* wurde im Winter '68 im Public Theater aufgeführt.

Deine Stücke sind nie am OOB aufgeführt worden, ausgenommen im La Mama?

Ich wollte das nicht, ich war sehr stolz. Ich hatte ein Stück am Off-Broadway gehabt, und es hätte für mich irgendwie einen Rückschritt bedeutet, OOB gespielt zu werden. Und dann ist da das Problem, daß meine Stücke eigentlich immer teure Inszenierungen brauchen, weil sie oft surreal sind.

Woran arbeitest du gerade?

Nach *Funnyhouse* und *Owl Answers* habe ich noch einige Stücke geschrieben, aber jetzt habe ich ein Jahr lang nichts mehr geschrieben. Ich würde gerne einen Film machen. Diese Stücke, die ich geschrieben habe, scheinen mir eine Gruppe von Stücken zu sein, die in sich abgeschlossen ist, das heißt, ich glaube, daß ich in einem bestimmten Sinn nichts Neues mehr zu sagen habe. Den Bereich, den ich experimentell erforschen wollte, habe ich erforscht, und ich denke, ich müßte jetzt neue Wege suchen. Vor allem mit meinem Stück *Sun* scheint mir ein Endpunkt erreicht zu sein.

Was erwartest du vom Film für neue Impulse, die das Theater nicht geben kann?

Ich habe immer empfunden, daß Theater eine ausgezeichnete Möglichkeit ist, sich auszudrücken, angefangen von den Grie-

ADRIENNE KENNEDY, geboren 13. September 1931, aufgewachsen in Cleveland, Ohio. Public School, College, Ohio State University. Vater Sozialarbeiter, Mutter Lehrerin. BA in Pädagogik. Heirat, kommt 1956 nach New York. 1962 Teilnahme an Edward Albees Playwrights Workshop an der Columbia University. 1963 Europa-Aufenthalt. Kurzgeschichten und Gedichte. 1969 London, Arbeit am Royal Court (Guggenheim-Stipendium). Wichtigste Stücke: *Funnyhouse of a Negro, The Owl Answers, A Lesson in Dead Language, A Rat's Mass, Scene Three Act One* (eine Adaption von John Lennons *In His Own Write*), *Sun, A Beast's Story.*

chen über Shakespeare bis heute. Es scheint mir von allen Medien das komplexeste, umfassendste zu sein, daß sich nicht ausschließlich mit einem Sinnbereich befaßt. Film scheint mir dieselben Möglichkeiten zu bieten, nur daß ich ihn für mich noch nicht erforscht habe; es könnte sein, daß ich noch Dinge entdecke. Es kommt mir so vor, als hätte ich in der letzten Zeit mehr gute Filme als gutes Theater gesehen.

Was für Einflüsse hattest du überhaupt für dein Schreiben?

Ich habe immer Märchen sehr gemocht, sie haben sehr starke Elemente. Dann die Griechen – ich habe eigentlich in allen Epochen Autoren, die mir viel gegeben haben. Viele Russen: Turgenjew, Gorki, Dostojewskij, das ist eine Denkrichtung, der ich mich immer sehr nah fühlte. Ich bin Schwarze, und so habe ich mich immer als Teil einer Minderheit gefühlt, sozusagen die Gesellschaft von unten her betrachtet.

Hattest du praktische Schwierigkeiten, schwarz zu sein?

Enorme, aber ich würde sagen, eher psychologischer als praktischer Natur. Es gibt etwa 20 Millionen Neger, wir sind eine Minderheit, wir haben kein Geld als Gruppe, und wir sind niemals innerhalb der Gesellschaft, eben weil wir kein Geld haben. Das bringt eine große Frustration mit sich und Hilflosigkeit. Ich wuchs im Mittelwesten auf, in einer sogenannten liberalen Gemeinde. Mein Vater hatte eine anerkannte Position als Sozialarbeiter, und ich konnte immer eine Art von Sicherheit haben. Aber

alles und alle weiß sind und es keinen einzigen unglückseligen Schwarzen gibt. Wir vom königlichen Geblüt wissen, daß Schwarz das Böse ist und war von Anbeginn – lange bevor meine Mutter von einem wilden schwarzen Tier vergewaltigt wurde. Schwarz war von Übel. Was mich betrifft – ich sehne mich danach, noch heller zu werden; so hellhäutig wie die Neger auf den Titelblättern der amerikanischen Negermagazine. Seelenlos, gebildet und irreligiös. Ich will keine moralischen Qualitäten besitzen, mein Ich soll keinerlei Bedeutung haben. Ich will nicht existieren. Ich bitte um nichts als um Anonymität. Es ist mein Traum, in Räumen mit europäischen Antiquitäten zu leben, mit den Fotografien von römischen Ruinen, mit Wänden voll von Büchern. Meine Freunde werden weiß sein. Ich brauche sie als Schutzwall gegen das Grübeln über mein Negerdasein. Wie alle gebildeten Neger – vom eigenen Leben und Tod getrennt – halte ich es für notwendig, gegen die Selbsterkenntnis einen starken Wall zu errichten. Ich würde gern lügen und sagen, daß ich Raymond liebe. Aber ich tue es nicht. Er ist Dichter und Jude. Er interessiert sich für Neger. (Bei den nächsten Sätzen treten durch die weiße Wand hinter der Neger-Sarah die Herzogin, Königin Victoria, Jesus, Patrice Lumumba und verschwinden wieder in verschiedenen Richtungen. Jesus ist ein buckliger gelber Zwerg. Lumumba ist ein Schwarzer mit gespaltenem Kopf.) Die Räume sind meine Räume. Ein Habsburgzimmer, das Hotel, wo ich meinen Vater um-

brachte, der Dschungel – das sind die Stätten meiner Existenz. Ich kenne keine bestimmten Orte. Es gibt keinen Ort für mich außer meinem Narrenhaus. Ich versuche in den Städten einen Lebensraum zu finden, aber alles wird zur Lüge. Ich versuche, mir nach den Gesetzen der Logik Verwandtschaften zu finden – auch das wird zur Lüge. Verwandtschaft war eines meiner letzten Glaubensbekenntnisse.
(Das weiße Licht fällt jetzt auf eine Treppe. Davor steht die Wirtin. Sie ist eine große dünne weiße Frau. Sie lacht während ihrer ganzen Rede wie eine Wahnsinnige.)
DIE WIRTIN: (sie spricht zur Treppe hinauf) Seitdem sich ihr Vater in einem Harlem-Hotel erhängt hat, als Patrice Lumumba ermordet wurde, verkriecht sie sich in ihrem Zimmer. Jede Nacht wiederholt sie: "Immer kehrt er zurück. Wie kann er es wagen, die Schloßmauern zu betreten, er, der dunkelste von allen. Meine Mutter sah aus wie eine weiße Frau, sie hatte glattes Haar wie weiße Frauen. Und ich bin wenigstens gelb, aber er ist schwarz, der Schwärzeste von allen. Ich hatte gehofft, er sei tot. Aber er kommt durch den Dschungel." Ich sage ihr: "Sarah, Liebling, der Mann hat sich erhängt. Es ist nicht deine Schuld." Aber sie starrt mich an: "Nein, Frau Conrad, er hat sich nicht erhängt. Nur die anderen sehen es so, aber die Wahrheit ist, daß ich ihm den Kopf gespalten habe mit einer Maske aus Ebenholz, die er mit sich herumträgt." Sie hat so gelitten, daß ihr die Haare ausgefallen sind. Sie versteckt sich in diesem Zimmer mit der Statue. Mir war immer klar, daß sie glaubte, sie sei jemand anderes, eine Königin oder so was, irgend jemand anderes. (Das Licht geht aus.)

in dem Augenblick, wenn man ins College kommt, wird man der Middle-class konfrontiert, nicht einer Art von offener Feindlichkeit, aber einer Art von selbstverständlicher Unterlegenheit. Ich bin nicht antiamerikanisch; es gibt da zum Beispiel eine Art von Vitalität, die ich vermisse, immer wenn ich weg bin. Ich fühle aber, daß das irgendwie geleugnet wird, daß wir Teil von Amerika sind: Wir waren unter den ersten, die hierher kamen, insofern sind wir 'schrecklich' amerikanisch.
Fühlst du dich als Schriftsteller als Teil der schwarzen Nation?
Auf jeden Fall – alle meine Freunde tun das. Ich denke, daß die Menschen erfahren sollen, was es heißt, Teil dieser Minderheit zu sein. Ich identifiziere mich mit allen Minderheiten.
Wie ist das mit deinem Publikum? Schreibst du für Schwarze?
Das ist ein Problem, was mit der vorigen Frage zusammenhängt. Bis heute finden hauptsächlich Theaterleute meine Stücke gut, sehr selten Schwarze. Meine eigenen Leute folgen dem nicht, was ich schreibe. Aber das liegt vielleicht daran, daß sie das, was ich beschreibe, schon kennen. Es ist mir auch besonders wichtig, daß gerade Weiße meine Welt kennenlernen. Ich denke, daß das, was du zu sagen hast, jeder wissen sollte, nicht bloß eine kleine Gruppe von Leuten. Ich verstehe nicht ganz, wie man nur für entweder Weiße oder Schwarze schreiben kann, besonders in Amerika. Ich finde gut und wichtig, was Ed Bullins und LeRoi Jones machen, aber ich möchte etwas anderes. Ich glaube auch, daß gerade die Weißen nicht von dem Werk von Bullins, Jones usw. ausgeschlossen werden dürfen.
Hast du bestimmte Vorstellungen, wie ein Stück realisiert werden sollte? Zum Beispiel Sun *scheint mir sehr schwierig zu realisieren?*
Ich habe sehr genaue Vorstellungen, wie ein Stück aussehen sollte. *Sun* erscheint mir sehr einfach. Ich denke, Theater sollte Emotion sein, etwas Mehrschichtiges, das aber dennoch durchsichtig und klar ist. Ich würde jedenfalls nur theatralische Mittel verwenden, also keine Filme oder andere Mixed-Media-Effekte, weil mich das wirklich nie befriedigt hat. In *Sun* würde ich vielleicht Lichteffekte zulassen – ich denke sogar, daß das nötig wäre –, aber keine Dias. Die Schwierigkeiten mit meinen Stükken rühren oft daher, daß sie zunächst traumhaft-visionär sind. Innerhalb dieser Grenzen aber sind sie sehr logisch und konsequent, und man ist ständig in Versuchung, das zu vergessen. Die Charaktere, die ich schreibe, sind von einer sehr starken Logik geleitet, sie können ihr nicht entkommen.

Braunes Theater

OUR PLACE / THE REVELATIONISTS

Gründer: Enrique Vargas, ein kolumbianischer Autor, der vor ein paar Jahren nach New York kam, um hier einige seiner Stücke aufzuführen. Er fand ein paar junge Leute, meist auf der Straße, und anstatt 'Kunst' zu machen, entwickelten sie gemeinsam ein Stück über ihre Probleme: Rauschgift, Schulprobleme, Ärger mit einer Bande usw. Die meisten seiner 'Schauspieler' waren 12 bis 14 Jahre alt. Aus diesen Anfängen hat sich – z. T. mit Hilfe der Stadt New York, die solche Getto-Programme stützt, besonders wenn der Sommer 'heiß' zu werden droht – ein Haus entwickelt, OUR PLACE, eine Art Kulturzentrum für die Armen von East Harlem. Schwarze aus dem benachbarten Central Harlem und Portorikaner arbeiten hier eng zusammen. Es gibt eine feste Theatergruppe, 'The Revelationists', deren Arbeit von den speziellen Problemen der Gegend, in der sie spielen, ausgeht. Oft arbeiten auch spontan Leute aus dem Publikum mit. Es gibt eine Reihe von Workshops und Unterrichtsabenden. Adresse: 407 East, 107. Straße, Kindertheater seit 1970.

SOUL AND LATIN THEATER (SALT)

Eine Gruppe, die sich an ein ähnliches Publikum wendet wie Our Place (ebenfalls in East Harlem gelegen, 174 East, 104. Straße), aber nicht so explizit politisch orientiert ist. Als Probenraum hat die Gruppe einen alten Laden gemietet, der zeitweise auch als Bühne dient, während die Zuschauer auf der Straße stehen. Die Gruppe spielt aber meist in Parks und auf den Straßen der Gettos. Leiterin der Gruppe ist Maryat Lee, die auch die Stücke schreibt. Stücke: *Dope!* (über das Rauschgiftproblem), *Luba* (über Schulprobleme).

EL NUEVO TEATRO POBRE DE AMERICA

wendet sich ausschließlich an Portorikaner, Vorstellungen in Spanisch. Gründer und Leiter: Pedro Santaliz. Das Theater tritt für ein unabhängiges Puerto Rico ein, versucht sei-

TEATRO CAMPESINO

nen Landsleuten die Ausbeutung durch das System klarzumachen und sie zu ermuntern, sich auf die Werte der eigenen Kultur zu besinnen. Spielt in der Lower East Side und in Bronx. Themen: portorikanische Folklore, Unabhängigkeitskampf.

PUERTO RICAN TRAVELLING THEATER

gegründet von M. Colon, ein professionelles Theater, das nur ausgebildete Schauspieler zuläßt. Bringt nur ein- bis zweimal Programme, die sich mit den Problemen der Portorikaner beschäftigen, sonst klassisches Repertoire, in Spanisch.

GREENWICH MEWS SPANISH THEATER

ist ähnlich nur auf professionelles Theater abgestellt wie das Travelling Theater. Leiter: F. Drucker und G. Zaldivar. Ziel ist, spanischsprechenden Schauspielern Gelegenheit zu geben, ihr Handwerk in ihrer Muttersprache auszuüben. Größter Erfolg der Gruppe war der Einakterabend *Adaptation/Next,* von McNally/May. 1971: Lorca – *Yerma.* Adresse ist: 141 West, 13. Straße.

NEW YORK THEATER OF THE AMERICAS

Leiter: Miguel Ponce, Oreste Matachena, unterstützt vom New York Council of The Arts. Zeitgenössisches Theater, teils in Englisch, teils in Spanisch. Kindertheater. Adresse ist: 427 West, 59. Straße.

EL TEATRO CAMPESINO

Wichtigstes der spanischsprachigen Theater in Amerika, gegründet 1965 von Luis Valdez in Delano, Kalifornien. Anlaß der Gründung war, einen Streik der Weinpflücker zu unterstützen (Zusammenarbeit mit den Gewerkschaften der Farmarbeiter). Seitdem permanente Zusammenarbeit mit den Chicanos, den Farmarbeitern mexikanischer Herkunft, die 1965 noch weitgehend unorganisiert waren. Der Stil der Gruppe ist, nach den Worten von Valdez, "irgendwo zwischen Brecht und Cantinflas". Die Gruppe spielt meist kurze Stücke, die sogenannten *actos,* die die Probleme der Arbeiter in Commedia-dell'arte-Form darstellen. 1967 ging die Gruppe nach Del Rey, Kalifornien, um dort ein Kulturzentrum für die Landarbeiter einzurichten.

RICARDO CASTILLO VOM THEATER OF THE AMERICAS

4

Richard Schechner

Nachahmung oder Reaktualisierung?

Die Probleme, mit denen sich die Performance Group zur Zeit beschäftigt, lassen sich in fünf Worten zusammenfassen: Zeit, Raum, Publikum, Handlung, Text. Ich bin an diesen fünf Grundproblemen interessiert und an sämtlichen damit möglichen Permutationen. Dazu habe ich viele Sachen gelesen, über primitive Zeremonien und Ereignisse, die es in der ganzen Welt und in allen Kulturen gibt und gegeben hat. Dieses Studium bewies mir, daß Aristoteles nicht recht hat. Aber so sehr er unrecht hatte, hat er doch das gesamte westliche Theater beeinflußt, und nicht nur das Theater, sondern auch das Denken. Was mich im Augenblick primär beschäftigt, ist eine grundlegende Untersuchung der Aristotelischen Dramaturgie, besonders des Satzes, daß Theater die Nachahmung von Handlungen sei. Ich stimme damit insofern überein, daß Theater im Grunde eine Handlung oder ein Ereignis ist, aber ich glaube nicht mehr, daß es in Form einer Nachahmung sehr interessant sein kann.

Ich glaube, wenn man zu den Ursprüngen des sogenannten 'neuen Theaters' zurückgeht, erweist es sich als ein sehr altes Theater, ein Theater, das man mit dem Terminus 'Reaktualisierung' umreißen könnte. Der Unterschied zwischen einer Nachahmung und einer Reaktualisierung könnte folgendermaßen definiert werden:

1. Nachahmung. Ein Ereignis findet am Ort I zum Zeitpunkt I statt. Dieses Ereignis wird am Ort II zum Zeitpunkt II nachgeahmt. Man kann jedes Ereignis nachahmen, und die westliche dramatische Literatur ist voller Ereignisse, die nur in der Nachahmung existieren können, töten, heiraten usw. Wenn diese Dinge auf der Bühne stattfinden, wissen wir, daß sie nicht wahr sind. In bestimmten Epochen wurden diese Nachahmungen in Wirklichkeit verwandelt, z. B. in den römischen Gladiatorenkämpfen, bei denen die Teilnehmer wirklich getötet wurden, oder im römischen Mimentheater, in dem Dinge wirklich passierten. In bestimmten Augenblicken des gegenwärtigen Theaters bewegen wir uns sehr nahe am Ende der Geschichte der Nachahmung, z. B. in Happenings, oder in *Che!* Dieses Ende ist da, wenn wir eine Sache wirklich tun, eine Steigerung ist dann nicht mehr möglich, immer unter der Voraussetzung, daß diese Handlung nachgeahmt werden soll. Geschlechtsverkehr auf der Bühne, auch wenn er wirklich ausgeführt wird, ist immer noch Nachahmung, weil Schauspieler dafür bezahlt werden, zu einem bestimmten Zeitpunkt einer Darbietung vor Publikum Geschlechtsverkehr auszuüben.

2. Reaktualisierung. Viele unserer Zeremonien sind Reaktualisierungen, z. B. ist eine Heirat, auch wenn sie von der vorhergehenden völlig verschieden ist, genau die gleiche Zeremonie. Dennoch geschieht sie wirklich an den Teilnehmern der einen wie der anderen Heirat.

Etwas anderes geschieht z. B. bei einer Zeremonie in Neu-Guinea, bei einem bestimmten Maskentanz. Wenn man einen Tänzer fragt, wer tanzt, dann antwortet er: "Die Maske." – "Aber du bist doch in der Maske?" – "Ja, aber wenn ich in der Maske bin, tanzt die Maske." Mit anderen Worten, bei dieser Vorstellung kann man Handlung und Schauspiel nicht trennen. Der Mann tanzt wirklich und zugleich tanzt die Maske, er und seine Maske sind identisch. Am Beispiel des Tötens kann man ebenso deutlich den Unterschied zwischen Nachahmung und Reaktualisierung feststellen. Es ist klar, daß man auf der Bühne nicht wirklich töten kann,

also wählt man Wege, so zu tun, als ob man töte, und jeder weiß, daß man nur so tut. Der andere Weg wäre jener, den die primitiven Kulturen oft gehen, nämlich eine genaue Metapher finden, in der das Ereignis reaktualisierbar ist. Z. B. könnte die Reaktualisierung des Todes die Form haben, daß man viele Stunden in einem vollkommen dunklen lautlosen Raum eingeschlossen wird, in dem man sich nicht bewegen kann. Man stirbt nicht, man gibt es nicht vor, aber auf eine bestimmte Weise ist Tod auf eine andere Ebene transferiert. Die Ästhetik der Reaktualisierung setzt unsere gewohnten Zeitverhältnisse außer Kraft.
(aus einem Gespräch)

Richard Schechner

Interview

Sie sprachen davon, daß eines der wichtigsten Kriterien des Theaters seine Unmittelbarkeit ist, daß die Schauspieler lebendig sind und auf der Bühne sterben können. Mir scheint das einen Hinweis zu geben auf die Bedeutung des Theaters in einer Zeit, wo beinahe alles vermittelt auftritt, wo sämtliche Erlebnisse, die man hat, sozusagen aus zweiter Hand erlebt werden, bereits vorbereitet und manipuliert von den Medien. Würden Sie daraus schlußfolgern, daß Theater ein Medium der Vergangenheit ist?
Die Umwelt ist eine Ausdehnung, ein vom Menschen geprägter Bereich, wie McLuhan sagt, sozusagen eine weitere Haut. Es gibt keinen Grund zu der Annahme, daß einem diese Haut fremder sein muß als beispielsweise die Kleidung oder das Make-up oder die Art und Weise, wie man sich bewegt. Auf gleiche Weise, wie diese Dinge entfremdet werden können – zum Beispiel durch eine Modediktatur –, sind natürlich auch die Medien in dieser Gefahr. Aber diese erhöhten Grade von Entfremdung, denen wir heute ausgesetzt sind, hat es zu allen Zeiten der Kultur-

PERFORMING GARAGE →

← PERFORMANCE GROUP: *MAKBETH*

geschichte in unserem Kulturkreis und auch in anderen gegeben, es handelt sich dabei um durchaus kein neues Phänomen. Die Zunahme dieser Entfremdung geht gewöhnlich einher mit Visionen vom Ende der Welt, und das ist in gewissem Sinn richtig: Der Zusammenbruch des Römischen Reiches, die letzte Dynastie in Ägypten, das waren tatsächlich Weltenden in dem Sinn, daß die Umwelt den Menschen nicht länger entspricht und es einen Zeitpunkt gibt, an dem man alles wegwerfen und von vorn anfangen muß. In diesem Sinn nähern wir uns heute wahrscheinlich auch einem Ende der Welt. Wenn die Medien sich selbständig machen, das heißt, wenn sie nicht mehr ein Ausdruck von etwas, sondern eine Sache an sich werden, sind gewöhnlich solche Endzustände erreicht. Die Kleidung der Menschen kann in gewissem Sinn als eine solche Ausdehnung verstanden werden insofern, daß ich, wenn ich von deinen Kleidern angezogen werde, auch dadurch von dir angezogen werde.

Wenn du jetzt ein Kostüm tragen würdest – und die Mode begibt sich mehr und mehr in diese Richtung –, würde ich nicht mehr von dir durch deine Kleidung angezogen werden, sondern durch das, was sich hinter dem Kostüm verbirgt; von dir erführe ich höchstens den Grad von Entfremdung, der zwischen dir und dem Ausdrucksmittel besteht.
Mit anderen Worten: Das Theater behandelt nicht die indirekten Ausdrücke, durch die die anderen Medien wirken, sondern be-

RICHARD SCHECHNER, geb. 1934 in North, N. J., Volksschule, Arbeit als Schauspieler und Sprecher mit dreizehn im Rundfunk, Schauspielgruppe in der High School. Im College Herausgeber und Theaterkritiker einer Zeitung. Kurzgeschichten, Gedichte. Stücke, eins davon im Iowa University Theatre aufgeführt. 1958 Regie am O'Neill-Theater in Princetown, dort auch Aufführung seines Stückes *Lots Töchter,* danach Wehrdienst. Masterdegree, Tulane University. Artikel, Kurzgeschichten. Aufenthalt in Paris, Arbeit an den *Bacchen,* aus der sich später das Stück *Dionysius in '69* entwickelt. Dissertation über Ionesco. März 1962 Herausgeber von TDR, der Tulane Drama Review. Inszenierungen und Happenings. Mitarbeit am Free Southern Theatre. 1967 nach New York, nimmt die TDR, die jetzt The Drama Review heißt, mit. Straßentheater. Gründung der Performance Group. '69 Aufgabe der TDR. Pläne: Ausweitung der Arbeit in der Performance Group, Entwicklung kollektiver Texte, Buch über die fünf 'Essentials', Reise nach Asien, um ostasiatisches Theater zu studieren.

Richard Schechner

Ritualtheater

Der Unterschied zwischen Kunst, wie wir sie im Westen kennen, und Theater, wie es sich traditionell, weltweit gezeigt hat, liegt darin, daß westliche Kunst individualisiert ist, während traditionelles Theater gemeinschaftsbezogen ist. In seinen gesellschaftsbezogenen Formen ist Theater sowohl sozial konstruktiv als auch persönlich 'transzendent' oder ekstatisch. Aber unsere Kunst hat schon längst diese doppelte und widersprüchliche Funktion verloren und wurde statt dessen eine Funktion des Individualismus: die protestantisch-kapitalistische Ethik.
Wir sind nicht dazu erzogen, an Gruppen zu glauben. Wir sind zu einer individualistischen Moral erzogen,

die uns veranlaßt, Ziele allein, nur auf uns selbst gestellt, zu erreichen. Diese Haltung ist dem Theater schädlich. Das Theater im Athen des fünften Jahrhunderts v. Chr. und das des mittelalterlichen Europa waren gemeinschaftliche Ausdrucksformen. Sie bestätigten bestimmte Werte, stellten andere in Frage und waren gegen bestimmte Individuen gnadenlos.

Würden wir heute solche gemeinschaftlichen Ereignisse unterstützen, würden wir wahrscheinlich Formen und Gegenstände entdecken, die zu unbequem wären, um öffentliche Sanktionierung zu erhalten. Es war in erster Linie die Freude der Aufrührer in Newark und Detroit, die die Polizei empörte und sie zu ihrer Art von Aufführung veranlaßte: zertrümmerte Schädel folgten der Zertrümmerung der Fensterscheiben. Man stelle sich vor, was es bedeuten würde, in Harlem einen Zyklus von Stücken aufzuführen, die wahrhaftig die Hoffnungen und Ängste der Menschen darstellen und genau unsere Mythologien konkretisieren, Stücke, die diese Hoffnungen, Ängste und Mythen in zeitgemäße Formen und Aktivitäten prägen. Wenn man sich solche Aufführungen vorstellt, erkennt man, in welchem Maße repressive Mechanismen tief in unser Leben einwirken.

Die Arbeit in Richtung auf solche Aufführungen würde in unserer Kultur weniger 'Stücke' und mehr 'Ereignisse' bedeuten, weniger Geschichten und mehr Rituale. Es würde die Entwicklung moderner Zyklen und einen Rückgang der Bedeutung des 'beruflichen' Theaters bedeuten, nicht jedoch einen verminderten Bedarf an erfahrenen und engagierten Spielern. Ebenso würde es eine sorgfältige Überprüfung unseres großen Theaterrepertoirs bedeuten. Unsere Tradition ist uns zu einer Last geworden, weil sie eine geschriebene ist. Eine mündliche Tradition folgt ganz natürlich in ihrer Form der sich verändernden Kultur, die sie vermittelt. Eine geschriebene Tradition jedoch neigt dazu, sich zu verfestigen und reaktionär zu werden. Unsere Entwicklung muß jetzt auf eine ältere Tradition zurückführen – auf die Aufführung (performance).

Diese ältere Tradition ist politisch im weitesten Sinne. Sie kann nicht außerhalb einer Gruppe oder einer Gemeinschaft entstehen, und sie kann nicht funktionieren ohne den direkten Bezug auf die Gesellschaft, in die sie eingebettet ist.

Es gibt viele junge Leute, die glauben, daß eine unrepressive Gesellschaft, d. h. eine sexualisierte Gesellschaft, Utopie ist. Nacktheit, freier sexueller Ausdruck, kommuneartige statt familiärer Einheiten, 'innerer Raum' und überladene Sinne werden zu politischen Themen. Die Diskotheken – Palm Gardens, Fillmore, Electric Circus – sind Orte der öffentlichen Versammlung und der direkten politischen Aktion. Eine neue Art zu leben wird demonstriert. Aber diese gleiche Begeisterung kann, wie wir wissen, auf erschreckende Weise zu den Nürnberger Parteitagen und zu Auschwitz führen. Bei den großen Vernichtungslagern wurde ebenfalls eine Begeisterung, eine Ekstase, ausgespielt. Die versteckte Angst, die ich vor dem neuen Ausdruck habe, ist, daß seine Formen dem ekstatischen Faschismus gefährlich nahe kommen.

Die Freiheit kann sich schnell in ihr Gegenteil verwandeln, und nicht nur durch die, die ein Interesse an einer reaktionären Regierung haben. Ritualisierte Erfahrung ohne die eingebaute Kontrolle eines starken Gesellschaftssystems kann sich zu einer zerstörerischen Furie steigern.

schäftigt sich mit den direkten Beziehungen. Es wendet sich direkt an die Menschen, die im Raum sind, obwohl zwischen diesen Menschen vermittelnde Bereiche sind, wie zum Beispiel ihre Kleider, ihre Sprache usw., aber diese Bereiche sind wir gewohnt, sie sind sozusagen Teil von uns. Wenn zum Beispiel ein Schauspieler sich nackt auszieht, also gewissermaßen eine Haut abstreift und sofort ein neues Benehmen anlegt, d. h. sozusagen nur eine Haut durch die andere ersetzt, dann braucht er seine Kleider eigentlich nicht auszuziehen. Wenn das Ausziehen der Kleider aber mit einer wirklichen Nacktheit zusammengeht, d. h. wenn er eine Haut ablegt, ohne sie sofort durch eine andere zu ersetzen, dann kann das wirklich ein interessanter Moment sein, der über die Schaustellung eines voyeuristischen Objekts hinausgeht.

Das Theater beschäftigt sich, anders als Film und Fernsehen, mit direkten Beziehungen ohne eigentliches Medium (= Mittler) bzw. mit einem gewohnten Medium, wie Kleider, Sprache, Gesten und Rhythmen, d. h., diese Medien sind derart integriert, daß sie uns nicht mehr als Medien erscheinen. Als eine solche direkte Beziehung fasziniert mich das Theater, obwohl natürlich den indirekten Medien in unserer Kultur eine sehr große Bedeutung zukommt. Dennoch sind sie immer nur Erweiterungen dieser Primär-Medien. In den Grenzen des Primär-Mediums kann das Theater natürlich nicht so viele Menschen erreichen wie die anderen Medien, aber es erreicht sie immer auf andere Weise. – Darin liegt ein Verlust und ein Wert zugleich. Aber die Grenze des Publikums schwankt sehr: Es gibt Theater, deren Publikum aus zwei Leuten besteht, andere, wie zum Beispiel das von Grotowski, haben 40 bis 100, meines ist zur Zeit auf 200 eingerichtet, die Griechen hatten bis zu 20000.

Sie haben das Theater durch bestimmte Termini definiert: Publikum, Raum, Schauspieler und Handlung. Wie lassen sich da die Begriffe Zeit, Probe usw. einordnen?

Zeit scheint mir ein sehr wesentlicher Begriff zu sein. Es gibt natürlich verschiedene Zeiten. Wir haben also fünf Grundelemente, Dinge, die für eine theatralische Veranstaltung unbedingt nötig sind. Es gibt Modifizierungen dieser Elemente, zum Beispiel wenn das Publikum in die Vorstellung einbezogen wird, oder wenn Handlung und Schauspieler in Happenings identisch werden. Jedes theatralische Ereignis ist in seine Kultur eingebettet, jedes Element des Ereignisses ist in der Kultur definiert. In unserer Kultur ist das Publikum Zeuge, es nimmt gewöhnlich nicht direkt teil, aber es widmet seine ganze Aufmerksamkeit dem Vorgang; dies kann man auch aus der Architektur unserer Theater ablesen. In gewissen religiösen Riten unserer Kultur wird das Publikum teilweise zum Mitspieler, zum Teilnehmer, und kehrt dann wieder in die Rolle als reiner Zuschauer zurück.

PERFORMANCE GROUP: *DIONYSIUS IN '69*

DIONYSIUS IN '69: GEBURTSSZENE

Richard Schechner

(3) Dead (December) (19) 69 (from) RS (to) RS

I cannot feel dead against her back
alone with cat's cage wickered purple prick
dead
Makbeth.

Grand Pa Sch Ech Ner died last night
Bob O'Keane the night before.
Billy asked for my blood but I phoned from Ratner's
"Later maybe."
O'Keane dead
Leukemia.

If Makbeth lives I sing but now
it's dying and my center barely feels
you cunt. Jerk me off, Dee Dee, I give you
ten dollars first
"Make me feel bad they don't give me money"
then we can
talk.

(6) DeAd (De) Cember (19) 6 9 (from) RS (to) R (S)

I   can Not   feel   dead   ainst her ba ck
al/one with cat'   s cag e wick er ed pur ple prick
de   ad
Mak beth.

Grand Pa Sch Ech Ner died   la   st nig ht
B   obO'Keane the nig   htbe   for e.
Billy as   k   ed me for my blood b   ut I   ph on ed
fr om RAT
ner's "Lat er ma   y   be.   "

If Ma KB   Eth li Ves/I/sing   but
it'   s   dy   in   g and my cen t er bar el y fee ls
you   c u n t .

Jerk me o FF, Dd, I give yo   u
ten doll   ar/s fir/s/   t
"Make me feel bad They do   n'   t give me   m o n e y"
then W E   ca n
t a l k .

WOOSTER STREET: PERFORMING GARAGE

Die PERFORMANCE GROUP entstand aus einem Workshop an der New York University, der von Richard Schechner angeregt worden war und sich erstmals am 19. Nov. 1967 traf. Bis zum Februar fanden wöchentlich einmal Workshops statt, die zum größten Teil auf den von Jerzy Grotowski entwickelten Übungen aufbauten. Im März 1968 mietete die Gruppe (die zu diesem Zeitpunkt aus 15 Mitgliedern bestand) für monatlich 530 Dollar eine alte Garage in der Wooster Street, einer düsteren Straße in einem Industriebereich südlich des Village. In mehrmonatiger Arbeit baute die Gruppe den Raum zur sogenannten 'Performing Garage' um, einem zwei Stockwerke hohen kubischen Raum mit Plattformen und Gerüsten an den Wänden, die zum Teil als Spielflächen, zum Teil als Sitzgelegenheit für die Zuschauer dienen.

Neben den Workshops entstand unter Schechners Regie eine Adaption der *Bacchen* des Euripides, die im Juni 1968 unter dem Titel *Dionysius in '69* herauskam. Die Aufführung wurde ein großer Erfolg, so daß die Schulden der Gruppe zurückgezahlt werden konnten und alle Gruppenmitglieder ein wöchentliches Honorar von 100 Dollar erhielten. Gespielt wurde dreimal wöchentlich, einmal im Monat fand ein Treffen statt, das ausschließlich wirtschaftlichen und organisatorischen Fragen der Gruppe galt. *Dionysius* erhielt einen Obie und wurde zum Bitef-Festival in Jugoslawien eingeladen. Die nächste Produktion war *Makbeth,* eine Shakespeare-Bearbeitung von Schechner, die aus den Workshops entstand. Die Produktion, die im November 1969 herauskam, hatte keinen Erfolg und wurde bereits im Dezember wieder abgesetzt. Einige Mitglieder verließen die Gruppe, neue kamen hinzu. Am 17. Dezember 1970 kam dann die dritte Produktion der Gruppe heraus, *Commune.* Das Stück stellt eine Kollektivarbeit dar, Regie: Schechner. Thema des Stückes ist "Amerika, die Jugend, Vietnam, Woodstock..." (Kritik)

John Vaccaro

Interview

Ich bin in Steubenville, Ohio, geboren, im Dezember 1929. Ich bin 40 Jahre alt. Ich war arm, ich war reich, ich hab Gewalt gesehen, ich hab Liebe gesehen. Ich bin im Jahr des Börsenkrachs geboren, das ist wichtig für mich, denn Herman Melville ist 1819 geboren, in dem Jahr, als ein Wal in ein Schiff krachte und es zum Sinken brachte. Zwei Kräche! Melville ist mein größter Hang-up. Seit ich 15 bin, habe ich jeden Tag ein Kapitel aus *Moby Dick* gelesen. Das Kapitel, bei dems mich am meisten erwischt hat, ist das über den freien Willen, den Zufall und die Notwendigkeit. Man macht die Sachen, weil man sie machen muß. Da ist ein Zufall und da ist eine Notwendigkeit. Das gleiche mach ich mit dem Theater.

In Steubenville waren fast nur Emigranten: aus Italien, aus Deutschland und den serbokroatischen Gebieten. Die ganze Stadt bestand aus Emigranten in der ersten Generation. Ich selbst komme aus einer sehr großen italienischen Familie. Mein Vater und meine Mutter hatten sich in Steubenville kennengelernt. Er war Sizilianer und sie Italienerin. Sie waren beide mit ihren Familien 1900 nach Amerika gekommen. Ich bin sehr italienisch. Ich bin sehr familiär. Ich hab meine Familie nie enttäuschen wollen. Ich bin ein Kleinstädter. Ich bin als Katholik erzogen worden, und ich gehe zur Kirche, nicht am Sonntag, ich gehe, wenn ich Angst habe. Obwohl ich den Katholizismus schon lange nicht mehr praktiziere, bin ich doch nicht sicher, ob sie nicht vielleicht recht damit haben. Schließlich könnten sie doch genauso gut recht damit haben.

Ich haßte mich, ich tus nicht mehr, aber ich hab das durchgemacht. Ich fand mich nicht schön, und deshalb haßte ich mich. Ich hab versucht, mich umzubringen, aber wie Nietzsche sagt: Der Gedanke an den Selbstmord ist eine große Vorstellung, durch die viele Leute viele schlechte Tage überwunden haben. Mit 20 kam ich aufs Ohio College, und danach bin ich durch die ganzen U.S.A. getrampt; ich war überall, von Alaska bis Hawaii. Dann hab ich viele Jahre in Japan gelebt. Bin da mit einem Bunraki-Puppentheater herumgezogen.

1960 kam ich zurück und las meine Gedichte in den Cafés. Ich war komisch, ich war wie Lenny Bruce, und ich war sehr erfolgreich. Alle wollten mich haben. Dann hatte ich meinen ersten Zusammenbruch und hab mich selbst in eine Nervenheilanstalt einweisen lassen. Es war eins der ungeheuerlichsten Erlebnisse in meinem Leben. Die Leute da waren frei, total frei! Alle diese psychologischen Verdrängungen lagen offen da.

Freiheit heißt für mich das gleiche wie Erfolg, fähig zu sein, zu machen, was du willst, wann du willst, mit wem du willst und wo immer du willst. Ich bin frei, niemand betritt mein Terrain. Ich bin so frei, wie ich sein kann in dieser Gesellschaft. Ich glaube nicht an das Zeug von der *kommenden Revolution.* Das ist nicht mein Vokabular. Was diese ganzen Leute da machen, ist nötig

H. Melville

Moby Dick, 46. Kapitel

Es war an einem wolkigen, schwülen Nachmittag. Queequeg und ich waren nicht eben eifrig damit beschäftigt, eine sogenannte Schwertmatte zu weben.

Beim Weben der Matte war ich Queequegs Gefährte oder, besser gesagt, sein Page. Während ich den Einschlag der Marlleine zwischen den langen Kettfäden hindurchzog, meine Hand als Weberschiffchen benutzend, schob Queequeg, der seitwärts stand, von Zeit zu Zeit sein Eichenholzschwert zwischen die Fäden und legte dabei sorglos die Schnüre um. Über dem Schiff, ja über allem schwebte eine Verträumtheit – sie wurde nur unterbrochen durch das Klopfen des Holzschwertes –, so daß sich bei mir die Vorstellung bildete: Wir sitzen am Webstuhl der Zeit. Ich selbst bin das Schiffchen, das mechanisch die Fäden des Schicksals zusammenfügt. Dort sind die Kettfäden in eine einzige, immer wiederkehrende, unveränderliche Schwingung versetzt, und diese erlaubt wiederum die kreuzweise Verschlingung anderer Fäden mit den eigenen. Die Kettfäden waren für mich der Zwang, die Notwendigkeiten, und zwischen sie, so dünkte es mich, wob ich mit eigener Hand meine Geschicke.

Inzwischen schlug Queequegs treibendes und doch teilnahmsloses Schwert das Gewebe schwächer oder stärker zusammen, krumm und schief, wie es gerade kam. Und durch diesen Unterschied im Schlag brachte er entsprechende Gegensätze in das endgültige Gesicht des Werkes. Das Schwert dieses Wilden, dachte ich – gestaltet und modifiziert, wie es erscheint – dieses indifferente Schwert stellt den Zufall dar – ja – Zufall, freier Wille und Notwendigkeit – im Grunde unvereinbar –, ineinandergewoben, wirken sie gemeinsam. Der straffe Kettfaden der Notwendigkeit ist nicht von seinem endgültigen Verlauf abzubringen. Der freie Wille ist immerhin frei genug, um das Schiffchen zwischen die gegebenen Fäden zu treiben; und dem Zufall – obgleich im Spiel gehindert durch die geraden Linien der Notwendigkeit und seitwärts in seiner Bewegung gehemmt durch den freien Willen – gelingt es doch, sich zwischen beiden zu drehen und so das endgültige Aussehen des Ganzen zu bestimmen.

für sie. Es sind nette Leute, sie sind eben Leute, die was machen wollen, sie wollen die Revolution machen.
1961 kam ich nach New York. Ich lebte hier in der Lower East Side, noch bevor sie zum "East Village" wurde. Im Juni 1965 wurde dann mit Ronald Tavels Stück *Shower* das Playhouse of the Ridiculous geboren. Ich führte Regie bei dem Stück. Wir zeigten es zusammen mit noch einem Stück von Ron, *The Life of Juanita Castro,* in der kleinen Coda Gallery in der 10. Straße.
Zu dem Namen *The Playhouse of the Ridiculous* kam es so: Einmal fragte ich nach der Probe ein Mädchen, was zugesehen hatte, wie es ihr gefiel, und sie sagte: "Es ist lächerlich", und ich sagte: "Das ist es! Wir nennen es The Playhouse of the Ridiculous!" The Ridiculous heißt lächerlich machen, wir verspotten alle Konventionen. Nicht daß wir mit dieser Intention anfangen würden – das passiert! Was wir machen, ist einfach: Stücke aufführen. Es wird eine Menge gequatscht über uns von diesen Intelligenzlern, sie intellektualisieren, was wir machen. Aber was wir machen, sind einfach Stücke. Wir haben auch eine Philosophie, aber um sie zu verstehen, mußt du bei uns einsteigen.
Jetzt sind 47 Leute in meiner Gruppe, aber es gibt keine Grenze nach oben. Es gibt so viele junge Leute auf den Straßen. Sie laufen am Cooper Square und in der 8. Straße herum. Gib ihnen was zu tun! Ich will sie alle in meinen Stücken haben. Ich will eine Supershow mit ihnen im Central Park machen, wenn es die Stadt erlaubt. Einen neuen *Sommernachtstraum* mit vier-, fünftausend Leuten in irren Kostümen.
Keiner in meiner Gruppe ist Schauspieler, das ist wichtig. Sie sind alle verrückt. Ich hab sie von überall aufgelesen, auf der Straße und sonstwo. Ich will nicht, daß sie Schauspieler sind. Wenn sie Schauspieler wären, mit einer professionellen Ausbildung, dann würde es viel zu lange dauern, bis du all das Erlernte wieder aus ihnen herausgeprügelt hast, bis sie wieder naiv und frei sind für meine Art von Regie. Bevor sie zu mir kamen, hatte fast keiner von ihnen überhaupt irgendwas mit Theater zu tun. Diese Leute – von Friseuren bis zu College-Schülern – hab ich umgeschaffen zu meiner Gruppe. Ich geb ihnen was zu tun. Wir füllen eine Leere in unserm Leben. Wir brauchen unsere Sache. Ich bin ein Tyrann, ein Wilder, ich bin wild mit ihnen. Wir machen nicht nur ein Stück zusammen, wir machen viele Stücke. Wir hören überhaupt nicht auf, Stücke zu machen. Es gibt keine Verträge. Du kannst gehen, wann du willst, aber du gehst nicht. Du wirst bezahlt, wenn wir was einnehmen. Und wir haben herrliche Leute: Ruby Lynn Reyner und Frank Dudley und Jackie Curtis und Sierra Bandit und Penny Arcade. Sie könnten alle im kommerziellen Geschäft ein großer Star sein. Ich weiß auch nicht, was uns zusammenhält, außer, daß wir uns lieben. Wir lieben uns, und wir haben phantastische Stücke gemacht. Wir haben ein herrliches Publikum, sie kommen sogar aus Brooklyn, Jersey City und Long Island, um uns zu sehen.
Für alles, was wir machen, benutzen wir sexuelle Bilder. Das ist nicht schockierend – das ist komisch. Wir waren schon vor Jahren nackt auf der Bühne und haben herumgefummelt und herumgefickt. Wir haben das nie annonciert. Es wäre ein bestimmtes Publikum davon angelockt worden, und das bestimmte Publikum will ich nicht. Wir haben irre Stücke gemacht. Wir haben *The Moke Eater* gemacht, das hat dich total durchgeschüttelt, aber es war theatralisch, es war aufregend. Zu *Moke Eater* kam

Haeven Grand in Amber Orbit
Regie: John Vaccaro

Da ist Rouge Frolic, ganz in Rot. Halb Seiltänzer, halb Clown, kommt er durchs Publikum. Ein grotesk bemaltes Gesicht mit der Verwunderung eines Kindes. "Fascination!" ruft Rouge Frolic und streut roten Glitter aus. Sanft zieht er zur Musik aus Wagners "Götterdämmerung" das schäbige Stückchen Vorhang zur Seite. Ein Ritual, eine zärtlich-erwartungsvolle Entkleidung der Bühne. Und da ist auch schon die ganze erschreckende Meute. Sie singt, oder besser: Sie wirft dem Publikum auf den Holzbänken ihren ersten Song entgegen:

Freaking on in!
We are exceptional children
Under-achievers
Full-fledged freaks, folks,
Children of the 60's
And we are coming on in.

Die Band inmitten der Meute ist noch lauter als die Stimmen. Es geht bis an die Grenze des Erträglichen. Man kann nicht mehr nur mit dem Ohr hören, der ganze Körper wird zur Membrane.
Da ist Nightcloud: aus seinen blutbefleckten Shorts hängt ihm ein ungeheurer Pimmel. Er ist ein Sprachgestörter. Nightcloud besteht darauf, daß Lady Galaxy seine Mutter ist. Die Lady sitzt auf dem Klo, sie drückt und drückt und verbraucht Unmengen von Papier. Sie kommt vom Klo nicht runter, sie ist einem absurden Produktionszwang verfallen.
Da sind die Moon Reindeer, eine Horde halb tierhafter Gestalten. Da sind drei zusammengewachsene Mädchen, ein wilder Reigen aus wabernden Brüsten und Hüften und Geilheit. Da ist Lord Pass the Hat mit der Klobürste. Da ist die Prinzessin Ninga Flinga Dung; ihre Arme und Beine sind Stummel, ein neurotischer Torso, der manchmal auch an eine Kasperle-Figur erinnert. Da ist das krampfhaft zuckende Thalidomid-Baby, das Röckchen hochwerfend und den nackten Hintern vorzeigend. Und dann Heaven Grand in Amber Orbit selbst, knochig, kantig, mit einem Wust von rotem Haar, groteskem Make-up schnarrender, kreischender, röhrender Stimme, eine dadaistische Puppe, die das Bild des American Girl zerfrißt. Da ist Sacra Via, auf die alle in diesem Bordell warten, von der alle Rettung erhoffen. Sacra Via wird kommen! Sacra Via wird kommen! Und Sacra Via kommt, ein Mann in Zigeunerlumpen. Sacra Via lacht und lacht, lacht mit einer Intensität, die nicht mehr zum Mitlachen anreizt, weil man weiß, daß das Irrsinn ist, was da lacht.
Keiner hat eine logische Beziehung zum anderen, nichts scheint sie zu verbinden als der Ort, dies spermaglitschige Bordell, in dem sie leben. Alles ist wüst und schnell und monströs und laut und obszön und brutal und pervers. Es ist absurd. Es wird so viel gefickt und so viel und so mechanisch gevögelt, daß die Sexualität ihr Tabu und zugleich ihren Reiz verliert. Man will hier nicht mehr Voyeur sein. Das Ficken wird behandelt wie ein beliebiges Ding in einer von der Werbung beherrschten Kultur.
Dann endlich ist da wieder Rouge Frolic. Mit seinem Ruf "Fascination!" hält er das Irrenhaus an, und die deformierte menschliche Gesellschaft auf der Bühne erstarrt zum Bild.
Das Schlußfinale ist ein Song, ein Paradox. Der Song heißt Scheiße und ist ein Aufruf zur Lebensfreude.

es so: Ich ging immer in eins dieser Automaten-Restaurants und las da, und dann hörte ich die Leute essen, das klang ungeheuer. Diesen Sound haben wir vergröbert und in die Show übernommen, die Charaktere kommunizierten auf diese Weise. Das war das eine; und dann war da vor sieben Jahren ein Mord, er ging durch die ganze Presse: Eine Frau war ermordet worden auf der Straße. Alle in ihrem Viertel kannten sie, und alle hörten sie schreien, aber niemand half, sie ließen die Jalousien runter. So wars auch in unserm Stück: Sie zerfetzen das Opfer, und nur zwei versuchen es für einen Augenblick lang zu retten.
Die Kostüme und das Make-up für unsere Stücke mach ich selbst. Du kannst enormes Zeug ganz billig auf der Second Avenue einkaufen, es ist alles sehr komisch. Wir gebrauchen Mengen von Schmuck und Glitter und Farben. Die Gesichter schminken wir zu enormem Ausdruck. Für mich ist das theatralisch, das hat den Zauber wie die Filme der dreißiger Jahre, wie das orientalische Theater. Große Bühnenbilder haben wir meist nicht. Wir sind mehr von den Kostümen und dem Make-up abhängig. Aber in *Cock Strong* von Tom Murrin, da hatten wir ein großes Bühnenbild, ein gigantisches. Wir hatten einen fünf Meter großen Penis auf der Bühne.

JOHN VACCARO

Was wir machen, ist alles sehr persönlich. Wir zeigen Fakten, persönliche Wahrheiten. Ich sage den Schauspielern: "Laßt los!" Ich zwinge sie, alle ihre psychologischen Hang-ups herauszubringen. Ich erniedrige sie. Es ist orgiastisch in gewisser Weise. Manches ist sehr S & M: sadomasochistisch. Ein Stück zu inszenieren ist für mich ein Akt von Masochismus. Ich quäle mich, ich leide, wenn ich Regie führe. Es ist mein Sexual-Leben. Ich bekomme einen Orgasmus dabei. Ich bekomme ungeheure Orgasmen, wenn ich inszeniere.
Die Stücke selbst sind nur Melodien für mich. Die Leute, die für mich schreiben, schreiben ohne Regieanmerkungen. Alles entsteht organisch. Das Wort hat keine Bedeutung. Es geht um das *Wie,* nicht um das *Was.* Es geht darum, wie man sich einer Sache nähert. Die Sprache ist viel zu fest, viel zu verlogen, um die Vielfalt des Lebens ausdrücken zu können. Also: Es geht nicht um Text, es geht um dauernden Sound. Es ist eine Unterwerfung der Sprache. Das einzige, was ich mag, ist Sound. Ich konzentriere mich nicht auf Sprache, sondern auf die visuellen Wirkungen der Dinge. Wenn das Publikum was nicht mitbekommt, macht das nichts. Ich will ihm die Möglichkeit geben zu wählen. Was die Leute sehen, ist genauso wichtig wie das, was sie hören. Es ist eine visuelle Erfahrung. Wir haben im Theater einen Hang-up mit der Sprache. Wir setzen uns hin und hören wie die blöden Intelligenzler zu. Wer will denn der Sprache zuhören? Man kann sie lesen. Ich will was für die Leute machen. Nicht für ein begrenztes kleines Publikum, das es chic findet, dazusitzen und gelangweilt zu werden. Wir sind ein Publikum von heute, und was in den Dramen der großen Alten erzählt wird, davon ist vieles bedeutungslos für uns. Ich will eine Sprache für heute, für die U.S.A. heute, machen. Ich will den Leuten nicht die Ohren öffnen, ich will ihre Köpfe visuell öffnen. Laßt uns ihre Augen vergrößern. Laßt uns sie sehen machen!
Mit dem Playhouse of the Ridiculous bin ich zu definitiven Schlüssen über lebendiges Theater gekommen. Sie lassen sich nicht theoretisch untersuchen. Sie heißen: Leben statt Wahrheit! Zu Beginn des Jahrhunderts wurde das Theater durch Leute in Europa revolutioniert, die das, was sie "Wahrheit auf der Bühne" nannten, mit dem naturalistischen Drama ausdrückten. Dann kam Brecht und perfektionierte einen anderen Stil, aber "Wahrheit" war immer noch das Ziel in Europa. Wahrheit auf der Bühne ist Scheiße! Für mich ist Wahrheit so relativ, daß sie nur zweitrangig ist. Zweitrangig gegen das, was ich "Leben auf der Bühne" nenne. Leben! Wir sind keine Schauspieler, die eine der vielen Wahrheiten zeigen, die über viele Sachen existieren. Das ist unsere grundlegende Prämisse: LEBEN STATT WAHRHEIT. Auf der Bühne muß dauernd was passieren. Ich sage den Schauspielern: "Macht was! Immer! Bleibt beschäftigt! Macht was und bleibt dabei in der Rolle." Es muß was passieren, wie in den Stummfilmen, wie in der Großen Oper, wie in den billigen Unterhaltungssendungen, wie im japanischen Theater: lauter verrückte Sachen. Wir sind über das Absurde hinausgegangen, wir sind über Artaud hinausgegangen. Unsere Sache ist die absolute Groteske. Unsere Vorstellungen sind der totale Wahnsinn. Sicher braucht man eine Ordnung, warum würde ich sonst meine Wohnung hier saubermachen? Aber versuch LSD, und du wirst sehen, daß es überhaupt keine Ordnung gibt. Als ich das erste Mal LSD nahm, war das wie ein Schock.

PLAYHOUSE OF THE RIDICULOUS

John Vaccaro ist das verrückte Genie des amerikanischen Theaters. Er zerkaut de Sade und spuckt ihn mit Rock-Beat auf die Bühne. Er nimmt die Micky Maus und tunkt sie in Spengler, Artaud und McLuhan. Er ist extrem wie Grotowski und das Living Theatre und bricht dabei mit der gesamten Welt des "guten Geschmacks". Seine Arbeit ist barbarisch und nihilistisch und dabei ebenso streng und klar diszipliniert. Seine Autoren schreiben für ihn brillante Perversionen einer bürgerlichen, kapitalistischen Welt. Die Stücke sind überfüllt mit Zitaten aus alten Filmen, alten Zeitungen, Hitler-Reden und Shakespeare-Dialogen. Auf der Bühne entsteht ein farbiges, dadaistisches Chaos, eine reine Explosion theatralischer Energie, die sich nicht durch die Kunstbegriffe von Form, Inhalt, Struktur und Aussage definieren läßt. Dieser Zirkus von Irrsinn, dies Kostümfest einer kranken Gesellschaft, dies erschreckende Super-Ritual der Degeneration ist am Ende nicht absurder als die amerikanische Realität. Transvestiten und Schwule, Obzönität und Kloaken-Humor, Groteske und Monstrositäten verbinden sich mit Rock und Glitter und Farben und Licht zu den Saturnalien der deformierten Welt.

Ich entdeckte, daß die Ordnung, die ich um mich herum geschaffen hatte, chaotisch war. Ich schrie! Gut, wir haben auch eine Ordnung, es gibt eine Disziplin. Das Stück hat einen Anfang und ein Ende. Wir sind spontan innerhalb eines bestimmten Rahmens, innerhalb einer bestimmten Strenge. Innerhalb dieser anderthalb Stunden machst du alles, was du willst. Ich nenne das eine präzise Spontaneität.
Die Leute wissen gar nicht, wieviel wir arbeiten. 24 Stunden am Tag leben wir das Playhouse of the Ridiculous! Ohne Kompromiß! Wir sind in einer dauernden Aura von Erregung. Wir haben enormen Spaß an dem, was wir machen. Wir lieben es!
Was ist Kunst? Was ist Theater? Es ist relativ, ich werde es nicht definieren. Theater ist für mich, eine Straße langzugehen und sich alle diese verrückten Leute in Amerika anzusehen. Theater ist Zirkus für mich. Spaß! Gelächter! Theater muß unterhalten! Da ist keine Botschaft. Theater muß erfahren werden. Theater ist, was dauernd passiert, nicht nur in einer einzigen isolierten Szene. Ich brauche das Theater zum Leben. Ich würde sonst explodieren, verrückt werden oder verrückter, als ich bin. Ob unser Theater für die Leute irgendeine Bedeutung hat, ist irrelevant. Es muß erfahren werden. Ich will das Publikum etwas erfahren lassen. Manchmal will ich es auch schockieren. Man muß da weitermachen, wo Mack Sennett und die Marx Brothers aufgehört haben. Lang lebe das Lachen!
Wir brauchen eine wirklich amerikanische Form. Ich bin an nichts außer Amerika interessiert. Das adlige alte Europa kann mir gestohlen bleiben. Das Theater in Amerika ist lange genug am Gängelband Europas gegangen. Wir sind kein Theater der Vergangenheit und kein Theater der Zukunft. Die Leute sagen, wir sind unserer Zeit voraus. Sind wir nicht! Wir sind in dieser Zeit, nur daß die anderen hinter der Zeit sind. Wir haben den Puls dieser Zeit in diesem Land Amerika in den Fingerspitzen, sie nicht.
Alle sagen, sie sind von Grotowski beeinflußt. Alle versuchen, seine Arbeitsweise zu übernehmen. Alle halten sich für seine Schüler. Ich nicht! Ich bin Vaccaro und kein Grotowski-Eleve! Ich bin ein Snob, ein Theater-Snob, ein sexueller Snob, ein Purist. Aus meinem Sternbild liest man, daß ich offen bin, daß ich besonders bin. Ich hab ungeheure Energien und ungeheuren Antrieb. Mein Ehrgeiz ist, Stücke zu machen; vielleicht werde ich Geld damit machen, wenn ich dauernd welche mache, und wenn nicht, dann mach ich trotzdem weiter Stücke. Ich applaudiere mir dauernd, wenn ich allein bin. Ich bring mich zum Lachen. Ich langweile mich nicht mit mir. Ich hab keine Angst zu sterben. Der Tod ist physisch, du bist nicht mehr da. Ich werde nicht sterben. Um nicht zu sterben, mußt du etwas tun. Ich will lebendig bleiben. Ich will eine theatralische Religion werden: Eine Religion kann nicht sterben.
Ich weiß, daß wir alle in einer Phantasie leben. Was machst du gerade? Du machst ein Interview mit mir. Das ist eine Phantasie. Wer bin ich, daß du mit mir ein Interview machst? Daß du mir Fragen stellst? Aber stell mir mehr Fragen, ich will einen Orgasmus haben.

Der Neurotiker, ob produktiv oder unproduktiv, leidet im Grunde an der Tatsache, daß er sich selbst, seine eigene Individualität und seine eigene Persönlichkeit, nicht akzeptieren kann oder will. Auf der einen Seite kritisiert er sich selbst bis zum Exzeß, auf der anderen Seite idealisiert er sich ebenso, was bedeutet, daß er so viel von sich und seiner Vollkommenheit erwartet, daß das Nichterreichen nur zu mehr Selbstkritik führt. Wenn wir diesen schwierigen Fall nehmen, wie wir es für unseren Zweck tun können, und ihn mit einem Künstler vergleichen, wird es sofort klar, daß der Künstler in einem gewissen Sinn die Antithese zu dem selbstkritischen neurotischen Typ ist. Nicht daß der Künstler sich nicht kritisiert, aber durch das Akzeptieren seiner Persönlichkeit erfüllt er nicht nur das, wonach der Neurotiker vergebens strebt, sondern er geht viel weiter. Die Voraussetzung für die kreative Persönlichkeit ist dann nicht nur das Akzeptieren, sondern die Verherrlichung seiner selbst.
(Dr. Otto Rank, Über Kunst und Künstler, zitiert nach Anais Nin, Tagebücher 1931–34)

PLAYHOUSE OF THE RIDICULOUS: *COCK STRONG* VON MURRIN

Die Grunddosierungen von LSD variieren je nach der Art des LSD, das vorhanden ist, und je nach der Einnahmeart, die angewendet wird. Chemisch wird die Wirkung von LSD-25 in Mikrogrammen bemessen. Wenn du in Chemie bewandert bist oder dein eigenes LSD machst, dann ist die Berechnung der Mikrogrammzahl sehr wichtig. Meistens sind zwischen 300 bis 500 Mikrogramm genug für einen 5- bis 8-Stunden-Trip. Es kommt natürlich auf die Qualität des LSD an. Ich habe von Leuten gehört, die 1500–2000 Mikrogramm genommen haben. Das ist nicht nur höchst gefährlich, sondern noch verschwenderisch dazu... Der berühmte Zuckerwürfel ist ziemlich passé, weil ihn andere, leichter durchführbare Methoden ersetzt haben. Die gebräuchlichsten sind im Folgenden aufgezeichnet:

1. Der braune Fleck – oder ein Stück Papier mit einem getrockneten Tropfen LSD drauf – ist immer zu haben. Gewöhnlich entspricht ein Fleck einem Trip.
2. LSD in Kapseln ist mit Vorsicht zu behandeln, da die Kapsel fast jede Farbe, Größe und Wirkung haben kann. Frag immer, womit das LSD gemischt ist, weil viel LSD entweder mit Speed oder Strychnin gemischt wird.
3. Es gibt auch kleine weiße oder gefärbte Pillen, die LSD enthalten, aber wie bei den Kapseln ist es unmöglich, die Wirkung zu bemessen, ohne zu fragen.

T. Leary

The Politics of Ecstasy

Um die gegenwärtige Auseinandersetzung über LSD und Marihuana zu verstehen, muß man, denke ich, erkennen, daß wir uns mitten in einem erstaunlichen gesellschaftlichen Phänomen befinden: einer religiösen Renaissance. Die LSD-Erfahrung ist – und die Marihuana-Erfahrung kann sein – ein zutiefst geistiges Ereignis. Der LSD-Schuß ist eine geistige Ekstase. Der LSD-Trip ist eine religiöse Pilgerschaft. Der Einsatz beim LSD ist dasselbe Risiko, dem sich Menschen seit Tausenden von Jahren dann gegenübersahen, wenn sie das verfolgen wollten, was jenseits ihres Verstandes lag. Die LSD-Psychose ist eine religiöse Verwirrung, eine ontologische Verwirrung, eine geistige Krise. Was ist wirklich? Wer bin ich? Wohin gehöre ich? Was ist die wirkliche Ebene der Energie? Kann ich zurückkehren? Soll ich zurückkehren? Soll ich weitergehen? Wie viele von euch können diese Fragen beantworten? Wenn ihr einen trüben Bericht hört oder lest, der eine solche LSD-Psychose beschreibt, vergeßt diese Hypothese nicht. Es mag Pathologie sein, aber es könnte sich auch um göttlichen Irrsinn handeln.

Turn on, tune in, drop out!
Mein Rat an die Leute in Amerika von heute ist: Wenn ihr euer Leben ernst nehmt, wenn ihr euer Nervensystem wichtig nehmt, wenn euch eure Sinnesorgane etwas bedeuten, wenn ihr die Umwandlung (Fortschritt) der Energie ernst nehmt, dann bleibt euch nichts anderes als: *turn on, tune in, drop out!*

Turning on
Mit *turn on* meine ich vor allem, daß ihr ein neues Verhältnis zu euren Sinnesorganen bekommen sollt, und zwar nicht als Instrumente, die man in irgendeinem weltlichen Spiel benutzt, sondern als eine Art Kamera, die euch eine enge Beziehung herstellt mit den pulsierenden Energien um euch. Kommt in Berührung mit dem inneren Universum! Der einzige Weg nach außen liegt im Innern. Und den Weg zur inneren Weisheit findet man nur durch Drogen.

Tuning in
Mit *tune in* meine ich nicht etwa, daß wir alle eine verlassene Insel finden, uns unter eine Palme hinlegen, LSD nehmen und unseren Bauchnabel studieren. Wenn ich mir die Leute, die LSD nehmen, so ansehe, sehe ich, daß sie weit entfernt davon sind, etwa inaktiv, träge und passiv zu sein; ich sehe sie in jedem Lebensbereich, in jeder Altersgruppe, wie sie sich bemühen, ihren Lernprozeß anderen mitzuteilen: die neue Musik, die neue Poesie, die neue Visual Art, der neue Film.

Dropping out

Dropping out ist die bitterste Pille von allen. Immer wenn ich einen Vortrag halte und den Leuten sage, sie sollen aussteigen, alarmiere ich viele Zuhörer, meine Freunde eingeschlossen, die sagen: "Na, hör mal zu, Timothy, das geht ein bißchen weit. Du kannst nicht den Studenten sagen, sie sollen die Universität verlassen, oder Leuten aus der Middle-Class, die sehr gut verdienen, sie sollen ihren Beruf aufgeben. Das ist einfach zuviel! In einer technologisierten Gesellschaft wie dieser geht das einfach nicht!" Ist unsere amerikanische Gesellschaft denn so unsicher, daß sie nicht dulden kann, daß junge Menschen ein oder zwei Jahre aus dem Produktionsprozeß aussteigen, sich Bärte wachsen lassen, sich das Land ansehen und mit neuen Bewußtseinsformen experimentieren? Das ist doch eine der ältesten Traditionen der zivilisierten Gesellschaft: eine Reise machen, Abenteuer bestehen.

Haschisch aus Marihuana zu extrahieren ist einfach, aber man muß sehr vorsichtig vorgehen. Du brauchst ein Kilo Grass und ein Sieb. Ein Kilo Grass kommt gewöhnlich in einem Block zusammengepreßt, deswegen bröckle den Block auseinander und siebe alles sanft durch. Entferne allen Schmutz und die Fremdkörper, aber nicht die Stiele. Die Samen sollen auch rausgenommen werden, da sie viel zu fett für guten Haschisch sind. Wenn du das Kilo getrennt und durchgesiebt hast, tu es in einen großen Topf und bedecke es mit reinem Alkohol (ungefähr $5\frac{1}{2}$ Liter). Jetzt koche die Mischung ungefähr 3 Stunden. Paß auf, daß du eine Heizplatte oder einen elektrischen Herd und nicht Gas benutzt, da Alkohol feuergefährlich ist und nie einer offenen Flamme ausgesetzt sein sollte. Nach 3 Stunden filtere die Flüssigkeit im Topf und hebe sie in einem Plastikbehälter auf, bezeichnet als *Lösung 1.* Nimm jetzt den Satz, den du übrig hast, und wiederhole das Kochen mit frischem Alkohol noch mal 3 Stunden. Nachdem du das zweite Mal mit Alkohol extrahiert hast, wiederhole den gleichen Vorgang, aber ersetze den Alkohol durch Wasser. Das Wasser muß bei einer höheren Temperatur als der Alkohol erhitzt werden, aber nur eine Stunde lang. Dieser Vorgang des Kochens mit Wasser sollte zweimal durchgeführt werden. Nachdem diese Vorgänge durchgeführt sind, filtere die Flüssigkeit noch mal und hebe sie in einem Behälter auf und bezeichne sie als *Lösung 2.* Reduziere jetzt das Volumen von beiden Lösungen durch das Kochen in verschiedenen Töpfen, verringere die Temperatur, wenn die jeweilige Lösung anfängt, dick zu werden. Wenn beide Lösungen ziemlich dick geworden sind, mische sie und koche sie kurz auf der Heizplatte auf. Zu diesem Zeitpunkt sollte die Lösung die Konsistenz von Lehm haben. Erhitze jetzt eine Tasse voll Terpentin und tu es dazu. Paß gut mit dem Terpentin auf, da sogar die Dämpfe feuergefährlich sind. Füge 60 Gramm Kiefernharz hinzu und rühre alles 10 Minuten bei schwacher Hitze. Gieß jetzt den Brei in eine Backform (etwa 6 Zentimeter hoch) und erhitze ihn 15 Minuten im Ofen bei 175 Grad. Danach müßtest du wirklich gutes Haschisch haben, aber wenn es noch immer zu fett sein sollte, laß es noch 10 Minuten im Ofen oder so lange, bis es ausgetrocknet ist. Paß auf, daß das Haschisch nicht verbrennt.

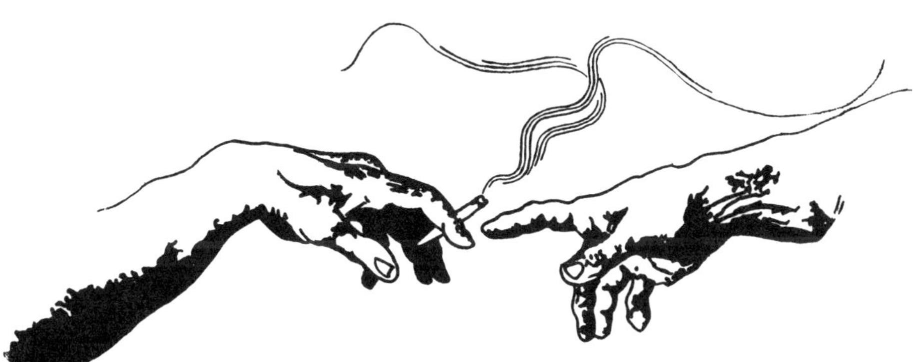

Für McLuhan ist der Computer die Erweiterung unseres Zentralnervensystems und damit die bedeutendste technologische Erweiterung des Menschen. Neben dem Computer wirkt das Rad, die Erweiterung des menschlichen Fußes, wie ein bloßer Hula-Hoop. Die Computer-Revolution hat die menschliche Umwelt tiefgreifend verändert und transformiert. Der Computer ermöglichte nicht nur den Satelliten, durch den der alte Natur-Begriff umgestoßen wurde, er wird auch die Börsen ersetzen. Zusammen mit dem Fernsehen hat der Computer die amerikanische Identität neu formuliert.

DER COMPUTER IST DAS LSD DER GESCHÄFTSWELT

Für McLuhan beendet der Computer die mechanische, fragmentarische Kultur und setzt den Anfang zu einer integralen, organischen, makroskopischen Kultur des elektrischen Zeitalters. Die wahre Funktion des Computers ist nicht die Reduzierung von Kosten und Arbeitskräften, sondern die harmonische Programmierung der galaktischen Umwelten und Energien, die Wiederherstellung der seit Jahrhunderten fehlenden Symmetrien und Proportionen. Durch den Computer und die anderen elektronischen Erweiterungen unseres Zentralnervensystems ist die elektrische Umwelt der Sofort-Information mit den Rückkoppelungsmechanismen des inneren Trips entstanden.

LSD IST EIN REFLEX

Für McLuhan ist der Impuls, durch halluzinogene Drogen *turned on* zu werden, ein einfacher Pawlowscher Reflex in der neuen Umwelt elektrischer Information. Diese Umwelt ist ein Phänomen der Selbst-Amputation. Jede technologische Erweiterung des Menschen, die sensorische oder motorische Verstärkung eines Organs, ist zugleich eine Amputation. Die Drogen sind ein natürliches Mittel, die Angst, Unsicherheit und Hilflosigkeit mit der der individuelle Organismus der durch Amputationen entstandenen neuen Umwelt gegenüber steht zu kompensieren und die zivilisatorischen Umwälzungen erträglich zu machen.

DIE MENSCHLICHE REVOLUTION

Nach Ashley Montagu ist der Mensch kein von Natur aus gewalttätiges und kriegerisches Wesen. Die Lust an der Gewalt hat der Mensch erst im Verlaufe seiner kulturellen Evolution entwickelt. Für McLuhan wurde diese Lust vor allem durch die mechanische Umwelt genährt. Durch die Erweiterung des Zentralnervensystems zur Umweltfunktion wird eine Revolution der menschlichen Sensibilität stattfinden. Das elektrische Zeitalter und die psychischen und sozialen Inhalte der neuen Technologie werden den Menschen von den Gewohnheiten und Reaktionen in der mechanischen Umwelt befreien und ihm die Möglichkeit der universellen Erfahrung, der vollständigen Einbezogenheit liefern.

Eine Konsequenz der elektrischen Umwelt ist die totale Dezentralisation: Nach McLuhans Voraussage wird New York bereits in den nächsten zehn Jahren entvölkert werden; die Bewohner werden sich aufs Land zurückziehen, da die großen Städte im Zeitalter des Computers irrelevant geworden sind.

Der Computer ist das LSD der Geschäftswelt

Charles Ludlam

Interview

Könntest du erst ein bißchen zur Biographie sagen?
(Pause)
Möchtet ihr etwas Tee? (Er macht keine Anstalten, welchen zu machen.)
Der Name Ludlam ist sehr alt, meine Vorfahren kamen auf der Mayflower nach Amerika, alte Puritaner. Vielleicht bin ich deshalb so pervers und verrückt geworden. Meine Vorfahren heirateten fast alle irische Frauen, wurden katholisch und machten damit Jahre des Fortschritts zunichte. Ich wurde in einer Art von puritanischem Katholizismus erzogen. Seit ich zehn Jahre alt war, wollte ich Schauspieler werden, machte einen B. A. in Dramatischer Literatur und kam '65 nach New York. Die Szene war damals vollkommen anders als heute, niemand hatte Geld damit verdient. Ich lebte wie eine Art Zigeuner, mal bei Fremden, mal im Park. Ich habe nie versucht, im professionalen Theater zu arbeiten, ich spielte in verschiedenen Filmen mit. Ich habe nie richtig gearbeitet: Die Leute im Underground sind sehr großzügig, und man kommt immer irgendwie durch. Dann kam ich mit dieser Gruppe von John Vaccaro in Kontakt; das erste Stück, in dem ich mitmachte, war *The Life of Lady Godiva.* Das war eine komische Arbeit, weil niemand wußte, was er tun sollte, wenn er auf der Bühne war. Wir stahlen uns gegenseitig die Szenen, oder manchmal passierte auch gar nichts, und die Leute saßen rum und warteten. Die nächste Sache war *Screen Test* von Ron Tavel, ein Stück, das auf Improvisationen basierte: Der Regisseur hatte als einziger ein Textbuch, und er stellte an die Schauspieler Fragen, die diese dann beantworten mußten. Ich hatte die Idee, als Norma Desmond aufzutreten, in einer Perücke, die Henry Geldzahler von Salvador Dali geschenkt bekommen hatte. Ich setzte die Perücke auf, und Norma war geboren. Bis dahin war Spielen für mich immer ein langer, mühevoller Arbeitsprozeß gewesen, aber als ich in Norma Desmond geschlüpft war, glaubte ich, morgen Hedda Gabler spielen zu können. Die nächste Produktion, die wir machten, war *Gorilla Queen,* und ich fand das so langweilig, daß ich mich hinsetzte und ein eigenes langes Stück schrieb, *Big Hotel;* es dauerte vier Stunden. Ich war damals sehr beeinflußt von Strindbergs Traumspiel, Shakespeare und vielen anderen – ich hatte auf der Universität Unmengen gelesen. Eigentlich war ich zu der Zeit gegen Stücke überhaupt, ich dachte, Theater müßte einfach und ohne Sprache sein. Ich fing an, einfach verschiedene Ideen in einem Notizbuch aufzuschreiben, wie sie mir gerade in den Kopf kamen. Das Playhouse suchte damals händeringend nach einem Stück, und jemand erzählte John Vaccaro, daß ich ein Stück schriebe; ich selbst hatte daran gar nicht gedacht. Das Stück hatte so viele Szenen, daß bei unserer ersten Vorstellung niemand wußte, was auf der Bühne passieren sollte. Jede Szene hatte ihren eigenen Stil, was eigentlich davon kam, daß ich noch nicht wußte, welche Rich-

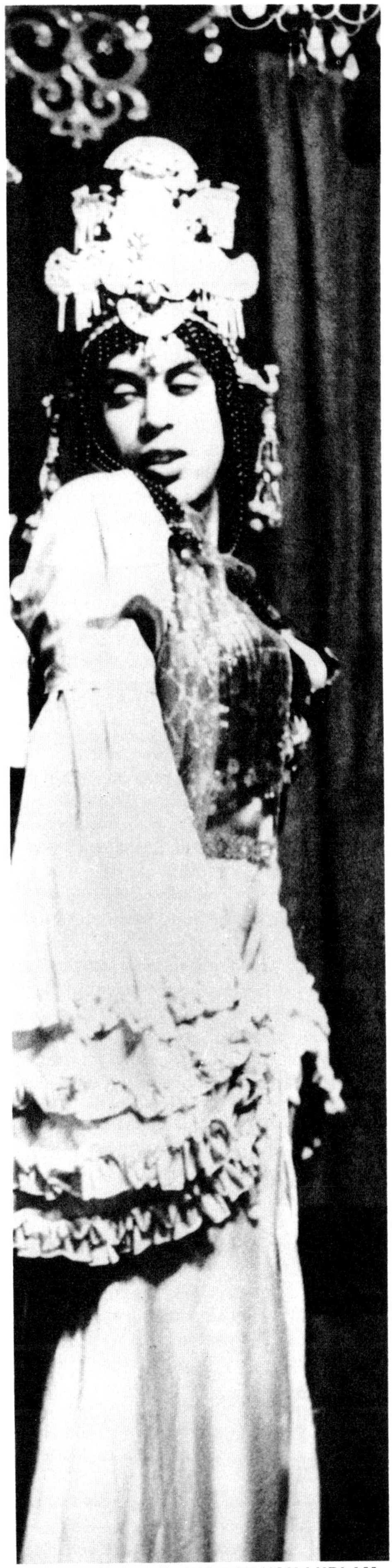

MARIO MONTEZ IN *TAROCK* VON LUDLAM

Charles Ludlam

aus: Big Hotel

(Hotelfoyer. Römische Marmorstatuen. Dicke Teppiche. Topfpalmen. Pagen.)
CRAMWELL: Hier ist das Big Hotel. Hier kommt Vogelscheißiskaja, die große Ballerina.
(Auftritt Vogelscheißiskaja. Schwanensee wird gespielt. Sie ist eine berühmte und schöne Ballerina.)
VOGELSCHEISSISKAJA: (starker russischer Akzent, zu Cramwell) Sagen Sie alleehn, mihch nihcht zu stöhhrren.
CRAMWELL: Wie war das?
VOGELSCHEISSISKAJA: Keihnerr versteht mihch!
CRAMWELL: Wie bit...
VOGELSCHEISSISKAJA: Lasshen Sie mihch allhein! Lasshen Sie mihch allhein! Wahs nuhtzt es, eine grohße Künstlerin zu sein? (Sie stürzt verzweifelt hinaus.)
CRAMWELL: Mein Russisch ist nicht mehr das, was es war. (Mysteriöse chinesische Musik. Auftritt Magischer Mandarin)
MANDARIN: (starker chinesischer Akzent) Haben Sie ein Limmer?
CRAMWELL: Ja.
MANDARIN: Brauche ein sehr ruhiges Limmer.
CRAMWELL: Nr. 214, unterschreiben Sie hier. (Mandarin unterzeichnet) Magischer Mandarin? Wie kommen Sie zu dem Namen?
MANDARIN: Ich bin magisch.
(Das Telefon klingelt. Cramwell hebt ab.)
CRAMWELL: Ja? Vogelscheißiskaja droht mit Selbstmord? Wirft sich von unserem Dach? Laß das nicht zu! Rede ihr das aus! Rede ihr gut zu! Geh auf sie ein! Um Gottes Willen, nein! Das bringt das Hotel in einen schlechten Ruf!
(Vogelscheißiskaja erscheint oben und wirft eine Attrappe von sich selbst vom Dach runter. Sie landet vor der Reception.)
CRAMWELL: (zum Pagen) Ist sie verletzt?
PAGE: (er hebt die schlaffe Attrappe auf) Nein, aber sie wird nie wieder tanzen können. (Er trägt die Attrappe raus.)
CRAMWELL: Gott sei dank, sie ist nicht verletzt.
(Cramwell fährt mit dem Mandarin in Pantomime fort, während sich Chocha Caliente und Herr X. vor die Topfpalme schleichen.)
HERR X.: Ein Glück, daß wir uns während dieser Aufregung über Vogelscheißiskajas Sturz hier hereinschleichen konnten.
CHOCHA: Sie hatte einen bestürzenden Ausschnitt.
HERR X.: Noch so eine Bemerkung, und ich dreh dir das Genick um.
(Cramwell läutet nach dem Pagen.)
CHOCHA: Wo wirst du den Ring herkriegen?
(Cramwell läutet erneut nach dem Pagen.)
HERR X.: Ruhe, du Idiot, sonst verdirbst du alles! Da ist unser Mann!
CHOCHA: Welcher?
HERR X.: Der Orientale natürlich, du Blödmann!
CHOCHA: Ganz richtig. Der ordinäre Blödmann von einem Orientalen!
HERR X.: (er schlägt Cocha, der in die Topfpalme fällt) Ich warne dich. Noch so eine falsche Bewegung und...
(Er macht die Bewegung des Halsabschneidens.)
CHOCHA: Du meinst? (wiederholt die Geste)
HERR X.: Ja. (wiederholt die Geste)

tung es nehmen sollte. Es gab ernste Szenen, Parodien, der fünfte Akt war von einem anderen Stück gestohlen, kurz: nichts paßte zueinander. Einen großen Teil nahmen Zitate aus Filmen ein, vor allem natürlich aus *Grand Hotel* und aus einem Film mit D. C. Fields, *International House.* Das ganze Stück besteht aus Teilen anderer Werke, die einfach rausgeschnitten und neu zusammengefügt wurden. Das wenigste ist selbst geschrieben, fast alles ist aus vorgefundenem Material koordiniert. Das nächste Stück, *Conquest of the Universe* oder *When Queens Collide,* war ähnlich gebaut, nur benutzten wir jetzt die alten Bühnenregeln der Renaissance. Nachdem wir lange geprobt hatten, mit unendlichen Schwierigkeiten und natürlich ohne Bezahlung, warf mich John eines Tages hinaus, aus heiterem Himmel, ich weiß bis heute nicht, warum. Unglücklicherweise hatten wir einen Vertrag, und ich konnte mein Stück nicht zurückziehen. Die ganze Gruppe brach auseinander, und John brachte es irgendwie fertig, die Sache mit neuen Schauspielern rauszubringen. Ich schrieb das Stück um, und die Schauspieler, die mit mir gegangen waren, machten es neu im Gate Theatre, mitternachts. Ich führte Regie, und es war alles sehr primitiv, wir hatten keine Scheinwerfer, weil das Theater, in dem wir spielten, eigentlich ein Kino war und wir erst nach der zweiten Abendvorstellung reinkonnten. Es war chaotisch. Wir hatten hinter der Bühne kein Licht, und man hörte dauernd jemanden schreien, der sich gestoßen hatte; es entstanden riesige Pausen. Wir nahmen 2 Dollar Eintritt, und sobald wir etwas Geld hatten, machten wir die Ko-

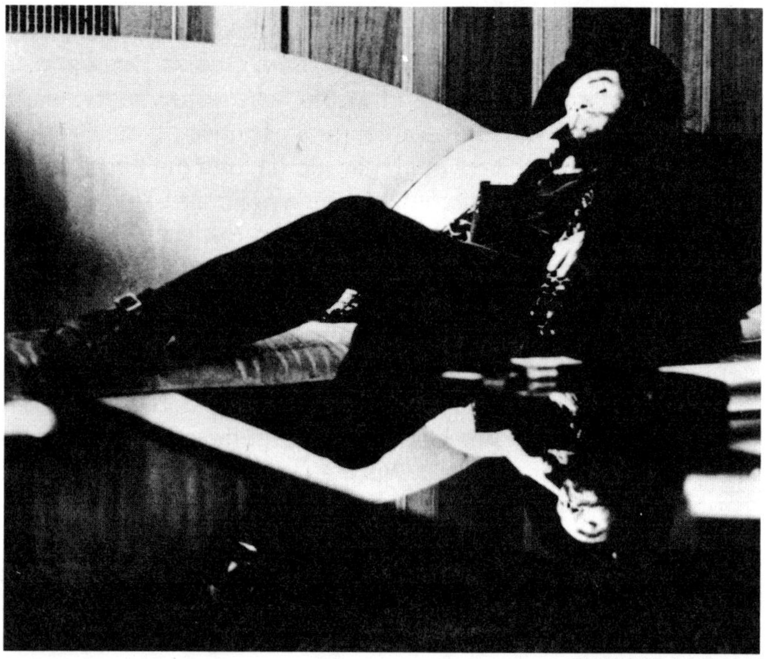

CHARLES LUDLAM

stüme prächtiger und fingen an, ein bißchen Bühnenbild zu bauen. Unsere nächste Produktion war Bill Vehrs *Whores of Babylon;* wir hatten zum ersten Mal etwas Geld – wir steckten 150 Dollar in Kostüme und Requisiten. Kurz darauf verloren wir das Theater, weil die Leute, denen es gehörte, glaubten, sie könnten mehr Geld damit verdienen. Sie verlangten plötzlich 900 Dollar pro Woche! Wir fanden dann ein neues Theater, das Mask Theatre; dort machten wir *Turds in Hell,* '69. Unser neuestes Stück ist *Bluebeard,* davor lag *The Grand Tarot,* das auf dem Tarockspiel basiert. Obwohl ich mehr und mehr dazu übergehe, selbst zu schreiben, besteht auch *Tarot* noch aus Teilen, die aus okkulten Schriften usw. stammen. Auch *Bluebeard* besteht aus Zitaten, aber sie sind feiner eingefügt und im Verhältnis zum übrigen Text kürzer.

Warum arbeitest du im Theater?

Ich war zuerst Schauspieler, und deshalb spiele ich einfach gern. Die Schauspieler unserer Gruppe sind eng befreundet, und unser Theater ist sozusagen eine Funktion unseres Lebens. Uns macht es Spaß, die Menschen zu unterhalten. Das Publikum soll immer den Eindruck haben, etwas Außergewöhnliches zu erleben, eine Art Magie. Dennoch ist unser Theater realistisch. Es ist nicht naturalistisch, aber wir handhaben die Bühnenkonventionen aufrichtig. Das Publikum weiß, ein Kostüm ist ein Kostüm und ein Bühnenbild ist ein Bühnenbild. Die Schauspieler bringen ihre eigenen Erfahrungen mit in die Sache hinein. Ich arbeite gern in einem konventionellen Theaterraum, weil dann alles, was stattfindet, eine Form erhält und Verrücktes zum Beispiel verrückter wirkt als in einem freien Bühnenraum.

Wie siehst du eure Zukunft?

Erstmal wäre ich gern in der Lage, meine Schauspieler zu bezahlen. Zur Ästhetik nur so viel, daß ich nicht an Fortschritt glaube. Ich glaube, daß alles gleichzeitig existiert. Ich glaube nicht, daß die Rolle der Geschlechter sich heute ändert, jedenfalls nicht mehr, als sie das immer getan hat. Homosexualität, die in unserer Gruppe eine große Rolle spielt, ist in verschiedenen Epochen der Geschichte viel bedeutender gewesen als heute; das ändert sich, aber es kommt immer wieder auf einen Stand, den es schon einmal hatte. Ich habe immer versucht, die Körperlichkeit im Theater (Artaud) mit dem Text zu vereinen. Das moderne Theater hatte eine Entwicklung, die immer mehr reduzierte, so daß es schließlich in einer leeren Form erstarrte (Bekkett). Unsere Kunst besteht darin, alles in ein Werk hineinzubringen, bis wir schließlich unseren authentischen Stil gefunden haben. In dieser Richtung werden wir weiterarbeiten.

CHOCHA: O nein! Nicht... (wiederholt die Geste)
HERR X.: Der Plan ist folgender: Um genau viertel vor eins wird der Magische Mandarin darum bitten, daß sein Gepäck raufgetragen wird. Der Portier wird nach dem Pagen läuten. Und dann (ominöse Geste) – du kennst den Rest. Klar!
CHOCHA: Klar. (Lange Pause. Sie schauen sich verstohlen nach allen Seiten um.) Ich kenne den Rest nicht!
HERR X.: Du meinst, du hast es schon vergessen?
CHOCHA: So habe ich es nicht gemeint!
HERR X.: Du machst mich krank! (Cramwell läutet nach dem Pagen.) Wir haben keine Zeit. Mach einfach, was ich mache. (Sie überfallen den Pagen. Es entsteht ein Kampf hinter der Topfpalme. Sie kommen, maskiert mit seinen Kleidern, wieder hervor.)
CRAMWELL: Bring das Gepäck von diesem Herrn auf Zimmer 214. Und zwar dalli. (Sie nehmen das Gepäck und gehen mit dem Mandarin nach links ab. Das Telefon läutet.) Hallo, Big Hotel. Vogelscheißiskaja? (dramatisch) Nein, sie wird weder heute noch an irgendeinem anderen Abend können. Genauer, sie wird nie wieder tanzen können! Ja, wir sind alle erschüttert. Es ist eine große Tragödie. Bitte. Oh, keine Ursache. (Pause) Nein... danke. Ich kann überhaupt nicht tanzen. (Pause) Nein, wirklich, ich habe zwei linke Füße. Ja. (Pause) Sehr nett von Ihnen, daß Sie an mich gedacht haben. Ja, in Ordnung. Auf Wiederhören.
PAGE: (läutet die Alarmglocke) Zu Hilfe! Zu Hilfe! Schlaf! Sie morden Schlaf!
CRAMWELL: Was ist vorgefallen?
PAGE: O unerträgliches Weh! (Er läutet die Glocke.)
CRAMWELL: Hör auf, die verdammte Glocke zu läuten, und antworte mir!
PAGE: Wär ich gestorben, eine Stunde nur, eh dies geschah, gesegnet wär mein Dasein!
(Gäste treten in Nachtgewändern und mit Kerzen auf.)
CHOCHA: Was ist passiert? Was ist los?
PAGE: Der Magische Mandarin ist tot!
CRAMWELL: Tot? O nein. Das wird das Hotel in einen schlechten Ruf bringen!
HERR X.: Wie ist er diesen unzeitigen Tod gestorben?
PAGE: Er wurde ermordet!

Charles Ludlam

Quellen zu: Big Hotel

Der Film 'Grand Hotel'; 'Cobra Woman' (Film); 'Salome' (Film); Bela Bartoks 'Mandarin'; eine spanische Übersetzung vom 'Sommernachtstraum'; Ben Jonsons 'Epicene'; 'Coconuts' (ein Film der Marx Bros.); 'Macbeth'; Tennyson und Byron; die Leidensstationen Christi; einige Cowboy- und Vampir-Filme; 'Sunset Boulevard' (Film); 'Shanghai Express' (Film); James Joyce: 'Ulysses'; 'Dinner at Eight'; 'Red Shoes' (Film); eine Anzeige aus 'Woman's Wear Daily'; 'Chicago Confidental' (Film); Tormenta D'Lago lieferte die Mata-Hari-Zeilen; 'Trilby' (Film); ein Stück von O'Casey, in dem ein Fluß vorkommt; 'Der Kaufmann von Venedig'; ein spanisches Comic-Buch mit einer Figur, die Santo oder El Enmascerado de Plata heißt; 'Der Widerspenstigen Zähmung'; ein französisches Grammatik-Buch für Erstklässler; 'Chinatown My Chinatown' (Song); Strindbergs 'Schwanenweiß'; Terence Rattigans 'Haunted House'; 'Niagara' (ein Marilyn-Monroe-Film); Phillip Morris Zigaretten-Reklame; Arthur Rimbaud; Wilde: 'My Voice' (Gedicht); 'Wonder Woman' (Comics); eine Einführung in Yoga; Marshall McLuhan; 'King Lear'; 'Shakuntala'; Cartoons aus 'Playboy'; Fernseh-Werbung; Terence Rattigans 'Separate Tables'.

RIDICULOUS THEATRICAL COMPANY: *TAROCK* VON LUDLAM

Al Carmines

Interview

Bevor ich hier in New York anfing, Theologie zu studieren, bin ich nie im Theater gewesen. Als ich dann an die Judson-Kirche kam, war ich zwar schon am Theater interessiert, aber ich wußte kaum etwas darüber. Ich lernte die Sachen, einfach indem ich sie machte. Vielleicht ist das sowieso die beste Art zu lernen.

Wir machen im Judson Poets' Theatre, was neu ist, was junge Leute schreiben. Wir wollen für das Publikum eine einmalige Erfahrung schaffen. Wir arbeiten in sehr enger Verbindung mit Tanz und Musik und versuchen neue Formen des Rituals zu entwickeln. Ich glaube wirklich, daß die Leute in unserer Zeit Rituale brauchen.

Wir spielen hier keine religiösen Dramen, keine Propaganda-Stücke. Das wäre für die Kirche genauso schlecht wie für das Theater. Ganz im Anfang gab es manchmal Schwierigkeiten, es kamen Proteste gegen den Inhalt und die Sprache der Stücke, die in der Kirche gezeigt wurden, inzwischen ist das vorbei. Eine Kirche, die Vertrauen in sich selbst hat, sollte sich am wenigsten vor einer anderen Sprache und vor anderen Ansichten fürchten. Das Theater muß frei sein, ein Stück darf in keiner Weise zensiert werden, und ich glaube, daß die Kirche, die außerhalb der Establishment-Interessen steht, der beste Platz ist, dem Künstler diese Freiheit zu geben.

Für mich ist Theater die Ritualisierung von Aspekten der menschlichen Erfahrung. Was Theater immer ist – ist Ritual, das heißt: was es nicht ist – ist Leben.

Ich glaube, es ist ein großer Fehler, Theater mit Leben zu verwechseln. Das Theater beinhaltet immer die formale Hervorhebung, die formale Überhöhung oder Verdichtung von bestimmten Aspekten des Lebens. Theater beinhaltet damit das Ritual und eine Form, selbst wenn die Form nicht mehr ist, als die bloße Einklammerung eines Bereichs der menschlichen Erfahrung, von dem man sagt: das ist jetzt Theater!

Die Tatsache, daß wir Aspekte unserer Erfahrung strukturieren und ritualisieren, daß wir dazu fähig sind, daß wir fähig sind, uns ein Stück anzusehen und zu fühlen, daß darin etwas eingefangen ist, was mit dem Leben aller Menschen zu tun hat, diese Tatsache bedeutet, daß wir nicht nur in einer natürlichen Weise existieren. Die Tiere und Pflanzen zum Beispiel brauchen keine Rituale, sie besitzen sich selbst ganz, aber der Mensch braucht Rituale, weil er sich nicht ganz selbst besitzt, er ist nicht nur, was er ist, es ist eine Teilung in ihm, und für mich heißt das, daß da ein Gott ist. Für mich gibt es keinen menschlichen Ausdruck oder Wert, der ohne Gott Sinn ergeben würde. Selbst das Theater setzt für mich Gott voraus.

Ich würde gern ein Theater der Zelebration entwickeln. Ein Theater, das einerseits formaler und andererseits zufälliger ist. Formaler in seiner Haltung der Kunst gegenüber und zufälliger in seinem Selbst-Bewußtsein. Ich arbeite daran.

Für mich ist das OOB das wichtigste Theater in New York. Es ist der Platz, an dem heute wirkliches Theater passiert. Irgendwann wird OOB als die befreiende Kraft im Theater dieses Jahrhunderts verstanden werden.

JUDSON MEMORIAL CHURCH

AL CARMINES

Judson Poets' Theatre

wurde 1961 von Reverend Alvin Carmines in der Judson-Memorial-Kirche am Washington Square gegründet. Carmines, 1937 in Hampton, Virginia, geboren und durch Paul Tillich zum Studium der Theologie ermutigt, war im gleichen Jahr als Assistent Minister an die Kirche berufen worden. Bereits 1957 war hier von Bud Scott die Judson Gallery eröffnet worden, in der Leute wie Claes Oldenburg, Jim Dine, Alan Kaprow und Tom Wesselmann ihre ersten Ausstellungen hatten und in der die ersten New Yorker Happenings veranstaltet wurden.

Al Carmines arbeitete seit dem Bestehen des Judson Poets' Theatre eng mit dem Regisseur Lawrence Kornfeld zusammen, der ehemals Mitglied des Living Theatre war und bis 1971 Resident Director im Judson war. Einen Teil der Stücke, in denen er häufig auch als Sänger oder Schauspieler mitwirkte, inszenierte Carmines selbst. Vor allem aber ist er Komponist und begleitet fast alle Vorstellungen am Klavier. Seine Vertonung von Gertrude Steins *In Circles*, seine Mini-Oper *The Sayings of Mao Tse-tung* und seine Musical-Bearbeitung von Aristophanes' *Frieden* sind bereits erfolgreich am Off-Broadway gelaufen. Neben dem Judson Poets' Theatre gründete Carmines 1962 das Judson Dance Theatre, in dem unter anderen Robert Rauschenberg als Choreograph arbeitete, sowie 1964 das Judson Chamber Music Program.

Das Judson Poets' Theatre bringt in einer Spielzeit fünf bis acht neue Stücke heraus. Jede Aufführung hat zwölf Vorstellungen. Gespielt wird drei Wochen lang, jeweils von Freitag bis Montag. Geprobt wird drei bis fünf Wochen lang abends von 8–12. Die Theatervorstellungen finden meist im Kirchenraum selbst statt, einem großen, sehr hohen Saal mit massigen Säulen, in dem rund 300 Leute Platz finden. Der Eintritt ist frei, nach der Vorstellung wird an der Tür gesammelt. Die Kirche unterstützt das Theater mit einigen hundert Dollars im Jahr. Niemand der Mitwirkenden wird bezahlt. In den ersten fünf Jahren durfte eine Produktion nicht mehr als 37 Dollar und 50 Cents kosten; heute liegen die Kosten einer Aufführung bei rund 150 Dollar, die zum Teil durch die Spenden des Publikums gedeckt werden. Das Judson Poets' Theatre erhielt 1967 von der National Endowment for the Arts 2500 Dollar, 1968 von der New York Foundation 7500 Dollar sowie in den folgenden Jahren geringe Beträge von verschiedenen anderen Stiftungen.

Maria Irene Fornes

Interview

Ich bin 1930 in Kuba geboren, in Havanna. 1945, gleich nach dem Krieg, kam ich mit meiner Familie nach Amerika. Wir waren fünf Kinder und meine Mutter. Mein Vater war 1944 in Kuba gestorben. Es war schwer in Kuba, zu der Zeit Geld zu verdienen, also gingen wir nach New York, um zu arbeiten. Mein Vater hatte nicht gewollt, daß wir zur Schule gingen, er haßte die Schule, seine Mutter hatte eine geleitet, und er glaubte, daß wir überall mehr lernen konnten als in der Schule. Als ich 8 war, brachte mir meine ältere Schwester Lesen, Schreiben, Rechnen und alles bei. Insgesamt bin ich in Kuba drei Jahre zur Schule gegangen und dann noch ein halbes Jahr in New York in eine katholische Schule am Washington Square, wo ich Englisch lernte, kurz nachdem wir angekommen waren. Es war schrecklich, nach New York zu kommen. Wir wohnten die erste Zeit bei entfernten Verwandten in Bronx. In der Gegend da lebten vor allem Schwarze und Spanier, die sich gegenseitig bekämpften. Wir waren sehr arm, und meine ganze Familie mußte arbeiten. Ich war 15 und machte alle Jobs, die ich finden konnte. Mit 19 fing ich an zu malen. Eine kurze Zeit hatte ich auch Unterricht bei einem Deutschen, der vom Bauhaus kam. 1954 ging ich für drei Jahre nach Europa. Ich lebte zwei Jahre in Paris, trampte durch Italien und lebte dann auf Ibiza in Spanien. Ich malte und lebte von 60 Dollar im Monat, das war eine Rente, die ich von der kubanischen Regierung bekam. Ich hob immer die Zigarettenkippen auf, damit ich in der letzten Woche des Monats was zu rauchen hatte. Es machte mir nichts aus, arm zu sein. 1957 kam ich zurück nach New York, und eines Tages schmiß ich alle meine Bilder weg. Ich war kein sehr guter Maler. Es blieb nichts übrig. Dann machte ich, außer ein paar Jobs, um zu leben, nichts. 1959 fing ich dann an zu schreiben. Ich hatte nie gedacht, daß ich Stücke schreiben würde. Ich mochte das Theater immer sehr, aber ich ging kaum hin, es war zu teuer. Ich wußte nichts über Theater. Ich hab auch kaum Stücke gelesen, es war mir zu schwierig, ich konnte mir nicht vorstellen, was passierte. Ich kannte eine Menge Maler, Schriftsteller und Musiker, aber keinen einzigen vom Theater. Als ich dann eine Idee für ein Stück hatte, dachte ich, ich müßte jemanden suchen, der es schreibt. Aber dann schrieb ich es selbst. Ich fing an, gab am nächsten Tag meinen Job auf, blieb 19 Tage lang zu Hause und schrieb mein erstes Stück, *There! You Died,* heute heißt es *Tango Palace.* Außer zum Einkaufen setzte ich keinen Fuß vor die Tür. Ich mußte schreiben. Ich glaube, ich war schon immer ein Autor und wußte es nur nicht. Als das Stück nach 19 Tagen im Rohbau fertig war, schnitt ich Bilder und Fotos aus Zeitungen aus und klebte sie in den Text. Das Manuskript war schließlich ganz voll mit Bildern und Zeichnungen, Ausdrücken in menschlichen Gesichtern, die zum Stück gehörten.

Tango Palace wurde im November 1963 im Actors Workshop in

Maria Irene Fornes

aus dem Musical: Promenade

(Die Zelle. 105 und 106 graben und singen. Der Wärter tritt auf. Er ist außer Atem. Er setzt sich hin und trocknet seine Stirn.)
WÄRTER: Es ist ein harter Tag gewesen.
105 und 106: Graben, graben, graben.
WÄRTER: Den ganzen Tag vögeln.
105 und 106: Ein Loch, um frei zu sein.
WÄRTER: Besuchstage sind harte Arbeitstage. Fikken, ficken, nichts als ficken.
105 und 106: Grab ein Loch, grab ein Loch, ein Loch, um frei zu sein.
WÄRTER: Die Frau von 34, die Tochter von 48 und die Witwe von 108. Nur raufgekommen, um Luft zu schnappen. Was macht ihr zwei da?
105 und 106: Grab ein Loch, grab ein Loch, ein Loch, um frei zu sein.
WÄRTER: Na, denn, Jungs. Übrigens, wenn ihr Besuch kriegen wollt, sagts mir nur. Ich kanns für euch arrangieren. (Der Wärter lacht laut und geht ab.)
105 und 106: Das Loch ist gegraben. Jetzt gehen wir. (105 und 106 verschwinden durch das Loch.)

(Das Bankett. Damen und Herren in Abendkleidung um den Tisch. Die Dienerin kehrt. 105 und 106 treten auf. Sie ziehen Zylinder und Frack an. Sie setzen sich an den Tisch und essen.)
HERR R.: Rede... Rede...
FRAU S.: Spielen wir Krokett...
HERR T.: Rufen wir Herrn Lipschitz an...
HERR S.: Keine Reden... keine Reden...
HERR R.: Ein Lied.
FRÄULEIN U.: Herr T., waren Sie das, den ich an der Ecke 5. und 10. Straße gesehen hab?
HERR T.: Das kann ich nicht gewesen sein. Freitag abend war ich auswärts. (Alle lachen)
FRÄULEIN U.: Und woher wußten Sie, daß es Freitag abend war, als ich Sie an der Ecke der 5. sah?
HERR T.: O! Nun ja, ich muß zugeben, die Dame liebt mich.
FRÄULEIN O.: Sie hat einen guten Geschmack.
(105 und 106 stehen auf und bereiten sich aufs Singen vor.)
FRÄULEIN I.: Und wer ist das?
(105 und 106 begreifen, daß sie unbesonnen waren, und verstecken sich.)
FRÄULEIN O.: Das müssen Freunde von Herrn S. sein. (Alle lachen)
FRÄULEIN I.: Sie haben den Nagel auf den Kopf getroffen.
HERR S.: Wenn ich in Gesellschaft von diesem und jenem gewesen bin, dann nur deshalb, weil ich gern das Leben beobachte.
HERR R.: Das Lied, das Lied. Wir wollen ein Lied. (Er deutet auf Fräulein O.)
FRÄULEIN O: Das Lied kann warten. (Sie lächelt geziert und singt.)
Du warst da, als ich nicht da war.
Ich war da, als du nicht da warst.
Liebe mich nicht, Liebling
Oder ich könnte aufhören, dich zu lieben.
Unerwiderte Liebe.
Unerwiderte Liebe.
ALLE:
Unerwiderte Liebe.
Unerwiderte Liebe.
Es gibt keine Liebe,
Wie die unerwiderte Liebe.
FRÄULEIN I.: O! Wir haben das schön gesungen.
HERR S.: Der Topf erscheint am glänzendsten dem, der ihn geputzt hat.
HERR R.: Und der, der ihn schmutzig macht, rümpft die Nase.
FRÄULEIN I.: Touché!
FRÄULEIN U.: Was für ein glänzender Geist!
HERR R.: Ganz offen.
DIENERIN: (nachahmend) Ganz offen.
(Alle sehen sie überrascht an.)
...

(Der Wärter tritt auf.)
WÄRTER: Alle sind verhaftet.
HERR S.: Nein, sind wir nicht. Wir haben ein Bankett.
WÄRTER: In diesem Land haben wir das beste Verbrechen.
HERR S.: Ja, ja. Wir haben von allem das Beste.
(Die Bankett-Gäste werden schläfrig. 105 und 106 singen.)
105 und 106:
Kannst du diese Wonne ertragen?
Nein...

San Francisco von Blau aufgeführt; das war meine erste richtige Produktion. Im Juni 1964 ging *Tango Palace* dann zum Festival in Spoleto, Italien. Danach ist es in vielen verschiedenen Theatern Amerikas gemacht worden.
Noch bevor *Tango Palace* richtig fertig war, hatte ich ein zweites Stück in spanisch geschrieben: *The Widow.* Ich schickte es zu einem Wettbewerb nach Kuba. Da wurde es 1961 veröffentlicht und ein Jahr später dann im mexikanischen Rundfunk gesendet. *The Widow* hat mir 1961 ein Stipendium von der John-Hay-Whitney-Stiftung eingebracht: 200 Dollar im Monat, ein Jahr lang. 1962 bekam ich ein Stipendium von Centro Mexicano de Escritores in Mexiko, davon konnte ich wieder eine Zeitlang leben. Viele Stücke von mir sind im OOB gemacht worden. Das Open Theatre hat 1965 *The Successful Life of 3* gemacht und 1968 auf seiner Europa-Tournee *The Red Burning Light.* Im Judson Poets Theatre wurde 1965 zuerst mein Musical *Promenade* aufgeführt, das jetzt am Off-Broadway sehr erfolgreich gelaufen ist. Für *Life of 3* und *Promenade* habe ich 1965 den Obie gewonnen. 1968 kam im Judson *Dr. Kheal* raus. Auch im La Mama sind Stücke von mir gemacht worden.
1966 hatte ich ein Stück am Broadway, *The Office,* es wurde aber kurz vor der Premiere abgesetzt. Die Produktion hat 150000 Dollar gekostet – alles für die Katz. Für mich war es trotzdem gut, ich hatte bereits einen Vorschuß von insgesamt 5000 Dollar bekommen und konnte davon ein gutes Jahr leben. Davor hatte ich mein Geld eine Zeitlang als Texter und Designer verdient. Als das Geld von der Broadway-Produktion verbraucht war, bekam ich 1967 ein Stipendium für zwei Jahre von der Yale-Universität. 1969, als auch das vorbei war, bekam ich durch die OB-Produktion von *Promenade* wieder was rein. Irgendwie geht es.
Für mich müssen Stücke sehr visuell sein, realistische Stücke mit realistischer Ausstattung find ich langweilig. Was mich am Theater interessiert, ist die Möglichkeit, eine andere Realität zu schaffen. Ich will es nicht Phantasie nennen, aber die Realität des Theaters ist nicht dieselbe wie die, die wir täglich um uns sehen. Die Realität des Theaters entsteht aus Gedanken, die theatralisch ausgedrückt werden. Vielleicht bin ich sehr naiv, aber ich glaube, daß jeder schreiben kann. Wichtig ist nur, daß man es will, daß man dazu getrieben wird und daß man beharrlich bleibt. Das einzige, was an einem Schriftsteller vielleicht besonders ist, ist, daß er allein sein kann und ein Problem durch das Schreiben zu lösen versucht und nicht mit anderen Mitteln. Aber das ist auch alles. Ich hab mit Studenten gearbeitet, und die sagten alle: Ich kann nicht schreiben. Ich hab Übungen mit ihnen gemacht, ihnen zum Beispiel ein Foto vorgelegt, und sie sollten die Leute auf dem Foto reden lassen. Sie schrieben kleine Szenen und verloren die Angst vorm Schreiben.
In diesem Land hier glaubt man, daß der Autor keine Ahnung davon hat, wie man sein Stück aufführen kann. Wenn er Einwände hat, werden sie ignoriert. Das einzige, wogegen er sich wehren kann, ist, daß man seinen Text verändert: das ist alles. Alles übrige, die gesamte Interpretation eines Stücks, ist die Sache des Regisseurs. Im OOB ist das noch schlimmer als im kommerziellen Theater. Im Kommerz-Theater hast du wenigstens einen Vertrag, und der gibt dir einige Rechte als Autor. Auf jeden Fall kannst du die Besetzung mitbestimmen, und das gibt die Möglichkeit, die Aufführung ein bißchen zu beeinflussen. Aber

MARIA IRENE FORNES

im OOB hat der Regisseur alle Macht, und die Autoren, die meist nicht viel andere Möglichkeiten haben, ihr Stück woanders aufgeführt zu sehen, sind verschüchtert und glauben, sie dürften keine Einwände haben gegen die Intentionen eines Regisseurs, der umsonst arbeitet und die Arbeit vielleicht abbricht, wenn Widerspruch aufkommt. Wer weiß, ob sie dann einen anderen Regisseur für ihr Stück finden werden. Die Regisseure sind von Natur aus Menschen mit einem sehr starken Ego, sie müssen ein solches Ego haben, fast eine Art Vater-Komplex, sie müssen stets das Zentrum sein, alles kontrollieren.
Ich bin in keiner politischen Partei, aber ich war in der Civil-Rights-Bewegung und bin heute im Peace Movement. Ich weiß nichts über Politik. Das macht mir manchmal Angst, das Schreiben ist etwas ganz Isoliertes, und wenn das dann aufgeführt wird, ist es plötzlich ein politisches, ein gesellschaftliches Ereignis. Ich weiß nicht, ob es notwendig ist, daß ich mich mehr mit Politik befasse. Du sagst, es ist notwendig, vor allem in diesem Land, das in Aggressivität und Frustation versinkt, aber ich sage, das hat mit Politik nichts zu tun. Ich weiß, viele Leute glauben, das hat mit Politik was zu tun, aber es ist gerade dieser Glaube, der Aggressivität und Frustration vermehrt; gerade aus dieser Haltung entsteht das Unglück der Menschen. Ich bin kein Amerikaner, ich komme aus Kuba, und obwohl ich schon viele Jahre in Amerika bin und in dieser Gesellschaft lebe, bin ich zugleich auch ihr dauernder Beobachter. Und ich sehe, daß es überall das gleiche ist, was nicht stimmt. Die Leute glauben an ein System, hier in Amerika glauben sie an die Demokratie. Es ist diese Art

Kannst du diese Wonne ertragen?
Ja…
Essen ist eine Gnade.
Geld ist eine Freude.
Trinken ist ein Vergnügen.
Und Reichtum eine Lust.
Wir sind zu einem Schluß gekommen,
den man gleich erkennen kann;
Viel Befriedigung
Beseitigt Unzufriedenheit.
Nicht wahr?
Viel Befriedigung
Erzeugt Glück.
Und die Quelle der Zufriedenheit
Ist der Reichtum.
Nicht wahr?
DIENERIN: Was? Was? Was? Was? Was?
105 und 106:
Diamanten und Kuchen
Makronen und Pelze
Vertreiben Unzufriedenheit.
Kronleuchter und Wein
Porzellan und Spitze
Verwischen Unzufriedenheit.
Silberbesteck und Hüte
Stickerei und Salz
Blumentöpfe und Jachten
Zimt und Glocken
Und Baldachine
Und Kissen
Und Satin
Und Ringe

Und Knallbonbons
Und Dinge
Dinge
Dinge
Dinge
Sei zufrieden!
DIENERIN: (während sie kehrt) Reichtum hat sie dumm gemacht. Ja, Reichtum hat sie dumm gemacht.
(105 und 106 schauen die Gäste an. Sie schauen die Dienerin an. Sie nickt.)
105 und 106: Also lohnt es sich nicht.
DIENERIN: Es lohnt sich.
105 und 106: Bist du reich?
(Die Dienerin schüttelt den Kopf.)

von Naivität, wie heute eine Freundin zu mir kam, und wir sprachen über die Mondlandung und sie sagte: "Wir haben eine Menge Geld dafür gezahlt", sie sagte 'wir', das ist für mich naiv. Indem sie 'wir' sagt, hat sie das vage Gefühl, als hätte sie mitentschieden, ob bestimmte Leute zum Mond geschickt werden sollen. Das kommt alles aus diesem Gefühl, daß die Regierung mit dem Einverständnis aller handelt, weil sie gewählt worden ist; aus dem Gefühl, daß das, was die Regierung macht, gut für alle ist, denn Amerika ist eine Demokratie, und da wird alles für das Wohl aller gemacht.
Manchmal macht die gewählte Regierung Fehler, aber dann sagt man es ihr eben, denn wenn man es ihr sagt, wird sie es

DR. KHEAL **VON FORNES**

105 und 106: Bist du klug?
(Die Dienerin zuckt die Achseln.)
105 und 106: Dann könntest du ebensogut reich sein.
DIENERIN: Ich versuche es.
105 und 106: Wie?
(Sie zeigt ihnen den Besen. Sie geben ihr einen Diamantring und eine Geldbörse aus ihren Säcken.)
WÄRTER: (besinnt sich) Graben, graben, graben
ein Loch, um frei zu sein.
HERR S.: Was für ein blödes Lied ist das?
WÄRTER: Sie gruben ein Loch. So sind sie entflohen.
Sie sangen: Graben, graben graben
Ein Loch, um frei zu sein.
Und sie gruben ein Loch. Ich muß es dem Direktor sagen.
(105 und 106 rennen zur Tür. Der Wärter rennt ebenfalls. 105 und 106 und der Wärter stoßen zusammen. Der Wärter erkennt sie nicht.)
105 und 106: Après vous.
WÄRTER: Après vous.
105 und 106: Je vous en prie.
WÄRTER: Mon plaisir.

natürlich einsehen und anders machen. Selbst wenn in Amerika eine ideale Regierung kommen würde, würde sich das Unglück fortsetzen, das aus dieser Haltung entsteht, das aus dem Glauben der Leute an ein System entsteht. Und zwar so lange, bis die Leute begreifen, daß das Glück aus ihnen selbst kommen muß. Solange die Frau an der Kasse des Supermarkts nicht begreift, daß die einzige Freude, die sie in ihrem Leben haben wird, die ist, ein paar Minuten mit den Kunden zu reden, wird sie immer unglücklich bleiben. Aber sie weiß es nicht. Sie hat ein bestimmtes Ideal: Sie zahlt ihre Steuern, sie steht morgens früh auf, sie geht arbeiten, sie macht alles richtig, also glaubt sie, daraus muß was entstehen, was sie glücklich macht. Es läuft nicht so, aber sie begreift nicht, daß morgens früh aufzustehen und arbeiten zu gehen nicht das ist, was dich als Mensch erfüllen kann. Es kommt drauf an, was du in jedem kleinen Augenblick tust, wie du auf die Dinge und die Menschen reagierst, was du siehst: nur so kannst du Vergnügen haben. Das Glück kann nur aus dir selbst entstehen und nicht durch ein System, eine Regie-

rung, selbst wenn sie ideal ist. Der Glaube an ein System und die ewig getäuschte Erwartung, daß dich das System für deine Frustrationen belohnen wird, macht die Leute bitter.
Mit meinen Stücken will ich die Leute zum Denken bringen, oder mehr noch, ich will sie etwas erfahren lassen, etwas, von dem ich glaube, daß sies erfahren sollten. Ich möchte sie das Interesse erfahren lassen. Ich will sie nicht schockieren, viele wollen das, aber ich ziehe es vor, mir vorzustellen, ich könnte ihnen eine Antwort geben. Ich will die bereits bestehende Unsicherheit in ihnen nicht noch vergrößern. Die Antwort, die ich zu geben versuche, ist nicht spezifisch, es ist mehr eine Erfahrung als eine intellektuelle Antwort.
Ich glaube an das I-Ching und all das. Ich hab eine Astrologin, ich geh nicht oft hin, aber ich mag die Idee davon. Als ich das erste Mal bei ihr war, sagte sie mir: "1959 wirst du sterben und eine Wiedergeburt erleben und ein neues Leben anfangen." Das war das Jahr, wo ich anfing zu schreiben, und davor ging ich durch eine entsetzliche Depression. Ich bin dann so alle 2 Jahre zu ihr gegangen, es wurde nicht immer wahr, was sie sagte, aber es hätte wahrscheinlich wahr werden können. Man weiß, daß der Mond auf den Menschen Einfluß hat, also ist das alles gar nicht so mystisch.
Ich wünsche mir, von allem Mist loszukommen, mit Leuten leicht kommunizieren zu können, fähig zu sein, verstanden zu werden. Manchmal hab ich Angst, verrückt zu werden, Angst, die Kontrolle zu verlieren, den Kontakt zu verlieren. Aber eigentlich bin ich sonst zufrieden; ich mag meine Arbeit. In diesem Sommer hab ich eine Weltreise gemacht, und als ich zurückkam, konnte ich New York nicht mehr aushalten, aber jetzt hab ich mich wieder dran gewöhnt. 1961 war ich das letzte Mal in Kuba, die Revolution war gerade ein Jahr oder so vorbei, und es war enorm aufregend. Freunde kommen heute aus Kuba und sagen: "Es ist phantastisch!" Andere Freunde kommen und sagen: "Es ist furchtbar!" Ich weiß nicht, wer recht hat. Ich werde bald nach Kuba reisen und sehen.

105 und 106: Le nôtre.
WÄRTER: Permettez moi.
105 und 106: Notre plaisir.
WÄRTER: Le mien.
105 und 106: A votre service.
WÄRTER: L'âge avant la beauté.
(Herr T. befördert den Wärter mit einem Fußtritt zur Tür hinaus. 105 und 106 und die Dienerin folgen.)

Graffiti aus der New Yorker U-Bahn

God is dead! – Nietzsche

Nietzsche is dead! – God

Workers, fuck the establishment, become writers!

Joel Oppenheimer

The Polish Cavalry

für Charles Olson 1910–1970

they stood there, in the mud,
one hundred thousand of them,
waiting for the panzers, and
they got it. there are certain
monoliths that taught us something.
the estaurine ranges to thirty
feet, god knows how long he will
survive. what i am trying to say is
that you brought two generations
to life, and you'll have to
live with that. you always did move
like a grampus and you still do.
the polish cavalry at least had lances.
what you've got only your sons and
your grandsons know. the map of
the battle of the cowpens shows
what can be done with only a few
men, will you believe that now,
in your time of need? i'm sorry
i have to speak in different images,
but you told me a long time ago
to speak in my own, and i believed
that. you still are the man who
held a pall mall like i
hold a gauloise, and though you
think you are prometheus, his liver
picked at, for me you are odin.
let them take out an eye and give you
a grey cloak. you have saved us.

ALL ALCOHOLIC
BEVERAGES
PROHIBITED
IN THIS PARK

Joel Oppenheimer

Interview

Ich bin am 18. Februar 1930 in Yonkers, New York, geboren. Heute rechnet man Yonkers schon zu den Vorstädten von New York City, damals war es eine eigene kleine Stadt. Ich komme aus einer typischen jüdischen Middle-class-Familie. Meine Eltern waren insgeheim zwar stolz auf mein Schreiben, aber eigentlich hätten sie es lieber gesehen, wenn ich einen richtigen Beruf gehabt hätte und meine Gedichte nebenbei geschrieben hätte.

Ich war auf verschiedenen Colleges und Universitäten: Cornell, Universität von Chicago und schließlich Black Mountain College, da blieb ich drei Jahre. Ich hab keinen Abschluß gemacht. So um 1953 kam ich nach New York City. Ich hab mein Geld hier bis vor kurzem als Drucker verdient, nachts hab ich dann geschrieben, gesoffen und geliebt. Ein Stipendium von einer Stiftung oder so hab ich nie bekommen, aber wenn du jemand kennst, der mir eins geben will, ich nehms! In Amerika kannst du als Dichter vom Dichten nicht leben, entweder du bist Drukker wie ich oder sonst was, oder du bekommst Geld von den Stiftungen oder du machst eine Reise durch die amerikanischen Colleges und liest deine Sachen vor.

Eigentlich hab ich erst mit 20 richtig mit Dichten angefangen. So um 1953, als ich nach New York kam, wurden ein paar Sachen von mir erstmals in größeren Zeitschriften veröffentlicht, und 1956 kam dann mein erstes Buch raus. Bis 1959, also die ersten 10 Jahre, die ich schrieb, hab ich mich nur auf Gedichte konzentriert, Stücke und Prosa hab ich vermieden. Auch heute noch, nachdem ich ein paar Stücke geschrieben hab und jetzt mit 40 sogar ein bißchen mit Politik anfange und ein paar Reden geschrieben hab, würd ich mich selbst immer nur Dichter nennen, denn wenn ich anfange zu schreiben, ist mein erster Impuls immer, ein Gedicht zu machen, nicht ein Essay, eine Story oder ein Stück. Die Stücke sind immer nur dann entstanden, wenn ich etwas, was ich ausdrücken wollte, nicht im Gedicht ausdrükken konnte.

Mein erstes Stück *The Great American Desert* schrieb ich auch nur deswegen, weil ich eine Menge Material hatte, das ich in einem Gedicht nicht verarbeiten konnte. Außerdem hatte einer vom Living Theatre auf einer Party eines Abends gesagt, im Theater gäbe es überhaupt keinen guten Western. Da war ich herausgefordert und setzte mich noch in der gleichen Nacht hin und fing an, einen guten Western zu schreiben. Ehrlich gesagt wußte ich nichts über Stücke, ich geh auch heute noch kaum ins Theater. Ich hatte da drei Typen, und ich ließ sie einfach reden. Es waren drei Cowboys: ein alter, der sich zur Ruhe setzen will und sich sagt, es ist Zeit zu halten, was ich hab, ein mittlerer, der beste Schütze weit und breit, ein Der-Teufel-solls-holen-Typ, und ein junger, ein eifriger, der sich begeistert an der Idee, Cowboy zu sein. Die drei waren Teile von mir selbst. Ich schrieb *The Great American Desert* 1960, und ich hab nicht gedacht, daß man das Stück aufführen könnte. Diane Di Prima las es und gab es Al Carmines, dem Leiter des Judson Poets' Theatre in der Judson-Memorial-Kirche. Ich sagte Diane: "Du kannst das Stück doch nicht an eine Kirche geben, jedes zweite Wort ist ein four-letter-word." Sie sagte: "Al Carmines ist okay, keine Sorge." *The Great American Desert* wurde im Judson dann im November 1961 gemacht. Lawrence Kornfeld hat es inszeniert, das war ein Glück, weil er nicht so wie die meisten Regisseure ein Stück für sein Eigentum hält und daran verändert, was ihm paßt, er arbeitet immer sehr eng mit dem Autor zusammen. Zur Premiere kamen meine Eltern – das muß ich erzählen: Mein Vater zischte den Mann vor ihm dauernd an, weil er während der Vorstellung lachte, ich mußte schließlich hingehen und ihm sagen: "Pa, bei dem Stück soll gelacht werden!" Meine Mutter kam nachher zu mir, und ich weiß nicht, ob sie die *four-letter-words* nicht verstanden hatte oder ob sie sie einfach ignorierte, jedenfalls sagte sie: "Es war wunderschön, das Stück, aber warum mußt du so oft *Goddamn!* sagen?" Mein zweites Stück hieß *Like a Hill,* und es wurde 1963 mit einer Menge Leute vom Judson in einer Loft in der 55. Straße gemacht. Es ging über einen Bildhauer, der aufhört, aufs Land zieht und eine Autoreparaturwerkstatt aufmacht. Mein drittes war so eine Art Musical und wurde auch im Judson gemacht. Dann haben wir da mein unaufgeführtes Meisterwerk, *A Perfect Detonator,* eine Adaption von Joseph Conrads Novelle *The Secret Agent.* Es geht über die Anarchisten in London um 1900, es zeigt das Privatleben und das politische Leben der Leute als Gegensätze. Ich glaube, es ist gut, ich glaube, es ist ein wichtiges Stück, und ich hoffe sehr, daß es mal gemacht wird. Bisher gab es nur eine Lesung davon. Das Stück geht herum und herum, und mein Agent versucht jemanden dafür zu interessieren. Dabei könnte man eine Menge damit anfangen. Aber es ist auch ein schwieriges Stück, niemand zieht sich aus, und es wird viel geredet.

Für mich war es enorm wichtig, nach New York City zu kommen, und es ist enorm wichtig für mich, hier zu leben. Ich glaube wirklich, daß New York das Zentrum ist, hier passieren die Sachen, hier hab ich gelernt, was ich heute kann. Ich hab Freunde, die meiden diese Stadt wie die Pest; für mich war es notwendig, hier zu sein. Ich bin ein Stadt-Dichter. William Carlos Williams, der für mich eine Art poetischer Großvater ist, hat immer zu mir gesagt: "Ich lebe auf dem Land, und meine Materialien sind Bäume und Blumen und was für mich Bedeutung hat, aber du mußt über das schreiben, was für dich Bedeutung hat."

Ich bin froh, daß ich heute Dichter in Amerika bin und nicht 20 Jahre früher. Die Gedichte haben heute wieder Bedeutung bekommen. Zum Begräbnis von W. C. Williams kamen die Leute, weil er ein guter Arzt gewesen war, der nebenbei noch Gedichte schrieb. Aber als wir jetzt Charles Olson beerdigt haben, da kamen die Leute aus seiner Stadt nicht, weil er ihr Nachbar gewesen war, sondern weil er Dichter war und als solcher ein bedeutender Mensch. Wenn W. C. Williams mein poetischer Großvater ist, so ist Charles Olson mein poetischer Vater. Zu Charles Beerdigung hab ich ein Gedicht geschrieben, und ich glaube, es ist ein gutes Gedicht; es sagt nicht nur den Leuten was, die Charles gekannt haben.

Ich finde, man sollte einem guten Dichter den gleichen Respekt erweisen, den man einem guten Fliesenleger erweist. Wenn ich

Joel Oppenheimer

aus: A Perfect Detonator

(Der PROFESSOR ist ein kleiner dünner Mann Mitte Vierzig. Er ist ein einsamer Mensch, mißtrauisch seinen Mitmenschen gegenüber, und nimmt nur zu seinen eigenen Bedingungen an einer Unterhaltung teil, sich das Recht vorbehaltend, sie jeden Moment zu beenden.
OBERINSPEKTOR HEAT hat ein rotes Gesicht, ist untersetzt und Mitte Vierzig. In jedem Sinne ist er ein Professioneller. In Uniform ist er unfehlbar, in Zivil sieht er aus wie jedes andere Mitglied der unteren Mittelschicht. Über seinem im Grunde offenen Charakter liegen – wie eine dicke Schicht – 25 Jahre Polizeidienst.
Frühjahr 1905. Eine Straße in London. Ein altes, schäbiges Viertel. Oberinspektor Heat geht mit langen Schritten die Straße entlang. Als er den Professor sieht, verändert er seinen Gang.)
HEAT: Hallo!
(Der Professor hält an. Seine linke Hand bleibt absichtsvoll in seiner Hosentasche vergraben, und seine Augen starren eulenhaft durch seine dicke Brille.)
HEAT: Ich hab nicht auf Sie gewartet.
(Der Professor starrt Heat weiter an)
HEAT: Sie scheinen es nicht besonders eilig zu haben, nach Hause zu kommen.
PROFESSOR: Ich beeile mich nie.
HEAT: Ja, typisch, daß Sie das sagen... Es ist komisch, Professor – gerade heute morgen habe ich mit dem Kommissar geplaudert. Ich habe ihm gesagt: Es gibt keinen unter denen – ich meine damit Sie und Ihre Freunde, Professor – es gibt keinen unter denen, Sir, den wir nicht zu jeder Zeit, Tag oder Nacht, fassen könnten. Wir wissen, sage ich ihm, was jeder von denen Stunde für Stunde macht...
PROFESSOR: Warum waren Sie dann so überrascht, mich hier zu treffen? He?
HEAT: Ich war in Gedanken... und zwar habe ich an die allgemeine Absurdität von Ihnen und Ihren Freunden gedacht.
PROFESSOR: Ich habe keine Freunde.
HEAT: Ihre Anarchisten-Genossen dann...
PROFESSOR: Das sind keine Anarchisten – und ich bin Wissenschaftler.

JOEL OPPENHEIMER

ein guter Fliesenleger bin, will ich als solcher anerkannt werden, und wenn ich ein guter Dichter bin, will ich ebenfalls als solcher anerkannt werden. Amerika hat diese Regel sehr lange mißachtet, aber ich glaube, es ändert sich gerade.

Ich war nie in einer politischen Partei und hab nie gewählt und hab mich immer für einen unabhängigen Anarchisten gehalten. Noch vor 10 Jahren hab ich wie in einer Muschel gelebt. Ich sprach nur mit Künstlern, Dichtern und Malern. Heute hat sich das verändert, ich hab mehr Verbindung zu dem, was mich umgibt. Ich sehe heute auch ein paar Möglichkeiten, diese Welt zu retten. Ich versuche sogar, ein bißchen was dazu zu tun. Unser größtes Problem heute sehe ich in der Destruktion der Welt. Fast alle Länder haben daran schuld. Auch die afrikanischen Nationen, deren Unabhängigkeitskampf ich unterstütze, haben schuld daran. Sie haben eine Unmenge Tiere ausgerottet, weil Elfenbein Geld bringt, weil Felle Geld bringen und so weiter.

HEAT: Was immer Ihre ganze Bande sein mag. Sie ist absurd. Diebe sind wenigstens bei gesundem Verstand – sie infizieren sich selbst und andere nicht mit... mit morbiden Idealen. Idealen, die aufbauen, die erfüllt sind – die nur aus Haß und Verzweiflung bestehen! Aber, Professor, wie ich vorhin sagte: Sie werden nicht gesucht. Und ich hab jetzt Hunger und will heim.

(Ein inneres Hohnlachen schüttelt den Professor.)

HEAT: Sie werden noch nicht gesucht. Aber wenn ich Sie haben will – werde ich wissen, wo Sie zu finden sind.

PROFESSOR: Ich habe nicht daran gezweifelt, daß Sie wissen werden, wo ich zu finden bin. Ich mache kein Geheimnis aus meinen Aufenthaltsorten. Und ich bin genauso sicher, daß die Zeitungen Ihnen einen Nachruf geben werden, wenn der bestimmte Tag da ist. Das dürfte für Sie sehr viel bedeuten, stelle ich mir vor, obwohl Sie am besten wissen, wieviel gerade... sie würden eine Menge interessanter Dinge drucken. Aber ich sollte hinzufügen, daß Ihre Freunde Schwierigkeiten haben

dürften, uns zwei aus den Fetzen auszusortieren. Sie dürfen sich dann mit dem unangenehmen Aspekt befassen, mit mir begraben zu werden.
HEAT: So jagen Sie Kindern Angst ein, Professor – mit solchem Gerede. Man sagt, Sie haben eine Bombe in der Tasche, aber ich glaube, daß ich Sie trotzdem haben werde, wenn die Zeit reif dazu ist – Bombe oder nicht.
PROFESSOR: Zweifellos, Inspektor – aber es zählt nur die Gegenwart. Glauben Sie mir, wenn ich das sage. Für einen Mann mit echten Überzeugungen ist es eine gute Gelegenheit – inklusive des Selbstopfers. Sie dürften nie wieder eine Chance finden, die so günstig ist und so human – sehen Sie, es gibt hier nicht einmal eine Katze, und die Gebäude hier sind sowieso zu nichts Besserem gut als zu Ziegelsteinen. Sie würden mich nie wieder zu so geringen Kosten an Menschenleben und Sachschaden fassen können, die zu verhüten, wenn ich mich recht erinnere, Sie bezahlt werden.
HEAT: Sie sprechen mit mir Professor – Oberinspektor Heat! Wenn ich mir gestatten würde, jetzt Hand an Sie zu legen, ohne daß das Gesetz es fordert, wäre ich nicht besser als Sie.
PROFESSOR: Aaa! Das Gesetz! Das Spiel!
HEAT: Lachen Sie darüber, wenn Sie wollen, Professor. Aber Sie können sicher sein, daß wir am Ende gewinnen werden. Und ich werde Ihnen noch was sagen: Es könnte noch nötig werden, die Leute davon zu überzeugen, daß manche von Ihnen sofort erschossen werden müssen wie tollwütige Hunde. Wenn diese Zeit da ist, wird das Spiel anfangen, und ich werde es spielen. Sie werden sehen, daß wir zu viele für Sie sind.
PROFESSOR: Nummern.
HEAT: Sie glauben mir nicht, he? Sie brauchen nur um sich zu schauen! Wir sind zu viele für Sie.
PROFESSOR: Ich mache meine Arbeit besser – als Sie Ihre. Sie werden sehen.
HEAT: Gute Nacht, Herr Professor.
PROFESSOR: Gute Nacht, Herr Inspektor.
(Der Inspektor sieht dem Professor nach.)
HEAT: Ein Irrer, ein Irrer. Nicht einmal die Entschuldigung der Besoffenheit – wie ein Krimineller; mein Freund, Sie haben kein Niveau, offensichtlich kein Niveau.

Was in den Städten Amerikas passiert, wissen wir sowieso, angefangen von der Luftverpestung. In anderen Ländern ist es genauso. Ich sehe uns eine wirklich schöne Welt zerstören. Ich hab keine richtige Theorie, aber ich glaube, daß wir versuchen sollten zurückzugehen – im besten Sinne zu einfachen Formen zurückzukehren. Wir müssen uns bemühen, kleine Gemeinschaften zu bilden, wo die Leute enge Beziehungen zueinander haben. Wir müssen einen Weg finden zu leben, ohne daß wir alle dabei umkommen. Wir müssen uns überlegen, wie wir verhindern können, daß diese ganze Welt zusammengehauen wird. Wir verlieren mehr, als wir gewinnen können. Ich wünsche mir, wir könnten wieder in einer Jäger-und-Sammler-Gesellschaft leben. Alle wären viel glücklicher. Ich will nicht die Zeit und die Entwicklung zurückdrehen, ich will die positiven Möglichkeiten der Zivilisation schon nutzen, aber ich meine, man muß versuchen, die negativen und destruktiven zu modifizieren. Alle wären glücklicher in einer kleinen Gemeinschaft als in dieser Industriegesellschaft. Ich sage das als Joel Oppenheimer, Dichter, Mensch und Vater, der sich damit befaßt, ob wohl der Sohn seines Sohns jemals einen richtigen Baum, richtiges Gras oder einen richtigen Elefanten sehen wird. Vor 2 Jahren war ich als Dichter in Residence in die Künstlerkolonie in Woodstock eingeladen worden. Es war ein ganz anderes Arbeiten da, mein kleiner Sohn spielte auf richtiger Erde, in richtigen Blumen, und man konnte die Luft einatmen, ohne sich dabei zu vergiften. Ich meine, man muß was tun gegen die Destruktion der Welt.
Es ist merkwürdig, das heute zu sagen, aber ich wünsche mir mehr Frieden und mehr Glück für mich und für alle anderen. Ich wünsche mir auch mehr zu arbeiten. Ich stecke augenblicklich gerade in dieser Krise, die jedem zwischen 35 und 40 passiert. Ich kämpfe dagegen, und ich hab gerade ein dickes, großes Buch mit Gedichten veröffentlicht. Ich fühl mich nicht alt, und ich schreib auch nicht alt, aber wenn du 40 bist, gehst du ins Bett, wenn du Schnupfen hast. Es ist diese gewöhnliche Angst. Es ist diese Angst vorm Tod, die auch Charles Olson so stark hatte. Saroyan hat mal gesagt: "Es gibt zwei Arten von Schriftstellern: Die einen schreiben, um den Tod von sich abzuhalten, und die anderen schreiben, um sich dem Tod zu nähern." Ich gehöre zu der ersten Art. Wenn ich schreibe, ist meine Angst weg. So wie Freud gesagt hat: "Die Kunst ist ein sehr guter Weg, sich vor dem Irrsinn zu bewahren."

THEATRE GENESIS

wurde im August 1964 als Teil des Kunst-Projekts der St. Mark's Church in-the-Bouwerie von dem Pfarrer Michael Allen und Ralph Cook gegründet. Cook, ehemals Lehrer in Connecticut, Schauspieler in Hollywood und Mitglied des Actors Studio, ist der Leiter des Theaters, das als Autoren-Workshop konzipiert wurde. An jedem Montagabend lasen Schauspieler die Stücke junger unbekannter Dramatiker vor, über deren Produktion dann gemeinsam entschieden wurde. Cook stellte diese Lesungen 1967 ein. Sie schienen ihm wegen der ständig wachsenden Aufführungsmöglichkeiten für neue Stücke im OOB überflüssig.

Die Spielzeit des Genesis geht vom Oktober bis zur einsetzenden Sommerhitze im Juni. In einer Spielzeit werden 6 bis 8 Stücke aufgeführt, jede Aufführung wird 16mal gezeigt. Gespielt wird nur viermal in der Woche, von Donnerstag bis Sonntag. Die Produktionskosten einer Aufführung lagen im ersten Jahr bei rund 100 Dollar und betragen heute rund 400 Dollar.

Das Genesis hat kein festes Ensemble, aber es ist eines der wenigen OOB-Theater, das seine Leute regelmäßig – und verhältnismäßig gut – bezahlt. Die Schauspieler zum Beispiel bekommen für die 4 Vorstellungen in der Woche – ohne Unterschied und ohne Rücksicht auf die Rollengröße – 60 Dollar.

In dem kleinen Theaterraum in der ehemaligen Sonntagsschule der St. Mark's Kirche, in dem für jedes neue Stück eine eigene Sitzordnung und eine passende Bühnenform entworfen wird, haben nicht mehr als 70 Leute Platz.

Der Eintritt ist frei; was bei der Sammlung nach der Vorstellung zusammenkommt, ist unerheblich. Die Kirche selbst hat ihr Theater-Projekt – neben dem Aufkommen für Nebenkosten wie Strom, Reinigung usw. – im ersten Jahr mit 10000 Dollar subventioniert. 1966 und 1967 erhielt das Theatre Genesis je 10000 Dollar vom Office of Economic Opportunity (im Rahmen des Welfare-Programms sollte das Theater die große Zahl der Rauschgiftsüchtigen und Arbeitslosen der Umgebung von der Straße locken). 1968 unterstützte die Ford-Stiftung das Genesis mit rund 54000 Dollar, 1969 mit rund 56000 Dollar und 1970 mit rund 60000 Dollar.

ST. MARK'S CHURCH IN-THE-BOUWERIE

Ralph Cook

Eine Alternative ohne Ausweg

Es ist schwer aufzuhören zu träumen. Es ist wie Paranoia. Manchmal ist es Wirklichkeit. Ist der Traum Phantasie oder ist er eine Vorstellung davon, was möglich ist?

Es geschieht etwas im Theater. Ich habe das Gefühl, als ob überall etwas passiert, ich weiß aber sicher, daß hier in New York vieles geschieht. Der Name *Off-Off-Broadway* ist sehr unglücklich, und es ist – wie gewöhnlich – der Einfall eines Journalisten, bei dem es dann blieb. Man hat ihn eine Bewegung genannt, aber eigentlich ist der OOB keine Bewegung. Er ist vielmehr eine ökonomische Notwendigkeit. Die OOB-Situation hat bewirkt, daß Bedingungen geschaffen wurden, unter denen Künstler im Theater das verwirklichen können, was sie verwirklichen müssen. Über OOB ist schon viel geschrieben worden, aber die meisten von denen, die dieses Phänomen artikulieren, beschäftigen sich nicht mit den eigentlichen Problemen.

Die meisten Artikel in Zeitungen und Magazinen enden in einer Art Hoffnung, daß diese neuen Autoren vielleicht eines Tages neues Leben in den Broadway bringen könnten. Das ist vollkommene Scheiße, weil der Broadway und das kommerzielle Theater ein Anachronismus sind. Michael Smith hat in seinen zahlreichen Artikeln über dieses Thema zwar festgestellt, daß das neue Theater für die professionelle Bühne keine Nachwuchsquelle sein kann, sondern eine Alternative darstellt, aber er hat diesen Gedanken nicht bis zu Ende gedacht. Das neue Theater ist nämlich in der Tat eine Alternative, aber sie hat keinen Ausweg.

Die Zeit ist reif für eine neue Formulierung der Rolle, die die darstellenden Künste in unserer Gesellschaft einnehmen sollen. Es ist Zeit, daß wir die ökonomische Struktur des bestehenden professionellen Theaters untersuchen, damit wir anfangen können, eine neue ökonomische Basis aufzubauen, um auf diese Weise zu einem lebendigen und relevanten Theater zu gelangen. Als Leiter des Theatre Genesis beschäftige ich mich dauernd mit den Fragen, warum wir unser Theater anfingen, warum wir es gerade so machten, und warum die meisten von uns im Moment sehr frustriert sind. Ich habe schon gesagt, daß OOB eine ökonomische Notwendigkeit war und ist. Vor ungefähr anderthalb Jahren habe ich begriffen, was allen OOB-Theatern gemeinsam ist – der Eintrittspreis. Der Eintritt war entweder frei oder er kostete einen Dollar. Das war und ist deswegen möglich, weil alle Leute ohne Bezahlung arbeiten, und weil die allgemeinen Unkosten von den Kirchen (wie der Judson Church oder St. Marks in the Bouwerie) oder von Einzelnen getragen werden (wie Ellen Stewart vom La Mama). Das hat im Grunde die Bedingungen für ein lebendiges Theater geschaffen. Diese Bedingungen heißen: Freiheit für den Künstler, sämtliche Möglichkeiten des Theaters auszuforschen und ein probierwilliges Publikum, das morgen wiederkommt, auch wenn es heute eine unerträgliche Sache zu sehen bekam. Die OOB-Theater haben ungefähr 300 bis 400 neue Autoren hervorgebracht, unter denen wir wenigstens zwölf bedeutende Stimmen gefunden haben. 'Finden' ist nicht das richtige Wort: sie erhielten einen Boden, auf dem sie wachsen konnten.

Das Ergebnis dieses Prozesses ist nicht ohne Ironie: Obwohl wir nicht eigentlich neues Theater machen wollten, ist doch so etwas dabei herausgekommen. Theatre Genesis fing an, als

RALPH COOK

das professionelle Theater in der Frustration, im Vakuum dahinvegetierte. Wir konnten nirgendwo anfangen, nirgends konnte man die Formen, die uns notwendig erschienen, das Publikum zu erreichen, in Ruhe entwickeln. Wir fanden nicht nur neue Formen, sondern auch ein neues Publikum, eine neue Beziehung zwischen den Machern und den Zuschauern. (In Wirklichkeit war die Beziehung nicht neu, wir haben sie nur wiederentdeckt – eine Wiederentdeckung der gesellschaftlichen Quellen des Theaters, die Erkenntnis, daß Theater nicht ein Produkt ist sondern ein Prozeß.)
Die Ironie besteht darin, daß wir jetzt, um ein größeres Publikum zu erreichen, auf die Bedingungen des profitorientierten Marktes eingehen müssen. Unsere wichtigsten Autoren erlangen ihre Anerkennung nicht mehr durch unsere Produktionen, sondern sind abhängig von der Veröffentlichung ihrer Stücke. Ein Autor, der sich ein Publikum geschaffen hat, und damit Profit auch für das kommerzielle Theater verspricht, ist den korrumpierenden Zwängen einer ohnehin archaischen ökonomischen Struktur ausgesetzt. Ein Schauspieler muß sich entscheiden, ob er eine Rolle in einer Broadway-Unterhaltung annimmt oder ob er lieber eine Rolle entwickelt, die nicht nur ihn selber sondern auch seine Gemeinde definiert. Wir befinden uns in der Lage, daß so etwas wie eine kulturelle Revolution angefangen hat, aber jeder, der daran teilnimmt, muß irgendwelche Wege finden, um außerhalb seinen Lebensunterhalt zu verdienen. Ich sehe im Augenblick keine Möglichkeit, innerhalb der bestehenden Struktur die materiellen Notwendigkeiten mit den ideellen zu verbinden. Wenn wir überleben wollen, müssen wir diese Möglichkeit finden.

Walter Hadler

aus: The Waterworks at Lincoln

(Auftritt Betty, Frau in mittleren Jahren, starkgeschminkte dicke Lippen, Stöckelschuhe, zu knappes Kostüm)

BETTY: Da bist du ja. Versteckst dich hier draußen mit deinem Freund.

CODY: Was willst denn du, zum Teufel?

BETTY: Was ist denn? Hast du Angst vor Mami? Hm, Zuckerschnüllchen? Hat Bubi Angst vor der großen bösen Mami? Dann muß er anderes Muttchen finden. Hat er Angst vor dem großen Mamilein?

GENE: Wer ist das?

BETTY: Sehr gut. Frag deinen Freund, wer die Dame ist. Er sagts dir nicht! Er sitzt nur auf seinem Nachttöpfchen und scheißt vor sich hin. Sitzt da und hört zu, während Mama ihm erzählt, was für eine große häßliche Welt seine Mama ist. Sie erzählt ihm von blutenden Magengeschwüren und von verfaulten Lebern. Und von den großen häßlichen schwarzen Steinen in Mamas Niere. Sie hält ihm ihre fetten, narbigen, krampfadrigen Beine und Füße unter die Nase.

CODY: Verdammt noch mal, verschwinde in den Puff, wo du hergekommen bist!

BETTY: Hast Angst vor dir selbst, was? Angst, daß dir jemand den Arsch versohlt. Brauchst keine Angst zu haben vor mir, Cody. Ich laß keinen von den Großen auf Mamis Bübchen rumtrampeln.

GENE: Bald fertig, Schnalle?

BETTY: Fertig mach ich dich und noch fünf andere von deiner Sorte. Komm, Cody, gib Mama eine Chance. Hast wohl Angst, daß sie dich schnappen?

CODY: Piß ab!

BETTY: Das ist eine verdammt beschissene Art, mit mir zu reden, ihr Blindbumser!

GENE: Mensch, fick die Nutte doch! Wir haben schließlich was zu tun. Dann haut sie ab.

CODY: Tut sie eben nicht!

GENE: Scheiß drauf!

(Sie drehen sich ab, Betty nimmt die Flasche, trinkt einen Zug, schaut)

BETTY: Ist das nicht köstlich? Mein kleiner Sängerknabe mit seiner Freundin. Ich wette, ihr spielt mit euren Schießerchen Tag und Nacht. Ist das nicht süß? Zwei kleine Elfen! Komm, Bubi, erzähl mal Mama alles über Genes kleines Zipfelchen. Scheißschwule! Ihr wollt wohl, daß ich mir die Gurgel durchschneide? Dir hätt ich die Gurgel durchschneiden sollen, gerade als du geboren warst. Wenn ich gewußt hätte, daß du als Scheißtunte mit einer großen Kanone und sonem Freund enden würdest, hätt ich deinen Vater früher erledigt. Du bist genauso wie diese dumme Sau. Nur hat er im Bergwerk gearbeitet, während du nur herumschmarotzt wie ein Schlepper, der

Walter Hadler

Interview

Ich bin am 24. Juli 1938 in Pennsylvanien geboren, zwischen Pittsburgh und Wheeling. Der Ort war sehr klein, so um die 2000 Leute. Es waren meist Bergleute, mein Vater auch, aber die Zechen waren stillgelegt und die Leute alle arbeitslos.

Was mich da am meisten bedrückt hat, war dieser ganze soziale Mist. Diese Art von Trennung, mit der das Klassensystem überall funktioniert, war mörderisch da. Ich hätte Selbstmord gemacht, wenn ich da noch länger geblieben wär, so wie ein Freund von mir es gemacht hat. Es war alles Verzweiflung. Die meisten Leute wurden da Alkoholiker. Die Männer gingen in die Armee, das war ihre männliche Realität, die wollten sie erfüllen. Ich machte es auch so. Außerdem hatte ich Ärger mit der Polizei und dachte, es hilft mir raus, wenn ich zum Militär gehe. Also ging ich 1955 für vier Jahre in die Armee. Ich kam nach Tokio. In Tokio hatte ich zum ersten Mal die Möglichkeit, ein bißchen Entfernung zwischen mich und dieses Amerika zu bekommen. Japan hatte ziemlichen Einfluß auf mich, die ganze Szene da. Das Land war wie eine Trommel, und ich war mitten drin.

Das Wichtigste, was ich beim Militär lernte, war dies System. Ich kapierte dies ganze System von Heuchelei. 1959 kam ich nach Washington. Ich ging hier auf eine Abendschule, noch immer in der Armee. Auf dieser Schule hatte ich zum ersten Mal was mit Theater zu tun. Es gab da einen Professor, der Sprecherziehung machte, öffentliche Rede und so. Ich ging in seine Klasse wie fast alle anderen Offiziere. Das erste, was wir da machen sollten, war, eine Rede unseres Redner-Favoriten vorzutragen. Die anderen Offiziere, sie waren alle schon Oberst, brachten dann also Lincoln und Roosevelt an. Ich war Korporal und brachte eine Rede von Hitler, nur so nach dem, was ich in der Wochenschau davon gesehen hatte. Mich interessierte diese Manipulation. Alle Offiziere waren stocksauer, aber der Professor hatte Spaß daran und arbeitete mit mir und sagte mir, ich solle Schauspieler werden. Nach den vier Jahren in der Armee bekam ich ein Stipendium und ging aufs College in Washington. Dann, im November 1964, kam ich nach New York und ging zu Stella Adler auf die Schauspielschule. Ich verdiente mein Geld auf den Docks und später eine Zeitlang als Verkäufer. Für mich wars leicht, in New York zu leben. New York ist in dauernder Veränderung. Man ist in einer tiefen Depression, und dann geht man um die Ecke und entdeckt eine neue Welt. Die Stadt bewegt sich. Sie ist wie ein riesiger Generator. In Washington ist es dagegen wie im Schatten zu leben. Es ist Tod. Abends gehen alle Weißen aus der Stadt und überlassen sie den Schwarzen. Es gibt da überhaupt keine Beziehung unter ihnen.

von armen kleinen Mädchen lebt. Versteckst dich vor mir wie ein Sträfling. Warum hast du nie mit mir geredet? Steh mir gegenüber wien Mann!
(Cody dreht sich ausdruckslos zu ihr um und schießt dreimal. Sie fällt)
GENE: Wer war das?
CODY: Weiß nicht.
...
...
...
(Gene tritt auf)
GENE: Scheiße, Mann, am Tor kennt man sich überhaupt nicht aus! Du kapierst nicht, welche Seite draußen ist und welche drinnen.
STU: Laß den verdammten Revolver fallen, oder ich schieß dir deinen Kopf zu Matsch.
GENE: Wow! (wirft den Revolver weg)
BOB: Ich wette, er hat Betty umgelegt.
SETH: Ruhig, Bob!
STU: Ich wette, du warst es, hm? (er stößt ihn an)
SETH: Laß die harten Sachen, Stu. (Stu schlägt Gene ins Gesicht)
STU: Ich laß ihn schon. Ich werd ihm den Saft aus den Knochen hauen. (er schlägt auf Gene ein)
GENE: Wer seid ihr, verdammt noch mal? Bullen?
SETH: Nein.
STU: Wir wohnen hier.
GENE: Da habt ihr aber den Falschen erwischt.
STU: Glaub ich nicht. Im Namen des Oberstaatsanwalts von Lexington verurteile ich dich, Gene. Gene was?
GENE: Gene-du-wirst-sterben-fette-Sau.
SETH: Du kannst doch kein Todesurteil aussprechen. Wer bist du denn eigentlich, verdammt?
STU: Ich bin der Oberstaatsanwalt von diesem Bezirk. Das Urteil wird sofort ausgeführt. (er legt an)
SETH: Das ist doch wohl das Blödeste, was du tun kannst. Ich meine, das übertrifft jede Nummer, die ich je von dir erwartet habe.
STU: Immer Abstand halten!
SETH: Nicht mal eine Verhandlung.
BOB: (zu Seth) Immer Abstand halten.
SETH: Ein für allemal, Robert, nimm das verdammte Ding aus meiner Richtung. Hör auf. Hör auf. Ich verlange eine Verhandlung, einen richtigen Prozeß.
BOB: Sag nicht, daß ich dich nicht gewarnt habe, Seth.
SETH: Hör auf, Stu.
STU: Seth oder Bob, schmeißt eure Gewehre weg!
BOB: Denk ich nicht dran, bis du deins fallen läßt.
STU: Sei nicht albern, Mann. Das ist ein Frauenmörder.
BOB: Du kriegst einen. Ich will einen.
STU: Robert, ich bin Stu, und ich spreche mit dir. LASS JETZT DEIN GOTTVERDAMMTES GEWEHR FALLEN!
BOB: Ich dachte, ich hätte dir das schon mal gesagt, Stu. LECK MICH AM ARSCH. Ich mag das genauso gerne wie du, also sag mir nicht, daß ich aufhören soll.
SETH: Da ist ein Unterschied, Bob. Er ist ein Staatsfeind.
BOB: Warum hast du das nicht gleich gesagt?

Vor zwei Jahren hab ich angefangen zu schreiben. Ich lernte das hier in New York. Ich entdeckte, daß es viel einfacher ist, als ich geglaubt hatte. Das erste, was ich schrieb, war in einem Improvisationsspiel im Theatre Genesis. Ich spielte da einen Polizisten und einen Drug-Dealer in einer Person und schrieb mir die Dialoge selbst. Mein erstes eigenes Stück hieß *Solarium*, wir machten es im Juni '68 im Genesis. Wir malten dazu das ganze Theater gelb an, die Decke, den Boden, die Wände: alles gelb. Im gleichen Jahr kam dann noch *Thirty* und *American Gothic* im Genesis raus. Dann *Mission Beach* und *Flite Cage* und schließlich *Waterworks at Lincoln*. Ich hab alle Stücke in sehr kurzer Zeit geschrieben und sie während der Proben dann ziemlich verändert. Fürs Theater schreiben heißt, daß man nie aufhört, an den Texten zu arbeiten. Man sucht nach der Realität, nach der Realität des Lebens. Sie ist da, ganz gleich, was ich jetzt oder ein anderer darüber sagt. Heute fuhr ich mit der U-Bahn hierher, und ich saß da und sah die Leute an und sah mich an und hörte die Leute und hörte mich, und ich hätte noch sehr lange in dieser U-Bahn sitzen können. Da muß ich weitermachen, verstehst du?
Ich kann vom Schreiben nicht leben. Ich bin Schauspieler und mach auch andere Jobs. Es ist nicht viel Geld. Es ist gerade so ein Schatten von wirtschaftlicher Existenz. Ich esse noch.

Walter Hadler: Football Mass

THE HOHOKAM PLAYED
IN AN EARTH BOWL.
THEY USED A BALL
MADE FROM A DESENT
BUSH. THEY WERE
FORBIDDEN TO MOVE
THE BALL WITH THEIR
HANDS AND FEET, EXCEPT
ON EACH OTHER. WHEN
A GOAL WAS MADE, THE
WINNING TEAM CLAIMED
THE JEWELRY AND
CLOTHING OF THE
LOOSING SPECTATORS.
1970

SETH: Und jetzt, Stu? Was ist mit der Verhandlung?
STU: Brauchen wir nicht. Dies ist ein Standgericht.
SETH: Standgericht am Arsch. Wenn er keine ordentliche Verhandlung bekommt, laß ich die ganze Sache platzen und hau ab.
BOB: Wo ist das Problem, bitte?
STU: Man darf seinen Nächsten nicht im Stich lassen. Nicht in soner Lage.
BOB: Ihr seid nicht meine Nächsten, wenn ihr das tut.
STU: Laß uns um Himmels willen ein gottverdammtes Verfahren machen. Ich werde der Ankläger sein. Du der Verteidiger. Du der Gerichtsdiener.
BOB: Wer ist der Richter?
SETH: Er.
BOB: Er ist der Angeklagte.
STU: Laßt das verdammte Gequatsche und fangt mit dem Verfahren an.
(Hubschraubergeräusch, Stroboskoplicht, alle werden erschossen)

WATERWORKS AT LINCOLN VON HADLER IM THEATRE GENESIS, 1970

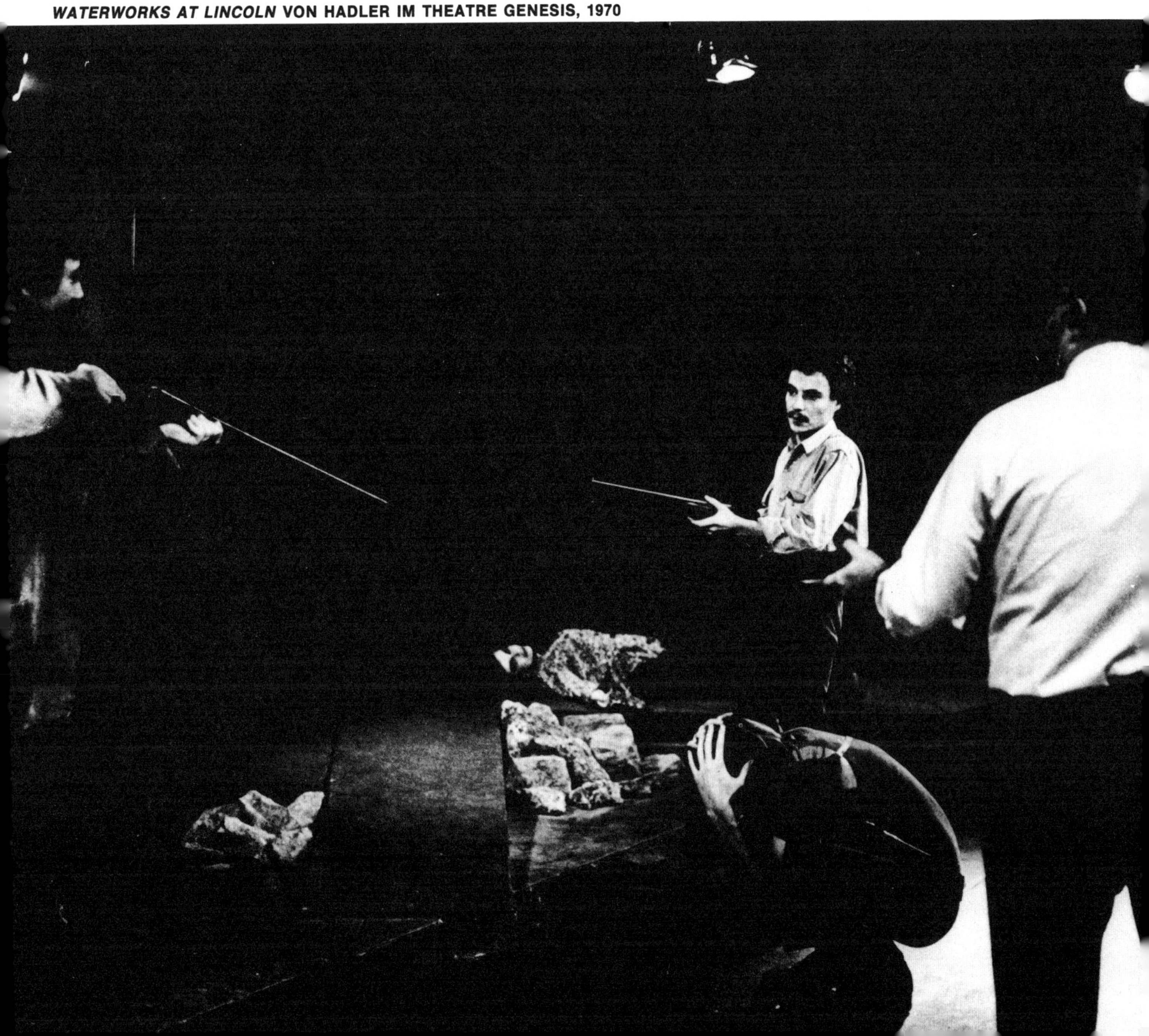

WALTER HADLER

Walter Hadler

Vigil No. 1/Nov. '69

Flying back and forth
Into the night
My vigil.
I keep my vigil.
– back and forth –
I have no choice.
It's raining on Tenth Street.
The choice was made
before Television.
No one bluffs.
No one plays.
You play these.
Outside on the dog shot,
Garbage, mattresses, and hay,
it's November.
Raining.

Vigil No. 2/Nov. '69

Overhead, the C.B.S.
Test Pattern.
Buzzing.
Over there, the spontaneous sewer,
Hissing.
Piss.
Underneath.
Rock.
Let's get on with it.
You won the toss
Which goal?
Kicking or Receiving?
Time is age.
I hide the dial.
beneath a button
in th mirror.
Before my very eyes
I may not be living.

Vigil No. 3/Nov. '69

The vigil insists.
The Television is off.
The Sewer and th rain.
Did I leave you on the Coast?
Are you hiding?
DEAD ON ARRIVAL.
The groom is dead –
VIVA LA GROOM.
Yes, pretending you don't matter.
Do you speak?
SPEAK!
SPEAK!
My best-man and I
sit,
for hours,
We have done it all.
We are waiting
for a sign,
a witness,
some thing
we can't imagine.

New York – Lower East Side

Vor ungefähr vier Jahren kamen eine Menge junger Weißer zur Lower East Side, viele waren von zu Hause weggelaufen. Wir hatten begriffen, daß wir in einem Supermarkt-Amerika aufgewachsen waren, Schulen oder Universitäten besucht hatten, die weder mit uns noch mit der Welt etwas zu tun hatten, all das, um uns vorzubereiten auf die Jagd nach Geld von 9 bis 5. Wir hatten begriffen, daß wir immer mehr zu Plastikseelen in absterbenden Körpern wurden, zu Schatten in Fernsehreklamen wie unsere Eltern. Wir sahen, daß wir allmählich abstarben, und weil wir lebendig bleiben wollten, machten wir uns auf zu der neuen Szene, die sich da unten eröffnete.

Wir borgten uns von anderen Kulturen, um eine zu finden, in der man leben kann. Wir übernahmen Ideen der östlichen Philosophie, um die Dinge anders als nur per Brieftasche zu betrachten. Wir lernten von den Indianern, wie man in Gemeinschaften lebt. Trotz allem aber glaubten wir immer noch die ganze Scheiße, die uns unsere *pig*-Kultur überliefert hatte, daß Menschen nur über den Individualismus wirklich frei sein könnten usw., statt kollektiv gegen die Unterdrückung anzugehen. Wir ignorierten immer noch den Weltkrieg, den alle Nicht-Weißen gegen die USA kämpfen, wir schützten das *pig*-System, indem wir mit ihm zusammenarbeiteten. Wir waren kleine *pigs*, die sich an der Kriegsbeute des Vaterlandes vollfraßen. Es war leichter, sich in schönen Träumen zu bewegen als zu kämpfen.

Für die meisten Frauen, die runter zur East Side zogen, änderte sich allerdings wenig. Wir folgten den Männern, spielten dumm oder ängstlich, während sie den starken Mann machten. Wir schliefen mit vielen von ihnen, konnten Drugs nehmen, alles Sachen, die wir vorher nicht tun konnten. Aber alles stand unter einem Druck, man erwartete weiterhin von uns, daß wir schwach und schön waren. In einer Gemeinschaft, in der vorgeblich alles frei war, mußten wir mit unseren Körpern bezahlen, sei es für Drugs oder für einen Platz zum Schlafen. Nicht zu ficken war eine Verletzung der Gemeinschaftsidee, war einfach unmöglich. Wir taten nichts, angefangen vom Demonstrieren bis zum Verhökern von Stoff, ohne einen Mann, der der Boss war. Wir machten immer noch die Wohnung sauber und hoben die Katzenscheiße auf usw. Es paßte uns nicht, daß da dauernd Leute rumhingen, die mit unseren Männern sprechen wollten. Viele von uns mußten Geld machen bei Uniheinis oder Touristen, die scharf auf einen Hippie-Fick waren. Irgendwie fühlten wir uns verdammt einsam. Natürlich wußten wir, wenn wir zur Lower East Side kamen, daß nicht alles nur aus Blumen, Marihuana und Liebe besteht, wie es uns die *pig*-Medien weismachen wollten. Wir kapierten bald einiges über Hunger, Müll, Elendsquartiere, Raub und Diebstahl von Süchtigen, Vergewaltigung, die Mafia und die *pigs*, die Geld von ihr nahmen und uns statt dessen verhafteten. Mit der Zeit wurde es schlimmer, und wir konnten etwas von der Scheiße begreifen, mit der die Schwarzen und die Puertoricaner seit 400 Jahren auskommen müssen. Nach ein paar blutigen Kämpfen und nachdem wir unzählige Male ausgeraubt worden waren, fanden wir heraus, daß die Puertoricaner uns nicht mochten. Wir waren aus einer Welt gekommen, wo die Weißen immer noch glaubten, die Integration sei möglich. Wir waren dahin gezogen, um eine wirklich integrierte Gesellschaft aufzubauen, und hatten natürlich die Gesellschaft übersehen, die schon da war. Wir hatten übersehen, daß sie ihre eigene Kultur mochten und von unserer nichts wissen wollten. Sie waren sauber, unsere langen Haare paßten ihnen nicht, sie konnten nicht verstehen, warum wir freiwillig in einen Slum gezogen waren, und sie mochten nichts

FILLMORE EAST
FILLMORE EAST
21-2 COCKER F MAC CRIMSON
26.8.9 AIRPLANE SOLD OUT
5-6 JETHRO FUNK MATTRESS
2-3 HAVENS SIMONE

von dem Acid-Rock, der aus unseren Stereos quoll. Wir besetzten einfach diese Gemeinde, drückten die Mieten hoch, gingen rum und fanden uns und unsere Kultur toll, und brachten es fertig, daß sie anfingen uns zu hassen. Unter diesen Bedingungen drehten ein paar von uns sofort durch. Wir kehrten zurück zu Mammi und Pappi, zur Universität oder in einen anderen Bereich von Amerikkkas einfachem Todesstil. Andere von uns gerieten in andere Todes-Trips, Amphetamine, harte Drogen oder sonstige Tiefs.

Einige von uns wurden politisch. Nachdem wir 1964 aus dem SNCC (Student Non-violent Coordinating Committee), aus CORE (Congress of Racial Equality) oder anderen schwarzen Organisationen rausgeflogen waren, wendeten wir unsere verletzten Rassengefühle Vietnam zu: ein weit entfernter Fall, der es uns erlaubte, unsere privilegierte Position der Weißen in Amerikkka beizubehalten. Die Antikriegsbewegung bedeutete einigen Leuten alles. Der Krieg war fern, und es war weniger schwierig damit umzugehen, als mit unserem eigenen Rassismus. Aber einigen von uns wurde dann klar, daß eine Friedensbewegung auch keine Lösung war, daß sie mit dem, was in der Welt passierte, nichts zu tun hatte, von unseren eigenen Problemen ganz zu schweigen.

Einige kapierten, daß es nötig ist zu kämpfen. Die *Up Against the Wall Motherfuckers* und andere Leute führten Straßenkämpfe gegen die *pigs* und gegen *pig*-Besitz Anfang 68 und 69. Als Bill Graham (einer der Bosse im Musikgeschäft, u. a. Besitzer der beiden Fillmore East und Fillmore West, der bekanntesten Beat- und Rock-Konzerthäuser in Amerika) sich die hip-Kultur unter den Nagel riß, um sie reichen Touristen zu verkaufen, machten die Motherfucker sein Theater kaputt (Winter 68/69). Sechs Monate später – während der Kämpfe um den People's Park in Berkeley – hätte es jemand fast niedergebrannt. Letzten Mai hätte es kein *pig* wagen können, auf St. Marks jemanden festzunehmen, ohne seinen Schädel zu riskieren. Kämpfen und *pig*-Besitz kaputtzuschlagen ist gut, aber es ist nicht genug. Während dieser beschissene Weltkrieg andauert, während überall Leute die Faust erheben gegen das Welt-*pig*, dachten wir nur daran, uns ein Stückchen Spielwiese an der Ecke St. Marks und 2nd Avenue zu erkämpfen oder das Recht, in einem von Bill Grahams schmutzigen Theatern zu sitzen. Wir müssen begreifen, wo die Kraft herkommt, die dieses System zerschlagen kann – von Menschen der Dritten Welt in schwarzen und braunen Kolonien innerhalb und außerhalb Amerikkkas Grenzen. Wir müssen begreifen, daß Menschen in ungefähr 40 Ländern die Hände erheben gegen das *pig*. Jedes Mal, wenn es seine Schnauze in irgendein Land steckt, wird ihm ein Teil davon abgerissen.

Tony Barsha

aus: The Forgotten American

(Das Wohnzimmer eines durchschnittlichen amerikanischen Arbeiters. Im Vordergrund ein Fernsehapparat, dahinter ein Sofa. Auf dem Sofa der Arbeiter. Er hat eine Dose Bier in der Hand und sieht fern. Das Licht des Fernsehapparates flackert auf seinem Gesicht. Im Hintergrund ein schwerer gepolsterter Sessel, daneben ein kleiner Tisch. Die Frau des Arbeiters sitzt im Sessel und liest Reader's Digest. Auf dem Tisch ein Foto eines Soldaten und ein paar grüne Marken. Der Mann trägt ausgebeulte Hosen und ein kariertes Hemd. Die Frau hat eine aufgedonnerte Frisur und trägt ein knielanges gemustertes Kleid. Irgendwo ein Bild von *Custers Last Stand*. Sie sehen ein Fernseh-

Serienprogramm, ab und zu lachen sie und sehen einander an.)
FRAU: Ginger sagt, daß sie in diesem Jahr mit Sexualkunde anfangen.
ARBEITER: Hm.
FRAU: Ich hörte so was, daß sie es auch in den unteren Klassen tun wollen.
ARBEITER: Hm.
FRAU: Silvia und ich werden in der nächsten Elternbeiratssitzung das Gespräch darauf bringen. Wir finden, daß so was überhaupt nicht unterrichtet werden sollte.
ARBEITER: Hm.
FRAU: Die Entscheidung über gewisse Dinge sollte man den Eltern überlassen.
ARBEITER: Hm.
(Die Türglocke läutet. Eine Stimme spricht über Lautsprecher.)
STIMME: Entschuldigen Sie die Störung. Wir machen einen Bericht über den vergessenen Amerikaner. Den durchschnittlichen amerikanischen arbeitenden Staatsbürger. Wir wären daran interessiert, alles zu wissen, was Sie uns freundlicherweise über sich selbst, Ihre Familie, Ihr Leben, Ihre Arbeit und darüber, was Sie, wenn überhaupt, an Amerika stört, erzählen wollen.
(Beide hören zu, dann spricht der Arbeiter.)
ARBEITER: Wer, ich? (wendet sich zu seiner Frau und zurück) Ah, na ja... Ich finde, daß wir immer hinten dran sind, in allem. Man hat uns einfach vergessen. Alles besteht nur noch aus Protesten, Forderungen, Krawallen, Krieg. Und die Regierung weiß nicht, daß ich existiere, und schert sich nicht drum.
FRAU: Und die Leute haben sich verändert. Es gibt keine Freundlichkeit mehr. Keine menschliche Nähe.
ARBEITER: Vor zehn Jahren, wenn dich da jemand zusammengeschlagen hat, konntest du erwarten, daß dir jemand hilft. Heute gehen sie einfach vorbei, weil sie um ihr eigenes Leben Angst haben.
FRAU: Und alles, woran man glaubt, wird angegriffen. Was man in der Schule, in der Kirche, von den Eltern gelernt hat. Die Werte, die uns so teuer waren, werden alle zum Teufel gejagt.
ARBEITER: Deshalb verlieren wir irgendwie den Mut. Wir hatten ein Ziel im Auge und –
BEIDE: – plötzlich ist alles verschwommen.
ARBEITER: Es ist schwer, dem zu entfliehen. Wohin man sich dreht und wendet, da ist irgendeine Krise. Die Krise der Schwarzen. Die Krise der Großstädte. Es gibt eine verdammte Krise nach der anderen. Aber das Schlimmste ist, daß wir machtlos sind, irgend etwas zu tun.
FRAU: Erzähl ihnen das mit den Motorrädern.
ARBEITER: Ja. Da waren diese Motorräder, eine ganze Bande davon, an der Ampel. Als es grün wurde, fuhren sie nicht los, deshalb hupte ich. Einer von ihnen brüllte: "Was willst du denn, du altes Arschloch?" Ich war so erschrocken, daß ich nicht mal ihre Nummern aufgeschrieben habe.
(Die Frau steht auf und geht zum Arbeiter.)
FRAU: (nach draußen) Entschuldigen Sie, ich muß einkaufen. (Zum Arbeiter) Schatz, gibst du mir Geld?
(Der Arbeiter gibt ihr etwas Geld. Sie hält ihre Hand hin, um mehr zu bekommen)
ARBEITER: Wieviel brauchst du?
FRAU: Das ist nicht genug.
ARBEITER: Es ist nie genug.
FRAU: Wir brauchen mehr.
ARBEITER: Mehr, mehr, mehr. Mehr was?

Tony Barsha

Interview

Ich bin am 7. März 1938 in Los Angeles geboren. Ich bin Fische. Angefangen hab ich mit Film, aber ich hab aufgehört, es lag mir nicht. Nicht wegen des Films als Medium, sondern wegen Hollywood, es ist da eine reine Industrie. Ich machte Fernsehfilme da, du machst deinen Job, mehr nicht. Heute ist es in Hollywood noch schlimmer, als es schon damals war. Entweder du machst, was sie verlangen, oder du bist draußen. Ich hörte auf und reiste ein Jahr oder so rum: Türkei, Griechenland, Marokko, Israel, Frankreich. In Europa fand ich soviel von unserer Vergangenheit, die Wurzeln der amerikanischen Kultur.
1965 kam ich nach New York und fing an, Theater zu machen. Ich lief mit meinem ersten Stück ins Theatre Genesis rein, eine Menge Leute haben da angefangen. Bis heute sind da fünf Einakter von mir gemacht worden.
Meine ersten Stücke hatten eine ziemlich vage politische Richtung, ein etwas unklarer Sozialismus. Ich komme aus einer sozialistischen Tradition: Mein Großvater war Sozialist und mein Vater auch, später ist er allerdings wie die meisten ziemlich verbürgerlicht. Je mehr ich dann in meinen späteren Stücken versucht habe, ein politisches Bewußtsein auszudrücken, desto mehr bin ich aus dieser Theatergemeinschaft hier ausgestoßen worden. Im OOB gibt es kein politisches Theater. Ich dachte mir, man muß versuchen, kollektiv zu arbeiten, mehr machen, als nur ein Stück aufzuführen, und deshalb ging ich über zur Regie. Ich machte am Theatre Genesis einen Workshop mit Schauspielern, eine Improvisationsgruppe. Daneben fing ich einen politischen Workshop an, ich arbeitete mit Leuten aus der anarchistischen Bewegung: den 'Motherfuckers', damals hießen sie noch 'New York Federational Anarchists' und 'Black Masks'. Die Sache lief aber nicht, sie blieben nicht lang genug zusammen, und sie konnten sich nicht einig werden, was sie machen wollten, Demonstrationen oder Straßentheater oder was. Es ging nicht, sie waren zu sehr auf Drugs aus, und das Ergebnis war, daß nichts gemacht wurde. Es war ein Chaos. Es gab keine solide Basis für politische Arbeit, so wie ich es mir vorgestellt hatte. Im OOB gibt es leider auch kein Publikum für politisches Theater. Aus dem OOB, dem Underground, der radikalen Theaterbewegung oder wie immer man das hier nennt, sind zwei Arten von Stücken entstanden: das psychodelische Stück, das Drug-Stück, wo meist Hippies mit Gewehren rumgeistern und irgendwas anstellen, und das Faggot-Stück, das Schwulen-Stück; alles übrige ist einfach kommerzielles Theater, Komödien, Musicals und son Zeug. Was mich an den Gruppen hier stört, ist ihre Haltung: Sie wollen zu einem schnellen Ergebnis kommen, sie wollen Effekte produzieren, das ist ihr ganzes Engagement. Um etwas zu entwikkeln, muß man sich viel Zeit nehmen, Jahre! Man muß eine Menge Konzentration aufbringen. Die einzige Gruppe im OOB, die so gearbeitet hat, ist das Open Theatre, aber sie haben dabei

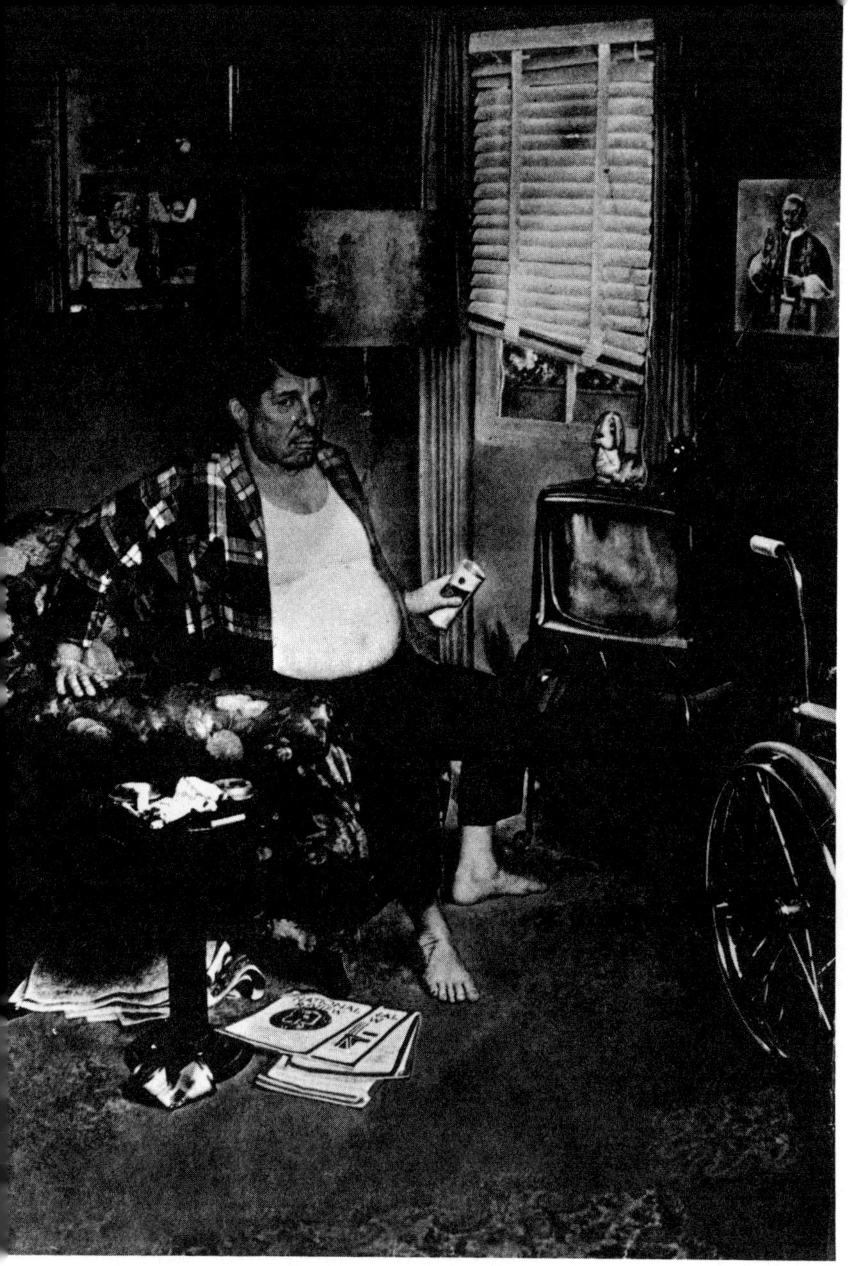

eigentlich nur neue ästhetische Formen entwickelt. Die Problematik, eine Gruppe zu bilden, liegt in unserer amerikanischen Kultur. Wir bleiben nicht lang genug an etwas dran, der Sache selbst wegen, uns fehlt die Disziplin der Arbeit gegenüber und den anderen Leuten gegenüber. Besonders bei den Jungen ist das heute so. Deshalb sehe ich auch hier im OOB heute keine Chance mehr. Die Sache hier fällt ganz in die Hände des fetten Kommerz. Das Motiv der meisten Gruppen ist, ein neues *Hair* zu werden; eine Richtung im politischen Sinn haben sie nicht. Nichts gegen Erfolg, aber wenn du in diesem Land Erfolg haben willst, mußt du in bestimmten Grenzen bleiben, das heißt, was in Amerika absolut verboten ist, ist, ein politisches Bewußtsein zu haben, sie bringen dich sonst um. Eigentlich ist die einzige wirklich politische Gruppe die der 'Black Panthers', das ist die einzige, die ich kenne und respektiere, außer vielleicht noch das Straßentheater, das beste amerikanische Theater, das wir haben.

Nicht nur der OOB, auch New York ist völlig apolitisch geworden. Das ist eine Frage der Ökonomie. In anderen Teilen des Landes findest du eine ganz andere Situation als in New York. Da hast du keine Wahl, du hast keine Möglichkeit: Entweder du machst deinen Job, oder du bist draußen. Hier in New York gibt

FRAU: Mehr von dem, was wir brauchen. (Weint) Warum mußt du immer mit mir streiten?

ARBEITER: (Gibt ihr mehr Geld) Gut, gut, in Ordnung. Hier. (Frau geht ab)

ARBEITER: Inflation. Alles wird teurer und teurer. Und Steuern, Steuern und noch mal Steuern. Wenn die Steuern raufgehen, dann müssen wir sie zahlen. Die Reichen sollten Steuern zahlen. Das Land soll angeblich Gerechtigkeit für alle haben, nicht nur für einen oder zwei. Aber die Dinge werden nicht besser. Der Arbeiter hat immer für alles draufgezahlt, hat kämpfen müssen und ist mit weniger Geld in der Tasche heimgekommen. Und wofür? Die Gewerkschaften erreichen eine Lohnerhöhung, und die Konservenpreise in den Supermärkten gehen zehn Pfennig rauf. Der Politiker setzt sich für nichts ein, außer für sich selbst. Nur höhere Steuern. Damit irgendein Schweinehund den ganzen Tag auf seinem Arsch hocken kann. Die Leute, die Fürsorge kriegen, sind viel besser dran. Die bekommen Autos, wohnen in Hotels, haben zu essen. Ich arbeite, und was zum Teufel habe ich? Fünfzig Millionen Dollar, um einen verdammten Scheißaffen auf den Mond zu schicken, und ich kann mir nicht einmal einen Farbfernseher kaufen. (Er schaut zum Fernseher.)

Ginger! Ginger! (nach draußen) Meine Tochter! (ruft) Ginger! (Zuckt die Achseln, stellt ein neues Programm ein und sieht fern; verunreinigte Luft breitet sich langsam im Zimmer aus, zusammen mit dem Geräusch von Fabrikmaschinen.)

Ich war in derselben Fabrik, seit ich 26 bin. Tag für Tag, Jahr für Jahr dieselben verdammten Treppen raufgehen, dieselbe verdammte Zeitkarte stempeln. Immer an derselben gottverdammten Stelle stehen und dieselben gottverdammten Löcher bohren. (Sieht sich um) Alles wird immer häßlicher. Du kannst 40 Kilometer aufs Land rausfahren und ihm entfliehen. Aber schließlich kostet es zuviel, hin und her zu fahren. Das macht was aus. Die Leute ärgern sich jetzt über Sachen, über die sie vor ein paar Jahren gelacht hätten. Lärm, Luftverschmutzung. Gar nicht zu reden von den Entlassungen, Lohnkürzungen, Streiks, Fabrikverlegungen und der Automation. Es ist bald nicht mehr auszuhalten.

STIMME: (vom Band) Wahrscheinlich war ich zu beschäftigt, um mich hinzusetzen und darüber nachzudenken, was für Probleme ich habe. Ich bin glücklich. Ich lebe auf dem Land. Städte machen mich nervös. Die Leute auf dem Land sind entgegenkommend und höflich, aber das Leben in der Stadt macht die Menschen so aggressiv und angespannt, sie wollen mit niemandem sprechen. Alles, was ich tun muß, ist, am Morgen aufzuwachen und die Vögel singen zu hören. Das macht mir Freude. (Die Fabrikgeräusche werden lauter, dann hören sie auf. Der Smog verschwindet. Die Frau kommt mit vielen Einkaufstüten zurück.)

FRAU: Wo ist Ginger?

ARBEITER: Weiß ich nicht. Meine Güte, mit all dem Zeug könnte man eine Armee versorgen.

FRAU: Das ist nur für heute und morgen.

ARBEITER: Und der Rest?

FRAU: Sachen.

ARBEITER: Was für Sachen?

FRAU: Sachen, die ich brauche.

ARBEITER: Die du brauchst?

FRAU: Ja, ich brauche Sachen. Ich kann nicht rumlaufen wie eine Fürsorgeempfängerin.

(Der Mann stellt ein anderes Programm ein.)

FERNSEHAPPARAT: (Sprechchor) Say it loud, I'm black and proud! Say it loud, I'm black and proud!
ARBEITER: Schau dir das an. Wir machen die ganze Arbeit, und die Nigger haben es geschafft. Sie arbeiten sich immer näher heran, schleichen sich in alles ein. In den letzten drei oder vier Monaten kann man nicht einmal den verdammten Fernseher anmachen, ohne einen Nigger zu sehen. Sie spielen sogar Cowboys.
FRAU: Sie wollen zweihundert Dollar die Woche nach sechs bis acht Monaten Ausbildung, wo mein Mann und mein Vater sechs bis acht Jahre brauchten, um das zu kriegen. Wieso können sie sich nicht raufarbeiten wie andere?
ARBEITER: Ein Schwarzer hat bessere Chancen, einen Job zu kriegen, als ein Weißer. Es sieht so aus, als hätte der Weiße nicht dieselben Rechte wie der Schwarze.
FERNSEHAPPARAT: ....sieben Generationen in diesem Getto und kein Ende abzusehen...
ARBEITER: Vielleicht haben sie ein paar gute Gründe. Aber sie machen es falsch und mit den falschen Führern.
FRAU: Sie kriegen Jobs in guten Firmen, aber sie arbeiten nicht. Die, die die Neger unterstützen, erzählen ihnen, daß wir ihnen Arbeitsplätze und Häuser und Essen und Kleider und Geld für nichts schuldig sind.
FERNSEHAPPARAT: Get Whitey! Kill the Pigs! Black Power!
ARBEITER: Die Nigger sind alle organisiert. Wie die Mexikaner und sogar die Indianer. Aber wer zum Teufel setzt sich für uns ein? Wir geben Millionen aus, und die Nigger kriegen alles und wir kriegen nichts.
(Die Frau geht ab, der Arbeiter wechselt das Programm.)
FERNSEHER: ...568 Verwundete und 62 Tote. Die Verluste des Feindes liegen wesentlich höher: 1094 Verwundete und 237 Tote. Die gesamte Operation dauerte...
ARBEITER: Das macht mich wirklich wütend, jedesmal wenn jemand getötet wird. Milliarden von Dollars und ich weiß nicht wie viele Tote in Vietnam. Ich finde Kriege, wo keiner gewinnen kann, einfach Mist. Ich verstehe das nicht. Wenn man nicht nach Nordvietnam kann, was hat es dann überhaupt für einen Sinn? Wenn du mich schlägst und dann gehst du ins nächste Zimmer und ich kann dir nicht folgen, was zum Teufel hat das für einen Sinn? Die Kinder der Arbeiter sind in Vietnam, und wir beten für den Sieg. Wir wollen daran glauben, daß Amerikas Krieg gerecht ist.
(Der Sohn des Arbeiters tritt auf. Er geht an Krücken. Er geht zum Stuhl und läßt sich hineinfallen. Seine linke Seite ist gelähmt.)
(Kriegsgeräusche vom Fernsehapparat)

es Zwischendinge, du hast das Gefühl, daß du was machen kannst, daß es Möglichkeiten gibt. Es ist nicht wahr, aber viele glauben es und kommen deshalb nach New York, weil sie in anderen Städten Amerikas große Frustrationen erlitten haben. Im Grunde ist der Rest des Landes politisch viel mehr hip als New York. Noch vor fünf Jahren war das andersrum. Obwohl sich auch damals schon die politische Aktivität in New York meist in den Köpfen abspielte: Kommunisten, Sozialisten, Anarchisten, alles Intellektuelle, die nicht wirklich aktiv waren, bloß Intellektuelle. Heute wird Amerika mehr und mehr zu einem faschistischen Staat, unheimlich aggressiv; ich glaube, so richtig hat das mit der Ermordung von John F. Kennedy angefangen. Aber in diesem Gebilde, in diesem Amerika gibt es viele Minoritäten, junge Weiße und die Schwarzen, all die werden davon berührt. Und gerade außerhalb New Yorks, wo sie kaum Möglichkeiten haben, werden sie zur politischen Aktivität gezwungen, zur Solidarität mit anderen Minoritäten, zur Organisation; alles zielt auf ein: *Up against the Wall!* Daß ich noch immer in New York bin und hier Theater mache und nicht irgendwo in Kalifornien in einer aktiven politischen Gruppe arbeite, das ist mein persönliches Paradox. Ich bin Künstler, und irgendwie gehöre ich innerlich mehr zu dieser intellektuellen politischen Tradition als zu der aktiven politischen Bewegung. Der gewisse Rückzieher des Künstlers vor direkter politischer Aktion ist ein klassisches Problem und entstammt notwendig unserer Kultur. Auf der einen Seite suche ich mehr und mehr eine direkte Verbindung zur politischen Aktion, und dann halte ich mich auf der anderen Seite doch davor zurück, weil ich Angst habe, daß ich dann meine Arbeit als Künstler aufgeben muß. Die Arbeit ist mir das wichtigste, sonst säß ich nicht hier, sondern in Hollywood mit einer Menge Geld.

Ich mache Theater, obwohl der Film als Medium ein viel machtvolleres politisches Instrument ist; er erreicht viel mehr Menschen. Aber im Augenblick ziehe ich das Theater wegen seiner anderen wirtschaftlichen Grundlage vor, ich habe hier mehr Freiheit als im Film. Außerdem ist das Theater lebendig, es ändert sich dauernd, du kannst auch nach der Premiere jeden Tag bis zur letzten Vorstellung weiterarbeiten. Du setzt dich nicht einfach hin und sagst: Hier ist es, das ist das endgültige Produkt. Deshalb ist das Theater als ein politisches Instrument auch sehr wichtig, du kannst von einer Vorstellung zur anderen neue politische Informationen mit einbauen.

Hier im Village wird soviel von Freiheit geredet, aber es gibt eine Klassensituation, und in der haben nur die wenigsten teil an dieser so propagandierten psychodelischen Freiheit. Es gibt viel wichtigere Probleme. Ich wünsche mir die Revolution. Ich werde hier in Amerika bleiben.

Tony Barsha

Double Vision: Dead Body

Das Theater ist nackt. Ein leerer Raum mit einigen Plattformen an den Wänden. In der Mitte ein großer Kreis mit einem fünfzackigen großen Stern. Die Mitte des Sterns ist ein roter Kreis. Der Stern ist golden, der große Kreis blau. Keine Stühle. Das Publikum sitzt auf dem Boden oder auf den Plattformen. Drei Ecken des Raums sind durch Flächen mit Spiegeln abgerundet. Die vierte Ecke ist frei und wird vom Beleuchter und Tonmeister benutzt.
Ein Gong.
Aus verschiedenen Teilen des Publikums kommen die Schauspieler in den Kreis. Sie rollen sich – oder legen sich einfach – auf den Rücken. Sie machen einen Ton.
Ein Gong.
Die Schauspieler stehen langsam auf, wobei sie mit Bewegungen und Geräuschen experimentieren. Sie bewegen sich zur Mitte hin aufeinander zu. Sie bilden einen engen Kreis, Gesichter nach außen, dann nach innen und nehmen den Ton wieder auf. Sie öffnen sich bis an den Rand des Kreises. Ein Schauspieler, das Double, bleibt in der Mitte. Er beginnt, wechselnde Geräusche und Bewegungen zu machen. Die anderen übernehmen sie. Das Double geht zum Visionär und stellt sich ihm gegenüber. Das Double nimmt wieder den Ton auf. Die anderen übernehmen ihn. Die Schauspieler drehen sich um, Gesichter zum Publikum. Sie setzen sich. Der Ton geht weiter. Die Schauspieler drehen sich um, Gesichter zur Mitte. Der Ton endet.
Ein Gong.
Die Vision beginnt.
1. Zyklus: Toter Körper (Grün, Largo-Adagio)
Der Visionär beginnt die Vision: *Ich sehe einen Toten.* Das Double wiederholt die Töne des Visionärs (und Bewegungen, wenn es welche gibt). Die Schauspieler beginnen, den toten Körper zu formen. Das Double beginnt die Vision zu übernehmen, indem er die Töne und Bewegungen des Visionärs verstärkt und die Worte/Töne der Vision verdoppelt. Die Schauspieler formen weiter den toten Körper. Das Double tritt in die Vision ein und hilft den Schauspielern, indem es sich verdoppelt (Alchemist), sich zum toten Körper zusammenzuformen. Wenn der tote Körper geformt ist, lösen die Schauspieler ihn einzeln auf zum Rand des Kreises oder ins Publikum. Das Double kehrt zu seiner Stellung vor dem Visionär zurück. Die Schauspieler kehren zurück in den Kreis, formen den toten Körper erneut und nehmen den Ton wieder auf.
Ein Gong.
2. Zyklus: Teile des Körpers (Rot, Andante-Vivace)
Der Visionär beginnt mit: *Ich sehe den Körper. Ich sehe die Menschen den Körper in Stücke reißen. Die Arme, die Beine, der Kopf.* Das Double wiederholt die Töne und Bewegungen des Visionärs. Die Schauspieler beginnen, die Glieder vom Körper zu reißen. Das Double beginnt

die Vision zu übernehmen, indem es die Töne und Bewegungen des Visionärs verstärkt und die Worte/Töne der Vision verdoppelt. Das Double tritt in die Vision ein und hilft den Schauspielern zu den Körperteilen zu werden, indem es sich verdoppelt (Alchemist) und hilft ihnen dann weiterhin sich zu und aus ihren dazugehörenden Formen und Begriffen zu transformieren. (Die Schauspieler sind vorbestimmte Teile. Ein Schauspieler ist das Teil, ein anderer sein Double. Der Kopf: der Visionär und das Double. Die Glieder: 8 Schauspieler. Der Körper: alle. Die Teile und Begriffe sind: rechter Arm – Krieg; linker Arm – Revolution; rechter Fuß – Verbrechen; linker Fuß – Drogen. Der Körper – Liebe. Andere Formen werden improvisiert.) Die Schauspieler improvisieren die Teile und die Transformationen, wobei das Double und der Visionär die Teile zum Körper führen. Die Schauspieler formen den Körper nicht, sondern bleiben ungeformt. Das Double kehrt zu seiner Stellung vor dem Visionär zurück. Das Double meldet dem Visionär den toten Körper und fragt, was mit dem Körper geschehen soll. Die Schauspieler fragen: Was soll ich mit meinem Körper tun? Es wird eine Liste von Möglichkeiten begonnen. Die Schauspieler bleiben im Kreis. Die Schauspieler bilden einen Oktopus und bewegen sich still und ungeschickt im Kreis. Der Oktopus schwenkt herum und schluckt das Double, während der Visionär weiterspricht. Der Oktopus und das Double bewegen sich zur Mitte und der Visionär verstummt. Die Schauspieler nehmen wieder den Ton auf.
Ein Gong.
3. Zyklus: Tier (Blau, Moderato-Fortissimo)
Der Ton hält an. Aus der Mitte des Oktopus beginnt das Double zu klingen. Der Oktopus öffnet sich wie eine Blume. Die Schauspieler gehen zurück an den Rand des Kreises, den Ton fortsetzend und das Double allein zurücklassend. Das Double beginnt einen Monolog aus Tönen, Worten, Prophezeiungen, Erklärungen, Schreien, Gesten usw. Der Visionär verstärkt das Double manchmal und hilft ihm. Die Schauspieler setzen den Ton fort, unterstützende Zusätze einwerfend und wieder den Ton aufnehmend. Wenn der Monolog des Doubles den Höhepunkt erreicht, geben der Beleuchter und der Tonmeister einen Wechsel von Lichtblitzen, Geräuschen und Stimmen über Lautsprecher dazu.
Blackout. Stille.
Ein Gong.
4. Zyklus: Neuer Körper (Schwarz/Weiß)
In der Dunkelheit machen alle Schauspieler den Ton. Sie bewegen sich zwischen dem Publikum und berühren es. Sie helfen dem Publikum mit Tönen und Berührungen zusammenzukommen. Die Schauspieler kehren in den Kreis zurück und formen den neuen Körper auf dem Stern. Der neue Körper beginnt zu klingen. Das Licht geht an. Der neue Körper erhebt sich langsam und schmerzhaft. Die Schauspieler stehen, entspannen sich und verlassen den Kreis.

Murray Mednick

Interview

Ich bin in Brooklyn geboren, meine Eltern waren sehr arm. Mein Vater war Arbeiter. Ich bin eine Zeitlang aufs Brooklyn College gegangen. Lange bin ich da nicht geblieben. Ich war Kellner, zehn Jahre lang. Ich hab dabei auch andere Sachen gemacht. Ich hab mit Drugs gehandelt, Marihuana und so, für lange Zeit. Erst in den letzten zwei, drei Jahren hab ich vom Schreiben gelebt. Letztes Jahr hatte ich ein Stipendium von Rockefeller. Und ich hab auch meine Stücke veröffentlicht, da bekam ich was. Ein paar Stücke von mir sind im ganzen Land gespielt worden. Jetzt schreibe ich gerade ein Drehbuch für Jacopetti, er hat *Mondo Cane* gemacht. Aber das kann alles aufhören, schon in den nächsten zwei Monaten. Ich weiß nicht, was nächstes Jahr wird. Es ist sehr schwer, irgendeine Art von Sicherheit zu haben.

Ich weiß nicht mehr genau, wann ich mit Schreiben angefangen hab. Es ist sehr lange her. Ich glaube, ich war 14 ungefähr. Ich verliebte mich in die Literatur. Ich hörte Stimmen und machte Gedichte daraus. Ich weiß auch nicht, aber mir gefiel, was ich schrieb. Es gab mir eine Menge Kraft, weil – wir waren sehr arm und ich war sehr bitter.

Zu meinem ersten Stück kam es viel später, als ich eines Tages ein Gedicht schrieb und zwei Stimmen da waren. Ich ließ sie beide sprechen, und es wurde ein Stück daraus. Durch Zufall kam ich dann ans Theatre Genesis. Ich verkaufte Stoff an einen Schauspieler, der im Genesis arbeitete, und der nahm mein Stück und gab es Ralph Cook zum Lesen. Damals dachte ich, ich würde nie ein zweites Stück schreiben. Ich habs gemacht. Die Franzosen wie Genet und Cocteau haben mich beeinflußt, aber die meisten Europäer sind spurlos an mir vorbeigegangen, mit ihrem Formgefühl, das sie haben. Ich schrieb erst Gedichte, bevor ich Stücke schrieb, und deshalb habe ich irgendwie ein klassisches Gefühl für Form. Ich mag ein Gedicht, wenn es sauber ist in einer Form, aber ich weiß nicht, welche Form das ist, bevor ich es schreibe. Ich schreibe und dann seh ich, was passiert. Es sieht so aus, als wenn ich mir immer weniger Sorgen um die Form mache. Ich versuche zu hören, wie die Leute reden, wie sie hier auf den Straßen reden, und wenn ich schreibe, dann bin ich damit verbunden.

Wenn ich schreibe - wie soll ich sagen: Ich folge dann meinen Inspirationen. Ich weiß vorher nicht, was ich schreiben werde und wie es aussehen wird. Ich versuche einfach, mir zuzuhören. Ich finde mich schreibend, und es bringt mich irgendwohin, und wenn nicht: geschenkt! Es hat sein eigenes Leben, und was ich mache, ist einfach: ihm Raum geben, in die Welt zu kommen. Es ist wie eine Geburt, weißt du, diese Art von altem Klischee. Ich versuche nicht zu sagen, was es ist. Ich lasse es selbst mir erzählen, was es ist, und dann versuche ich, damit in einer disziplinierten Art umzugehen. Schließlich ist es ein Stück, und ich verstehe es dann als Dichtung. Ich hab eine ziemlich genaue

Murray Mednick

aus: The Hunter

(Nachts auf einem freien Feld. Rechts und links je ein Armee-Feldbett an einem Abhang. Auf den Feldbetten liegen Harry und Lee, das Gesicht vom Publikum abgewandt. Sie sind junge, ungefähr gleichaltrige Männer. Harry hat einen Bart und kurzes Haar. Lee ist glattrasiert und trägt langes Haar. Beide haben Motorradstiefel und Uniformen aus dem Sezessionskrieg an.)

LEE: Ich weiß nicht, was ich machen soll, Harry: zurückgehen und kämpfen oder hier abhauen und es aufgeben. Verduften.

HARRY: Spinn doch nicht, Lee. Wir müssen hier einige Zeit versteckt bleiben.

LEE: Ich denke die ganze Zeit an sie. Ich kann überhaupt nichts anderes tun. Ich hocke herum und denke daran, wie ich mit ihr vögle. Alle Stellungen. Alle möglichen Liebesspiele. Dramatische Szenen. Zufällige Begegnungen. Blicke. Heimliche Unterhaltungen. Es ist widerwärtig.

HARRY: Besessenheit ist eine niedrige Bewußtseinsstufe, Lee. Vergiß das nicht.

LEE: Ich sehe ihr Gesicht. Ihre Augen haben einen lokkenden Ausdruck. Sie beobachtet meine Reaktionen, mein peinigendes Unbehagen. Sie wendet den Kopf. Sie sucht nach mir in ihrem Inneren. Ihr Inneres ist ein Labyrinth von Ängsten, Vorstellungen und Begierden. Unsere Augen begegnen sich. Sie ist betroffen. Bin ich wirklich? Immer noch da? Wer ist er? Was will er?

HARRY: Das ist albern, Lee.

LEE: Die Sache ist, daß ich nicht weiß, was mir mehr weh tut – das Schuldgefühl seinetwegen oder die rein taktische Scheiße, sie zu verlieren.

HARRY: Was du nicht hast, kannst du nicht verlieren, Lee.

LEE: Was? Ich verwechsle die zwei immer. Meine Seele ist zertrümmert. Sie ist in drei oder vier Teile geteilt, die aneinanderreiben.

HARRY: So findet man zu seiner eigenen Persönlichkeit.

LEE: Was?

HARRY: Warum suchst du dir nicht ein nettes, frisches, junges Ding aus irgendeinem Junior-College und lebst mit ihr eine Zeitlang zusammen?

LEE: Ich interessiere mich für keine andere, Harry. Ich kann mir nicht vorstellen, daß ich mich jemals für eine andere interessieren könnte.

HARRY: Nun, ja. Du kannst nicht abhauen, stimmts? Und du kannst nicht hinterherlaufen, stimmts? Und du kannst nicht hierbleiben, stimmts? Also kannst du dich ebensogut langsam beruhigen, Lee.

LEE: Weißt du, ich machs mir zur Zeit fünf- oder sechsmal am Tag selber. Das unter uns. Ich würde dir nicht davon erzählen, wenn ich dir nicht vertrauen würde.

Vorstellung davon, wie es aufgeführt werden sollte, und wir fangen dann damit an. Aber ich entdecke auch Dinge, nachdem ich es geschrieben hab, und ich versuche, mir diesen Entdeckungssinn zu bewahren. Ich lerne beim Arbeiten. Ich weiß nie, was ich als nächstes machen werde, aber ich weiß immer, daß ich noch einen langen Weg vor mir habe. Ich versuche nicht, die Welt zu verändern, aber was ich mache, mach ich ganz, wohin es mich auch immer führt. Das ist der einzige Weg, das ist alles.
Amerika ist jetzt in einer sehr gewalttätigen Zeit. Es sind ungeheure Mengen von Energie da. Jeder wird davon ergriffen. Es treibt dich. Es ist hier auch eine politische Sache im Gange, die sehr stark und sehr radikal ist. Du siehst das auch im Theater, an LeRoi Jones zum Beispiel. Das größte Problem in Amerika ist das Rassenproblem. Aber das weist nur auf ein anderes hin: auf das der Macht. Wer hat die Macht? Die Art von Kapitalismus, die wir haben, ist irrational, nicht rational. Andere im Theater, so wie Sam Shepard, sind weniger an der politischen Sache interessiert, sie sind eher an einer Sache interessiert, die mehr persönlich, mehr romantisch ist. Sie sind interessiert am amerikanischen Mythos. Ich versuche noch immer zu definieren, was das ist. Außer, daß wir *The Old West,* die *Cowboys,* die *Indianer* und die *Gangster* haben, finde ich nichts. Meine eigene Arbeit liegt ein bißchen zwischen diesen beiden Richtungen. Sie ist teilweise politisch und teilweise mehr persönlich-romantisch.
Neben dem Rassenproblem ist ein anderes Problem die Isolation, das Fehlen des Gefühls für Gemeinschaft. Ich lebe hier in New York und arbeite hier im Theater und hab Freunde hier, aber es wird immer schwerer, und ich komme immer mehr dazu, von hier wegzuwollen. In der ganzen Kultur hier – und New York ist ein gutes Beispiel dafür – gibt es keine Gemeinschaft. Wir sind alle isoliert. Was wir in den letzten Jahren im Theater versucht haben, sind verschiedene Arten, das zu durchbrechen, der Versuch, eine Gemeinschaft zu bilden. Aber es ist schwer. Ich glaube, daß es möglich ist, aber ich weiß aus eigener Erfahrung, daß es ungeheuer schwer ist. Vielleicht ist es im Theater noch ein bißchen einfacher als sonstwo, weil du einen Grund hast zusammenzukommen und ein gemeinsames Ziel. Aber sobald dies Ziel, die Aufführung, nicht mehr da ist, bleiben die Leute auch hier nicht weiter zusammen. Und wenn sies versuchen, dann ist auf jedem einzelnen so viel Druck, es zu was zu bringen, was zu leisten, daß sie sich auch bald trennen werden. Ich glaube, Impulse, wie sie das Living Theatre hatte, sind für eine Weile vorbei. Ich hab nicht eigentlich gemocht, was das Living Theatre gemacht hat, aber es hat mich sehr mitgenommen, weil soviel Kraft darin war. Aber die Leute, die an dieser Art ernsthaft mitmachten, sind heute abgeschlafft. Vielleicht kommt das mal wieder, aber im Augenblick glaube ich, bleibt eher eine Gruppe wie das Open Theatre zusammen. Sie leben nicht wirklich zusammen. Sie drängen auch nicht zu einer kommunalisierten Realität. Sie arbeiten einfach zusammen und leben getrennte Leben, was augenblicklich wahrscheinlich die einzige Lösung ist. Die meisten Gruppen haben heute nur ihre eigenen Bedürfnisse, aber keine starke, führende Idee. Ich hab das selbst versucht, aber es ist das Schwerste, was du machen kannst, und ich werde es in der nächsten Zeit nicht wieder versuchen. Du mußt dich ganz an die Leute in der Gruppe geben. Man kann das, aber es

HARRY: Danke.
LEE: Warum kann ich nicht weg, Harry?
HARRY: Erstens würde man es mißverstehen als Feigheit. Desertation im Krieg. Zweitens verlierst du deinen Posten in der Kompanie. Wenn du abhaust. Das würde dir überhaupt nichts nützen. Du wärst noch weiter zurück als am Anfang. Drittens geht es dir hier draußen auf dem Land besser.
LEE: Ja, es ist nett hier.
HARRY: Ja, wirklich.
LEE: Wir könnten doch ein großes Feuer machen und Marshmallows rösten.
HARRY: Ich dachte, wir sind hier, um alle anderen los zu sein. Weshalb willst du dann ein großes Feuer?
LEE: Ich friere, Harry.
HARRY: Du frierst immer.
LEE: Und ich bin eifersüchtig.
HARRY: Auf was?
LEE: Auf alle. Sie ist jetzt mit ihnen zusammen.
HARRY: Kannst du das nicht eine Nacht lang vergessen?
LEE: Sie ist mit jemand anderem allein. Was noch schlimmer ist. Sie hat Augen. Sie ist geil. Sie ist naß. Ich hab Alpträume, Harry, wo sie mit drei oder vier Kerlen gleichzeitig vögelt. Alles meine besten Freunde. Vielleicht ist sie gerade dabei.
HARRY: Naß. Ein hübsches Wort.
LEE: (steht auf) Ich halts nicht mehr aus.
HARRY: Wo gehst du hin?
LEE: Zuerst sagst du, ich kann nicht hierbleiben, und dann sagst du, ich kann nicht weg. Was zum Teufel willst du eigentlich sagen?
HARRY: Ich will gar nichts sagen, Lee. Das einzige, was ich gemeint habe, war, daß du die nähere Umgebung nicht verlassen darfst, wegen deiner Verpflichtungen uns anderen gegenüber. Das wäre das erste. Das zweite ist, daß du extra hier rausgekommen bist, um klar im Kopf zu werden, und jetzt kannst du nicht mal dafür lang genug stillsitzen.
LEE: (setzt sich) Wahrscheinlich bin ich in sie verliebt. Mann. Ich kann nichts dagegen machen. Ich mag die Sache auch nicht. Es ist zum Kotzen. Deswegen bin ich hierher gekommen. Ich bin so verrückt nach ihr, daß ich sie mit Haut und Haaren fressen möchte. Ich kenne sie jetzt so gut – ihr Fleisch, ihre Augen, ihren Mund. Ich möchte diesen Mund essen. Ich möchte ihn mit meinem Schwanz vollstopfen.
HARRY: Du hast den Abstand verloren. Ich glaube, daran liegts.
LEE: Ja, vielleicht hast du recht. Vielleicht hast du recht. Ich muß ein bißchen Abstand gewinnen. (Er legt sich hin.)
HARRY: Na klar, Mann. Dann machts dir nicht mehr soviel aus. Wirst schon sehen. Glaub mir. Du bist im Moment nur total durchgedreht. Streng deinen Kopf nicht so an. Morgen früh wird für dich alles ganz anders aussehen. (Lange Pause)
LEE: Ich kann nicht schlafen, Harry.
HARRY: Ach, du lieber Gott.

braucht Jahre. Du mußt die Leute zu einem Punkt bringen, wo es kreativ wird, frei zu sein. Wenn du das willst (und ich glaube noch daran), dann mußt du mit ihnen zusammen leben, zusammen arbeiten, alles teilen und gemeinsam tragen. Du mußt wirklich angetörnt sein.

Ich glaube, wir haben heute das Gefühl für Berührung, für Geschmack, für Geruch verloren. Das Theater ist deshalb wie eine heilige Notwendigkeit, wie eine Religion, wie eine Kirche – nur besser. Du kannst dich im Theater der Realität deines Lebens versichern, auf die realste Weise, die möglich ist. Das kannst du mit anderen Medien so nicht machen. Das Theater ist in Zeit und Raum. Ein Gedicht ist auf einem Blatt Papier, ein Film auf der Leinwand, aber das Theater ist im Raum, in einem organisierten Raum.

Es hat die Rock-Revolution gegeben, obwohl ich dieses Wort hasse, aber es ist so was passiert, und das ist in die Sinne gedrungen und braucht unsere Energie auf ganz andere Weise. Das gleiche ist mit den Drugs. Sie nehmen Drugs, weil ihre Köpfe explodieren, weil sie etwas fühlen, weil sie sich lebendig fühlen. Die ganze Subkultur, die du hier in Amerika findest, aus Drugs und Rock und Straßenleben und Theater: alles wird für den gleichen Grund gebraucht. Das Theater brauchen wir, wie die Rockmusik und die Drugs, aber wir sind noch nicht soweit. Das meiste, was du hier im OOB sehen kannst, ist einen Dreck wert, ist reiner Bullshit! Es gibt keine Gemeinschaften. Aber das ist nur der Anfang. Ich weiß nicht, was passieren wird, irgendwie sind wir hier in einer Endperiode. Wir können alle draufgehen, aber das muß ausgedrückt werden. Denk an die Rock-Veranstaltungen: Da da kommen tausend Leute und mehr zusammen, und wenn sie etwas gemeinsam fühlen, dann gibt das ihrem Leben eine Art Sinn – einen Sinn, der nicht von einer Institution aufgesetzt ist, ob Kirche, Schule oder Staat. Man braucht eine Ordnung in seinem Leben, aber sie sollte nicht von anderen, von außen gegeben werden. Das ist es, warum es zu Revolutionen kommt. Die Menschen müssen frei sein. Sie müssen sich total lebendig fühlen und ihrer eigenen Kraft und Energie einen totalen, lebendigen Ausdruck geben können.

Ich glaube nicht an etwas Übernatürliches. Wir sind alle natürlich. Wir sind alle Ausdruck des Universums, so wie die Sterne. Wir sind auch alle übernatürlich. Wir sind alle Ausdruck von Leben. Ich glaube, es geht ein göttliches Spiel vor sich, aber es spielt niemand. Es ist ein Spiel, aber das bedeutet nicht, daß da jemand ist, der es spielt. Das Spiel ist zwischen Leben und Tod, zwischen Energien, zwischen Hell und Dunkel, zwischen Sein oder Nichtsein, da ist ein Spiel.

Murray Mednick:

Coney Island Lokalzug – – bei Newkirk wird der Wagen voll! – – auf zum Strand! – – Platzangst, Hunderte von Menschen auf dem spitzen Ende der Stange bis zum Ende des Planeten – – ich kann nicht noch eine Haltestelle aushalten – – sie steigen ein, die Türen schließen, sie steigen ein, die Türen schließen – – irgend jemand tief in meinem Schädel schreit – – ICH WILL RAUS – – mein Fleisch ist dampfendes Eis geworden, ich bin kühl wie eine vermauerte Bombe – –
Endstation – – ausgespien – – Strand & Dämme in orangefarbigem Dunst – – zur Straße geschleust, traurige bellende, verwirrte Wesen in zerknitterten Shorts – – dreh den Stein um und du hast Brighton Beach Avenue vor dir – – versink oder schwimm m./ den Massen – – jeder mit Zucker überzogene Körper frißt einen anderen – – in harter Währung – – dein Geld für einen Sack voll Scheiße– –
hier wenden die Züge zum Rachen Manhattan – – letzte Synapse – – grelle Erschütterung – – Nervenende des Systems, das andere Ende eines Schreis – – Energieverwirrung – – Stromkreisstörung – – Feuerwerk – –
hier wirst du umgebracht, verhaftet oder für immer versorgt – – bleib ruhig in Schockstadt – – Grundregel – – zerbrechlicher Kern – – & das Kriminellerotische unter dem Stein – – diese Organismen wollen mit Schleim zusammengeklebt werden – – ferner feuchter Mund – – methodisches Klatschen des Meeres – – leg dich in die Sonne – – brate – – von hier wirst du schwarz & stirbst allmählich – – mach den Körper braun & warm. WARM – – jederMANN tut es, tut es, tut es – – wackel mit dem Arsch, iß ein Würstchen – – GENIESS einfach die salzige Luft & körperliche Bewegung – –
von hier aus kriechst du zurück oder du wirst zu einem Wolf – – streunst mit einem Rudel, klaust Süßigkeiten – – lauerst kleinen Mädchen auf & Schwächlingen – –
Menschen – – Entdecker auf den Felsen von Sheepshead, schau rechts schau links – – schau hinaus nach England & der Fülle der Zeit – – eine einzige gigantische Explosion – – die neurologische Erweiterung kehrt sich gegen sich selbst – – schau weit genug hinaus & du siehst deinen eigenen Hinterkopf – – der elektrische Apparat des Hirns balanciert vorsichtig auf der zweiten Wiederkunft – – hier beginnt die Mutation – –
Nicht genau du – – sie – – die Alge – – das Meer – – Gramm für Gramm, Atom für Atom wird die Sonne schwarz – – sie werden U 235 eingebaut haben – – von hier wirst du schwarz & stirbst – –
Der Strand glitscht vom Samen, die Felsen sind mit alten Parisern bestreut – – die in das Nichts schreiben – – 00000000! – – von hier erwachst du in deinem Körper – –
Coney Island: Geld und Schokolade – – George C. Tillyard – – Fünfpfenniggaukler, die einander belauern auf ein Zeichen, einen Wink – – eine Andeutung – – dann? ANGRIFF, laß die Unterhose fallen, usw. – – Welt o./Glückseligkeit. – –
Die Versuchung à la Christus – – einen Christus abgeben – – wickelte mich in eine Decke & fühlte mich heilig – – hätte lebendig gegessen werden können – – WIRKLICHKEIT – – Mein Gott, Mein Gott – –
Die Nacht kam und die Menschen gingen fort – – zurück in die Löcher – – zurück nach Brooklyn – – um zu lauern & so still wie möglich zu sein – –
Wir haben ein Feuer gemacht, es zog jugendliche Banden an – – ich hätte getötet – – um mein Feuer zu schützen – – das Meer schlug auf den verdreckten Strand – – Rache – – muß den Dreck aufräumen – –
ER HÄUFT LEICHEN AUF – – Antonin Artaud

5. Chorus (Brightoner Alptraum, Bucht eins)

Joan Bird

aus: The Life of...

(Die Gruppe der Schauspieler bewegt sich frei im Raum. Spielraum und Zuschauerraum sind eins. Sie sind in einzelne Plattformen und Spiel- bzw. Beobachtungsbereiche eingeteilt. Die Zuschauer entscheiden – indem sie einen Platz zum Beobachten einnehmen – wo die Aktionen der Schauspieler stattfinden. Auch während der Vorstellung sind die Zuschauer dazu aufgefordert, ihren Platz zu wechseln. Allmählich erkennt man einen Rhythmus in den Bewegungen der Schauspielergruppe, der sich über den ganzen Raum erstreckt. Von irgendwo nimmt man eine Melodie wahr, die einen Gegensatz zu dem immer stärker werdenden Rhythmus darstellt. Einer der Gruppe hat sich gelöst und kniet sich auf einer der Spielebenen auf den Boden. Der Rhythmus und die Melodie bleiben erhalten, während sich die Aufmerksamkeit aller Spieler auf den am Boden Knienden konzentriert. Während die anderen Schauspieler immer leiser werden, untersucht der einzelne sorgfältig seinen Puls, zieht dann eine Rasierklinge hervor und schneidet sich langsam die Pulsadern auf. Stille. Wenn der Rhythmus wieder einsetzt, bewegen sich alle Spieler, auch der, der eben den Selbstmord gespielt hat, durch den Raum.)

ERSTER SPIELER: Morgens hatte ich immer schlechte Laune. Ich stand früh auf und ging zur Arbeit. Der Morgen verging immer sehr schnell. Mittags machte ich Pause in einem der Cafés in der Nähe. Der große Mann gefiel mir. Mit den Kollegen hatte ich kaum Kontakt. Nach der Pause ging ich wieder an meinen Platz. Über meinem Arbeitsplatz hängt ein Photo. Der Nachmittag ging immer schnell vorüber. Abends hatte Stu großen Hunger. Wir gingen einen Block weit in einen Coffee-Shop. Stu aß einen Hamburger mit Pommes frites und trank dazu eine Coca Cola. Ich war nie so erregt gewesen.

(Inzwischen haben die anderen Spieler wieder die Melodie und den Rhythmus aufgenommen, und auf einer anderen Spielfläche hat sich ein zweiter Spieler isoliert. Er begeht Selbstmord, indem er sich sorgfältig eine Plastikhaube über den Kopf stülpt. Gleichzeitig erkennt man auf einer anderen Spielfläche eine kreißende Frau. Wenn der zweite Spieler stirbt, ist einen Moment lang vollkommene Stille, d. h., der Rhythmus und die Melodie sind verstummt, die kreißende Frau ist leise, und der erste Spieler macht eine Pause. Wenn der Rhythmus und die Melodie wieder einsetzen, steht der zweite Spieler auf, die Gruppe bewegt sich im Raum.)

ZWEITER SPIELER: Morgens hatte ich immer schlechte Laune. Stu lag noch im Bett, als ich zur Arbeit fuhr. Der Vormittag verging sehr schnell. Da war eine neue Kollegin, die nett war. Mittags gingen wir zur Pause in eines der Cafés in der Nähe. Ich hatte keinen Hunger und trank nur einen Kaffee. Nach der Pause gingen wir wieder in den Betrieb. Ich hatte Ärger mit meinem Chef. Der Mann auf dem Photo lachte. Der Nachmittag verging

immer sehr schnell. An diesem Abend gingen wir richtig aus. (Es entsteht die gleiche Aktion wie bei den beiden ersten Spielern. Der dritte Spieler spielt den Selbstmord des Erhängens. Rhythmus, Melodie und Bewegungen sind so wie bei den ersten beiden Selbstmorden.)

DRITTER SPIELER: Als ich aufstand, lag Stu noch im Bett. Ich fuhr zur Arbeit. Der Morgen verging immer sehr schnell. Ich freute mich auf die Pause. Die neue Kollegin bestellte Roastbeef mit Pommes frites und nachher einen Kaffee mit Käsekuchen. Nach der Pause gingen wir wieder in den Betrieb. Ich hatte Ärger mit meinem Vorgesetzten. Der Nachmittag verging immer sehr schnell. Stu schlief noch, als ich nach Hause kam. Eigentlich schlief ich immer sehr gut.

(Gleiche Aktion. Die Texte der nächsten Spieler sind:)

Morgens hatte ich immer schlechte Laune. Ich stand früh auf und fuhr zur Arbeit. Stu schlief noch. Der Morgen verging immer sehr schnell. Mittags machte ich Pause in einem der Cafés in der Nähe. Die neue Kollegin hatte gekündigt. "Ich erwarte ein Kind", sagte ich Stu am Telefon. Er mochte das Kind nicht, aber er bestand darauf, daß wir es Bill tauften. Nach der Pause ging ich zurück in den Betrieb. Ich hatte Ärger mit dem Chef. Der Nachmittag ging schnell vorüber. Als ich nach Hause kam, schlief Stu schon. Ich zog mich aus und schaute im Spiegel, ob man das Kind schon sehen konnte. Stu drehte sich um und schlief weiter.

Am Morgen hatte ich schlechte Laune. Ich stand früh auf und ging in den Betrieb. Der Vormittag ging schnell vorüber. In der Pause ging ich in eines der Cafés in der Nähe des Betriebes. Ich bestellte einen Apfelstrudel, eine Tasse Kaffee und danach noch einen Doughnut. Nach der Pause ging ich zurück in den Betrieb. Ich hatte Ärger mit dem Vorgesetzten. Der Nachmittag ging schnell vorüber. Als ich nach Hause kam, schlief Billy ruhig in seinem Bettchen. Stu lag angezogen im Bett und rauchte. Ich zog mich aus und legte mich dazu.

Am Morgen hatte ich schlechte Laune. Stu schlief noch, als ich zur Arbeit fuhr. Der Vormittag ging schnell vorüber. Ich hatte Ärger mit dem Chef. In der Pause ging ich über die Straße in eines der Cafés. Der Nachmittag ging schnell vorüber. Ich zog mich aus und legte mich ins Bett. Bill schrieb aus dem Urlaub. Er hatte ein nettes Mädchen kennengelernt. Ich küßte Stu. Stu drehte sich auf die andere Seite und schlief ein.

Am Morgen hatte ich schlechte Laune. Ich stand früh auf und fuhr zur Arbeit. Mit den Kollegen verstand ich mich nicht sehr gut. Der Vormittag ging schnell vorüber. In der Mittagspause ging ich über die Straße in einen der Schnellimbisse und aß einen Hamburger mit Pommes frites. Der Mann auf dem Photo lächelte nicht mehr, weil jemand darauf rumgeschmiert hatte. Der Nachmittag ging schnell vorüber. Ich zog mich so aus, daß Stu mich sehen mußte. Ich berührte sein Geschlecht. Stu legte die Zigarette auf den Rand des Aschenbechers und rollte sich schwer auf mich.

Am Morgen hatte ich immer schlechte Laune. Ich stand früh auf und fuhr zur Arbeit. Da war eine neue Kollegin. Der Vormittag ging schnell vorüber. Bei dem Jungen und seiner netten Frau war schon wieder etwas unterwegs. Wir hatten einen netten Abend zusammen. Stu schlief nicht mehr zu Hause. Am Morgen hatte ich immer schlechte Laune. Ich fuhr wie immer zur Arbeit.

In der Mittagspause ging ich über die Straße in eines der Cafés. Die neue Kollegin hatte gekündigt. Ich ging zurück in den Betrieb. Das Photo war so zerknittert, daß ich es abnahm. Der Nachmittag ging schnell vorüber. Als ich nach Hause kam, war da diese Frau. Stu brüllte und warf uns beide aus der Wohnung. Wir tranken ein Bier zusammen in dem Stehimbiß.
Morgens hatte ich immer schlechte Laune. Ich fuhr zur Arbeit. Der Vormittag ging schnell vorüber. Als ich nach Hause kam, lag Stu im Bett und rauchte. Abends kamen die Kinder zu Besuch. Wie groß sie schon sind. Dem Jungen geht es jetzt gut, und seiner Frau sieht man die fünfunddreißig nicht an. Ich konnte den Geruch von Stu's Atem nicht mehr aushalten, als meine Erregung vorüber war. Ich schlief im Wohnzimmer auf der Couch. Morgens hatte ich immer schlechte Laune. Der Vormittag verging sehr schnell. In der Pause ging ich in einen Schnellimbiß auf der anderen Seite der Straße. Nach der Pause ging ich zurück in den Betrieb. Der Nachmittag ging schnell vorüber. Stu schlief schon, als ich nach Hause kam. Ich nahm eine der Bierflaschen und warf sie an die Wand. Stu warf einen Hocker nach mir. Morgens stand ich früh auf und fuhr in den Betrieb. Der Morgen verging immer sehr schnell. Ich war froh, als er endlich ruhig war. Als die Polizei kam, war ich ganz ruhig.

JOAN BIRD, geboren 1942 in Grinnell, Ohio. Studium an der Columbia University, New York. Ausbildung als Tänzerin. Mitglied der Deborah-Hay-Gruppe. Gedichte, Kurzgeschichten, Einakter. *The Life of...* ist ihr erstes längeres Stück.

JOAN BIRD

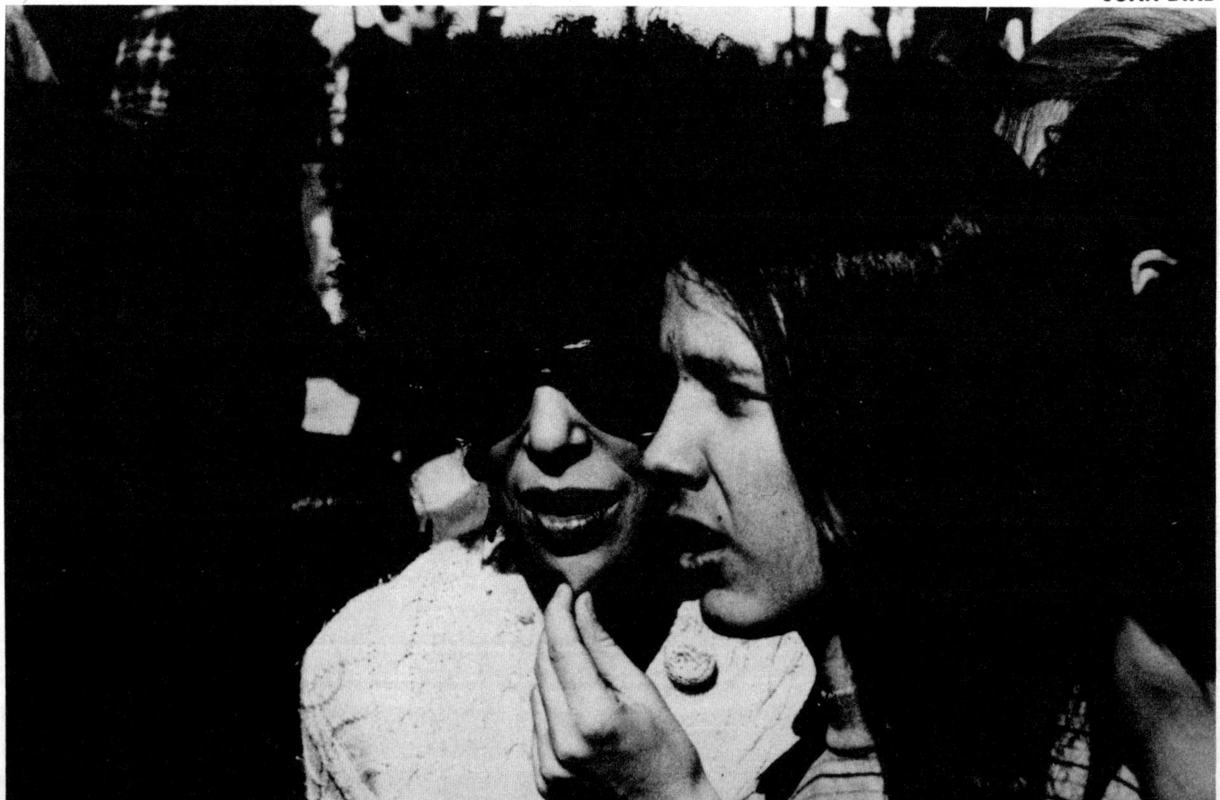

Free Store Theater

Der Che!-Prozeß

Lennox Raphael

Che!

MAYFANG: Zieh ihn nackt aus. Streich ihn mit roter Kreide aus.
CHE: Ich bedaure Ihre Sorge.
PRÄSIDENT: Schneide den Ausdruck seiner roten Frucht.
CHE: Gewalt ist passiver Genuß der Furcht.
PRÄSIDENT: Seine Augen sind betrogen durch die Zufriedenheit, die er verpönt.
MAYFANG: Seine Gleichgültigkeit ärgert mich.
PRÄSIDENT: Wir müssen seine Gleichgültigkeit enthaupten.
CHE: Ich liebe deine Lippen.
PRÄSIDENT: Paßt das zu deinen Widersprüchen?
MAYFANG: Sir, er ist Revolutionär.
PRÄSIDENT: Revolutionäre fressen die Pflaume.
MAYFANG: Ihr Spiel erfolgt ohne Punktrechnung.
CHE: Beruhige mich mit deinem Gaumen.
PRÄSIDENT: Ich werde dich zerreißen.
CHE: Du wirst mich aushalten.
PRÄSIDENT: Dein Gold wird deine Gleichgültigkeit überleben.
CHE: Es ist das Erbe meiner Unschuld.
PRÄSIDENT: Du hortest Unschuld.
MAYFANG: Revolutionäre haben leere Taschen.
PRÄSIDENT: Revolutionäre haben gute Ärsche.
MAYFANG: Wie Fidel.
CHE: Spiel nicht mit seinem Versprechen.
PRÄSIDENT: Ich werde mit seinem Schwanz spielen.
CHE: Zärtlichkeit ist keine schlechte Sache.
PRÄSIDENT: Der Beweis wird meine Gleichgültigkeit verführen.
MAYFANG: Deine Waschungen überzeugen.
PRÄSIDENT: Sie werden seine Träume überzeugen.
CHE: Träume von deinem Tod!
MAYFANG: Hol dir selber einen runter.
PRÄSIDENT: (zu Che) Hast du eine Bedeutung?
CHE: Fleisch kann dich nicht von Gnade freisprechen.
MAYFANG: Sprich deutlich oder halt deinen Schwanz.
PRÄSIDENT: Mein Vorstellungsvermögen tritt zurück vor deiner Unschuld.
MAYFANG: Heiligkeit ist eine Falle.
PRÄSIDENT: Sei mein Sonnenschein.
MAYFANG: Mach dich von diesen Spannungen frei!
CHE: Ich fühle doppelten Schmerz und Schwere.
PRÄSIDENT: Spiel nicht mit dir.
CHE: Schönheit ist der Unschuld beraubt. Versuche mich.
PRÄSIDENT: Beherrsche deine Ungeduld.
CHE: In bezug auf deine Gier?
PRÄSIDENT: Gegen Gier bin ich allergisch.
CHE: Deine abgezehrte Falschheit.
MAYFANG: Das war niedrig.
CHE: Ich hätte deine Eier aufspeichern sollen.

Am 25. Februar 1970 wurden alle 8 *Che!*-Angeklagten nach fünfwöchigem Prozeß wegen Obszönität verurteilt. 5 der 8 Verurteilten, vier Schauspieler und der Beleuchter, erhielten Bewährungsfrist. Die 3 anderen – der Autor Lennox Raphael, der Che-Guevara-Darsteller Larry Bercowitz, der Produzent und Regisseur Ed Wode – wurden zu je 60 Tagen Gefängnis beziehungsweise 1000 Dollar Geldstrafe verurteilt. Als Zeugen der Verteidigung hatten Clive Barnes, Jules Feiffer, Israel Horovitz, Nat Hentoff, Ross Wetzsteon und Martin Gottfried der Aufführung soziale und künstlerische Bedeutung bescheinigt. Der einzige Zeuge der Anklage war der Broadway-Produzent David Merrick.

David Merrick ist nicht prüde

Am 19. Januar 1970 wurde der Broadway-Produzent David Merrick als Zeuge im *Che!*-Prozeß vernommen:
RICHTER: Was war das Thema von *Che!*?
MERRICK: Das Thema war eine außerordentlich obskure Konfrontation zwischen Che Guevara und den Vereinigten Staaten, die durch eine Uncle Sam genannte Figur vertreten wurden.
RICHTER: Gab es irgendeinen sexuellen Kontakt?
MERRICK: Viele.
RICHTER: Ist *Che!* unzüchtig?
MERRICK: Ja, absolut.
RICHTER: Halten Sie *Che!* für beleidigend?
MERRICK: Ja.
VERTEIDIGER: Sie haben ausgesagt, daß Sie seit 15 Jahren Produzent sind?
MERRICK: Ja.
VERTEIDIGER: Haben Sie jemals ein Stück von Samuel Beckett produziert?
MERRICK: Nein.
VERTEIDIGER: Von Ionesco?
MERRICK: Nein.
VERTEIDIGER: Sie könnten ihre Stücke außerordentlich obskur nennen. Was ist unzüchtig?
MERRICK: Was anzüglich und vulgär für den allgemeinen Bedarf ist.
VERTEIDIGER: Wer setzt die Maßstäbe des allgemeinen Bedarfs? (Einspruch – Einspruch stattgegeben)
VERTEIDIGER: Wurden Sie durch *Che!* sexuell angeregt? (Einspruch – Einspruch stattgegeben)

VERTEIDIGER: Kennen Sie irgendein anderes Stück im Theater, das versucht hat, sexuelle Metaphern als Symbole zu benutzen?
MERRICK: Ich glaube nicht.
VERTEIDIGER: Dann war das Ihre erste Konfrontation mit solch einem Stück?
MERRICK: Ja. Ich glaube.
VERTEIDIGER: Vielleicht fanden Sie es so außerordentlich obskur und abgeschmackt, weil es Ihre intellektuelle Kapazität überforderte? (Einspruch – Einspruch stattgegeben)
VERTEIDIGER: Sind Sie vertraut mit dem griechischen Drama?
MERRICK: Teilweise.
VERTEIDIGER: Den Satyr-Spielen?
MERRICK: Ich bin kein Experte dafür.
VERTEIDIGER: Wurden in ihnen phallische Symbole benutzt? (Einspruch – Einspruch stattgegeben)
VERTEIDIGER: Glauben Sie, daß Stücke, die die Mehrheit nicht ansprechen, nicht gezeigt werden sollten? (Einspruch – Einspruch stattgegeben)
VERTEIDIGER: Haben Sie *Patriot for Me* produziert?
MERRICK: Ja.
VERTEIDIGER: Ist es über 2 Homosexuelle?
MERRICK: Über einen homosexuellen Offizier.
VERTEIDIGER: War da eine Szene mit 2 Männern im Bett?
MERRICK: Ja.
VERTEIDIGER: War da eine Szene, in der Männer als Transvestiten auftraten?
MERRICK: Haben Sie das Stück gesehen?
VERTEIDIGER: Nein.
MERRICK: Sie haben es nicht gesehen und graben also nur so herum, während Ihre Kollegen Ihnen Zettel zustecken.
VERTEIDIGER: Der Transvestiten-Ball, wie lang war die Szene?
MERRICK: 15 Minuten.
VERTEIDIGER: War es die längste Szene des Stückes?
MERRICK: Möglich.
VERTEIDIGER: Hielten Sie diese Szene für unzüchtig?
MERRICK: Ich hatte keine Einwände. Ich bin nicht prüde.
VERTEIDIGER: Sie sind nicht prüde. Aber Sie sind vielleicht ein Sittenrichter.
RICHTER: Nur Fragen und Antworten. Keine Reden.

MAYFANG: Indiskretion verkrüppelt Absicht.
CHE: Zur Faust in Ekstase.
PRÄSIDENT: Meine Toleranz hat Grenzen.
CHE: Du bist der Schatten von Geistern.
PRÄSIDENT: Dein Spiel antwortet auf meine Umarmungen.
CHE: Komm Babyyyy. Steig in mein schwarzes Auto ein.
MAYFANG: Hab keine Angst, Che, Baby.
CHE: Vor deiner Befriedigung?
MAYFANG: Nein, vor unserem Verlangen.
CHE: Leidenschaft wird dich töten.
PRÄSIDENT: Ich sterbe.
CHE: Laß mich nicht in deiner Einbildung vertrocknen.
MAYFANG: Er beschäftigt deine Bescheidenheit.
CHE: Bescheidenheit ist Mut.
PRÄSIDENT: Du entdeckst deinen Stolz.
MAYFANG: Er entdeckt die Welt deiner Untreue.
CHE: Haben deine Ellbogen einen Glauben?
MAYFANG: Deine Umarmung ist kratzbürstig.
CHE: Deine Lust ist eine rasende Illusion.
PRÄSIDENT: Meine Herren!!!!
CHE: Liebe mich!
MAYFANG: Meine Liebe ist wie eine Blume.
PRÄSIDENT: Liebe ist versuchte Sklaverei zur Freiheit.
CHE: Vergiß nie, die Wunde befreit vor dem Töten.
PRÄSIDENT: Erinnerung täuscht. Ich gehe nicht fehl, dich zu versuchen.
CHE: Komm. Umarme mich. Betäube meine Gleichgültigkeit.
MAYFANG: Meine Identität wird sich in Gewalt verwandeln.
CHE: Die ganze Welt sieht zu.

SEX WIRD WIE KAPITAL BEHANDELT!
DIE BOURGEOISE GESELLSCHAFT IST EIN BORDELL.
DIE ZENSUR IST EIN ERGEBNIS DER FEIGHEIT, DIE NIETZSCHE DIE MORAL DER HERDE NANNTE.
ES LEBE DIE OBSZÖNITÄT!
(Malay Roy Choudhury)

... HALFEN PAUL GEORGIOU DAS VERBRECHEN ÖFFENTLICHER UNZUCHT ZU BEGEHEN, BESTEHEND DARIN, DASS DER ANGEKLAGTE IN EINEM ÖFFENTLICHEN THEATER SEINEN PENIS UND SEINE HODEN ENTBLÖSSTE UND IN DIE NÄHE DES MUNDES DES ANGEKLAGTEN LARRY BERCOWITZ BRACHTE ...

Wir wissen, daß das System nicht geht, weil wir in seinen Ruinen leben. Wir wissen, daß Führer nicht gehen, weil sie uns in diese Gegenwart geführt haben, die guten Führer genauso wie die schlechten. (Wer hat mehr Leiden verursacht, Hitler oder der Heilige Paulus?) Es ist gleich, ob der Führer gut oder schlecht ist, Führen *per se* ist schlecht. *The medium is the message,* und die Botschaft des Führertums ist Vietnam. Konzentrationslager. Die *Great Society.* Aufruhr auf der Haight Street.
Sieh dich vor vor den Typen, die die System-Regeln mitspielen wollen, weil du das System nicht mit seinen eigenen Regeln schlagen kannst, und du weißt das. Warum sollten wir uns ein Establishment für ein anderes Establishment einhandeln?
Do your thing. Sei was du bist. Wenn du nicht weißt was du bist, finde es heraus.
Fuck leaders.
(Communication Company, San Francisco)

Jan Quackenbush

it grows from sadness

i know
and yet i care
to have you standing here
by my side

i must confide
in someone deaf
who wants to hear

i've gone nowhere
in my despair
i've only died
i know

and i am frightened that we dare
attempt to perfectly repair
gaps so wide

i have lied
i only want to touch your hair
i know

5

Ökonomie des amerikanischen Theaters

1. STOCK COMPANY
Das erste Theater in Amerika wurde 1716 in Williamsburg, Virginia, gebaut. Es folgten bald andere. Die Theater wurden von reisenden englischen Schauspieltruppen bespielt. Gegen Ende des 18. Jahrhunderts entstanden in Amerika die ersten Stock Companies, fest engagierte, an ein bestimmtes Theater gebundene Ensembles, die künstlerisch und finanziell selbständig waren. Um 1850 bestand in jeder größeren amerikanischen Stadt eine Stock Company, die jede Woche – bei sehr niedrigen Eintrittspreisen – mindestens eine neue Produktion herausbrachte.
Zu Beginn des 19. Jahrhunderts gaben berühmte englische Schauspieler die ersten Gastspiele an den Stock Companies einiger amerikanischer Großstädte an der Ostküste. Die Gastspiele der Stars begeisterten das Publikum; sie häuften sich gegen 1830 und wurden bald auch auf andere Städte ausgedehnt. Die Theaterdirektoren der Stock Companies wurden abhängig von den reisenden Virtuosen, da ihre Häuser ohne deren Auftreten halb leer blieben. Die bekannteren Mitglieder der Stock Companies kündigten daraufhin ihr Engagement und traten nun ebenfalls als Gast-Stars auf.

2. COMBINATION COMPANY
Die an den Stock Companies verbleibenden schlecht bezahlten Schauspieler bildeten ein unzureichendes Potential und konnten die Auftritte der Stars nicht wirkungsvoll unterstützen. Um 1850 engagierten die Schauspiel-Virtuosen daher erstmals für die wichtigsten Nebenrollen ihres Repertoires einige Mitspieler, die *supporting players,* die sie auf ihren Gastspielen begleiteten. Aus diesen kleinen Gruppen entwickelten sich bereits um 1860 die ersten vollständigen Ensembles, die Combination oder Road Companies. Sie bereisten die Theater zuerst mit einem Repertoire, bald aber nur noch mit einer gründlich einstudierten Inszenierung und der dazugehörenden Bühnenausstattung. Die Entwicklung dieser neuen Theaterunternehmen wurde vor allem durch den Ausbau des amerikanischen Eisenbahnnetzes um 1860 begünstigt. 1877 bestanden in Amerika bereits rund 100 dieser reisenden Produktionsgemeinschaften, die die Stock Companies zur Auflösung zwangen. Von den 50 Stock Companies, die 1871 allein in amerikanischen Großstädten gezählt wurden, bestanden 1880 nur noch 7. Aber auch die Aktivität dieser Ensembles, die Star-Engagements bewußt ablehnten, wurde um die Jahrhundertwende durch den allgemeinen Übergang des amerikanischen Theaters vom Repertoire zum wirtschaftlicheren En-suite-Spiel beendet. Gegen Ende des 19. Jahrhunderts wurde die überwiegende Mehrzahl aller amerikanischen Theater von Combination Companies bespielt, von denen rund 500 im Jahr das Land bereisten.

3. ZENTRALISIERUNG
Die Zusammenstellung der reisenden Ensembles, die Einstudierung der Stücke und ihre Premieren, konzentrierten sich um 1880 auf New York, und damit die Stadt, die bereits seit 1830 die führende Theatermetropole Amerikas war. Der Broadway wurde zum *Gay White Way, Rialto* oder *Main Stem;* zur Theaterstraße der Nation.
In New York bestanden eine Reihe von Agenturen, die *booking agencies*, die bereits die Gastspiele der reisenden Stars arrangiert hatten und nun die Tournee-Organisationen für die

Combination Companies übernahmen. Sie verhandelten mit den Theaterdirektoren, deren Funktion sich seit der Auflösung der Stock Companies zu der eines Einkäufers gewandelt hatte, der am Herstellungsprozeß der Produktionen auf seiner Bühne nicht mehr beteiligt war. Viele amerikanische Theaterdirektoren schlossen sich in regionalen Ketten-Verbänden, den *circuits*, zusammen, um sich den Einkauf der Produktionen zu erleichtern. Sie wählten einen Interessenvertreter und übertrugen ihm die Vollmacht, in New York einige Combination Companies auszusuchen und über die Agenturen zu Gastspielen an sämtlichen Theatern eines Verbandes zu verpflichten.

4. MONOPOLISIERUNG

Um das Arrangement der Tourneen zu vereinfachen, versuchten die Agenturen, sich von den Vertretern der *circuits* sowie von den nicht in Verbänden organisierten Theaterdirektoren die exklusiven Buchungsrechte für sämtliche Gastspiele übertragen zu lassen. Nach einem scharfen Konkurrenz-Kampf schlossen sich 1896 drei New Yorker Agenturen, die durch exklusive Buchungsrechte rund 600 amerikanische Theater (33 davon bedeutende Großstadt-Theater) kontrollierten, zum Theatrical Syndicate zusammen. Bereits 1903 kontrollierte das Theatrical Syndicate 70 Großstadt-Theater (darunter 16 der insgesamt 18 Broadway-Theater in New York) und rund 900 Kleinstadt-Theater in Amerika. Aufgrund dieser Monopolstellung waren die Combination Companies und die amerikanischen Theaterdirektoren gezwungen, die finanziellen und künstlerischen Forderungen des Syndikats unbeanstandet zu erfüllen. Wie die Trusts in anderen Wirtschaftszweigen schaltete das Syndikat den Konkurrenz-Kampf weitgehend aus; es stabilisierte das Geschäft mit dem Theater. Aufführungen wurden zum standardisierten Produkt: War eine Inszenierung ein Hit, also besonders erfolgreich, wurden mehrere Ensembles gebildet und damit gleichzeitig auf Tournee geschickt.
Die Alleinherrschaft des Theatrical Syndicate wurde erst durch die 1905 von den Gebrüdern Shubert gegründete Shubert, Inc. gebrochen. Die Shubert, Inc. gab sich seiner wirtschaftlich schwachen Ausgangsposition wegen am Anfang den Anschein einer Syndicate-Widerstandsorganisation, entpuppte sich aber bald als ein zweites Theater-Monopol. Das neue Theater-Imperium der Shuberts wuchs schnell und war dem Theatrical Syndicate bald ebenbürtig. Die Shubert, Inc. kontrollierte 1925 92 bedeutende Großstadt-Theater (davon 32 Broadway-Theater) und rund 800 Kleinstadt-Theater in Amerika. Anders als das Syndikat arbeiteten die Shuberts nicht mit eigenem, sondern mit fremdem Kapital. Sie führten das amerikanische Theater in seine heute noch verstärkte Abhängigkeit von Wall-Street-Bankiers. Im Börsenkrach von 1929 gingen das Theatrical Syndicat und die Shubert, Inc. in Konkurs. Den Shuberts gelang es 1933 jedoch, die eigene Konkursmasse aufzukaufen und ihr Unternehmen in kurzer Zeit wieder zu einem Theater-Monopol zu machen. Erst durch ein 1955 gegen sie angestrengtes Anti-Trust-Verfahren wurden sie gezwungen, einen Teil ihrer Theater zu verkaufen und mehrere Finanz-Verbindungen zu lösen.

5. NIEDERGANG

Zwischen 1910 und 1925 sank die Zahl der Combination Companies, die das Land bereisten, von 236 auf 75, die Zahl der Theater außerhalb New Yorks von 1.549 auf 574. Dieser Prozeß, der die Struktur des amerikanischen Theaters grundlegend veränderte, ist durch die zunehmende Verbreitung des Radios, des Autos (das den Besuch der nächstgelegenen Großstadt-Theater ermöglichte) und vor allem des Kinos zu erklären. Dazu kam, daß der Konkurrenz-Kampf zwischen den beiden Theater-Trusts zum Bau einer großen Anzahl neuer Kleinstadt-Theater geführt hatte, die in der Folge nur mit minderwertigen Produktionen beschickt werden konnten. Das Publikum war enttäuscht und blieb aus. Die Hauptursache aber waren die steigenden Transport- und Produktionskosten der Combination Companies, die ihre Eintrittspreise von $ 2.50 wegen der Konkurrenz des Kinos, das Unterhaltung für $ 0.50 bot, nicht erhöhen konnten. Unter diesem Mißverhältnis zwischen Einnahmen und Ausgaben, das durch keinerlei staatliche Subventionen ausgeglichen wurde, schlossen die meisten Kleinstadt-Theater ihre Bühnen; viele wurden als Kinos neueröffnet. Das professionelle, kommerzielle Theater in Amerika begann sich auf einige wenige Großstädte und vor allem auf den New Yorker Broadway zu beschränken.

Während die Theater außerhalb New Yorks geschlossen wurden und die Zahl der Combination Companies ständig abnahm, erlebte der Broadway einen wirtschaftlichen Höhepunkt. Die Zahl seiner Theater stieg bis zur Spielzeit 1927–28 auf 76, die Zahl der Produktionen auf 264. Danach begann auch die theatralische Aktivität am Broadway scharf abzufallen. Der Broadway wurde zum Fabulous Invalid, dem berühmtesten Kranken des Theaters; er siecht noch heute. Anstoß für den Niedergang des Broadway waren das Aufkommen des Tonfilms

und die Weltwirtschaftskrise. Die eigentlichen Ursachen aber waren – und sind – die Probleme, die in der wirtschaftlichen Struktur des Theaters selbst liegen. Während in der amerikanischen Wirtschaft die Produktivitätsquote durch die neue Technologie, die Massenproduktion, das wachsende Kapital und seine Akkumulation ständig steigt, kann sich diese Quote im Theater kaum verändern. Jede Lohn- und Kostensteigerung am Broadway muß sich daher notwendig in einem Einnahmen-Defizit niederschlagen, da die Eintrittspreise mit Rücksicht auf die Massenmedien nicht gleichermaßen gesteigert werden können. Da die Broadway-Theater keinerlei Subventionen erhalten, kann das Mißverhältnis zwischen Ausgaben und Einnahmen nur durch eine extrem lange Laufzeit der produzierten Stücke ausgeglichen werden. Durch diesen langen Zeitraum, der nötig ist, um die investierten Mittel wieder einzuspielen, wächst zugleich das finanzielle Risiko der Produzenten. Der Prozentsatz der Aufführungen am Broadway, die mit Verlusten abgesetzt wurden, lag bereits in der Spielzeit 1927–28 bei 26%, heute ist durchschnittlich nur eine von vier Broadway-Inszenierungen finanziell erfolgreich. Die Produktionskosten am Broadway stiegen zwischen 1910 und 1928 im Durchschnitt um 150%, von 1928 bis heute haben sie sich mehr als verzehnfacht. Die Produktion eines Dramas kostet heute am Broadway rund $ 200000, die eines Musicals bis zu einer Million Dollar. Bereits seit Ende des Zweiten Weltkriegs arbeiten die Broadway-Produzenten nicht mehr mit eigenem Kapital, sie sind abhängig von Banken und Geschäftsleuten, den *backers* oder *angles,* die ihr Geld lieber in ein Musical investieren als in die Produktion eines neuen, experimentellen Dramas. Das Risiko ist groß, denn die durchschnittlich zum Einspielen der Produktionskosten notwendige Laufzeit einer Aufführung am Broadway liegt für ein Drama heute bei 6 Monaten, für ein Musical bei einem Jahr. Für ein Stück, von dem angenommen wird, daß es nur einen speziellen Publikumskreis anspricht, finden sich keine Geldgeber. Eine Inszenierung, die Presse und Publikum bei der Premiere nicht begeistert, wird sofort abgesetzt, um die finanziellen Verluste nicht noch zu vergrößern. Damit entstand am Broadway die *Hit-or-flop*-Psychose, mittlere Erfolge kann es nicht geben, entweder hat ein Stück eine extrem lange – oder eine extrem kurze Laufzeit. Genährt wird das *Hit-or-flop*-Denken am Broadway durch den übergroßen Einfluß der New Yorker Kritiker. Das Publikum besucht eine Aufführung nur dann, wenn sie gute Kritiken hat, denn obwohl die Eintrittspreise den Ausgaben nicht angeglichen wurden, sind sie hoch und werden vor allem durch illegale Kartenspekulationen, das *ticket scalping,* maßlos verteuert. Trotz staatlicher Untersuchungen und Maßnahmen besteht dieser schwarze Kartenmarkt noch heute. Er hat dazu geführt, daß der Broadway-Besucher Karten für eine erfolgreiche Aufführung Monate vorher bestellen muß, wenn er sie nicht von Kartenspekulanten für einen Aufschlag von 10 bis 50 Dollar beziehen will.

Seit 1932 stieg die Zahl der Combination Companies, die das Land mit Broadway-Produktionen bereisen, nicht mehr über 25. In ganz Amerika gibt es nur rund 20 kontinuierlich arbeitende professionelle Regional-Theater. Die gesamte Aktivität des professionellen, kommerziellen amerikanischen Theaters wird vom Broadway bestimmt. Seit 1928 ist am Broadway kein neues Theater mehr gebaut worden, nur rund 20 der einst 76 Broadway-Theater werden heute noch bespielt. In der Spielzeit 1970–71 werden nur 16 Neuinszenierungen am Broadway herausgebracht, 1927–28 waren 264, 1937–38 waren es 111, 1947–48 waren es 76 und 1957–58 waren es 56.

6. ALTERNATIVEN

Der Broadway ist das einzige Theaterzentrum der Welt, das nur kommerziell betriebene, subventionslose Theater aufweist. Der Broadway wurde damit zum Inbegriff des Kommerz-Theaters, d. h., wirtschaftliche Gesichtspunkte haben und hatten am Broadway stets den Vorrang vor künstlerischen Überlegungen.

Vor der Entstehung des Off-Off-Broadway-Theaters in New York gab es in Amerika 3 andere Theater-Bewegungen, die versuchten, den Zwängen des Kommerz-Theaters zu entkommen. Um 1915 entstanden in ganz Amerika die Little Theatres, kleine von Künstlern und Intellektuellen gebildete Amateur-Theater, die sich die experimentellen Bühnen Europas zum Vorbild nahmen. Da die Little Theatres finanziell auf private Spenden und Subventionen angewiesen waren, brach die Bewegung um 1929 in der Weltwirtschaftskrise zusammen. Die wichtigsten Little Theatres waren: die Provincetown Players, die Washington Square Players (die spätere kommerzialisierte Theatre Guild), das Civic Repertory Theatre, das Neighborhood Playhouse und der 47 Workshop von George Pierce Baker.

GRUPPE DEBORAH HAY IM DAMROSCH PARK, NEW YORK

Um 1930 entstanden in Amerika politische Theater-Kollektive, Agitprop-Theater und sozialkritische Theatergruppen, die von jungen professionellen Theatermachern aus Rebellion gegen die bestehende Gesellschaft gebildet wurden. Die Bewegung brach gegen 1940 aus Geldmangel und unter dem einsetzenden reaktionären politischen Druck zusammen. Die wichtigsten Gruppen der Bewegung waren: das Group Theatre, das Federal Theatre, das New Playwrights Theatre, das Workers' Theatre und die Theatre Union.
Nach 1945 entstand in New York das Off-Broadway-Theater, eine Reihe professioneller kleiner Theater, deren Mitglieder am Broadway keine Beschäftigung fanden. Sie unterschieden sich vom Kommerz-Theater weniger durch andere ästhetische Maßstäbe als vielmehr durch andere wirtschaftliche Grundlagen. Heute ist das Off-Broadway-Theater ein Miniatur-Broadway geworden, den Regisseure und Schauspieler benutzen, um sich einen Namen zu machen und an dem neue Stücke und Musicals auf ihren möglichen kommerziellen Erfolg hin überprüft werden. Die Produktionskosten liegen heute im Durchschnitt bei 50–70.000 Dollar. Am Off-Broadway wiederholt sich in den letzten Jahren die Geschichte des Broadway-Theaters; die Kosten steigen schnell, das Risiko wächst und die Zahl der Produktionen sinkt. Die wichtigsten Off-Broadway-Theater sind: das Circle in the Square, das Phoenix Theatre, die Playwrights' Unit, das Cherry Lane, das Martinique, das Sheridan Square Playhouse, das St. Marks Playhouse und das Gramercy Arts Theatre. Eine der bedeutendsten amerikanischen Theatergruppen, das Living Theatre, entwickelte sich aus der frühen Off-Broadway-Theater-Bewegung.

NATIONAL FOUNDATION OF THE ARTS AND HUMANITIES
NATIONAL ENDOWMENT FOR THE ARTS
1800 G Street, N.W. Washington, D.C. 20506

PROJECT GRANT APPLICATION

Application should be typed and submitted in triplicate to the Chairman, National Endowment for the Arts, Washington, D.C. 20506

Application No.:

Date Received:

CATEGORIES OF SUPPORT – Music (instrumental and vocal), dance, drama, folk art, creative writing, architecture and allied fields, painting, sculpture, photography, graphic and craft arts, industrial design, motion pictures, television, radio, tape and sound recording, and the arts related to the presentation, performance, execution and exhibition of such major art forms.

Applicant Organization (name and adress):

Theatre Workshop, Inc.
c/o Ann Smith
18 East 2nd Street
New York, N.Y. 10003

If applicable, note specific grant program to which application is being made:

Experimental drama

NATIONAL ENDOWMENT FOR THE ARTS GRANTS POLICIES

The general policies, and such specific conditions as may be indicated, governing any grant made by the Endowment will be set forth in the grant award letter and attachments thereto. Some of the major requirements of general applicability are noted below.

Grants may be made only to non-profit organizations, institutions, or groups which have been accorded tax-exempt status under Section 501 (c) (3) of the Internal Revenue Code. (Awards may also be made to individuals of exceptional talent; those applying for grant support should use form NEA-2 (Revised).)

In the absence of special circumstances indicated by the applicant, grants from the Endowment may be used to pay no more than one half the cost of the project; any funds used to match the amount provided by the grant must be from non-Federal sources.

Civil Rights – All grant-assisted projects and activities must be conducted in conformance with Title VI of the Civil Rights Act of 1964 and such regulations as the Endowment has issued pursuant hereto. All successful applicants will be required to file an assurance of compliance before any payment of grant funds will be made.

Minimum Compensation and Standards – The enabling legislation requires that all grantees must furnish adequate assurance to the Secretary of Labor that (1) all professional performers and related or supporting personnel employed on projects or productions which are financed in whole or in part by the Arts Endowment will be paid, without subsequent deduction or rebate on any account, not less than the minimum compensation for persons employed in similar activities; and (2) no part of any project or production which is financed in whole or in part under this section will be performed or engaged in under working conditions which are unsanitary or hasardous or dangerous to the health and safety of the employees engaged in such project or production. Regulations with respect to the above have been issued by the Secretary of Labor and will be provided.

Reports – Grantee reports are of value in determining the desirability of continuing the project(s) and developing future programs having substantial artistic and cultural significance. Accordingly, each grantee is requested to submit a final descriptive report stating what has been accomplished with the support

McNeill Lowry

Interview

Zuerst mal: Jede Beihilfe, selbst wenn es Millionen sind, ist letztlich eine individuelle Beihilfe. Deshalb haben einige Theater in diesem Land unsere Hilfe und andere nicht. Dann zweitens haben wir da bestimmte Kategorien: In allen Bereichen der Kunst fühlen wir, die wir dem Programm der Ford Foundation vorstehen, daß wir eine Verantwortung der Zukunft gegenüber tragen. So auch im Bereich Theater, ein Bereich, der nur 9 % des gesamten Budgets der Ford Foundation ausmacht und dennoch – so klein er ist – das größte Hilfsprogramm in diesem Land ist. Wir glauben also, daß man nicht nur an die Gegenwart denken darf. Wir sind schließlich keine Mäzene, die ihr eigenes Geld ausgeben. Wir versuchen die Vision der Zukunft zu entwickeln, für andere. Also müssen wir die Funktion und den Dienst bedenken, den eine Sache innerhalb eines bestimmten Kunstbereiches präsentiert. Deshalb kamen wir dazu, in New York La Mama, das Open Theatre, den New Theatre Workshop, das Theatre Genesis, das American Place Theatre und das Chelsea Theatre Centre zu unterstützen. Also nicht, weil hier die Qualität der Arbeit, die Regie oder die Stücke in allen Fällen so großartig sind, manchmal sind sie auch schrecklich, nach strengen kritischen Maßstäben, sondern weil... Nun, nehmen wir La Mama. Da ist Ellen Stewart, die mehr als 200 neue Stücke aufgeführt hat, durch ihren eigenen Schneid, mit ihrem eigenen Geld, das sie als Designer verdiente, die Leute umsonst in ihrem Hause wohnen läßt, die sie ernährt, wann immer sie Hunger haben, die keine kritischen Maßstäbe an die Stücke legt, die sagt: Ich werde das Stück nicht bearbeiten, ich werde es nicht kürzen, ich werde es nicht umgestalten, ich gebe diesem Menschen eine Chance. Also da ist es. Es ist ein großer Dienst am Dramatiker. Und weil der Dramatiker in jeder Kultur ein bedeutender Künstler an sich ist und sich die Ford Foundation mit dieser Art von Projekt schon befaßt hat, bevor Ellen anfing – die Ford Foundation hatte sich bereits mit einer Menge Programmen befaßt, die entwickelt wurden, um dem Dramatiker zu helfen und um seine Arbeit sichtbar zu machen – also, war es für uns eine ganz natürliche Sache, La Mama zu unterstützen. Ellen hätte in kein Stiftungsprogramm hineingepaßt, bevor wir 1957 hier unser Programm begannen. Die Stiftungen, die da waren, bevor wir kamen, unterstützten die Künste nur, wenn sie als Erziehung verstanden wurden. So ändern sich die Dinge.

Aus La Mama sind nun auch Sachen von hohem Standard gekommen, die mehr als alles andere, außer vielleicht der Arbeit von Joe Chaikin, aber genauso wie die Arbeit von Joe Chaikin, mit der Avantgarde und dem experimentellen Theater außerhalb verschmolzen sind. In manchen Ländern Europas sind sie repräsentativer für die Vereinigten Staaten als alle anderen Theater hier. Das ist recht wichtig. Hier haben wir etwas, das eine Rolle und eine Funktion übernommen hat, die zum Aufbau und als Träger der gesamten Entwicklung einer Kunstform bedeutend ist. Wir nennen das hier in der Ford Foundation ein experimentelles und tragendes Projekt in einem bestimmten Bereich. Also, das ist, wie wir zur Unterstützung von La Mama gekommen sind. Und nun muß man gewillt sein, die Tatsache hinzunehmen, daß man La Mama nicht zwingen kann, selbsttragend zu werden. Man kann es nicht zwingen, kommerziell zu werden. Man würde es damit ändern. Was es ist, würde es nicht mehr sein. Also, wenn man es mag, wie es ist, warum es ändern? Man würde es zerstören.

Und nun ist aber das Problem meiner Rolle, daß die Ford Foundation nicht weitermachen kann, Dingen zu helfen, an die sie jedes Jahr permanent Unterstützungen vergibt. Wir sind nicht der Staat. Dies ist kein staatliches Programm wie in Europa. Und wenn wir alles, was uns gefällt, einfach immer wieder unterstützen würden, hier ein Ballett, da ein Theater, hier ein Workshop oder dergleichen, Jahr für Jahr, dann würden wir jedes Jahr mit einem Budget beginnen, das bereits zu 80 oder 85 % verplant ist, und wir hätten eine sehr geringe Empfänglichkeit, eine sehr geringe Flexibilität für neue Ideen, für neue Projekte. Sehen Sie, ich werde Ihnen auch Gründe nennen, die falsch sind, die nicht meine sind. In Amerika sind die Leute schnell bei der Hand zu sagen: Das ist ein Teil des Establishments. Ich glaube, das ist lächerlich. La Mama ist kein Teil des Establishments! Aber eine Menge Leute sagen: Wer ist Ellen Stewart? Jeder kennt sie, in Prag,

of the grant, and a final expenditure report, covering receipt and expenditure of grant and matching funds, at the conclusion of the grant period. Although the Endowment endeavors to keep reports to a minimum, other reports may be prescribed in connection with a grant.

Period of Support Requested – Generally grants will not be made for a period exceeding twelve months. Indicate inclusive dates of grant period:

JULY 1, 1970 – JULY 1, 1971

BUDGET BREAKDOWN OF TOTAL ESTIMATED COSTS OF PROJECT

Matching Funds – Sources and amounts presently available or anticipated (such as earned income from box office sales, fees, contributed services, etc.) should be indicated in the allotted space on Page 5 of this application.

1) SALARIES AND WAGES – List all professional, supporting and other personnel by title or type and amount of salary.

TITLE OR TYPE	SALARY
8 actors/$100 per week for 42 weeks	$33,600
1 technical director-stage manager $150 per week for 42 weeks	$ 6,300
1 production coordinator $100 a week for 42 weeks	$ 4,200
14 directors $200 per play for 14 prod.	$ 2,800
14 playwrights $150 per play for 14 prod.	$ 2,300
1 maintenance man (part time) $40 per week for 42 weeks	$ 1,680
14 designers $150 per production for 14 prod.	$ 2,300
Total	$51,100

2) SUPPLIES AND MATERIAL – Indicate major categories with estimated costs, such as office supplies, costumes, etc.

MAJOR CATEGORIES	COSTS
Sets, props, scripts, lighting materials $500 per production	$ 7,000
Costumes/$100 per prod.	$ 1,400
Stationary (42 wks supply)	$ 150
Stamps (42 wks supply)	$ 50
Total	$ 8,600

3) PERMANENT EQUIPMENT – (Such as typewriters, tape recorders, etc.) May not be purchased with grant or matching funds unless fully justified as necessary to project and specifically approved by the Endowment prior to purchase. These items may be rented or leased for the duration of the project and should be listed by type and category with estimated costs.

TYPE AND CATEGORY	COSTS
Used lighting board	$ 1,200
Tape recorder, amplifier, speakers	$ 675
Total	$ 1,875

4) OTHER – List all other direct costs by specific sub-category; e.g., consultant fees, honoraria, contractual services, rental of space, scenery, etc.

Rental of theatre space	$ 7,500
Publicity (Includes Village Voice ad, mailing list announcement, programs for 14 prod.)	$ 3,500
Total	$11,000

5) INDIRECT COSTS (OVERHEAD) – Indirect costs are those which are incurred for common or joint objectives, such as general administration and operation and maintenance expenses, as opposed to direct costs (salaries, supplies, materials, etc.). These will be allowed only if the grantee organization has an established indirect cost rate or can otherwise validate indirect costs related to the project for which grant support is being requested. This rate should be submitted to the Endowment within 90 days after the grantee's first yearend following formal acceptance of the grant. In cases where the applicant does not have an established, audited indirect cost rate, a maximum rate of 20 per cent of total direct costs is allowable unless and until such time as an audited or negotiated rate has been approved for the organization by Federal agency. If an approved rate is determined to be less than 20 per cent, only the approved rate will be allowed.

INDIRECT COSTS

Electricity/$100 per month for 12 months	$ 1,200
Garbage collection	$ 120
Total	$ 1,320

SUMMARY – ESTIMATED COSTS OF PROJECT

Salaries and Wages	$51,100.00
Supplies and Materials	$ 8,600.00
Permanent Equipment	$ 1,875.00
Other	$11,000.00
TOTAL DIRECT COSTS	$72,675.00
INDIRECT COSTS	$ 1,320.00
TOTAL COSTS	$73,995.00
TOTAL AMOUNT REQUESTED FROM ARTS ENDOWMENT	$20,000.00
TOTAL MATCHING FUNDS TO BE APPLIED TO PROJECT	$50,000.00

SOURCE(S) OF MATCHING FUNDS:
Private donors
College Tour revenue
Donated services – personell

in Warschau, in Louisiana, in Amsterdam, in London, in Bogotá, und die Ford Foundation hat da Geld drin. Also das ist Ellen Stewart, und das ist das Establishment! Nun, ich schenke solchen Sachen keine Aufmerksamkeit, ich persönlich, aber was ich sage ist: Nun, jedenfalls will man nicht sein ganzes Geld jedes Jahr im voraus schon verplant haben. Also, wir ermutigen niemanden, zu glauben, daß wir immer weitermachen.

Ich arbeite immer mit Ellen zusammen und versuche ihr zu helfen und versuche sie wirklich zu zwingen, über andere Möglichkeiten nachzudenken, um die Quellen ihrer Unterstützung zu verändern. Daß sie nicht total von einer einzigen abhängig ist. Ich will nicht, daß sie FUUUIT! verschwindet, wenn die Ford Foundation ihr nicht mehr helfen könnte. Und es gibt da eine Menge anderer Wege. Sie könnte etwas Geld durch Unterricht machen. Sie könnte etwas Geld durch Koproduktionen machen.

Nun, ich habe Ihnen einige Kriterien genannt, nach denen wir arbeiten. Ein weiteres ist bei uns noch der Versuch, Lücken zu füllen. Das Vakuum der Gesellschaft zu füllen. Zum Beispiel hatten sich von 1960 bis 1965 die Möglichkeiten für ausgebildete Neger im Theater vermehrt. Aber nur für solche, die ausgezeichnet ausgebildet waren. Das war gerade ein Anfang einer besseren Integration, aber es gab nichts, absolut nichts, wo sie hätten ausgebildet werden können. Es gab ein paar schreckliche Drama-Departments, mit dem, was wir eine überwiegende 'Negro Policy' nennen, es gab ein bißchen Platz in Universitäten wie Carnegie Teach, wo Schwarze hingehen konnten. Aber es gab wirklich keine Möglichkeit, die Schwarzen für das auszubilden, was sie machen wollten. Dann fanden wir jemanden, der diese Aufgabe übernehmen wollte, und wir starteten die Negro Ensemble Company hier in New York unter Douglas Turner Ward. Vor allem eine Sache der Ausbildung von schwarzen Schauspielern. Es ist nicht das einzige schwarze Ensemble, das wir in New York haben. Da ist das New Lafayette Theatre von Ed Bullins in Harlem, das wir unterstützen. Das sind Beispiele für das Füllen von Lücken. Die Schwarzen können ja nicht direkt vom Jacksonville State College kommen und erwarten, bei Film und Theater unterzukommen. Was könnte man da tun? Nun, Ward und Bullins und andere hatten was, was sie tun wollten. Es hat eine Menge Geld verschlungen, weit mehr, als wir La

Mama geben. Wenn Sie versuchen zu unterscheiden, was wichtiger ist, ich kann es nicht. Wenn Sie sich auf das menschliche Leben beziehen, dann ist die Zahl derer, die schwarz sind und vom Negro Ensemble profitieren, sehr groß.
Das war nun also ein weiteres Kriterium unserer Arbeit, es ist keines der Auswahl, es ist ein Konzept, zu dem die Ford Foundation steht.

Alles in der Kunst sind Menschen, Menschen mit Energie, Konzepten und Talenten und ästhetischen Überzeugungen, Menschen, die man umbringen müßte, um sie aus ihrer Richtung zu bringen. Die Richtung ist klar, und was das Geld der Ford Foundation dabei bewirken kann und das Geld anderer Stiftungen, ist nicht mehr, als die Geschichte des Kampfes eines Künstlers mit seinem Material zu vereinfachen.
Es gibt fünf Gründe, die Künste zu fördern, vier davon sind falsch, meiner Ansicht nach. Grob gesagt sind die vier Gründe: das Status-Symbol, das soziale, das erzieherische und das wirtschaftliche Motiv. Der fünfte und einzig relevante Grund ist die Förderung der Kunst um der künstlerischen Kreativität selbst willen.

The organization or group is obligated to administer the budget accepted by the Endowment. All expenditures shall be charged to the proper category unless the grantee requests and receives written approval from the appropriate program director to depart from the original budget.

PROJECT DISCRIPTION – A description of the project or activity for which support is requested. This should include as complete and concise a statement as to the necessity for grant support. If the project involves performances, also include the number, tentative schedule, and an estimate of the number of persons it would benefit.

Agreement: It is understood and agreed that any funds granted as a result of this request are to be used for the purposes set forth herein. Furthermore, the undersigned agree, as to any grant awarded, to abide by the relevant National Endowment for the Arts policies as prescribed.

AUTHORIZING OFFICIAL (Name and Title):

PROJECT DIRECTOR (Name and Title):

1968 wurden insgesamt 440870 Dollar an fünf Off-Off-Broadway-Theater-Workshops vergeben, um unbekannten oder kürzlich erfolgreichen Autoren die Möglichkeit zu geben, ihre neuen Stücke zu erproben. Im einzelnen wurden folgende Beihilfen vergeben:

Chelsea Theater Center, Inc.	124300 Dollar
La Mama Experimental Theater Club, Inc.	114000 Dollar
The New Theatre Workshop, Inc.	94000 Dollar
The Open Theatre, Inc.	54000 Dollar
Theatre Genesis, Inc.	54570 Dollar

(aus: The Ford Foundation, Activities in the Creative and Performing Arts, Support in Theater, 1968)

1969 wurden folgende Summen aufgebracht:

American Place Theatre, Inc.	276000 Dollar
Chelsea Theater Center, Inc.	73050 Dollar
La Mama E.T.C., Inc.	42600 Dollar
Open Theatre Workshop, Inc.	39000 Dollar
New Theatre Workshop, Inc.	77436 Dollar
Theatre Genesis, Inc.	43156 Dollar

(aus: The Ford Foundation Humanities and the Arts Program, 1969)

Aufwendungen der Ford Motor Co. für Fernsehreklame in den U.S.A., 1969: 27783500 Dollar (aus: The New York Times Encyclopedic Almanac, 1970)

Tom McGrath

Die neue Bewegung

1. Es ist letzten Endes eine auf das Innere gerichtete Bewegung. Die, die darin sind, haben eher den gleichen Standpunkt, eine neue Art, die Dinge zu betrachten, als ein Glaubensbekenntnis, ein Dogma oder eine Ideologie. Deshalb können sie niemals unterdrückt werden, sei es durch Gewalt oder Gesetz: *man kann das Bewußtsein nicht inhaftieren.* Egal, wie viele Razzien oder Festnahmen die Polizei unter welchem Vorwand auch immer macht – es kann niemals eine endgültige Haft sein, weil die Revolution in den Köpfen der jungen Leute stattgefunden hat.
2. Es ist nicht möglich, diese neue Haltung genau zu definieren: entweder du hast es oder du hast es nicht. Aber man kann einige der Erscheinungsformen beschreiben:
a) Toleranz – der einzelne soll frei sein bei der Verfolgung seines Vergnügens, frei sowohl von äußeren Gesetzen als auch inneren Schuldgefühlen, solange er niemanden einengt. Der Widerspruch zwischen der Bedeutung des Rechts des einzelnen auf Vergnügen und Lust und seiner Verantwortung anderen Menschen gegenüber kann das letzte menschliche Sozialproblem werden. Die Suche nach Vergnügen/Orgasmus erstreckt sich auf jedes Feld menschlicher Aktivität, von der Sexualität, der Kunst und dem inneren Bereich zur Architektur, zur Abschaffung des Geldes bis zum äußeren Bereich und darüber hinaus.
b) nach- bzw. antipolitisch – dies ist keine Bewegung des Protestes, sondern eine der Zelebration. Obwohl sie zukunftsgerichtet ist, haben die, die mit der neuen Sache zu tun haben, schon jetzt eine gute Zeit. Und sie haben Erfolg. Dadurch entstehen Neid und Feinde. Die beliebtesten Wörter gegen die neue Bewegung sind: leichtfertig und unverantwortlich. Die Haltung *pleasure now* sorgt jedoch dafür, daß, was auch immer passiert, dies eine revolutionäre Bewegung ist, die auf die eine oder andere Weise siegen wird. Denn wenn auch unsere Ideen in der Zukunft vielleicht verworfen werden, können wir wenigstens auf die gute Zeit, die wir heute haben, zurückblicken.
3. Schon wenn man es eine *Bewegung* nennt, ruft man einen falschen Eindruck hervor. Diese neue Sache meint einfach, daß Leute zusammenkommen und etwas zusammen tun (*grooving*). Wenn man nicht versteht, was *grooving* bedeutet, hat man überhaupt nicht verstanden, was los ist. Es gibt keine Anführer, jeder folgt seiner inneren Stimme auf eine möglichst ehrliche Weise, – 'Sieht dies so aus wie etwas, das mir Spaß machen könnte, wenn ich mitmache?' 'Ja!' 'Toll.' – aber es gibt Einflüsse von den Beatles bis zu W. Burroughs.
4. Die neue Bewegung ist im Grunde optimistisch. Sie hat eine positive Ansicht vom Menschen und seinen Möglichkeiten, die hauptsächlich auf seiner schöpferischen Kraft beruht. Dies ist eine Bewegung des Nachexistentialismus, die die Jahre härtester und schmerzlichster Verzweiflung beendet. Dieser Optimismus erlebte seine Wiedergeburt trotz der H-Bombe, trotz Vietnam, Armut, Hunger usw. Die neue Haltung drückt sich so aus, daß man konkrete Veränderungen macht, wo auch immer man gerade ist, direkt vor seiner eigenen Nase. Die Waffen sind Liebe und Kreativität – irre neue Kleider, Moden, fremde neue Musik. Die neue Bewegung ist zahlenmäßig schwächer als die der Atomwaffengegner in ihrer besten Zeit, aber ihre Mitglieder scheinen ein instinktives Verständnis einer Medientheorie wie z. B.

der von McLuhan zu haben: sie wissen, wie man sich der Medien mit dem größten Nutzen bedient. In einem Zeitalter der Momentankommunikation kann irgendeine Sache eine weltweite Bedeutung erlangen, wenn die Kommunikations-Verbindung, die man hat, wirksam genug ist.

5. Die neue Bewegung baut langsam und vorsichtig eine Gegen-Gesellschaft auf. Sie ist international und umfaßt alle Rassen und Geschlechter; sie läßt sich Zeit, – vielleicht gibt es morgen keine Uhren mehr.

Eric Bentley

Interview

Ich glaube nicht, daß man zwischen Broadway, Off-Broadway und Off-Off-Broadway trennen kann, sie überlappen einander. Es ist einfach eine andere ökonomische Stufe, dadurch ein anderes Publikum, eine andere Kalkulation. Wenn ich zum Beispiel Produzent wäre, würde ich genau das machen, was mit *Moondreamers* von Julie Bovasso gemacht wurde. Ich würde die Schauspieler dazu bekommen, für nichts zu arbeiten, indem ich es OOB mache und OOB ist selbstverständlich kein Geld drin, d. h. ich brauche keine Gewerkschafts-Mindestgagen zu zahlen und so weiter. Wird die Sache ein Erfolg, kann ich die ganze Sache auf eine höhere Stufe bringen, d. h. Off-Broadway oder Broadway, und ich mache auf jeden Fall meinen Profit. Wird es ein Mißerfolg, habe ich kein Geld verloren. Es ist ein sogenannter *cheap tryout.* Auf der anderen Seite, wenn man Autor ist, wird man dennoch diesen Weg einschlagen, weil es heute in Amerika der einzige Weg ist, überhaupt produziert zu werden. Wenn man Schauspieler ist, wird man OOB für fast nichts arbeiten, weil man woanders überhaupt nicht spielen kann. Das könnten Gründe sein, weiter so zu arbeiten; was ich sagen will, ist nur: die dort arbeiten, sind nicht so Avantgarde oder so unwissend, wie sie vorgeben. Die meisten der Produktionen werden von vornherein in der Hoffnung gemacht, daß jemand kommt und sie kauft. Z. B. haben die jungen Leute, die *Salvation* gemacht haben, das dann ein riesiger Off-Broadway-Erfolg wurde, für buchstäblich nichts gearbeitet. Dann kam ein dicker Broadway-Produzent und kaufte das ganze, und schon sind eine Menge Leute da, die eine Menge Geld damit machen. Etwas Ähnliches kann man überall beobachten, nimm zum Beispiel die Hippies. Kaum, daß die Mode anfängt, sind sie vor allem Gegenstand von Hollywoodfilmen, Artikeln in *Life-Magazine,* bald darauf fangen reiche Leute an, Hippie-Kleidung zu tragen, die von teuren Designers entworfen worden ist. Es gibt maßgeschneiderte Blue jeans.

Sie glauben also nicht, daß aus dem OOB neue künstlerische Impulse kommen?

Das würde ich nicht sagen; nahezu alles, was auf dem Theater in letzter Zeit interessant war, kam von dort. Was ich sage, ist nur, daß alles, was dort passiert – wie überhaupt alles in der kapitalistischen Gesellschaft –, von ökonomischen Aspekten gelenkt wird. Es geschehen eine Menge interessanter Dinge OOB, aber das ist Zufall, Glück. Die Bewegung ist nicht an sich in dieser Richtung orientiert. Ich sehe das ganze mehr als Teil einer ökonomischen Organisation, nicht als eine künstlerische Bewegung. Vieles, das als Avantgarde oder als neu verkauft wird, ist es keineswegs. Viele Stücke, die ich OOB gesehen habe, sind rein kommerzielle Stücke, nur sind sie nicht gut genug, kommerziell gemacht zu werden – das ist eine Definition von Avantgarde. Das soll nicht heißen, daß unter dem riesigen Angebot nicht hier und da Hinweise auf wirklich Neues verborgen sein können, es ist alles sehr unübersichtlich und mehrschichtig. Zum Beispiel ist die ganze Entwicklung der Nacktheit keine rein kommerzielle Angelegenheit, obwohl man sagen kann: hast du ein paar Nacktszenen, kommen die Leute. Angefangen hat das gewiß mit künstlerischen Gründen, und alles was man OOB sehen konnte, war in diesem Sinn weitaus besser als *Oh Calcutta!,* aber selbst das führte noch künstlerische Gründe an. Dabei ist es heute eine rein kommer-

zielle Angelegenheit, selbst die unbedeutendsten Stücke laufen auf diese Weise endlos.
Was denken Sie über die Autoren, die aus dem OOB entstanden sind? Man sagt, daß OOB-Autoren nur am OOB gut sind?
Ich denke, einige von ihnen sind in der Tat sehr interessant, auch über den OOB hinaus. Das Problem der Autoren in Amerika ist, daß sie entweder ein Niemand sind oder der Größte, es scheint zwischen diesen Extremen keinen Mittelweg zu geben. Viele dieser Autoren sind sehr interessant und vielversprechend, aber sie sind oft nicht so bedeutend, wie sie betrachtet werden. Sobald irgend jemand auf irgendeine Weise bekannt wird, wird er gekauft, für den Film, das Fernsehen und so weiter, gekauft, um verbraucht zu werden. Das ist auf allen Gebieten dasselbe; sobald sich ein Talent zeigt, wird es konsumiert, das gilt für das gesamte amerikanische System. Die Leute, die für den Broadway oder das Fernsehen oder den Film schreiben, sind die OOB-Autoren von gestern. Nimm zum Beispiel an, dieses Jahr gibt es hundert OOB-Autoren. Die begabtesten davon werden ausgewählt, bekommen Verträge mit Hollywood usw. und sind bald die vorzüglichen Schreiber von Hollywood. Was ich mit all dem sagen will, ist keineswegs zynisch gemeint. Es ist nur eben so, daß man OB von gestern und OOB von heute nicht losgelöst vom System betrachten kann, es sind keineswegs unabhängige Kunstbewegungen, sondern einfach die unteren Sprossen einer Leiter zum Broadway, Hollywoodfilm oder zu vergleichbaren Gebieten des kommerziellen Schreibens. Man kann das schon bis in die Sprache hinein verfolgen: XY ist ein junger Autor auf dem Weg zum Erfolg. Neun von zehn Autoren im OOB wollen den Erfolg, sie wollen die nächste Stufe erklimmen, sei es OB, Broadway oder Film, und vielleicht ist das auch ganz normal, es ist vielleicht in jedem sozialen System folgerichtig. Das Problem ist nur, wie viele diesen normalen Weg ablehnen und ihren eigenen zu gehen bereit sind. Wenn William Faulkner mit sechzig nach Hollywood geht, bedeutet das nichts, das ist so etwas wie Ferien. Ich meine, daß es nicht an sich korrumpiert ist, wenn jemand nach Hollywood geht, aber es ist die Frage, ob sich dein Leben darauf einstellt.
Z. B. Clifford Odets, der vielleicht der einzige linke Schriftsteller in Amerika ist, war Mitglied der Kommunistischen Partei, ging in den dreißiger Jahren nach Hollywood, um Drehbücher zu schreiben, und wurde dort völlig aufgesogen. Odets war arm, er kam aus der armen Klasse, und er beschäftigte sich damit. Als er nach Hollywood ging, verlor er den Kontakt mit diesem Bereich vollkommen, versuchte ein Stück über Hollywood zu schreiben, konnte diese Art von Stücken nicht schreiben, schrieb also weiter Drehbücher usw., in anderen Worten, er wird ein Mitglied einer anderen Klasse, sammelt Bilder, wird reich usw., aber ist unfähig, sich darin zu bewegen, weil es nicht seine Klasse ist. Als Künstler ist er ruiniert.
Wenn ein amerikanischer Schriftsteller reich wird, zieht das immer eine Isolation von dem Bereich, dem seine Themen entstammen, nach sich. Es kann für einen Schriftsteller natürlich sehr sinnvoll sein, vorübergehend isoliert zu sein, aber nicht, wenn er gleichzeitig mit einer anderen Klasse zu leben gezwungen ist. Es ist nicht schlecht, wenn der Film, das Fernsehen, das Kommerz-Theater diese Autoren gebraucht, nur ist die Gefahr zu groß, daß es sie verbraucht.
Sehen Sie da irgendeinen Ausweg, wenn es eine Bewegung wie OOB oder der Underground-Film nicht schafft?
Ich glaube nicht, daß man da Lösungen erwarten sollte. Die einzige, bis heute funktionierende Lösung scheint die zu sein, wenn der Kommerz einen wirklich guten Autor kauft. Z. B. gibt es eine Menge guter Humphrey-Bogart-Filme, es gibt kaum einen Grund, warum sie schlecht sein sollten, das Drehbuch kann von Dashiell Hammett sein (der – nebenbei – Mitglied der Kommunistischen Partei war), niemanden würde es kümmern, solange er keine Propaganda schreibt. Mit anderen Worten, die besten Kunstprodukte in Amerika fin-

det man innerhalb des kommerziellen Marktes, selten zwar, aber immerhin. Es ist wahrscheinlicher, daß aus dieser Art ein neuer guter Film entsteht, als aus den Undergroundfilmen, unglücklicherweise, denn man würde es sich andersrum wünschen. Aber der Kom-

UNCLE FATSO, KAPITALIST (BREAD AND PUPPET THEATRE)

merz hat das Talent, er kann es kaufen, die meisten Talente wollen dahin, und unter bestimmten außergewöhnlichen Umständen kann daraus wirklich ein Stück Kunst entstehen; jedenfalls eher als aus dem sogenannten Underground, der sich oft aus Leuten zusammensetzt, die nicht einmal wissen, wie man fotografiert.

Haben Sie in letzter Zeit wieder versucht, Theater oder Kabarett zu machen?

Das bringt mich zu der Frage: Warum ist es in Amerika so schwer, um nicht zu sagen unmöglich, politisches Kabarett zu machen? Es gibt dafür viele Gründe, aber einer davon ist, daß Kabarett immer dann am wirksamsten ist, wenn es eine strenge Zensur gibt, wenn es gefährlich ist und es darauf ankommt, dicht am Wind zu segeln, gerade so dicht, daß das Theater nicht geschlossen wird. Das bedeutet, daß Kabarett und politisches Theater ein ganz bestimmtes Stadium von Unfreiheit erfordern. In Amerika ist heute vieles unfrei, aber man kann sagen, was man will. Niemand kümmert sich darum, was du sagst. Du kannst obszön sein wie weit auch immer, kommunistisch, anarchistisch, solange es bei den Worten bleibt. Nichts was du sagen kannst, ist wirklich schockierend oder gefährlich, besonders in New York. *McBird* z. B. hatte nicht den leisesten Effekt, außer daß man ein paar unverdächtige FBI-Leute um das Theater rumschnüffeln sah, aber selbst das bewirkte lediglich Publicity, machte das Stück erfolgreich. Der Mann, der die Programme drucken sollte, weigerte sich, sie zu drucken, also machte es jemand anderes. Johnson verhielt sich am klügsten, indem er es einfach ignorierte. Brecht hat in Amerika gesagt: Amerika ist zu reich, um sich ein Theater leisten zu können, und ich denke, das stimmt.

S. Mrozek

Gespräch am 22. 2. 1970 in New York

Uns kommt es so vor, als ob einer der wesentlichsten Beiträge des neuen amerikanischen Theaters die Spontaneität ist, die daraus entsteht, daß viele dieser Theatermenschen keine Trennung von Leben und Kunst, Realität und Bühne mehr kennen.

Ich erkenne das, und ich schätze das auch sehr, aber für mich persönlich ist das kein großer Gewinn. Ich kam her, weil ich mich in einer Sackgasse befinde. Ich brauche Hilfe. Mir hilft es wenig, wenn ich erkenne, daß jemand spontan ist, solange das auf ihn selbst beschränkt ist; mit anderen Worten: ich brauche eine Brücke, eine Art von Kommunikation. In einer der Produktionen meiner Stücke gab es einen Schauspieler, der eine wichtige Rolle spielte. Nach der Premiere fühlte er sich immer sicherer und wurde immer spontaner, er machte Improvisationen und fühlte sich sehr glücklich dabei. Die Vorstellung war ruiniert; mit anderen Worten: die Tatsache, daß er glücklich war, hatte mit dem Stück nichts zu tun und übertrug sich keineswegs auf die Zuschauer. Es gab keine Kommunikation. Wenn ich mich selbst sehr genieße, wenn ich mich in einer Art Euphorie bewege, verliere ich meistens die Möglichkeiten der Kommunikation.

Was wir hier fanden, ist nicht ein Mangel an Kommunikation, sondern ein Mangel an message, *es kommt meist nicht mehr auf irgendwelche Botschaften an, sondern auf das Ereignis. In einer Vorstellung bemühen sich die Schauspieler in einer beliebigen Form, etwas über ihr eigenes Leben auszusagen. Das Ereignis, zusammen im Theater zu sein, das Ritual, ist wichtiger als die* message, *oder anders ausgedrückt, ist identisch mit der* message.

Ich habe das Gefühl, daß es diesen Gruppen mehr darauf ankommt, selber zusammenzukommen, d. h. die Schauspieler untereinander und sich selbst zu feiern, als daß es wichtig ist, mit dem Publikum zusammenzukommen. Ich denke, daß das gut für sie ist, es hat eine Art therapeutischer Wirkung, aber es überträgt nichts auf mich, den Zuschauer. Die meisten dieser Gruppen hier sind von Schauspielern gegründet, um zusammen zu spielen. Das Publikum kommt erst in zweiter Linie. Es hat etwas mit Malerei zu tun. Statt eine bestimmte Art von Bildern zu betrachten, kann ich auch auf die Straße oder in einen Coffee-Shop gehen, ohne daß die Leute da für mich arrangiert sind oder etwas feiern. Ich kann mir im Grunde alles ansehen und im Innern mein Bild machen, d. h. wenn ich die Menschen sehe, sehe ich eine Menge, und ich brauche niemanden, der das für mich arrangiert. Ich sehe in der Art des Lebens, das wir führen, viele Formen von Zelebration, ohne daß das jemand in künstlerischer Absicht geformt hat.

Aber die Art von Theater, über die wir sprechen, komprimiert diese Erfahrungen, d. h. man kann an einem Abend alles über eine bestimmte Person erfahren.

Aber da ist doch ein gewaltiger Unterschied. Eine alte Lady, die in einem Coffee-Shop einen Doughnut ißt und Kaffee trinkt, ist wesentlich spontaner, als es ein Schauspieler dieser Art könnte, weil sie nicht irgend etwas vorführt, sondern einfach existiert. Mit anderen Worten: ich will nicht werten, ich mache lediglich meine Wahl, und die lautet nicht für dieses Theater, weil ich darin nicht mehr finde als in der Realität. Aber ich schätze diese Art von Theater, weil ich die Vielfalt überhaupt liebe. Ich kann Totalitarismus nicht ausstehen oder absolute Prinzipien.

Im ganzen Neuen Theater kann man feststellen, daß die Menschen, die es machen, von dem Wunsch geleitet sind zu kommunizieren. Sie wissen wenig, vielleicht nur, daß die alten Wege nichts mehr taugen, weil sie ausgetreten sind.
Das ist richtig, und es ist gut, daß diese Anstrengungen gemacht werden um den Preis, daß greifbare Resultate zunächst nicht sichtbar werden. Die Kosten sind hoch, aber irgend etwas entsteht. Aber zur Kommunikation: ich denke, ich habe sehr oft bemerken können, daß die Kommunikation an sich zu einer Art Fetisch wird, daß über der verzweifelten Suche der eigentliche Anlaß vergessen wird. Mir scheint das oft paradox, und ich glaube, daß die Gesetze des Paradoxons unser Leben mehr beeinflußen, als wir gewöhnlich annehmen. Mit anderen Worten: der angespannte Wunsch zu kommunizieren führt schließlich zum Gegenteil, zu vollkommener Isolation und Einsamkeit.
Aber die Alternative, nämlich sich um Kommunikation überhaupt nicht zu kümmern, führt nicht automatisch zur Überwindung der Isolation.
Das ist richtig, aber ich denke, man muß in der Absicht zu kommunizieren erst den Kontakt zu sich selbst herstellen, die innere Entfremdung überwinden.
Das ist genau das, was diese Gruppen versuchen, sie gehen von sich und ihren Freunden aus, klären ihre Probleme und kommen dann erst zu der Phase, sich an ein Publikum zu wenden, was sie dann allerdings leichter erreichen, als wenn sie den umgekehrten Weg gehen würden, d. h. ausgehend von dem, was mitgeteilt werden soll.
Ich glaube, ich muß klarer machen, was ich meine. So wie wahrscheinlich die meisten von uns hasse ich viele Formen der heutigen Industriegesellschaft, Autos, Lärm, Verschmutzung usw., den ganzen Zivilisationsmüll. Ich hasse das, und ich leide oft darunter. Aber auf der anderen Seite erkenne ich, daß alle diese Dinge existieren, ich kann das nicht leugnen, obwohl es zahlreiche Versuche gibt, das zu tun. Ich muß einen Weg finden, damit zu leben. Abgesehen davon, daß man es gar nicht mehr leugnen kann. Die Einflüsse, die die Zivilisation auf unser Leben genommen hat, können wir nicht mehr leugnen. Wir sind die Resultate eines langen Prozesses. Wenn wir auch in gewissem Sinne noch dieselben sind wie vor Tausenden von Jahren, so sind wir doch modifiziert, wir können das nicht mehr überwinden und einfach zu unseren Ursprüngen zurückkehren (Zigarette anzünden, lange Pause).
Sie waren dabei, daß man die Einflüsse der Zivilisation auf unser Leben nicht einfach leugnen kann...
Wie Sie vielleicht bemerken, kann ich mich sehr schlecht ausdrücken, besonders in Gesprächen.
Wenn wir etwas nicht verstehen, fragen wir.
Außerdem kann ich mich an den Gedankengang nicht mehr erinnern.
Sie waren davon ausgegangen, daß man vor der Kommunikation mit den anderen erst einmal den Zugang zu sich selbst finden muß und daß der durch diese Zivilisationseinflüsse verdeckt ist, daß wir aber keine andere Wahl haben, als mit diesen Zivilisationserscheinungen zu leben.
Um zurück zum Theater zu kommen: ich kann erkennen, daß es Nahrung gibt, die vielen schmeckt, aber dennoch nichts für mich ist, und primär beschäftige ich mich mit mir. Ich arbeite an meinem Leben mit allem, was ich habe, allen Fähigkeiten und Möglichkeiten, die ich erhalten habe. Wenn ich feststelle, daß eine bestimmte Nahrung nichts taugt, dann meine ich, daß sie für mich nichts taugt; das sagt wenig oder nichts über den allgemeinen Nutzen.
Aber damit stellen Sie sich auf einen isolierten Standpunkt, so als ob Sie mit der Welt oder den anderen Menschen nichts zu tun hätten, Sie schweben auf einer Wolke.
Das ist in einem bestimmten Sinn richtig, aber ich ändere mich sehr schnell. Mich überrascht auch diese Frage sehr, weil ich mich eigentlich sehr wohl fühle. Ich bin sicher, daß ich mich wieder ändern werde.
Sehen Sie darin eine Weiterentwicklung oder lediglich eine Änderung, ohne Wertung?

Ich glaube nicht an Entwicklung, wenn Entwicklung meint, daß es ein bestimmtes Ende, ein Ziel gibt, wohin die Entwicklung geht. Entwicklung nein, Änderung ja. Ich muß dazu sagen, daß es in meinem Leben eine Zeit gab, in der ich derart gewöhnt war an allgemeines Gerede von der wundervollen Menschheit, das Ende des schweren Weges, auf dem wir gehen, usw., die Sendung der Menschheit, und daß alles immer besser wird usw., daß ich bei dem Wort Entwicklung wie auf ein Reizwort reagiere. Aber die Entwicklung ist nicht zu leugnen, besonders in einem Teil der Welt...

Bezogen worauf?

In Beziehung auf den Hunger, den Tod...

Aber wir können nichts über die Beziehung und Bedeutung des Todes bei den Menschen vor 5000 Jahren sagen, ob sie glücklich waren usw. Wir messen andere Zeitalter immer mit unseren Maßen, unserer Moral, unseren Empfindungen. Nehmt z. B. Hinrichtungen oder Foltern, sagen wir, vor 300 Jahren. Heute erscheint uns das wie eine grausame Veranstaltung, damals war es vielleicht etwas wie eine Tea-Party. Selbst heute ist das Verhältnis zum Tod oder Schmerz ein anderes in den verschiedenen Teilen der Welt. Als ich 1958 zum ersten Mal nach New York kam, waren sowohl die Stadt als auch ich mit meinen persönlichen Beziehungen und Erfahrungen völlig anders als heute. Aber es ist heute für mich kaum zu entscheiden, in welchem Maß ich mich verändert habe oder in welchem Maß die objektive Situation in Amerika sich verändert hat. Ich war damals 29, lebte in Polen, ich hatte eine Karriere im Kopf. Ich kam aus einem kleinen Land, und ich stellte fest, daß die Welt groß ist, daß hier eine Unmenge von Leuten wohnte und lebte, die noch nie von mir gehört hatten. Ich wollte

PLAYHOUSE OF THE RIDICULOUS: PROBE

etwas Großes tun. Ich änderte meine Ansichten stark, wenn ich es heute erzähle, ist das, worin damals mein Leben bestand, nur noch eine andere Geschichte über irgend jemanden. Wenn ich über mich spreche, über die Person, die ich damals war, kommt es mir vor, als spräche ich über jemand anderen, so wenig habe ich heute damit zu tun. Mit meinen Stücken ist es ähnlich, wenn ich sie geschrieben habe, kümmere ich mich kaum noch darum, sie interessieren mich nicht mehr sonderlich.

Aber sie sind ein Teil von Ihnen?

Nein, sie sind tot, Vergangenheit. Ich leugne nicht, daß das meine Vergangenheit ist, aber ich löse mich von diesen vergangenen Erfahrungen sehr schnell. Wenn ich mir alte Bilder von mir anschaue, die mich mit 5 oder 10 zeigen, ist das sehr traurig für mich. Es ist wie eine Art Friedhof für mich, unwiederbringliche Vergangenheit. Die Person, die mich da ansieht, gibt es nicht mehr, sie ist nur das Objekt, Produkt, und mein einziges Interesse ist auf das gerichtet, was lebt, was sich verändert. Mich interessieren keine Produkte.

John Lahr

Interview

Ich studierte in Oxford und Yale, und als ich zurück nach New York kam, wollte ich ein Buch über meinen Vater schreiben, und da ich nicht acht Stunden am Tag schreiben konnte, schrieb ich eine Kritik oder eher einen Aufsatz über *Marat/Sade* und schickte ihn an alle New Yorker Zeitungen – eigentlich hauptsächlich, um umsonst ins Theater zu kommen. So schrieb ich zuerst für die New York Free Press, die es heute nicht mehr gibt, und dann für die Village Voice. Ich fand bald heraus, daß es sehr wenig ernsthafte Kritik gab. Ich hatte es relativ einfach, weil ich für ein *underground paper* schrieb, aber darüber hinaus fand ich große Unterschiede in der Art der Kritik, die sonst üblich war. Es reichte mir nicht, einfach zu schreiben: Dies war gut und das schlecht. Ich wollte meine eigene Anschauung der Welt hineintragen als eine Art Dialog, sowohl für den Künstler als auch für das Publikum. Ich wollte das, was draußen in der Welt vorgeht, mit hineintragen und untersuchen, wie sich das Theater dazu verhält. Nimm zum Beispiel die *Serpent* vom Open Theatre. Wenn du meine Kritik siehst, findest du darin meine Meinung über das Stück, über die Aufführung, aber ich habe auch Itallie und Chaikin interviewt; mit anderen Worten: Es handelt sich um eine Art Aufsatz anläßlich einer Aufführung. Zwei Dinge sind wichtig, wenn man über die New Yorker Kritik spricht: Einmal, daß fast alle Kritiker über vierzig sind, zum anderen, daß sie sich untereinander befehden. Besonders für die jungen Theater ist das sehr ungünstig, weil eine schlechte Kritik wirklich ein Stück töten kann, und die Kritiker wissen oft nicht mehr über den Autor, als daß er eben dies Stück geschrieben hat. Es ist nicht abwertend, aber die meisten dieser Kritiker wissen nichts über die ganze neue Generation, kennen keine Rock-Musik, leben so außerhalb der Gesellschaft, daß sie nicht einmal wissen, was mit den Schwarzen los ist.

Was denken Sie über das amerikanische Theater überhaupt?

Ich denke, daß das amerikanische Theater auf dem Wege ist, das bedeutendste Theater unserer Zeit zu werden. Einfach, weil Amerika aus sowohl schlechten als auch guten Gründen das Land ist, mit dem die Welt sich beschäftigen muß. Die Tragödie hatte hier nie eine Chance, weil sie darauf beruht, Risiken auf sich zu nehmen und weil eine *middle-class*-Gesellschaft einfach keine Risiken auf sich nimmt: Sie verstehen sie nicht. Dazu kommt das Theater der Schwarzen, die ganze neue Theater-Erfahrung, die damit verbunden ist, das Bewußtsein der Schwarzen.

Was denken Sie über die OOB-Szene?

Das ist sehr vielwertig: Alle warten auf eine neue Energie, auf neue Impulse aus Amerika. Das hat Amerika immer geliefert: Energie, manchmal fehlgeleitet in Kriege.

Aber das amerikanische Theater hat doch immer auf Europa gesehen; nicht nur die Autoren, sondern auch Techniken wie Stanislawski, Grotowski, die Brecht-Methode...

Das gilt aber nicht für das Musical. *Have You Seen Hair?* OOB ist ein riesiges Nährbecken für Talent, eine Menge junger Talente sind dort hergekommen. In vielen Fällen sind Leute, die sonst nie daran gedacht hätten, dazugekommen, zu schreiben oder Regie zu führen. Der OOB erlaubt Menschen, im Theater zu arbeiten. Wir haben nicht ein soziales System wie in Europa in den Staatstheatern, so daß OOB einfach Platz schafft, wo man arbeiten kann. Wenn es auch oft eine nicht gerade professionelle Möglichkeit ist, immerhin ist es eine Möglichkeit überhaupt. Natürlich gibt es da auch eine Menge wirklich schlechter Autoren, aber wenn du aus tausend Autoren vielleicht zwei oder drei gewinnst...

Wir kennen vom Elisabethanischen Theater nur noch Shakespeare und ein paar andere – wer weiß, wie viele es damals gab? Wenn ein Stück am OOB erfolgreich ist, wirken dieselben Kräfte wie am Broadway oder am Off-Broadway: Das Buch wird gedruckt, es wird ein Film daraus usw., deshalb weiß ich nicht, ob OOB tatsächlich eine Alternative in diesem Sinn ist. Ich meine, daß das ganz natürlich ist, weil OOB ebenfalls zur Gesellschaft gehört; selbst die, die vorgeben, außerhalb zu stehen, sind mittendrin im ökonomischen System. Ich kenne eine Menge Leute, die von sich behaupten, radikal zu sein – das ist fein, das ist ihre Sache –, andererseits weiß ich aber von vielen, daß sie auf andere Weise sehr viel Geld verdienen als Professoren an der Universität o. a. Das Living Theatre z. B. mit all dem Gerede über 'radikal' und 'leben außerhalb des Systems' und so weiter, sie haben 3000 Dollar pro Nacht, sie waren im Fernsehen, und das ist alles nicht schlecht. Dasselbe ist mit dem OOB, der ja übrigens erst in den letzten zwei, drei Jahren Bedeutung erlangte,

John Lahr

Über Neues Theater

Ich habe gerade daran gedacht, was es wohl für einen Schwarzen für Antworten auf diese Frage gäbe. Ich sage das deshalb, weil der Terminus 'Neues Theater' mir sehr relativ erscheint. Und ich frage mich, warum ich mich für diese Art Theater interessiere. Ich denke, daß es vielleicht deshalb ist, weil ich mit dieser Energie in Berührung kommen will, weil ich das Gefühl haben will, an etwas teilzuhaben, das im Augenblick geschieht. Ich denke, daß diese ganze Bewegung vor allem deshalb die Bezeichnung 'neu' verdient, weil sie neue Vorstellungen, neue Denkweisen repräsentiert, nicht so sehr dagegen neue Formen. Man muß in diesem Zusammenhang daran denken, was im letzten Jahrzehnt passiert ist, die Chicago-8, alles was mit Abbie Hoffman zusammenhängt, Martin Luther King, der Marsch der Armen, alles im Grunde theatralische Ereignisse. Alle diese Ereignisse freilich haben nichts mit Theater im Sinn der Termini Proszeniumsbühne o. ä. zu tun, aber sie sind in bestimmter Weise konzipiert worden, um eine Wirkung auf ein Publikum zu erzielen, die über die rein verbale hinausgeht. Neben dem Theater, über das hier gesprochen wird, erscheint mir eine Form sehr wichtig, das Musical, und zwar deshalb, weil es sehr populär ist. Wenn es gelingt, gute Musicals zu machen, würden wir tatsächlich ein neues Theater haben in dem Sinn, daß wir eine neue Publikumsstruktur hätten. Das Musical hatte seine höchste Zeit in den dreißiger Jahren, und dort ist es in seiner Thematik bis heute stehengeblieben. Andererseits steht fest, daß das Musical ein Publikum tatsächlich erreichen kann. Was gab es für neue Musicals? *Hair* und *Stomp.* Ich halte nicht viel von *Stomp,* aber ich achte die Bemühungen, wenngleich sie nicht konsequent verfolgt wurden. Es verließ die Form des Librettos vollkommen, beteiligte das Publikum auf neue Weise. Wenn es uns gelingt, das zeitgenössische Musical zu schaffen, könnten wir die totale Erfahrung erzielen. (Aus einem Gespräch.)

LA MAMA REPERTORY: *RENARD* VON STRAWINSKI

und vorher mit dem OB; ich sage nicht, daß es immer notwendig so ist, aber es ist ein Problem, daß das System des 'Rasch-Geld-Machens', 'Berühmtseins' usw. für die Menschen ebenso attraktiv ist wie früher der Broadway. Zum Beispiel *Che!*: Das ist ebenso zynisch kommerziell wie der schlimmste Broadway, es kostet 10 Dollar Eintritt, das Stück ist nichts, aber es bringt Geld; die Leute kommen, um das zu sehen, was sie erwartet: Nudity.

Was denken Sie über die Autoren, die aus dem OOB kamen?

Ich denke, daß bis heute vielleicht der beste Autor aus dieser Movement Sam Shepard ist. Die meisten anderen Autoren – ich möchte da nicht genauer werden – haben keine oder wenig Vorstellungsgabe, sie haben eine bestimmte Art, sich auszudrükken, die in dem Bereich, in dem sie zuerst auftreten, in Ordnung ist, aber sich schwer transferieren läßt. Eine andere große Gefahr im OOB ist, daß viele Talente, kaum, daß sie aufgetaucht sind, aufgesogen werden. Amerika ist sehr interessiert an allem, was neu und jung ist; das ist gut in dem Sinn, daß es tatsächlich vielen Leuten etwas abfordert, und in dem Sinn ist es fruchtbar. Aber es ist auch schlecht in dem Sinn, daß es jungen Autoren nicht die Möglichkeit bietet, sich weiterzuentwickeln. So kommt es, daß viele dieser jungen Talente ganz schnell akzeptiert werden, d. h., sie müssen nicht wie in Europa jahrelang darauf warten, daß sie gespielt werden. Aber sind sie einmal dran, müssen sie schnell nachproduzieren, und viele Sachen werden gemacht, lange bevor sie fertig sind. Fallen sie durch, ist schon das nächste Neue da.

Joseph Papp

Interview

Das ideale Theater ist ein Theater, das bedeutende Arbeit leistet und dabei ganz vom Publikum getragen wird. In anderen Worten: Die Idee, daß sich ein Theater durch seine eigenen Einnahmen trägt, die Idee vom freien Unternehmen, ist die beste, weil das heißt, die Leute kommen und tragen die Arbeit, die du tust, indem sie dafür zahlen.

Aber das Problem dabei ist folgendes. Erstens: Wenn du eine solche feste Institution wie wir hast, müßtest du Eintrittspreise verlangen, die höher als am Broadway sind, wenn du ohne Subventionen auskommen willst. Nimm dies Haus hier. Es hat uns Millionen Dollar gekostet, es einzurichten, und es kostet uns ungeheure Summen, weil wir ein festes Ensemble haben. Der Broadway engagiert ein Ensemble nur jeweils für eine bestimmte Aufführung und bezahlt es nur so lange, wie die Aufführung läuft. Aber wir arbeiten das ganze Jahr über mit den gleichen Leuten. Du mußt sie bezahlen, auch wenn sie zwei oder drei Monate manchmal gar nicht beschäftigt werden. Wir haben also laufende Ausgaben, die der Broadway nicht hat. Und zweitens: Die ideale Situation ist zwar, daß das Publikum ein Theater

JOSEPH PAPP

direkt trägt, durch sein Geld. Aber was ist mit den Leuten, die sich das nicht leisten können? Was machst du mit denen, für die die Preise zu hoch sind? Schön, du kannst ein Publikum haben, das es sich leisten kann. Wenn du das willst, gut, dann solltest du Stücke für dieses Publikum produzieren. Es sind Leute der Middle-class so um die 60. Sie gehen nicht ins Theater, um durch neue Ideen stimuliert zu werden. Sie gehen hin, um unterhalten zu werden, um sich nach einem harten Tag im Büro zu entspannen. Du mußt ihnen die Stücke zeigen, die sie mögen. Verstehst du? Ihre Ziele, ihre Motivationen sind sehr verschieden von denen der Leute, die beispielsweise zum OOB kommen. Die verstehen Theater als eine Plattform für Ideen. Sie kommen, um zu lernen, um stimuliert zu werden, um Neues über das Leben und über die Dinge, die in der Welt passieren, zu lernen. Das ist ein ziemlich anderer Grund, ins Theater zu gehen. Für sie ist Theater ein wesentlicher Bestandteil ihres Lebens. Sie brauchen Musik, sie brauchen Arbeit, sie brauchen Theater. Das ist ein anderes Publikum.
Die Idee, daß das Publikum das Theater selbst trägt, ist gut. Aber es gibt darin zu viele Widersprüche. Nimm Shakespeare. Shakespeares Theater trug sich selbst. Es war kommerziell in gewissem Sinne; es kostete einen Penny, hineinzukommen. Heute würde Shakespeare eine Menge Probleme haben. Zu seiner Zeit gabs keine Konkurrenz für das Theater: kein Film, kein Fernsehen, keine andere Art von Unterhaltung. Heute hätte er Schwierigkeiten, ein Publikum zu finden. Vielleicht könnte er ein Stück durch einen Star über sechs bis acht Wochen halten, aber *Hello Dolly* läuft drei bis vier Jahre. Und *Hello Dolly* würde Shakespeare nicht schreiben. Also müßte Shakespeare heute im OOB arbeiten.

New York Shakespeare Festival: Gegründet von Joseph Papp (Papirofsky) (geboren 1921 in Brooklyn, New York, Sohn eines polnischen Koffermachers und einer Näherin; verschiedene Jobs; vier Jahre bei der Luftwaffe; Arbeit im Actors Laboratory Theatre in Hollywood; 1953 zurück nach New York; gründete in der Emmanuel-Presbyterian-Kirche in der Lower East Side, 729 East, 6. Straße den Shakespeare Workshop)

Chronologie:
1954–56: **neun experimentelle Aufführungen von Shakespeare und Zeitgenossen vor geladenen Gästen; Jahresbudget $ 150; niemand wird bezahlt.**
1956: **In Zusammenarbeit mit der New Yorker Parkverwaltung zwei Shakespeare-Aufführungen in einer Freiluftbühne am East River; freier Eintritt; Produktionskosten $ 750.**
1957: **Shakespeare auf einer Wagenbühne am Belvedere See im Central Park; Aufführungen in anderen New Yorker Parks; erste Stiftungsgelder; Schauspieler werden bezahlt; Jahresbudget $ 35 000; Wintersaison im städtischen Heckscher Theatre an der Fifth Avenue; freier Eintritt.**
1958: **Stadt lehnt Finanzierung ab; Straßensammlungen für zweite Shakespeare-Sommersaison im Central Park; freier Eintritt; Winter im Heckscher Theatre.**
1959: **Parkverwaltung verlangt, Papp soll Eintritt nehmen und 10 % davon abführen; Prozeß; Papp gewinnt; die Stadt subventioniert Shakespeare-Spiel im Central Park mit $ 20 000.**
1960: **Shakespeare-Workshop in New York Shakespeare Festival umbenannt; städtisch subventioniert; jedes Jahr soll Papp drei Shakespeare-Aufführungen im Central Park produzieren; freier Eintritt; Abkommen mit Erziehungsministerium: jährlich eine Shakespeare-Tournee durch New Yorker Schulen.**

DELACORTE THEATRE IM CENTRAL PARK

_1961:_ Zum Bau eines Freiluft-Amphitheaters am Belvedere See im Central Park stiftet die Stadt $ 250 000, der Verleger George T. Delacorte $ 150 000.
_1962:_ Delacorte Theatre am 19. Juni mit _Kaufmann von Venedig_ eröffnet; 2236 Plätze; erste Stück-Aufzeichnung durch WCBS-Fernsehen.
_1964:_ Von Spenden läßt Papp das Mobile Theatre bauen, beweglich, 1600 Plätze; Mobile spielt Shakespeare in verschiedenen Stadtteilen, auch in spanisch, dazu Shows für Teenager und Kinder am Nachmittag, auch in Slums.
_1965:_ Papps Jahresbudget für Delacorte-, Mobile-, Schultheater $ 950 000, davon $ 400 000 städtische Subventionen.
_1966:_ Für $ 575 000 kauft Papp die ehemalige Astor Bibliothek, Lafayette-Straße 425, im Village als Winterquartier; dreijähriger Ausbau für 3 Millionen Dollar zum New Yorker Shakespeare Festival Public Theatre mit mehreren Theatern, Konzertsälen, Galerien, großen Probenräumen; Spendenaktionen; erste Stiftung vom National Council on the Arts $ 125 000.
_1967:_ Papp gewinnt 10 000 Abonnenten für Public Theatre; am 17. Oktober mit _Hair_-Uraufführung Eröffnung des ersten Theaters im Public Theatre, nach dem Spender Florence Sutro Anspacher Theatre genannt; 299 Plätze; Eintritt $ 2,50; 4 Produktionen pro Spielzeit; kein Repertoire-System; jedes Stück läuft 8 Wochen en suite; kein festes Ensemble; Spielzeit Oktober bis Juni, restliche Zeit im Delacorte.
_1968:_ Im Juni Eröffnung des zweiten Theaters im Public: The Other Stage; 106 Plätze; 6 experimentelle Workshop-Produktionen pro Spielzeit; Eintritt frei; erste Rockefeller-Stiftung $ 25 000; Papps Jahresbudget für Delacorte-, Mobile-, Schul-, Public Theatre $ 1 300 000.
_1969:_ Eröffnung des dritten Theaters im Public: Martinson Hall, für Konzerte, Lesungen, Happenings; 150 Plätze; Eintritt $ 3,50–5,00; zweite Rockefeller-Stiftung $ 400 000; Papp bringt durch Anzeigen in der New York Times $ 300 000 an Spenden auf.
_1970:_ Im März mit dem Rock-Musical _Coming! The Dream Engine_ Eröffnung des vierten Theaters im Public, nach dem Spender Estelle Newman Theatre genannt; 299 Plätze; 4 Produktionen pro Spielzeit mit je 8 Wochen Laufzeit; Preise im Newman und Anspacher Theatre $ 3,50–5,00, Besucher unter 25 zahlen $ 1,75.
_1971:_ Eröffnung des fünften Theaters im New York Shakespeare Festival Public Theatre: The Children's Theatre; 150 Plätze; Eintritt frei.

Wenn du also kein Middle-class-Publikum, sondern das andere, das junge Publikum haben willst, dann mußt du etwas machen, was mit der heutigen Zeit zu tun hat. Ich meine nicht, daß ich die Stücke hier im Public Theatre für junge Leute aussuche. Ich such sie für mich aus. Ich such sie aus, weil ich glaube, daß sie unsere Zeit reflektieren. Ob das die jungen Leute anspricht, kannst du immer erst sagen, wenn sie und ob sie kommen, es sich anzusehen. Es gibt keine andere Möglichkeit, als das zu machen, von dem du selbst annimmst, daß es etwas Bestimmtes über die Welt, über das Leben, über die Menschen zeigt. Wessen Urteil sollst du sonst nehmen? Ich wähle die Stücke aus, die für mich die Zusammenhänge in unserer Zeit widerspiegeln. Zum Beispiel Stücke über die Probleme der Schwarzen in unserer Gesellschaft. Die beiden Hauptthemen – die einzigen Themen, die mich interessieren – sind die Probleme zwischen Schwarzen und Weißen und das Problem der Jungen und des Kriegs. Ich spreche nicht über Propaganda oder Polemik, es müssen gut geschriebene Stücke sein. Theaterstücke, die es lohnt aufzuführen.

Es gibt viele Formen und Dinge, die heute im Theater stattfinden. Wir glauben, daß Theater Bewegung reflektieren muß. Wir machen vielleicht ein Stück, das schon nach sechs Monaten nichts mehr bedeutet. Aber heute und jetzt bedeutet es was. So wie *Stomp* und so wie *Hair.* Wenn wir *Hair* fünf Jahre früher gemacht hätten, hätte es überhaupt keine Bedeutung gehabt. Wenn ich sage, wir machen ein Theater der Gegenwart, dann meine ich damit, daß wir nicht nach dem Theater aller Zeiten suchen, nicht nach einem großen Klassiker. Ein Stück muß widerspiegeln, was heute in der Welt passiert. Es soll heute mehr emotionale und mehr intellektuelle Bedeutung haben als in irgendeiner anderen Periode der Geschichte. Nimm zum Beispiel *Stomp,* das hier gerade läuft. Zu *Stomp* kommen 75 % junge Leute und nur 25 % Leute über 30. Natürlich wollen wir nicht die Leute über 30 aus dem Theater rausschmeißen, sonst müßte ich ja auch gehen, weil ich älter bin. Aber wir wollen die Leute haben, die sich mit der Gegenwart befassen. Und die meisten Leute über einem bestimmten Alter werden dem Leben gegenüber sehr, sehr müde. Sie wollen sich für nichts mehr engagieren, sie wollen sich nicht verändern. Sie wollen ihre Macht und den Status quo erhalten. Es gibt auch andere Elemente in der älteren Generation, und die will ich erreichen. Die, die unsicher sind, die, die erreichbar sind. Den Teil, der sich seiner Rolle den Jungen gegenüber bewußt ist. Der weiß, daß er eine ungeheure Verantwortung trägt für die Jungen. Die müssen sich mit den Jungen zusammentun und ihnen helfen. Sie müssen herauskommen und die Jungen davor schützen, vernichtet zu werden. Sie müssen sie vor dieser schäbigen Existenz bewahren, die man nach dem Schulabgang von ihnen erwartet. Vor den korrumpierten Werten in diesem Land. Diese älteren Leute können sehr nützlich sein, aber für das Theater sind sie dennoch nicht essentiell. Das Leben des Theaters muß aus den Jungen kommen. Das ist die nächste Generation. Das ist die Gruppe, die sich einfach durch ihr Wesen vorwärtsbewegen muß. Das Theater darf kein Museum werden, so wie die Metropolitan Opera, wo Jahr für Jahr die gleichen alten Leute hingehen und sich die gleichen alten klassischen Stücke ansehen, die in der gleichen alten Art wieder und wieder gemacht werden. Das ist tödlich.

Es gibt Leute, die machen mit diesen alten Leuten viel Geld. Aber es gibt genauso auch Leute, die aus den Jungen Geld rausschlagen. Der junge Markt ist eine ungeheure ökonomische Macht in diesem Land. Der Unterschied ist nur, daß die Jungen für diese ökonomische keine äquivalente politische Macht haben. Das Wahlalter müßte viel niedriger sein.
Ich weiß nicht, wo das Theater hingehen wird. Es gibt viele Bewegungen im Theater. Die meisten sind ohne Disziplin, ohne Konzentration und ohne Technik. Wir brauchen Künstler. Wir haben eine Menge Leute mit einer politischen Mission, aber ohne die Fähigkeit und ohne das Training, sie umzusetzen. Und das Theater muß sich in bestimmter Weise ausdrücken. Ich hab Grotowski gesehen. Ich hab nicht geweint, und ich war nicht bewegt, aber ich werde es in den nächsten zehn Jahren nicht vergessen. Grotowski hat erreicht, was Brecht wollte: ein Theater der Distanz. Aber du kannst nicht dauernd Grotowski sehen. Das wird zuviel. Also wird es auch andere Theaterformen geben. Natürlich verändert sich das Theater durch Leute wie Grotowski, die sehr kreativ sind. Sicher gibt es heute starke Tendenzen zu dieser Art von Körperlichkeit im Theater, aber die Sprache, glaube ich, wird immer die Hauptsache bleiben. Die Sprache wird wahrhaftiger und besser ausgewählt werden, und vielleicht verändert sie sich auch, aber für das Theater wird sie immer das Wichtigste bleiben.
Was aus dem Theater wird, hat man sich zu allen Zeiten gefragt. Das Theater existiert nicht per se. Es wird sich verändern, wenn man es am wenigsten erwartet. Theater läßt sich nicht kategorisieren. Man sollte das auch nicht versuchen. Ich weiß nur, daß zwischen der Hoffnung der Jungen und der Hoffnung des Theaters keine Trennung besteht. Die Macht der Jugend heute in diesem Land und in der ganzen Welt wird das Theater beeinflussen. Das Leben wird sich verändern und damit auch das Theater. Da gibt es keine Frage: Es bewegt sich.

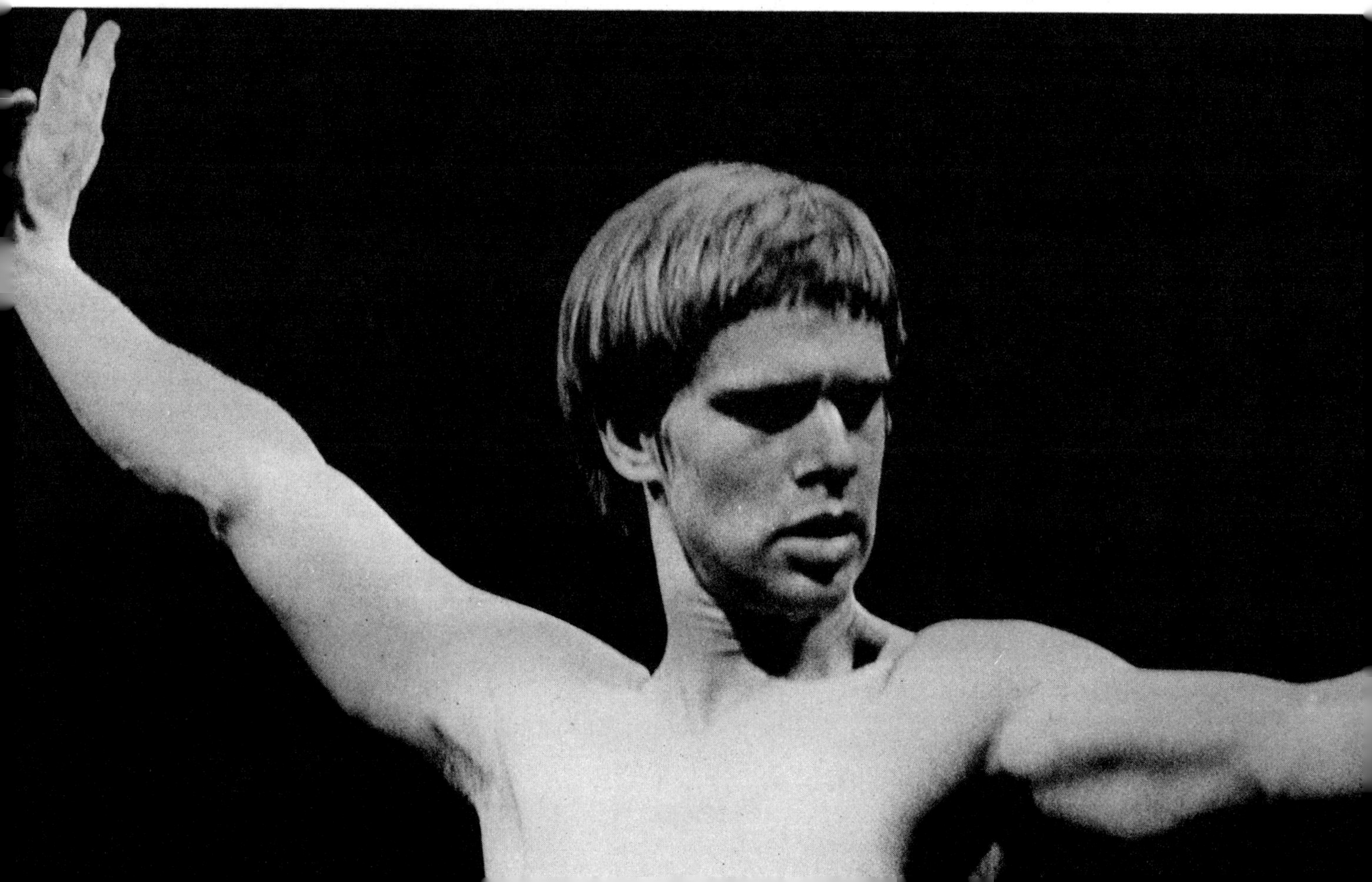

ACTORS STUDIO VON LEE STRASBERG, NEW YORK

Harold Clurman

Interview über das Group Theatre

Was bedeutet heute für Sie der Versuch des Group-Theatre?
Es war ein Modell eines Theaters, das es überall im Land geben sollte. Es war natürlich nicht perfekt, es konnte es auch nicht sein, weil es keine Subventionen hatte. Es mußte rentabel arbeiten; aber so ein Theater muß subventioniert werden, weil es eine Kontinuität haben muß. Es war ein Modell, weil es einen fest engagierten Stamm von Schauspielern hatte, weil es neue Schriftsteller entwickelte und förderte, weil es zeitgenössische Stücke spielte und weil es eine Unzahl von Regisseuren, Schauspielern und Bühnenbildnern entwickelte, die später berühmt wurden. In diesem Sinn war es ein Modell für alle, die ein Theater machen wollen und es ernsthaft betreiben, nicht nur als Geschäft. Zu der Zeit gab es überhaupt keine Möglichkeit, Subventionen zu bekommen, sei es von der Stadt, dem Staat oder von einem Mäzen. Niemand glaubte, daß ein Theater überhaupt Subventionen braucht, und bei uns wurde viel über soziale Verhältnisse gesprochen, wodurch erst recht noch Skepsis über die Notwendigkeit eines solchen Theaters aufkam. Es kam natürlich noch dazu, daß es in der Zeit der Weltwirtschaftskrise war. Man kann in Amerika Geld bekommen in dem Sinne, daß es eine Investition ist wie am Broadway, und sehr oft haben Leute damit Geld gemacht. Auch wir machten Geld, aber wir mußten es natürlich an die, die es investiert hatten, zurückzahlen und konnten es nicht für das Theater selbst verwenden. Die Leute fragen mich manchmal, ob ich wieder so etwas aufbauen würde. Ich würde es tatsächlich tun, aber nur, wenn ich so viel Geld hätte, um wenigstens drei Jahre Verluste haben zu können. Die Gefahr, wenn

GROUP THEATRE: gegründet 1931 in New York von Harold Clurman, Lee Strasberg und Cheryl Crawford zusammen mit rund 30 Schauspielern; zuerst Studio-Bühne der Theatre Guild, seit 1932 selbständig. Ziele: Bildung eines festen Ensembles von Schauspielern und Regisseuren nach dem Modell des Moskauer Künstler-Theaters, des Abbey-Theaters und des Vieux Colombier, mit fester Spielzeit in New York; dabei mehr zu sein als eine bloße Produktionsgemeinschaft; Zusammenarbeit – nach Wachtangows Definition des Theaters als einem ideologisch untermauerten Kollektiv – in einer kreativen und politisch bewußten Gemeinschaft; Aufführungen von zeitgenössischen Stücken mit gesellschaftlicher Bedeutung; Entwicklung eines Schauspieler-Trainings nach den Prinzipien der Stanislawski-Methode, Konzentrationspunkt auf die *innere Erfahrung,* Herstellung einer *Wahrheit* auf der Bühne; Absage an das rein kommerziell orientierte Theater.
Das Group Theatre löste sich 1941 – vor allem wegen finanzieller Schwierigkeiten – auf, zu seinen Mitgliedern gehörten unter anderen: Stella Adler, Luther Adler, Sanford Meisner, Art Smith, Elia Kazan, Lee J. Cobb, Alexander Kirkland, Philip Loeb, J. Edward Bromberg, Morris Carnovsky, John Garfield, Phoebe Brand, Frances Farmer, Sylvia Sidney, Franchot Tone. Das Group Theatre führte Stücke auf von: Clifford Odets, John Howard Lawson, Marc Blitzstein, Sidney Kingsley, Maxwell Anderson, Robert Ardrey, Irwin Shaw, Paul Green, Erwin Piscator u. a.

man Geldgeber hat, ist immer, daß sie fragen: Warum machst du diese Art von Stück, warum nicht diese anderen einfacheren? Wenn man ambitionierte Stücke macht, verstehen sie das nicht so recht, mit anderen Worten: Sie wollen Geld machen. Und sie können nicht verstehen, warum ein Theater, selbst wenn es neunzig Prozent seiner Plätze verkauft, kein Geschäft sein kann. Die Idee, Geld in ein Theater zu stecken, das keinen Gewinn macht, ist ihnen immer noch unvertraut, denn alles, was gut ist, muß Geld bringen. Selbst wenn man ihnen erklärt, daß auch die Museen kein Geld machen oder die Parks oder die Symphonieorchester oder die Bibliotheken, verstehen sie es nicht, weil man manchmal im Theater Geld machen kann. Der ökonomische Druck ist nicht nur immens, er ist tödlich; z. B. gibt es heute am Broadway nicht ein einziges ernstes Stück. Es gibt nur Musicals oder Boulevard-Stücke. Um am Broadway erfolgreich zu sein, muß ein Stück jede Nacht ausverkauft sein für eine lange Zeit. Nimm zum Beispiel ein Stück wie *Indianer*: ein gutes Stück, die Presse war zwar nicht überragend, aber immerhin gut. Es verlor Geld. Einen ganz, ganz kleinen Hoffnungsschimmer haben wir immerhin: Nixon hat dieses Jahr 40 Millionen Dollar für die Künste versprochen – zwar nicht allein für das Theater, sondern für alle Bereiche, aber immerhin ist es ein Schritt.

Die Ausgaben für Verteidigung betrugen im Jahre 1970 über 81 Milliarden Dollar, d. h. ein Zweitausendstel des Wehretats wird für die Förderung der Künste versprochen.

Jack Gelber

Interview

Hallo! Hallo! Heute ist der 24. Dezember, und in Deutschland ist Weihnachten. In New York erst morgen. Ich heiße Jack Gelber. Ich bin am 12. April 1932 in Chicago geboren. Mein Vater war Feinschmied und mein Großvater war Feinschmied und meine Brüder sind Feinschmiede. Mein Großvater ist als junger Mann mit der Welle europäischer Einwanderer nach Amerika gekommen. Er und meine Vorfahren lebten im heutigen Rumänien. Mein Großvater hatte 12 Kinder: 7 davon blieben leben, und eins davon war mein Vater. Ich ging in Chicago zur Schule und dann auf die Universität von Illinois und studierte Chemie. Das langweilte mich, und ich studierte Journalistik. Danach ging ich für 2 Jahre nach San Francisco. 1955 kam ich nach New York, das ist seitdem meine Heimat. Ich hab eine Zeitlang in Spanien und Italien gelebt und in England ab und zu gearbeitet, ich bin im

Jack Gelber

aus: The Connection

(Ein paar Minuten bevor das Stück anfängt, richten sich die Schauspieler auf der Bühne ein. Solly sieht mit einem Fernglas aus dem Fenster. Hinter ihm ist ein Zimmer voll mit selbstgemachtem Mobiliar. In der Bühnenmitte liegt Sam schlafend auf einem Bett. An der linken Bühnenseite hängen Leach und Ernie über einem Tisch. Der 1. und der 4. Musiker dösen ganz rechts an einem Klavier. Das Licht im Zuschauerraum geht aus. Jim Dunn und Jaybird schlendern den Gang entlang. Sie springen auf die Bühne.)
JIM: Hallo! Ich bin Jim Dunn, und ich produziere die

Auto mit meiner Frau und meinen zwei Kindern, einem Mädchen und einem Jungen, durch ganz Amerika gereist, aber ich ziehe New York allen anderen Städten vor. Hier wird meine Sprache gesprochen, hier kann ich mich verständlich machen. In keiner anderen Stadt würde es mir soviel bedeuten, mein Geld im Theater zu verdienen. Solange ich zur Schule und zur Uni ging, interessierte mich das Theater überhaupt nicht. Ich ging lieber ins Kino. Aber ich schrieb Gedichte und Geschichten. Und die Leute ermutigten mich und sagten: "Mach weiter mit dem Schreiben." Ich schrieb weiter, obwohl ich nie versucht habe, etwas davon zu veröffentlichen; ich mochte auch nichts davon so sehr. Als ich dann nach New York kam, ging ich zum ersten Mal ins Theater. Ich erinnere mich: Es war Wilders *Wir sind noch einmal davongekommen* in einer Inszenierung von Allan Schneider am Broadway. Es war die reine Rattenscheiße! Hörst du mich, Allan?

Ich lebte in den ersten New Yorker Jahren in der Lower East Side, was heute East Village genannt wird. Ich lebte mit einem Freund zusammen, der Tenor-Saxophon spielte. Neben Musikern kannte ich damals auch eine ganze Menge Maler. Einmal machte jemand eine Aufführung in einem kleinen Raum mit 30 Plätzen. Ich versuchte ihn zu überreden, weiterzumachen. Ich fand den Raum herrlich. Aber er wollte nicht. Da hab ich den Raum gemietet und versucht, Jazz-Konzerte und Ausstellungen darin zu veranstalten. Ich war nicht sehr erfolgreich, aber wir hatten alle viel Spaß.

In der Zeit habe ich mein Geld bei den Vereinten Nationen verdient. Ich stand an einer Kopiermaschine, von 12 bis 8. Einmal gaben sie mir 6 Wochen Urlaub, und ich fuhr nach Kuba. Damals, das war 1957, kostete ein Flug nach Kuba 10 Dollar. Später hab ich mich für Kuba schwer engagiert, aber zu der Zeit konnte ich noch kaum Spanisch und hatte diese gutgläubige amerikanische Sicht, daß da ein Krieg zwischen Fidel und Batista stattfand. Ich war in Havanna während der Revolution, ich kann schwer beschreiben, wie das war. Es war ominös und erschreckte die Leute tief, denn es gab Soldaten und Gewehre, aber niemand schoß.

Von Kuba aus ging ich nach Haiti und lebte da bei einem Maler. Ich sorgte für sein Essen, und er ließ mich dafür in seinem Haus wohnen. Hier in Haiti hab ich in ungefähr einer Woche mein erstes Stück, *The Connection,* runtergeschrieben. Als ich wieder zurück in New York war, bekam ich einen neuen Job: Ich wurde Spitzel in einem Kaufhaus. Sie merkten nicht gleich, daß sie den Falschen eingestellt hatten. Erst als ich nach 2 Monaten noch immer niemanden angezeigt hatte, haben sie mich rausgeschmissen.

Weil ich niemanden vom Theater kannte, wußte ich damals nicht, was ich mit *Connection* anfangen sollte. 1958 traf ich zufällig jemanden auf der Straße, der Judith und Julian Beck vom Living Theatre kannte. Ich ging zu den Becks und gab ihnen mein Stück, und sie versprachen, es zu lesen. Es gibt darüber ein paar amüsante Geschichten. Die Becks legten das Manuskript nämlich aufs Klo und lasen es, wenn sie drauf waren. Schließlich sagten sie, daß sie's machen würden. Während der Proben ließen mich die Becks alles mögliche machen: Ich suchte die Schauspieler mit aus, die Musiker, ich half beim Bühnenbild, stellte Scheinwerfer ein, fegte das Theater und ver-

***Connection.* Das ist Jaybird, der Autor. Es vergeht kaum ein Tag, an dem die Zeitungen nicht einen Artikel über Rauschgift bringen. Jede Menge neuer Filme, Stücke und Bücher hat sich mit den besonderen Problemen dieser asozialen Lebensweise befaßt. Bedauerlich wenige von ihnen haben irgendwas mit Rauschgift zu tun. Manchmal wird es wie was Exotisches und häufig wie was Erotisches behandelt. Jaybird hat einige Monate unter Rauschgiftsüchtigen gelebt. Mit Hilfe von (Name des Regisseurs) haben wir ein paar Süchtige ausgesucht, damit sie über Jaybirds Themen improvisieren. (Das Licht im Zuschauerraum geht an.) Bitte, macht das Licht im Zuschauerraum aus.**

4. MUSIKER: He, Jim, ist Cowboy zurück?

JIM: Nein, Mann, Cowboy ist nicht zurück.

(Der 1. Musiker spielt hastig auf seinem Instrument.)

JIM: Hört auf, Kinder. Wir haben noch nicht angefangen. Ich bin nicht fertig. Macht das Licht aus. (Licht geht aus) Wenn man sich mit einem Tabu wie dem Rauschgift befaßt und versucht, das Theater in einer Weise zu benutzen, in der es bisher kaum benutzt wurde, dann – ich gehe ein großes Risiko ein.

JAYBIRD: Jimmy, du bringst deine Rede durcheinander. Was Jim versucht zu sagen, ist, daß ich an einem improvisierten Theater interessiert bin. Es ist keine neue Idee. Es ist einfach nicht gemacht worden. Denken Sie daran: Für einen Abend schwingt diese Szene. Aber als Leben ist sie verdammt langweilig. Wenn alle Variationen gespielt sind, werden wir alle da sein, wo wir angefangen haben. Wir enden im Vakuum. Ich bin kein Moralist.

kaufte Karten. Ich hatte so was vorher noch nie gemacht, und es war eine enorme Erziehung für mich. Durch die Becks lernte ich alles, was ich heute von Theater weiß. Das Living Theatre war meine erste Verbindung mit Theater. Die Becks gaben mir einen Platz zum Arbeiten und führten mich ins Theater ein. Sie haben mir und vielen anderen neue Möglichkeiten eröffnet. Die Becks hatten einen großen Kreis von Freunden aus ganz anderen Bereichen als dem Theater. Merce Cunningham, John Cage, Cocteau, Paul Goodman, Ginsberg, Kiesler, De Kooning, Rauschenberg und viele andere Maler, Architekten, Musiker und Tänzer gingen bei den Becks ein und aus. Ich sah und sprach mit Leuten, die mit ganz anderem Material als ich umgingen. Außerdem war das Living ein Nicht-Theater, das heißt, es arbeitete in einem Raum, der nicht als Theater konzipiert worden war. Es war ein ehemaliges kleines Kaufhaus an der Ecke 14. Straße und 6. Avenue, ein Ort, wo Theater passierte, der aber kein Theater war. Das faszinierte mich, ich sah, daß so zwischen Zuschauern und Darstellern etwas Enormes hergestellt werden konnte. Im Living wurde nicht nur Theater gemacht, es gab auch Vorträge, und am Montagabend wurden Filme gezeigt. Viele Avantgarde-Filme, über die heute gesprochen wird, wurden zuerst im Living aufgeführt.

Am 15. Juli 1959 war die Premiere von *Connection.* Die Leute fanden das Stück zuerst häßlich; wir waren sicher, daß es schnell abgesetzt werden würde. Aber dann wurde *Connection* ein großer Erfolg fürs Living, die Leute waren einfach verrückt damit, und es wurde rund 700mal gespielt. Im Juni 1961 ging das Living Theatre mit *Connection* auf seine erste Europa-Tournee. Shirley Clarke hat *Connection* dann mit einer Menge Schauspieler vom Living verfilmt. Die Drogenwelt, in der das Stück spielt, gab es damals hier genauso wie heute, aber sie war noch nicht diese Middle-class-Angelegenheit.

Ich schrieb dann *The Apple* fürs Living Theatre, es kam hier in New York am 28. November 1961 raus. Mein Unglück begann, als das Living Theatre das Stück mit auf seine zweite Europa-Tournee nahm. *The Apple* war noch nicht oft gelaufen in New York, ich wollte, daß es weiterlief. Aber die Becks wollten unbedingt nach Europa gehen, es war ihnen wahnsinnig wichtig, und sie hatten kein anderes Stück zum Mitnehmen. Sie waren finanziell völlig abgebrannt, und es war kein Geld da für mich, um mit nach Europa zu gehen. Ich gehörte nicht zu ihrem engsten Kreis, ich wurde nicht gefragt oder um Vorschläge gebeten, welche Schauspieler man engagieren sollte, welche Stücke man machen sollte, wie man Geld auftreiben könnte und so weiter. Also gingen sie nach Europa; sie sollten da in vielen Ländern spielen. Aber schon nach einem Monat, im Mai 1962, brach die Tournee zusammen. Sie trennten sich für den Sommer, da sie keinen Grund sahen, nach New York zurückzukommen, und trafen sich erst wieder im Herbst 1962 hier. *The Apple* nahmen sie nicht wieder auf, und ich war sehr sauer darüber. Sie wollten einen Einschnitt machen und nichts mehr zeigen, was sie vorher gemacht hatten. Sie arbeiteten viele Monate lang an *The Brig* von Kenneth H. Brown und brachten es schließlich am 15. Mai 1963 raus. Es war eine tolle Arbeit, und es war ein Erfolg. Aber die finanzielle Lage des Living Theatre wurde immer schlimmer. Sie bekamen kein Geld von den Stiftungen, obwohl die schlechtesten Theater in Amerika Millionen von den Stiftungen bekom-

JIM: Dieser Wort-Magier hier hat mich nur aus dem Grunde erfunden, damit ich erkläre, daß ich und dieser ganze Abend auf der Bühne reine Fiktionen sind. Was ich sagen will, ist, daß wir nicht wirklich richtiges Heroin benutzen. Sie glauben doch nicht, daß wir richtiges Zeug benutzen würden? Schließlich ist Rauschgift illegal.

(Klopfen. Alle erstarren. Der 2. und der 3. Musiker kommen herein.)

2. MUSIKER: Haben wir schon angefangen?

JIM: Selbstverständlich nicht. Nicht, bis ich fertig bin. Kapiert? Also, ich sprach über das Problem des Naturalismus. Sagte ich schon was darüber? Nun, er kommt nicht in Frage. Wohin sollte er führen? (Das Licht im Zuschauerraum geht an.) Schon wieder? Was ist denn los hinter der Bühne? Sind alle schon high, bevor wir anfangen? Macht das verdammte Licht aus!

JAYBIRD: Ich habe jetzt erst mal genug. Ist es nicht Zeit zu gehen? (Er geht ins Publikum ab. Das Licht im Zuschauerraum geht aus.)

JIM: Warum spielen wir nicht das ganze Stück im Dunkeln? Das wäre ein Einfall für dich, Jaybird.

JAYBIRD: Ich hab genug von deinen Einfällen.

JIM: Na ja, Jaybird hatte ein paar Sachen über die Bühnengenossenschaft vorbereitet, die ich sehr witzig fand, aber – ich werde wiederkommen. (Jim geht ab. Leach zerschneidet eine Ananas und legt die Frucht auf einen Teller.)

LEACH: He, Sam, willst du ein bißchen Ananas? (Er stößt Sam an.) Willst du nichts essen?

SAM: Also, Mann, du weißt, daß ich es hasse, ange-

men. Das Living Theatre paßte nicht in die Struktur dieser Vereine, es gefiel der Business-Welt nicht. Judith und Julian waren für die Direktoren der Ford- oder Rockefeller-Stiftung kein attraktives Paar. Ich weiß, daß die Becks es bei Ford und bei Rokkefeller und anderen versucht haben, aber man gab ihnen keinen Pfennig. Die Stiftungen speisten sie mit dieser Forderung ab, daß sie nur den Gruppen Geld geben, die durch das Geld selbsttragend würden. Das ist Bullshit, einfach Bullshit! Die Becks und ihr Theater mit 174 Plätzen wären nie selbsttragend geworden in dem Buchhaltersinn der Stiftungen.
Im Sommer 1963 fuhr ich nach Spanien, ich hatte ein Guggenheim-Stipendium bekommen und lebte davon ein Jahr dort. Ich schrieb da *Square in the Eye*, mein drittes Stück. Die Becks konnten es nicht mehr machen, weil sie sich schon entschlossen hatten, nach Europa zu gehen. *Square in the Eye* lief 1965 kurze Zeit im Theatre De Lys hier in New York. Obwohl es gute Kritiken hatte, wurde es bald abgesetzt.
Ich hab mir immer gewünscht, zum engen Kreis der Becks zu gehören, an Entscheidungen beteiligt zu werden und als Playwright in Residence auf die Liste der festbezahlten Mitglieder des Living Theatre zu kommen. Aber Theater werden nicht von Kommissionen geleitet. Die Becks sind starke Persönlichkeiten, und im Grunde trafen sie alle Entscheidungen allein, wieviel Demokratie auch hervorgekehrt wurde. Ich hab mir sehr gewünscht, mit ihnen zu arbeiten, aber es ging nicht, und die Becks sahen das wohl auch so. Ich würde ihnen noch heute jedes meiner Stücke geben, aber sie würden sie heute nicht mehr machen. Außerdem hatte ich große Schwierigkeiten mit dem Kommuneleben des Living Theatre. Ich wollte nicht in diese Art von Kommune, in dieses sexuelle Klima. Ich wollte meine Privatheit schützen. Ich konnte nicht dauernd mit 40 Leuten meinen Tag ausfüllen. Vor allem nicht in dieser Stadt New York, wo ein wirkliches Gruppengefühl die schwerste Sache der Welt ist. New York ist einfach zu destruktiv.
Die Becks gingen also nach Europa, und in gewissem Sinn wurden sie zu Europäern. Europa war für sie eine intellektuelle Stimulation. In Amerika wurde das Living Theatre von den meisten ignoriert. Es erregte hier nur Aufsehen, weil es anders war, aggressiv, exzentrisch. Es konnte seine politischen und psychologischen Bedürfnisse besser außerhalb der amerikanischen Szene befriedigen. In Amerika wurde das Living mit dem Bestehenden konfrontiert. Es war gezwungen, auf die Probleme zu reagieren, auf das Problem der Schwarzen, auf die Armut und die ganze politische Situation. Und ich glaube, das wollten sie nicht, und sie suchten einen ehrenvollen Ausweg, um das alles für eine Zeitlang zu vermeiden. Sie gingen nach Europa und wurden diese abgeschnittene Gemeinschaft außerhalb Amerikas, mit 30 Leuten und Kindern und fürchterlicher Verzweiflung. Sie wollten was Neues beginnen und es den Europäern zeigen, die nicht so viel Englisch konnten, um die Texte, die sie sprachen, wirklich zu verstehen. Es ist kompliziert, aber ich glaube, sie wollten lieber durch ihre Metaphern bekanntwerden, als durch eine spezifische Sprache. Ihr Theater wurde mehr und mehr ein nichtverbales Theater, eine Art Tanzausdruck.
Ich glaube, daß sich das Theater allgemein vom geschriebenen Wort entfernen wird. Es wird mehr Musik, mehr Tanz und mehr abstrakte Aufführungen geben. Der Text wird durch anderes er-

rempelt zu werden. Ich hab nur ein Leben. Ich warte auf Cowboy. Was ist los mit Cowboy? Und Leonard der Lokomotive?
LEACH: Sie sind durchgebrannt und haben geheiratet! Was weiß ich? Komm, iß was.
SAM: Nein, ich bin krank. Ehrlich, ich würde nichts runterkriegen.
LEACH: He, Ernie! Wach auf, Junge! Essenszeit. Na? Hier ist was Nahrhaftes.
ERNIE: Sei kein Arsch, Mann. Wo ist Cowboy und Leonard die Lokomotive?
LEACH: Cowboy. Cowboy. Ihr verkommenen Giftspritzer. Ist alles, woran ihr denken könnt, fixen? Fixen? Fixen?
2. MUSIKER: Ruft mich jemand?
3. MUSIKER (zu sich selbst): Meine Frau glaubt, ich bin verrückt, weil ich das mache.
LEACH: Ich biete dir die Frucht der Erde an. Cowboy wird dich noch umbringen. Ich will dich retten.
ERNIE: Komm runter, Mann. Du klaust uns so viel Stoff, daß Gerüchte gehen, du würdest einen Drugstore aufmachen.
SOLLY: Klar, Leach versucht die ganze Welt anzuturnen.
LEACH: Richtig. Ich spare so viel Heroin wie ich kann zusammen, damit ich es in Vitamin-Pillen mixen kann. Kannst du dir das vorstellen, alle in der ganzen Welt süchtig, ohne daß sie es wissen? (Er lacht) Nebenbei, ich nehme nur, was mir zukommt, und ihr müßt ja nicht herkommen.
3. MUSIKER: Meine Frau glaubt, ich bin verrückt.

setzt werden. Das Theater wird immer seltener eine Form von sozialem Bewußtsein oder ein politisches Mittel sein. Vielleicht werden es die Black Panthers und die Young Lords noch in diesem Sinne benutzen, aber sie werden ein altes Theater machen, denn nur so werden sie die Leute erreichen, um die es ihnen geht. Schon heute sind viele Aufführungen nur noch Zelebrationen des Mystischen, mit denen man versucht, das Bedürfnis der Leute nach dem Ritual auszugleichen. Das Theater wird zu Gruppen-Therapie und Psychodrama, es besteht keine Beziehung mehr zu dem, was in der Gesellschaft vorgeht. Diese neue Art von Theater wird jetzt gerade populär, und die große amerikanische Unterhaltungsmühle fängt an, sie aufzusaugen.
Nachdem das Living Theatre weg war, war ich mehrmals in Kuba und hab schließlich ein Stück darüber geschrieben: *The Cuban Thing*. Es zeigt den Einfluß der Revolution auf eine kubanische Middle-class-Familie in Havanna. Es spielt zwischen 1958 und 1964. *The Cuban Thing* kam im September 1968 am Broadway heraus, ich hab die Regie gemacht. Aber es lief nur ein einziges Mal. Es war eine sehr feindliche Atmosphäre, und es wurden ein paar Bomben geschmissen. Die kubanischen Emigranten haßten mich, weil ich für Fidel Castro Sympathien zeigte, und die New Yorker Linken haßten mich, weil ich nicht revolutionär genug war. Die Schauspieler hatten Angst aufzutreten, der Produzent hatte Angst, meine Frau hatte Angst, die Polizei hatte Angst, und die Kritiker waren sich einig, daß unsere Angst interessanter war als das ganze Stück. *The Cuban Thing* war nicht meine einzige Regie. Unter anderem hab ich Weskers *Küche* ziemlich erfolgreich hier in New York gemacht, und in London hab ich Arthur Kopits *Indians* inszeniert. Arthur ist einer meiner besten Freunde, aber über das Stück hatten wir völlig verschiedene Ansichten.
Da ich von meinen Stücken nicht leben kann, verdiene ich mein Geld mit Inszenierungen und mit Drehbüchern. Zwar ist noch keins der Drehbücher, die ich geschrieben habe, verfilmt worden, aber die Leute bezahlen mich, auch wenn sie nicht richtig wissen, wie sie aus mir Kapital schlagen können.
Ich glaube, ich hab eine sehr augenblickliche Sicht vom Theater. Ich hab nie dran gedacht, für kommende Generationen zu schreiben. Für mich bietet das Theater lebendige Darsteller und lebendige Zuschauer und diese besondere Gelegenheit, mit beiden zu arbeiten, die du in anderen Medien nicht hast. Ich hab nie vom Theoretischen oder Abstrakten her gearbeitet. Ich hab über Dinge geschrieben, die mich in meiner Umwelt faszinierten, über die Drugwelt über den Show-Business, über Kuba. Ich hab nach dieser im frühen 20. Jahrhundert aufgekommenen Formel geschrieben: Die Form folgt der Funktion, eine Formel, die die Architekten gebrauchen. Ich denke beim Schreiben eines Stücks nicht unbedingt an seine Bühnenwirksamkeit. Ich schreibe und versuche einen Teil meiner Umwelt zu zeigen, ihn wahr zu machen, und ich weiß, daß mein Instinkt Möglichkeiten findet, das auf der Bühne ausführbar zu machen. Ich gehe von dieser Welt aus und bringe, was ich davon verstanden habe, ins Theater. Dabei sind alle Formen und Techniken möglich, sie dienen alle dem Ziel einer Präsentation der Welt, einer Vision. Allerdings gibt es für mich eine große Frustration: Zwischen mir und dem Publikum ist eine Barriere, das heißt, es gibt kein Publikum – kein Publikum, wie das von LeRoi Jones, kein Publikum

SAM: Ich hoffe, Cowboy ist bald zurück. Wo ist der alte Cowboy? Ich erinnere mich, wie ich mit Cowboy vor ein paar Jahren aus dem Quentin entlassen wurde. Ja, Mann, wir wollten das Zeug nicht mehr nehmen. Nicht mehr nehmen, Mann, nicht mehr nehmen. Wir stiegen der ersten Connection nach, die wir finden konnten. Ich sagte: Was mach ich eigentlich? Nur einmal fixen würde nicht schaden. (Fängt an herumzugehen) Was bekämpfe ich eigentlich? Dieser Geschmack ist wieder in deinem Mund. Und das ist, was du willst. Dieser Geschmack, dieser kleine Geschmack. Ich hab geglaubt, daß die Leute, die auf den Straßen rumlaufen, die Leute, die jeden Tag arbeiten, die Leute, die sich so sehr um den nächsten Dollar Sorgen machen, um den nächsten neuen Mantel, die Chlorophyll-Süchtigen, die Aspirin-Süchtigen, die Vitamin-Süchtigen, daß diese Leute schlimmer süchtig sind als ich. Schlimmer als ich. Süchtig. (Hört auf herumzugehen und fällt auf das Bett)
SOLLY: Sind sie. Mann, sind sie bestimmt. Du hast zufällig ein Laster, das illegal ist.

wie bei *Connection*. Die ersten paar Monate, bevor das Bürger-Publikum kam, redeten die Zuschauer in *Connection* zu den Schauspielern und wußten nicht, daß man im Theater still sein muß. Ich würde heute meine linke Hand dafür geben, ein solches Publikum zu haben. So ein phantastisches Publikum, wie LeRoi Jones es hat, das so lebendig ist und so untrainiert ist, im Theater zu sein, das aufrichtig ist und nicht weiß, daß es im Theater bestimmte Verhaltensregeln gibt.
Na ja, so lebe ich denn hier in New York, und ich hab eine Frau und zwei Kinder und schreibe Drehbücher, führe Regie, unterrichte Studenten an der Columbia-Universität, fange gerade ein neues Stück an und unterschreibe eine Menge Petitionen für die Befreiung der Black Panthers.

JACK GELBER

Living Theatre

Avignon Statements

Das Living Theatre hat sich entschlossen, das Avignon Festival zu verlassen,

- **weil alle weiteren Vorstellungen von *Paradise Now* untersagt wurden, und zwar von der Stadt in Zusammenarbeit mit der Festivalleitung, und unter Androhung repressiver Maßnahmen und juristischer Folgen;**
- **weil der Ehrenvorsitzende des Festivals, der Bürgermeister von Avignon, in Absprache mit der Festivalleitung alle freien Vorstellungen auf den Straßen von Avignon untersagt hat, obwohl sämtliche Eintrittskarten für das Festival bereits ausverkauft sind; und weil die Leiter dieses Festivals kategorisch erklärt haben, daß ihrer Meinung nach die Leute kein Anrecht auf Theater haben, außer sie bezahlen dafür;**
- **weil wir vor der Alternative stehen, entweder einen Befehl einer Stadt- und Festival-Verwaltung entgegenzunehmen, die unter einem Vorwand unseren freien künstlerischen Ausdruck unterdrükken will, oder aber, für unsere Freiheit und die anderer Menschen zu arbeiten;**
- **weil wir die Wahl haben, uns entweder einem als Bitte getarnten Befehl zu beugen und gebrochene Vertragsbedingungen zu akzeptieren, oder aber uns von einem Festival zurückzuziehen, das uns hindern will, das zu spielen, wofür wir unter Vertrag stehen;**
- **weil wir die Lösung wählen wollen, die die Gewalt in dieser Stadt vermindert;**
- **weil wir nicht Gott und dem Mammon gleichzeitig dienen können, weil wir nicht den Menschen und dem Staat gleichzeitig dienen können, weil wir nicht der Freiheit und der Autorität gleichzeitig dienen können, weil man nicht die Wahrheit sagen und gleichzeitig lügen kann, weil wir nicht *Antigone* spielen können (ein Stück über ein Mädchen, das sich weigert, despotischen Staatsbefehlen zu gehorchen und statt dessen eine heilige**

Living Theatre

gegründet 1951 nach verschiedenen gescheiterten Versuchen, ein eigenes Theater aufzumachen, von Julian Beck (Maler und Bühnenbildner) und Judith Malina (Schauspielerin und zwei Jahre lang Assistentin von Erwin Piscator an der New Yorker New School). Die ersten Produktionen beschäftigten sich damit, Formen des Theaters zu ändern (Stücke von Gertrude Stein, Picasso, Paul Goodman, Kenneth Rexroth). Die nächste Phase bezog das Publikum deutlicher mit ein (Stücke von Pirandello, W. C. Williams, Jack Gelber). Das Theater, das z. B. vorgibt, man befände sich eigentlich in einer Probe, genügte jedoch den Forderungen nach Ehrlichkeit nicht lange. Bis zu dieser Phase war das Living Theatre immer noch deutlicher Ausdruck der Ideologie, die die Trennung von Kunst und Politik beinhaltet. Mit der *Brig* von K. H. Brown begann 1963 eine neue Phase, ein Stück, das im Grunde nichts anderes als die präzise Ausführung von Gefängnisregeln war. Das Ziel war, so zu arbeiten, daß der Zuschauer "das Gefängnis selber erlebt".

Mysteries and Smaller Pieces und *Frankenstein* entstanden als Kollektivarbeiten der ganzen Gruppe, basierend auf Techniken, die während mehrerer Jahre entwickelt worden waren und von der Artaudschen Theaterkonzeption ausgingen (64/65). Nachdem das Theater der Gruppe in New York 1963 wegen Steuerschulden in Höhe von 28000 Dollar geschlossen worden war und die Becks wegen Widerstandes gegen die Staatsgewalt und ungehörigen Benehmens vor Gericht zu Gefängnisstrafen verurteilt worden waren, beschloß die Gruppe Ende 1964 in Europa zu bleiben und ihren Lebensunterhalt durch Tourneen zu verdienen. 1967 Aufführung der Brechtschen *Antigone*, ein Versuch, die 'freien' Techniken auf ein geformtes Stück anzuwenden. 1968 *Paradise Now*, das anhand der Alltagsverbote nachzuweisen sucht, und zwar auf dem Weg über den Widerspruch im Zuschauer, wo das System der Unterdrückung ansetzt. 1968/69 weitere Tourneen, unter anderem auch zum ersten Mal wieder in den USA. Januar 1970 löste sich die

Gruppe nach langen Diskussionen in drei Teile auf: ein Teil ging zurück nach Amerika, um direkte politische Aktionen zu machen, ein Teil blieb in Europa und versuchte, die Theaterarbeit fortzusetzen (S. B. Israel und H. Howard), ein Teil ging nach Indien. Julian Beck sieht die Auflösung als eine Teilung in Zellen, die jede für sich die Arbeit fortsetzen.

Das Living Theatre hat während der zwanzig Jahre seines Bestehens das Medium-Theater immer extrem in Frage gestellt und dabei unzählige Gruppen und Theater beeinflußt und gibt heute durch seine Aufspaltung drei mögliche Antworten für das Theater 1971:
erstens Theater zu machen für die Einverstandenen,
zweitens die Revolution beim Individuum zu beginnen (einen neuen Lebensstil zu finden),
drittens direkte politische Aktionen zu machen (Guerilla-Theater).

R. D. Laing

The Bird of Paradise

Tanzende Wellen fließender Höhen und Tiefen von Lippen und Brustwarzen, Fingern, Rücken, Schenkeln, lachend, sich verflechtend, verschmelzend, aufregend, und irgendwo berührt, ein äußerst freudiges Glück, von schönem Licht erfülltes Leben, zerfließend in immer neue wildere Frische. Ja, das ist möglich, woher und wohin braucht man nicht mehr zu fragen, er und sie, du und ich werden zum wir, mehr als ein Moment von uns und ein nicht zu beunruhigendes Abfallen. Was kann man mehr verlangen?

Eine eine Million Meilen hohe Sturmflut, die sich bewegt mit der Geschwindigkeit des Lichts. Man kann ja nicht ausweichen, weder nach oben noch nach unten, kann nicht weglaufen, sie links oder rechts umgehen. Die Regierungen entzünden das Land mit massiven Flammenwerfern, um das Wasser herauszusaugen, Erde wird Wüste. Feuer gegen Wasser. Fallt nicht in Panik.

Das Marmormosaik am Tor zum sechsten Himmel könnte man für Wasser halten.

Garten. Katze und Vogel. Geh weg böse Katze und fang Vogel. Wie schwer greifbar sie ist, und allmählich werde ich selbst zu einer Katze. Stop. Eine Katze ist eine Katze, ist ein Vogel, ist ein Nichtvogel von unbeschreiblich zerbrechlichem Raum, der sich plötzlich in parabolische Anmut der Autorität erweitert. Wie töricht sich Sorgen zu machen, zu versuchen sie zu retten oder zu greifen. Vielleicht hat die Katze versucht ihn zu retten. Laß los. Katze und Vogel. Begriff. Die Wahrheit, die ich zu greifen versuche, ist der Griff, der versucht sie zu greifen. Ich habe den Paradiesvogel gesehen, er hat die Flügel vor mir ausgebreitet, und ich werde nie mehr derselbe sein. Es gibt keinen Grund zur Angst. Keinen.

Genau.

Das Leben, das ich zu greifen versuche, ist das Ich, das versucht, es zu greifen.

Es gibt wirklich nichts mehr zu sagen, wenn wir zurück-

Handlung begeht) und gleichzeitig mit der *Antigone* ein untersagtes Stück ersetzen;

– weil für uns endlich die Zeit gekommen ist, in der wir anfangen mit der Weigerung denen zu dienen, die wollen, daß das Wissen und die Macht der Kunst nur denen gehören, die dafür bezahlen können, die die Menschen im Dunkel halten wollen, die für die Elite der Machthaber arbeiten und die das Leben der Künstler und der Menschen kontrollieren wollen;

– weil die Zeit gekommen ist, Nein zu sagen, bevor wir den letzten Rest unserer Ehre verloren haben;

– weil unsere Kunst nicht länger dazu benutzt werden soll, die Autorität zu repräsentieren, deren Handlungen dem entgegen stehen, woran wir glauben;

– weil wir – obwohl es uns nicht gefällt, uns auf die Gerechtigkeit der Gesetze zu stützen – überzeugt davon sind, daß unsere Rechte mißbraucht und gebrochen worden sind, und davon, daß wir durch diesen Gesetzesbruch berechtigt sind, so zu handeln.

The Company of the Living Theatre
Avignon, 28. 7. 1968

Living Theatre

Mysteries

1
Ein Schauspieler steht bewegungslos in der Mitte der Bühne, schwaches Licht von oben. Nach einer Zeit (mindestens sechs Minuten) treten andere Schauspieler aus dem Publikum auf und spielen eine Szene aus "The Brig". Gleichzeitig hört man von allen Seiten des Raumes, gesungen und gesprochen, die Wörter, die auf einer 1-Dollar-Note stehen. Unter unverständlichen Kommandos entwickelt sich eine Drillszene, die unter dem gleichzeitig geschrienen "Yessir!" mit einem Blackout endet.
2
Das Theater ist vollkommen dunkel. Man hört eine indische Raga, begleitet von einer Gitarre.
3
In der Dunkelheit erkennt man glühende Räucherstäbchen. Der Zuschauerraum wird hell, man riecht den Geruch der Stäbchen jetzt sehr stark und erkennt eine Art Prozession von Schauspielern, die ruhig die Bühne füllen.
4
Dunkel. Man erkennt in der Mitte der Bühne eine Kerze, hinter der ein Schauspieler mit gekreuzten Beinen sitzt und geläufige revolutionäre Slogans singt. Während es langsam heller wird, tauchen überall im Zuschauerraum Schauspieler auf, die den Gesang aufnehmen.
5
Die Schauspieler gehen langsam auf die Bühne und formen dort einen Kreis, sich an den Schultern fassend. Sie summen erst leise, dann lauter, ein Crescendo, dann allmählich wieder leise werdend bis zur völligen Ruhe.
6
Eine Yoga-Atemübung: der Löwe. Alle Schauspieler sitzen an der Rampe frontal zum Publikum.
7
Eine Serie von kurzen Aufblendungen: vor vier Holzkästen nehmen jeweils vier Schauspieler improvisierte Positionen ein. Wenn das Licht aufblendet,

kommen auf den Anfang allen Anfangs, der überhaupt nichts ist. Nur wenn man anfängt, das Alpha oder Omega zu verlieren, möchte man anfangen zu sprechen und zu schreiben, und dann findet es kein Ende. Worte, Worte, Worte. Im Grunde sind es vielleicht allenfalls Aufrufe, Schwüre, Beschwörungen, Offenbarungen, schimmerndes, schillerndes Flackern im Himmel der Düsternis, ein gerade noch möglicher Takt, Indiskretionen, vielleicht verzeihlich.
Lichter einer Stadt bei Nacht, aus der Luft, verschwindend wie diese Worte, Atome, von denen jedes seine eigene Welt und jede andere Welt enthält. Jeder ein Zünder, um einen anzustacheln...
Wenn ich dich antreiben könnte, wenn ich dich aus deinem verdammten Verstand treiben könnte, wenn ich es dir sagen könnte, würde ich es dich wissen lassen.

Michael Smith

Mysteries/Plague

Von der dunklen Bühne hört man Husten und Stöhnen, langsam in der Intensität zunehmend. Im Lichtschimmer erkennt man allmählich Gestalten, die sich auf der Bühne bewegen. Die Schmerzenslaute nehmen zu. Die Gestalten fangen an, in Krämpfen zu zukken, übereinanderzufallen, zu schreien, in Todesangst zu röcheln – eine Höllenvision. Es ist *Die Pest,* angeregt von Artauds berühmtem Aufsatz *Das Theater und die Pest.* Während die *Pest* die schwach erleuchtete Bühne erfüllt, ergreifen Angst und Hysterie das ganze Theater. Verzweiflungsschreie, gewaltsame Verrenkungen. Im Wahnsinn der Agonie fallen Körper von der Bühne in den Zuschauerraum. Während des entsetzli-

chen Sterbens kriechen einige die Gänge entlang, schleppen sich mühsam, bitten verzweifelt um Linderung. Einer nach dem andern stirbt, sie liegen verstreut auf der Bühne und im Zuschauerraum. Endlich Stille, Schweigen, Tod.
Die Absicht der *Pest* ist, das Publikum mit dem Todeskampf des Einzelnen zu konfrontieren, d. h. nicht nur die Ästhetik des Todes oder die Verhaltensweisen zu zeigen, sondern so stark gegenwärtig zu machen, daß für den, der das Theater verläßt, keine Entschuldigungen für Töten mehr denkbar sind. Irgendwie bezweifle ich, daß dieser praktische Effekt entstehen kann, aber jedenfalls ist es eindrucksvolles Theater. Seine Kraft liegt im Rhythmus, in der Form, die in einer bestimmten Zeit Energie enthält. Es beginnt im Nichts, und die ersten Minuten wirken beinahe harmlos, aber plötzlich sind zehn oder fünfzehn Minuten vergangen, und es wird immer noch stärker. Der Augenblick, wenn die Schauspieler/Opfer die Bühne verlassen und ins Publikum kommen, ist ein echter Schock, ein Sprung in eine andere Dimension. Wenn sie sterben, sinkt die Energie zurück auf Null.

sieht man vier erstarrte Körper. Dunkel. Licht: vier andere erstarrte Körper in anderen Positionen.
8
Zwei Linien von sechs Schauspielern stehen sich gegenüber. Ein Schauspieler der einen Reihe improvisiert eine Geste und einen Laut, die er auf einen Schauspieler der anderen Reihe richtet, dieser verändert Geste und Ton und richtet sie an einen Schauspieler der ersten Reihe, der Geste und Ton variiert und an die zweite Reihe zurückgibt usw. Wenn einer der gerade nicht beteiligten Schauspieler einen Ausdruck sieht, der ihm entspricht, macht er mit, so daß am Ende der Übung alle dieselben Bewegungen und Töne machen.
9
Wenn das Licht aufblendet, sieht man alle Schauspieler in einer tranceähnlichen Bewegung: einige kriechen, andere gehen den Kopf gesenkt, andere liegen und zucken usw. Allmählich entsteht eine apokalyptische Vision: alle Spieler sterben einen langsamen grauenvollen Pesttod. Am Ende werden den Toten die Schuhe ausgezogen und an der Rampe in einer Linie aufgestellt. Die Toten werden auf einen Haufen aufgeschichtet. Langsam Dunkel.
10 (dieser Teil wurde nicht immer gespielt)
Aus dem Dunkel kommt ein Schauspieler mit einem Instrument und improvisiert. Die anderen Schauspieler kommen wieder auf die Bühne, ziehen ihre Schuhe an und machen ebenfalls Musik oder tanzen.
'Mysteries...' wurde am 26. Oktober 1964 in Paris im 'American Students and Artists Centre' zum ersten Mal als eine Demonstration von Arbeitstechniken vorgeführt. Daraus entwickelte sich eines der am meisten gespielten Stücke des Living Theatre.

I Ching

Am Anfang der chinesischen Philosophie steht ein Orakelbuch, das uralte I Ching, das Buch der Wandlungen, das Buch, dessen Einfluß wir bei Lao-tse erkennen und zu dem Kung-tse einen Kommentar geschrieben hat. Es ist ein Orakelbuch, das aber zugleich ein Buch der Weisheit ist, d. h. ein Buch, das dem das Orakel Befragenden nicht voraussagt, was geschehen wird, sondern wie er sich zu verhalten hat gemäß der Konstellation der Dinge, vor der er steht, und gemäß seiner eigenen Natur, denn die Gefahren und Probleme, vor denen der Mensch in seinem Leben steht, erwachsen aus der Art, wie seine Natur sich zu bestimmten Situationen verhält. Das Orakel- und Weisheitsbuch leitet, außer daß es Anweisungen zum Verhalten in der bestimmten Situation gibt, aus der heraus es befragt wird, an zur Selbsterkenntnis und zur Selbstveredelung. Allerdings ist nun gerade zum Verständnis der Voraussetzungen dieses Buches eine Eigentümlichkeit des chinesischen Denkens zu beachten: Die chinesische Schrift ist bekanntlich keine Buchstaben-, sondern eine Begriffszeichenschrift, und die Begriffszeichen der Schrift sind von um so größerer Wichtigkeit, als die Zahl der stets einsilbigen

gleichlautenden Worte groß ist. Mit dieser Eigentümlichkeit aber hängt es weiter zusammen, daß der chinesische Wortbau nicht zwischen Substantiv, Adjektiv, Verb unterscheidet: Dasselbe Zeichen bedeutet 'groß', 'Größe', 'vergrößern'. Der abstrakte Begriffsinhalt, der gemeinsam in allen diesen Begriffen steckt, wird herausgehoben, zugleich aber wird er in einem optischen Bild versinnbildlicht, symbolisiert. Das chinesische Denken bewegt sich in Symbolen abstrakter Begriffe. Dies symbolische Denken in seiner eigentümlichen Verbindung von Abstraktheit und Anschaulichkeit neigt dazu, verschiedenartige Gegenstände, die uns in irgendeiner Weise verwandt, vergleichbar anmuten – das Schöpferische, den Himmel und den Vater etwa –, mit demselben Symbol zu belegen (so in der Symbolik des I Ching) und damit auch in ihnen 'dasselbe', dasselbe einheitliche Wesen zu erblicken. Die ideellen Wesenheiten, die der altchinesische Denker als wirkende Gewalten hinter den Naturdingen und -begebenheiten erfühlt, sind keine beharrenden Dinge oder Substanzen, es ist daher auch ihr Auftauchen und Verschwinden, ihr Umschlagen ineinander möglich: Die Natur wandelt sich, und gerade diese Wandlungen stellt das Buch I Ching symbolisch dar.

I-CHING NR. 25: HIER UND JETZT,
OBEN HIMMEL, UNTEN DONNER

A. Warhol/T. Mead

Interview

Interviewer: Was denkst du über Judith und Julian Beck?
Mead: Ich kenne Judith und Julian Beck seit über 15 Jahren. Sie haben großartiges Zeug gemacht, und in allem, was sie machen, ist was Wildes und Schönes, aber das Größte am Living Theatre ist, wenn es nichts macht. Sie kommen in eine Stadt... das ist was Tolles für sie. Aber dann gehen sie durch diese ganze unglaubliche Proberei und atmen sich ins Gesicht. Ich hab mehrere ihrer Vorstellunen unterbrochen. Ich hab *Frankenstein* unterbrochen. Sie sagten dauernd: "Wir werden den Krieg beenden", oder so was. Ich hab *Mysteries* unterbrochen. In der Plague stand ich auf und sagte: "Viva la Plague! Viva la Syphilis! Viva la Guerre von Vietnam!" Das ist doch pompöser Bullshit: Wir müssen das menschliche Leiden beenden. Wenn sie das wirklich intellektuell behandeln würden, müßten sie sagen: Wir müssen das menschliche Leiden verändern, denn es wird immer Leiden geben. Sie haben diese ganze Form und das große Konzept und herrliche Leute, aber sie haben S- und M-Proben – ich weiß nicht. Da sind große Individualisten, aber wenn sie auf die Bühne steigen, sind sie keine Individualisten mehr. Sie machen die gleichen Bewegungen, das gleiche Grunzen und Stöhnen, und rennen umeinander rum. Freiheit heißt Freiheit. In Paris waren die *Mysteries* noch viel freier als später.
Interviewer: Was war anders?
Mead: Es war nicht das: Wir müssen alle einstimmen in den Singsang und so. Ich wollte eine Kamera mit in die Vorstellung nehmen, aber sie regen sich manchmal ziemlich auf über Leute mit Kameras, sie haben Angst, daß jemand einen Film macht und sie nicht die Rechte dran haben... Sie predigen Anarchismus. Sie haben aber ein richtig faschistisches Probenschema. Sie sind richtig grausam gegeneinander im Namen der Kunst. Aber ihre eigentliche Sache ist auf der Straße... da sind sie schön und herrlich.
Warhol: Warum machst du das Interview nicht nackt?
Interviewer: Nackt? Warum ich es nicht nackt mache? Es ist zu kalt hier.

Anaïs Nin

Artaud, das Theater und die Pest

Ein Hörsaal in der Sorbonne. Allendy und Artaud saßen am großen Pult, Allendy stellte Artaud vor. Der Saal war überfüllt; Menschen jeden Alters, Anhänger der Vorlesungen von Allendy über 'Neue Ideen'.
Das Licht war grell. Es ließ Artauds Augen, die tief liegen, in Dunkelheit versinken. Dies hob die Intensität seiner Gesten hervor. Er sah gequält aus. Seine Haare, ziemlich lang, fielen ihm von Zeit zu Zeit in die Stirn. Er besitzt die Gewandtheit und die Schnelligkeit der Gesten eines Schauspielers. Sein Gesicht ist mager, als ob es von Fieber verzehrt wäre. Seine Augen scheinen die Menschen nicht zu sehen. Es sind die Augen eines Phantasten. Seine Hände und Finger sind lang.
Artaud tritt auf das Podest und fängt an über 'Das Theater und die Pest' zu sprechen.
Er bat mich, in der ersten Reihe zu sitzen. Ich glaube, alles was er erreichen will, ist Intensität – eine höhere Form von Fühlen und Leben. Versucht er uns daran zu erinnern, daß während der Zeit der Pest so viele wunderbare Kunst- und Theaterwerke entstanden sind, weil der Mensch durch die Todesangst nach Unsterblichkeit strebt oder sich selbst zu entkommen oder zu übertreffen sucht? Aber dann, fast unbemerkbar, ließ er den Faden fallen, dem wir folgten, und fing an, den Pesttod vorzuspielen. Keiner wußte genau, wann es angefangen hatte. Um seinen Vortrag zu illustrieren, spielte er einen Todeskampf vor. *La Peste* auf Französisch ist viel schlimmer als *the plague* auf Englisch. Aber keine Worte beschreiben, was Artaud auf dem Podest der Sorbonne vorspielte. Er vergaß seinen Vortrag, das Theater, seine Ideen, Dr. Allendy, die Zuschauer, die jungen Studenten, seine Frau, die Professoren und Direktoren.
Sein Gesicht war schmerzverzerrt; man sah, wie der Schweiß seine Haare feucht machte. Seine Augen erweiterten sich, seine Muskeln verkrampften sich, seine Finger kämpften, um ihre Flexibilität zu behalten. Man konnte den ausgetrockneten und brennenden Hals, die Schmerzen, das Fieber, das Feuer im Bauch spüren. Er war in Agonie. Er schrie. Er phantasierte. Er spielte seinen eigenen Tod, seine eigene Kreuzigung.

BLUE DOME COMPANY: *THE CONQUEST OF MEXICO* VON ARTAUD

Zuerst fingen die Leute an sich zu räuspern. Dann fingen sie an zu lachen. Jeder lachte. Sie zischten. Dann fing einer nach dem anderen an wegzugehen, laut redend, protestierend. Sie knallten die Tür zu, als sie gingen. Die einzigen, die sich nicht bewegten, waren Allendy, seine Frau, die Lalous, Marguerite. Mehr Protest, mehr Spott; aber Artaud machte weiter bis zum letzten Seufzer. Und blieb auf dem Boden liegen. Dann, als der Saal bis auf die kleine Gruppe seiner Freunde leer war, kam er gerade auf mich zu und küßte meine Hand. Er bat mich, mit ihm in ein Café zu gehen.
Wir gingen, gingen durch die düsteren Straßen. Er war durch den Spott verletzt, verwundet, verwirrt. Er spuckte seine Wut aus. "Sie wollen immer etwas *über* etwas hören; sie wollen einen objektiven Vortrag über *Das Theater und die Pest* hören, und ich will ihnen das Erlebnis als solches, die Pest als solche vermitteln, damit sie erschrecken und aufwachen. Ich möchte sie aufwecken. Sie erkennen nicht, *daß sie tot sind.* Ihr Tod ist total, wie Taubheit, Blindheit. Das ist der Todeskampf, den ich darstellte. Meinen, ja, den eines jeden, der lebt."
Der Nebel fiel auf sein Gesicht, er schob die Haare aus der Stirn. Er sah angespannt und besessen aus, aber er sprach jetzt leise. Wir saßen im Coupole. Er vergaß den Vortrag. "Ich habe nie jemanden gefunden, der so fühlte wie ich. Ich bin seit 15 Jahren opiumsüchtig. Ich fühle manchmal, daß ich nicht schreibe, sondern die Kämpfe mit dem Schreiben, die Kämpfe der Geburt beschreibe."
Für ihn war die Pest nicht schlimmer als der Tod durch die Mittelmäßigkeit, die Kommerzialisierung, die Korruption, die uns umgeben. Er wollte die Menschen darauf aufmerksam machen, daß sie sterben; sie in einen poetischen Zustand drängen. (März 1933)

6

Vokabular

acid LSD
afro die natürliche buschige Haartracht der Schwarzen
to ball ficken
bag Bereich des persönlichen Interesses oder der Begabung
be-in ein öffentliches spontanes Treffen von Studenten oder Hippies
to be in Polizeijargon für verhaftet sein; *he's in:* er sitzt
blue schmutzig, anzüglich, Porno (z. B. blue movie – Pornofilm)
boss gut, dufte, 'in'
bread Geld
to bug ärgern, schikanieren, abhören (Geheimdienst)
bum Alkoholiker (etwa auf der Bowery in N. Y.)
bummer ein unangenehmes Erlebnis, ein schlechter Trip
to burn jemanden betrügen (z. B. beim Handel mit Rauschmitteln)
to bust festnehmen, verhaften
campy sich so frei bewegen, als ob niemand da wäre (z. B. sich ohne Umschweife ausziehen, auf der Bühne oder privat); schwul, 'angewärmt'; auch: ironische Zitate aus der Stummfilmzeit
cat junger Mann, Kerl (in der Beat-Generation einer, der 'in' ist)
chick Mädchen (wertfrei)
Clark-Kent-Hippies Wochenend-Hippies, Leute, die in der Woche bürgerlichen Berufen nachgehen
cock Penis; etwa: Ständer, Stange
to cop stehlen, wegnehmen; Rauschmittel kaufen oder bekommen; *a cop* ein Polizist, Bulle
connection Händler für Drugs
to cop out bei der Polizei aussagen, 'singen'; ein Verbrechen, eine Position oder einen Glauben bekennen oder sich ihm wieder zuwenden; aufgeben einer eingeschlagenen Richtung; wieder ins bürgerliche Leben einsteigen
cool toll, gut; *to be cool:* eine Sache kapiert haben, 'in' sein
to coop Polizeijargon: während des Dienstes schlafen, bei Streifenwagen oft in Nebenstraßen
to cut out verlassen
cunt Vagina, etwa: Fotze, Möse, Mille; ein Mädchen, z. B. *a heavy cunt:* ein Mädchen, das schwer ins Bett zu bekommen ist
dealer Händler in sogenannten leichten Drugs wie Hasch
dick Penis, etwa: Ding, Knüppel
to dig genießen, mögen, verstehen; auf einer Sache stehen
dope früher (etwa Beat-Generation) Haschisch, heute allgemein für Rauschmittel
drag eine Falle, Scheiße, Mist; die Kleidung des anderen Geschlechts, z. B. Frauenkleidung bei männl. Homosexuellen; eine langweilige Sache, Person oder Situation

to drop out aufgeben; aus der bürgerlichen Laufbahn aussteigen, eine Karriere aufgeben
dude ein junger bürgerlicher Mann
dyke Lesbierin (negativ wertend)
egotrip eine Art geistiger Masturbation, auch: Mangel an Kommunikation, z. B. auf einem Trip
faggot, fag homosexueller Mann, Tunte; auch: extrem weiblich, z. B. ein weibl. Transvestit
to fall out zuviel Drugs genommen haben, hinüber sein
far out ungewöhnlich gut, vor der Zeit
fixer jemand, der harte Drogen spritzt; Polizeijargon: ein fester Posten, z. B. vor Regierungsgebäuden
to flash on über etwas nachdenken
to flop zurückgestellt werden; *a flop:* ein Mißerfolg (im Theater)
to freak out die Beherrschung verlieren; sich außerordentlich benehmen; durchdrehen; Erlebnisse mit psychodelischen Drugs haben; ähnliche Erfahrungen ohne Rauschmittel machen, z. B. durch Lichteffekte oder durch gesellschaftliche Verhältnisse; ausflippen; *a freak:* jemand, der sein Leben aufgrund solcher Erfahrungen total verändert
fly männl. Geschlechtsorgane, Homosexuellenjargon
fuzz Polizei
gay homosexuell, selbstbewußtes positives Wort, z. B. in Gay Liberation Movement
gal Mädchen
gig Schau, dufte Schau
glass post ein Streifenrevier mit vielen Schaufenstern, z. B. uptown N. Y.
grass Marihuana
to groove genießen, mitmachen, einer Stimmung sein
Global Village die utopische Vereinigung des Undergrounds der ganzen Welt
to go auf Touren, in Schwung sein; Polizeisprache: *you have to go:* ich muß dich mitnehmen
gut grundlegend; leicht, einfach; Plural: Mumm, Kraft
hardhat eigentlich die Plastikhelme der Arbeiter in den Stahlskeletten der Wolkenkratzer, bedeutet heute: die neue Rechte, konservativ, faschistisch, nationalistisch
hairbag Polizeijargon für einen alten, ausgedienten Polizisten
hardon erigierter Penis, etwa: Ständer, Stehmann; bildlich: *to have a hardon:* in einer Sache sehr engagiert sein
hassle eine unangenehme Situation, Konfliktsituation; *to hassle:* jemanden belästigen, abhören (FBI)
head jemand, der häufig Rauschmittel nimmt
heat Polizei

heavy bedeutend, große Sache (kann sehr gut oder sehr schlecht sein)

to hip eine Geisteshaltung positiv begriffen haben

hang up emotional gestört, frustriert; von einer Sache besessen sein, einen Tick haben; festgefahren

hustler männl. oder weibl. Prostituierte(r); jemand, der hinter Geld her ist; ein Streber; ein Schlepper (für miese Lokale); negativ für: arbeiten

to be hooked süchtig, abhängig sein

horny geil, scharf, naß

hop Opium

honey weibl. Geschlechtsorgan

john Klo

joint Marihuana- oder Haschischzigarette; verkommene Kneipe, Pinte; Penis

junkies Heroinsüchtige; auch: andere Süchtige, meist gekoppelt mit kriminellen Delikten

kid die junge Generation, im Gegensatz zu denen, die sich etabliert haben

the Man Polizei; Händler für Rauschmittel; Boss; bei den Schwarzen: der weiße Kapitalist

Mace ein von der Polizei oft verwendetes Tränengas, auch auf die Nerven wirkend

out front offen; die Außenseite einer Sache; eine einleitende Feststellung

out of sight nicht mehr mit Worten beschreibbar (positiv), ungeheuer high sein

pad runtergekommene Wohnung; Lager, Bett

paper Polizeijargon für Strafzettel

pot Haschisch

prick Penis

pros Nutte

pussy weibl. Geschlechtsbereich, etwa: Muschel, Kätzchen

pusher Händler in harten Drugs, oft mit Erpressungen o. ä. gekoppelt

to pop Schlucken von Weckaminen, z. B. Captagon

pig Polizist (gebräuchlich seit etwa 1967/68); bei den Schwarzen auch allgemein für: Weiße; das gesamte Establishment, Pig Nation

psych out die Nerven verlieren; bei der Musterung vorgeben, nervengestört zu sein, um der Entziehung zu entgehen

queen Transvestit in weibl. Erscheinung

raga eine Sequenz Hindumusik, benutzt für Theaterimprovisationen

rip-off klauen, um das System zu schwächen

to rap sich gut unterhalten, einen guten Plausch halten

roach Kippe eines Joints

rubber gun squad ein Polizist, der wegen häufiger Trunkenheit im Dienst oder wegen seelischer Unausgeglichenheit keine Pistole mehr tragen darf (verbunden mit Kastrationsvorstellungen)

S and M Bezeichnung für sadomasochistische Liebespraktiken, meist in Annoncen der einschlägigen Zeitungen

to screw ficken, vögeln; Geschlechtsverkehr haben

to scam lügen

scag Rauschmittel

scene geistiges oder emotionales Klima; Umgebung; *set a scene:* lange und grundsätzlich reden

shades Sonnenbrille

shrink Psychiater

shoo fly Aufpasser

shit Haschisch

to shoot harte Drugs mit der Spritze injizieren, schießen

smack harte Drugs, wie Heroin, Kokain usw.

skin-pop beim Schießen die Ader nicht treffen und unter die Haut spritzen

spade Neger, Schwarzer, heute wertfrei, früher von Weißen negativ verwendet

spike Injektionsnadel (z. B. auch ein abgebrochener Augentropfer für diesen Zweck)

split weggehen, sich trennen

speed Amphetamine oder Weckamine, 'Glücklichmacher'

square das Gegenteil von 'in', bezogen auf Dinge oder Menschen; wird kaum noch benutzt

to be stoned sehr high sein (früher auch für Alkoholiker verwendet)

stand-up guy jemand, der beim Verhör nichts aussagt, der nicht 'singt'

strung out übernervös sein (durch Drugs oder zuwenig Schlaf)

stuff Drugs, Stoff

STP psychodelische Droge

story der Rapport eines Polizisten

to suck im Bereich der Sexualität: saugen, es jemandem besorgen, blasen; allgemein: fertigmachen, auslaugen (z. B. durch das Gesellschaftssystem); *to suck up:* Steigerung davon

tea Marihuana

teeny bopper ein Jugendlicher, der immer der letzten Mode nachläuft, z. B. durch Nachahmung der Hippie-Kultur

tenthirteen Funksignal des Polizeifunks, wenn ein Polizist in Gefahr ist; bildlich für höchste Gefahr

tune in einstimmen, sich auf eine Szene einstellen

turn on Drugs nehmen, in eine neue Geisteslandschaft vorstoßen oder jemanden einführen; antörnen

turn off aussteigen

turn down jemanden abblitzen lassen; den Beischlaf verweigern

trip die Erlebnisse unter Drugs; Bewußtseinsreise; auch: eine Szene kennenlernen

tube Fernsehapparat, Röhre

uhuru Suaheli für Freiheit, Schlagwort der afroamerikanischen Bewegung

unisex Mode, die keinen Unterschied der Geschlechter kennt

unperson jemand, der so unwichtig ist, daß man ihn ignoriert

uptight außerordentlich ängstlich oder nervös; übermäßig konventionell in Aussehen und Benehmen

Victor Charly Ausdruck des Establishments für Vietcong, scherzhaft gemeint

weed Marihuana

weirdo ein exzentrischer Mensch, eine irre Type (positiv)

weenie Penis, etwa: Pimmel(chen)

to work Beischlaf haben (jeden Geschlechts)

yippie 'Mitglied' der 'Youth International Party', einer nichtorganisierten Gruppe radikaler Hippies (Jerry Rubin, Abbie Hoffman)

zonked unter Drugs stehend

LEXIKON

A

ACTORS EQUITY ASSOCIATION: amerikanische Schauspieler-Genossenschaft, gegründet am 26. Mai 1913 in New York, heutiger Präsident: Frederick O'Neal, Zentrale in New York, 226 West, 47. Straße. Die Equity setzt die Verträge fest, nach denen professionelle Schauspieler in Amerika beschäftigt werden; bestimmte Minimum-Gagen für Schauspieler am Broadway und Off-Broadway, Sonderreglungen für den Off-Off-Broadway: Equity-Mitglieder dürfen, wenn eine Aufführung 10 Vorstellungen nicht überschreitet, ohne Bezahlung auftreten. Offizielle Publikationen der Equity: der jährlich erscheinende *Player's Guide* und die monatlich erscheinende Zeitschrift *Equity.*

ADRESSEN NEW YORK

Actors Studio, 432 W 44th Str.
Alternate University, 530 6th Ave.
American Place Theatre, 46th Str./6. Ave.
Anthology Film Archives, Public Theatre, 425 Lafayette Str., 677–3197.
Burning City Theater, 97 Wooster Str., 431–5152
Black Theatre, 407 E 107th Str., 722–9330.
Black Theatre Workshop, 108 W 112th Str.
Black Panther Party, 1370 Boston Road.
Bread and Puppet Theatre, 1205 Surf Ave., Coney Island.
City Street Theatre, 646–8045.
Cafe La Mama, 74A E 4th Str., 475–7710.
Circle in the Square, 159 Bleeker Str., 473–6778.
Circo dell'arte, 261 Bowery.
CSC Theater, 89 W 3rd Str., GR–39117.
Cinematheque, 80 Wooster Str.
Drama Bookshop, 150 W 52nd Str.
Extension Theatre, 227 Park Ave, WA–484000.
East Village Other, 105 2nd Ave.
Filmmakers Coop (Mekas etc.) 175 Lexington Ave.
Genesis Theatre, St. Mark's Church In-the-Bouwerie, 2nd Ave/10th Str.
Gut Theatre, 108 E 104th Str.
Hotel Albert, 23 E 10th Str.
ITI, 242 W 52th Str., 245–3950.
Judson Poets Theatre, 55 Washington Square, GR–70351.
Loft Theatre Workshop, 21 Bond Str., 475–9175.
New York Free Theatre, 87 W 3rd Str., 982–5516.
New Lafayette Theatre, 2349 7th Ave., 862–2460.
New York Newsreel, 322 7th Ave., 565–4930–1/2.
National Black Theatre Workshop, 222–4071.
Open Theatre, 60 W 14th Str.
Old Reliable Theatre Tavern, 231 E 3rd Str., GR–39631.
Our Place (Enrique Vargas), 407 E 107th Str., 722–0364.
Off-Off, 41 Union Square West, 674–4844.
Other Scenes, Box 8, Village Post Office, N. Y. 10004.
Performance Group, 33 Wooster Str., 925–8712.
Pageant Players, 450 Broom Str., 989–0666.
Public Theatre, 425 Lafayette Str., 677–1750.
Roundabout Theatre, 307 W 26th Str., WA–47161.
Radical Theatre Repertory (Oda Jürges), 254–0536.
Rat, 241 E 14th Str., 228–4460.
The Drama Review (TDR), 32 Washington Place, NYU.
Third World Theatre, 193 2nd Ave., 212–4739513.
University of the Streets, 130 Ave A und 130 E 7th Str., 254–93000.
Village Voice, 80 University Place, WA–47130, (Aufl.: 145000).
Workshop of the Players Art, 333 Bowery, 228–0900.
Westside Womens Center, 626 Amsterdam Ave., 874–6696.

AMERICAN PLACE THEATRE: Gegründet 1963 in New York von Pfarrer Sidney Lanier und Wynn Handman in der St. Clement's Episcopal Kirche, 423 West 46. Straße mit 194 Plätzen. Lanier verließ die Kirche 1966; wurde Regisseur. Handman, früher Schauspiellehrer am Neighborhood Playhouse, New York, ist heute alleiniger Leiter des APT, des von amerikanischen Stiftungen am stärksten unterstützten Off-Off-Broadway Theaters.

APT Ziel: Entwicklung und Uraufführung von Stücken amerikanischer Autoren; frei von kommerziellem Erfolgszwang.

CHRONOLOGIE:

1964–65: 1800 Mitglieder werden geworben; kein freier Kartenverkauf; die ersten 2 professionellen Aufführungen; Autoren: Robert Lowell, Ronald Ribman; die ersten Stiftungsgelder; Ford: $ 225000; Rockefeller: $ 154000; Schauspieler werden nach Off-Broadway Sätzen bezahlt; kein festes Ensemble; Spielzeit: Oktober bis Mai; kein Repertoire-System; jedes Stück läuft 6 Wochen; Publikumsdiskussionen; Beginn der Autoren-Workshops im Rahmen des Autoren-Entwicklungsprogramms.

1965–66: 2800 Mitglieder; 4 Aufführungen neuer Stücke; Autoren: William Alfred, Paul Goodman, Ribman, May Swenson, Bruce Jay Friedman; die Hälfte der Ausgaben durch Mitgliedsbeiträge gedeckt; Gelder von der Shubert-Stiftung und anderen.

1966–67: 4500 Mitglieder; Jahresbudget: $ 250000; nur 1/3 durch Mitgliedsbeiträge gedeckt; verschiedene Stiftungsgelder, darunter Ford: $ 475000; 4 Uraufführungen; Autoren: Robert Milner *(Who's Got His Own)*, Cecil Dawkins, Sam Shepard *(La Turista)*, Niccolo Tucci; Beginn des Publikums-Entwicklungsprogramms; Ausgabe von Freikarten an unterprivilegierte Gruppen.

1967–68: 5500 Mitglieder; 5 Uraufführungen; Autoren: Frank Gagliano, Ribman, Lowell, Milner, Ed Bullins *(The Electronic Nigger and Others)*; 3. Vernon-Rice-Preis innerhalb von 4 Spielzeiten; Stiftungsgelder und private Spenden.

1968–69: 4 Uraufführungen; Autoren: Tabori *(The Cannibals)*, Trainer, Dean, Liepolt, Ronald Tavel, Kenneth Cameron; 4. Obie-Preis innerhalb von 5 Spielzeiten; Stiftungsgelder, darunter von Rockefeller: $ 60275.

1969–70: 6700 Mitglieder; Mitgliedsbeitrag pro Spielzeit: $ 20: Studenten: $ 7,50; Gast eines Mitglieds: pro Vorstellung: $ 5,50; Jahresbudget: $ 400000; 1/5 durch Mitgliedsbeiträge gedeckt; Produktionskosten: pro Aufführung $ 20–30000; Stiftungsgelder und private Spenden; 4 Uraufführungen; darunter Autoren: Charlie Russell *(Five on the Black Hand Side)* und Anne Sexton.

1970–71: Umzug in neugebautes Haus, Ecke 46. Straße und 6. Avenue; Baukosten: rund $ 3 Millionen; Theater mit 340 Plätzen, Kabarett, Bibliothek, Café; Jahresbudget: $ 800000; Mitgliederzahl soll auf 16000 erhöht werden; Film- und Fernsehproduktionen geplant.

ANTHOLOGIEN

1. Ballet, Arthur H. (Hrsg.) *Playwrights for Tomorrow, A Collection of Plays.* Minneapolis: University of Minnesota Press, 1966. 2 Bände.
2. Ballet, Arthur H. (Hrsg.) *Playwrights for Tomorrow, A Collection of Plays.* Minneapolis: University of Minnesota Press, 1967. 2 Bände.
3. Benedikt, Michael (Hrsg.) *Theatre Experiment.* Garden City, N. Y.: Doubleday-Anchor, 1967.
4. Bullins, Ed (Hrsg.) *New Plays from the Black Theatre.* New York: Bantam World Drama, 1969.
5. A Black Quartet, *Four New Black Plays,* New York: Signet Book, 1970.
6. Corrigan, Robert W. (Hrsg.) *New American Plays.* New York: Hill and Wang, 1965.
7. Couch, William (Hrsg.) *New Black Playwrights.* Louisiana State University Press, 1968.
8. Hoffman, William M. (Hrsg.) *New American Plays.* Vol. 2. New York: Hill and Wang, 1968.
9. Hoffman, William M. (Hrsg.) *New American Plays.* Vol. 3. New York: Hill and Wang, 1970.
10. Parone, Edward (Hrsg.) *Collision Course.* New York: Vintage Books, 1968.
11. Richards, Stanley (Hrsg.) *The Best Short Plays.* Philadelphia: Chilton Book, 1970.
12. Schroeder, Robert J. (Hrsg.) *The New Underground Theatre.* New York: Bantam World Drama, 1968.
13. Smith, Michael (Hrsg.) *The Best of Off-*

Off-Broadway. New York: E. P. Dutton and Co., 1969.
14. Smith, Michael und Orzel, Nick (Hrsg.) *Eight Plays From Off-Off-Broadway.* New York: Bobbs-Merrill, 1966.

TONY BARSHA, Autor und Regisseur, arbeitete mit der Keystone-Company.
Stücke: *The Pattern; The Trunk; The Hearing; Smash; Double Vision; The Forgotten American; The Assassination of Niger Nate;* zusammen mit Murray Mednick: *The Hawk,* New York: Boobs-Merrill, 1968.
Interview: Seite 235
Double Vision (Copyright © 1969 by Tony Barsha): Seite 238
Aus: *The Forgotten American* (Copyright © 1970 by Tony Barsha): Seite 234

ERIC BENTLEY, Kritiker und Regisseur, geb. 1916, übersetzte Brecht und Pirandello ins Englische, gründete in New York das MTS, ein politisches Kabarett.
Bücher: *The Playwright as a Thinker,* New York: Meridian Books, 1957; *In Search of Theater,* New York: A. A. Knopf, 1953; *The Dramatic Event,* New York: Horizon Press, 1954; *What Is Theatre?,* Boston: Beacon Press, 1956; *The Life of the Drama,* New York: Atheneum, 1964.
Stücke: *The Red, White and Black* (Premiere: März 1971 im La Mama, anschließend am Off-Broadway aufgeführt).
Interview: Seite 266

JOAN BIRD, Autorin
Biographisches: Seite 246
Aus: *The Life of...* (Copyright © 1971 by Joan Bird): Seite 244

BLACK THEATER: Seite 169
dazu: Anthologien 4, 5, 7
dazu: James Baldwin, *Blues for Mister Charlie,* New York: Dial Press, 1964.
– *Amen Corner,* New York: Dial Press, 1967.
– *The Fire Next Time,* New York, 1963.
– *Nobody Knows My Name,* New York, 1961.
Ben Caldwell, *Militant Preacher,* Newark: Jihad Productions, 1967.
– *Prayer Meeting,* in: Anthologie 5
– *Riot Sale, The Job, Top Secret, Mission Accomplished,* in: Drama Review, Sommer 1968.
– *Family Portrait, King of Soul,* in: Anthologie 4.
Langston Hughes, *Five Plays,* Bloomington: Indiana Press, 1963.
– *Fight for Freedom,* New York, 1962.
James V. Hatch, *Black Image on the American Stage,* 1770–1970, New York: DBS, 1970.
Lorraine Hansberry, *A Raisin in the Sun, The Sign in Sidney Brustein's Window,* New York: New American Library, 1967.
LeRoi Jones, *The Dutchman,* New York: Morrow, 1964.
– *The Dutchman an The Slave,* New York: Apollo, 1964.
– *The Baptism and The Toilet,* New York: Grove Press, 1967.
– *Slave Ship,* Newark: Jihad Productions, 1967.
– *The Death of Malcolm X,* in: Anthologie 4.
– *Great Goodness of Life,* in: Anthologie 5.
– *Four Black Revolutionary Plays* (A Black Mass, Experimental Death Unit No. 1, Great Goodness of Life, Madheart) New York: Bobbs-Merrill, 1970.
– *Arm Yourself or Harm Yourself,* Newark: Jihad Productions, 1967.
– *Home, Social Essays,* New York, 1968.
– und Larry Neal (Hrsg.) *Black Fire: An Anthologie of Afro-American Writing,* New York, 1968.
Ronald Milner, *The Warning – A Theme for Linda,* in: Anthologie 5.
– *Who's Got His Own,* New York, 1966.
Loften Mitchell, *Land Beyond the River,* Cody, Wyoming: Pioneer Drama Service, 1963.
– *Black Drama-The Story of the American Negro in the Theatre,* New York: Hawthorn, 1967.
Harold Cruse, *The Crisis of the Negro Intellectual,* New York: Morrow, 1967.
V. Brandes, J. Burke, *USA – Vom Rassenkampf zum Klassenkampf,* München: dtv, 1970 (mit ausführlicher Bibliographie).
Zeitschriften: *The Black Panther; Black Theatre, A Periodical of the Black Theatre and Arts Movement; Black Dialogue; Soulbook; Negro Digest; Black Liberator; Freedomways; Negro History Bulletin; Drama Review,* Sommer 1968.
Siehe auch: Bullins, Moses, Cleaver, etc.

BLUE DOME THEATER: gegründet 1967 in New York von dem Schauspielerehepaar Mark und Jacqueline Margolis "aus Langeweile am normalen Theaterbetrieb". Die Margolis, wie auch ein Teil der übrigen 9 Mitglieder der Gruppe, arbeiteten früher mit Stella Adler und Stanislawski-Methoden und sind am Broadway und Off-Broadway aufgetreten.

Der Stil des Blue Dome, der stark von den frühen Happenings der New Yorker Maler beeinflußt wurde, läßt sich am ehesten als Tanz-Theater beschreiben. Die Gruppe experimentiert mit durchsichtigen, teilweise farbigen Plastikformen und Modellen, die von den Schauspielern vor Scheinwerfern bewegt werden. Die Idee zu diesen Experimenten kam den Margolis, nachdem sie die Fenster ihrer Wohnung mit Plastikfolien belegt hatten. Sie versuchten die Wirkung der Plastikformen mit dem Theater zu kombinieren.

Jacqueline Margolis hat die meisten Szenarios der Gruppe entworfen und fungiert als eine Art Regisseur. Jedes Mitglied des Blue Dome Theaters ist jedoch an dem gesamten Arbeitsprozeß beteiligt.

1970 erhielt das Blue Dome eine erste finanzielle Unterstützung von der New Yorker Kaplan Stiftung, unternahm eine College-Tournee, trat auf dem New Jersey Shakespeare Festival auf und gab ein Gastspiel in Ann Kirshners Albuquerque Theater Lab.

1971 unternahm das Blue Dome eine Europa-Tournee und wurde zum Wroclaw Festival nach Polen eingeladen. In New York veranstaltete das Blue Dome mehrere Workshops für professionelle Schauspieler.

Stücke: *Special to Sagittarius* (1969), basiert auf Astrologie; *The Winter Dialogue* (1970), in japanischer Sprache, um den Eindruck eines fremdsprachigen Films herzustellen; *The Conquest of Mexico* (1970), nach einer Vorlage von Antonin Artaud; *Terrain* (1971).

BRAUNES THEATER, das Theater der Puertoricaner: Seite 185

BREAD AND PUPPET THEATRE, New Yorker Straßentheater, geleitet von Peter Schumann.

Interview mit Peter Schuhmann; Seite 151

Geschichte des Bread and Puppet: Seite 129

Szenarios: Seite 148 und 149

ED BULLINS, Autor, Mitbegründer und "Playwright in Residence" des New Lafayette Theaters in Harlem.

Stücke: *Five Plays* (Goin' a Buffalo, In the Wine Time, A Son Come Home, The Electronic Nigger, Clara's Ole Man), New York: Bobbs-Merrill, 1969; *In New England Winter,* in: Anthologie 4; *Goin' a Buffalo,* in: Anthologie 7; *The Electronic Nigger and Others* (Clara' s Ole Man, A Son Come Home), New York: S. French, 1968; *The Gentleman Caller,* in: Anthologie 5 und Anthologie 11; *How Do You Do?,* Mill Valley: Illumination Press, 1968; *State Office Building Curse,* in: Drama Review, September 1970.

Herausgeber von Anthologie 4.

It Bees Dat Way (Copyright © 1970 by Ed Bullins): Seite 176

BURNING CITY THEATER, kollektiv arbeitendes radikales New Yorker Straßentheater, gegründet 1968.

Interview: Seite 123

Flugblatt: Seite 126

BYRD HOFFMAN SCHOOL OF BYRDS, Leiter: Robert Wilson (Byrd Hoffman); Maler, Tänzer, Autor, Lehrer, Regisseur; arbeitete mit Kindern; Vorlesungen und Workshops für Erwachsene; Inszenierungen und Aufführungen seit 1965 in New York.

Januar 1969: Wilsons experimentelles Tanz-Szenario *The King of Spain* im Anderson Theater, New York; 2 Vorstellungen; 26 Mitwirkende; 4 gigantische Katzenpfoten füllen die Bühne; teure Produktion; unterstützt vom New York State Council, Lena Robbins-Stiftung und privaten Spendern.

Dezember 1969: Wilsons vielschichtige Phantasie über den Tod von Freuds Enkelsohn, *The Life and Time of Sigmund Freud* in der Brooklyn Academy of Music, New York; ohne Dialoge und literarische Struktur, von großer Langsamkeit; nur eine Vorstellung; rund 100 Mitwirkende; unterstützt von mehreren Stiftungen; erregte großes Aufsehen in der Presse.

März 1971: Wilsons Collage über das Leben seines 15jährigen tauben schwarzen Freundes Raymond Andrews: *The Deafman Glance* in der Brooklyn Academy of Music, New York; 2 Vorstellungen; 78 Mitwirkende; verschiedene lebende und ausgestopfte Tiere; drei Stunden Dauer, ohne Pause; von Wilson *a series of moving pic-*

tures, von Kritikern *ein nach-Wagnerianisches episches Theater* genannt; Produktionskosten: $ 26000; unterstützt von der Rockefeller-Stiftung, Lena Robbins-Stiftung, New York State Council und anderen; Byrd Hoffman School of Byrds unternahm 1971 mit *Deafman Glance* eine Europa-Tournee.

AL(VIN) CARMINES, Pfarrer, Komponist, Gründer und Leiter des Judson Poets Theatre.
Interview: Seite 211

JOE CHAIKIN, Leiter des Open Theatre.
Biographisches: Seite 100
Interview (zusammen mit Roberta Sklar): Seite 94

JOSEPH CINO, gründete 1958 das Caffe Cino in der Cornelia Street 31 im New Yorker West-Village. Das Caffe Cino entwikkelte sich schnell zu einer Art Prototyp der drei Jahre darauf entstehenden Off-Off-Broadway-Theater. Hunderte von Stücken und Dutzende von Autoren wurden im Cino zum ersten Mal aufgeführt. Anfang der sechziger Jahre war es für einen unbekannten Autor mit ausgefallenen Ideen nahezu unmöglich, in New York produziert zu werden. Joe Cino stellte sein Caffe befreundeten Autoren zuerst zu Lesungen zur Verfügung, aus denen sich allmählich die ersten Aufführungen entwickelten. Joe Cino, der am 2. April 1967 Selbstmord beging, war eine der wichtigsten Persönlichkeiten und der eigentliche Initiator der OOB-Bewegung.

ELDRIDGE CLEAVER, Autor, Minister of Information der Black Panther Party, geb. 1935 in Little Rock, Arkansas, lebt heute im Exil in Algier, ist Mitherausgeber von *Ramparts.*
Bücher: *Soul on Ice,* New York, 1968 (Seele auf Eis, München, 1969); *Post-Prison Writings and Speeches,* New York 1969 (Nach dem Gefängnis, Reinbek b. Hamburg, 1970).
Diese Gesellschaft... (aus: The Black Panther, März, 1970): Seite 163

HAROLD CLURMAN, Regisseur und Kritiker, geb. 1901, gründete zusammen mit C. Crawford und Lee Strasberg 1931 in New York das Group Theatre.
Bücher: *The Fervent Years, The Story of the Group Theatre and the Thirties,* New York: Hill and Wang, 1968; *The Naked Image,* New York: Macmillan, 1966; *Lies Like Truth,* New York, 1965.
Interview: Seite 279

RALPH COOK, Schauspieler und Regisseur, Gründer und Leiter des Theatre Genesis in New York.
Eine Alternative ohne Ausweg (Ralph schrieb den Artikel Anfang 1971, kurz bevor er nach Kalifornien ging): Seite 225

JACKIE CURTIS, Autor und Schauspieler, "not a boy, not a girl, just me!", arbeitete mit dem Playhouse of the Ridiculous und Andy Warhol (u. a. in *Flesh*).
Stücke: *Heaven Grand in Amber Orbit,* ein im Montagestil aus Film- und Theaterszenen-Material zusammengebautes Stück; *Vain Victory.*
Siehe: Heaven Grand in Amber Orbit.

DANCERS WORKSHOP, San Francisco, gegründet und geleitet von Ann Halprin, anfangs nur ein Workshop für Modernen Tanz, dann mehr und mehr in die Richtung von Happenings und der Erforschung neuer Theaterformen zielend. Ausgehend von körperlichem Training erforscht die Gruppe Grundverhaltens- und Ausdrucksformen und hat an zahllosen "Ereignissen" und "Happenings" teilgenommen. 1967 mit der Veranstaltungsreihe *Myths* erste Versuche, das Publikum zum Mitspieler zu machen: An 10 aufeinanderfolgenden Donnerstagen kamen rund 50 "Zuschauer" in den Dancers Workshop, es wurden verschiedene Aktionen arrangiert, die das Ziel hatten, die Kreativität der "Zuschauer" anzuregen.
Ann Halprin: "Ich bin an einem Theater interessiert, in dem alles zum ersten Mal erfahren wird. Ich habe alle Bindungen an konventionelle Tanzformen abgestreift... Ich möchte teilnehmen an Ereignissen von höchster Authentizität. Ich komme langsam dahin, den Künstler in einem anderen Licht zu sehen. Er ist nicht mehr eine einzigartige

Heldenfigur, sondern eher eine Art Führer, der arbeitet, um die in uns allen verborgene Kunst hervorzurufen."

DER COMPUTER IST DAS LSD DER GESCHÄFTSWELT: Seite 206
dazu: Marshall McLuhan, *Understanding Media,* New York: McGraw-Hill, 1964 (Die Magischen Kanäle, Düsseldorf: Econ, 1968); Marshall McLuhan, *Die Gutenberg-Galaxis,* Düsseldorf: Econ, 1968; McLuhan und Quentin Fiore, *War and Peace in the Global Village,* New York: Bantam Books, 1968; McLuhan und Fiore, *The Medium is the Massage,* New York, 1967; R. Rosenthal (Hrsg.), *McLuhan Pro and Con,* New York: Funk and Wagnalls, 1968.
J. Reichardt (Hrsg.), *Cybernetic Serendipity: The Computer and the Arts,* New York, London: Studio International, 1968; A. Koestler, *The Ghost in the Machine,* New York: Macmillan, 1967; L. Mumford, *Myth of the Machine,* New York: Harcourt, Brace and World, 1967; L. von Bertalanffy, *Robots, Men and Minds,* New York: Braziller, 1967; Mortimer Taube, *Computers and Common Sense,* New York: McGraw-Hill, 1961

JOHNNY DODD, geb. 1941 in New Orleans, Ausbildung zum Beleuchter in New York bei Nicola Cernovich. Heute bekanntester Licht-Künstler des OOB-Theaters.
Interview: Seite 74

EXTENSION THEATRE CLUB: Gegründet im November 1967 in New York von Walter Leyden Brown, der vorher als Autor, Schauspieler und Regisseur im Cafe La Mama gearbeitet hatte. Extension war bis 1969 ein experimenteller Theater-Club mit 700 Mitgliedern, Mitgliedsbeitrag pro Jahr: 2 Dollar, Eintritt pro Vorstellung für Mitglieder: ein Dollar; die Schauspieler wurden nicht bezahlt; alle 3 Wochen eine neue Produktion mit 10 Vorstellungen (die Actors Equity verbietet professionellen Schauspielern in mehr als 10 Vorstellungen eines Stücks ohne Bezahlung aufzutreten), gespielt wurde in einem Raum mit 68 Plätzen, 128. East, 7. Straße.
Seit 1969 ist Extension in einer Kirche, 277 Park Avenue Süd; Brown versucht seitdem eine feste Gruppe aufzubauen und in Workshops auszubilden, Experimente mit Lichteffekten und Plastikmaterialien; bisher noch keine eigene Produktion, Extension vermietet den Theaterraum für Vorstellungen anderer Gruppen wie Tom Eyens Theatre of the Eye und die Manhattan Project Company von André Gregory, die mit *Alice in Wonderland* 1971 eine Europa- und Ostasien-Tournee unternahm.

TOM EYEN, Autor.
Stücke: *The White Whore and the Bit Players,* in: Anthologie 8 (1970 von Canon Films verfilmt); *Why Hanna's Shirt Won't Stay Down; Sarah B. Divine* (1967 zum Festival in Spoleto, Italien eingeladen); *Who Killed My Bald Sister Sophie?; The Helen Hanft Story; Frustrata; Caution: A Love Story About a Certain Duke and Duchess; The Seven Days of the Weak* (Strand Theatre, London, 1970).
Interview: Seite 69
Biographisches: Seite 69
Aus: *Seven Days of the Weak* (Copyright © 1969 by Tom Eyen): Seite 70

PETER FELDMAN, Schauspieler und Assistent beim Living Theatre, gründete zusammen mit Chaikin das Open Theatre, lebt heute in Holland.

MARIA IRENE FORNES, Autorin, geb. 1930 in Havanna, Kuba, kam 1945 nach New York, arbeitete als Malerin, lebte von 1954 bis 1957 in Paris, kehrte nach New York zurück und begann 1960 zu schreiben.
Stücke: *The Widow,* in: Casa de las Americas, 1961; *Tango Palace,* in: Anthologie 1; *The Successful Life of 3,* in: Anthologie 1 und Anthologie 14; *Promenade,* in: The Bold New Women, hrsg. von B. Alson, Greenwich: Fawcett, 1966 und in: Anthologie 12; *Dr. Kheal,* in: Anthologie 13 und in: Yale/Theatre, Vol. 1, No. 3; *A Vietnamese Wedding* (1967); *Molly's Dream* (1968); *The Red Burning Light* (1968).
Interview: Seite 213
Aus: *Promenade* (Copyright © 1965 by Maria Irene Fornes): Seite 213

PAUL FOSTER, Autor, geb. 1937 in Salem, New Jersey, Ellen Stewart gründete seinetwegen das Cafe La Mama in New York.

F
G

Stücke: *Balls,* in: Anthologie 14; *Tom Paine,* New York: Grove Press, 1967; *The Recluse; Hurrah for the Bridge; The Hessian Corporal; The Madonna in the Orchard; Heimskringla* (1969 im National Educational Television).
Interview: Seite 29
Interview über New York: Seite 158
Aus: *Tom Paine* (Copyright © 1967 by Paul Foster, deutsche Aufführungsrechte beim S. Fischer Verlag, Frankfurt, Deutsch von H. Bruns und A. Gruber): Seite 29

PIERRE N. FRÄNKEL, schwedischer Regisseur.
Interview: Seite 26

FREE STORE THEATER, New York, gegründet und geleitet von Ed Wode, Autor, Regisseur und Herausgeber der Zeitschrift *Corpus.* Free Store wurde durch den Prozeß gegen das Stück *Che!* von Lennox Raphael bekannt.
Che!-Prozeß: Seite 247
David Merrick ist nicht prüde: Seite 247 (Merrick ist einer der reichsten und einflußreichsten Broadway-Produzenten in New York, er produzierte unter anderem auch *Hello, Dolly!,* wobei 40 % der Einnahmen an ihn gehen.)

JACK GELBER, geb. 1932 in Chicago, Autor (Stücke, Romane, Drehbücher) und Regisseur (unter anderem in London: *Indianer* von Kopit, in New York: *Die Küche* von Wesker), leitet einen Autoren-Workshop an der School of Arts der New Yorker Columbia Universität.
Stücke: *The Connection,* New York: Grove Press, 1960 (1959 vom Living Theatre uraufgeführt); *The Apple,* New York : Grove Press, 1961 (ebenfalls vom Living uraufgeführt); *Square in the Eye,* New York: Grove Press, 1965; *The Cuban Thing,* New York: Grove Press, 1968.
Interview: Seite 280
Aus: *The Connection* (Copyright © 1957 by Jack Gelber): Seite 280

THEATRE GENESIS, New York.
Geschichte: Seite 224

ALLEN GINSBERG, Arlington Street Church: Seite 5 (Rede im November 1966 in der Arlington Street Church, Boston)
dazu: Ginsberg, *Empty Mirror: Early Poems,* New York, 1961 und *Das Geheul und andere Gedichte,* Wiesbaden, 1959; Jack Kerouac, *Satori in Paris,* New York, 1966 und *On the Road,* New York, 1958 und *The Dharma Bums,* New York, 1958 und *The Town and the City,* New York, 1950; Lawrence Ferlinghetti, *Pictures of the Gone World,* San Francisco, 1955 und *Her,* New York, 1961 und *Coney Island of the Mind,* New York, 1958; Gregory Corso, *Gasoline,* San Francisco, 1958 und *Bomb,* San Francisco, 1958 und *The Happy Birthday of Death,* New York, 1959 und *The Vestal Lady on Brattle and Other Poems,* Cambridge, 1955. Alan Watts, *The Way of Zen,* New York: Pantheon, 1957 und *Psychotherapy East and West,* New York: Pantheon, 1961 und *Beat, Zen-Square, Zen-Zen,* San Francisco, 1959 und *This Is It,* New York: Collier Books, 1967; Lawrence Lipton, *The Holy Barbarians,* New York: Messner, 1959; Karl O. Paetel (Hrsg.), *Beat, Eine Anthologie,* Reinbek b. Hamburg: Rowohlt, 1962.

GROUP THEATRE, New York
Geschichte: Seite 279
Siehe auch Clurman.

JERZY GROTOWSKI, polnischer Regisseur, geb. 1923 in Rzeszow, gründete 1959 in Opole zusammen mit Ludwik Flaszen ein Theater-Laboratorium, das 1965 nach Wroclaw verlegt wurde. Die Techniken zum Schauspieler-Training, die Grotowski in dem inzwischen weltbekannten und vom polnischen Staat subventionierten Theater-Laboratorium entwickelte, haben die Arbeit der OOB-Theater stark beeinflußt.
Bücher: *Towards a Poor Theatre,* New York: Simon and Schuster, 1969; ein zweites Buch soll Ende 1971 erscheinen.
Interview: Seite 101

GUERILLA SZENARIOS: Seite 128
dazu: *Radical Theatre Festival,* San Francisco, 1969; Henry Lesnick (Hrsg.) *Guerilla-Street Theater,* New York, 1969; Abbie Hoffman, *Revolution for the Hell of It,* New York: Dial Press, 1969 und *Woodstock Nation,* New York: Vintage Books, 1969 und

Fuck the System; Jerry Rubin, *Do It!* New York: Simon and Schuster, 1970; Levine, McNamee, Greenberg (Hrsg.) *The Tales of Hoffman, from the Trial of the Chicago-8,* New York: Bantam Books, 1970; P. Jacobs, S. Landau, *Die Neue Linke in den USA,* München: Hanser, 1969; Kenneth Keniston, *Young Radicals,* New York: Harcourt, Brace and World, 1968; Paul Goodman, *Growing Up Absurd,* New York: Random House, 1960; *Countdown,* a subterranean magazine, New York: Signet Book, 1970/71; Norman Mailer, *The White Negro,* San Francisco, City Lights, 1957; Norman Mailer, *Nixon in Miami und die Belagerung von Chicago,* Reinbek bei Hamburg: Rowohlt, 1969; M. Cohen, D. Hale, (Hrsg.) The New Student Left, Boston: Beacon Press, 1967; Edgar Friedenberg, *The Dignity of the Young and Other Atavisms,* Boston: Beacon Press, 1965; Saul Gottlieb (Hrsg.), *New Revolutionary Theatre,* New York: Bobbs, 1969.

Dazu Zeitschriften des Underground Press Syndicate (UPS): *Berkeley Barb, East Village Other, Liberation, Los Angeles Free Press, The Movement, New Left Notes, New York Roach, Other Scenes, Oracle, Rat, Radical's Digest, Ramparts, The Realist, Resistance Press, Screw, Seed, Washington Free Press, Octopus, Tribal Village.*

WALTER HADLER, Autor und Schauspieler, geb. 1938, war Bergarbeiter, Wehrdienst in Tokio, danach Abendschul-Abitur in Washington, Schauspielunterricht in New York, Aufführungen am Theatre Genesis, New York.

Stücke: *Solarium, Flite Cage, Mission Beach, Grand Mal Crick, The Waterworks at Lincoln.*

Interview: Seite 227

Aus: *Waterworks at Lincoln* (Copyright © 1970 by Walter Hadler): Seite 227

Football Mass (Copyright © 1971 by Walter Hadler): Seite 228

HEAVEN GRAND IN AMBER ORBIT von Jackie Curtis, Regie John Vaccaro (1970 in New York): Seite 199

WILLIAM M. HOFFMAN, Autor, geb. 1939 in New York, studierte Latein am City College of New York, arbeitete im Caffe Cino. Herausgeber von Anthologie 8 und 9.

Stücke: *Thank You, Miss Victoria,* in: Anthologie 9; *Spring Play; Three Mask Dances; Good Night, I Love You; Saturday Night at the Movies; Uptight; Red/Orange – Orange/Red;* xxxxx .

Interview: Seite 84

Projekte (Einleitung zu Anthologie 9, Copyright © 1970 by William M. Hoffman): Seite 88

Buddha! (Copyright © 1970 by William M. Hoffman): Seite 86

ISRAEL HOROVITZ, Autor, geb. 1939 in Wakefield, Massachusetts, Studium in Boston und London, 1968 Stipendiat der Rockefeller-Stiftung, leitet heute einen Autoren-Workshop an der New York University.

Stücke: *First Season* (Line, The Indian Wants the Bronx, It's Called the Sugar Plum, Rats) New York: Random House, 1968; *Morning,* in: Morning, Noon and Night, New York: Random House, 1969; *Rats,* in: Anthologie 10; *The Comeback; Chiaroscuro; Live; Acrobats; The Honest-to-God Schnozzola; Leader; The World's Greatest Play.* Seine Stücke wurden in rund 15 Sprachen aufgeführt.

Drehbücher: *Happy, McCain!; The Strawberry-Statement.*

Interview: Seite 89

Word War: Seite 93

Aus: *Morning* (Copyright © by Israel Horovitz): Seite 91

IHRE USPRÜNGLICHE ANZIEHUNGSKRAFT... (aus: Sozialistische Zeitschrift für Kunst und Gesellschaft, Nr. 6, 1971): Seite 50

I CHING (aus: Ernst von Aster, Geschichte der Philosophie, Stuttgart: Alfred Kröner, 1963): Seite 289

dazu: *I Ching, Book of Changes,* hrsg. von Ch'uchai, New York: University Books, 1967; *I Ging – Das Buch der Wandlungen,* übersetzt und erläutert von R. Wilhelm, Diederichs Verlag, 1967.

JEAN-CLAUDE VAN ITALLIE, Autor, geb. 1936 in Brüssel, aufgewachsen auf Long Island, New York, Studium in Harvard, Mitglied des Open Theatre.

Stücke: *America Hurrah* (Interview, TV, Motel), New York: Coward-McCann, 1967 und New York: Pocket Book, 1968 sowie in: Anthologie 14; *War and Four Other Plays* (The Hunter and the Bird, It's Almost Like Being, I'm Really Here, Where Is De Qeen?) New York: Dramatists Play Service, 1967; *The Serpent,* in collaboration with the Open Theatre, New York: Atheneum, 1969; *I'm Really Here,* in: Anthologie 12; *Where Is De Queen?,* in: Anthologie 2; *Thoughts on the Instant of Greeting a Friend in the Street,* zusammen mit Sharon Thie, in: Anthologie 10: *It's Almost Like Being,* in: Tulane Drama Review, 1963.
Van Itallie schreibt, um Geld zu verdienen, Drehbücher fürs Fernsehen.
Interview: Seite 116
Aus: *The Serpent* (Copyright © 1969 by Jean-Claude van Itallie, deutsche Aufführungsrechte bei Gustav Kiepenheuer, Berlin, Deutsch von Maria Teichs): Seite 116

JUDSON POETS THEATRE, New York, in der Judson Church am Washington Square.
Geschichte: Seite 212
Siehe auch Al Carmines.

ADRIENNE KENNEDY, Autorin.
Interview: Seite 182
Biographisches: Seite 183
Aus: *Funnyhouse of a Negro* (Copyright © 1963 by Adrienne Kennedy, deutsche Aufführungsrechte beim S. Fischer Verlag, Frankfurt, Deutsch von Marjorie Penzoldt): Seite 182
Stücke: *A Lesson in Dead Language,* in: Anthologie 10; *The Owl Answers,* in: Anthologie 8; *A Rat's Mass,* in: Anthologie 7; *Sun; Scene Three Act One; A Beast's Story.*

JOHN LAHR, Kritiker und Essayist, geb. 1941, heute Dramaturg am Lincoln Center, New York.
Bücher: *Notes on a Cowardly Lion* (über seinen Vater Bert Lahr) New York, 1969; *Up Against the Fourth Wall* (Theater-Essays), New York: Grove Press. 1970
Interview: Seite 272
Über neues Theater: Seite 273

LA MAMA, EXPERIMENTAL THEATRE CLUB, New York
Ellen Stewart ist La Mama:
Ellen Stewart wurde in Louisiana geboren, niemand kennt ihr genaues Alter, sie wirkt wie 30, man weiß aber, daß sie einen ebenso alten Sohn hat. Ellen kam 1950 nach New York, um sich zum Designer ausbilden zu lassen. Sie wurde Chefdesigner bei Saks Fifth Avenue.
1961 gründete sie in einem kleinen Kellerraum, 321 East 9. Straße das Cafe La Mama. Der Name entstand durch Zufall: Die Bewohner der Straße hielten Ellen für eine farbige Prostituierte und alarmierten das Gesundheitsministerium. Nachdem der Beamte, der den Fall untersuchen kam, den Irrtum begriffen hatte, erbot er sich, eine Restaurant-Lizenz zu beschaffen, um so das kleine Theater zu legalisieren. Er erkundigte sich nach dem Namen des Theaters, und der Schauspieler Robert Paulson, der gerade dabei stand, fragte Ellen, die von allen Mama genannt wurde: "Wie sollen wir's denn nennen, Mama?" Der Beamte hörte *Mama* und schrieb den Namen auf, sagte dann aber, nur *Mama* könne es nicht heißen, und Paulson darauf: "Nennen wir's eben einfach *La Mama!"* Und so hieß es dann.
Die ersten Vorstellungen begannen im Juli 1962, zuvor war der Keller in ein Kaffeehaus-Theater – das Cafe La Mama – umgewandelt worden. Rund 25 Leute hatten darin Platz. Es wurden meist Einakter unbekannter Autoren aufgeführt. Ellen stand hinter der winzigen Bar und schenkte Kaffee aus. Nach den Vorstellungen ging der Hut rum, bezahlt konnte niemand werden. Ellen arbeitete weiterhin als Designer und trug das Unternehmen finanziell. Die Autoren und Schauspieler hatten nebenbei Jobs.
Im März 1963 wurde das La Mama geschlossen, weil ein Kaffeehaus-Theater in dieser Gegend nach den New Yorker *zoning laws* nicht erlaubt war. Ellen fand eine Loft auf der 2. Avenue, Nr. 82, ließ sich versichern, daß ein Theater hier legal war und eröffnete das zweite Cafe La Mama. Durch einen *menschlichen Irrtum,* stellte sich heraus, war ihr eine falsche Auskunft gegeben worden. Die Baupolizei forderte die Schließung oder einen Umbau der Loft, der rund 12000 Dollar gekostet hätte, soviel konnte Ellen nicht aufbringen.
Im März 1964 organisierte Ellen ihr Unter-

nehmen zu einem privaten Club um – La Mama, Experimental Theatre Club – um so den Auflagen der Behörden zu entgehen, aber das war erfolglos. Im November 1964 mußte La Mama zum zweiten Mal umziehen, diesmal in einen Raum mit 90 Plätzen, auf der 2. Avenue, Nr. 122.

Da keine Kritiker ins La Mama kamen und die Verleger die Stücke der unbekannten La-Mama-Autoren nicht ohne vorherige Kritiken veröffentlichen wollten, entschloß sich Ellen, auf eigene Kosten eine Europa-Tournee zu organisieren, um auf diesem Umweg ihre Autoren bekannt zu machen. 14 Schauspieler und 2 Regisseure – Tom O'Horgan und Ross Alexander – reisten im Sommer 1965 per Studentenschiff mit 21 Stücken nach Paris und Kopenhagen. Zu ihrem Repertoire gehörten unter anderen: *Birdbath* von Melfi, *America Hurrah* von Itallie, *The Recluse* von Foster, *Chicago* von Shepard und *This is the Rill Speaking* von Wilson.

Aus Europa zurückgekehrt, wurde die La-Mama-Truppe Anfang 1966 ins Off-Broadway-Theater Martinique eingeladen und zeigte hier unter dem Titel *Six from La Mama* 6 Stücke von La Mama-Autoren. Die New Yorker Kritiker waren nicht gerade begeistert, aber immerhin rezensierten sie die Stücke.

Im Mai 1966 wurden unter Tom O'Horgans Regie vom National Educational Television die ersten Stücke von Foster, Itallie und Shepard aufgezeichnet. Zur gleichen Zeit begannen im La Mama die ersten Workshops für Schauspieler, in denen O'Horgan Gesang, Tanz, Bewegung und das Spiel von Instrumenten unterrichtete.

Im September 1966 organisierte Ellen, die noch immer als Designer arbeitete und La Mama finanziell trug, die zweite Europa-Tournee nach Dänemark, Schweden, England und Jugoslawien. Zu den Stücken der La Mama Repertory Troupe unter O'Horgans Leitung gehörten diesmal *Homo* von Owens, *Tatoo Parlour* von Tom La Bar und *Pavane* von Itallie.

Die Actors Equity verlangte, daß alle La Mama-Schauspieler nach den Off-Broadway-Sätzen bezahlt würden, aber dazu war kein Geld da. Im Dezember 1966 gelang es Ellen mit der Equity ein besonderes Abkommen auszuhandeln, das dann auch für alle anderen Off-Off-Broadway-Theater galt: Professionelle Schauspieler sollten pro Vorstellung 15 Dollar erhalten, gesammelt durfte nach den Vorstellungen nicht mehr werden, und die Zahl der Aufführungen eines Stückes wurde auf 10 beschränkt.

Im Juni 1967 unternahm die La Mama Repertory Troupe unter O'Horgan die dritte Europa-Tournee nach Deutschland, Italien, Schweden, Dänemark, Holland, Schottland und England. Sie zeigte *Futz* von Owens, *Melodrama Play* von Shepard, *Tom Paine* von Foster und *Times Square* von Melfi. Erst nach der Rückkehr der Truppe aus Europa bekam Ellen die ersten Stiftungsgelder: 5000 Dollar von der National Endowment for the Arts, 25000 Dollar von der Ford-Stiftung.

Im November 1967 wurde neben den regulären Workshops der La Mama Plexus-Workshop gegründet, in dem 12 Schauspieler unter Stanley Rosenbergs Leitung neue Schauspieltechniken entwickelten. Später übernahm Joel Zwick die Leitung von La Mama Plexus.

Im April 1969 bezog La Mama ein neues, eigenes Haus – 74A East, 4. Straße – mit zwei Theatern, einem Raum für Workshops und einem großen Wohnraum für Ellen. Das Haus wurde mit Hilfe der Ford-Stiftung (114000 Dollar) und der Rockefeller-Stiftung (65000 Dollar) gekauft und renoviert, Freunde und Mitglieder La Mamas halfen mit kleineren Geldspenden. Die beiden Theater sind schmale, rechteckige Räume mit rund 100 Plätzen, eine feste Sitzordnung oder Bühne gibt es nicht. Der Mitgliedsbeitrag für La Mama-Besucher beträgt pro Jahr 2 Dollar, pro Vorstellung ebenfalls 2 Dollar. Seit 1969 hat Ellen jedes Jahr im Sommer eine Europa-Tournee organisiert. 1971 kaufte sie mit Unterstützung von Stiftungen ein weiteres Haus in der Great Jones Street und richtete hier Probenräume ein.

Ellen Stewart hat bis heute rund 450 neue Stücke produziert, alle bedeutenden Off-Off-Broadway-Autoren sind im La Mama aufgeführt worden. Es bestehen heute Zweige des New Yorker La Mamas in vielen Städten, darunter in Bogota, Kolumbien; Toronto, Kanada; Melbourne, Australien; sowie in London, Paris, Tokio, Amsterdam und München.

R. D. LAING, Psychiater, geb. 1927 in Glasgow, gründete die psychiatrische Hilfsstation in der Kingsley Hall in London.

L M

Bücher: *The Politics of Experience,* New York: Pantheon, 1967; *The Devided Self,* New York: Pantheon, 1970; *Self and Others,* New York: Pantheon, 1970; zusammen mit A. Esterson, *Sanity, Madness and the Family,* New York: Basic Books, 1964.
Bird of Paradise (aus: *Politics of Experience,* Copyright © 1967 by R. D. Laing): Seite 287
dazu: J. Haley, *Strategies of Psychotherapy,* New York: Grune and Stratton, 1963; Norman O. Brown, *Life Against Death,* Middletown, Conn.: Wesleyan University Press, 1959; Norman O. Brown, *Love's Body,* New York: Random House, 1966; Erich Fromm, *Marx's Concept of Man,* New York: Ungar, 1961.

TIMOTHY LEARY, "Führer der Acid-Generation", ehemals Professor für Psychologie in Harvard, lebt heute im Exil in Algier.
Bücher: *The Politics of Ecstasy,* New York: Putnam, 1968; *High Priest,* New York: World, 1968.
Aus: *The Politics of Ecstasy* (Copyright © 1968 by Timothy Leary): Seite 204
dazu: Robert S. DeRopp, *Drugs and the Mind,* London: Gollancz, 1958; Tom Wolfe, *The Electric Kool-Aid Acid Test,* New York: Bantam Books, 1968; William James, *The Varieties of Religious Experience,* New York: Modern Library, 1936; Peter Laurie, *Drugs,* London, 1967; Aldous Huxley, *Doors of Perception,* New York: Harper, 1954; P. Newmark, *Out of Your Mind?,* London: Penguin, 1968; Alan Watts, *The Joyous Cosmology: Adventures in the Chemistry of Consciousness,* New York: Pantheon, 1962; J. Rosevear, *Pot,* New York, 1967; D. Salomon, *The Marihuana Papers,* New York: Signet Book, 1968; Ralph Metzner (Hrsg.), *The Ecstatic Adventure,* New York: Macmillan, 1968; Jane Dunlap, *Exploring Inner-Space: Personal Experiences under LSD-25,* London: Gollancz, 1961; S. Cohen, *Drugs of Hallucination,* London: Secker and Warburg, 1965; Ronald Steckel, *Bewußtseinserweiternde Drogen,* Berlin: Voltaire, 1969; Jürgen vom Scheidt, *Handbuch der Rauschdrogen,* München: Nymphenburger V., 1971; John Cashman, *LSD,* Frankfurt: Ullstein, 1967.

LIVING THEATRE, Geschichte: Seite 286
Mysteries: Seite 288
Avignon Statement: Seite 286
dazu: E. Billeter, *The Living Theatre-Paradise Now,* Bern: Benteli, 1968; P. Biner, *Le Living Theatre, Histoire sans Lĕgende,* Lausanne: La Cité, 1968; Michael Smith, *Theatre Trip,* New York, 1969; Gianfranco Mantegna, Aldo Rostagno (Hrsg.), *We, The Living Theatre,* New York: Ballantine Books, 1970; Renfreu Neff, *The Living Theatre: USA,* New York: Bobbs, 1970.

CHARLES LUDLAM, Autor, Schauspieler und Regisseur, arbeitete zuerst mit John Vaccaro am Playhouse of the Ridiculous, gründete 1968 seine eigene Truppe: The Ridiculous Theatrical Company. Seine Stücke sind zum größten Teil Zitate aus Filmen, Fernsehshows, Reklame, anderen Theaterstücken usw., eine Art Pop-Theater.
Stücke: *Big Hotel; The Grand Tarot; Conquest of the Universe/When Queens Collide;* zusammen mit Bill Vehr, *Turds in Hell,* in: Drama Review, September 1970; *Bluebeard* (1971 Europatournee).
Interview: Seite 207
Aus: *Big Hotel* (Copyright © 1968 by Charles Ludlam): Seite 207
Quellen zu *Big Hotel:* Seite 208

TOM MCGRATH, Zentralfigur der Londoner "Gegenkultur", Mitherausgeber der *International Times* (IT, 27 Endell Street, London WC 2, 836 2727)
Die neue Bewegung... (aus: IT, März 1967): Seite 264
(Der Artikel entstand kurz nach einer 4 Tage dauernden Haussuchung der Polizei bei IT wegen "Obszönität".)

W. MCNEIL LOWRY, Vize-Präsident der Ford Foundation, Leiter der Abteilung: Humanities and the Arts.
Veröffentlichungen: *The University and the Creative Arts,* Educational Theatre Journal, Mai 1962; *The Arts and Philanthropy,* Waltham, Massachusetts: Brandeis University, 1963.
Interview: Seite 259
dazu: *Ford Foundation Annual Report,* The Ford Foundation, 320 East, 43. Straße, New York, N. Y. 10017; *Rockefeller Foundation Review and Annual Report,* The Rockefeller Foundation, 111 West, 50. Straße, New York, N. Y. 10020.

MURRAY MEDNICK, Autor und Schauspieler.
Stücke: *The Hunter*, New York: Bobbs-Merrill, 1969; zusammen mit Tony Barsha *The Hawk*, New York: Bobbs-Merrill, 1968; *Sand*, in: Anthologie 12; *The Box; The Mark of Zorro; Guide Line; Willie the Germ; The Deer Kill.* Arbeitet an einem Drehbuch für Jacopetti.
Interview: Seite 240
Aus: *The Hunter* (Copyright © 1969 by Murray Mednick): Seite 240
5. Chorus (Copyright © 1970 bei Murray Mednick): Seite 243

LEONARD MELFI, Autor, geb. 1935 in Binghamton, New York, besuchte die St. Bonaventure University und die Herbert Berghof-Uta Hagen Schauspielschule in New York, 1965 und 1967 Stipendiat der Rockefeller Foundation.
Stücke: *Encounters, Six One-Act Plays* (Birdbath, Lunchtime, Halloween, Ferryboat, The Shirt, Times Square), New York: Random House, 1967; *Night*, in: Morning, Noon and Night, New York: Random House, 1969; *Stars and Stripes*, in: Anthologie 10; *Having Fun in the Bathroom; The Raven Rock; Lazy Baby Susan; The Water Gap; Bellyboy; Beautiful.* War einer der Autoren von *Oh! Calcutta!*, das Kenneth Tynan produzierte, schrieb mehrere Drehbücher und arbeitet heute mit Antonioni und Carlo Ponti an einem Drehbuch in Rom.
Interview: Seite 36
Aus: *Halloween* (Copyright © 1966 by Leonard Melfi): Seite 36

GILBERT MOSES, Autor, Regisseur, Mitbegründer des Free Southern Theatre.
Interview: Seite 160
Biographisches: Seite 160
Ich frage mich manchmal... (Copyright © 1970 by Gilbert Moses): Seite 164
Zusammen mit Thomas Dent und Richard Schechner ist G. Moses Herausgeber von *The Free Southern Theater*, New York: Bobbs-Merrill, 1969.

SLAWOMIR MROZEK, polnischer Autor, geb. 1930, lebt heute in Paris.
Stücke: *Die Polizei*, Warschau 1958; *Das Martyrium des Peter O'Hey*, Krakau 1959; *Der Truthahn*, Krakau 1961; *Auf Hoher See*, Krakau 1961; *Karol, Striptease*, Zoppot 1961; *Tango*, Belgrad 1965.
Interview: Seite 269

NACHBEMERKUNG: Seite 317

NATIONAL FOUNDATION ON THE ARTS AND HUMANITIES: Seite 259
Typischer Antrag eines Off-Off-Broadway-Theaters auf finanzielle Unterstützung bei den amerikanischen Kunst-Stiftungen.

NEW YORK FREE THEATRE, Straßentheater, hält auch Workshops für Lehrer, Studenten und Sozialarbeiter ab, wird unterstützt von der School of Arts der New York University, hat mehrere kleinere Subventionen von verschiedenen Stiftungen erhalten.

NEW YORK LOWER EAST SIDE (von einigen der Weatherwomen, erschienen in: *Rat*, Vol. II, Nr. 28): Seite 232

NEW YORK SHAKESPEARE FESTIVAL THEATRE: Seite 276
Siehe auch Joseph Papp.

ANAÏS NIN, Artaud, das Theater und die Pest (aus: *The Diary of Anaïs Nin 1931–1934*, hrsg. von G. Stuhlmann, New York: Harvest Book, 1966): Seite 291

NOW-THEATER DER ERFAHRUNG: Seite 4
dazu: Jeff Nuttall, *Bomb Culture*, New York: Delta Book, 1970; Martin Buber, *Paths in Utopia*, Boston: Beacon Press, 1960; Aldous Huxley, *Island*, New York: Harper and Row, 1962; Karin Reese (Hrsg.), *Dig*, Frankfurt: März 1970; Paul Goodman, *Persons or Personnel: Dezentralizing and the Mixed System*, New York: Random House, 1965; Paul Goodman, Frederick Perls, Ralph Hefferline, *The Empire City*, New York: Macmillan, 1964 und *Gestalt Therapy*, New York: Delta Books, 51; John Gruen, *The New Bohemia*, New York: Grosset and Dunlap, 1967; Mulas, Solomon, *New York: The New Art Scene*, New York: Holt, Rinehart and Winston, 1967; Charles A. Reich, *The Greening of America*, New York: Ran-

dom House, 1970; Gia-fu Feng, Jerome Kirk (Übers.), *Tai Chi- A Way of Centering and I Ching,* New York: Collier Book, 1970; Ken Kesey, *One Flew Over the Cuckoo's Nest,* New York: Viking Press, 1962; Walter Hollstein, *Der Underground,* Neuwied: Luchterhand, 1969; Jerry Hopkins, *The Hippie Papers,* New York: Signet Books, 1968; W. Barrett (Hrsg.), *D. T. Suzuki – Zen Buddhism,* New York: Doubleday, 1956; R. U. Kaiser, *Underground? Pop? Nein! Gegenkultur,* Berlin: Kiepenheuer und Witsch, 1969; Jacques Ellul, *The Technological Society,* New York: A. A. Knopf, 1964; John Kenneth Galbraith, *The New Industrial State,* Boston: Houghton Mifflin, 1967;
Martin Buber, *Hasidism,* New York: Philosophical Library, 1948; Arthur Morgan, *The Small Community,* New York: Harper, 1942; George Woodcock, *Anarchism,* Cleveland, Ohio: Meridian Book, 1962; Michael Kirby, *Happenings,* New York: Dutton, 1965; Richard Kostelanetz, *The Theatre of Mixed Means,* New York: Dial Press, 1968 und *The NewAmericanArts,*New York:Collier Books, 1967;
David Manning White (Hrsg.), *Pop Culture in America,* New York: Quadrangle, 1970; Toby Cole, Helen Krich Chinoy (Hrsg.), *Actors on Acting,* New York: Crown, 1970; Jerry Rubin, *We Are Everywhere,* New York: Harper and Row, 1971.

ming Arts: The Economic Dilemma, New York: Twentieth Century Fund, 1966;
A. L. Bernheim, Sara Harding et al., *The Business of the Theatre,* New York: Actors' Equity Association, 1932;
W. Goldman, *The Season,* New York: Harcourt, 1969;
R. H. Gardner, *The Splintered Stage,* New York: Macmillan, 1965;
B. Hewitt, *Theatre USA, 1665–1957,* New York: McGraw-Hill, 1959;
Abe Laufe, *Anatomy of a Hit,* New York: Hawthorn Books, 1966;
J. Novick, *Beyond Broadway,* New York: Hill and Wang, 1968;
J. S. Price, *The Off-Broadway Theater,* New York: Scarecrow Press, 1962;
C. A. Peery, *The Work of the Little Theatres,* New York: Russell Stage Foundation, 1933;
J. Poggi, *Theater in Amerika,* Ithaca, NY: Cornell University Press, 1968;
G. Rabkin, *Drama and Commitment,* Bloomington, Ind: Indiana University Press, 1964;
Rockefeller Panel, *The Performing Arts: Problems and Prospects,* New York: McGraw-Hill, 1965;
T. G. Moore, *The Economics of the American Theater,* Durham, NC: Duke University Press, 1968.
Gideon Chagy (Hrsg.), *Business in the Arts '70,* New York: Eriksson, 1970

OBIE, Preis der liberalen New Yorker Wochenzeitung *Village Voice* für hervorragende Leistungen im Off- und Off-Off-Broadway-Theater. Der Obie wird seit der Spielzeit 1955/56 vergeben und umfaßt unter anderem die Bereiche "Bestes Stück", "Beste Aufführung", "Bestes Musical",. "Beste Regie", "Beste Schauspielerische Leistung" usw. Jede Spielzeit entscheidet eine von der *Village Voice* bestimmte Jury über die Preisträger. Bis zur Spielzeit 1969/70 wurden 289 Obies verliehen.

TOM O'HORGAN, Theater- und Filmregisseur.
Biographisches: Seite 23
Interview: Seite 23

OLD RELIABLE THEATRE TAVERN: Gegründet als Nachfolge des Caffe Cino 1967 in New York von Norman Hartman, genannt *Speedy,* im Hinterraum seiner kleinen Pinte, 231 East, 3. Straße; rund 40 Plätze, Eintritt frei, keine Sammlung nach der Vorstellung. Alle zwei Wochen eine neue Produktion, gespielt wird dreimal die Woche, aufgeführt werden nur neue Stücke amerikanischer junger Autoren, meist Einakter. Seit Gründung rund 140 neue Stücke gezeigt, keine Unterstützung von Stiftungen, Hartman finanzierte das Unternehmen aus eigener Tasche. Im Frühjahr 1970 mußte Hartman das Old Reliable wegen finanzieller Schwierigkeiten verkaufen, es besteht seitdem unter wechselnder neuer Leitung weiter.

ÖKONOMIE DES AMERIKANISCHEN THEATERS: Seite 254
dazu: W. J. Baumol u. W. G. Bowen, *Perfor-*

OPEN THEATRE, New Yorker Theatergruppe von Joe Chaikin.
dazu: Robert Pasolli, *A Book on the Open*

Theatre, New York: Bobbs-Merrill, 1970.
Geschichte: Seite 100
Transformationen: Seite 108
Probe/Tote sprechen über ihr Leben: Seite 106

JOEL OPPENHEIMER, Dichter, geb. 1930 in Yonkers, New York. Gedichtbände: *The Dutiful Son; The Dancer; A Love Bit; Friends and Lovers.*
Stücke: *The Great American Desert,* New York: Grove Press, 1966, auch in: Anthologie 14; *Like a Hill; The Perfect Detonator.* Daneben viele Kurzgeschichten.
Interview: Seite 220
Aus: *The Perfect Detonator* (Copyright © 1965 by Joel Oppenheimer): Seite 221
The Polish Cavalry (zum Tode von Charles Olson): Seite 218

ROCHELLE OWENS, Autorin, geb. 1936 in New York, verheiratet mit dem Dichter George Economou, 1967/68 war sie Stipendiat der Yale School of Drama.
Stücke: *Futz and What Came After* (The String Game, Beclch, Istanboul, Homo), New York: Random House, 1968; *Futz* auch in: Anthologie 8; *Istanboul* auch in: Anthologie 12; *The Queen of Greece,* in: Yale/Theatre, Sommer 1969; *He Wants Shih.* *Futz* wurde 1969 verfilmt, Regie Tom O'Horgan, Produzent: Ben Shapiro.
Gedichtsband: *Not Be Essence That Cannot Be,* Trobar Press, 1960.
Interview: Seite 61
Aus: *Futz* (Copyright © 1962 by Rochelle Owens, deutsche Aufführungsrechte beim S. Fischer Verlag, Frankfurt, Deutsch von Heiner Bruns): Seite 63
My mind goes off... (Copyright © 1968 by Rochelle Owens): Seite 66

PAGEANT PLAYERS, radikales New Yorker Straßentheater.
Interview mit Michael Brown: Seite 134
Pageant Players Vietnam Song: Seite 133
Szenarios: Seite 128

JOSEPH PAPP, Gründer und Leiter des New York Shakespeare Festival Theatre.
Interview: Seite 275
New York Shakespeare Festival Theatre: Seite 276

ROBERT PATRICK, Autor.
Interview: Seite 78
Biographisches: Seite 79
Nebel (gekürzte Fassung, Copyright © 1969 by Robert Patrick): Seite 80

PERFORMANCE GROUP, New Yorker Theatergruppe.
Geschichte: Seite 197
Siehe auch Richard Schechner.

PLAYHOUSE OF THE RIDICULOUS: Seite 201
Siehe auch John Vaccaro.

WILLIAM POWELL, *The Anarchist Cookbook,* New York: Lyle Stuart, Inc., 1971.
Der Cop (aus: *The Anarchist Cookbook,* Copyright © 1971 by Lyle Stuart, Inc.): Seite 146

JAN QUACKENBUSCH, Autor.
Stücke: *Inside Out; Complexions; The Border; Once Below a Time; Calcium.*
It Grows From Sadness: Seite 251
(Jan Quackenbusch schrieb das Gedicht für uns am 27.11.69, einen Tag, bevor er nach Vietnam ging).

LENNOX RAPHAEL, Journalist, Maler, Lehrer, Autor, Mitherausgeber der Zeitschrift *Corpus,* veröffentlichte zahlreiche Gedichte.
Stücke: *Blue Soap; Chemical Bank; Che!,* Hollywood, California: Contact Books, 1969.
Che! kam am 22. März 1969 am Free Store Theater, New York, unter der Regie von Ed Wode heraus. *Che!* brachte allen Beteiligten eine Anklage wegen Obszönität ein. Der Prozeß um *Che!* scheint von der Justiz lediglich deshalb geführt worden zu sein, weil man einen politischen Inhalt des Stückes vermutete. Simulierten oder echten Koitus, ebenso wie simulierte Sodomie kann man seit mindestens 2 Jahren auf New Yorker Bühnen sehen.
Aus: *Che!* (Copyright © 1969 by Lennox Raphael): Seite 247

THEODORE ROSZAK, geb. 1933 in Chicago,

1958 Dissertation in Princeton, Veröffentlichungen in *The Nation, Liberation, New Politics, New American Review,* heute Professor für Geschichte am California State College in Hayward.
Bücher: (Hrsg.) *The Dissenting Academy,* New York: Pantheon, 1968; *The Making of a Counter Culture,* New York: Doubleday, 1969.
Aus: *The Making of a Counter Culture* (Copyright © 1969 by Theodore Roszak): Seite 115

RAYMOND SCHANZE, Autor, geb. 1947 in Atlanta, Georgia, lebt seit 1969 im La Mama, New York.
Aus: *The Eyeball Tomb* (Copyright © 1970 by Raymond Schanze): Seite 67

RICHARD SCHECHNER, Regisseur, Kritiker.
Bücher: *Public Domain, Essays on the Theatre,* New York: Bobbs-Merrill, 1969; Hrsg. von *Dionysus in 69: the Performance Group,* New York: Farrar, 1970.
Interview: Seite 191
Biographisches: Seite 192
Dead December: Seite 196
Ritualtheater (aus: *Public Domain,* Copyright © 1969 by Richard Schechner): Seite 192
Nachahmung oder Reaktualisierung (aus einem Gespräch am 25. 1.70 mit Lahr, Clurman, Papp und Stewart über das Thema: "Is There a New Theater?"): Seite 189

SAM SHEPARD, Autor, geb. am 2. November 1943 in Fort Madison, Illinois, Gewinner mehrerer Obies, schrieb für Antonioni das Drehbuch zu *Zabriski Point.*
Stücke: *Five Plays by Sam Shepard* (Chicago, Icarus's Mother, Red Cross, Fourteen Hundred Thousand, Melodrama Play), New York: Bobbs-Merrill, 1967; *Chicago* auch in: Anthologie 14; *Red Cross* auch in: Esquire Magazine, April 1969 und in: Anthologie 12; *La Turista,* New York: Bobbs-Merrill, 1968; *Forensic and the Navigators,* in: Anthologie 13; *Cowboys,* in: Anthologie 10; *Mad Dog Blues; Rock Garden; Up to Thursday; Rocking Chair; The Unseen Hand; Operation Sidewinder* (1970 im Lincoln Center, New York uraufgeführt).
Interview: Seite 51
Catch Me (Song aus: *Operation Sidewinder,* Copyright © 1970 by Sam Shepard): Seite 56
Aus: *Chicago* (Copyright © 1967 by Sam Shepard, deutsche Aufführungsrechte beim S. Fischer Verlag, Frankfurt, Deutsch von Alf Leegaard): Seite 53
Porzellangeschichte: Seite 58

ANDREJ SHERBAN, rumänischer Regisseur; arbeitet heute in Paris in Peter Brooks International Center for Theatre Research.
Interview: Seite 21
Biographisches: Seite 21

MICHAEL SMITH, Kritiker, Autor, Regisseur, Mitbegründer des Open Theatre.
Bücher: *Theatre Trip,* New York: Bobbs-Merrill, 1969; Herausgeber von Anthologie 13; zusammen mit Orzel Herausgeber von Anthologie 14; *Collection of Criticism,* University of Missouri Press, 1968.
Stücke: *The Next Thing,* in: Anthologie 13; *A Dog's Love; More! More! I Want More!*
Interview: Seite 12
Brief an Chaikin (aus: *Theatre Trip,* Copyright © 1969 by Michael Smith): Seite 102
Mysteries/Plague (aus: *Theatre Trip,* Copyright © 1969 by Michael Smith): Seite 288

ELLEN STEWART, gründete 1961 in New York das Cafe La Mama; "dedicated to the playwright and all aspects of the theatre".
Interview: Seite 18
Über Ruth Yorck: Seite 33
Joe Cino und das Neue Theater (aus einem Gespräch am 25. 1.70 in New York mit Lahr, Papp, Schechner, Clurman über das Thema: "Is There a New Theatre?"): Seite 45
Siehe auch La Mama.

RONALD TAVEL, Autor, Mitbegründer des Playhouse of the Ridiculous.
Stücke: *The Life of Lady Godiva,* in: Anthologie 12; *Shower,* in: The Young American Writers, Funk and Wagnalls, 1967; *Kitchenette,* in: Partisan Review, Frühjahr 1967; *The Life of Juanita Castro,* in: Tri-Quarterly, No. 6, 1966; *Gorilla Queen,* in: Anthologie 13; *Arenas of Lutetia,* in: Experiments in Prose, Swallow Press, 1969; *Christina's World,* in: Chicago Review, Sommer 1963; *The Boy on the Straight-Back Chair* (Obie 1969); *Screen Test; Tarzan of the Flicks; In-*

dira Gandhi's Daring Device; Vinyl Visits an FM Station, in: Drama Review, September 1970.
Novelle: *Street of Stairs,* New York: Olympia Press, 1969.
Drehbuchautor für Andy Warhols Filme: *The Chelsea Girls, Vinyl, Kitchen, Suicide, Withering Sights, Screen Test* u. a. Schreibt ein Opernlibretto.

MEGAN TERRY, Autorin, geb. 1932 in Seattle, Washington, Studium an der University of Washington, University of Alberta und der Banff School of Fine Arts, Gründungsmitglied des Open Theatres, New York.
Stücke: *Four Plays by Megan Terry* (Viet Rock, Comings and Goings, Keep Tightly Closed in a Cool Dry Place, The Gloaming Oh My Darling), New York: Simon and Schuster, 1967; *Calm Down Mother,* in: Anthologie 14; *Ex-Miss Copper Queen on a Set of Pills,* in: Anthologie 1; *Eat at Joe's; Changes; Massachusetts Trust; Approaching Simone; Magic Realists.*
Interview: Seite 109
Aus: *Jack-Jack* (Copyright © 1969 by Megan Terry): Seite 112
Aus: *Viet Rock* (Copyright © 1966 by Megan Terry, deutsche Aufführungsrechte beim S. Fischer Verlag, Frankfurt, Deutsch von Alf Leegaard): Seite 109

USA: ÜBERFLUßGESELLSCHAFT?: Seite 155
dazu: Gert Raeithel, *Opfer der Gesellschaft, Armut in den USA,* Berlin: Kiepenheuer und Witsch, 1971; Robert A. Liston, *The American Poor,* New York: Dell Publishing, 1970; Carl Oglesby, Richard Shaull, *Amerikanische Ideologie,* Frankfurt: Suhrkamp, 1969; Michael Harrington, *The Other America,* Baltimore: Penguin Books, 1964; *How the Federal Government Builds Ghettoes,* New York: National Committee Against Discrimination in Housing, 1968; H. D. Graham, T. R. Gurr, *Violence in America,* New York: Bantam Books, 1969; Hyman Lumer, *Poverty: Its Roots an Its Future,* New York, 1965; John H. Clarke (Hrsg.), *Harlem, USA,* Berlin 1964; Paul A. Baran, Paul M. Sweezy, *Monopolkapital,* Frankfurt, 1967; James W. Vander Zanden, *American Minority Relations,* New York, 1963; Gerald Leinwand (Hrsg.) *Problems of American Society* (The Negro in the City, Poverty and the Poor, The Slums, Air and Water Pollution, Drugs, Riots), New York: Washington Square Press, 1968–1971.

JOHN VACCARO, Regisseur, geb. 1929 in Steubenville, Ohio, gründete 1965 in New York das Playhouse of the Ridiculous, zeigte Stücke von Ronald Tavel, Charles Ludlam, Bill Vehr, Jackie Curtis, Tom Murrin, William Hoffman.
Interview: Seite 198

VOKABULAR: Seite 295

WARHOL/MEAD-INTERVIEW: Seite 290

WAS WIR WOLLEN (Programm der Black Panther Party, wurde formuliert im Oktober 1966 und erscheint seitdem in jeder Ausgabe der Zeitschrift *The Black Panther):* Seite 176

LANFORD WILSON, Autor, geb. 1938 in Lebanon, Missouri.
Stücke: *Balm in Gilead and Other Plays* (Home Free!, Ludlow Fair), New York: Hill and Wang, 1965; *The Rimers of Eldritch and Other Plays* (Days Ahead, The Madness of Lady Bright, This is the Rill Speaking, Wandering), New York: Hill and Wang, 1967; *The Madness of Lady Bright* auch in: Anthologie 14; *Wandering* auch in: Anthologie 10; *The Gingham Dog,* New York: Hill and Wang, 1969. Mit The Rimers of Eldritch gewann er 1967 den Drama Desk Vernon Rice-Preis.
Drehbücher, darunter: *The Strike* nach Selby's *Last Exit to Brooklyn.* Libretto für eine Oper nach T. Williams *Sommer and Smoke.*
Interview: Seite 39
Biographisches: Seite 39
Aus: *The Rimers of Eldritch* (Copyright © 1967 by Lanford Wilson, deutsche Aufführungsrechte beim S. Fischer Verlag, Frankfurt, Deutsch von Helmut Winter): Seite 41

WOODSTOCK: Seite 48
dazu: *Woodstock, A Special Report by the*

Z

Editors of Rolling Stone, San Francisco: Straight Arrow Publishers, 1969;
S. Schober (Hrsg.) *Let it Bleed,* München: Hanser, 1970;
S. Schober, *Nach Woodstock,* München: Hanser, 1971; Abbie Hoffman, *Woodstock Nation,* New York: Vintage Book, 1969.

JACK ZIPES, Professor für Deutsch an der New York University.
Wohin geht das Schwarze Theater? (Copyright © 1969 by Jack Zipes): Seite 169

Nachbemerkung

1 Wir gingen nach Amerika, weil wir in den hiesigen Theaterproduktions-Bedingungen eine Sackgasse sahen. Wir hatten von den neuen Produktionsmethoden in Amerika, genauer: im New Yorker Off-Off-Broadway, gehört und wollten sehen, was aus den Anfängen geworden war, ob aus den neuen Produktionsmethoden neue Bedeutungen oder Formen entstanden waren. In Amerika waren wir überwältigt von der Energie und den zahlreichen neuen Formen, mit denen dort gearbeitet und experimentiert wurde. Wenn man in New York eine der OOB-Gruppen sehen möchte, hat man an einem beliebigen Abend die Wahl unter ungefähr fünfzig bis hundert Möglichkeiten. Hinter dieser konzentrierten Aktivität sahen wir einen vehementen Protest gegen das konventionelle Theater- und Gesellschaftssystem. Erst als wir wieder in Europa waren und daran gingen, das Material zu sichten, stellten wir fest, daß der größte Teil der Bewegung sich widerstandslos in das Koordinatensystem aus entbehrungsreichem Künstler- und Bohèmeleben und der Trennung von Kunst und Leben (d. h. Beschäftigung mit politischen Themen ist äußerstenfalls sozialkritisch) einordnen läßt. Fast allen Gruppen, die sich zur Bewegung (zum Neuen Theater) zählen, mangelt ein politisches Bewußtsein. Bis auf wenige Ausnahmen erschöpft sich die sogenannte Gesellschaftskritik (falls sie überhaupt stattfindet) in der aus idealistischen Denkpositionen entstandenen klassischen Aufgabe der Kunst, auf Mißstände aufmerksam zu machen. Ein Versuch der gesellschaftkritischen Analyse (zum Beispiel auch der ökonomischen Situation der Gruppen) findet nicht statt. Bei einigen Gruppen läßt sich allerdings, besonders in den letzten fünf Jahren, ein zunehmendes Bewußtsein ihrer gesellschaftlichen Situation erkennen, aber gemessen an der Gesamtzahl der bestehenden Gruppen ist ihr Anteil gering. Die Entwicklung der OOB-Bewegung zeigt (analog zu der der Pop-Musik oder der Bildenden Kunst), wie sich die sogenannte Gegenkultur in den kapitalistischen Produktionsprozeß einfügen läßt und inwieweit es gelingt, sich dem zu widersetzen. Die Freiheit, die bei oberflächlicher Betrachtung in der 'Now'-Ideologie zu liegen scheint, entpuppt sich als eine neue Verschleierung der wirklichen sozialen Verhältnisse. Unbestritten ist jedoch der Stellenwert, der der OOB-Bewegung hinsichtlich der Entwicklung neuer Theaterformen und -autoren zukommt, ebenso wie auch die Tatsache, daß sie zahlreiche Möglichkeiten zu relativ entfremdungsfreier Arbeit bietet.

Die Energie und Aktivität der OOB-Bewegung könnten dem amerikanischen Theater und der Szene neue (über die des Living Theatre, des Open Theatre und ähnlicher Gruppen hinausgehende) Impulse geben, wenn es gelänge, sie mit einem Bewußtseinsprozeß der Macher zu verbinden. Die These der Becks, daß niemand in den fest erscheinenden Grenzen zu leben brauche, wäre dahin zu erweitern, daß nur der diese gesellschaftlichen Grenzen überwindet, der weiß, daß sie existieren und weiß, daß sie bewußt aufrecht erhalten werden, weil sie bestimmten bevorrechtigten Gruppen nützen.

2 Formal ist das Buch der Versuch, der vielfältigen Szene in Amerika durch eine lesebuchartige Materialsammlung gerecht zu werden. Jeder einzelne Beitrag ist selbständig, jedoch entsteht die beabsichtigte Wirkung erst im Zusammenwirken sämtlicher Materialien. Die Auswahl der Beiträge zielt ausdrücklich darauf, nicht nur Materialien über Theaterkunst, sondern auch solche über die Gesellschaft, die dieses Theater hervorbringt, zusammenzustellen. Die Interviews wurden grundsätzlich nicht nach einem festen Fragenschema geführt, sondern bewegten sich möglichst frei, auf die gängigen Fragen (Sinn des Lebens, Freiheitsbegriff etc.) wurde nur zur Provokation zurückgegriffen. Einige der Interviews entstanden an mehreren Tagen und wurden erst von uns zusammengefügt; in den meisten Fällen jedoch haben wir versucht, den Gesprächsverlauf – abgesehen von Kürzungen – möglichst authentisch wiederzugeben. Die Schwierigkeiten der Übersetzung aus Fremdsprachen sind hinlänglich bekannt, besonders wenn es sich (wie in unserem Falle sehr häufig) um einen Slang handelt, für den es kein deutsches Äquivalent gibt. Zahlreiche Texte, die auf den Rohübersetzungen von Ruth Cameron und Hille Maurus basieren, bewegen sich so nah am Original, daß der deutsche Ausdruck darunter leidet. Dennoch schien uns dieses Verfahren legitim, um nicht der Versuchung einer künstlichen Verfälschung zu erliegen.

3 Alle Fotos mit Ausnahme der folgenden sind von Jens Heilmeyer: Ballis (Seite 185), Crannum (Seite 166), Eberstadt (Seite 190, 194, 195, 278), Friedmann-Abeles (Seite 31), Gossage (Seite 44), McDarrah (Seite 34, 45), Newcombe (Seite 25), New York Times (Seite 178). Travis (Seite 70, 71) und Ward (Seite 42). Die Laborarbeiten machten W. Brummer und A. Schulz-Merkel.

4 Dank an Cilly Heilmeyer für ihre Hilfe bei der Durchsicht und Abschrift der Manuskripte. Besonders danken wir 'La Mama' Ellen Stewart, ohne die dieses Buch nicht zustande gekommen wäre und allen aus der OOB-Bewegung, die uns geholfen haben.